STUBAIER ALPEN

Alpenvereinsführer

Ein Taschenbuch in Einzelbänden
für Hochalpenwanderer und Bergsteiger
zu den Gebirgsgruppen der

OSTALPEN

Herausgegeben vom Deutschen
und vom Österreichischen Alpenverein

Band

STUBAIER ALPEN

Reihe: Zentralalpen

DR. HEINRICH KLIER / WALTER KLIER

Stubaier Alpen

Ein Führer für Täler, Hütten und Berge
mit 67 Bildern, 5 Anstiegsskizzen
und einer einfarbigen Übersichtskarte
im Maßstab 1:150 000

BERGVERLAG RUDOLF ROTHER GMBH · MÜNCHEN

Umschlagbild:

Blick von der Prischeralm (Ridnauntal)
gegen den Stubaier Hauptkamm mit Zuckerhütl,
Wilder Pfaff und Becher mit Becherhütte.
Aufnahmezeitpunkt: Herbst.

Foto: Zengerle

9. Auflage 1980
ISBN 3 7633 1212 9
Hergestellt in den Werkstätten Rudolf Rother GmbH,
München
(1976/90594)

Geleitwort für den Alpenvereins-Führer Stubaier Alpen

In der vom Deutschen und vom Österreichischen Alpenverein gemeinsam herausgegebenen Reihe „Alpenvereinsführer" war die erste Auflage dieses Führers 1953 als vierter Band erschienen. Inzwischen ist dieses Führerwerk auf 33 Bände angewachsen: Allgäuer Alpen — Ammergauer Alpen — Ankogel-Goldberg-Gruppe — Benediktenwand-Gruppe, Estergebirge und Walchenseeberge — Berchtesgadener Alpen — Bregenzerwaldgebirge — Dachstein — Ferwall — Glockner- und Granatspitzgruppe — Hochschwab — Kaisergerbirge — Karnischer Hauptkamm — Karwendel — Kitzbüheler Alpen — Lechtaler Alpen — Lechquellengebirge — Lienzer Dolomiten — Loferer und Leoganger Steinberge — Ötztaler Alpen — Niedere Tauern — Rätikon — Rofangebirge — Samnaungruppe — Schobergruppe — Silvretta — Stubaier Alpen — Tegernseer und Schlierseer Berge — Tennengebirge — Totes Gebirge — Venedigergruppe — Wetterstein und Mieminger Kette — Ybbstaler Alpen — Zillertaler Alpen. Die meisten dieser Führer sind — wie auch der vorliegende Band — in der Zwischenzeit überarbeitet und neu aufgelegt worden.

Auch diese Neuauflage trägt dem steigenden Bedürfnis und der großen Nachfrage nach abgeschlossenen Werken für jede einzelne Gebirgsgruppe der Ostalpen Rechnung. Mit der weiteren Vervollständigung der Reihe der Alpenvereinsführer wird ein Werk entstehen, das ähnlich wie der frühere „Hochtourist", jedoch als Spezialführer, zuverlässiger Ratgeber für alle Bergsteiger und Bergwanderer in den Ostalpen ist.

Im Sommer 1980.

Für den Verwaltungsausschuß
des Österreichischen Alpenvereins:
Gedeon Kofler

Für den Verwaltungsausschuß
des Deutschen Alpenvereins:
Hans Zollner

Vorworte

Aus dem Vorwort zur ersten Auflage

Als der Bergverlag mit dem Vorschlag an mich herantrat, den Teil „Kalkkögel“ im Rahmen des AV-Führers Stubaier Alpen von W. Rabensteiner zu bearbeiten, stimmte ich gerne zu: die Zackenkrone der Kalkkögel schaut keck in mein Heimatdorf Zirl herunter, und seit früher Jugend habe ich dort viele Bergstunden erlebt, von einer zaghaften Durchsteigung der Steingrubenkogelwand mit unzulänglicher Ausrüstung als Fünfzehnjähriger bis zur 3. Begehung der Direkten Riepen-NW-Wand bei winterlichen Verhältnissen.

Zahllose schöne Bergtage hätten aber nicht ausgereicht, die Aufgabe zu bewältigen. Ich durfte aber von Anfang an mit der Unterstützung meiner Bergkameraden, vor allem mit der von *Hans Frenademetz* rechnen, der ein hervorragender Kenner der Kalkkögel ist und der hier zahlreiche neue Felswege eröffnet hat. *Heinrich E. Klier*

Vorwort zur 8. Auflage

Seit 1959 besorge ich die Bearbeitungen dieses Führers. Dr. W. Rabensteiner mußte damals aus beruflichen Gründen diese Arbeit abgeben. In den letzten Jahren ist mir ein gleich lieber wie bergtüchtiger Gefährte zugewachsen, mein Sohn Walter. Er ist mit mir auf viele Stubaier Gipfel gestiegen und über manchen Gletscher (mit Skiern) gefahren. Wir stapften mitsammen im Schneesturm bergan und erlebten strahlende Tage. Wir entdeckten verfallene Steige und durchstöberten die alpine Literatur nach fehlenden Angaben. Seine Mitarbeit stellt einen wesentlichen Beitrag zur 7. und 8. Auflage dar, so daß dieser Führer ab jetzt seinen Namen als Mitautor trägt.

Im Sommer 1975 haben wir zu zweit mehrere der schweren klassischen Wände und Kanten der Gruppe begangen; mit der „Geraden Steingrubenkogel-Westwand“ ist uns eine schöne, gemeinsame Erstbegehung geglückt.

Durch meine hauptberufliche Tätigkeit als Vorstand der Wintersport Tirol AG. und die Erbauung der Stubaier Gletscherbahn war ich in den letzten Jahren praktisch im Hochstubai zu Hause und konnte dabei — sozusagen in einem Aufwaschen — viele neue Details für diesen Führer erarbeiten. Durch die Stubaier Gletscherstraße zur Mutterbergalm und die Bergbahn bis an den Gletscherrand des Schaufelferners sind die Stubaier Hochgipfel den Bergsteigern näher gerückt. Das schlägt in steigenden Besucherzahlen auf den (zuvor oft verwaisten) Hütten und in zahlreichen Gipfelbesteigungen zu Buch.

Wieder danke ich allen Benützern für positive Kritik, sowie den Erschließern neuer Durchstiege für die Zusendung von Beschreibungen und Anstiegsskizzen. Insbesondere haben uns die Hüttenwirte der Stubaier Hütten und die Fremdenverkehrsverbände geholfen. Dieter Freigang hat uns seinen Hüttenführer der Siegerlandhütte großzügigerweise zur Verfügung gestellt, so daß der schöne einsame Bergraum des Windachtales völlig neu bearbeitet werden konnte. Wertvolle Informationen verdanken wir ferner den Herren Gehrmann, Arnold, Schulte, Hoffmann, Eiben, Fahler, Pörtl, Marka und Reinemer, sowie Frau Elisabeth Rieger. — Neu eingefügt in den Führer wurden Anstiegsskizzen von den beliebtesten Kletterfahrten der Kalkkögel. Allen Mitarbeitern Dank und die Bitte um weitere Hilfe.

Innsbruck, Frühjahr 1976 Dr. Heinrich Klier

Vorwort zur 9. Auflage

In der kurzen Zeit seit Erscheinen der letzten Auflage hat sich in den Stubaiern einiges getan: der Kraftwerksbau im Kühtai geht der Vollendung zu, einzelne Wege wurden ausgebaut, Liftanlagen zu bestehenden hinzugefügt. Die zerstörte Sulzenauhütte ist wieder aufgebaut worden. In den letzten Jahren haben (wie auch sonst in den Zentralalpen) die Gletscher wieder angefangen vorzustoßen. Die Kalkkögel, Meisterschule der Freikletterei nahe bei Innsbruck, erlebten eine kleine Renaissance, die Riepenwand zwei eindrucksvolle Erstbegehungen durch die jungen Innsbrucker Wolf, Purtscheller und Schiestl.

Die im Führer dokumentierte Ersteigungsgeschichte habe ich überprüft und ergänzt anhand des Bandes „Stubei. Thal und Gebirg, Land und Leute“ von Carl Gsaller u. a., erschienen 1891, der neben vielen anderen interessanten Dingen die gesamte bis dahin erfolgte Erschließung der Stubaier Alpen enthält. Den Teil Kalkkögel habe ich auf Grund eigener Erfahrung und mit der Hilfe von Heinz Zak, Michl Wolf und Robert Purtscheller sorgfältig überarbeitet. Für weitere Informationen danke ich Dieter Freigang (dessen Hüttenführer Siegerlandhütte ich wieder herangezogen habe), weiters N. Fohler, D. Eidelpes, R. Schwalb, K. P. Hackendahl, R. Paulik und, wie immer, meinem Vater für seine wertvolle Hilfe bei der Arbeit am Führer.

Sommer 1980 Walter Klier

Inhaltsverzeichnis

Erster Hauptteil: Die Stubaier Alpen

Bilderverzeichnis

Verzeichnis der technischen Routenskizzen (UIAA)

Bildnachweis

(Die Zahlen hinter den Namen geben die Seitenzahlen an)

Foto-Ghedina 239. E. Grießl 369, 393. W. Heiß 73. M. Heldwein 241, 413. Henneberger 327. A. Hörtnagel 235, 249, 253, 279, 283, 293. G. Leiben 191, 379. P. Mangutsch 177. R. Rother 101, 407, 427, 435, 437, 505, 507. D. Seibert 353. K. H. Scheuß 97. K. Schiffer 443, 457, 465, 469, 471, 493, 497. H. Stutzig 95, 99, 185, 301. W. Spitzenstätter 461, 489, 491, 495. Foto Risch-Lau 405. F. Thorbecke 55, 57, 73, 93, 115, 117, 121, 125, 165, 217, 223, 247, 265, 319. J. Winkler 483. Alle übrigen Aufnahmen stammen vom Autor.

Die Anstiegsskizzen 3—7 zeichnete A. Kubin nach Vorlagen von W. Klier.

I. HAUPTTEIL

Die Stubaier Alpen

A. Einführender Teil

I. Allgemeines

● **1** Die Stubaier sind ein Teil der Zentralalpen; ihr Charakter ist ähnlich dem der benachbarten Ötztaler und Zillertaler: ein weitläufiges Urgesteinsgebirge mit vielen Dreitausendern und entsprechender Vergletscherung, langen Blockgraten, alten überwachsenen Moränenwällen, Gletscherschliffen, ein Paradies für das, was man den „klassischen" Bergsteiger genannt hat.

Im O-Teil des Gebirges sind wilde Kalkberge eingelagert, die für Kontrast sorgen: die Kalkkögel, die Berge des Serleskammes und die Tribulaune; dort findet der extreme Kletterer, der brüchigen Fels und einsame Touren nicht scheut, ein weites Betätigungsfeld.

Am besten erschließen sich einem die Stubaier Alpen auf großen Durchquerungen über Gletscher und Gipfel, Gratüberschreitungen, von denen viele besonders im Frühjahr auf Skiern lohnend sind.

Teile des Gebietes sind durch Straßen und Lifte erschlossen, wie das Stubai- oder Sellraintal; viele Bergsteiger nehmen die Hilfe der Technik gerne in Anspruch, um Tal- und Hüttenhatscher zu vermeiden oder zu verkürzen. Zugleich sind für die Gegner aller „Erschließung" weite Täler und Bergzüge übriggeblieben, wo auch heute noch die vollkommene Einsamkeit herrscht.

An den romantischen Winkeln im Larstigtal, in den Karen des Windachkammes, in den weiten Almgründen des innersten Passeiertales hat sich nichts verändert; Bachfallenstock und südl. Habichtkamm sind stille Flecken geblieben, und auch in den so nahe bei Innsbruck gelegenen Kalkkögeln ist man als Kletterer in seiner Tour allein, was im Kaiser oder in der Sellagruppe nicht mehr ganz selbstverständlich ist. Auf den Wegen von Purtscheller, Pallocsay, Zsigmondy, Melzer, Spötl, Pfaundler und Hohenleitner bewegt sich der Bergsteiger heute wie damals im einsamen Hochgebirge.

● 2 1. Umgrenzung

Gegen N bildet das Inntal von Innsbruck bis zur Mündung der Ötztaler Ache die Begrenzung. Das Wipptal zieht von Innsbruck zum Brenner und trennt, nach S fortgesetzt im Eisacktal, die Stubaier Alpen von den Zillertalern. Gegen S bildet die Jaufenstraße von Sterzing bis St. Leonhard im Passeiertal die Grenzlinie zwischen Stubaier und Sarntaler Alpen. Weiter ist das oberste Passeiertal von St. Leonhard über Moos bis zum Timmelsjoch die naturgegebene Grenzlinie gegen den südl. Teil der Ötztaler Alpen. Im W bildet die Furche des Ötztales von der Mündung der Ache bis Zwieselstein und weiter als Fortsetzung das Timmelstal bis zum Timmelsjoch die Trennungslinie gegen die Ötztaler Berge.

● 3 2. Der Name

Urkundlich ist der Name Stubai erstmalig belegt im Jahre 1000, als ein Graf Otto (von Andechs?) dem Hochstift Freising eine Hube innerhalb der Berge von Stubai schenkte (Hoba inter Alpes Stupeia).

Im 11. Jahrhundert wird dem Stift Georgenberg ein Mons in Stubey geschenkt, also eine Bergweide im Stubai. Um 1100 ist **Stubaie,** außerdem der Gebrauch der Namen **Mutters** und **Mieders** erwähnt. Der Name scheint also schon früh ein größeres Gebiet, nicht etwa nur eine einzige Siedlung bezeichnet zu haben (vermutlich das innere Tal ab Fulpmes).

Die Endung von **Stupeia** klingt an die wohl illyrischen Ortsnamen Matrei, Noreia in Noricum, Celeia, Cilli und Oneia, Onach im Pustertal an. Der Stamm des Wortes kann nur vermutungsweise an indogermanische Wortstämme angeknüpft werden, von denen der eine „Stein“, der andere „tief, hohl“ bedeutet zu haben scheint.

● 4 3. Der Aufbau

Das Rückgrat der Stubaier Alpen bildet der O—W verlaufende Hauptkamm, von dem riesige Kämme und Ketten nach N streichen, während die Ausläufer an der S-Abdachung kurz sind.

Der Hauptkamm reicht mit seinen Ausläufern vom Brenner bis zum Ötztal. Er zerfällt in einen östl. (Schneespitze, Feuersteine, Freiger) und in einen westl. (Zuckerhütl, Stubaier Wildspitze usw.) Teil, deren Grenzpunkt der Wilde Pfaff ist. Von hier zweigt gegen S ein Kamm ab (Sonklarspitze), der in einer Fortsetzung südl. des Windachtales (Windachkamm) gegen W zieht, während er in der Botzergruppe und ihren

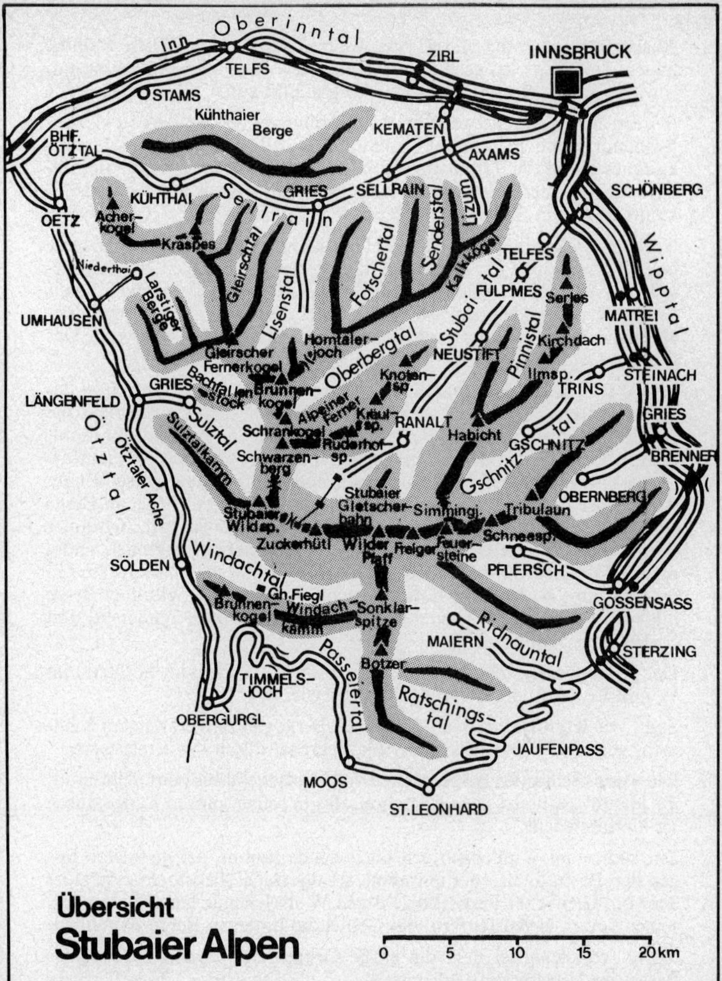

Übersicht

Stubaier Alpen

Ausläufern gegen SO und S, bzw. weiter nach O reicht. Diese Kämme bauen die Berge zwischen innerstem Passeiertal und Ratschingstal, sowie zwischen Ratschingstal und Ridnauntal auf.

Bei den Feuersteinen zweigt im S ein Kamm ab, der die Berge zwischen Ridnauntal und Pflerschtal aufbaut. Das östlichste Ende des Hauptkammes bildet die Tribulaungruppe zwischen Gschnitz- und Pflerschtal, während der westl. Ausläufer gegen das Ötztal hin der Sulztalkamm zwischen Sulztal und Ötztal ist.

Nach N zweigt im östl. Teil des Hauptkammes nördl. der Feuersteine beim Simmingjoch der Habichtkamm ab, der weiter gegen NO den Serleskamm entsendet, welcher Ilmspitze, Torsäule und Kirchdach und als Endpunkt seinen Namensgeber, die Serles, aufbaut. Diese Gruppe des Habicht-/Serleskammes liegt zwischen Stubaital und Gschnitztal. Das Pinnistal trennt von N her Habicht- und Serleskamm.

Im westl. Teil des Hauptkammes entspringt am Westl. Daunkogel der Daunkogelkamm, der bis zum Mutterbergjoch zieht und dort in die Alpeiner Berge übergeht. Weiter nach N zieht diese Kette, umrahmt dann beiderseits das Becken des Alpeiner Ferners (Schrandele, Schwarzenberg, Ruderhofspitze, Kräul- und Knotenspitzen) und entsendet gegen das Stubaital einen Seitenkamm. Der westl. Ast der Alpeiner Berge zieht zum Horntalerjoch und geht dort gegen N in die östl. Sellrainer Berge über. Einerseits werden diese vom Oberbergtal begrenzt, andererseits vom Sellrain- und Lisenstal. Von N zieht das Fotschertal tief in diese Gruppe hinein. Den nördl. Anschluß an die östl. Sellrainer Berge bilden die Kalkkögel, begrenzt von der Linie Sellrain-Senderstal und Stubai-Oberbergtal.

Der große Gebirgsteil zwischen Kühthai im N, Sulztal im S, Ötztal im W und Lisenstal im O zerfällt in vier Teile:

Südl. von Kühthai liegen die Kühthaier Berge mit vielverzweigten Kämmen, gegen die westl. Sellrainer hin begrenzt durch das Kraspestal.

Die westl. Sellrainer Berge reichen vom Kraspestal bis zum Sellraintal, ihr Hauptzugang ist das Gleirschtal, das in seiner ganzen Länge durch sie hindurchzieht.

Der südl. vom Winnebachjoch hinziehende Kamm, der im weiten Bogen den Bachfallenferner umrahmt, ist der Bachfallenstock, zuletzt ist der vom Gleirscher Fernerkogel gegen W streichende lange Kamm mit seinen langen N-Ausläufern, das Gebiet der Larstiger Berge zu nennen.

Nördl. von Kühthai liegt die große Gruppe der vorderen Kühthaier Berge, im N begrenzt vom Inntal.

Orts- und Geländebezeichnungen wurden der hervorragenden Namensgebung (Dr. K. Finsterwalder) der neuen AV-Karte 1:25 000 (Sellrain, Hochstubai) angepaßt. Ebenso sind die Höhenzahlen diesen Karten entnommen. Lediglich in den östl. Randgebieten und im S der Gruppe wurde teilweise die ältere Brennerkarte des AV 1:50 000, sowie die alte österreichische Spezialkarte 1:75 000 zu Rate gezogen. Da die neue österreichische Karte 1:25 000 nur sehr wenige Teilstücke umfaßt, wurde verzichtet, ihre Benennungen und Höhenzahlen zu übernehmen.

Auf der Südtiroler Seite wird man zweckmäßig eine Wanderkarte (Freytag & Berndt, 1:100 000) zum Namensvergleich zu Rate ziehen.

II. Landeskundliche Einführung

Von Dr. Helmut Heuberger
Pflanzenkundlicher Teil von Dr. H Pitschmann und H. Reisigl

● 5 1. Gesteine, Formen, Gletscher

Wer an einem klaren Tag auf dem Zischgeles sitzt und sich die Berge rundherum ansieht, dem müssen im Bereich der Stubaier Alpen einige Unterschiede auffallen. Im W und N sehen die meisten Gipfel — flüchtig besehen — so ähnlich aus wie der Zischgeles, der Rote Kogel oder die Lampsenspitze: es sind mehr ruhige, gleichmäßige Formen, die sich nicht besonders markant und steil über die Kämme erheben. Im S aber wachsen unerhört wuchtig der Lisenser Fernerkogel und die Brunnenkögel darüber empor, abgeschlossen durch riesige Wände. Noch kühner geformt, wenn auch niedriger, erheben sich jenseits des Tales die dunklen Villerspitzen, gleichsam unterstrichen durch die sanften Kuppen des Fotscher Kammes, der sich nördl. daran schließt. Über diesen hinweg aber sieht man die bleichen Türme und Wände der Kalkkögel.

In diesem Rundblick finden sich Vertreter fast aller Hauptgesteinsgruppen der Stubaier Alpen zusammen. Die ruhigen, mehr unscheinbaren Gipfel, denen man am häufigsten begegnet, besonders auch im Hauptkamm und im Windachkamm, werden aus dem am meisten verbreiteten Gestein des Gebietes aufgebaut: aus den *Schiefergneisen* und *Gneisglimmerschiefern*. Vor urdenklichen Zeiten waren das einmal Tone und Sande, aber unter dem Druck mannigfacher Bewegungen und unter dem Einfluß schmelzflüssiger Massen aus dem Erdinnern haben sie sich völlig verwandelt. Heute bestehen sie hauptsächlich aus Schuppen von braunschwarzem Magnesia-Eisen-Glimmer (Biotit), aus weißgrauem Quarz und aus weißem Feldspat. Der Anteil dieser Komponenten schwankt von Ort zu Ort. Je reichlicher Feldspat enthalten ist, desto mehr wird das Gestein zu festem Gneis; je weniger Feldspat es führt, desto mehr ähnelt es Glimmerschiefern. Der Glimmer verwittert am leichtesten und färbt das Gestein dann braun bis rotbraun (Eisengehalt). Darum widersteht es der Abtragung nicht besonders, die Vegetation ergreift leicht Besitz davon, und die Grate setzen sich oft nur aus Trümmern zusammen. Der Kletterer begegnet in diesem Gestein selten größeren Schwierigkeiten, schon weil es im allgemeinen keine allzu steilen Felsformen baut. Es bietet reichlich Griffe und Tritte, ist aber ziemlich brüchig und schuttbedeckt — und dies um so mehr, je weniger Feldspat es führt.

An manchen Stellen (N-Seite der vorderen Kühthaier Berge, z. B. Hocheeder) haben sich durch jüngere Stoffzufuhr weiße Feldspatknoten gebildet, die deutlich herauswittern (Perlgneis).

In der Umrahmung der Gleirschtales (Zwiselbacher Grieskogel, Sonnenwände) und des Lisenser Längentales (Längentaler Weißer Kogel, Bachfallenkopf) begegnet man einer Abart dieses Gesteins: braunen feinkörnigen *Biotitschiefern,* oft verbunden mit lichtgrauen (Längental) oder bräunlichgrauen, festen *Biotitquarziten,* in denen sich also besonders viel Quarz angereichert hat. Diese Gesteine bilden oft plattige Partien und sind glatter und griffärmer als die gewöhnlichen Gneisglimmerschiefer, besonders die Quarzite, die als Bänke herauswittern und dadurch unangenehme Steilstellen erzeugen können. Dafür sind sie fester und verläßlicher als die gewöhnlichen Gneisglimmerschiefer (Zwiselbacher Grieskogel).

Zischgeles, Lampsenspitze (nicht aber die Sattelschröfen!) und die Mehrzahl der Fotscher Berge liegen im Bereich der grauen *Glimmerschiefer.* Übergänge verbinden sie mit den Gneisglimmerschiefern, aber im allgemeinen gelten sie als etwas jünger, und sie unterscheiden sich von jenen durch noch größere Felspatarmut, besonders aber durch das Vorwiegen des hellen, silbrig glänzenden Kaliglimmers (Muskovit). Auf den welligen Schieferungsflächen sieht man oft bis erbsengroße rötliche Höcker (Granat) und bis 3 cm lange dunkelbraune Nadeln und Stengel (Staurolith). Alles, was für die Gneisglimmerschiefer gesagt wurde, gilt für die Glimmerschiefer in erhöhtem Maß. Sie bilden keine Kletterberge, sondern mehr sanfte bis mäßig steile und weit hinauf begrünte Skiberge. Um Haltepunkte ist man nie verlegen, aber das

Gestein zerfällt leicht und überzieht sich unangenehm mit blättrigem Schutte. Wo sich — wie bei den Schiefergneisen — nachträglich weiße Feldspatknoten gebildet haben (z. B. Wildkopf; Gebiet um die Franz-Senn-Hütte), nehmen sie ähnliche Eigenschaften an wie diese.

Im südöstl. Teil des Gebietes zw. mittlerem Passeier- und unterem Ridnauntal (Schneeberg — Hohe Kreuzspitze) herrschen auch Glimmerschiefer vor. Sie unterscheiden sich im nördl. Teil von den eben beschriebenen durch größeren Mineralreichtum: Granat bis zu Faustgröße, große dunkelgrüne Hornblendestengel und Biotite durchsetzen völlig regellos und unbekümmert um die Schieferungsflächen das Gestein.

Alle bisher besprochenen Gesteine rechnet man zu den Trug- oder Paragneisen (para, griechisch = neben); sie sind ihrer Herkunft nach als Schichtgesteine keine echten Gneise. Ihnen stehen die echten, die *Orthogneise* (orthòs, griechisch = gerade, eigentlich) gegenüber, die als schmelzflüssige Massen aus dem Erdinnern in die Schichtgesteine eingedrungen sind. Zwei Haupttypen unterscheidet man in unserem Gebiet: die hellen Granitgneise und die dunklen grünen Hornblendegesteine. Als Vertreter der *Granitgneise* sind uns bei unserem Rundblick vom Zischgeles aus der Lisenser Fernerkogel und die Brunnenkögel aufgefallen. Die Bestandteile des Gesteins sind grundsätzlich die gleichen wie bei den Schiefergneisen, doch überwiegen Feldspat und Quarz bedeutend; die Glimmerschuppen (Biotit) durchsetzen — schön parallel gestellt — dieses schmutzigweiße Gemenge lediglich als schwarze Punkte oder an Schieferungsflächen gesamelt auch oft als dünne geschlossene Lagen. Dieser *Biotigranitgneis* gibt den Alpeiner Bergen weitgehend ihr Gepräge und beteiligt sich auch am Aufbau des Habichts. An der Pfandlspitze, aber auch an der Wilden Leck (Sulztalkamm) und einigen anderen Stellen treten große auffallende Feldspat-„Augen“ hervor; daher der Ausdruck Biotitaugengneise. Diese Granitgneise bilden wuchtige Gipfel mit steilen Wänden und Graten, zuweilen auch scharf zugeschnittene Hörner (Wilde Leck, Schrandele) — Persönlichkeiten, die man sich merkt. Hier kommt der Kletterer auf seine Rechnung. Er findet schärfere Wege und im allgemeinen festen Fels, allerdings oft auch plattige griffarme Stellen. Er muß sich ferner davor hüten, daß ihm große Blöcke ausbrechen.

Ein ganz ähnlicher Granitgneis bildet bei Habichen (Ötztal) eine großartige Talenge und baut die Acherkogel-Gruppe auf. Auch Zwölferkogel, Peiderspitze und der Rietzer Grießkogel mit seinem herrlich gezahnten SO-Grat bestehen daraus. Man nennt diesen Gneis besonders wegen seines etwas anderen Feldspatgehalts *Granodiorit* (Granit-Diorit).

Äußerlich und in seinen Eigenschaften für den Kletterer unterscheidet er sich kaum vom Biotitgranitgneis, man sieht nur neben den Biotiten vielfach auch noch kleine dunkelgrüne Hornblendestengel darin.

Fällt schon der Weißstein durch seine wilde Turmform aus dem Rahmen seiner Umgebung, so gilt das noch mehr für die Acherkogel-Gruppe, die sich mit steilen, mächtigen Häuptern hoch über ihre nördl. Ausläufer erhebt. Die Wände, mit denen sie das Mittertal abschließt, die plattige NO-Kante des Maningkogels, — nichts in der nächsten Nachbarschaft läßt sich damit vergleichen.

Ähnlich sehen die Berge um das Winnebachtal aus, besonders die Larstiggruppe. So gehört der kühn geschwungene, scharfgratige Strahlkogel mit seiner riesigen N-Wand zu den Glanzstücken der Stubaier Alpen. Auch hier ist ein Granit emporgedrungen. Die Bestandteile sind im wesentlichen die gleichen wie beim Biotitgranitgneis; dazu kommen noch bis zu 5 cm lange Säulchen oder auch unregelmäßige Körner von graugrünem Pinit (umgewandelte Cordieritkristalle). Dieser Granit ist von feinerem Korn als die bisher betrachteten und zeigt noch die ursprüngliche Granitstruktur, also keinerlei Schieferung. Das würde bedeuten, daß er noch fester wäre und noch prallere, griffärmere Formen bilden würde als die anderen Granitgneise. Das trifft jedoch nur örtlich zu. Der *Winnebachgranit* (Cordieritgranit) grenzt nämlich nicht klar gegen die benachbarten Schiefergneise ab wie die anderen Granitgneise, sondern er ist in diese eingedrungen, hat sie aufgeschmolzen und schollenweise umschlossen. Dadurch sind regelrechte Mischgesteine entstanden, so daß mit häufigem Gesteinswechsel zu rechnen ist, der örtlich sehr unangenehme Brüchigkeit (Larstigspitze, Grubenwand) hervorruft.

Ferner sieht man in der Larstiggruppe, also im Randbereich des Winnebachgranits oft dicke Adern weißen Ganggesteins, das fast nur Quarz und Feldspat enthält. Es kann feinkörnig *(Aplit)* oder sehr grobkörnig *(Pegmatit)* ausgebildet sein. Die Aplitgänge, welche die Wände des Strahlkogels durchschwärmen, sind bekannt und haben ihm zu seinem Namen verholfen. Sie bilden oft steile, besonders glatte Wandstufen und Überhänge, in die man gewöhnlich auch keine Haken hineinbringt.

Ein etwas andersartiger Granitgneis baut den Pirchkogel (Vordere Kühthaier Berge), den Zug Kerachspitze — Uelasgratspitze (Alpeiner Berge, südöstl. der Franz-Senn-Hütte), ferner die nähere Umgebung der Mutterbergalm (nahe der Dresdner Hütte; Trögler!), der Feuersteine und der Hildesheimer Hütte (Geißkogel) auf. Der Biotit tritt hinter den hellen Kaliglimmer (Muskovit) zurück. Die Feldspäte bilden große „Augen“ und ausgezogene Linsen (Flasern). Daher spricht man von *zweiglimmrigen Augen- und Flasergneisen.* Vor allem sind sie viel stärker durchbewegt als die übrigen jüngeren Granitgneise, also gefaltet und verbogen, zerdrückt, und die Glimmerschuppen sind oft zu grünschillernden Serizithäuten verquetscht. Diese Gneise bilden mächtigere Gipfel als die Schiefergneise (Pirchkogel), aber im allgemeinen keine so hohen Wände und steilen Grate wie die anderen Granitgneise. Sie sind grobkörniger und rauher als diese, viel stärker zerklüftet und bilden vielfach Simse und wellige Platten aus. Nach Haltepunkten braucht man nie lange zu suchen; das Gestein ist gewöhnlich fest. Losgewitterte Blöcke und Platten sind meist gut verankert. In den Villerspitzen haben sich uns Vertreter der zweiten Gruppe, der Orthogneise, der dunklen *Hornblendegesteine* vorgestellt. Vor allem handelt es sich dabei um *Amphibolite,* in denen neben den Hauptbestandteil, die dunkelgrüne Hornblende (Amphibol), weißer Feldspat tritt. Dazu kommt häufig Granat und gelbgrüner Epidot. Es sind die ältesten Orthogesteine des Gebietes, hervorgegangen aus dunklen (basischen) Erstarrungsmassen (Diabas, Gabbro), doch sind sie durch viele Bewegungsvorgänge völlig umgewandelt und in ihrer Struktur den Schiefergneisen angepaßt. Diese Amphibolite findet man in fast allen Teilen der Stubaier Alpen, aber meist nur als schmale Züge nahe den Rändern der Granitgneise und in den Schneeberger Glimmerschiefern. Mächtiger, als vorwiegende oder ausschließliche Gipfelbildner erscheinen sie in den Irzwänden (nördl. Kühthai), im Seejoch, in den Schloßköpfen und im Roßkogel (alles in den vorderen Kühthaier Bergen), vor allem aber im Bereich des Alpeiner Granits: So herrschen sie um die Franz-Senn-Hütte (von der Sommerwand bis zu den Villerspitzen), bauen die Kreuzspitze und Greitspitze (nahe der Neuen Regensburger Hütte) auf, ferner den Kamm Ruderhofspitze — Schwarzenbergerspitze, die Mutterberger Seespitze, den Schrankogel und vor allem den ganzen Sulztalkamm nördl. des Roten Kogels. In der Fortsetzung erzeugen sie die lange Enge zw. Sölden und Längenfeld. Wo dieses Gestein auftaucht, auch nur in schmalen Zügen, bringt es fast immer eine scharfe Note in die Felslandschaft, denn es ist hart, zäh und besonders wetterfest. Die Amphibolitgipfel sind meist schärfer und oft wilder geformt als die der Granitgneise, die Grate schneidiger und zerhackter. Auch die Amphibolite können abweisende Wände bilden, die aber mehr gegliedert sind als bei den Granitgneisen, denn die Amphibolite sind gut gebankt. Sie geben einen festen Kletterfels, glatter als die Granitgneise, und da er weniger verwittert als diese, sind die scharfrandigen Platten, die er bildet, oft griffärmer, wobei auch die Griffe meist ungünstiger liegen; so sind Henkelgriffe weit seltener als bei den Granitgneisen. Den Amphiboliten nahe verwandt sind die *Amphibolit-Biotitgneise* an der N-Seite der Pfaffengruppe zwischen Wildem Pfaffen und Windacher Daunkogel (westl. Teil des Hauptkammes). Auf Kosten der Hornblende kommt dunkler Glimmer dazu, was überhaupt häufig ist. Damit wird das Gestein rauher und leichter angreifbar. Felspatarme Partien der Amphibolite gehen in die weniger festen *Hornblendeschiefer* über.

Was die Stubaier Alpen im Bereich der kristallinen Gesteine für den Bergsteiger reizvoll macht, verdanken sie also außer den Gletschern in erster Linie den Orthogneisen. Diese sind im nördl. Teil des Gebietes häufig und beherrschen den mittleren Bereich zwischen den Linien Längenfeld—Sölden und Neustift—Wilder Pfaff. Schon im Hauptkamm sind sie als Gipfelbildner selten; südl. davon fehlen sie fast völlig.

Bei unserer Rast auf dem Zischgeles haben uns die Kalkkögel die letzte Gruppe von Gesteinen vor Augen geführt. Sie stellen zusammen mit dem Serleskamm, mit der Trbulaungruppe, mit den Telfer Weißen bei Sterzing und den Schneeberger und den Moarer Weißen im Bereich des Schneebergs ein Stück Kalkalpen mitten in den kristallinen und so völlig anderen Zentralalpen dar, was noch unterstrichen wird durch die oft wie mit einem Lineal gezogene Auflagerungsgrenze. Diese Berggruppen sind die Reste einer einst viel größeren zusammenhängenden Deckschicht von Meeresablagerungen über den kristallinen Gesteinen. Im Bereich des Brenners ist sie nur darum noch nicht abgetragen, weil die gesamten Gesteinsschichten der Stubaier Alpen gegen den Brenner hin niedergebogen worden sind. Dadurch ist auch die Deckschicht in viel tiefere Lage gelangt und auf diese Weise vor der Abtragung geschützt worden. Sie besteht fast ausschließlich aus Ablagerungen des Trias, des ältesten Abschnittes des Erdmittelalters (Mesozoikum). Man spricht darum auch von *Brennermesozoikum.*

Die meisten Gipfel bestehen aus dem hellgrauen *Hauptdolomit,* während den Unterbau vorwiegend der *Wettersteindolomit* bildet. Selbst dem Kundigen fällt es schwer, die beiden Dolomite voneinander zu unterscheiden. Dazwischen schiebt sich aber eine dünne Lage von dunklen bis schwarzen Tonschiefern, die mit verschiedenen Kalken, Dolomiten und Sandsteinen verbunden sind, z. B. auch mit löchrigen Kalken (Rauhwacken): Das sind die *Raibler-Schichten,* die das Wasser stauen, besonders leicht verwittern und daher Simse bilden. Sie sind landnahe Ablagerungen zwischen den landfern abgesetzten Dolomiten. Die Dolomite neigen an sich schon zur Wandbildung, und da sie meist ziemlich flach gelagert und von senkrechten Klüften durchzogen sind, entstanden da — vor allem in den Kalkkögeln — derart gleichmäßige Zinnen, Türme und Nadeln mit abweisenden, waagrecht gebänderten Wänden, daß man sich eher an die Dolomiten als an die Nördlichen Kalkalpen erinnert fühlt. Dem Gestein nach aber sind die Berge des Brennermesozoikums den Nordalpen näher verwandt. Auch der Kletterer wird vergeblich nach dem festen Fels der Dolomiten suchen. Die Griffe brechen ihm nacheinander aus wie im Karwendel, außer eine Führe ist schon besonders abgeklettert. Die vielen Simse verleiten leicht zu Verhauern. Den Klüften folgen oft lange Kamine.

Die ältere Schichtfolge unter dem Wettersteindolomit, bestehend aus verschiedenen Dolomiten, Kalken, Rauhwacken, Schiefern, Sandsteinen und Konglomeraten, hat im allgemeinen für den Bergsteiger keine Bedeutung. Über dem Hauptdolomit folgen vor allem im Serleskamm, aber auch in der Tribulaungruppe die *Kössener Schichten,* die bis zu mehreren 100 m mächtig werden können: Es sind dunkelgraue und bräunliche Kalke, reich an Muschelschalenresten, ferner bunte Kalk- und Tonschiefer. Auch diese Gesteine sind brüchig; sie verwittern stärker und schwächen die verwegenen Dolomitformen nach oben hin ab (Serleskamm).

Auf dem Gipfel der Kesselspitze (Serleskamm) findet man sogar noch rote Kalke des unteren Jura (Adneter Schichten), auf der Wasenwand (Serleskamm) rötliche und grünliche kieselige Schiefer und Hornsteinschichten des Oberjura.

Die Gesteine des Brennermesozoikums verändern sich gegen S hin. Sie werden zunehmend kristallin. So verwandeln sich die Dolomite, besonders der Hauptdolomit (Tribulaundolomit) zum Teil in zuckerkörnigen weißen und rosaroten Dolomit-Marmor, Schiefer- und Mergelkalke in kristalline Schiefer, am stärksten an der Telfer Weißen. Damit gewinnen vor allem die Dolomite an Festigkeit.

Weißer *Marmor* kommt auch im Bereich der Schneeberger Glimmerschiefer in langen, stellenweise mächtigen Zügen vor, besonders nördl. und an der Mündung des Ratschingstals (Gilfenkamm!), aber z. B. auch an der Hohen Kreuzspitze. Diese Marmorzüge bilden mitunter kleine Wandstufen und Gratzähne. Der „Sterzinger Marmor" aus dem Ratschingstal, verwendbar für einfache Steinmetzarbeiten, kam früher weit herum.

Zwischen Gschnitz- und Pflerschtal liegt auf dem Brennermesozoikum eine aufgeschobene Decke von älteren Gesteinen, hauptsächlich *Quarzphyllit.* Das ist ein dunkler, stark ausgewalzter und gefältelter, blättriger Glimmerschiefer mit Quarzeinlagerungen. Er bildet jedoch nur sanfte niedrige Skiberge. In diese Gesteinsgruppe gehört auch die Nößlacher Kohle.

Nicht ganz ohne Bedeutung für den Bergsteiger sind die *Lagerungsverhältnisse,* wie sich schon am Brennermesozoikum gezeigt hat. Im Gegensatz zu diesen ziemlich flach lagernden Schichten sind die des kristallinen Gebirges fast durchwegs steil aufgerichtet. Während die nördl. der Linie Östen (Ötztal) — Gubener Hütte — Praxmar — Kalkkögel im allgemeinen nach S geneigt sind, fallen sie südl. davon vielfach gegen N, schwanken aber nach S zu immer mehr in ihrem Verlauf und nehmen vielfach senkrechte Lagen an. Für den Bergsteiger bedeutet die Schichtseite immer: geringere Neigung, dafür Plattenbildung, häufig Dachziegelschichtung und schlechtere Griffe. Die Schichtkopfseite (wo die Schichtränder in die Luft auslaufen) ist steiler, aber fester und griffiger. Aus dem Gegensatz in der Lagerung des kristallinen Gebirges und der Dolomitketten geht hervor, daß hier schon einmal ein älteres Faltengebirge gestanden war, das — zum Teil abgetragen — wieder im Meer versank: Über die gefalteten Gesteine breitete das Meer flach seine Ablagerungen. Die nachfolgenden Gebirgsbewegungen bewirkten keine so starken Faltungen mehr.

Der Fels ist örtlich durch Störungen stark verändert, sowohl durch senkrechte Verwerfungen wie durch Längsverschiebungen. So wird der Alpeiner Granit im W durch eine steile Störungsfläche abgeschnitten, die vom Schrankar und vom Längental nachgezeichnet wird: daher der Gegensatz der Talseiten! Durch die Verschiebung des Alpeiner Granits nach N sind die Randpartien stark zerquetscht, zertrümmert und verändert. Davon rührt die Brüchigkeit der Brunnenkogelwände und des N-Grates des Lisenser Fernerkogels her. Auch der Acherkogelgranitgneis ist nach N auf die Schifergneise geschoben worden, weshalb z. B. die Wörglgratscharte völlig morsch ist. Kleinere Störungen haben an unzähligen Stellen die Gesteine auf solche Weise verändert, wie überhaupt die Beschreibung der Felsarten nur Erfahrungen an durchschnittlichen Typen gesunden Gesteins verallgemeinert.

„Enge des Tales“ und „Weite der Berge“ sind mehr als nur Schlagworte. Die berüchtigten „Talhatscher“ wie z. B. der von Neustift nach Ranalt sind ja darum so trostlos, weil man kaum etwas sieht. Man hat nur steile Hänge oder Talwände über sich, die Gipfel verstecken sich dahinter und lassen sich nur im Talhintergrund blicken. Von Innsbruck bis Fulpmes war es besser: da hat man auf breiten Talterrassen die Sillschlucht umgangen und daher einen freien Blick gehabt. Bei Fulpmes haben sich diese Terrassen im Talboden zusammengeschlossen, dessen ehemalige Fortsetzung sie bilden; die steilen Hänge sind immer näher zusammengerückt und langweilig, ohne besondere allgemeine Steigung zieht die Straße taleinwärts. Hinter Ranalt aber stellen sich bald Talstufen in den Weg. Die Seitentäler „hängen“ hoch über der Haupttalsohle (Langental, Sulzenau; ebenso die Talzweige innerhalb der Mutterbergalm), die Bäche überwinden diese Gefällsbrüche in herrlichen Schluchten und Wasserfällen und schneiden sich in die wirkliche Felssohle, die man weiter talauswärts kaum zu sehen bekommen hat. Über eine Stufe erreicht man das kurze breite Hochtal der Sulzenaualm, und dann folgt noch der steile „Hüttenschinder“ zur Sulzenau-Hütte. Wieder steht man in einem breiten, flachsohligen Tal, in das der Sulzenauferner seine Zunge hängt. Aber erst oberhalb der Brüche des Sulzenau- oder Grünauferners in den Firnfeldern hat man das Tal völlig überwunden und sieht rundum über weite sanft geneigte Flächen mehr oder weniger steil, aber nicht mehr hoch die eigentliche Gipfelregion aufragen. Noch eindrucksvoller erlebt man das auf dem Übeltalferner oder auf dem Lisner Ferner: ringsum schließen sich Firnfelder und Kare zu einer weiten Hochlandschaft zusammen, in die sich mit hohen steilen Hängen die Täler eingefressen haben.

Dem Bergsteiger in den Alpen ist das ein vertrautes Bild. In vielen anderen Gebirgen (Kaukasus, Himalaya, Anden) fehlt diese sanfte Hochregion. Sie ist nicht durch die Gletscher entstanden, sondern schon lange vor dem Eiszeitalter, als die Alpen noch ein niedriges Mittelgebirge waren — erst mit Ansätzen zum Hochgebirge. Dann erst, längst nachdem sie gefaltet waren, hoben sie sich heraus und nach jeder Hebungsphase schnitten sich die Flüsse aufs neue ein, indem sie vom Rand her den Gefällsbruch, der durch die Hebung entstand, allmählich immer tiefer ins Gebirge schoben, wo wir ihn heute als Talstufe antreffen, besonders an den Mündungen von Seitentälern, deren Bäche sich nicht so schnell einzuschneiden vermochten wie die der Haupttäler. So entstanden als Folge mehrere Hebungen, auch mehrere *Talstockwerke* übereinander. Die einzelnen Talböden endigen in Stufen und ihre Reste setzen sich stellenweise noch als Terrassen an Hängen fort oder doch wenigstens als Gefällsknicke im Gehänge, die den Talwanderern die Sicht zu den Gipfeln entziehen. So haben sich in den innersten Teilen der Stubaier Alpen, zu welchen die Talzerschneidung am spätesten vordrang, die alten Flächen am schönsten erhalten, während sich gegen die Ränder hin die Täler immer tiefer eingraben und die Gipfel unmittelbar angreifen (Acherkogelgruppe). Gelegentlich sind sich Täler von zwei verschiedenen Seiten her ins Gehege gekommen. So hat das Needertal dem Sellraintal bei Kühthai das Finstertal und Längental abspenstig gemacht und der Kühthaier Sattel läuft nun ohne Fortsetzung in die

Luft aus. — Da der Alpenrand auf der S-Seite tiefer und näher liegt, ist die Zerschneidung von dorther schon weiter gediehen und der Gebirgsabfall daher schroffer und ärmer an alten Randoberflächenresten.

● 6 Als die *Schneegrenze,* oberhalb welcher der Schnee nicht mehr abschmilzt und die Gletscher ihre Vorräte auffüllen (in den Stubaier Alpen heute durchschnittlich 2900—3000 m) weiter herabrückte und sich Gletscher bildeten, fanden sie die Stubaier Alpen im wesentlichen schon in ihrer heutigen Gestalt vor. Auf den hochgelegenen Flächen, in den alten Talschlüssen der Kare konnte und kann sich der Firn sammeln. Wo die Gletscher die Stufen in Brüchen überwinden und in jüngere Täler herunterreichen, entwickelten sie Zungen. — Mitte der 1930er Jahre betrug die vergletscherte Fläche der Stubaier Alpen 96,3 qkm.

Traurig sehen wir dem Dahinsiechen der Ferner zu. Der Lisenser Ferner wird aus dem berühmten Talschluß von Lisens bald ganz verschwunden sein, und niemand sieht mehr von der Franz-Senn-Hütte aus den Alpeiner Ferner. — Viele Anstiege haben sich dadurch verändert, daß auch in den Firngebieten die Gletscher immer mehr Fels freigeben und daß alte dauernde Firnflecken verschwunden sind. So kommen oft sehr steile und glatte Wandpartien zum Vorschein, andererseits aber auch völlig morsches Gestein, das durch die ständige Durchfeuchtung und den Frostwechsel (Frostsprengung) so zerstört wurde.

Seit Jahrzehnten verfolgen Forschungsgruppen des Alpenvereins diesen Rückgang durch jährliche Messungen. — Um zu den flachen, schmutzigen und oft im Schutt verschwindenden Gletscherzungen zu gelangen, muß man sich häufig kilometerweit durch loses Blockwerk kämpfen, und schuttbedecktes Eis macht einem besonders zu schaffen. Diese *Gletschervorfelder* heben sich von weitem durch geringen Bewuchs scharf von ihrer Umgebung ab. Sie sind durch hohe Moränenwälle begrenzt, denen meist die Wege folgen und deren nachgiebige, steile Innenböschungen nicht ungefährlich sind. Diese Moränen sind Zeugen eines bedeutenden Gletschervorstoßes um das Jahr 1850 herum, der in vielen Fällen der größte seit der Eiszeit war. Damals grenzten die Gletscher mit hochgewölbten Zungen und prächtigen Gletschertoren unmittelbar an grüne Weideflächen. Seither sind sie fast ständig zurückgewichen. Nur um die Jahre 1890 und 1920 herum gab es Unterbrechungen durch winzige Vorstöße. Die kleinen Wälle des letzten Vorstoßes sieht man in fast allen Vorfeldern, die von 1890 seltener.

Bei vielen der großen Ferner liegen etwas außerhalb der 1850er Moränen unscheinbare Reste noch älterer Wälle, die auf örtlich noch größere Vorstöße vor allem um 1600 zurückzuführen sind (z. B. Grünauferner

[Sulzenauhütte], Fernauferner [Dresdner Hütte], Simminger Ferner [Bremer Hütte]).

Mehrfach haben die Gletscher bei diesen Vorstößen Bäche abgeriegelt und *Seen* aufgestaut, z. B. der Grünauferner den herrlichen Grünausee (Sulzenauhütte). Solche Seen brechen nach dem Zurückweichen des Eisdammes leicht durch die Moränen und verursachen dann im Tal Überschwemmungen, ebenso Seen, die sich beim Schwinden der Gletscherzunge hinter den Moränenwällen gebildet haben.

Die Blaue Lacke am Sulzenauferner ist nicht nur nach 1850 entstanden, sondern schon bei früheren Gletschervorstößen; so brach sie 1770 schon einmal aus. — Der Übeltalferner hat zur Zeit seiner Hochstände den von S kommenden Egetbach zu einem See aufgestaut, der gewöhnlich im Frühjahr entstand und im Sommer abfloß, manchmal aber weiter anschwoll, dann aber durch seine Ausbrüche (der letzte große 1868) bis ins untere Ridnauntal hinab Verheerungen anrichtete. Vor dem Agglsboden hat man dagegen eine Sperrmauer errichtet und so ein Ausgleichsbecken geschaffen.

Die viel höhere Waldgrenze der letzten Jahrtausende lehrt uns, daß die Stubaier Alpen nach der letzten Eiszeit fast eisfrei waren. Die eben besprochenen Gletschervorstöße sind also die Höhepunkte einer *Neuvergletscherung*. Den Lisenser Ferner nennt bereits 1260 eine Urkunde des Klosters Wilten. Das ist die älteste Nachricht über einen Ferner in den Ostalpen.

Überall in den Tälern bis hoch zu den Kämmen hinauf und in den Karen begegnen uns Moränenablagerungen und Gletscherschliffe aus dem *Eiszeitalter*. Vor etwa 20 000 Jahren noch waren die Täler erfüllt von ungeheuren Eismassen, über die nur die höheren Gipfel aufragten. Zur Zeit des Höchststandes lag die Oberfläche des Inngletschers bei Innsbruck in rund 2300 m Höhe, bei Telfs über 2400 m und der Stubaiergletscher stand im Talhintergrund mindestens 2700 m hoch. Die Oberfläche des Etschgletschers erreichte im Untervinschgau rund 2300 m bis 2400 m. Der Eisackgletscher hing über den Jaufenpaß mit ihm zusammen und über den Brenner hinweg mit dem Sill- und Inngletscher; bei Sterzing stand er mindestens 2300 m hoch.

In den Tälern und oben in den Karen kommt man immer wieder an alten hufeisenförmigen *Moränen*wällen vorbei. Die berühmteste Moräne des Gebietes legt sich bei Trins über das Gschnitztal (dahinter ein verlandeter See). Aber auch die Wälle bei Lisens können sich sehen lassen. Diese Moränen entstanden durch Vorstöße, welche die Gletscher am Ende der letzten Eiszeit während des allgemeinen Eisrückgangs unternahmen. Von der Wirkung der Eiszeitgletscher kann sich der Bergsteiger überall überzeugen. Ihnen verdankt er es, daß die *Gipfel* vielfach so steil geworden sind. Die Gletscher haben sie zugeschärft, indem sie die Wände untergruben und dabei die Kare und sonstigen alten Hochflächen noch vergrößerten. Auf gleiche Weise machten sie unten in den Tälern die Flanken steiler (*Trogtäler*). Auch die *Talstufen* waren vorher nicht so steile Fronten wie heute vielfach, wo sie oft nur von engen Klammen durchbrochen werden (Auerklamm nördl. Ötz, Gilfenklamm — Marmor — im Ratschingstal). — Die Finstertaler Seen bei Kühthai und der Trübe See im Senner Egettal (Ridnaun) sind nur als Werk der Gletscher zu verstehen. Diese allein können aus flachen Talsohlen tiefe *Becken* schürfen. Auf diese Weise gab es am Ende der Eiszeit zahlreiche Talseen, aber die Bäche haben sie wieder zugeschüttet. Nur in den Karen, wo die Bäche nicht diese Kraft haben, sehen wir noch zahlreiche Seen in Felsbecken und hinter Moränenwällen, manche auch, die sich erst in den letzten 100 Jahren in den Gletschervorfeldern gebildet haben.

Am Bahnhof Ötztal sieht man sich von eintönigen Föhrenwäldern umgeben, die einen bis in die Gegend von Ebene begleiten. Sie stehen auf einer hügeligen Trümmermasse, die in grauer Vorzeit vom Tschirgant niederbrach. Viele solcher *Bergstürze* haben sich nach der letzten Eiszeit ereignet, denn die Talflanken waren ja steiler geworden und als die Gletscher — die als Widerlager wirkten — schwanden, verloren oft größere Felspartien ihren Halt. Manchmal stürzten sie sogar noch auf Gletscher. So besteht die Moräne, die den Obernberger See abschließt, hauptsächlich aus Bergsturzmaterial, das der Gletscher eben noch bis an seinen Rand zu schleppen vermochte. Völlig gleicher Entstehung ist der kleine See im Wörgetal (westl. Kühthai), wo man die Beziehung zwischen Bergsturz und Moränen noch unmittelbarer sieht. Das Tal der Bergstürze aber ist das Ötztal mit seinen Steilflanken. Zwischen Ötz und Umhausen liegen mehrere. Der größte (von der Harmelewand) sperrt die Enge zwischen Habichen und Tumpen (Achfälle). — Im Zusammenhang mit einem vulkanischen Ereignis brach der ganze Grat im Bereich des Fundusschartels auf Köfels nieder. Die stürzenden und gleitenden Felsmassen stauten dabei nicht nur im Längenfelder Becken einen See ab, sondern auch am Ausgang des Horlachtales um Niederthai. Der Horlachbach grub sich einen neuen Weg und stürzt nun als der berühmte Stuibenfall über eine Doppelstufe (am Oberrand zwei Naturbrücken!). — Die Kirche St. Magdalena bei Innerridnaun steht auf den Trümmern eines Bergsturzes von der Seeber- und Wetterspitze, der einen 3 km langen See aufstaute. Ebenso wurde in Außer-Ratschings durch einen Bergsturz nahe der Mündung ein großer See abgedämmt. Aber auch seit Menschengedenken gab es solche Ereignisse. Außerhalb

Rabenstein (Passeiertal) gingen vom Gspeller Berg seit 1401 (damals ein Hof verschüttet) wiederholt Bergstürze nieder, hinter deren Trümmermasse sich der 1 km lange Kummersee (Passeier Wildsee usw.) bildete. Dieser brach immer wieder aus (am verheerendsten am 20.10.1774; letzter Ausbruch 1787) und verwüstete sogar noch Meran. — Am Ausgang des Lisenstales (Sellrain) sehen wir am Fuß der Freihut noch die Trümmer kleiner Bergstürze, die 1821 und vor allerm 1852 niedergingen und mehrere Häuser zerstörten oder beschädigten.

Oft lehnen sich an die Talhänge außer den Felsterrassen auch *Schutterrassen,* die von der Siedlung bevorzugt werden — Zeugen älterer Talverschüttungen —, in die sich die Bäche inzwischen eingeschnitten haben, oder die von Schmelzwässern an Rändern von Gletschern abgelagert wurden und nun, da die Gletscher daneben verschwunden sind, als Terrassen übrig geblieben sind. Die ungeheuren eiszeitlichen Schuttmassen, mit denen die Täler noch heute hoch angefüllt sind, können wir allerdings nur ahnen; in den Stubaier Alpen sind sie nirgends erbohrt, an anderen Stellen der Alpen aber oft mit weit über 100 m Tiefe.

Um vor Überschwemmungen auszuweichen, rücken die Siedlungen meist auf *Schuttkegel* hinauf, welche die Seitenbäche ins Tal vorgebaut haben. Nun, da die Bäche den eiszeitlichen Schuttmantel vielfach schon von den Hängen gespült haben, wachsen diese Schuttkegel meist nicht mehr weiter, sondern werden selbst zerschnitten. An vielen Stellen ist es aber noch nicht so weit. Nach Gewittern muß man daher oft über Muren steigen, welche Straßen und Wege unterbrochen und manchmal sogar die Bäche gestaut haben. Berüchtigt sind die Muren des Ötztales, z. B. die Öster Mur aus der Farster Rinne (unterhalb Umhausen) und die des Atterbaches bei Brand (zwischen Längenfeld und Sölden). Umhausen hat in der Nacht des 11.7.1762 durch eine Mure 10 Menschen und 63 Bauerngüter verloren. Für die Obdachlosen wurde das Neudorf errichtet. — Unzählige Schwellen versuchen den Hundstalbach (Inzinger Tal, vordere Kühthaier Berge) zu bändigen. In der Nacht vom 30. zum 31.8.1807 brach er besonders verheerend los, zerstörte in Inzing von 86 Häusern 45 und beschädigte die meisten andern. Gleichzeitig vernichtete der Halslbach in Fulpmes und Plöven 21 Gebäude, 13 Brücken, und tötete eine Frau. — Nördl. Moos im Passeiertal gehen im Bereich Hahnebaum—Ganderberg häufig Muren nieder. Die Anrisse (Blaiken) am linken Talhang greifen immer weiter zurück — bei Fortdauer eine Gefahr für diese Weiler.

Hätte man in früheren Jahrhunderten nicht so rücksichtslos mit dem Wald aufgeräumt, der den Boden festhielt, so könnte man sich viele der kostspieligen Verbauungen ersparen.

Telfes, Fulpmes, Trins, Lisens, aber auch Gleirsch, Praxmar, Ranalt, Laponnes — alle diese Namen verstehen wir heute nicht mehr. Sie führen uns zurück in vordeutsche Zeit.

Die Römer fanden bei ihren Eroberungszügen im Vinschgau (16 v. Chr.) die Venosten vor, im mittleren Inntal (15 v. Chr.) die Breunen (später auch Breonen genannt) — beides Illyrerstämme. Rom schloß ihr Gebiet mit dem der westl. benachbarten ebenfalls illyrischen Räter und dem schwäbisch-bayrischen Alpenvorland zur Provinz Rätien zusammen. Darum nennt man die romanisierte vordeutsche Bevölkerung *Rätoromanen*. Die *Ortsnamen* sagen uns, daß diese Rätoromanen alle größeren Täler bereits in ihren Siedlungsbereich einbezogen haben. Freilich bedeutet nicht jeder Name eine Siedlung, sondern vielfach haben wir es nur mit Flurnamen zu tun. Soweit sie romanischen Ursprungs sind, können wir ihren Sinn oft noch entziffern; es sind die gleich schlichten Bezeichnungen wie die, mit denen später der deutsche Bauer und Hirte sein Ringen mit der Naturlandschaft festgehalten hat: Ranalt (von ròvina = Mure), Falwesun (val busana = Lochtal, Sacktal, d. h. das Tal scheint zu Ende), Gleirsch (von glarea = Geröll, „Gries"), Praxmar (von bareca sa [g] mariâ = Säumer-Heuhütte). Diese vordeutschen Namen sammeln sich meist in den äußeren Talbereichen, weiter taleinwärts fehlen sie, aber ganz hinten tauchen sie dann auf einmal wieder auf (Beispiele: Trins — Laponnes; Fulpmes, Telfes — Falwesun, Ranalt).

Das heißt: Diese Leute waren noch nicht so zahlreich, daß sie die Wälder roden mußten oder sie vermieden sonst das Roden. So ließen sie die waldreichen inneren Talbereiche unbesetzt, aber wo sich in den Talschlüssen der Wald gegen seine Grenze hin lichtet und die natürlichen Weidegründe begannen, dort trieben sie ihr Vieh hin, also auf die Hochweide — gleichsam auf die Alm. Die deutschen Namen, die dazwischen liegen — Gschnitz, Neustift, Gries —, weisen auf *bairische Siedler* hin. Diese erreichten in der zweiten Hälfte des 6. Jahrhunderts das mittlere Inntal und überschritten um etwa 590 den Brenner. Aber erst ungefähr vom 9. Jahrhundert an, vor allem im 12. und 13. Jahrhundert, als der bisher besiedelte Raum der großen Talschaften nicht mehr ausreichte, drangen sie tiefer in die Nebentäler ein, indem sie die Wälder rodeten. Das Nebeneinander deutscher und vordeutscher Namen, die Übernahme vordeutscher Namen durch die deutschen Siedler — all das zeigt, daß diese Entwicklung friedlich vor sich ging. Dabei ist bemerkenswert, daß in den Talhintergründen die Namen nicht die deutsche Betonung auf der Stammsilbe (meist erste Silbe) angenommen haben; in diesen letzten Rückzugsgebieten der Romanen sind sie also am wenigsten verändert worden.

Baiern und Rätoromanen lebten nebeneinander, bis schließlich die an Volkskraft schwächeren Rätoromanen aufgesogen wurden (hier bis zum 13. bis 14. Jahrhundert).

Die Täler und Ortschaften im Bereich der Stubaier Alpen scheinen nicht vor dem 12. und 13. Jahrhundert in der Überlieferung auf, nur Passeier wird schon im 11. Jahrhundert genannt.

Zum Teil waren es Adelsgeschlechter, die als *Grundherren* hinter dieser Kolonisation standen — allen voran der Landesfürst, der besonders im Stubai die meisten Besitzungen hatte. Daneben scheinen geistliche Grundherren auf: das Stift Wilten hatte Besitzungen im inneren Sellrain (Lisens mit Praxmar, St. Sigmund und das Gleirschtal), während das äußere Sellrain einschließlich Gries dem Kloster Frauenchiemsee gehörte. 1150 erhielt das schwäbische Stift Ottobeuren Längenfeld und Niederthai von den schwäbischen Herren von Ronsberg. — Diese Besitzverhältnisse hielten sich der Form nach zum Teil bis ins 19. Jahrhundert. Die Rätoromanen hatten enge geschlossene Dörfer gebaut, die Baiern siedelten dagegen in lockeren Verbänden, am liebsten in *Einzelhöfen,* die später meist zu Weilern wurden. Auch sie waren anfangs hauptsächlich Viehzüchter gewesen, nun kam mehr und mehr der Ackerbau dazu, der im 14. Jahrhundert bereits bis an seine klimatische Obergrenze vorgeschoben wurde, weiter als heute. Es muß damals ein starker Überschuß an Menschen in den Tälern geherrscht haben, denn ein unerhörter Drang nach oben trieb die Siedlungen in die höchstmöglichen Bereiche, zum Teil sogar darüber hinaus.

Das gilt besonders für die sogenannten *Schwaighöfe;* das waren Viehhöfe mit einem „eisernen“ Viehbestand, der stets blieb und vom Grundherrn dem jeweiligen Pächter zur Verfügung gestellt wurde; der jährliche Zins betrug immer 300 Käse. Im 14. Jahrhundert war die Besiedlung in großen Zügen abgeschlossen und erlebte in den folgenden Jahrhunderten sogar eine rückläufige Bewegung. Die Schwaigen wurden vielfach verlassen und meist als Sommerhöfe oder Almen weitergeführt.

Beispiele umgewandelter Schwaighöfe: Zirmbachalm bei Kühthai, Gleirschhöfe (Sellrain), Kemater Alm (Kalkkögel), Stöcklenalm und Oberißalm (Oberbergtal, Stubai), Laponnesalm (Gschnitztal), Ober- und Unterrainsalm (Oberbergtal), Larstighöfe (Horlachtal).

Auch die heute noch voll bewirtschafteten höchsten Höfe gehen durchwegs auf solche Schwaigen zurück. Kühthai (1967 m), heute die höchste landwirtschaftliche aktive Dauersiedlung in den Stubaier Alpen, war auch als Schwaige bereits aufgegeben und verdankt seine Wiederbelebung (um 1910) nur dem Wintersport. — Sonst steigen heute die höchsten Höfe nur im Bereich des Needertales (westl. Kühthai) über 1700 m (Marlstein 1789 m, Marail 1734 m). Im Sulztal, im Sellrainer Gebiet und in Hinterpasseier reicht diese *Obergrenze* der ländlichen Dauersiedlung noch über 1600 m; im Pflersch- und Gschnitztal, die sich tief in die steilen, unfruchtbaren Dolomitberge des Brennermesozoikums einschneiden, sinkt sie unter 1400 m. Die tiefsten Siedlungen der äußeren Täler sind noch reichlich von Äckern umgeben. Auch den Häusern sieht man noch einen gewissen Wohlstand an im Vergleich zu den höchsten Höfen.

Hier sieht man auch fast durchwegs *Einhöfe,* d. h. Wohn- und Wirtschaftgebäude vereinigen sich unter einem Dach. Soweit man nicht schon mit Hilfe der Feuerversicherungsprämien dem Ziegeldach zum Sieg verholfen hat, herrschen Schindeldächer vor, nur im Bereich des Ötztales sieht man häufiger Bretterdächer. Ins Passeiertal reicht von O her noch der *Paarhof.*

Neben dem Wohnhaus steht parallel der mächtige Holzbau des Wirtschaftsgebäudes, selten noch mit dem steilen Strohdach, dessen Giebel vorne zum „Walm" abgeplattet ist. — Im Oberinntaler — Ötztaler Bereich sieht man vielfach recht unharmonische Anbauten und Hausteilungen — ein Ausdruck des Erbrechts (Teilung).

In trockenen Gebieten (besonders Ötztaler Bereich) findet man in den Wiesen oft Wassergräben, manchmal auch hoch über Geländehindernisse geführte Holzleitungen (Brunau unterhalb Ötz), die oft von weither Bachwasser auf die Felder und vor allem Wiesen führen. Solche Bewässerungsanlagen wurden schon im Mittelalter angelegt, aber nun benützt man sie meist nicht mehr und sie verfallen (Au bei Ötz).

Im Innern der Täler kommen die *Mehrhöfe* (Wirtschaftsgebäude abgetrennt) stärker auf. Nach oben zu verlegt sich das Hauptgewicht immer mehr auf die Viehhaltung. Um die höchsten Höfe findet man nur noch kleine *Gerstenäcker;* die Samen der Gerste werden an den Hängen einzeln mit der Hand gesetzt (Farst bei Umhausen; Ochsengarten im Needertal). Bedenkt man noch dazu, daß die herabgespülte Ackererde jährlich wieder emporgeführt werden muß (meist noch auf dem Rücken!), so bekommt man einen Begriff von der Arbeit des Bergbauern. Außer der Gerste hält auch die Kartoffel noch in den höchsten Siedlungslagen durch, entweder auf kleinen Äckern oder nur mehr in kleinen Hausgärten („Krautgarteln").

Über der Waldgrenze kommt man in das Gebiet der Almweide, aber auch der *Bergmähder,* die getupft sind mit kleinen Heuhütten. Nur einmal wird hier gemäht und das Heu entweder in Seilaufzügen herabgeführt oder auf primitiven Holzschleifen (Sellrain!) oder häufiger noch und gefährlicher im Winter auf Schlitten.

Jeder Bergsteiger fühlt sich geborgen, wenn er im Sommer das Glockengebimmel des *Almviehs* hört, denn dann weiß er: Die Hütte kann nicht mehr sehr weit sein. Die Schafe und Ziegen bringt er allerdings bis zu den höchsten Gipfeln nicht los. Die Almhütten liegen immer nahe der Waldgrenze, denn sie brauchen Holz zum Bauen, für Zäune, zum Heizen und für die Käsebereitung. — Das Vieh hat oft einen weiten Weg von den Talorten herauf, besonders wenn sich Bergkämme dazwischen stellen; so haben einige Gemeinden des Inntals zwischen Kematen und der Ötztalmündung und z. B. auch das Kloster Stams Almbesitz im Sellrain- und Needertal.

Der *Wald* hört an den Hängen meist dort auf, wo sie nach oben zu flacher werden. Droben hat er den Hochmähdern und Almen weichen müssen. Das heißt: Die Waldgrenze ist meist vom Menschen gezogen worden und liegt tiefer, als es die Natur verlangt. Sei dem frühen Mittelalter ist sie um Hunderte von Metern gesunken und das nicht nur, weil das Klima rauher geworden ist. Gerade die Almen haben den Wald in seiner empfindlichsten Zone besonders geschädigt. Und da die Wälder der Stubaier Alpen zum größten Teil dem Bauern gehören (Gemeinde-und Privatbesitz), werden sie wenig geschont. Das Vieh, das man auf die „Waldweide" treibt, frißt die jungen Triebe ab; darum haben die kleinen Fichten oft so eigenartig breite Pyramidenformen (Verbißformen). Auch schlägt man oft die Äste ab und verwendet sie als Streu. Besonders in früheren Jahrhunderten wurde der Wald vielfach rücksichtslos ausgerottet, woran auch der große Holzbedarf der Saline in Hall viel Schuld trägt. Die Bäume zwischen Haggen und Kühthai kann man heute zählen, ebenso im mittleren Kraspestal und Gleirschtal. Und der Erfolg? Die vielen Muren und Lawinen (besonders der verhängnisvolle Januar 1951!) geben die Antwort. Wo der Wald nicht mehr den Boden festhält, wo er sich nicht mehr als Hindernis in die Hänge stellt, dort brechen Schutt und Schnee bis zum Talgrund vor. Um so schwerer wiegen die Verluste, wie sie die ungeheuren Waldbrände des Sommers 1947 am Neederjoch (äußeres Stubai) und im Gschnitztal zwischen Gschnitz und Trins verursacht haben. Heute achtet man auf diese Zusammenhänge immer mehr und es ist in jeder Hinsicht sehr zu begrüßen, daß das Gschnitztal innerhalb von Trins heute Naturschutzgebiet ist (seit 1949). Dies kommt auch dem Wild zugute.

Die Stubaier Alpen gehören nicht zu den berühmtesten *Jagdgebieten* Tirols. Die Gemse ist — wie überhaupt in den Zentralalpen — weit seltener als in den Nördl. Kalkalpen; in tieferen Lagen begegnet man gelegentlich Rehen und Hasen, während der Hirsch so gut wie fehlt. Die Fährte des Fuchses läßt sich hie und da bis gegen 3000 m hinauf verfolgen. Man wird aber fast in jedem Kar Löcher des Murmeltiers finden. — In früheren Jahrhunderten sorgten die jagdlustigen Grundherrn für Schonung von Wald und Wild. In Kühthai ist uns ein schöner landesfürstlicher Jagdsitz erhalten. Kaiser Maximilian ging von diesem Schwaighof aus seit 1497 auf Jagd, aber erst in den 1620er Jahren ließ ihn Erzherzog Leopold als Jagdhaus ausbauen.

Im übrigen sind *Adelssitze* im Bereich der Stubaier Alpen selten. Neben den Gerichtsburgen an den Rändern (Hörtenberg bei Pfaffenhofen/Inntal, Petersberg bei Silz/Inntal, Sonnenburg im unteren Silltal) ist die Schneeburg im Gschnitztal zu erwähnen. Im Passeiertal finden wir außer der Jaufenburg über St. Leonhard (Sitz der Herren von Passeier, die das Gericht innehatten) und dem Turm von St. Martin die elf Schildhöfe bei St. Leonhard — eine Besonderheit: halb Edelsitze, halb Bauernhöfe. Ihre Besitzer genossen mindestens seit dem 14. Jahrhundert Steuerfreiheit und eine Reihe weiterer Vorrechte, waren aber dem Landesfürsten dafür im Kriegsfall zu Waffendienst mit Panzer, Speer und Schild verpflichtet, was später zu einer Art Leibwachendienst bei Kaiserbesuchen umgewandelt wurde. Eigenartigerweise hafteten diese Rechte und Pflichten an den Höfen, gleichgültig, ob die Besitzer Adelige waren oder nicht. Offenbar waren sie ursprünglich aber doch nur Adeligen vorbehalten.

Die **geistlichen Besitztümer** sind stellenweise auch heute noch zu erkennen. So fällt der stattliche weißgetünchte Bau von Lisens mit dem Kapellentürmchen aus dem Rahmen gewöhnlicher Alpengasthäuser. Ein noch überraschenderes Gegenstück dazu ist Maria-Heimsuchung auf der Stamser Alm (vordere Kühthaier Berge), das leider ziemlich verfällt; hier steht neben dem ansehenlichen Wohnbau noch eine eigene Kirche. Bekannter ist Maria Waldrast am Fuße der Serles, einer der berühmtesten Wallfahrtsorte in Tirol (entstanden im 15. Jahrhundert, Klosterbau 1626, Fahrweg 1640, Stationskapellen 1854 errichtet). Wallfahrten haben überhaupt gleichsam als Vorläufer des Fremdenverkehrs Bedeutung für ihre Umgebung gehabt. Hier wären noch St. Magdalena bei Mareit (Ridnaun) und Maria-Hilf in Gries im Sulztal zu erwähnen.

Im äußeren Sellraintal (bis Gries) findet man bis zu den entlegensten Höfen Trockengerüste; daneben stehen kleine Holzhütten mit Kaminen: das sind Waschküchen. Schon seit Jahrhunderten wird hier Leinwand gebleicht und jetzt vor allem die Wäsche der Innsbrucker gewaschen. Allwöchentlich sieht man noch die Fuhrwerke nach Innsbruck fahren. So fand der Bergbauer zu dem kargen Ertrag seines Bodens ein kleines Nebenverdienst.

Fast jeder Bergsteiger wird auf seinem Pickel den Herkunftsort „Fulpmes“ lesen. Als Erzeuger alpiner Gebrauchsgegenstände genießen die **Stubaier Schmiede** Weltruf. Auch andere, besonders landwirtschaftliche Geräte entstehen in ihren Werkstätten.

Die Stubaier Klein-Eisenindustrie ist bald 600 Jahre alt. Sie verwertete anfangs das Eisen, das einige Gruben an der Basis des Brennermesozoikums (vererztes Konglomerat) im Bereich Schlicker Alm — Burgstall lieferten. Der Bergbau erlosch jedoch wahrscheinlich im 17. Jahrhundert; neuerliche Schürfversuche im 19. Jahrhundert hatten wenig Erfolg. Die Schmiede aber gaben nicht auf. Sie holten sich Eisen von auswärts und ihre Erzeugnisse verbreiteten sich über den ganzen süddeutschen Raum, ja weiter nach SO-Europa und Rußland. Den Fortbestand dieser Klein-Eisenindustrie sicherten entscheidend die Gründung einer Fachschule für Eisen- und Stahlbearbeitung in Fulpmes und der Zusammenschluß zu einer Werkgenossenschaft (beides 1897). Heute arbeiten in Fulpmes rund 360 Menschen in 40 Betrieben, und immer noch wandern die Erzeugnisse in alle Welt.

Am Schneeberg (Passeier-Ridnaun) liegt in 2200 m Meereshöhe und darüber einer der höchsten und entlegensten *Bergbaue* Europas, gleichzeitig einer der ältesten und reichsten Tirols. In früheren Jahrhunderten (Blüte 15. Jahrhundert) schürfte man vor allem nach silberhältigem Bleiglanz, seit 1871 (bis 1931 und jetzt wieder seit einigen Jahren) hauptsächlich nach Zinkblende. Immer noch arbeiten viele Passeier dort, doch verlagerten sich seit 1871 die Aufarbeitung und der Transport über die Wasserscheide ins Ridnauntal. Durch den 730 m langen Kaindlstollen (über 2500 m Meereshöhe) gelangen die Erze hinüber und über 7 Bremsberge zur Aufbereitungsstätte in Maiern (1419 m), von da auf einer eigenen Erzstraße nach Mareit und über einen achten Bremsberg zur Talstraße nach Sterzing (Bahnhof).

Am Ende des Mittelalters gab es in unserem Gebiet viele ähnliche kleinere Erzgruben, besonders im Stubai-, Obernberg- und Pflerschtal, die sämtlich eingegangen sind. In Betrieb ist nur das Kohlenbergwerk von Nößlach bei Gries a. Br., wo man seit den dreißiger Jahren unseres Jahrhunderts kleine Anthrazitflöze (verwandt mit der Saarkohle) in bescheidenem Umfang abbaut.

Im großen und ganzen aber bestimmt in den Stubaier Alpen heute doch noch der Bauer das Bild der Täler; durch die erwähnten Erwerbszweige und Anlagen wird es nur etwas abgewandelt. Dieses Bild aber verliert unter der Wirkung des Fremdenverkehrs ständig an Ursprünglichkeit, vor allem durch die rege Bautätigkeit.

● 8 3. Das Pflanzenkleid der Stubaier Alpen

Hans Pitschmann und Herbert Reisigl

Der für die Stubaier Alpen so kennzeichnende Gegensatz zwischen Kalk und Kristallin kommt nirgends besser zum Ausdruck als in der Pflanzenwelt. Auf trockenen, steinigen Böden des äußeren Silltales, bei Telfes und Neustift, an den Osthängen bei Gschnitz und in einem größeren Teil des Eisacktales begegnen uns lichte Föhrenwälder (Waldsteppen) mit Heiderich (Erica carnea) und niedriger Segge (Carex humilis) im Unterwuchs.

Ein Ausläufer der Felsensteppe reicht im Windachtal von Sölden her in die Stubaier. Da kleben die flachen, braungrünen Teppiche des Sefenstrauchs (Juniperus Sabina) hoch oben in den Schrofen und verströmen an heißen Tagen einen betäubenden, unangenehmen Geruch.

Die anspruchsvolle, feuchtigkeitsbedürftige Buche verläßt uns schon in der südl. Umgebung Innsbrucks am Berg Isel und im äußeren Sellrain. In mittleren Lagen gelangen wir in die **Bergwaldstufe** mit den **Fichten- und Lärchenwäldern,** Abwechslung bringt das hin und wieder eingestreute Laubwerk von Bergahorn, Bergulme, Zitterpappel und Eberesche. Auf feuchtmoosigem Blockwerk gibt es das duftende Moosglöcklein (Linnaea borealis). Die prächtigen, blumenreichen Lärchenwiesen (besonders schön die Telfer Wiesen und die Gleinser Mähder) sind unter dem Einfluß des Menschen entstanden, der die Fichte geschlagen, die nadelwerfende und damit düngende Lärche aber geschont hat.

Über dem Bergwald folgt die **Zirben- und Krummholzregion** (subalpine Stufe). Hier herrschen auf S-Hängen und im Kalk allgemein Lärchen und Fichten, auf kalkarmen Böden der Schattseiten hingegen schließen sich die Zirben zu größeren Beständen zusammen. Die frostharte, aber gegen Schneedruck sehr empfindliche Zirbe (Pinus Cembra), mit ihren dunklen buschigen Zweigen und der dichten kuppelförmigen Krone, unser schönstes Nadelholz, bildet auf Urgestein fast überall die Waldgrenze (maximal bei 2200 m), an südseitigen Felsen klettert sie vereinzelt bis 2300 m (Ranalt).

Wo Lawinen und Felsstürze dem Wald breite Wunden geschlagen haben, füllt oft das Krummholz die Lücken. In nassen Runsen, aber auch an natürlich baumfreien, feuchten Schutthalden der N-Seite dehnen sich auf kalireichen Böden die oft riesigen, undurchdringlichen Bestände der Grünerle (Alnus viridis).

Auf kaliarmen, von Schafen nicht beweideten Gründen vermag die im Kalk so bezeichnende Legföhre (Pinus Mugo) auch im Urgesteinsbereich stellenweise größere Flächen zu besiedeln.

In reinen Kalkgebieten (Kalkkögel, Serleskamm) wird die subalpine Stufe zum allergrößten Teil vom Latschenkrummholz (Pinus Mugo) eingenommen. Aber von der nackten Schuttreise zum dichten Legföhrenbestand ist ein weiter Weg. Zu Beginn bleibt das Geröll immer beweglich und nur wenige Pflanzen können hier Fuß fassen. Es sind die sogenannten „Schuttwanderer", denen selbst ein Überdecken durch neuen Schuttstrom nicht schadet: sie verlängern einfach ihre Sprosse und suchen den Weg ans Licht. Dazu gehören u. a. Täschelkraut, Glockenblumen und Schafgarbe. Eine andere Gruppe bilden die „Schuttüberkriecher", zu denen wir z. B. das farbenprächtige Alpenleinkraut (Linaria alpina) und das kriechende Gipskraut (Gypsophila repens) zählen. Wichtige Arbeit bei diesem Festigungswerk leisten auch die „Schuttstauer": Polstersegge (Carex firma), Rispengräser (Poa), Gamskresse (Hutchinsia alpina), und der schöne gelbe Alpenmohn (Papaver aurantiacum). Wenn die Halde auf diese Weise nach und nach in Fesseln gelegt ist und die Pflanzen genügend Humus gebildet haben, dann erst vermögen die Latsche und ihre Begleiter (Almrausch — Rhododendron hirsutum, Heiderich — Erica carnea, Steinrösl — Daphne striata und Kugelblume — Globularia nudicaulis) sich ausbreiten.

Die **Stufe der Zwergstrauchheiden** (untere alpine Stufe): Grünerle, besonders aber Rostrote Alpenrose (Rhododendron ferrugineum) und Schwarzbeere (Vaccinium Myrtillus) bilden den Unterwuchs der Zirbenwälder. Während die erste die Baumgrenze kaum überschreitet, formen die gegen winterliche Austrocknung sehr empfindliche, daher schneeschutzbedürftige Alpenrose und der blaugrüne Zwergwacholder (Juniperus sibirica), der als einziges unserer Nadelhölzer 3000 m übersteigt, das Mosaik unserer Stufe.

Im Kalkgebiet wird die Zwergstrauchheide fast ausschließlich von Heiderich und Almrausch zusammengesetzt. Sie ist aber sehr oft zurückgedrängt durch die Spaliersträucher der Silberwurz (Dryas octopetala) und den Rasen der Polstersegge (Carex firma), die aus der Grasheidenstufe herabsteigen und so die Grenzen verwischen können. In steilen „Reisen" gelangen sie mitunter sogar bis ins Tal (Vom Serlesjöchl und Ampferstein bis zum Talboden).

Die **Hochmoore** sind klimatisch und der Entstehung nach eng mit den Zwergstrauchheiden verknüpft. In schönster Ausbildung sehen wir sie im Kühtai (Schwarzmoos), über Gleins und im Gschnitztal. Ihre Pflanzen sind ganz bezeichnend, zum Teil begegnen wir ihnen nur hier. Oft wuchert dichtes Latschengestrüpp, immer aber treffen wir mehrere Torfmoose (Sphagnum), Rauschbeeren, die Moosbeere (Oxycoccus microcarpa), den fleischfressenden Sonnentau (Drosera rotundifolia) und das scheidige Wollgras (Eriophorum vaginatum). Reste alter Moore finden sich im Hohen Moos (2300 m), im Fernaumoor (2300 m), und im Urfallgrübl (2400 m). Ihre Bildung fand in einer wärmeren Zeit (etwa 5.—2. Jahrtausend v. Chr.) und noch innerhalb der damaligen Waldgrenze statt, die einst 2800 m erreicht hat.

Durch intensive Beweidung ist die Zwergstrauchheide vielfach vom Bürstling (Nardus strica), in höheren Lagen vom Buntschwingel (Festuca varia) verdrängt worden, die saftigere Gräser nicht hochkommen lassen. Bärtige Glockenblume (Campanula barbata) und Arnika (Arnica montana), Goldfingerkraut (Potentilla aurea) und Punktierter Enzian (Gentiana punctata) sind fast immer seine Gefährten. An den besonders stark gedüngten Viehlagerplätzen (Lägern) gesellen sich dazu noch Blauer Eisenhut (Aconitum Napellus) und Kratzdistel (Cirsium spinosissimum), bei Lisens und im Gschnitz auch der stattliche Weiße Germer (Veratrum album). Die höchststeigenden geschlossenen Pflanzengesellschaften schließlich stellen die gelbbraunen Matten der **Grasheiden** (obere alpine Stufe). Große Verbreitung im Gebiet haben vor allem die Bestände der lockigen Krummsegge (Carex curvula), der Horstsegge (Carex sempervirens), an Windecken die des Nacktrieds (Elyna myosuroides), auf Kalk die Rasen der derben, steifblättrigen Polstersegge (Carex firma). Im Frühsommer beleben bunte Blütenfarben das Grau der Krummseggen: Neben den schwarzroten Brunellen (Nigritella nigra) und einem tiefblauen kleinen Enzian (Gentiana rotundifolia) stehen Alpenklee, Läusekraut, Berufskraut, Krainer Kreuzkraut, Jochgramille und Hainsimse. In der weniger sauren Nacktriedheide leuchten bei der zierlichen Faltenlilie (Lloydia serotina) u. a. die violetten Sterne der Alpenaster (Aster alpinus) und das zottige Edelweiß (Leontopodium alpinum). Zwischen allen aber nisten noch vielerlei Flechten.

In warmen Felsspalten kann das feine Gamshaar (Juncus trifidus), zusammen mit Spinnwebhauswurz (Sempervivum arachnoideum) und Schrofenrösl (Primula hirsuta) stellenweise die Seggenarten ersetzen. In Felsritzen noch höherer Lagen sind die duftenden Edelrauten (Artemisia laxa und A. Genipi) zu Haus. In feuchten Schuttrinnen wiederum kriecht mit langen rötlichen Ausläufern die gelbe Bergnelkenwurz (Sieversia reptans) zwischen den Goldsternen der Gamswurz (Doronicum Clusii).

Die Polstersegge siedelt sowohl auf breiten Rücken wie auf den schmalsten Felsbändern. Solche Rasen sind als Tritte oder Griffe sehr trügerisch und gefährlich! Die flachwurzelnden Polster liegen nämlich nur lose auf ihrer Unterlage; man findet daher oft am Fuß von Lawinenzügen und steilen Halden große Mengen dieser Wasen zusammengetragen.

Wo sechs und mehr Monate im Jahr Schnee liegt, geht der Rasen in die sogenannten Schneeböden über, die eine ganz bezeichnende, auf Urgestein und Kalk verschiedene Pflanzenwelt beherbergen.

Auf dem Neuland der Gletschervorfelder siedeln zuerst Moose, Steinbrecharten (Saxifraga aizoides und brvoides) und ein Rispengras (Poa laxa), dann kommen langsam Hornkräuter.

Über 3000 m lockert sich die geschlossene Rasendecke zusehends, und nur auf besonders sonnigen, windgeschützten und humosen Felsbändern steigen zimmergroße Teppiche der Krummsegge, mit ihr viele der früher genannten Arten in die Schneestufe (Nivalstufe). Darüber beginnt die Region der Polsterpflanzen.

Schon in den geschlossenen Grasheiden, noch mehr in der Schneestufe, ändern die Pflanzen ihr Aussehen. Der Wuchs ist kräftiger, gedrungener, die Farben sind leuchtender geworden, und die Blätter werden von langen Haaren oder dickem Filz umsponnen. Vor allem aber ist es die Polsterbildung, die die Pflanzen gegen Wind und Verdunstung schützt, und gleichzeitig manchen Samen ein Keimbett schafft. Wenn wir nach langer, mühevoller Wanderung über Schutt und Eis den festen Fels betreten, und plötzlich eine große rote Kugel entdecken, die übersät ist von zahllosen kleinen Nelkenblüten (Stengelloses Leimkraut, Silene acaulis), so berührt es uns immer wieder ganz eigen: welche Kraft muß doch in dieser Pflanze sein. Hier ist das Leben an seiner äußersten Grenze; hier empfinden wir es noch als Wunder.

Die höchsten Spitzen und Grate tragen nur noch wenige Laubmoose (Grimmia- und Racomitrium-Arten), Nabelflechten (z. B. Umbilicaria virginis, die ausschließlich in der Schneestufe wächst) und sehr viele Krustenflechten, auffallend an vogelgedüngten Blöcken die orangerote Caloplaca elegans.

Dem Bergsteiger werden manchmal mitten im schmelzenden Firn der Gletscher weinrote Flecken auffallen. Dieser „rote Schnee" rührt von einer mikroskopisch kleinen Alge (Chamydomonas nivalis) her, die uns aber durch ihre Färbung und das Vorkommen in großen Massen erkennbar wird.

4. Die Mineralienfundstellen der Stubaier Alpen

Von Hasso Lutz Gehrmann

Die Stubaier Berge sind, verglichen mit ihren östl. Nachbarn, den Zillertaler Alpen, mineralienarm; im Mineralienvorkommen etwa vergleichbar mit den westl. angrenzenden Ötztaler Alpen. Auch ist die breite Streuung der Fundstellen, wie etwa in den Hohen Tauern oder Zillertaler Alpen, nicht gegeben. Die Mehrzahl der lohnenden Fundstellen ist auf das Herz der Stubaier Alpen, auf Sellrain- und Lisens-Tal, konzentriert. Jedoch bietet auch der südöstl. Teil der Stubaier Alpen (italienisches Staatsgebiet), aufgebaut aus weichen, verwitterungsfähigen Glimmerschiefern, dem Mineraliensammler noch sehr gute Fundmöglichkeiten. Dieser Beitrag soll nun keinesfalls zur weiteren Ausbeutung der angeführten Fundstellen auffordern und anregen, sondern er will vielmehr aufzeigen, welche Vorkommen und Fundorte noch vorhanden sind und die Möglichkeit bieten, schöne Mineralien zu finden. Raubbau an Fundstellen sowie deren rücksichtslose Ausbeutung und Erschöpfung ist eines ernsthaften und verantwortungsbewußten Mineraliensammlers unwürdig und zu unterlassen.

An der Hohen Kreuzspitze, 2774 m, nordöstl. von Moos im Passeier, Vorkommen undurchsichtiger, braunroter Granate (Almandin) mit beachtlichen Kantenlängen; daneben kommt Hornblende in bis zu mehreren Zentimeter langen Stengeln vor. Besonders die O-Seite des Berges hat sich als sehr fündig erwiesen. Eine wahre Fundgrube für Mineralienfreunde ist das Gebiet um die Schneeberghütte, 2355 m, in der aufgelassenen Bergwerkssiedlung St. Martin am Schneeberg (ehemals Zink- und Bleiabbau). Die hier zahlreich vorkommenden Mineralien sind Granat, Pyrit (meist limonitisiert), Magnetkies, derbe Zinkblende, Kupferkies, Bleiglanz, gelegentlich auch Hessonit und kurzfaseriger, bräunlicher Asbest. Die Fundmöglichkeiten erstrecken sich vom Schneeberg nach S bis zur Hohen Kreuzspitze. Auch an der S-Flanke des Botzers, 3250 m, konnte der Verfasser schöne Granate bis zu 15 Millimeter Kantenlänge finden. Der westl. Flankenteil erwies sich bei der Suche als besonders ergiebig. Sehr gute Fundmöglichkeiten bieten die Berge um das Sellrain- und Lisens-Tal. Die S- und W-Flanken des Windeggs, 2577 m, sind bekannte Fundgebiete für rötlichbraunen Andalusit. Gute Fundmöglichkeiten für dieses Mineral bieten auch die O-Flanke des Grieskogels, 2707 m, sowie der nordöstl. von Praxmar aufragende Achselkogel. Auch die sich südl. vom Grieskogel erhebende Lampsenspitze, 2875 m, und ihr südl. Nachbar, der Zischgeles, 3005 m (letzterer besonders am Übergang zur Schöntalspitze) ermöglichen im

Glimmerschiefer Funde von Granat und Staurolith, dessen oft mehrere Zentimeter lange, dunkelbraune Stengel sich kontrastreich vom hellen Glimmerschiefer abheben. Die Umgebung der Gallwieser Alm, 1750 m, sowie der W-Abfall des Roten Kogels, 2834 m, ermöglichen an quarzführenden Felsblöcken schöne Funde von Andalusit, Disthen und Hornblende, desgleichen das Gebiet des benachbarten Gamsgrübl. Im Bereich der Lisenser Alm, 1636 m, wird neben Andalusit auch rotbrauner Sillimanit gefunden. Dieses rhombisch kristallisierende Mineral fällt dem Sammler sofort durch sein feinfaseriges, oft auch strahliges, Aussehen auf.

Sehr gute Fundmöglichkeiten für Granat und Turmalin (Schörl) bietet die südl. Umgebung des Hotels „Fernerkogel" am Talende. Aus dem leicht verwitterbaren, weichen Glimmerschiefer lassen sich schöne, hervorragend ausgebildete Granate mit unversehrten Kanten herausarbeiten.

Der Verfasser fand hier auch braune, kurzsäulige Staurolithkristalle. Das Vorkommen dieses Minerals ist jedoch sehr selten und beschränkt sich vor allem auf kleine Klüfte an der W-Flanke der Lisenser Villerspitze, 3026 m, nördl. des Horntaler Jochs, bietet überaus reiche Granatvorkommen. Die braunroten Granate, welche oft Felsplatten und -blöcke geradezu übersäen, sind allerdings fast durchwegs angewittert und undurchsichtig. Die Kanten der erbsen- bis nußgroßen Kristalle sind abgerundet. An der Hohen Villerspitze kann auch garben- und strahlenförmiger, gelbgrüner Epidot, ähnlich dem von der Knappenwand/Venedigergruppe, gefunden werden. Gute Fundmöglichkeiten bietet das ehemalige Bergwerksgelände bei Obernberg, 1396 m, westl. von Gries am Brenner. Westl. des Ortes, am nördl. Talhang, befinden sich mehrere Stollenlöcher (Vorsicht beim Betreten, Steinschlaggefahr!) und stellenweise bereits überwachsene Abraumhalden. Hier kann der Mineraliensammler neben schönen, auf Fahlerz aufgewachsenen, klaren Flußspatkristallen (Fluorit) bis zu 20 Millimeter Kantenlänge auch Calcit, Zinkblende, Bleiglanz und vereinzelt tafeligen Baryt finden. Der Flußspat bildet hier auch sehr schöne, würfelige Stufen in violettem bis rosa Farbton aus.

Im Felsgebiet um die Starkenburger Hütte, 2229 m, sowie am Hohen Burgstall, 2612 m, in den Kalkkögeln kann schwarzgrauer, grobkörniger Magnesit und Eisenglanz (Hämatit) gefunden werden. Aus diesen Lagerstätten wurde in früherer Zeit die eisenverarbeitende Industrie des Stubaitales (Fulpmes usw.) beliefert. Gute Fundmöglichkeiten für Andalusit, dem in den Stubaier Alpen neben Granat wohl am häufigsten vorkommenden Mineral, bestehen im Felsgelände (besonders an

Felsblöcken mit Quarzeinlagerungen) um die Dortmunder Hütte, 1948 m, westl. von Kühthai. Hier erwies sich die O-Flanke des Zwölferkogels, 2988 m, oberhalb der Finstertaler Seen, bei der Suche als besonders fündig.

Die Aufzählung der Mineralienfundstellen in den Stubaier Alpen kann hiermit natürlich nicht vollständig sein, denn Einzel- und Zufallsfunde sind wohl überall möglich. Die angeführten Fundstellen wurden ausnahmslos vom Verfasser in jüngerer Zeit besucht und gute Fundmöglichkeiten festgestellt.

III. Was man sonst noch wissen sollte . . .

● 9 1. Anreise, Zugänge, Verkehrsverhältnisse

Der Hauptanreiseweg wird für die meisten Besucher des Stubais über Innsbruck führen.

Die Bahnstrecken im Inntal und Wipptal sind sehr stark befahrene Verkehrslinien des internationalen Reise- und Güterverkehrs (Arlbergexpreß, Transalpin, Alpenexpreß, Mediolanum).

Die Autobusverbindungen von einzelnen Ortschaften (Bahnhof Ötztal, Steinach usw.) sind größtenteils an die Zugverbindungen angeschlossen. Der Autobusverkehr von Innsbruck ins Ötztal, nach Sellrain und auf das Axamer Mittelgebirge (südwestl. von Innsbruck) bietet Anschlüsse mehrfach am Tag (Erkundigung beim Landesreisebüro Innsbruck, Bozner Platz und Autobahnhof Innsbruck, Hauptbahnhof).

Die Autostraße im Oberinntal ist die österreichische Ost-West-Hauptstraße [Bundesstraße Nr. 1]. Die Autobahn von Innsbruck ins Oberinntal steht kurz vor der Fertigstellung (1978 bis Dirschenbach). Durch die Erbauung der Brenner-Autobahn (Innsbruck — Brenner — Bozen) sind Stubai-, Gschnitz- und Obernbergtal unmittelbar an die wichtigste europäische Nord-Süd-Verbindung [E 6] angeschlossen. Das Autobahn-Teilstück Innsbruck — Schönberg (Anschluß Stubaital) mit der Europabrücke ist landschaftlich und technisch eine Sehenswürdigkeit.

Durch den Ausbau der Timmelsjochstraße hat auch das Ötztal im Sommer eine direkte Nord-Süd-Verbindung bekommen — und Obergurgl liegt der alten Tiroler Landeshauptstadt Meran näher als der neuen. Auch die Verbindungsstraße Sellrain — Kühthai — Ötztal ist dem motorisierten Bergsteiger und Skiläufer ein willkommener Zubringer zu den Hütten und Bergen des nördlichen Gebirgsteiles.

Die Straße ins Stubaital wurde bis in den Talgrund zur Mutterberg-Alm — Talstation der Stubaier Gletscherbahn — ausgebaut. Im Gschnitztal kann man (mit Einschränkungen) bis zur Laponnes-Alm, im Obernbergtal bis zum See, im Sulztal bis Gries, im Windachtal bis Gh. Fiegl, im Fotschertal bis zum Skiheim Fotsch und von Gries im Sellrain nach Lisens mit Pkw fahren. Die Zeit der mühsamen Talhatscher ist vorderhand vorbei.

Allenfalls ist es zweckmäßig, neben entsprechenden Autokarten stets mündliche Erkundigung in Innsbruck (Landesreisebüro) oder in großen Talorten einzuziehen.

Die Bergwege sind im gesamten Gebiet dank der Arbeit des Alpenvereins in gutem Zustand. Jedoch wird auch hier dringend empfohlen, in den Talorten und Hütten Erkundigung einzuziehen, da der Zustand von Bergwegen sehr veränderlich ist (Regengüsse, Rutsche, Felsstürze, Muren, Lawinen). Im Gebiet südl. des Hauptkammes sind die meisten Wege mit Nummern gekennzeichnet, die von den Verkehrsvereinen der Talorte oder den örtlichen Zweigen des AV Südtirol angebracht werden und im örtlich begrenzten Raum gelten.

Dem raschen Herankommen an das Hochgebirge dienen auch eine Reihe von Bahnen und Liften, die im letzten Jahrzehnt entstanden sind:

Sesselbahnen und Lifte Mutters — Pfrimesköpfl
Lifte Axamer Lizum — Birgitzköpfl und Hoadl
Lifte Kühthai — Plenderlesee und Hochalter.

Im Stubaital: Serleslift Mieders (zum Waldrasteck),
Bergbahnen Fulpmes — Froneben und Froneben — Kreuzjoch, Schlicker Alm — Sennesjoch
Elferlift Neustift
Stubaier Gletscherbahn: Mutterberg-Alm — Dresdner Hütte — Eisgrat — Stubaier Eisjoch, b. Bildstöckljoch (Ganzjahresskigebiet. Höchste Seilbahn Österreichs) mehrere Schlepplifte
Lift Steinach — Berger-Alm — Nößlachjoch
Sattelbergbahn Gries — Sattelalm (Schlepplift zum Sattelberg)
Acherkogelbahn (Oetz — Bielefelder Hütte)
Sterzing: Roßkopfbahn
Pflersch: Lifte Ladurns.

● 10 2. Die Staatsgrenze

Am Brenner wurde nach dem 1. Weltkrieg eine Grenze gezogen, die nicht nur den uralten Verbindungsweg unterbricht, sondern auch die Talschaft Wipptal mitten durchtrennt. Die Grenzlinie wurde sogar noch 800 m nördl. der Wasserscheide gelegt. Von hier zieht sie gegen W über den Sattelberg, weiter am langen Kammrücken zu den Tribulaunen. Von hier stets am Hauptkamm zu den Feuersteinen, weiter zum Wilden Freiger und zum Wilden Pfaffen. Hier biegt sie gegen S um, erreicht über die Sonklarspitze die Schwarzwandspitze und zieht weiter zur Windachscharte. Gegen W folgt sie nun dem Kamm südl. des Windachtales bis zum Jochköpfl, von wo sie gegen S über den Timmelsberg zum Timmelsjoch absteigt.

Offiziell ist zollamtlich der Übergang von Österreich auf italienisches Staatsgebiet (und umgekehrt) nur am Brenner — im Sommer auch am

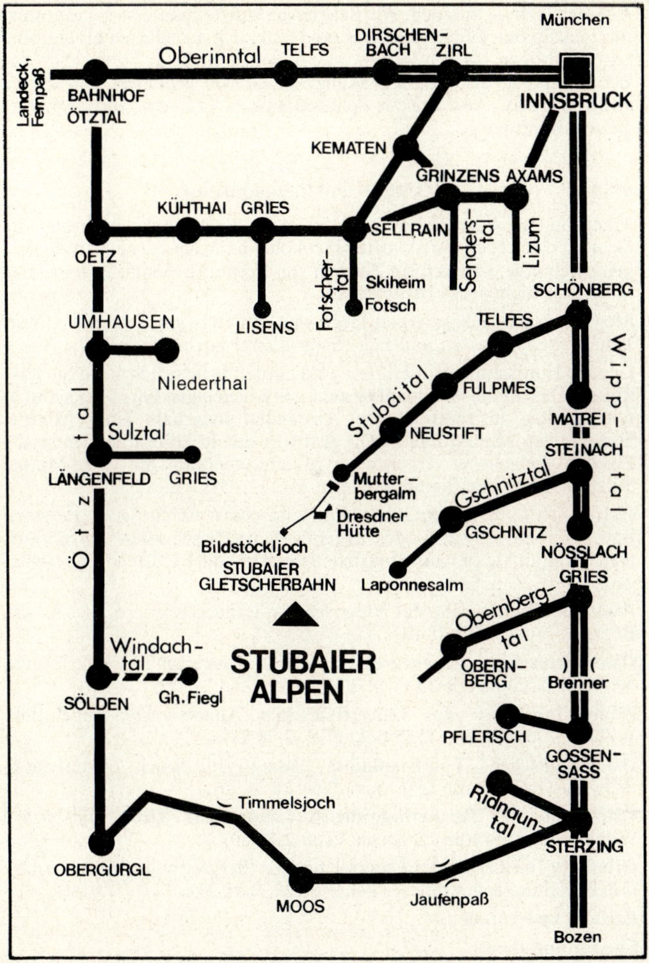
München
DIRSCHEN-BACH
Oberinntal
TELFS
ZIRL
Landeck, Fernpaß
BAHNHOF ÖTZTAL
INNSBRUCK
KEMATEN
GRINZENS
AXAMS
KÜHTHAI
GRIES
SELLRAIN
Sendersital
Lizum
OETZ
Fotschertal
Skiheim
Fotsch
SCHÖNBERG
UMHAUSEN
LISENS
TELFES
Wipptal
Niederthai
Stubaital
FULPMES
Ötztal
Sulztal
NEUSTIFT
MATREI
STEINACH
LÄNGENFELD
GRIES
Mutter-bergalm
Gschnitztal
Dresdner Hütte
GSCHNITZ
Bildstöckljoch
NÖSSLACH
STUBAIER GLETSCHERBAHN
Laponnesalm
GRIES
Obernbergtal
Windachtal
STUBAIER ALPEN
OBERN-BERG
Brenner
SÖLDEN
Gh. Fiegl
PFLERSCH
GOSSEN-SASS
Timmelsjoch
Ridnauntal
STERZING
OBERGURGL
MOOS
Jaufenpaß
Bozen

Timmelsjoch — möglich. Als Bergsteiger durfte man bisher die Grenze im hochalpinen Gebiet überschreiten und auch auf Hütten an der Südseite nächtigen. In den letzten Jahren wurde mehrfach gemeldet, daß Bergsteiger an der Überschreitung der Grenze gehindert und durchsucht wurden. Abstiege zu den südseitigen Talorten sind verboten. Reisepaß mitnehmen.

● 11 3. Unfall- und Rettungsdienst

Mangelhafte Ausrüstung und fehlende Erfahrung gefährden im Gebirge das Leben. Auskünfte einzuholen und sich daran zu halten ist keine Schande, sondern ein Zeichen von Vernunft. Kenntnis der Ersten Hilfe ist Pflicht jedes Bergsteigers.

Menschen aus gebirgsfernen Gegenden tun stets gut, besondere Vorsicht walten zu lassen und sich einem Führer anzuvertrauen.

Genaue Eintragungen in Hütten- und Gipfelbücher erleichtern Suchaktionen. **Das alpine Notsignal besteht aus 6 beliebigen hör- oder sichtbaren Zeichen in regelmäßigen Abständen innerhalb einer Minute.** Danach eine Minute Pause. Die Antwort des zu Hilfe Eilenden sind 3 Zeichen ebensolcher Art in einer Minute, ebenfalls mit einer Minute Stille zwischen den Signalminuten.

Helfen ist selbstverständliche Kameradschaftspflicht jedes Bergsteigers. Wer zu schwach oder unerfahren ist, beschränkt sich darauf, Nachricht an Melde- und Ortsstellen des BRD oder Hütten zu überbringen.

Alpine Auskunftsstelle des Alpenvereins, Landesreisebüro, Innsbruck, Bozner Platz (Tel. 2 78 01).

Österreichischer Alpenverein, Verwaltungsausschuß, Innsbruck, Wilhelm-Greil-Straße 15 (Tel. 2 31 71).

Zweig Innsbruck des Österreichischen Alpenvereins, Innsbruck, Wilhelm-Greil-Straße 15/Stöckl (Tel. 2 78 28).

Österreichischer Touristenklub, Zweig Innsbruck, Innsbruck, Wilhelm-Greil-Straße 15/Stöckl (Tel. 21 24 73).

Österreichischer Bergrettungsdienst Landesstelle Tirol, Innsbruck, Wilhelm-Greil-Straße 15/Stöckl (Tel. 2 19 19).

Ortsstelle Innsbruck des Österreichischen Bergrettungsdienstes, Innsbruck, Fallmerayerstraße 1 (Tel. 2 21 22, 2 21 23).

Rettung und Unfall 144.

Flugrettungsdienst 2 77 77.

Bergwacht 2 51 52, 51 44 25.
Gehobene Meldestelle **Flaurling** des ÖBRD.

Ortsstelle **Telfs** des ÖBRD.

Gehobene Meldestelle **Rietz** des ÖBRD.

Sellraintal: Ortsstelle **Gries in Sellrain** des ÖBRD. Gehobene Meldestelle **St. Sigmund** des ÖBRD.

Wipptal: Ortsstellen **Matrei, Steinach, St. Jodok** und **Gries am Brenner** des ÖBRD.

Gschnitztal: Gehobene Meldestelle **Trins** und **Gschnitz** des ÖBRD.

Stubaital: Ortsstellen **Fulpmes** und **Neustift** des ÖBRD.

Ötztal: Ortsstelle **Ötz** des ÖBRD. Gehobene Meldestelle **Niederthai** des ÖBRD. Ortsstellen **Gries im Sulztal, Umhausen, Sölden, Längenfeld, Obergurgl** und **Vent** des ÖBRD. (Gehobene Meldestelle des ÖBRD = Meldestelle mit eigener Mannschaft, welche organisatorisch jedoch einer Ortsstelle angeschlossen ist.)

Der Österreichische Bergrettungsdienst (BRD) und der Bergrettungsdienst des AV Südtirol sind ein freiwilliger, unbezahlter Kameradschaftsdienst ortsansässiger Bergsteiger.

Orts- und Meldestellen sind in den Talorten verzeichnet.

● 12 4. Bergführer

Das große Gebiet der Stubaier Alpen verfügt über viele Bergführer, die man am jeweiligen Standort (siehe Talorte) erfragen und verpflichten kann. Auf Hütten ist dies ungewiß. Es ist dringend anzuraten, sich nur autorisierten Führern anzuvertrauen, die durch das Bergführerabzeichen gekennzeichnet sind und über das Führerbuch verfügen.

Wer nicht über genügend Erfahrung verfügt, muß sich auf Hochtouren einem Führer anvertrauen.

● 13 5. Schutz unseren Bergen

Edelraute, Silberraute, Goldraute, Alpenaster, Mathiols, Frauenschuh, blaugraue Nelke, Enzian, Edelweiß, Türkenbund, Brunelle, Fliegenblume, Alpenmohn, Aurikel und Blauer Speik sind geschützte Pflanzen, deren Abreißen verboten ist.

Die Gendarmerie- und Forstbehörden sowie die „Tiroler Bergwacht" überwachen dieses Schutzverbot und sind befugt, auch strafend einzuschreiten.

Gebrüll und Lärm stört das Wild in den Wäldern.

Bergkamerad, klopfe nicht deine Pfeife im Wald aus, wirf nicht unachtsam Zigarettenstummel fort und mache nicht leichtsinnig Lagerfeuer im Wald oder an Latschenhängen.
Hütten, gleich ob Privathütten, AV-Hütten oder Häuser anderer alpiner Vereine, verläßt man so, wie man sie anzutreffen wünscht: sauber, aufgeräumt und gut verschlossen. Holzvorrat und Lampenpetroleum sind in Winterräumen kostbares Gut, mit dem man sparsam umgeht. Man bezahlt gerechterweise, was man an Holz oder Petroleum verbraucht hat, sowie seine Nächtigungsgebühr.

● 14

6. Schrifttum, wissenschaftliche Literatur, Führer und Karten

Die Zahl der Veröffentlichungen in geschlossener Form oder in Aufsätzen aus dem Gebiet der Stubaier Alpen ist im Vergleich zu anderen Teilen der Ostalpen ziemlich groß. Vor allem finden sich Aufsätze in allen größeren alpinen Zeitschriften.

Eine wesentliche Arbeit über den ganzen Habichtkamm (Dr. K. Krall) enthält die Zeitschrift des D. u. Oe. AV. 1936. Weitere Monographien neueren Datums in der AV-Zeitschrift sind: Adolf Witzenmann, „Der Bergkranz des Sellrainer Gleirschtales — rund um die Neue Pforzheimer Hütte“ (1932); Ph. Ludwig, „Die Berge des Winnebachtales“ (1933); Fred Oswald, „Unbekanntes Hochstubai (Der Bergkranz des Oberen Windachtales)“ (1937). Die größte gesammelte Veröffentlichung findet sich über unser Gebiet in den Jahresberichten des Akademischen Alpenklubs Innsbruck in folgenden Jahren:
1897/98 Das Sellrainer Gleirschtal (F. Hörtnagl).
1898/99 Die Lisenser Berge (F. Hörtnagl, F. Stolz).
1899/1900 Die Kühthaier Berge (F. Hörtnagl).
1900/01 Die Berge des Larstig-Gebietes (F. Hörtnagl).
1909/10 Der äußere Sulztalkamm (F. Hohenleitner).
1923 Die Alpeiner Berge (Dr. S. Hohenleitner).
Als ältestes Standardwerk verdient Purtschellers Aufsatz in der „Erschließung der Ostalpen“ (Band II, Berlin 1894, Seite 377 ff.) noch Erwähnung. Ein bibliophiles Meisterwerk und eine unerschöpfliche Fundgrube ist die Monografie „Stubei, Thal und Gebirg, Land und Leute“ von C. Gsaller u. a., hrsg. v. der Gesellschaft von Freunden des Stubeithales. Leipzig 1891.

Alpine Auskunft

Mündliche und schriftliche Auskunftserteilung in alpinen Angelegenheiten für Wanderer, Bergsteiger und Skitouristen

→ **Deutscher Alpenverein**

Montag bis Freitag von 8.30 bis 12.30 Uhr
D-8000 München 22, Praterinsel 5
Telefon (089) 29 49 40
[aus Österreich 06/089/29 49 40]
[aus Südtirol 00 49/89/29 49 40]

→ **Österreichischer Alpenverein**

Montag bis Freitag von 8.30 bis 12.00
und von 14.00 bis 18.00 Uhr
derzeit im Tiroler Landesreisebüro
A-6020 Innsbruck, Bozner Platz 7
Telefon (0 52 22) 2 41 07
[aus der BR Deutschland 00 43/52 22/2 41 07]
[aus Südtirol 00 43/52 52/2 41 07]

→ **Alpenverein Südtirol**
Sektion Bozen

Montag bis Freitag von 9 bis 12
und von 15 bis 18 Uhr
im Landesverkehrsamt für Südtirol – Auskunftsbüro
I-39 100 Bozen, Waltherplatz 8
Telefon (04 71) 218 67
[aus der BR Deutschland 00 39/471/2 18 67]
[aus Österreich 04/071/2 18 67]

In diesem Zusammenhang kann nur eine äußerst knappe Zusammenstellung der allerwesentlichsten Arbeiten gegeben werden, die sich in ihrer Gesamtheit oder in Teilen mit dem Gebiet der Stubaier Alpen beschäftigen.

R. v. Klebelsberg, Geologie von Tirol, Berlin, 1935.

G. Mutschlechner, Das Felsgerüst der Ötztal-Stubaier Alpen, ZAV 68, 1937, Seite 113 — 127.

W. Hammer, Geol. Führer durch die Westtiroler Zentralalpen, Sammlung geolog. Führer XXII, Berlin, 1922.

R. v. Klebelsberg, Handbuch der Gletscherkunde und Glazialgeologie, Wien, 1948/1949.

S. Morawetz, Die Vergletscherung der Stubaier Alpen, Ztschr. für Gletscherkunde 27, 1941, Seite 337 — 348.

H. Kinzl, Beiträge zur Geschichte der Gletscherschwankungen in den Ostalpen, Ztschr. für Gletscherkunde 17, 1929, Seite 66 — 121.

H. Kinzl, Formenkundliche Beobachtungen im Vorfeld der Alpengletscher, Beiträge zur Landeskunde Tirols (Klebelsberg-Festschrift) Veröff. d. Museum Ferdinandeum 26/29, 1946/1949, Seite 61 — 82.

H. Paschinger, Die spätglazialen Gletscher des Gschnitztales, Ztschr. für Gletscherkunde und Glazialgeologie, Bd. II, Heft 1, 1952, S. 35 — 57.

H. Wopfner, Die Besiedlung unserer Hochgebirgstäler, dargestellt an der Siedlungsgeschichte der Brennergegend, ZAV 51, 1920, Seite 85 — 86.

H. Wopfner, Bergbauernbuch, 1. Band, Innsbruck 1951.

O. Stolz, Die Schwaighöfe in Tirol. Ein Beitrag zur Siedlungs- und Wirtschaftsgeschichte der Hochalpentäler, Wissenschaftliche Veröffentl. des DÖAV. 5. 1930.

R. v. Klebelsberg, Die Obergrenze der Dauersiedlung in Nordtirol, Schlernschriften 51, 1947.

R. v. Klebelsberg, Die Obergrenze der Dauersiedlung in Südtirol, Schlernschriften 1, 1923.

O. Stolz, Zur Geschichte des Stubaitales, Tirol, 2. Folge, Heft 6, 1929.

O. Stolz, Sellrain, Landschaft und Geschichte, ZAV 70, 1939, S. 199 — 210.

H. Gams, Die Pflanzenwelt Tirols (AV-Werk), München 1933.

● 16 Geologische Karten

Österreichische Geologische Spezialkarte 1: 75 000.
Blatt 5046, Zirl—Nassereith (O. Ampferer, Th. Ohnesorge, 1924).
Blatt 5146, Ötztal (W. Hammer, 1929).
Blatt 5346, Sölden und St. Leonhard (O. v. Schmiedegg, 1932).

Alle herausgegeben von der geol. Bundesanstalt, Wien. Außer Blatt 5246 jeweils mit Erläuterungen.

Carta geologica delle tre Venezie, foglio Merano, 1:100 000. Mit Erläuterungen. Herausgegeben vom Ufficio Idrografico del R. Magistrato alle Acque-Venezia, sez. geol., Padova 1926.

● 17 Andere Führer durch das Gebiet

Stubai und Sellrain (Berg- und Wanderführer), H. Delago, Innsbruck 1965. Wanderbuch durch das Stubaital, Franz Malcher. Das Tourengebiet der Siegerlandhütte (hrsg. v. AVS Siegerland) von Dieter Freigang. 2. Aufl. 1976.

● 18 Karten für den Bergsteiger

Die neue AV-Karte der Stubaier Alpen, 1:25 000 mit den zwei Blättern Hochstubai und Sellrain umfaßt den größten Teil des Gebietes. Die neueste Karte, mit modernen Mitteln aufgenommen, deren topographische Bearbeitung, Zeichnung und Stich Dipl.-Ing. F. Ebster, Innsbruck, besorgte, wurde in den Jahren 1935—38 hergestellt (Druck: Freytag & Berndt). Neueste Auflagen: Blatt Sellrain 1976 (mit Skirouten und einzelnen topografischen Berichtigungen); Blatt Hochstubai 1972 (mit Berichtigungen und Ergänzungen, Skirouten nach H. u. H. Klier und R. Meier). Gletscherstand auf beiden Blättern 1937. Eine ausgezeichnete Übersichtskarte ist die AV-Karte „Innsbruck/Umgebung" von 1975, die etwa das nordöstl. Viertel der Stubaier Alpen bis in Höhe von Telfs im W und Stafflach im S umfaßt. 1962 (Nachträge 1964) erschien die Umgebungskarte von Innsbruck 1:25 000 des Österr. Bundesamtes für Eich- und Vermessungswesen, die den NO-Zipfel unseres Gebirges (Senderstal und Axamer Lizum) beinhaltet und vom AV mit Skirouten veröffentlicht wurde.

Dieselben Blätter liegen mit Eintragung von Skiführen vor.

Die östl. Randgebiete (Habicht — Serleskamm, Tribulaunkamm, Beikarte Kalkkögel 1:25 000) sind in der Brennerkarte des AV im Maßstab 1:50 000 enthalten. Diese Karte bildet einen schwachen Anschluß an die gute neue AV-Karte.

Für das Gebiet südl. der Staatsgrenze (ital. Staatsgebiet) bieten die ital. Blätter 1:25 000 wohl den größten Maßstab, sind aber wegen ihrer wahllos italianisierenden Namensgebung für die deutschsprachigen Benützer nur sehr schwer verwendbar.

Eine sehr gute Wanderkarte des gesamten Gebietes wurde von Freytag & Berndt, 1:100 000 herausgegeben, ist aber für den Bergsteiger im Hochgebirge unter keinen Umständen eine genügende Unterlage.

Die neue österr. Karte 1:25 000 erfaßt nur in einzelnen Randstücken die Ostränder des Gebietes von Innsbruck bis zum Brenner (Serles- und Tribulaunkamm). In diesen Gebieten stellt sie zweifellos die beste greifbare Karte dar.

Die Österr. Karte 1:50 000, Blatt Steinach reicht von Innsbruck bis zum Brenner.

● 19 7. Die Erschließung

Im vorliegenden Führer wird bei den einzelnen Gipfeln (so gut es die Unterlagen gestatten) versucht, Erstbesteigung und Erstbegehung jeweils zu nennen.

Die Erschließung der Stubaier begann etwa mit den siebziger Jahren des vergangenen Jahrhunderts und war zur Zeit des ersten Weltkrieges im wesentlichen beendet.

P. C. Thurwiesers Besteigungen (etwa 1830) des Habichts, Lisenser Fernerkogels und Strahlkogels sind im Verhältnis den extremsten Fahrten der Neuzeit gleichzusetzen.

In den Jahren 1870 bis 1880 begannen da und dort einzelne über die Almregion hinaus vorzudringen. Im folgenden Jahrzehnt waren es Männer wie Pallocsay, Wechner, Pock, Krollik mit seinem treuen Begleiter, dem Zirler Gemsjäger Schnaiter, Rocholl, C. Gsaller, L. Purtscheller und dazu eine Reihe von ortsansässigen Bauern (z. B. Fam. Pfurtscheller, Ranalt), die einzelne Berge eroberten. Sie wurden so zum Stoßtrupp des Alpinismus in diesem Gebiet.

Die klassische Zeit der systematischen Erschließung setzte dann am Ende der achtziger Jahre, vollends aber im letzten Jahrzehnt des verflossenen Jahrhunderts ein. Hier war es besonders der Akademische Alpenklub Innsbruck, der dem Ruf der Heimatberge folgte und weite Teile Stück für Stück erschloß und durchforschte. Vor allem waren es die Kühthaier Berge, die Sellrainer Berge, der Sulztalkamm, und später das Gebiet der Alpeiner Berge.

Mit der Herausgabe des Stubaiführers von Prof. S. Hohenleitner war auch das Dokument zum Abschluß der großen Erschließungsgeschichte gesetzt. Eine der größten, ja vielleicht die bemerkenswerteste Tat dieser klassischen Erschließerzeit stellt die später beinahe eine zeitlang vergessene Durchsteigung der Nordwand des Pflerscher Tribulauns im Jahre 1900 von O. Melzer und Gefährten dar, die heute noch zu den besonders schwierigen Fahrten zu zählen ist.

In den Jahren um 1920 weisen die ersten Vorboten der schärferen jungen Generation neue Wege in den Felswänden der Ilmspitze und des Kirchdachs. Sprunghaft verlagert sich in dieser Zeit das Schwergewicht auf die reinen Felstouren im östl. Teil der Gruppe.

Was folgt, zählt bereits zu den großen Leistungen der jungen Bergsteigerrichtung. Durch die Wände des Serleskammes an Kirchdach, Ilmspitze, Torsäule, an den Elfertürmen, Tribulaunen und am Goldkappl werden neue und stets schwierigere Wege gegangen. Im vergletscherten Gebiet fiel 1938 die Brunnenkogel-Nordwestkante. Ein paar neue Eiswege strebten direkt zu den Gipfeln des Hauptkammes empor (Zuckerhütl-Nordflanke). Der zweite Weltkrieg, während dessen die Heeres-Hochgebirgsschule ihren Sitz in Fulpmes hatte, brachte manche oft ungenannte Begehung einzelner Gipfel oder ganzer Gruppen. Besondere Taten dieser Zeit sind die direkten Durchstiege der Nordwestwände am Kirchdach sowie am Elferturm. Der jungen Generation der Nachkriegszeit blieben trotz allem noch einige Aufgaben, die heute jedoch alle gelöst sind (Pflerscher Tribulaun-Nordwestwand und Südwand). In den Kalkkögeln wurden in den letzten Jahren neue Wege im Bereich der äußersten Schwierigkeiten eröffnet (Riepenwand). Eine neue Generation stellt sich immer neue Aufgaben, „Erschließungen" sind nie abgeschlossen. Wie in anderen Teilen der Alpen, so auch im Stubai: Wo die junge Generation keine Aufgaben mehr fand, da suchte sie in den winterlichen Wänden und Graten ihre Erfüllung. 1941 fällt die Nordwand der Serles, 1948 die Nordwand der Hohen Villerspitze, 1952 die Brunnenkogelkante und der lange Nordgrat des Habichts. Endlich wurde 1953 die Gesamtüberschreitung des Serleskammes (Serles, Kirchdach, Torsäule, Ilmspitzen, Kalkwand) im Winter ausgeführt (K. Rainer, S. Jöchler, E. Senn, J. Knoll).

Mit der Erschließung der Gipfelwege hielt die Errichtung von Hütten Schritt. Zu den allerersten zählen die Franz-Senn-Hütte, Dresdner Hütte, Bremer Hütte, Amberger Hütte, Magdeburger Hütte. Sie liegen im Gebiet des Hauptkammes. Laufend schlossen sich dann die Lücken im weiten Umkreis. Nach dem ersten Weltkrieg waren es ihrer Hütte in Südtirol beraubte Zweigvereine des AV, die die Sulzenauhütte, Neue Regensburger Hütte, Neue Pforzheimer Hütte, Dortmunder Hütte und

Potsdamer Hütte schufen. Zugleich mit den Hütten entstanden die Zugangs-, später die Verbindungswege.

● 20 8. Die Stubaier Berge im Winter

Die Stubaier Alpen sind ein herrliches Skigebiet. Nahezu alle Teile des Hauptkammes, das Gebiet der Alpeiner Berge, die Sellrainer und Kühthaier und nicht zuletzt die vielen östl. Ausläufer bieten schönste Skiabfahrten. Besonders oft besucht und mit herrlichen Abfahrten ausgezeichnet ist das Gebiet fast aller Hütten in den Sellrainer Bergen, ferner um die Amberger Hütte, Siegerlandhütte, Dresdner Hütte. Um die Adolf-Pichler-Hütte finden sich von Weihnachten bis ins Frühjahr hinein zahlreiche Abfahrten.

Weltruhm erlangte die NO-Ecke unseres Gebirges durch die IX. Olympischen Winterspiele, deren Skiwettkämpfe in der Axamer Lizum stattfanden. Über Nacht wurde aus dem stillen Tal ein Wintersportzentrum ersten Ranges, das sich durch ideale Geländeverhältnisse und durch große Schneesicherheit sowie durch seine leichte Erreichbarkeit von Innsbruck auszeichnet. Auch die Dörfer am Mittelgebirge — Axams, Götzens und Birgitz sind rasch zu lebendigen Tiroler Skidörfern geworden.

Auch Kühthai muß mit seinen Hotels und Liften, seinen großen Skibergen und dem vielen Schnee in die erste Reihe der Tiroler Wintersportplätze eingereiht werden. Zwei weitere große Skigebiete entstanden mittlerweile in der Schlick und im hintersten Stubai, im Gebiet der Dresdner Hütte (Stubaier Gletscherbahn).

Während die Randgebiete hauptsächlich Skitouren während des Hochwinters gestatten, ist das Gebiet um den Hauptkamm und die Alpeiner Berge das ideale Frühjahrsgebiet für den geübten Tourenfahrer. Zu den großen Erlebnissen im Stubai gehören die Durchquerungsfahrten auf den Brettln. Bereits kurz nach der Jahrhundertwende waren es die ersten Skipioniere, die in die winterliche Pracht trotz Lawinengefahr und mangelnden Stützpunkten vordrangen. Es waren die Wege, die heute zu Ostern und Pfingsten Heerstraßen geworden sind. Wer hätte es sich damals träumen lassen, daß man 50 Jahre später den Hohen Seeblaskogel über den Grüntatzenferner mit Skiern befährt?

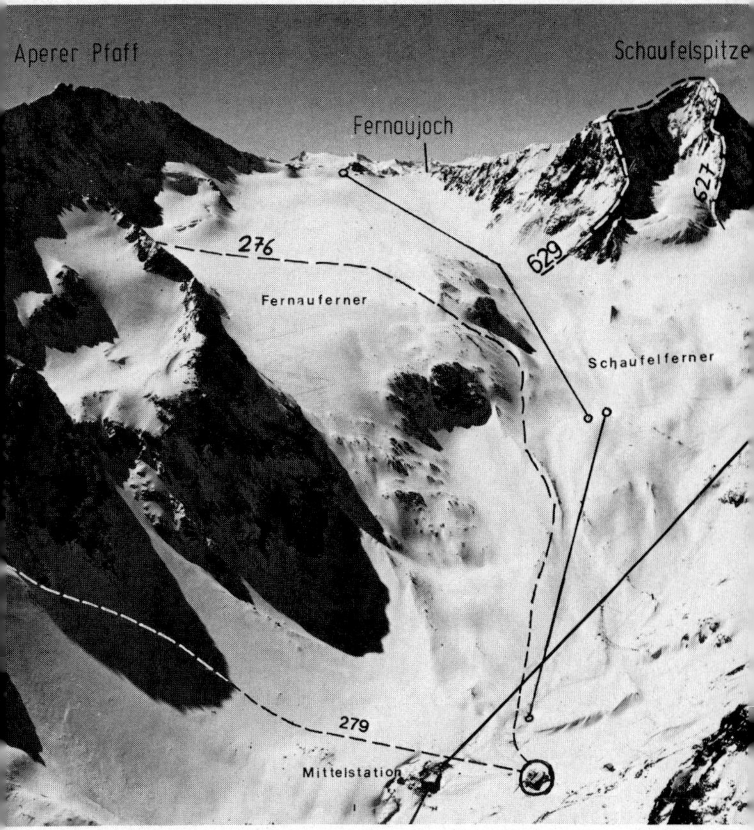

Blick von Norden auf die Dresdener Hütte (R 146) und das Skigebiet der Stubaier Gletscherbahn. (Luftaufnahme)

Sprunghaft nahm der Strom der Tourenfahrer am Ende der zwanziger und Beginn der dreißiger Jahre zu. Der Bau von Straßen in den Innenraum des Gebirges und die Errichtung von Liften und Gondelbahnen hat auch in den Stubaier Alpen mit ihren ausgezeichneten skitechnischen Möglichkeiten den Wintersport sehr belebt — und damit sowohl für die Bergbauern der Hochtäler neue Existenzgrundlagen geschaffen, als auch dem Menschen der Industriegesellschaft einen Erholungsraum erschlossen, wie er schöner und gesünder nicht vorstellbar ist.

● **21—25** frei für Ergänzungen.

● **26**

9. Hinweise zum Gebrauch des Führers, Schwierigkeitsskala, Abkürzungen

Über den Aufbau des Führers unterrichtet das Inhaltsverzeichnis.

Allgemein Wissenswertes vermittelt der einführende Teil A (Literaturangaben).

Alle Ortsnamen (Talorte, Hütten, Jöcher, Gipfel) finden sich alphabetisch geordnet im Register. Die Zahlen bedeuten die Randzahl, nicht die Seitenzahl.

Schwierigkeitsbewertung:

Der Führer verwendet die Alpenskala für Fahrten im **Fels:**

I unschwierig	IV sehr schwierig
II mäßig schwierig	V besonders schwierig
III schwierig	VI äußerst schwierig

OeAV- und DAV-Sprachgebrauch	**UIAA- und SAC-Sprachgebrauch**
I = wenig schwierig	I = leicht
II = mäßig schwierig	II = mäßig schwierig
III = ziemlich schwierig	III = ziemlich schwierig
IV = sehr schwierig	IV = schwierig
V = besonders schwierig	V = sehr schwierig
VI = äußerst schwierig	VI = äußerst schwierig

Blick von Norden auf die Sulzenauhütte (R 148) und gegen den östlichen Teil des Hauptkammes (R 740 f). (Winter-Luftaufnahme)

Wilder Freiger
Aperer Freiger
Wilder Pfaff
Sonklarspitze
741
742
750
Wild-
Freiger-
Ferner
745
334
Grünausee

Dazu kommt die für die Bewertung von haken- (nicht kletter-) technischen Schwierigkeiten eingeführte Skala von A0 — A3.

Diese Schwierigkeitsbegriffe der Alpenskala sind bereits bergsteigerisches Allgemeingut, deshalb wurden im Text die früher üblichen Bezeichnungen weggelassen und nur die römischen Ziffern verwendet. Ein Minuszeichen (—) nach der Ziffer bedeutet die untere Grenze, ein Pluszeichen (+) die obere Grenze des betreffenden Schwierigkeitsgrades. Zur ständigen Überprüfung der Genauigkeit der Schwierigkeitsbewertungen bitten wir alle Begeher von Kletterfahrten um Nachricht (Walter Klier, A.-Pichlerplatz 10, A-6020 Innsbruck).

Schwierigkeitsbewertung im Eis:

Objektive Faktoren, die der Führerbearbeiter mit Gewißheit angeben kann, gibt es nur wenige; das meiste bleibt der subjektiven Einschätzung des Begehers überlassen.

Der Führerbearbeiter kann angeben:

a) bei Gletschern: Zerrissenheit, ungefähre Neigung, gleichbleibende Riesenspalten, die eine ganze Zone sperren.

b) bei Graten: Schwierigkeiten der Felsstellen, manchmal mit einem Hinweis auf mögliche Vereisung; Überwächtung; Neigung der vergletscherten oder verfirnten Abschnitte.

c) bei Eiswänden: Neigung in Graden; mögliche Überschreitbarkeit der Randkluft.

Für den erfahrenen Bergsteiger lassen weiters die Himmelsrichtungen (Nordwand, Südgrat usw.), sodann klimatische Einflüsse und Witterungseinflüsse (hier sowohl jahreszeitliche als auch tageszeitliche) erhebliche, doch nie unbedingt verläßliche Schlüsse auf die Verhältnisse zu.

● **27** frei für Ergänzungen.

Abkürzungen

● **28** Außer den für die Himmelsrichtungen üblichen Abkürzungen N, O, S, W, sowie NO, SO, NW, SW u. ä., und nördl., östl., südl., westl., nordöstl. bzw. nordw., ostw., usw. werden noch folgende Abkürzungen verwendet:

A0—A3	= Schwierigkeitsgrade, siehe R 26
AAKI	= Akademischer Alpenklub Innsbruck
a. a. O.	= an angegebenem Ort
AV	= Alpenverein (= DAV, ÖAV, DÖAV)
AVS	= Alpenvereinssektion
B.	= Betten
bew.	= bewirtschaftet
bez.	= bezeichnet (markiert)
BRD	= Bergrettungsdienst
CAI	= Club Alpino Italiano
E.	= Einstieg, oder: vom Einstieg
Einw.	= Einwohner
f., ff.	= folgender, folgende
ganzj.	= ganzjährig
Ghs.	= Gasthaus
H	= Haken
Jb.	= Jahresbericht oder Jahrbuch
L.	= Lager
Lit.	= Literaturnachweis
M.	= Matratzen
Min.	= Minuten
N.	= Notlager
o. Gr.	= obere Grenze des Schwierigkeitsgrades
ÖAZ	= „Österreichische Alpenzeitung“
ÖTK	= Österreichischer Touristenklub
R	= Randzahl
Rif.	= Rifugio (ital.: Hütte)
S.	= Seite
SL	= Seillänge(n)
Std.	= Stunde, Stunden
TVN	= Touristenverein „Die Naturfreunde“
u. Gr.	= untere Grenze des Schwierigkeitsgrades
Whs.	= Wirtshaus
WR.	= Winterraum
Ww.	= Wegweiser, Wegtafel
ZAV	= „Zeitschrift“ des Alpenvereins
I—VI	= Schwierigkeitsgrade, siehe R 26

D. Talorte, Hütten und Wege

I. Talorte

● **29** Das Gebiet der Stubaier Alpen ist in fast allen Teilen natürlich begrenzt durch große Talfurchen. Ebenso wird es in seinem Innern reich gegliedert von Nebentälern, deren größtes das Stubaital selbst ist. Im N begrenzt das Inntal (von Innsbruck bis zum Eingang des Ötztales) unser Gebiet. Bei Kematen zweigt das Sellraintal ab, das mit einem Arm gegen W nach Kühthai, mit dem anderen von Gries gegen S, mit dem Lisenser Tal bis an den Fernerkogel heranreicht. Im O bildet das Wipptal von Innsbruck bis zum Brenner die Grenze. Bei Steinach zweigt das Gschnitztal ab und bei Gries am Brenner das Obernbergtal. In der Fortsetzung der östl. Begrenzung zieht vom Brenner, der natürlichen Verbindung zwischen Nord- und Südtirol, der Oberlauf des Eisacks gegen S. Bei Gossensaß zweigt das Pflerschtal gegen W ab, und südl. Sterzing nimmt das Ridnauntal seinen Weg gegen W, von dem wieder das Ratschingstal ausgeht. Im S reicht das innere Passeiertal bis an den Fuß der Stubaier Alpen heran, es setzt sich gegen NW bis knapp unter das Timmelsjoch fort, über das unsere Gebietsbegrenzung in das Timmelstal und Ötztal hinüberleitet. Das Ötztal von seinem Ausgang beim Bahnhof Ötztal bis Zwieselstein bildet die Grenze gegen W. Im Horlachtal, Sulztal und Windachtal zweigen von hier größere Talfurchen gegen O ins Innere des Gebirges ab.

Das Inntal

● **30** **Innsbruck** ist der wichtigste Stützpunkt für das Gebiet der Stubaier Alpen. Es liegt an der NO-Ecke des Gebirges. Innsbruck, 130 000 Einw., ist die Landeshauptstadt von Tirol und eine Fremdenverkehrsstadt ersten Ranges: die „Stadt der Bergsteiger".

Für den Bergsteiger, der in das Gebiet der Stubaier Alpen fahren will, bieten sich von hier aus sämtliche Verkehrsmittel ins Oberinntal, ins Ötztal, Wipptal und Stubaital mit allen Nebentälern, so daß er schnell und bequem von Innsbruck aus sämtliche Stützpunkte der Stubaier Alpen nördl. des Hauptkammes erreichen kann.

Alpine Auskunftsstelle im Landesreisebüro am Bozner Platz, Telefon 34985. Sitz des Österreichischen Alpenvereins, Verwaltungsausschuß im neuen AV-Haus, Wilhelm-Greil-Straße 15. Dort sind auch die Geschäftsstellen des AV-Zweiges Innsbruck und der AV-Sektion ÖTK Innsbruck untergebracht, sowie die Landesleitung des Österr. Bergrettungsdienstes. Ortsstelle Innsbruck des ÖBRD, Sillufer 3, Tel. 22123, Unfallmeldungen und Sonntagsbereitschaft Tel. 81918, 22122, 22123. Flugrettung 194. Rotes Kreuz (Unfall/Rettung), Tel. 144.

● **31** Die „Innbrucken“ war schon zur Römerzeit von großer Bedeutung und gab der Stadt den Namen. Heute ist Innsbruck ein Zentrum des Verkehrs (Arlberg-Orient-Linie und Garmisch-Brenner-Linie), des Handels (Freihandelszone und Messestadt) und des Fremdenverkehrs — Stadt der Bergsteiger, 20 Großhotels, 130 Gasthäuser, Seilbahnen, Skilifte, Skiabfahrten, Frei- und Hallenbäder, Saunas, Olympia-Eisstadion, Kunsteisbahnen, Rodelbahnen, Alpinschulen, alle Sporteinrichtungen; prächtige Lage, wenig Industrie, zahlreiche Autobuslinien in die Hochtäler und Bergdörfer Tirols, ständige Verbindungen nach Seefeld, Igls und Solbad Hall.

Sehenswürdigkeiten: *Rundgang durch die Stadtmitte: Landhausplatz — Triumphpforte — Maria-Theresien-Straße — Annasäule — Goldenes Dachl — Pfarrkirche (Madonnenbild von Lukas Cranach) — Rennweg mit Hofburg, Kongreßhaus, Hofgarten, Landestheater, Leopoldsbrunnen, Volkskunstmuseum, Hofkirche, in dieser die berühmten „Schwarzen Mander“, das Grabmal Kaiser Maximilians I. und Andreas Hofers, und die Silberne Kapelle; weiters Alte Universität, Jesuitenkirche, Museum Ferdinandeum.*

Im Westteil der Stadt, vom Marktgraben aus: Johanniskirche, Universitätskliniken, Universitätsbibliothek und Neue Universität.

Spaziergänge im Süden der Stadt:

Berg Isel, Stätte der Schlachten des Tiroler Freiheitskampfes von 1809; von der Straßenbahn-Endstation „Berg Isel“, der Linie 1, in 10 Min. zu erreichen gegen S: kleines Museum.

Stift Wilten, nahe der Endstation „Berg Isel“, der Linie 1. Steht an Stelle der römischen Siedlung Veldidena, 1138 zuerst als Kloster urkundlich erwähnt.

Sillschlucht, von der Endstation „Berg Isel“, der Linie 1, in wenigen Min. erreichbar. Hinter dem Eisenbahnviadukt gleich rechts ab und auf gutem Weg taleinwärts.

Schloß Ambras, von der Endstation „Berg Isel“, der Linie 1, in 40 Min. zu Fuß, oder mit der Lokalbahn Innsbruck-Igls zur Station Schloß Ambras. Burg der Grafen von Andechs, ausgebaut unter Philippine Welser, heute reichhaltiges Museum (Waffensammlung, Gemäldegalerie).

Von Innsbruck das Oberinntal hinauf führt die Bundesstraße über Telfs nach Landeck und zum Arlberg. Während an der Nordseite des

Innflusses in der Talstrecke zwischen Innsbruck und Ötztal verhältnismäßig wenige Siedlungen liegen, ist der südl. Teil des Talbodens dichter besiedelt. Hier verläuft auch die Eisenbahnstrecke nach Landeck und zum Arlberg. Entlang des Tales ziehen von Innsbruck bis Flaurling an der Südseite stark besiedelte Hangterrassen mit Unterbrechung an der Mündung des Sellraintales. Ebenso finden wir südl. Silz und Haiming dicht besiedelte Hochflächen. An der NO-Ecke dieser Terrassen liegen oberhalb Innsbruck die Dörfer Mutters und Natters (siehe Stubaital). Auf der Fahrstraße, die von der Brennerstraße nach Natters führt, erreicht man diese Dörfer.

An der Südseite des Inns führt von Innsbruck die neue Olympiastraße westwärts, die man am besten von der Universität Innsbruck her anfährt. Diese Straße führt empor nach Götzens. Von W über die Autobahn kommend erreicht man die Straße nach Götzens westl. von Innsbruck, ohne die Stadt zu berühren; besser noch fährt man von Kematen auf der neuen Autostraße direkt nach Axams. Auf dieser Straße erreicht man nach 5 km.

● 32 **Götzens,** 868 m, 2400 Einw., schöne Barockkirche, Autobusverkehr, Post, Telefon. Gaststätten: Altwirt, Neuwirt, Götzner Hof. Gern besuchte Sommerfrische. Winteraufenthalt. Ausgangspunkt für Wanderungen und Spaziergänge zur Götzner Alm (Gh. mit Unterkunft, 1563 m, 2½ Std. von Götzens), Nockspitze (Saile), über Neugötzens zum Natterer See, nach Natters und Mutters. Skilifte. Weiter führt die Straße gegen W nach

● 33 **Birgitz,** 9 km von Innsbruck, 858 m, 800 Einw., Autobusverkehr, Post, Telefon, Arzt. Gaststätten: Rofner, Traube, Sommerfrischort und Winteraufenthalt. Im Sommer Ausgangspunkt für die Touren im nördl. Teil der Kalkkögel. Der nächste Ort gegen W ist

● 34 **Axams,** 878 m, 2400 Einw., Autobusverkehr, Post, Tel., Arzt, BRD-Meldestelle (Gendarmerieposten). Sportpensionen: Neuwirt, Lackner. Gaststätten: Gschwandtner, Neuwirt, Weiss, Axamerhof, Dollinger, Lärchenhof. Ausgezeichnetes Wintersport-Übungsgelände mit Skilift und Skischule.

Von hier führt die neue Straße südwärts hinauf zum Adlshof, einem schön gelegenen Gasthaus und weiter in das Olympiagebiet Lizum. Gaststätten. Große Parkplätze. Übungslift. Axams ist der Geburtsort des Dramatikers Karl Schönherr. Von Axams führt die Mittelgebirgsstraße westwärts weiter nach

● 35 **Grinzens** am Ausgang des Senderstales, 903 m. Aus mehreren Weilern bestehendes Bauerndorf. Autobusverkehr ab Innsbruck. Gaststätten: Alpenrose, Oberdanner, Fremdenheim Buchrainer, Wh. Zeidlerhof. Hauptzugang zu den Kalkkögeln und zur Adolf-Pichler-Hütte.

Um die Adolf-Pichler-Hütte schönes Skigebiet. Von Grinzens führt eine Verbindungsstraße nach Sellrain (schöne Wanderung).

● **36** Im Inntal führt die Straße südl. des Flusses nach **Völs,** 7 km ab Innsbruck auf der Straße, 594 m, etwa 1500 Einw., Bahnstation, Post, Tel., Arzt, Autobusverkehr. Gaststätten: Bahnhofswirtschaft, Maximilian, Traube, Weißes Rößl.

In der Nähe des Ortes liegt die Ruine Vellenberg, wo Oswald von Wolkenstein gefangen gehalten wurde. Am breiten Talboden, knapp neben der Eisenbahn führt die Straße gegen W nach Kematen.

● **37** **Kematen** war früher eine bäuerliche Siedlung. Durch die industrielle Entwicklung (Messerschmitt) und durch Siedlungsbauten vergrößerte sich der Ort, heute etwa 1600 Einw., 610 m. Autobusverkehr, Post, Tel., Arzt. Die Bahnstation ist etwa 10 Min. vom Ortskern entfernt. Gaststätten: Bahnhofsgastwirtschaft, Altwirt, Bierwirt. Kematen liegt am Ausgang des Sellraintales. Im Ort zweigt die Straße ins Tal ab. Ausgangspunkt für Touren im Gebiet des Sellraintales und Kühthais.

Die neue Innbrücke bei Martinsbühel ermöglicht seit 1963 Besuchern aus dem W und N, den Eingang des Sellraintales direkt von Zirl (Seefelder Sattel) her zu erreichen. Seit 1976 neue Autostraße Kematen-Axams.

Gegenüber von Kematen liegt am Nordufer des Inns die steil aufstrebende Martinswand, in der Kaiser Maximilian 1484 auf der Gemsenjagd „in Bergnot geriet" (Maximiliansgrotte).

Über die Melach führt die Straße nach

● **38** **Unterperfuß,** einem kleinen Bauerndorf, 599 m, Gastwirtschaft, Telefon. Unterperfuß ist der Ausgangspunkt für die Wanderungen zum Rangger Köpfl und für die Besteigung des Roßkogels, wenn man die Bahn von Innsbruck zur Anfahrt wählt. Kommt man allerdings mit dem Auto, so führt die Straße direkt von Kematen (mit einer Zufahrt von Unterperfuß) hinauf nach Oberperfuß, einer Ortschaft auf der Mittelgebirgsterrasse.

● **39** Zu Fuß erreicht man **Oberperfuß** von Unterperfuß in 45 Min. 814 m, 1600 Einw., Post, Telefon, Arzt. Gaststätten: Krone, Neuwirt, Bergheim. Beliebte Sommerfrische, Sesselbahn Stieglreith, Schlepplifte. Schwimmbad.

Oberperfuß ist der Heimatort der beiden bekannten Tiroler Kartogranhen Peter Anich und Blasius Hueber, deren Geburtshäuser heute noch anzutreffen sind (Anfang des 18. Jahrhunderts).

Von Oberperfuß führt ein guter Fahrweg gegen W auf der Mittelgebirgsterrasse weiter und erreicht über die sog. Völsergasse Ranggen, ein Bergbauerndorf mit weit auseinanderliegenden Gehöften. Postautoverbindung von Innsbruck. Weiter auf der Mittelgebirgsterrasse nach W die Weiler des Inzingerberges, bis der Einschnitt des Hundstalbaches die Terrasse unterbricht. Schöne Spaziergänge („Peter-Anich-Weg").

● **40** Im Inntal führt die Straße von Unterperfuß weiter und erreicht nach etwa 3 km die Bahnstation **Zirl.** Hier übersetzt eine schöne Brücke den Inn, auf der man an das Nordufer nach Zirl kommt. Die neue Autobahn setzt, von Innsbruck kommend, bei Zirl über den Inn (2 Ausfahrten) und bleibt dann am Nordufer.

● **41** **Inzing.** Diese vorwiegend bäuerliche Ortschaft, 621 m, 18 km ab Innsbruck, zählt etwa 2300 Einw. Bahnstation etwas außerhalb des Ortes, Post, Telefon, Arzt, Schwimmbad, Schlepplift. Gaststätten: Krone, Lamm, Puelacher, Traube. Inzing hat eine Pfarrkirche aus dem 18. Jahrhundert, deren Turm aus dem 16. Jahrhundert stammt. Diese Ortschaft ist der Ausgangspunkt für das ganze Gebiet des inneren Hundstales (Inzinger Alm, Fahrstraße), im Winter als Ausgangspunkt für Skitouren zum Brechten, Hundstalsee, Koflerspitzen geeignet. Im Sommer Peiderspitze, Koflerspitze, Weißstein und Roßkogel. Talaufwärts folgt nach etwa 3 km die Ortschaft

● **42** **Hatting,** ein kleines Dörfchen mit 590 Einw., 617 m. Bahnstation, Post, Telefon. Gaststätten: Klucker, Neurauter. Südl. von Hatting liegen auf der Mittelgebirgsterrasse eine Reihe von Weilern und Einzelhöfen am sog. Hattinger Berg, der sich gegen W in den Pollinger Berg fortsetzt. Die Besiedlung dieser Terrassen endet gegen W oberhalb von Flaurling. Westl. von Hatting erreicht man nach etwa 1,5 km das Örtchen

● **43** **Polling,** eine rein bäuerliche Siedlung. Weiter führt die Straße nach

● **44** **Flaurling,** einer der bedeutendsten Siedlungen im Umkreis (22 km ab Innsbruck). Die Gründung des Ortes liegt, wie die der meisten bisher erwähnten Siedlungen südl. des Inns, in der Zeit der bajuwarischen Landnahme. Flaurling, 675 m, hat etwa 700 Einw., die Bahnstation liegt 10 Min. außerhalb des Ortes. Post, Telefon. Gaststätten: Bahnhof, Goldener Adler, Schützenwirt, Neuwirt. Gehobene BRD-Meldestelle Ghs. Neuwirt.

Flaurling bildet den Ausgangspunkt für das Tourengebiet um die Flaurlinger Alm mit Übergangsmöglichkeiten über die Flaurlinger Scharte nach Kühthai.

Weiter führen Straße und Bahn gegen W und erreichen nach etwa 2 km

● 45 **Oberhofen.** Straße und Bahn führen südl. des Ortes vorbei. Oberhofen ist als Ausgangspunkt uninteressant. 626 m hoch, Telefon, Gasthaus.

Nicht ganz 1 km weiter gegen W liegt

● 46 **Pfaffenhofen,** eine bedeutend größere Siedlung mit 1050 Einw., 646 m, 27 km ab Innsbruck (auf der Bundesstraße über Telfs). Post, Telefon, Arzt, Schwimmbad (Telfs). Gaststätten: Bahnhofswirtschaft, Hackl, Hocheeder, Hubertus, Schwarzer Adler. 20 Min. südl. des Ortes findet sich die alte Burgruine Hörtenberg, welche zu einem ehemals gräflichen Ansitz (im Ort) gehört, der heute in eine Hauswirtschaftsschule umgewandelt ist. Pfaffenhofen ist der günstigste Ausgangspunkt zum Anstieg auf die Neuburger Hütte und die Peter-Anich-Hütte. Auf fahrbarer Straße, zu Fuß in 2 Std., kann man die nördl. unter dem Hocheeder gelegene Pfaffenhofer Alm (1900 m) erreichen. Auf dem Weg zur Alm steht die **Naßlachhütte,** 1350 m, bew. 1.5. — 30.10., 20.12. — 1.4., 5 B., 20 M., Jeepverkehr zum Haus. Von hier führt der Steig zur Peter-Anich-Hütte (1 Std., rote Markierung).

Die Bahnstation Telfs-Pfaffenhofen liegt am Nordrand des Dorfes (Schnellzugstation), hart an der Brücke, über welche die Bundesstraße von Telfs her den Inn übersetzt.

● 47 **Telfs** selbst liegt nördl. des Inns. Der Ort ist 640 m hoch, zählt 7000 Einw. und ist dank mehrerer Industrien zu einem der bedeutendsten Orte des Oberinntals geworden. Autobusverkehr, Post, Tel., Arzt, Zahnarzt, Apotheke, Schwimmbad, Kino, Sauna, Reitstall, Tennisplätze. Schlepplifte in Mösern und Buchen.

BRD-Ortsstelle, Bahnstraße 23 (Ruf Gendarmerieposten).
Gaststätten: Tirolerhof, Georgenhof, Plattenhof, Löwe, Hohe Munde, Post, Rößl, Traube, Caféhaus.

Von Telfs zweigt die Autostraße über das Mieminger Plateau nach Nassereith ab. Die Bundesstraße von Innsbruck, die bisher am nördl. Innufer verläuft, übersetzt bei Telfs den Inn und bleibt nun für eine lange Strecke am Südufer.

● **48** Weiter auf der Bundesstraße erreicht man nach 4 km den Bahnhof von **Rietz.** Bahn und Straße verlaufen hier unmittelbar nebeneinander. Der Ort Rietz, aufgeteilt in mehrere Dorfteile liegt auf dem Schuttkegel am Ausgang des Baches, der vom Kreuzkogeljoch herabzieht, weit über der Straße, 774 m, etwa 1200 Einw., Bahnstation (15 Min.), Autobus (an der Straße), Post, Tel. Gaststätten: Bahnhofswirtschaft, Post, Traube, Düren. Die Pfarrkirche des Ortes stammt aus dem 16. Jahrhundert und zeigt spätgotische Fresken.

Auch von Rietz kann man zur Peter-Anich-Hütte aufsteigen, ansonst ist Rietz kein günstiger Ausgangspunkt für Bergfahrten, wohl aber für schöne Waldwanderungen. Meldestelle des ÖBRD.

● **49** Weiter talaufwärts erreicht man auf der Straße, am Weiher Haslach vorbei die alte Klostersiedlung **Stams,** urkundlich belegt seit 1271. Der Ort, 671 m, hat nicht ganz 1000 Einw. (35 km von Innsbruck), Bahnstation, Post, Tel., Autobusverkehr. Gaststätten: Hirsch, Sonnenheim, Speckbacher. Die Bahnstation liegt etwa 10 Min. außerhalb des Ortes. Der Ort dient als Ausgangspunkt zum Aufstieg auf die Stamser Alm (Maria Heimsuchung) und für die Touren in deren Umgebung.

Die alte Klostersiedlung von Stams (Zisterziensermönche) weist neben einer herrlichen barocken Stiftskirche mit der Tiroler Fürstengruft reiche Kunstschätze in Archiven und Bibliotheken auf. Die gepflegten Klosteranlagen, Alleen und Hecken zeugen von alter Kulturarbeit.

● **50** Von Stams weiter erreichen Straße und Bahn nahe dem Weiler Staudach die Station Mötz, von der eine neue Brücke über den Inn zur nördl. gelegenen Ortschaft **Mötz** führt. 654 m, etwa 600 Einw. Bahnstation, Post, Tel., Schwimmbad. Beliebter Sommerfrischenort. Gaststätte: Kreuz, Römisch-Deutscher Kaiser, Schranz, Stern.

● **51** Innaufwärts führen Bahn und Straße nach etwa 3 km von der Haltestelle Mötz zum Dorf **Silz,** dessen Bahnstation etwa 10 Min. außerhalb des Dorfes liegt (39 km ab Innsbruck). Etwa 1500 Einw., 653 m, Autobusverkehr, Post, Tel., Arzt, Zahnarzt. Gaststätten: Bahnhofswirtschaft, Löwe, Post, Steinerhof. Die Pfarrkirche des Ortes weist Deckenbilder im Stil der Nazarener (19. Jahrhundert) auf. Im S des Ortes liegt das Schloß Petersberg (17. Jahrhundert), Spaziergang von 20 Min.

Von Silz aus bieten sich eine reiche Zahl von schönsten Spaziergängen in den Wäldern und auf den Mittelgebirgsterrassen südl. an. Gelegentlich wird auch der Aufstieg zum Pirchkogel von Silz aus unternommen. Eine schöne Wanderung ist der Übergang über das Silzer Jöchl (R 515) nach Marlstein im Needertal, von wo man auf schönen Wegen bis nach

Kühthai gelangt. Die Mittelgebirgsterrassen des Silzer Berges sind mit Weilern und Einzelhöfen besiedelt und erstrecken sich gegen W bis oberhalb Haiming.

● **52** Die Ortschaft **Haiming** erreicht man von Silz aus nach etwa 3 km von einer Abzweigung von der Bundesstraße aus. Haiming stellt eine rein bäuerliche Dorfsiedlung dar, ist 668 m hoch und hat etwa 1000 Einw. (43 km von Innsbruck), Bahnstation, Autobusverkehr, Post, Tel. Gaststätten: Löwe, Stern, Traube.

Die Bahnstation liegt etwa 10 Min. außerhalb des Dorfkernes.

Von Haiming führen Straße und Bahn etwas gegen SW ziehend gegen den Bahnhof Ötztal, welcher die letzte Bahnstation im Oberinntal im Bereich des Stubaier Gebietes (in der NW-Ecke) darstellt.

● **53** Das Gebiet am Bahnhof **Ötztal** (Schnellzugsstation) liegt im sog. Forchet auf dem breiten Ausläufer eines alten, in postglazialer Zeit abgegangenen Bergsturzes vom Tschirgant (nördl. des Inns), der in einer Länge von mehreren Kilometern das Inntal verschüttete. Die hügelartig aufgeschichteten, teilweise vollkommen verwachsenen Blöcke zeugen von der ungeheuren Wucht dieses Felssturzes. Bereits begonnener Ausbau von Industrie und Gewerbe dürfte in der kommenden Zeit den Ort „Bahnhof Ötztal" zu einem bedeutenden Punkt des Oberinntales werden lassen. Heute finden sich am Bahnhof (46 km ab Innsbruck) eine Bahnhofswirtschaft und das Ghs. Ötztaler Hof.

Autobusverkehr (Reisebüro). An der Straße südl. des Bahnhofs Tankstelle. Der Eingang des Ötztales mit der Mündung der Ötztaler Ache liegt etwas westl. vom Bahnhof.

● 54 Das Sellraintal

Bei Kematen zweigt das Sellraintal gegen SW ab. Weit zieht es mit seinen Nebentälern gegen S und erreicht das Gebiet der zentralen Vergletscherung nördl. des Hauptkammes.

Es vermittelt den Zugang zur Potsdamer Hütte im Fotschertal und nach Lisens sowie westwärts nach Kühthai; fast alle Berge der westl. und östl. Sellrainer sowie die hinteren Kühthaier Berge erreicht man aus dem Sellraintal. Nahezu alle Orte des Tales und der Nebentäler sind beliebte Sommerfrischen. Die Autostraße führt von Kematen über Sellrain nach Gries und Haggen und von dort weiter bis nach Kühthai. Straßenverbindung nach Ötz im Ötztal. Auch durchs Lisenser Tal ist eine Fahrstraße bis nach Lisens ausgebaut. Postautoverbindung von Innsbruck bis Kühthai.

Etwa 2 Gehstunden von Kematen entfernt, 9 km Straße, liegt

● 55 **Sellrain,** 909 m, mit etwa 1000 Einwohnern. Nächste Bahnstation Kematen. Autobusverkehr ab Innsbruck, Post, Telefon, Schwimmbad. Gaststätten: Neuwirt, Sellrainerhof. Im kurz vor Sellrain gelegenen Weiler Rotenbrunn (Eisenbad) findet sich das gleichnamige Gasthaus.

Von Sellrain führt eine Reihe schöner Spaziergänge nach St. Quirin (schöne alte Kirche, Gh.), von dort auf Fahrweg über viele Weiler nach Oberperfuß, auf der anderen Talseite nach Grinzens. Sellrain ist Ausgangspunkt für das Fotschertal (Potsdamer Hütte).

Von Sellrain weiter talein erreicht man nach 6 km.

● 56 **Gries im Sellrain,** 1238 m, etwa 500 Einw., Autobusverbindung bis Kühthai und Privatauto bis Praxmar und Lisens. Post, Telefon, Arzt. Gaststätten: Altwirt, Grieser Hof. 2 Übungslifte. Ortsstelle Gries im Sellrain des ÖBRD Grieser Hof (Tel.). Von Gries gegen W erreicht man nach etwa 1¼ Std. zu Fuß, vorbei am Weiler Peider (Ghs.) das Örtchen St. Sigmund, am Ausgang des Gleirschtales.

● 57 **St. Sigmund,** 1516 m, mit verstreut gelegenen Bauernhöfen und einer malerisch auf einem Moränenhügel thronenden Kirche sowie einigen neu erbauten Häusern am sonnigen Westhang, Gasthäuser, 40 B., ganzjährig bew., Post Gries, Tel. Gehobene BRD-Meldestelle Ghs. Alpenrose. Von St. Sigmund erreicht man durch das Gleirschtal die Pforzheimer Hütte im Tourengebiet der westl. Sellrainer Berge. Im Frühjahr schönes Skigebiet.
30 Min. westwärts talein

● 58 **Haggen,** 1641 m, Post Gries, Telefon, Gasthof (30 B., 20 M.) BRD-Meldestelle, Gasthaus.

Haggen liegt am Eingang des Kraspestales, das einen stillen Winkel neben dem stärker erschlossenen Gebiet von Kühthai darstellt. Allerdings sind die Bergfahrten von hier aus wenig lohnend.

Ins Lisenser Tal: Von Gries nach S führt die Straße vorbei am Weiler Juifenau (Sommerfrische, 20 Min. hinter Gries) nach der Überschreitung des Baches (Melach) über eine Steilstufe talein. Knapp hinter der Steilstufe zweigt ein Weg nach Praxmar ab, wohin man auch etwas weiter talein durch eine Abzweigung vom Fahrweg her gelangen kann.

● 59 **Praxmar,** Bergbauernsiedlung, Wintersportplatz (Hausberglift und zwei Übungslifte) und Sommerfrische, 2 Hotels (60 B., 44 M). 1692 m, 1¾ Std. von Gries. Bergführer, BRD-Meldestelle im Alpengasthof Praxmar. Ausgangspunkt für Zischgeles und Lampsenspitze. Übergang Pforzheimer Hütte. Am Fahrweg weiter, oder auch auf einem Steiglein von Praxmar gelangt man nach

● **60** **Lisens,** 1636 m, einem Gasthof (Besitz des Klosters Wilten seit dem 12. Jahrhundert), dem letzten Talstützpunkt und der letzten Dauersiedlung im Lisenser Tal. 2—2½ Std. von Gries. Fahrstraße bis zum Gasthof (48 B, 25 M), Tel. 0 52 27 / 32 16. BRD-Meldestelle. Stützpunkt für Bergfahrten im Bereich des Fernerkogels.

● **61** **Das Wipptal**

Ein großer Teil der Stadt Innsbruck liegt auf dem gewaltigen flachen Schuttkegel, den die Sill im Inntal aufgeschüttet hat. Vom Brenner her fließt der Sillfluß herab, nimmt unzählige Seitenbäche auf und ergießt sich nach etwa 32 km in den Inn. Wipptal werden das Tal der Sill vom Brenner bis Innsbruck und das Eisacktal bis Franzensfeste genannt. Gleich südl. von Innsbruck umgeht die Sill in einer engen Schlucht den Bergisel. Die Brennerstraße, die als geradlinige Fortsetzung der Hauptstraße Innsbrucks, der Maria-Theresien-Straße und der folgenden Leopoldstraße, ansetzt, gewinnt schnell in großen Kurven (steiler Abkürzungsweg zu Fuß) die Höhe südl. Innsbruck am Sonnenburger Hof und führt hoch über dem schluchtartig eingeschnittenen Fluß an der westl. Talseite dahin. Etwa 3 km außerhalb Innsbrucks zweigt die Straße in die Mittelgebirgsdörfer Natters und Mutters ab. Die Eisenbahn nimmt im wesentlichen ihren Verlauf an der O-Seite der Sill. Die Straße durch das Wipptal gehört zu den ältesten Verkehrswegen in den Alpen überhaupt.

Die neue Autobahn führt in kühnem Schwung, das Tal zweimal übersetzend (Europa-Brücke, höchste Pfeiler-Brücke Europas), vom Berg Isel nach Schönberg am Eingang des Stubaitales, und rückt damit die Stubaier Berge noch näher an Innsbruck heran.

Zur Zeit der Römer führte an der O-Seite des Tales die sogenannte Salz-Straße dahin (römische Meilensteine bei Patsch und Ellbögen). Besonders an der O-Seite des Tales, im nördlichsten Teil jedoch auch an der W-Seite ziehen ausgedehnte Terrassen, meist dicht besiedelt, die Hänge entlang. Erst südl. Matrei liegen die Siedlungen am eigentlichen Talboden. An der O-Seite des Tales liegen die Ortschaften Vill, Igls, Patsch, Mühltal, Ried, Pfons und Schöfens.

An der W-Seite erreicht die Straße, immer oberhalb des Flusses führend, 6 km südl. Innsbruck die Stefansbrücke (Hauptquartier Andreas Hofers bei der 2. und 3. Schlacht am Berg Isel), wo der Ruetzbach in die Sill mündet. Hier beginnt das Stubaital, welches gegen SO zieht. Die Straße windet sich nun in vielen Kurven über den Schönberg hinauf, vorbei an einem alten Gasthof und vielen Einzelhöfen und erreicht 21 km von Innsbruck entfernt Matrei. Knapp hinter dem Schönberg zweigt die Autostraße ins Stubaital ab. An der östl. Talseite durchfährt die Eisenbahn den Berg-Isel-Tunnel, übersetzt die Sill und erreicht nach mehreren Tunnels die Haltestellen Stefansbrücke, Patsch, Ellbögen und Matrei.

Autobahn-Ausfahrten „Schönberg—Stubaital“ und „Matrei“.

● **62** Der Ort **Matrei** ist ein uralter, bereits zur Römerzeit besiedelter Platz; 18 km mit der Bahn von Innsbruck, 993 m, etwa 3000 Einw., Schnellzugstation, Autobusverkehr, Post, Telefon, Arzt. Ortsstelle Matrei des ÖBRD. Gaststätten: Bahnhofswirtschaft, Gamswirt, Krone, Lamm, Latschburg, Löwe, Rose, Uhr, Weißes Rößl.

● **63** Matrei eignet sich für das Gebiet um Maria Waldrast sowie für den nördl. Teil des Serleskammes als Stützpunkt. Im Winter schöne Skitouren am Kalbenjoch und im Gebiet der Waldrast. Weitere Ziele: Pfoner Ochsenalm, Mieslkopf, Rosenjoch. 5 km südl. liegt

● **64** **Steinach** am Ausgang des Gschnitztales (23 km Bahn, 26 km Straße). 1074 m, etwa 2000 Einw., Schnellzugsstation, Autobusverkehr mit Anschluß ins Gschnitztal. Post, Telefon, Arzt, Schwimmbad. Die Autobahn überquert mit einer mächtigen Brücke die Mündungsfurche des Gschnitztales.

In Steinach befindet sich die stärkste radioaktive Quelle Tirols. Gaststätten: Forstheim, Herrenschwandt, Rose, Schützenwirt, Steinacher Hof, Steinbock, Tiroler Haus.
BRD-Ortsstelle (Villa Edelweiß, Haus Nr. 33, Ruf 65 18).

Steinach ist Ausgangspunkt für Touren im Tribulaunkamm und im östl. Hauptkamm. Rund um Steinach bietet sich eine Reihe schöner Spaziergänge am westl. und östl. Sillufer. Sessellift zur Berger Alm (unterhalb des Nößlachjoches). Mehrere Schlepplifte.

Weiter von Steinach folgt die Straße dem Bachlauf und erreicht den Weiler Stafflach und nach etwa 6 km Gries am Brenner. Die Bahn führt von Steinach an der Ostseite des Tales und macht, um Höhe zu gewinnen, eine mehrere Kilometer lange Schlinge am Anfang des (ostwärts ziehenden) Schmirntales. In dieser Schlinge liegt im Talgrund das Dorf

● **65** **St. Jodok.** Weiter führt die Bahn am W-Hang des Padauner Kogels und hält an der Station Gries am Brenner hoch über der Ortschaft.

● **66 Gries am Brenner** (32 km Bahn und Straße ab Innsbruck), 1163 m, 1300 Einw. Bahnstation 10 Min. außerhalb des Ortes, Post, Telefon, Arzt. Autobusverkehr, Bergführer.

Hierher auch von der Autobahn-Ausfahrt Nößlach—Gries. Gaststätten: Grieser Hof, Guschelbauer, Springer, Rose, Weißes Rößl; BRD-Ortsstelle Gasthaus Sprenger (Tel.).

Gries a. B. liegt am Ausgang des Obernbergtales und eröffnet somit das Tourengebiet im östl. Tribulaunkamm. Der Ostausläufer dieses Kammes gegen den Brenner hin bietet, vor allem mit dem Sattelberg, ein schönes Skigebiet (Sessellift auf die Sattelalm). Auch das Nößlachjoch, der Eggersteller und Leitnersteller sind gern besuchte Skiberge. An Spaziergängen findet sich von Gries aus eine reiche Zahl am Anfang des Obernbergtales sowie an der östl. Talseite.

● **67** Letzter Stützpunkt vor dem Brennerpaß ist die Bahnstation Brennersee mit den Gasthöfen Fröhlich und Brennersee. Der Brennerpaß ist einer der ältesten bekannten Alpenübergänge, dem das Paßland Tirol sein Werden und seine geschichtliche Bedeutung verdankt. Erst seit dem Frieden von St. Germain (1919) trennt hier eine Staatsgrenze das alte Land, das bis dahin eine Einheit darstellte. Die Brenner-Autobahn und die Brennerstraße werden auch im Winter für den Durchgangsverkehr offengehalten. BRD-Meldestelle bei der Grenz- und Zollwache am Brennerpaß. Am Brenner mehrere Gasthöfe und Hotels, beiderseits der Grenze.

● 68 Das Stubaital

Etwa 35 km lang ist das Stubaital, das von seiner Mündung bei der Stefansbrücke gegen SW zieht. Es ist nicht nur zum Namensgeber für das ganze Gebirge geworden, sondern es ist auch das Herz des Gebietes, es erschließt fast den gesamten Hauptkamm und seine wichtigsten Ausläufer, seine Seitenarme eröffnen die Wege ins Gebiet der Alpeiner Berge und des Habicht-Serles-Kammes. Auch die Kalkkögel erreicht man vom Stubaital. Bei seiner Mündung etwa 700 m hoch, liegen die höchsten Seitenarme an den Gletschern des Hauptkammes bei 2600 und 2700 m.

Von Innsbruck kann man Fulpmes im Stubaital mit der Stubaitalbahn erreichen. Vom Bahnhof in Wilten (am Südende der Stadt) windet sich die Bahn eng neben der Brennerstraße hinauf zum Sonnenburger Hof, macht noch einmal halt bei Gärberbach und fährt weiter nach Natters.

● **69 Natters,** 783 m, 1000 Einw. Post Mutters, Telefon, Haltestelle am Ortsrand, Zufahrt auf guter Autostraße von der Brennerstraße her,

45 Min. von Innsbruck zu Fuß. 30 Min. westl. des Ortes liegt der Natterer See, ein künstlich wiederhergestellter alter Moorsee.

Gaststätten im Ort: Scherer, Sonnenheim, Stern, Altenburg. Schöne Spaziergänge führen vom Ort aus zum Eichhof (nordwestwärts).

Nach einigen großen Kurven erreicht die Bahn den südl. gelegenen etwas größeren Ort.

● **70** **Mutters,** 830 m, 1200 Einw. Haltestelle im Ort, Post, Telefon, Arzt.

Gaststätten: Alpenhof, Mutterer Hof, Stauder, Lärchenwald (15 Min. außerhalb). BRD-Meldestelle.

Ein beliebtes Skigebiet in Innsbrucks Umgebung stellt die Mutterer Alm mit ihren Abfahrten nach Mutters und Götzens dar. Gondelbahn Mutterer Alm. Sessellift Pfriemesköpfl.

● **71** Weiter von dort übersetzt die Bahn den Graben des Klausbaches und hält bei der Haltestelle **Raitis,** von wo man den Anstieg ins Skigebiet der Raitiser Alm (schöne Sommerspaziergänge) ausführen kann. An vielen Häusern und Einzelhöfen vorbei erreicht die Bahn nach ca. 2 km Außer-Kreith und Kreith. Wie alle Orte bisher liegt auch diese Siedlung auf den Terrassen, die das schmale Wipptal im W begleiten. Auch ein Fahrweg verbindet die Orte Mutters, Raitis und Kreith.

● **72** **Kreith,** 980 m, 200 Einw. Post, Tel., Gasthof Spreißerhäusl. Von hier bieten sich Wanderungen und Ausflüge zum Stockerhof, zur Raitiser Alm, zum Halsl und zum Nederjoch. Die Wanderung von Kreith über den Stockerhof und herrliche Lärchenwiesen nach Telfes zählt zu den schönsten Ausflügen im Stubaital.

● **73** Die Bahn übersetzt hinter Kreith den tiefen Graben des Sagbaches auf einer hohen Brücke und erreicht nach zwei Haltestellen, Telfeser Wiesen und **Luimes,** den Ort.

● **74** **Telfes,** 1007 m, etwa 800 Einw., Bahnstation am oberen Ortsrand (höchster Punkt der Bahn). Post Fulpmes, Tel.

Gaststätten: Greier, Lanthaler, Leitgeb, Serles.
Von Kreith nach Telfes führt ein schlechter Fahrweg (nicht für Auto geeignet), während man von Fulpmes her den Ort auf guter Fahrstraße erreichen kann.

Das Stubaital. Blick nach Südosten gegen den Hauptkamm. (Luftbild)

S.H. = Sulzenauhütte D.H. = Dresdener Hütte

Habicht
Feuersteine
Botzer
Wilder Freiger
Zuckerhütl
Oetztaler
Schaufelsp.
Ruderhofsp.
S.H.
D.H.
Langental
Unterbergtal
Neustift

Spaziergänge führen nach Plöven und Froneben (BRD-Meldestelle Ghs.). Hier findet sich einer der höchsten Maisbauplätze der Alpen bei etwa 1000 m (seit dem 17. Jahrhundert). Von Januar bis März zählt das Gebiet der Schlick zu den schönsten stadtnahen Skigebieten von Innsbruck.

● 75 **Fulpmes,** der Hauptort des Stubaitales, 935 m, ist die Endstation der Stubaitalbahn. Mit dem Auto ist der Ort am besten über die Autobahn (Ausfahrt Schönberg — Stubaital) und die Dörfer Schönberg und Mieders zu erreichen. Der Ort zählt etwa 2400 Einw. und hat 2000 Fremdenbetten. Post, Telefon, Arzt, Zahnarzt, Bergführer, Hallenbad Fulpmes-Telfes, Autobusverkehr. Sessellift nach Froneben. Von dort aus bequeme Wanderung in die Schlick. Schlepplift Froneben—Galtalm. Sessellift von der Schlicker Alm aufs Sennesjöchl.

Stubaier Schmiedemuseum (eröffnet 1970) im Gebäude der letzten erhaltenen Stubaier Hammerschmiede. Geöffnet Juni — Oktober, Mittwochs 14 — 17 Uhr.

Gaststätten: Alte Post, Jenewein, Lutz, Platzwirt, Sonklar.
BRD-Ortsstelle Haus 16 a, Ruf Gendarmerieposten.

Fulpmes ist der Sitz uralter Klein-Eisenindustrie, welche heute in der Herstellung alpiner Ausrüstungsgegenstände Weltgeltung erlangt hat. Uralte Huf- und Nagelschmieden finden sich im ganzen Dorf am Bach verteilt. Vom Ort aus führen schöne Wege nach Maria Waldrast (Serles) und in die Schlick sowie zur Starkenburger Hütte. Als Sommerfrischort ist Fulpmes bekannt und beliebt wegen seiner schönen Spaziergänge im Tal und an den schattigen Waldhängen.

Die Straße ins Stubai:

● 76 **Schönberg,** 1014 m, an der Brennerautobahn (Ausfahrt Stubaital), 1 km von der Straßenabzweigung an der alten Brennerstraße, etwa 16 km ab Innsbruck. Etwa 700 Einw. Autobusverkehr Innsbruck-Neustift — Ranalt — Mutterbergalm. Post, Telefon.

Gaststätten: Alte Post, Jagerhof, Schönberger Hof, Schönachhof, Domanig, Handl, Stubai. Schon die reiche Zahl an Gaststätten zeigt an, daß Schönberg ein sehr beliebter Sommerfrischort ist, von dem eine Anzahl schöner Wanderungen und Spaziergänge in die Wälder und auf die sanften Höhen der Gleinser Berge nördl. von Maria Waldrast führt. Gh. Gleinserhof, 1412 m, 10 B., ganzj. bew. Von der Stefansbrücke führt ein (für Auto nicht benützbarer) Weg direkt gegen S hinauf nach Schönberg. Prachtvoller Blick auf das Zuckerhütl und seine Nachbarberge.

Leicht fallend erreicht die Autostraße nach 3 km gegen SW den Ort

● **77** **Mieders,** 982 m, etwa 700 Einw. Älteste Sommerfrische des Tales. Ein stattliches Haufendorf mit malerischen alten Häusern.

Ehemals Heilquelle (kohlensäurehaltig). Talstation des Serlesliftes, der auf das Waldrasteck emporführt (1650 m) und damit das großartige Wandergebiet von Maria Waldrast (Wallfahrt) und der Gleinser Mähder erschließt. Bester Ausgangspunkt für die Ersteigung der Serles. Post, Telefon, Arzt, Schwimmbad, Tennisplatz.

Gh. **Zirkenhof,** 1205 m, an der neuen Forststraße zur Miederer Alm, ganzj. bew., 8 B., ¾ Std. von Mieders, Zufahrt mit Auto bis knapp unter das Haus.

Gaststätten: Alte Post, Lärchenhof, Kirchbrücke, Kreuter, Seewald, Stern.

BRD-Meldestelle Ghs. Stern. Weiter von Mieders nach SW leitet die Fahrstraße mit großer Kurve den Mühlbach übersetzend hinab zur Ruetz und überschreitet diese fast am SO-Ende von Fulpmes und erreicht nach etwa 3,5 km den Hauptort des Tales.

Von Fulpmes führt nun die gute Talstraße gegen S, übersetzt die Ruetz und erreicht

● **78** **Bad Medratz,** 1,5 km von Fulpmes, 920 m. Diese alte Badeanlage an einer kalkhaltigen Quelle gilt als Heilbad. Autobusverkehr, Gasthof.

Weiter nach knapp 3 km leitet die Straße am Weiler

● **79** **Kampl** vorbei und führt hinunter zum Ghs. Zegger. Hier zweigt das Pinnistal ab, an dessen Ausgang oberhalb des Gasthofes der Weiler

● **80** **Needer** liegt (Bergführer). Hier hat sich um das Hotel Alpenhof in den letzten Jahren ein zweites Fremdenverkehrszentrum (neben Neustift-Dorf) entwickelt. Linien-Jeepverkehr ins Pinnis-Tal. 2 Hotels und zahlreiche Privatzimmer. Von hier zieht das Pinnistal gegen S. Man erreicht über die Herzebenalm, Pinnisalm und Karalm die Innsbrucker Hütte (s. R 183 ff.). Die Fahrstraße übersetzt hier wieder den Ruetzbach, an dessen Ostseite ein Fahrweg von Fulpmes hierher führt. Weiter leitet sie nach 2 km hinein nach Neustift.

● **81** **Neustift** (7,5 km ab Fulpmes), 993 m, ist die letzte größere Ortschaft des Tales, einer der profiliertesten Bergsteigerorte Tirols, dessen Aussehen besonders im Frühjahr von den vielen Skibergsteigern bestimmt wird (2400 Einw.). Postauto von Innsbruck bzw. Fulpmes und weiter nach Ranalt und (wenn Stubaier Gletscherbahn in Betrieb) zur Mutterbergalm.

Skihauptschule. Skiübungslift. Sessellift zum Elferkogel („Hochstubai-lift"). Talstation 1000 m, Bergstation 1800 m. Schlepplift an der Bergstation. Rassige Skiabfahrten. Herrlicher Rundblick. Kurz oberhalb der Bergstation liegt das Hotel Elferhütte, 1950 m, ganzj. bew., siehe R 180.

Gaststätten: Hofer, Salzburger Hof, Jenewein, Schöne Aussicht, Volderauer, Sonnhof. Zahlreiche Pensionen und Privatzimmer. Zusammen etwa 3000 Fremdenbetten.

BRD-Ortsstelle, Haus 119 G, Glockengießer, Ruf Gendarmerieposten.

Neustift hat die größte Hallenkirche Tirols (alter Friedhof) und war der Wirkungsplatz des Pfarrers Franz Senn, Mitbegründer des Alpenvereins (Grabmal).

Eine Reihe schöner Spaziergänge und Wanderungen führt nach Milders, zur Schallersäge und zu den Autenhöfen (Sage der Stubaier Riesen). Neustift ist der Ausgangspunkt für alle Touren im inneren Stubaital, für die Anstiege zur Franz-Senn-Hütte, Regensburger Hütte, Dresdner Hütte, Sulzenauhütte, Nürnberger Hütte.

Die Fahrstraße leitet gleich bei der Kirche hinunter zum Ruetzbach, übersetzt diesen und führt an seiner O-Seite dem Talrand entlang zum Weiler **Schaller** (Ghs.). Westl. des Baches führt der Fahrweg lange Zeit zwischen Häusern hin, an der Mündung des Oberbergtales vorbei nach Milders, 1039 m hoch.

● **82** Nördl. davon zweigt bereits der Fußweg (schlechte Abkürzung) ins Oberbergtal ab, während der Fahrweg von Milders nach Bärenbad, an den Höfen von Sedugg vorbei zur Stöcklenalm, weiter zur Oberißhütte und zur Franz-Senn-Hütte führt. Die Fahrstraße führt von Schaller (Weg von Milders her) weiter talein zum

● **83** Weiler **Krößbach,** 1100 m, etwa 1 Std. von Neustift zu Fuß. Weiter am

● **84** Weiler **Gasteig** und am Weiler **Volderau** mit dem Whs. Volderauer (1½ Std. ab Neustift, Ausgangspunkte für Mischbachalm, R 190) vorbei führt die Straße talein nach

● **85** **Falwesun** (Falbeson), 1212 m, Almsiedlung und Asten.

Knapp vor Falwesun, vor der Brücke zweigt rechts der Weg ab, der ins Falwesuner Tal zur Regensburger Hütte führt. Von hier aus erschließt sich dem Bergsteiger ein schöner Winkel der Alpeiner Berge mit allen Anstiegen von S her auf die Knotenspitzen, Kräulspitzen, sowie von O auf die Ruderhofspitze und von N auf den ganzen Grat vom Grawagrubennieder bis zur Kreitspitze.

● **86** **Ranalt,** 2½ Std. von Neustift, 1300 m.

Es ist der letzte dauernd besiedelte Talstützpunkt und Ausgangspunkt für die Anstiege zur Nürnberger, Dresdner und Sulzenauhütte. Von hier aus kann der Bergsteiger also fast das gesamte Tourengebiet im Stubaier Hauptkamm sowie die mannigfachen Übergänge ins Gschnitztal, Ridnauntal, Windachtal und Sulztal erreichen.

Gaststätten: Falbesoner, Ranalt, ganzj. bew., 60 B. Jägerheim. BRD-Meldestelle: Falbesoner (oberer Gasthof). Postautoverbindung.

Gegen SW setzt sich das Mutterbergtal fort und gegen S führt das Längental empor.

Fahrstraße bis zur Mutterberg-Alm 1971. **Mutterbergalm,** 1720 m, ganzj. bew. 10 B. Restaurationsbetrieb.

● 87 Das Gschnitztal

Fast 20 km lang führt von Steinach das Gschnitztal, beinahe gleichlaufend mit dem Stubaital (getrennt durch den Habicht-Serles-Kamm) südwestwärts. In seinem Talschluß liegt die Bremer Hütte (Feuersteine, Pflerscher Hochjoch, Niederjoch, Schneespitz, Stubenscharte, Übergang zur Nürnberger Hütte sowie den Anstieg zur Tribulaunhütte in das Klettergebiet der Tribulaune). Auch das Padasterjochhaus erreicht man von Steinach. Vom N-Ende des Ortes Steinach führt eine schmale Autostraße leicht ansteigend an zahlreichen Höfen vorbei nach Trins (4,5 km).

● **88** Der Ort **Trins,** 1214 m, 850 Einw., schöner Sommerfrischort. Bahnstation Steinach, Autobusverkehr, Post, Tel., Arzt. 2 Schlepplifte.

Gaststätten: Hohe Burg, Trinserhof, Wiener, Hofer, Wipptaler Hof, Zita, Tiroler Hof, Sonnblick.

Trins ist der Ausgangspunkt für das Padasterjochhaus. Etwas mühevoll sind die Anstiege zum Blaser oder gegen S zum Nößlachjoch. Außerhalb des Ortes liegt das alte Schloß Schneeburg (13. Jahrhundert). Besonders eindruckvoll ist der große Sarntheiner Fall, ein Wasserfall von 120 m Höhe am unteren Padasterbach. Weiter führt die Straße fast eben talein an den Hängen oberhalb des Baches (vorbei am Hof Rafais) und erreicht nach 7 km Gschnitz. Gehobene Meldestelle des ÖBRD.

● 89 **Gschnitz,** 1242 m, mit etwa 300 Einw., ist der letzte Ort im Tal. Autobusendstation, Tel., Bergführer.

Gaststätten: Gschnitzer Hof, Berghof Kuraten. Gehobene BRD-Meldestelle Kuraten (Tel.). Gschnitz dient als Ausgangspunkt zum Anstieg auf die Innsbrucker, Bremer und Tribulaunhütte. An Spaziergängen bieten sich die sanften Wege talein und der schöne Waldweg nach St. Magdalena (alte Wallfahrtskirche, 15. Jahrhundert) sowie der alte Talweg an der südl. Talseite nach Trins an. Von Gschnitz weiter führt der gute Fahrweg vorbei an den letzten bewirtschafteten Höfen (Gh. Feuersteine, bis hierher allgemein befahrbar) bis zur Laponesalm. Von hier führt ein Fußweg hinauf gegen die Bremer Hütte.

● 90 Das Obernbergtal

Bei Gries mündet das Obernbergtal von SW her ins Wipptal ein. Es ist etwa 11 km lang und führt zum Obernbergsee am Fuß des Obernberger Tribulauns hinauf. Es vermittelt einen Übergang über das Gsträunjöchl zur Tribulaunhütte und bietet die Möglichkeit verschiedener (zur Zeit allerdings nicht gestatteter) Grenzübergänge (Portjoch, Sandjoch) ins südtirolische Pflerschtal.

Von Gries auf der Talstraße gegen SW ab erreicht man nach etwa 2 km den Weiler **Vinaders,** 1277 m, eine uralte Siedlung (Ghs. Strickner). Hierher auch von der Autobahn-Ausfahrt Nößlach. Die Straße führt nun im teilweise schluchtartigen Tal an mehreren Gehöftegruppen vorbei bis

● 91 **Obernberg,** 1393 m, etwa 400 Einw., weit verstreute Höfe. Post Gries a. B., zu Fuß 1½ Std. von Gries. Beliebte Sommerfrische.

Gaststätten: Spörr, Hilber. BRD-Meldestelle Ghs. Hilber (Tel.). AV-Jugendherberge, 90 Betten, Schlepplifte.

Weiter von Obernberg führt der Weg mäßig ansteigend, zuletzt etwas steiler hinauf gegen die Obernberger Seen (45 Min.), Ghs. mit Sommerwirtschaft, lohnendes Ausflugsziel.

● 92 Das Eisacktal (Wipptal) vom Brenner bis Sterzing

Knapp südl. des Brennerpasses trifft man auf einen Bach, der vom Kreuzjoch herabspringt und seinen Weg gegen S nimmt: der Eisack. Bahn, Straße und Bach füllen fast den ganzen Talboden. Teilweise hoch über dem Tal auf kühnen Brücken zieht die neue italienische Autobahn vom Brenner nach Süden. Die erste Ausfahrt südl. des Brenners ist Gossensaß. Vorbei am alten Haus Brennerwolf erreicht man nach 4 km Brennerbad, eine alte Badeanlage (alkalisch-eisenhaltige Quelle) mit dem gleichnamigen Hotel und dem Ghs. Vetter. Skigebiet Zirog (Lifte). Während nun die Straße steil nach Gossensaß hinabfällt, zieht die Bahn am westl. Talhang bis oberhalb des Ortes (Haltestelle Schelleberg, 1241 m, 9 km vom Brenner). An den Hängen oberhalb der Station leitet die Straße empor nach Gigglberg. Nun führt die Bahn 4 km gegen W ausholend ins Pflerschtal zur Station Pflersch. Hier wendet sie sich wieder nach O und erreicht nach weiteren 4,5 km die Station Gossensaß.

● 93 **Gossensaß,** 1100 m hoch (8 km ab Brenner) liegt am Eingang des Pflerschtales. 1700 Einw.

Sessellift in 3 Sektionen auf das Hühnerspiel (Amthorspitze). Übungslifte. Autostraßen nach Innerpflersch, auf das Sandjöchl, auf die Zirog-Alm, auf die Platzalm. Zahlreiche Wanderwege.

Seit 1218 urkundlich nachweisbar, ist jedoch wohl mit Sicherheit bereits in der Römerzeit eine Besiedlung dieses Platzes anzunehmen.

Post, Tel., Arzt, beliebte Sommerfrische, zahlreiche Gaststätten. Auch als Wintersportplatz gern besucht.

Gossensaß war bis zum 17. Jahrhundert ein Bergbauort (Silber, Blei, Kupfer).

In der Nähe steht die halbverfallene Burg Straßberg. Bekannt als Sommeraufenthalt von Henrik Ibsen, der hier seine „Hedda Gabler" schrieb.

6 km unterhalb Gossensaß erreicht man durch das enge Tal Sterzing, am nördl. Ende eines breiten Talkessels gelegen, in den von W das Ridnaun- und von O das Pfitschertal einmündet. Dieser Talkessel umschließt das Sterzinger Moos, von dem die Sage als dem Ort der alten Jungfern erzählt.

Beiderseits der Straße zwischen Gossensaß und Sterzing tragen die Hänge reiche Besiedlung. Im O liegt Ober- und Unterried, im W Steckholz, Flans, Feld und als größter Ort Tschöfs, alle auf guten Fahrwegen erreichbar.

● 94 **Sterzing** (14 km ab Brenner), 950 m hoch, 5000 Einw. Der Stadtkern zeigt durchwegs die ursprüngliche Bauweise der mittelalterlichen Stadt.

Rings um den Ortskern breitet sich die neue Siedlung nach allen Richtungen aus. Die Hauptverkehrsstraße umfährt den Ort im O. Die Bahnstation liegt ebenfalls am Ortsrand. Post, Tel., Autobusverkehr, Arzt.

BRD des Alpenvereins Südtirols, Sitz des Zweigvereins Sterzing des AV Südtirol.

Zahlreiche Gaststätten, Bahnhofswirtschaft, Schwimmbad. Sterzing ist der Ausgangspunkt für die Begehung der Berge um das Ridnaun- und Ratschingstal. Zahlreiche Anstiege und Spaziergänge, vor allem zur nahe gelegenen Roßkopfhütte (Skiabfahrt). Gondelbahn Roßkopf. Von der Bergstation schöne Wanderungen. Schlepplift Sterzing — Thuins.

Von Sterzing führt die Autostraße zum Jaufenpaß, der ein Teil der Begrenzung der Stubaier Alpen gegen S ist. Eine andere Autostraße führt zuerst an den Talhängen des Eisacktales weiter ansteigend, dann gegen SW umbiegend über das Penserjoch hinunter ins Sarntal und nach Bozen. Straßenverbindung nach O ins Pfitschtal. Eine weitere Straße führt von Sterzing über Thuins nach Obertelfes und aufs Flaurer Jöchl, 1885 m (Roßkopfstraße).

Das Eisacktal führt von Sterzing weiter gegen SO. Im O der Straße liegt die alte Burg Sprechenstein, am westl. Talrand Schloß Reifenstein, oberhalb des Sterzinger Mooses. Weiter über Franzensfeste führen Bahn und Straße nach Brixen, Klausen und Bozen.

● 95 Das Pflerschtal

Etwa 15 km lang zieht von seiner Mündung bei Gossensaß das Pflerschtal gegen WNW. Es ist dünn besiedelt, mit ausgeglichenerem Klima als das Eisacktal. Von seiner Mündung auf etwa 1100 m steigt es im Talhintergrund zu den Gletschern empor, fast 2500 m hoch. Es ist (von der Bahnstation Pflersch aus) der schnellste Zugang von einer Hauptverkehrslinie in die Gletscherwelt des Hauptkammes. Auf der Straße von Gossensaß gegen W erreicht man südl. der Bahnlinie wandernd, in 30 Min.

● 96 Außerpflersch, etwa 1100 m, 3 Gaststätten. Skilifte Ladurns auf 2000 m. Weiter südl., vorbei an der Haltestelle Pflersch kommt man über Annichen nach

● 97 Innerpflersch (Boden), 1245 m, etwa 50 Min. von der Bahnstation Pflersch. Gasthaus beim Pfarrer und Gasthof „Tribulaun“. Tel., Bergführer.

Während man von Valming (etwa 20 Min. westl. von Gossensaß) gelegentlich über die Valmingalm zur Telfer Weißen oder zum Roßkopf gelangt, kann man von Boden zur Wetterspitze, Maurerspitze und Maratschspitze ansteigen.

● 98 **Von Boden** etwa 15 Min. talein erreicht man den Weiler **Stein**, die letzte Dauersiedlung im Tal; Fahrräder läßt man am besten in Boden. Hier zweigt der Weg zur Alten Tribulaunhütte am Sandessee ab. Von Stein führt der Weg auch zur (Alten) Magdeburger Hütte. Übergang in das Gschnitztal und zur Bremer Hütte und über Magdeburger Scharte zur Teplitzer Hütte (Notunterkunft) und Grohmannhütte. (Achtung, Grenzgebiet, keine Tourenmöglichkeit!)

● 99 Das Ridnauntal

Etwas südl. von Sterzing liegt die breite Mündung des 18 km langen Tales, das gleichlaufend mit dem Pflerschtal nach NW zieht. 1450 m Höhenunterschied liegen zwischen seiner Mündung und dem Ende an der Zunge des Übeltalferners.

Wie selten ein anderes Tal ist das Ridnauntal ein Beweis dafür, wie weit die technische Entwicklung auf die kulturelle Entwicklung eines abgeschlossenen Gebietes Einfluß nimmt. Hier im Ridnauntal wirkte sich der uralte Bergbau von St. Martin im Schneeberg entscheidend aus. Obwohl St. Martin jenseits der Schneebergscharte eigentlich im obersten Ende des Passeiertales liegt, ist die Verbindung zur Förderung des Erzes (Zink, Blei) durch das Lazzachtal ins Ridnauntal erfolgt und brachte nicht nur eine bessere verkehrstechnische Erschließung, sondern seit Jahrhunderten einen gewissen Wohlstand mit sich.

2 km westl. von Sterzing zweigt vom äußersten Ridnauntal das Jaufental gegen SW ab. Von Sterzing führt die Jaufenstraße nach Gasteig an der Mündung dieses Tales, von dort weiter gegen W und windet sich in vielen Kehren zur Paßhöhe empor. Die Straße ins Ridnauntal biegt bei Gasteig gegen W ab und erreicht nach etwa 2 km

● 100 Stange (Ghs. Gilfenklamm, Tel., Autobusverkehr). Hier mündet das Ratschingstal von SW her ein. Fast eben zieht die Straße etwa 3 km talein nach

● 101 Mareit (Außermareit). Die Gemeinde, beiderseits des Mareiter Baches, liegt etwa 1050 m hoch. Post, Tel., Bergführer, Gaststätten. Über dem Ort liegt Schloß Wolfsthurn, das einzige Südtiroler Schloß im Barockstil. Es ist Besitz des Grafen von Sternbach. Vor Mareit zweigt der Fahrweg ins Ratschingstal ab.

Wer nicht mit dem Fahrzeug der Talstraße folgt, tut besser, die Jaufenstraße gleich südl. Sterzing, nördl. der Brücke über den Mareiter Bach zu verlassen und am nördl. Bachufer dem Weg zu folgen, der in 1½—1¾ Std. nach Mareit führt.

● **102** Hoch über diesem Weg liegen an den S-Hängen des Roßkopfes die Örtchen **Thuins, Telfes,** lohnende Spaziergangsziele von Sterzing aus (spätgotische Kirchen). (Das Militärsträßchen, auf dem man Thuins am besten erreicht, zweigt 1 km innerhalb der Kreuzung Penser-Joch Jaufenstraße rechterhand ab.)

Auch von Telfes führt ein guter Weg nach Mareit (45 Min. Umweg). Etwa östl. von Mareit führt eine Straße empor zum Ende der Förderbahn, an die hoch am Hang wieder eine Straßentrasse anschließt, die ins Innere des Tales leitet (Erzstraße).

Von Mareit erreicht man zu Fuß am Schloß Wolfsthurn vorbei über Wiesen (die Förderbahn links liegen lassend) am Weg über Durach die Erzstraße östl. von Ridnaun und schließlich

● **103** **Ridnaun,** 13 km ab Sterzing, 1¼ Sd. ab Mareit. Mit einem Umweg von 20 Min. kann man östl. Ridnaun zur alten auf einem Hügel gelegenen (1481 erbauten) gotischen Kirche St. Magdalena (1419 m, Altar aus dem Jahre 1509) gehen.

Ridnaun, 1347 m hoch, Post, Tel., Bergführer, Gasthof. Der Ort ist ein beliebter Sommerfrischort mit schönen Spaziergängen und leichen Bergtouren (Hohe Ferse, Hochspitz, Wetterspitz, Telfer Weißen). Schlepplift.

Weiter 3 km talein erreicht man (45 Min. ab Ridnaun) das Ende der Erzstraße bei der Erzaufbereitung (3½—4 Std. ab Sterzing). Etwas östl. am anderen Bachufer Innermareit, heute **Maiern** genannt. 1400 m, staatl. Werkkantine beim Pochwerk, 19 B., ganzj. bew.

● **104** Bei der Erzaufbereitung zweigt das Lazzachtal ab, durch das der Weg zum Kasten-Whs. (auch Knappen-Whs., Post-Hütte, ital. Osteria Mezzastrada) Notunterkunft, 4 L., ganzj. bew., (2 Std.) emporführt. Die Materialbahn steigt an den O-Hängen des Lazzachtales empor, überquert das Tal und führt hinauf unter die Schneebergscharte.

Der Betrieb in St. Martin ist längst eingestellt. Unterhalb des Kasten-Whs. ist ein etwa 4 km langer Stollen angelegt, durch den in die Grube gefahren wird.

● **105** **Das Ratschingstal**

Beim Weiler Stange mündet dieses Tal klammartig (die Gilfenklamm, 3 km lang, weißer Marmor, Weganlage gut ausgebaut in das Ridnauntal). Der Fahrweg in das 14 km lange Tal führt von Mareit vom W her, biegt beim Weiler Pordaun (auf steilem Weg in 45 Min. von Stange her erreichbar) am O-Ausläufer des Mareiter Steins in das Tal ein und leitet nördl. des Baches durch das sehr enge Tal zum Ghs. Jaufensteg (1 Std. von Stange). Weiter talein vorbei an

● **106** Einzelhöfen erreicht man nach 40 Min. Bichl, ital. Colle, 1290 m hoch, Gasthaus. Nach weiteren 30 Min. führt der Weg

● **107** nach **Larch** und weiter nach **Flading,** der letzten Dauersiedlung im Tal (3½ Std. von Stange).

Hier finden sich die alten Marmorsteinbrüche, die für die Hofkirche in Innsbruck und für das kaiserliche Schloß in Schönbrunn den prachtvollen weißen Stein lieferten.

Das selten besuchte Tal vermittelt von Bichl den Anstieg zum Entholzjoch und von Flading zur Gleckspitze, Hohen Ferse, Weißen, Zermaidspitze und Hohen Kreuzspitze, sowie die Übergänge über das Schlatterjoch, das Zermaidjoch und über die Ratschingsscharte und das Jöchl.

An den S-Hängen des Tales windet sich von Gasteig die Jaufenstraße zum Jaufenhaus (Abkürzungswege) und zum Paß empor. Die Straße bildet den westl. Teil der S-Grenze der Stubaier Berge gegen die Sarntaler Alpen.

Durch lichten Wald und über Wiesenhänge erreicht man

● **108** nach 11 km von Sterzing **Kalch,** 1446 m, 2 Gasthöfe. Wintersportplatz, Skilifte. Hierher führt auch ein Fußweg von Jaufensteg im Ratschingstal.

● **109** Nach weiteren 7 km gelangt man zum Jaufenhaus (Gastwirtschaft), Autobusverkehr, Tel., 1995 m hoch, Schlepplifte. Etwa 1 km weiter erreicht man den Paß, 2094 m. Weiter zieht nun die Jaufenstraße steil in vielen Kehren gegen S hinab. Am Ghs. Leiteben vorbei steigt sie hinunter ins Wannsertal und erreicht am Ghs. Tscharf vorbei das Dorf Walten, von dem sie in vielen Kehren nach St. Leonhard im Passeiertal absteigt.

● 110 Das Passeiertal

von St. Leonhard zum Timmelsjoch

Von Meran führt das Passeiertal, als bedeutendstes Nebental der Etsch gegen N. In dem etwa 40 km langen Tal erreicht man über Riffian (Wallfahrtsort, 540 m, 5 km ab Meran, 3 Gasthöfe), Saltaus und weiter vorbei an vielen Gasthöfen den Ort St. Martin (569 m, 17 km ab Meran).

Weiter führt die Straße zum Sandhof (Gh., Hofers Geburtshaus und Wohnstätte, kleines Museum, Gedenkkapelle) und weiter nach St. Leonhard.

● **111** **St. Leonhard,** 700 m hoch, 3000 Einw. (21 km ab Meran) ist der bedeutendste Ort des Tales. Post, Tel., Arzt, Bergführer. Viele Gasthöfe, geheiztes Schwimmbad. Skilifte.

Bei St. Leonhard mündet von O her das Wannestal, durch das die Jaufenstraße über das Dörflein Walten zum Jaufenpaß ansteigt und hinab nach Sterzing führt (siehe Ratschingstal).

Von St. Leonhard bietet sich eine Reihe schöner Spaziergänge und Wanderungen. Oberhalb des Ortes steht die alte Jaufenburg, das Stammschloß der Grafen von Passeier.

● **112** Von St. Leonhard leitet die Fahrstraße westwärts in das innere Passeiertal und erreicht nach 5 km **Moos,** 1020 m, wo sich das Tal neuerdings gabelt. Nordwestlich öffnet sich das innerste Passeiertal (Timmelsjoch), gegen SW führt das Pfelders-Tal bis unter die Hochwilde hinein. (Bad Sand, Schwefelbad). Am gegenüberliegenden Talhang der Sommerfrischort **Platt.** Stieber Wasserfälle, Gletschermühle, 20 Min. vom Ort. Moos hat mehrere Gasthöfe. Tel., BRD-Meldestelle.

● **113** **Moos** ist der Ausgangspunkt der nach dem ersten Weltkrieg aus strategischen Gründen angelegten Timmelsjochstraße, die an den O-Hängen des Tales hoch über Rabenstein und Schönau und zuletzt in steilen Kehren (mit einem Tunnel den Scheibkogel durchstoßend) zum Timmelsjoch leitet. Im Sommer Grenzübergang und Fahrstraße ins Ötztal. Von Moos führt der Fahrweg zuerst an der O-Seite des Baches entlang, dann an der W-Seite zum Ghs. Seehaus (1830 m, 1 Std. von Moos). Nach etwa 25 Min. von hier erreicht man das Örtchen **Gasteig,** wo ein Weg nach St. Martin im Schneeberg abzweigt. Westl. des Baches erreicht man in 20 Min., leicht ansteigend, die höchstgelegene Dauersiedlung im Passeiertal, das Dorf

● **114** **Rabenstein,** 1400 m hoch, Gasthaus. Auch von hier führt ein Weg nach St. Martin empor. Malerisch liegt die Kirche des Örtchens auf einem Hügel. Talstützpunkt für alle Touren im innersten Passeiertal. Weiter talein liegt in der Straße das Gh. **Saltnus,** 1500 m, ganzj. bew., 7 B., dann erreicht man

● **115** die Almsiedlung **Schönau,** 1720 m. Von hier zweigt der Weg zur Essener Hütte ab. Ausgangspunkt für die Timmelsalm, zu der ein guter Weg emporleitet (2—2½ Std.). Schönau ist eine Almsiedlung mit einem ganzj. bew. Gh., Unterkunftsmöglichkeit. Die Timmelsalm ist eine reine Almsiedlung und bietet notdürftige Unterkunft während der Sommerzeit.

● **116** Auch **St. Martin im Schneeberg,** 2355 m hoch, kann als Tourenstützpunkt in Betracht gezogen werden (Gürtelwand, Schwarzseespitze, Sprinzenwand, Rinnerspitze). An Übergängen bieten sich der Weg über die Schneebergscharte ins Lazzachtal, über Sandjoch und Zermaidjoch ins Ratschingstal an.

St. Martin ist eine kleine Bergwerkssiedlung (Lager der Bergleute) mit einem Kirchlein und einer Werkskantine, Knappenhaus (Rif. S. Martino Monte Neve), staatl., notfalls Unterkunft. Höchstgelegenes Bergwerk Europas. In der Umgebung Mineralienfunde möglich.

Die Timmelsjochstraße führt östl. oberhalb Schönau tief hinein in den Grund des gegen N ziehenden Tales, wendet sich wieder zurück gegen S und erreicht in vielen großen Kehren den Grat südl. des Scheibkogels, führt weiter durch einen Tunnel und stets gegen NW ansteigend hinauf zum Timmelsjoch, 2478 m. Der Fußweg von Schönau (etwa 3 Std.) leitet zuerst etwas gegen N, dann südl. des Baches, der vom Timmelsjoch herabzieht, empor, überschreitet diesen und kehrt im obersten Teil wieder zum Bach zurück, worauf er steil hinauf zum Joch ansteigt.

An der Timmelsjochstraße auf 1750 m die Glaneggalm, bew.

Das Ötztal

Als eines der längsten Seitentäler des Inntales bildet das Ötztal von seiner Mündung bis Zwieselstein mit einer Länge von 43 km die W-Grenze der Stubaier Alpen. Von Zwieselstein zieht die Grenzlinie gegen das Timmelsjoch hinauf.

Das Tal ist von den Gletschervorstößen der Eiszeiten in fünf terrassenartige Talstufen gegliedert, deren jede beckenartig erweitert ist. Die Zwischenstrecken tragen schluchtartigen Charakter. Auf diesen nahezu ebenen Talstufen liegen alle größeren Ortschaften des Tales, welche als Ausgangspunkte für die Stubaier und für die Ötztaler Berge dienen.

Hinter Zwieselstein gabelt sich das Tal. Gurgler und Venter Tal gehören beide bereits zu den Ötztaler Alpen. Der gesamte Landschaftscharakter des Tales ist großartiger und herber als der des Stubaitales, das Klima rauher.

● **117** Vom Bahnhof Ötztal führt die Autostraße über die Bundesstraße Innsbruck — Landeck hinweg talein gegen S, vorbei an den Weilern **Brunnau, Ambach** und **Ebene** (45 Min., Ghs.). Hier mündet das

Needertal von O her, durch welches man über Ochsengarten (2 Std.) Kühthai erreicht (3—3½ Std.). In der Umgebung Kühthais Vorkommen von Andalusit.

● **118** Gegenüber Ebene liegt an der westl. Talseite das Dorf **Sautens,** ein beliebter Sommerfrischort (825 m, etwa 800 Einw., Bahnstation Ötztal oder Roppen, 45 Min.; Piburger See in der Nähe). Gaststätten: Gisela, Haderlehn, Kreuz, Pirchhof, Ritzler Hof.

Von Ebene erreicht man das Dorf Oetz (7 km von der Station, 1½ Std.).

● **119** **Oetz** ist ein moderner Fremdenverkehrsort, 820 m, 1800 Einw., Autobusverkehr, Post, Tel., Arzt, Bergführer. Ortsstelle Oetz des BRD. Tel. 0 52 52 / 306. Badeanlage (Piburger See, 35 Min.), geheiztes Freischwimmbad (1. 5. bis 30. 8. geöffnet). Tennisplatz, Gaststätten: Alpenrose, Alpenhotel, Drei Mohren, Posthotel Kassl, Stern, Jäger, Brunfeld, Straßer, Kaffeehaus.

Oetz ist der Ausgangspunkt für Touren im Gebiet des Kühthais, der Bielefelder Hütte (Maningkogel, Acherkogel), sowie vieler Spaziergänge (nach Au 40 Min., Gasthof, ein auf der Terrasse südl. des Taleinganges zum Needertal gelegenes Dorf), sowie Piburger See, Sautens oder Habichen (Gasthof Schmidt, Café-Pension Habicher Hof, etwa 30 Min.). Kühthai und die Dortmunder Hütte erreicht man über die Fahrstraße von Oetz (bei der Kirche) oberhalb des Talbodens gegen Au empor und weiter im Needertal nach Ochsengarten (2½ Std.) und weiter zur Dortmunder Hütte (3½—4 Std.). Fahrstraße bis Kühthai.

Seit 1975 Acherkogelbahn in das Gebiet der Bielefelder Hütte. Bergstation 2020 m. (Doppelsessellift, Schlepplifte.)

● **120** **Ochsengarten** ist die höchste Dauersiedlung im Needertal (1542 m), weit verstreute Bergbauerngemeinde (Gasthof zum Kuraten), BRD-Meldestelle beim Kuraten. Weiter talein an der Nordseite das Gh. **Marail,** 1734 m, 18 B., 10 M., ganzj. bew. und **Marlstein,** 1790 m, 24 B., ganzj. bew., Kapelle. Kurz vor Kühthai im Needertal noch das Gh. **Hemerwaldalm,** 1831 m, ganzj. bew. 12 B., 10 M.

● **121** Von Oetz leitet die Autostraße über eine Talstufe bergauf am Weiler **Habichen** (2 Gasthöfe, BRD-Meldestelle) vorbei, dann über die Ache und in Kehren über die zweite Steilstufe (Abkürzungs-Fußweg) hinauf ins Becken von Umhausen.

● **122** Der erste Ort dieses Talbeckens ist **Tumpen,** 946 m, Autobushaltestelle, Tel., Gasthof Acherkogel. Es ist ein ruhiger Sommerfrischort.

● 123 Die Straße führt in mäßiger Steigung durch das etwa 5 km lange Becken nach **Umhausen** (15 km von Bahnhof Ötztal), 1036 m, 2000 Einw., Autobusverkehr, Post, Tel., Arzt. Heilbäder.

Gaststätten: Marberger, Andreas Hofer, Krone, Tiroler Adler. Umhausen ist der älteste Ort des Ötztales, heute ein moderner Fremdenverkehrsort.
BRD-Ortsstelle, Ruf Gendarmerieposten.

Umhausen ist der Ausgangspunkt zum Aufstieg auf die Gubener Hütte, wobei man bis Niederthai die neu erbaute Straße benützt.

● **124** **Niederthai** ist der einzige Talort im Horlachtal, 1537 m, Bergdorf in großartiger Bergumrahmung, nach einem Bergsturz großteils neu erbaut, Tel., Bergführer, BRD-Meldestelle Haus 120. Fahrstraße Umhausen—Niederthai. Gasthöfe: Berghof Niederthai, Stuibenfall, Alpenhof, Siegfried, Tauferberg, Pensionen, Privatbetten. 2 Schlepplifte. Kleinbusverkehr Umhausen — Niederthai.

Ausgangspunkt für Touren im Larstig- und Zwiselbachtal. Übergänge ins Kühthai, zur Winnebachseehütte und Pforzheimer Hütte.

Spaziergang zum Gh. Wiesle, 1530 m, Sommerwirtschaft, ¾ Std. von Niederthai, am NW-Fuß des Hemerkogels gelegen.

Von Umhausen aus bietet sich noch eine Reihe schöner Spaziergänge zu den umgelegenen Weilern und Ortschaften. Besonders anzuraten: Stuibenfälle (45 Min.).

Weiter talein führt die Straße, überwindet die schluchtartige Enge von Maurach und erreicht 5 km weiter von Umhausen das Längenfelder Becken. An der westl. Talseite am Beginn der Maurachschlucht liegt hoch oben Köfels (Bimssteinvorkommen).

● **125** Im Längenfelder Becken reiht sich eine große Zahl von Weilern aneinander: **Au, Ehspan, Dorf, Unterried, Lehn, Oberried, Runhof, Gottsgut** und **Michel.**

Etwa in der Mitte des Beckens am Ausgang des Sulztales liegt der Gemeindeort Längenfeld mit den 2 Dorfteilen. Zu dieser Gemeinde gehört auch das Sulztal. In der Umgebung Vorkommen von Granat, Fasseit, Omphacit.

● **126** Die Straße führt über Au (1153 m, Autobushaltestelle, Gasthof Lamm), Ehspan und Dorf nach **Unter-** und weiter nach **Oberlängenfeld** (25 km vom Bahnhof Ötztal). 1177 m, 3000 Einw., Autobusverkehr, Post, Tel., Arzt, Schwefelbäder, Bergführer. Schlepplifte Brand, Burgstein.

Gaststätten: Hirsch, Kurbad, Rose, Stern, Edelweiß. 1500 Privatbetten. BRD-Ortsstelle Gendarmerie, Ruf 0 52 53 / 5214.

Die Pfarrkirche von Längenfeld stammt aus dem 16. Jahrhundert. Geburtsort des Pfarrers Senn, Mitbegründer des Alpenvereins. Von Längenfeld bietet sich eine Reihe Spaziergänge in die Fischbachklamm (30 Min.) oder zu den Weilern im Umkreis.

Gh. Burgstein, 1420 m, ganzj. bew., 38 B., im gleichnamigen Weiler südl. über Längenfeld. Von dort 1 Std. Zufahrt mit Auto möglich.

Als Ausgangspunkt dient es für sämtliche Touren im Gebiet des Sulztales (Amberger Hütte). Die Amberger Hütte erreicht man über Gries im Sulztal, wohin die Straße über Unterlehen heraufleitet (1½ Std.).

● **127** **Gries im Sulztal** ist der letzte Talstützpunkt und Ausgangspunkt für Winnebachseehütte und Amberger Hütte. Der Ort liegt 1572 m hoch, Post, Tel., Bergführer. Linienverkehr von Längenfeld. Gaststätten: Zum guten Tropfen, Alpenfriede, Sulztaler Hof, Albuin Schöpf. BRD-Ortsstelle, Bergführer, zwei Schlepplifte.

Gh. Alpenfriede, Bergf. Herbert Schöpf, Funkverbindung zur Amberger Hütte, Tel. 0 52 53 / 53 11 14, Gepäcktransport. Von Gries kann man einige Bergfahrten im nördl. Teil des Sulztalkammes (Gamskogel, Lochkogel) ausführen, wobei man die Nisslalm als Zwischenstützpunkt benützt (am hinteren Dorfende zum Bach, jenseits steil durch Wald empor zur Nisslalm 1—1½ Std.), 2054 m, priv., bew. 1.7. — 1.9., 8 B.

● **128** Von Längenfeld der Straße folgend erreicht man am Ende des Beckens das Örtchen **Huben,** 28 km vom Bahnhof Ötztal, 1194 m, Autobusverkehr, Post Längenfeld, Tel., Bergführer. Gaststätten: Rimmel, Zum Guten Hirten. Schlepplift.

● **129** Weiter durch eine gut 10 km lange, teilweise schluchtartige Strecke, vorbei an einigen Weilern und Einzelhöfen (Whs. Aschbach, 1¼ Std. ab Huben), zuletzt durch Wald wird die vierte Talstufe des Beckens von Sölden erreicht. Auch dieses ist mit Weilern dicht besiedelt: **Kaisers, Schmidhof, Ramstadel, Hof, Wohlfahrt, Pitze.**

Inmitten liegt, etwa 1360 m hoch, das Gemeindedorf **Rettenbach,** Sitz der Gemeinde Sölden, dort wo das Rettenbachtal in das Becken einmündet.

● **130** **Sölden** ist einer der bedeutendsten Fremdenverkehrsorte des Tales.

Sölden, 1367 m, 1500 Einw. (39 km vom Bahnhof Ötztal). Autobusverkehr, Post, Tel., Arzt, Apotheke. BRD-Haupt- und Ortsstelle, Bergführerstandort. „Sportzentrum" mit Hallenbad.

Gaststätten: Post, Sonne, Tyrol, Alpenverein, Pension Bergland Hamburger Hof, Waldheim, See, Rechenhaus, Pitze, Innerwald. BRD-Ortsstelle Haus 277, Ruf 2251.

● **131** Sölden ist Ausgangspunkt für Touren im südwestl. Teil der Stubaier Alpen. Den Hauptzugang bietet das Windachtal mit dem Gh. Fiegl (2 Std., siehe R 141). Von hier steigt man zur Hildesheimer und zur Siegerlandhütte auf.

Ebenso von Sölden erreicht man das Brunnenkogelhaus, das am Brunnenkogel südl. des Windachtales steht. Eine Reihe schöner Spaziergänge bietet sich im ganzen Talbecken. Besondere Erwähnung verdient der Wintersportplatz Hochsölden an der W-Seite des Tales. (Mehrere Sessellifte.)

Kabinen-Seilbahn auf den Gaislachkogel, 3040 m.

● **132** Weiter von Sölden leitet die Autostraße nach **Zwieselstein** (44 km vom Bahnhof Ötztal). Post, Tel., Auto, Autoanschlüsse (Bus nach Vent 16 km, Busverkehr nach Obergurgl 12,5 km), Bergführer. Gaststätten: Post, Zwieselstein, BRD-Meldestelle Ghs. Post.

Von Zwieselstein steigt die Fahrstraße ins Gurgltal zunächst in Kehren an und erreicht nach 8 km Untergurgl. Ein Stück weiter die Abzweigung der neuen Fahrstraße nach Hochgurgl (mehrere Hotels, Lifte) und auf das Timmelsjoch. Von Zwieselstein kann man auch zu Fuß ins Timmelstal gelangen. Man benützt einen Steig, auf dem man von den südl. Häusern des Dorfes (wo die Straße über die Ache setzt) an der W-Seite taleinwärts wandert. Man steigt von der ersten Brücke über den Gurgler Bach etwas gegen die Schrofen an und dann dem teilweise schlechterhaltenen Steig folgend weiter durch das Timmelstal. Im hinteren Talgrund stößt man auf die Fahrstraße zum Timmelsjoch. Das Timmelsjoch (großer Parkplatz) läßt sich mit privatem Kraftfahrzeug oder mit der Buslinie aus dem Ötztal erreichen. Wintersperre von Oktober/November bis Juni.

II. Hütten und Zugangswege

● 133 **Amberger Hütte,** 2135 m

Über dem alten Gletschervorfeld des Sulztalferners steht am Fuß des Sulzkogels mit schönem Blick auf den Ferner und seine Umrahmung die Hütte. Erbaut 1888, zweimal erweitert, AVS Amberg, bew. 1. März bis Mitte Mai, Pfingsten, 1. Juli bis 15. September, 22 B., 36 M., 12 L., Zentralheizung, el. Licht, WR. mit AV-Schloß, 14 M.; nächster Talort Gries im Sulztal (Tel.). Funkverbindung zur Hütte ab Gries, Haus Herbert Schöpf. Gepäcktransport. Knapp unterhalb der Hütte der „Schwefelsee" mit warmer Quelle (18° C).

Ausgangspunkt: Sulztalkamm sowie gesamte Umrahmung des Sulztalferners, dazu Schrankogel, Ruderhofspitze, Wildgratspitzen usw. Übergänge: Hochstubaihütte (Wütenkarsattel), Hildesheimer Hütte (Daunscharte, Bildstöckljoch), Dresdner Hütte (Daunjoch), Franz-Senn-Hütte (Wildgratscharte). Auch das Westfalenhaus und die Winnebachseehütte kann man, allerdings mit beachtlichen Abstiegen, von hier aus erreichen.

● 134 Von Gries im Sulztal, 2 Std. Von Gries auf gutem Weg talein bis zur Vorderen Sulztalalm, weiter zur Hinteren Sulztalalm und empor zur Hütte. Jeepverkehr, nach Vereinbarung mit Bergf. Herbert Schöpf, Gries im Sulztal 41, Telefon 0 52 53 / 41 3 11 06.

● 135 **Brunnenkogelhaus,** 2735 m

Am östl. Ende des Kammes, der südl. vom Windachtal gegen W zieht, steht am Vorderen Brunnenkogel die Brunnenkogelhütte, von der man eine herrliche Aussicht über einen großen Teil der Ötztaler und Stubaier Berge hat. Die Hütte ist als Stützpunkt in der ungemein langen und ebenso lohnenden Gipfeltour über den ganzen Windachkamm bis zur Siegerlandhütte gut gelegen. Erbaut 1887, erweitert 1903. ÖTK Wien, Sommerwirtschaft, 1. Juni — 15. Sept. 2 B., 13 M. Im Winter unbenutzbar. Nächster Talort Sölden. (Tel.). Bew. Rosa Kuprian, Post Sölden.

● 136 Von **Sölden,** 3½—4 Std. Am östl. Ufer der Ache über den Windachbach, bis Windau und von dort durch steilen Wald zum Whs. Falkner (priv. Sommerwirtschaft, Unterkunft). Nun weiter in Kehren empor, dann südlich querend und zuletzt wieder in Kehren steil zur Hütte.

● 137 Vom Fiegl Wirtshaus kann man in etwa 2 Std. die Hütte erreichen, indem man etwa 10 Min. talein vom Ghs. die Windache überschreitet und am steilen Weg zunächst gegen SO ansteigt, bis beim Putzach ein Steiglein unter den Schrofen gegen W hinzieht, auf dem man den Eingang zum Schönkar erreicht. Nun leitet das Steiglein steil über die untere Karschwelle empor, durchquert teilweise schlecht sichtbar das Schönkar und steigt unter dem N-Grat des Hinteren Brunnenkogels hinauf, überschreitet den N-Grat und quert jenseits in ein kleines Kar, knapp über einem kleinen See. Steil windet es sich nun zum Sattel zwischen Vorderem und Hinterem Brunnenkogel empor, von wo aus man in wenigen Min. das Haus am Vorderen Brunnenkogel erreicht.

● 138 **Fiegl-Wirtshaus,** 1959 m

Im Windachtal auf aussichtsreicher Kuppe über der Schlucht. Wichtiger Zwischenstützpunkt (Hochstubaihütte, Hildesheimer Hütte, Siegerlandhütte). Sommersüber über bew. (20 B., 10 M.). Privatbesitz Fam. Fiegl. Die Straße von Sölden (R 141) ist für den öffentlichen Verkehr gesperrt. Landroververbindung von Sölden, etwa 7 km (Steilstücke bis zu 30° Steigung). Zu Fuß 2—2½ Std.

● 139 **Von Sölden,** 2 Std., siehe R 141.

● 140 **Hochstubaihütte,** 3173 m

Die Hütte steht auf der Wildkarspitze, mit besonders schöner Aussicht gegen Wilde Leck, Daunkogel, Windachkamm und große Teile der Ötztaler Alpen. Es handelt sich um die höchstgelegene Hütte der ganzen Stubaier Gruppe. Erbaut 1938, AVS Dresden, derzeit mit Sitz in Wuppertal-Elberfeld. Neu instandgesetzt. Bew. 1. Juli — Mitte Sept., Albin Fiegl, Huben im Ötztal 76. 10 B., 37 M., 6 L. WR. mit AV-Schloß 6 M., 10 Decken, kein Brennholz. Sommerskikurse. Nächster Talort Sölden (Tel.).

Ausgangspunkt: Warenkarseitenspitze, Nebelkogel, Windacher Daunkogel, Westl. und Östl. Daunkogel, Wilde Leck, Übergänge: Amberger Hütte (Wütenkarsattel), Dresdner Hütte (Warenkarscharte, Bildstöckljoch), Hildesheimer Hütte (Warenkarscharte).

Blick von Nordwesten auf die Hochstubaihütte und gegen den Hauptkamm.

Im Hintergrund rechts die Sellagruppe (Dolomiten).

Warenkarseitenspitze	R 600 Südgrat
R 599 Nordostgrat	R 601 Westanstieg

Wilder Freiger
Aperer Pfaff
Wilder Pfaff
Zuckerhütl
Pfaffenschneide
Sonklarspitze
Warenkarseiten-
spitze
Dolomiten
599
600
601
Wütenkarferner

• 141 Von Sölden, 5–6 Std., vom Fiegl Whs. (R 139) 3 Std.

Von Sölden Ortsmitte (Postamt) auf der neuen Brücke über die Ötztaler Ache und am Fahrweg ostwärts an den Berghang. Der Fahrweg steigt mit steiler Kehre empor zum Eingang des Windachtales. Hoch über der Schlucht empor zu den Windach-Almen (Jausenstation Brugger) und zum Wh. Fiegl. (Sommerwirtschaft, 20 B., 10 M., Parkplatz.) Mit Mietwagen (Jeep), keine öffentliche Straße.

Weiter am schrofendurchsetzten Hang in Kehren zuerst nahe dem Seilaufzug empor. Nun zum kleinen See im unteren Seekar. Die steilen Abbrüche des oberen Seekars ostwärts auf schmalem Durchstieg umgehend, über den oberen See, offene Unterstandshütte, 2874 m, erbaut von der AVS Dresden, durch das Kar querend und im Hintergrund des Kares auf schmalem, schlecht erhaltenem (Sicherungsanlage nicht gebrauchen!) Steig durch die Felsen bis zur Kopfstation des Seilaufzuges und nun fast eben gegen W zur Hütte.

Besser geht man auf dem neuen Weg von Sölden über die Ötztaler Ache und am östl. Talhang steil durch Wald empor auf die Kleblaralm, 1985 m, 2—2½ Std., bew. 15.6.—15.9. (10 B.). Weiter auf dem gut bez. Weg über die freien Hänge talein, dann nordw. aufwärts ins Laubkar und auf die Laubkarscharte, 2760, wo sich die Talstation des Materialaufzuges zur Hütte befindet. Der Weg führt weiter durch die oberen Durrenkarlen ungefähr ostw. zur Hütte. 5—6 Std. von Sölden.

• 142 Hildesheimer Hütte, 2899 m

Auf dem felsigen Vorbau südl. des Gaißkarferners liegt über einem malerischen See die Hütte mit herrlicher Aussicht. Erbaut 1896, AVS Hildesheim (erweitert 1905/06, 1925/26), bew. 20. Juni bis 20. September, sonst auf Anfrage, Michael Schastok, Innsbruck, Kranebitterbodenweg 25. 22 B., 51 M., 40 L., WR. mit AV-Schloß, 5 M., 20 Decken, Brennholz. Nächster Talort Sölden (Tel.). Günstiger Zugang aus dem Stubaital mit Benutzung der Gletscherbahn. Materialseilbahn mit Rucksackbeförderung (Hüttentelefon).

Blick von Norden auf die Hildesheimer Hütte mit dem kleinen Hüttensee.
Im Hintergrund die Berge südlich des Windachtales.

Hint. Kitzkogel
Vord. Kitzkogel
Jochköpf
Hint.
Kitzkamp
Vord.

HILDESHEIMER HÜTTE, 2899 m

Eine der ursprünglichen Schutzhütten.
Idealer Ausgangspunkt für das Zuckerhütl.

Pächter: Dieter Schastok
Kranebitterbodenweg 25
A-6020 Innsbruck
Tel. 0 52 22 ■ 8 17 20

Ausgangspunkt: Schaufelspitze, Schußgrubenkogel, Zuckerhütl, Pfaff, Freiger, Wildspitze, Daunkögel. Übergänge: Hochstubaihütte (Warenkarscharte) Amberger Hütte (Bildstöckljoch, Daunscharte), Dresdner Hütte (Fernaujoch, Bildstöckljoch, Isidornieder), Sulzenauhütte (Pfaffenjoch), Siegerlandhütte (neuer Verbindungsweg).
Eines der schönsten Frühjahrsskitouren-Gebiete.

● **143 Vom Fiegl-Whs.** (R 141), 2½ Std., von Sölden 4½ Std. Vom Gasthof zuerst leicht fallend talein. Nach etwa 20 Min. erreicht man die Abzweigung zur Siegerlandhütte (Tafeln), dann allmählich in Kehren über den Steilhang in die Gegend des Gaißbaches und weiter in Kehren nördl. hinauf gegen die Hütte.

● **143 a Aus dem Stubaital** unter Benützung der Stubaier Gletscherbahn s. R 145 a. 1½ Std.; im Winter kurze Skiabfahrt vom Eisjoch.

● **144** **Siegerlandhütte,** 2710 m

Auf dem felsigen Rücken im Vorfeld des östl. Scheiblehnferners steht diese Hütte, welche das gesamte Tourengebiet des inneren Windachtales und den ganzen Windachkamm erschließt. Schöne Aussicht über das Tal und in die S-Seite des Hauptkammes im westl. Teil. Erbaut 1928/30, mehrfach erweitert. AVS Siegerland, bew. Ende Juni bis 10. September sowie zu Ostern nach Vereinbarung mit dem Hüttenwirt, 30 B., 45 M., 15 N., WR. mit AV-Schloß, 8 M., 12 Decken. Materialbahn ab 2400 m. Bew. Alfred Holzknecht, Längenfeld. Nächster Talort Sölden (Tel.).

Ausgangspunkt: Geißkogel, Katzenkopf, Pfaffenschneid, Zuckerhütl, Wilder Pfaff, Sonklarspitze, Schwarzwandspitze, Scheiblehnkogel, Beillöcherspitze, Hohlkogel, Kitzkögel und den weiteren Windachkamm. Übergänge: Hildesheimer Hütte (neuer Verbindungsweg), Müllerhütte, Becherhütte (Sonklarspitze oder Schwarzwandscharte). Tim-

Die Siegerlandhütte.

melsalm (Windachscharte), Timmelsjoch, ausgezeichnetes Frühjahrsskigebiet mit hervorragenden Abfahrten.

● **145 Vom Fiegl-Whs.** (R 141), 2½—3 Std. Auf dem Talboden auf bez. Weg zunächst weiter, dann leicht ansteigend zu einer Eisenstange mit Hinweisschildern (Abzweigung zur Hildesheimer Hütte) und zur Talstation des Materiallifts zur Hildesheimer Hütte bei den Gaißpillen, 2110 m, 1 Std., Notunterkunft. Die Wegmarkierung (rote Punkte) leitet nun über eine Brücke auf den flachen Talboden des oberen Windachtales. Eine Klamm des Windachbaches wird links umgangen. Von hier aus kann man die Hütte erstmals sehen. In 2336 m Höhe wird der Bach auf einer Brücke überschritten und in 2392 m Höhe wieder auf das andere Ufer gewechselt, 1 Std. Hier steht die Talstation des Materiallifts zur Siegerlandhütte, Telefon, Rucksacktransport zur Hütte, die nach weiteren 1—1¼ Std. über den sog. Hüttenberg auf gut markiertem und ausgebautem Wege erreicht wird. Von Sölden 5—6 Std.

(Der Winteranstieg zur Siegerlandhütte folgt im großen und ganzen der Sommerroute. Die verschneite Klamm im oberen Windachtal wird beim Anstieg durchstiegen, da der orogr. links darüberliegende Steilhang nur bei sicheren Schneeverhältnissen gequert werden darf. Nach der Klamm eben zum Materiallift und durch die weiten Hänge rechts vom Lift hinauf. Als ungefährer Richtungspunkt dient der Gipfel des Scheiblehnkogels, bis man in flacheres Gelände gelangt. Nun leicht nach NW haltend, zuletzt von S zur Hütte.

● **145 a Aus dem Stubaital** mit Benützung der Stubaier Gletscherbahn. I, 4 Std. zum Teil bez.

Von der Bergstation der Bahn in ½ Std. auf das Eisjoch, von dort genau südwärts zum unbenannten weitläufigen Joch 3149 m, wo man den Gaißkarferner betritt. Über ihn steigt man südostwärts ab (meist Spuren), erreicht die rechte Randmoräne, wo ein Pfad zur Hildesheimer Hütte hinunterführt (½ Std. vom Eisjoch). Nun auf dem Weg über das Gamsplatzl (R 287) zur Hütte.

● 146 Dresdner Hütte, 2302 m

In der oberen Fernau hoch über der Mutterbergalm liegt im Angesicht der Hochstubaier Gletscher und Gipfel die Dresdner Hütte, ein großes Bergsteigerheim, von der dritten Generation der Familie Hofer geführt. 200 m unterhalb steht die Mittelstation der Stubaier Gletscherbahn. Erbaut 1875, mehrfach erweitert. AVS Dresden, derzeit Sitz in Wuppertal-Elberfeld. Bew. Mitte Februar bis Ende Oktober, Weihnachten. 100 B., 140 M., 30 L. Selbstversorgerraum, WR. mit AV-Schloß, 16 L., Tel. 0 52 26 / 213. Fließwasser, Bäder, Duschen. Nächster Talort Ranalt. Idealer Skistützpunkt. Bew. Erich und Anna Hofer, Neustift.

Ausgangspunkt für fast alle Berge des westl. Teils des Hauptkammes sowie des Daunkogelkammes. Übergänge zur Regensburger Hütte (Grawagrubennieder), Amberger Hütte (Daunjoch), Hochstubaihütte (Bildstöckljoch — Warenkarscharte oder Daunscharte — Wütenkarsattel), Hildesheimer Hütte, Schaufelnieder, Isidornieder, Bildstöckljoch), Sulzenauhütte (Peiljoch).

Blick von Nordwesten auf die Dresdener Hütte und den Daunkogelferner.

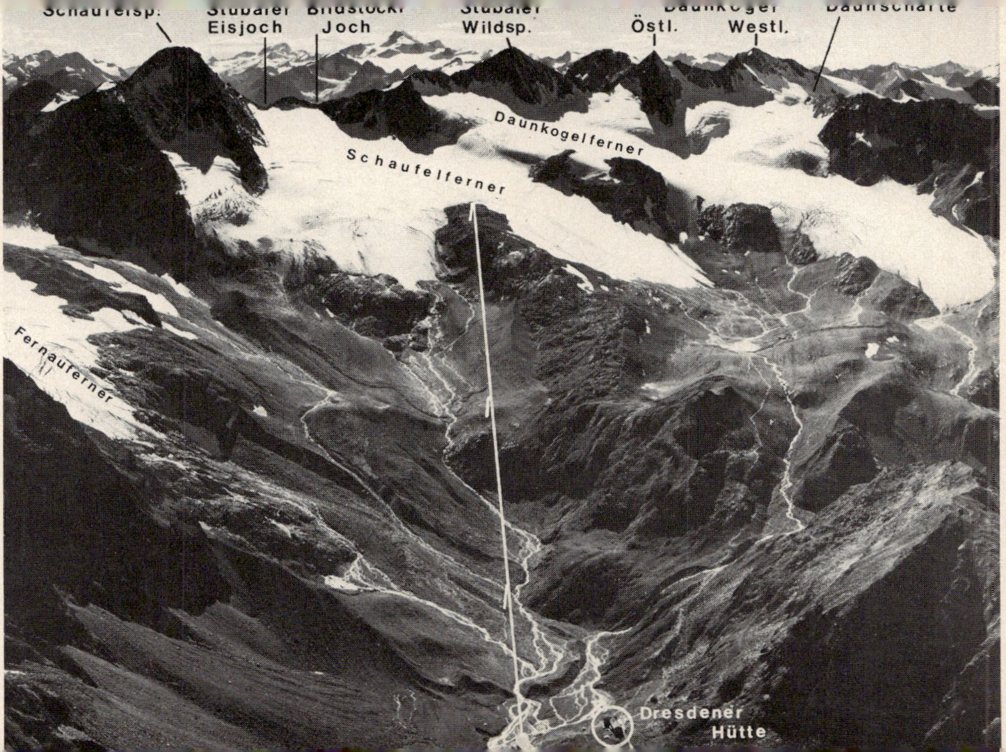

Eisjoch
Joch
Wildsp.
Östl.
Westl.
Daunkogelferner
Schaufelferner
Fernauferner
Dresdener Hütte

● **147 Von Ranalt,** 4–4½ Std. Fahrstraße zur Talstation der Stubaier Gletscherbahn; Autobusverkehr. Von der Straße Abzweigungen zur Nürnberger Hütte (durch das Längental) und zur Sulzenauhütte.

An der Straße Grawa-Alm (Jausenstation), gegenüber der großartige Wasserfall.

Auf der Mutterbergalm Gasthaus. Von hier entweder mit der Gondelbahn zur Mittelstation Fernau, und kurz nach rechts hinauf zur Hütte, oder auf gut angelegtem Weg über die Steilstufe an der westl. Talseite in Kehren empor zur Hütte. (Von der Mutterbergalm 2 Std.).

● 148 **Sulzenauhütte,** 2191 m

Auf einer Steilstufe hoch über der Sulzenaualm liegt die Hütte, erbaut 1926, 1959 erweitert. AVS Leipzig, bew. Ostern, Anfang Mai bis 10. Oktober. 35 B., 54 M., WR. mit AV-Schloß, 18 L. 2 Gepäckaufzüge. Nächster Talort Ranalt (Tel.). Im Winter 1974/75 durch Lawinen zerstört. 1975 — 77 wieder aufgebaut, mit ca. 140 Schlafplätzen. Gepäcktransport ab Grawa-Alm möglich.

Ausgangspunkt: Wilder Freiger, Wilder Pfaff, Zuckerhütl, Sonklarspitze, Peilspitze, Trögler, Aperer Pfaff, Mairspitze. Übergänge: Nürnberger Hütte (Niederl), Hildesheimer Hütte (Pfaffenjoch), Müllerhütte, Becherhaus (Freiger), Dresdner Hütte.

● **149 Von Ranalt,** 3 Std. Zuerst wie am Weg zur Dresdner Hütte (R 147) bis hinter die Grawaalm (1¾ Std.) zur Bushaltestelle Sulzenau-Hütte, wo ein Steg über den Bach führt. Nun nach links über den Bach und in vielen Kehren durch den Wald empor und über der Waldgrenze ansteigend, zuletzt weniger steil zur Talmündung, die hoch über der Grawaalm liegt. Weiter talein führt der Weg fast eben zur Sulzenaualm, 1552 m, Jausenstation, keine Nächtigung. Ein paar Min. weiter talein am Grasboden, bei einer Reihe von großen Blöcken führt der Weg rechts ab und steigt in vielen Kehren über die steilen Hänge hinauf, quert dann die Hänge gegen S und steigt nochmals in Kehren gegen die Hütte an.

Im Frühjahr vermeidet man die lawinendurchzogenen Hänge nach der Sulzenaualm und hält sich noch weiter in den hintersten Talgrund bis unter die Steilstufe. Man steigt im steilen Gelände rechts des schluchtartig eingeschnittenen Baches etwas gegen SW über die Steilstufen in Fallinie empor und erreicht zum Schluß etwas gegen SO querend die Hütte.

Die neuerbaute Sulzenauhütte.

● 150 **Nürnberger Hütte,** 2280 m

Im hinteren Langental über einer Steilstufe gelegen. Erbaut 1885, mehrfach erweitert, zuletzt 1962. AVS Nürnberg. Bew. 15. Juni — 20. Sept., 62 B., 106 M., Fließwasser, Duschen, elektr. Licht. WR. mit AV-Schloß, 8 M., 16 Decken. Nächster Talort Ranalt (Tel.). Ab B'suchalm links vom Bach Materialseilbahn — Rucksackbeförderung. Hüttenwirt Ignaz Siller, Neustift 246. Tel. 0 52 26 / 25 39.

Ausgangspunkt für fast alle Touren des östl. Hauptkammes. Übergänge: Sulzenauhütte (Niederl), Becherhaus (Freigerscharte), Magdeburger Hütte (Pflerscher Hochjoch), Bremer Hütte (Simmingjoch).

● 151 **Von Ranalt,** 3 Std. Etwa 20 Min. hinter Ranalt zweigt der Weg ins Langental (Tafel) gegen S ab, Bushaltestelle, Parkplatz. In mäßiger Steigung führt er empor bis zur Bsuchalm, dort über den Bach und an der westl. Talseite steil in Kehren empor. Durch Schrofen, dann stets südl., zuletzt weniger steil erreicht er die Hütte. Im Winter ist dieser Zugang lawinengefährdet; man vermeide daher die Hänge.

● 152 **Bremer Hütte,** 2413 m

Auf einem Boden unter dem östl. Ausläufer der Inneren Wetterspitze liegt die alte Hütte mit schönem Blick auf Simmingferner und Feuersteine, Schafkamp und Weißwandspitze. Erbaut 1897, AVS Bremen. Bew. 1. Juli bis 15. September, 13 B., 28 M., 6 L., WR. mit AV-Schloß, 6 M., 12 Decken. Bew. Heinrich Pranger, Gschnitz 71. Materialbahn ab Laponesalm. Nächster Talort Gschnitz (Tel.).

Ausgangspunkt: Schafkamp, Schneespitz, Feuersteine, Wetterspitzen, Rötenspitzen, Glättespitze. Übergänge: Nürnberger Hütte (Simmingjoch), Innsbrucker Hütte (Verbindungsweg).

Das Hüttengebiet ist wegen des äußerst lawinengefährdeten Zuganges nicht als Skigebiet empfehlenswert.

● 153 **Von Gschnitz,** 4½—5 Std. Talein und mehrmals die Bachseite wechselnd bis zur Laponesalm. Fahrerlaubnis bis Gh. Feuersteine. Von hier am nördl. Talhang etwas talein und westwärts in Kehren über die Steilstufe empor ansteigend, dann südwärts waagrecht in die Mulde der oberen Simmingalm (kleiner See). Nun südl. umbiegend um den östl. Ausläufer der Inneren Wetterspitze in Kehren steil empor und über den Rücken weiter bis zur Hütte.

Von der inneren Mulde der oberen Simmingalm führt ein steileres, aber kürzeres Steiglein direkt über den O-Ausläufer empor zur Hütte.

Blick von Nordwesten auf die Nürnberger Hütte und gegen die Feuersteine.

R 347 Zustieg von der Nürnberger Hütte
R 768 Übergang zum Westlichen Feuerstein
R 771 Westgrat zum Westgipfel

● 154 **Müllerhütte (Pfaffenniederhütte)**, 3143 m

Am Fuß des Freiger-SW-Grates, 5 Min. südöstl. von der Pfaffennieder gelegen. Ital. Rif. Cima Libera. Erbaut 1891 von der AVS Teplitz, 1922 enteignet, heute Besitz des CAI Bozen. Seit 1973 wieder bew., 1. Juli bis 15. September, 24 B., 46 M.

Ausgangspunkt: Sämtliche Touren in der Umrahmung des Übeltalferners und im Hauptkamm. Übergänge: Siegerlandhütte (Sonklarspitze oder Schwarzwandscharte), Sulzenauhütte (Pfaffennieder).

● **155 Vom Ridnauntal** auf Steig Nr. 9 und 9 a, 6—6½ Std. (zum Teil über Gletscher). Auf der Fahrstraße von Ridnaun über Maiern zur Erzaufbereitung, hier über den Bach und talein über der linken Bachseite zum Agglsboden. Nun über den Bach und in Serpentinen zur verfallenen oberen Agglsalm empor. Weiter hinauf zur sehr verwahrlosten Grohmannhütte (2249 m). Nun nördlich in den Schrofen und auf einem Band am Steig gegen W (wo der Weg zur Teplitzer Hütte abzweigt, welcher steil in Kehren direkt zur Hütte ansteigt). Der Weg zur Müllerhütte führt weiter fast eben durch einen breiten Schuttkessel, dann etwas ansteigend zum Übeltalferner, dessen nördl. Seitenzunge man am Fuße der S-Ausläufer des Roten Grates betritt. Nun über den Ferner flach gegen NW ansteigend in Richtung auf den Felsgrat des Bechergipfels; man quert den unteren Teil des Gratfußes schräg aufwärts von O nach W (Abzweigung zum Becherhaus) und betritt über einer Steilstufe wieder den Gletscher.

Weiter nach WNW über den fast ebenen Gletscher, durch eine Spaltenzone und leicht von S her zum Haus, das knapp über dem Fernerrand steht.

● **156 Vom innersten Passeier** aus erreicht man über das Schwarzwandjoch und den Übeltalferner (Steig Nr. 29 und 30, etwa 7½ Std.) die Hütte. Von Schönau zur Timmelsalm, 1981 m, empor und weiter zum Schwarzsee, 2505 m. Nun empor zum Schwarzwandferner, über diesen nördl. ansteigend zur Schwarzwandscharte und auf den Übeltalferner. Nun in nördl. Richtung auf eine Felsinsel im Ferner hinab auf den östl. Teil des Übeltalferners. Nun die Gletschermulden in leichtem Bogen ausgehend in der Hauptrichtung nach N gegen die Müllerhütte, wobei man sich südl. der Hütte wegen der rechts anschließenden Spaltenzone etwas links hält.

● **157 Von St. Martin** im Schneeberg kann man über die Gürtelscharte die Schwarzwandscharte und den Schwarzwandferner (Steig Nr. 29) und damit in etwa 6 Std. die Hütte erreichen.

● 158 **Becherhaus,** 3190 m

Am Gipfel des Bechers liegt mit einmaliger Aussicht gegen O, S und W diese nach dem zweiten Weltkrieg lange Jahre verwüstete Hütte. Erbaut 1893/94 von der AVS Hannover, erweitert 1900 und 1910. 1922 enteignet. Im Besitz CAI Verona; nach milit. Besetzung Bew. fraglich. A. Langthaler, Rabenstein. Früher 60 B., 40 L. Nächster Talort Ridnaun (Tel.). Ital. Rif. Bichiere.

Der Becher wurde zuerst von Prof. Langbein, D. und J. Pfurtscheller 1886 erstiegen.

Ausgangspunkt: Fast der wichtigste Ausgangspunkt an der S-Seite des Hauptkammes mit ungezählten Tourenmöglichkeiten in der Umrahmung des Übeltalferners und im Hauptkamm. Übergänge (siehe Müllerhütte): Siegerlandhütte, Sulzenauhütte, Nürnberger Hütte (Freigerscharte).

● 159 Vom Ridnauntal, siehe Müllerhütte (R 155). Auch vom inneren Passeiertal und von St. Martin her führen hochalpine Anstiegswege zur Hütte. (R 156, 157).

● 160 **Übeltalfernerhütte**
(früher **Grohmannhütte),** 2249 m

Im hintersten Teil des Ridnauntales liegt etwa 100 m über dem Talboden, über dem Vorfeld des Übeltalferners dieser kleine Mauerbau. Erbaut 1887 von der AVS Teplitz, 1922 enteignet, heute Besitz des CAI Bozen. Ital. Rif. Vedretta Piana. 12 M., 24 Decken. Nach milit. Besetzung Bew. fraglich. Bei CAI Sterzing anfragen.

Ausgangspunkt: Das Gebiet zwischen Rotem Grat und Feuersteinen sowie Agglsspitze und Rochollspitze, aber auch Hochgwänd und die gesamte Umrahmung des Egetentales. Übergänge: Nürnberger Hütte (Rotgratscharte), Magdeburger Hütte (Magdeburger Scharte).

● 161 Vom Ridnauntal, siehe Müllerhütte (R 155, 2 Std.).

● 162 **Teplitzer Hütte**
(auch Feuersteinhütte genannt), 2586 m

Nördl. über der Grohmannhütte unter der Zunge des Hangenden Ferners steht die heute von der ital. Finanzwache besetzte Hütte, nur im Notfall beschränkte Unterkunft. Erbaut 1889 von der AVS Teplitz. 1922 enteignet. Finanzkaserne 1.7. bis 15.10. Ital. Rif Montarso.

● 163 Zugang: R 155 bzw. R 160

● 164 Alte Magdeburger Hütte (Schneespitz-Hütte), 2422 m

Über dem Pflerschtal am Stubensee, mit weiter Aussicht. Erbaut 1887, AVS Magdeburg, 1922 enteignet, jetzt Besitz des CAI Sterzing. Bew. 1. Juli bis 30. Sept., 20 B., 25 M. Frühjahrs- und Sommerskigebiet am Stubenferner, 30 Min. oberhalb der Hütte. Ski- und Skischuhverleih auf der Hütte. Nächster Talort Pflersch (Tel.) Bew. Anton Eisendle, Pflersch. Ital. Rifugio Gemona alla Stua.

Ausgangspunkt: Für den östl. Teil des Hauptkammes, sowie Agglsspitze, Rochollspitze, Lorenzspitze. Übergänge: Nürnberger Hütte (Pflerscher Hochjoch), Teplitzer Hütte (Magdeburger Scharte), Bremer Hütte (Pflerscher Hochjoch), Tribulaunhaus (R 365).

● **165 Von Pflersch-Boden,** 3½ Std., am Steig Nr. 6. Vom Pfarrwidum-Boden nach Innerstein, über eine Talstufe zur Ochsenalm empor und in vielen Kehren über die steilen Hänge hinauf zur Hütte.

● **166 St. Martin im Schneeberg,** 2355 m (Schneeberghütte). In der aufgelassenen Bergwerkssiedlung St. Martin am Schneeberg. Die zum Bergwerk gehörende Hütte ist von der CAI-Sektion Meran gepachtet, bew. Ende Mai bis Mitte Oktober, 12 B., gutes Mineralienfundgebiet.

● **167 Zugänge:** siehe Passeiertal (R 113 ff.).

● 168 Roßkopfhütte, 1880 m

An den O-Flanke des Roßkopfes steht die ganzj. bew. private Hütte (14 B., 21 M.); Personenseilbahn ab Sterzing. Skigebiet. Bew. Juliane Seeber, Sterzing. Schöne Aussicht gegen O. Nächster Talort Sterzing. Bis knapp unter die Hütte mit Kfz. auf dem Militärsträßchen.

● **169 Von Sterzing** über den Steig Nr. 19 und Nr. 23 in 1½ Std. Von Telfes in 2 Std.

Von Sterzing gegen SW nach Thuins, von wo der bez. Steig am SO-Hang des Roßkopfes zur Hütte emporleitet.

● **170 Von Gossensaß** (2½ Std.) erst eine kurze Strecke auf dem Weg ins Pflerschtal, dann links über den Bach und dann auf einem in östl. Richtung ansteigenden Weg ins Valming. Weiter durch das Tal zur Alm und nun gegen SO empor zur Einsattelung östl. des Roßkopfes und an seiner O-Seite gegen S zur Hütte.

● 171 **Jaufenhaus,** 1995 m

Etwas unter dem Jaufenpaß steht an der Autostraße der ganzj. bew. Hotelbetrieb (38 B.), der als Ausgangspunkt schöner Wanderungen und leichter Wege zum Schlatterjoch und zur Hohen Kreuzspitze dient. (Tankstelle, Parkplätze.)

● 172 **Tribulaunhütte (österr.),** 2064 m

Am N-Fuß der Tribulaune liegt, mit herrlichem Blick auf die Tribulaune, den Habicht, Ilmspitzen und Kirchdachspitze, die Tribulaunhütte. Erbaut von TVN, Ortsgruppe Innsbruck, Sommerwirtschaft 1. Juni bis Mitte September), 20 B., 56 M. Im Winter 1974/75 durch Lawinen zerstört. Wiederaufgebaut.

Ausgangspunkt für sämtliche Wege und Anstiege an der Nordseite vom Goldkappl, Pflerscher Tribulaun, Gschnitzer Tribulaun, Schwarzwandspitze, Eisenspitze sowie sämtliche Normalwege auf diese Gipfel. Übergang über die Schwarzwandspitze zum Obernberger Tribulaun, weiter über den Kleinen Tribulaun zum Obernberger See nach Obernberg, Übergänge ins Pflerschtal, zollamtlich nicht gestattet. (Sandesjoch, Schneetalscharte.)

● **173 Von Gschnitz,** 2½ Std. Von Gschnitz talein am Weg. Bis knapp vor der Mündung des Sandesbaches (Einzelhöfe) der Steig gegen S abzweigt, zunächst in einigen Kehren die steile Waldlehne ersteigt und nun stets an der O-Seite des Baches hinaufführt. Zuletzt erreicht man in Kehren die Hütte.

● **174 Auch von Obernberg** kann man die Hütte auf einem Steiglein in etwa 3—3½ Std. erreichen (über das Gstreinjöchl).

● 175 **Tribulaunhaus am Sandessee,** 2371 m

Südl. des Goldkappls liegt am Sandessee das Tribulaunhaus. 1892 erbaut, erweitert 1903 durch die AVS Magdeburg, 1922 enteignet, heute im Besitz des CAI Sterzing, bew. 1. Juli bis 30. September, moderner Neubau (1960). Die alte Hütte steht als Notunterkunft ständig offen (31 B., 10 M.); in schlechtem Zustand. Nächster Talort Pflersch (Tel.). Ital. Rif. Calciata al Tribulaun. Bew. Anton Eisendle, Pflersch.

Ausgangspunkt für sämtliche Touren an der Südseite der Tribulaune. Übergang zur Tribulaunhütte (österr., Sandesjoch) und zur Alten Magdeburger Hütte (Verbindungsweg).

● **176 Von Pflersch** auf Steig Nr. 7 in 3½ Std. oder auf Saumweg Nr. 8 in 3 Std. Bei den letzten Häusern von Stein zweigt Nr. 7 ab und leitet die steilen Hänge vielfach ansteigend hinauf zur Karschwelle vor der Hütte und zu dieser.

● 177 **Sattelberghaus,** 2107 m

Am Ausläufer des Hauptkammes über dem Brenner steht fast unmittelbar an der Grenze, etwa 650 m über dem Paß, das Schutzhaus mit schöner Aussicht auf die Tribulaune und die westl. Zillertaler Berge. TVN, Ortsgruppe Innsbruck. Durch Brand zerstört. Derzeit unbenützbar. Nächster Talort Gries am Brenner (Tel.).

Ausgangspunkt für Wanderungen am Ausläufer des Hauptkammes bis gegen die Tribulaune, für den Bergsteiger ohne Bedeutung, aber schöne Skiabfahrt.

● **178 Von Gries,** 2½ Std. Von der Bahnstation am Weg hinab zur Ortschaft, durch den Ort bis zur Abzweigung des Obernbergtales. Hinter den letzten Häusern hinauf und weiter durch Wald auf gutem Weg zur Hohenalm, weiter südl. bis hart an die Staatsgrenze und dann südwestl. abbiegend in Kehren, zuletzt unmittelbar an der Grenze zum

Blick vom Seetal unter dem Gschnitzer Tribulaun nach Nordwesten auf den Habicht.
Rechts unten die österreichische Tribulaunhütte oberhalb des Sandestales.
In Bildmitte das Gschnitzbachtal.

Schutzhaus empor. Auch von der Hochalm führen direkt Steige steil durch den Wald und zur Hütte hinauf. Als Stützpunkt kommt einstweilen die Sattelalm in Frage. Sattelalm-Skihütte, 1650 m, ganzj. bew., beschränkte Unterkunftsmöglichkeit im Winter. Bergstation des Sessellifts.

● 179 **Wirtshaus Obernberger See,** 1593 m

Dieser von Mai bis Oktober bew. Gastbetrieb dient als Ausgangspunkt für den Obernberger Tribulaun und für die Wanderberge im östl. Ausläuferkamm. 50 B., 15 M. Man folgt dem Fahrweg von Obernberg weiter talein in den flachen Talgrund. Nun über den Bach und an der W-Seite des Baches ansteigend in etwa 45 Min. (Anfahrt mit Jeep bis zur Hütte.)

Für AV-Jugend und Jungmannen wurde 1965 das Jugendheim Obernberg eröffnet. Anmeldung unerläßlich (beim jeweiligen AV-Zweig), 14 B., 67 M. Tel. 05 22 74 / 3 01 15.

● 179 a **Berger Alm,** 1549 m, und **Nößlachhütte,** 1700 m

Auf dem vom Steinacher Jöchl (Nößlachjoch) gegen NNO nach Steinach abfallenden Rücken steht am Oberrand der Almlichte die Berger Alm. Nahebei die Bergstation des Liftes. Daneben kleiner Schlepplift. Bergwirtshaus, keine Unterkunft. Ausgangspunkt für Steinacher Jöchl. Gastwirtschaft am Nößlachplateau.

Zugangsweg von Steinach über die Höfe von Plon. Schöner Spaziergang, 1½—2 Std.

Nößlachhütte, 1700 m. Am SO-Hang des Nößlachjochs auf aussichtsreicher Höhe gelegen. Privathütte. Zur Zeit nicht bew.

Von hier unschwierige Wanderungen auf Steinacher Jöchl, Eggersteller, Leitnersteller, Lichtsee.

Übergang über das Eggerjoch nach Trins im Gschnitztal.
Zugänge: Gries, über Weiler Nößlach, 2 Std., rotweißrot bez. Von der Berger Alm, 2 Std.

● 180 **Berghotel Elferhütte,** 1980 m

Am nördlichsten Ausläufer des Habichtkammes steht das neu erbaute Berghotel „Elferhütte" an der Schlepplift-Bergstation der Hochstubai-Liftanlagen. Privatbesitz, Winter- und Sommersaison geöffnet, 30 B., 4 M., fl. W., Etagenbäder, Duschen, Ausgangspunkt besonders für die Anstiege zum Elfer. Im Winter schönes Skigebiet bei der Hütte.

● **181 Von Neustift,** 2½ Std. Weg von W her über die Autenalm, 1665 m, zur Hütte empor.

● **182 Von Needer** zur Herzebenalm. Am Pinnisbach entlang. Von der Alm hinter dem Ghs. am gutbezeichneten Steig gegen SW am Hang hinauf und zur Hütte.

● **183** **Innsbrucker Hütte,** 2369 m

In Höhe des Pinnisjoches mit schöner Aussicht gegen die Tribulaune und Feuersteine. Erbaut 1884, erweitert 1910, 1958/59, Sektion Touristenklub Innsbruck des ÖAV. Bew. 15. Juni bis Ende September, Oktober an Wochenenden, 30 B., 70 M., 30 L. El. Licht. Sonderschloß. Im Winter nicht zugänglich. Materialseilbahn. (Talstation etwa 3 km innerhalb von Gschnitz an der Straße.) Telefon 0 52 75 / 2 31 95. Jeepverkehr in das Pinnistal. Bew. Bgf. Josef Hofer, Neustift 107.

Ausgangspunkt: Habicht, Glättespitzen, Kalkwand, Ilmspitzen. Übergänge: Bremer Hütte (R 355).

● **184 Von Needer** (im Stubaital, ¾ Std. von Fulpmes), 4 Std. Markierung 123. Von der Zeggerbrücke durch den Ort Needer empor und südl. der Kirche hinauf, über den Bach talein. Nach etwa 40 Min. erreicht man die Herzebenalm und folgt weiter dem Weg talein, der nach etwa 30 Min. an der Pinnisalm vorbeiführt (Whs.). Bis hierher Jeep-Verkehr. (Ab Gh. Zegger in Needer, Abfahrt 10.30 Uhr, 16.30 Uhr sowie nach Bedarf.) Etwa 2¼—2½ Std. von Needer erreicht man die Karalm. Weiter steigt nun der Weg etwas an den O-Hängen unter der Kalkwand an, quert dann die Talmulde, steigt in Kehren steil gegen das Joch hinauf, hinter dem man nach wenigen Schritten direkt die Hütte erreicht.

● **185 Von Gschnitz,** 3 Std. Markierung Nr. 123. Gleich hinter dem Dorf bei einem Wegkreuz zweigt der neue Steig zur Hütte ab. Über Bergmähder, mehrere Gräben überschreitend, zuletzt in Kehren, gelangt man steil gegen die Jochhöhe. Zuletzt führt der Weg von O her mäßig ansteigend zur Hütte.

● **186** **Herzebenalm,** 1270 m

Im Pinnistal am Weg zur Innsbrucker Hütte liegt dieser Almgasthof, der im Sommer ein Ausflugsziel und gelegentlich auch Zwischenstützpunkt für Besteigungen im nördl. Pinnis-Serles-Kamm bildet (10 B., 31 M.). Bew. 15. Mai bis 15. September. Kleinbus von Needer.

● 187 **Zugang** siehe Innsbrucker Hütte (R 184). Von Neustift 1 Std.

● 188 **Pinnisalm,** 1559 m

Auch diese im Pinnistal gelegene Alm, von der aus häufig die Besteigungen der schwierigen Touren an der W-Seite des Kirchdaches und der Ilmspitze unternommen werden, bietet einfache Unterkunft in der Zeit der Sommerbewirtschaftung (6 B.). Kleinbus von Needer (Gh. Zegger).

Die weiter talein gelegene Karalm bietet Heulager; Gastbetrieb.

● 189 **Zugang,** siehe Innsbrucker Hütte (R 184).

● 190 **Mischbachalm,** 1848 m

Ein wenig über dem Waldrand, am unteren Ende der äußeren Mischbachgrube, liegt die kleine Almhütte, die im Sommer einfaches Heulager ermöglicht. Sie dient gelegentlich als Stützpunkt für die Ersteigung des Habicht über den steilen Mischbachferner.

● 191 **Von Gasteig,** bez., 2½ Std. Von Neustift 3 km talein zum Weiler Krößbach. Etwa 100 m hinter dem Krößbacher Fußballplatz links abzweigen (Hinweistafel). Durch den dahinter ansteigenden Wald auf markiertem Steig steil empor. Um einen Rücken, dann etwas bergab in den Mischbachgraben. Über den Bach und in Kehren über einen steilen Kamm empor zu den Böden der Mischbachalm.

(Der gerade Anstieg von Volderau — westl. des Wasserfalles — ist nicht mehr zu empfehlen. Der Steig ist großteils verfallen.)

● 192 **Padasterjochhaus,** 2218 m

Im inneren Padastertal auf einer Karschwelle unter der Wasenwand mit Ausblick auf Olperer und Tribulaungruppe. Erbaut vom TVN, Ortsgruppe Wien. 27 B., 50 M., WR. mit Sonderschloß, Ferienheim. Bew. 15. Juni bis Ende September.

Ausgangspunkt: Kirchdach, Schneiderspitze, Kesselspitze, Wasenwand. Übergänge: Waldrast (Kalbenjoch), Herzebenalm (Hammerscharte).

● 193 **Von Trins,** 2½ Std. Durch das Dorf Trins, dann rechts nordwärts abzweigend ins Padastertal und östl. des Baches empor. Über die Bachgabelung und dem westl. Bacharm folgend, über den Steilhang in Kehren zur Padasteralm und weiter zur Hütte.

2 km talaus von Gschnitz führt ein steiler Steig stets in der Nähe einer Bachrunse aufwärts, dann rechts hinüber auf das Padasterjoch und zur Hütte. 2½ Std.

● **194 Von Needer** (Rohrauersteig), 4 Std. Man erreicht das Haus über die Herzebenalm und den Steig über die Hammerscharte. Jedoch nur für Geübte zu empfehlen, da sehr steinschlaggefährdet.

● **195** **Alpengasthof Maria Waldrast,** 1641 m

Am Fuß der Serlessspitze liegt knapp unter der Höhe des Waldrastjoches die alte Wallfahrtsstätte, mit privatem Gastbetrieb. Barocke Wallfahrtskirche. Erbaut vom Servitenorden, ganzj. bew., 63 B., 10 M. Im Hochwinter Skigebiet. Jeepverkehr von Matrei. Tel. 0 52 73 / 219.

Ausgangspunkt: Serles, Kalbenjoch, Lämpermahdspitze, Hutzeljoch, Kesselspitze, Wasenwandspitze, Peilspitze, Blaser. Übergänge: Padasterjochhaus (Kalbenjoch), über das Waldrastjoch (Gleinserjoch) nach Schönberg.

● **196 Von Mieders** (mit dem Serleslift) 40 Min. Talstation am südl. Ortsende. Auffahrt zum Waldrasteck, 1600 m. Von der Bergstation zum Bergrestaurant. Auf gutem Fahrweg (immer Richtung Serles) einige Minuten fallend, bis man auf den Kreuzweg trifft. Ansteigend zum Waldrastjöchl, jenseits wenige Minuten bergab nach Maria Waldrast.

● **196 a Von Mieders,** zu Fuß 3 Std. Etwa bei der Kirche gegen O abzweigend zur Brücke über den Zirggenbach und am Fahrweg (Kreuzweg) über den Miederer Berg nach Waldrast.

● **197 Von Fulpmes,** 3 Std. Vom Bahnhof zur Ortsmitte und hinab zur Brücke über die Ruetz. Bei der Brücke auf den abzweigenden Waldweg (Tafel) und über den Grießbach, weiter an den Hängen in den Klaushofgraben und zum Whs. Sonnenstein. Von dort weiter am Weg zur Waldrast.

Ein weiterer Weg führt vom oberen Ortsrand von Medraz durch den Wald zum Gh. Sonnenstein, wo er sich mit dem vorigen vereinigt. Gh. Sonnenstein, 1330 m, Sommerwirtschaft, 3 B.

● **198 Von Matrei,** 2½ Std. Vom N-Ende des Ortes (10 Min. vom Bahnhof) an der Hangseite der Straße zwischen Häusern (Tafeln) hinauf und am mit Kreuzwegkapellen besetzten Weg stets dem Bach folgend gegen SW, bis man erst etwa 500 m vor dem Wallfahrtsort nach NW umbiegt. Fahrstraße (Maut 40.- S) bis kurz unter die Waldrast.

Vom Bahnhof führt ein steilerer, etwas kürzerer Weg gegen W, an einigen Höfen vorbei, zuletzt über den waldigen Rücken (Tannenweg), trifft etwa im obersten Drittel zum Hauptweg.

● **199** **Von Schönberg** kann man über Gleins zum Waldrastjöchl und hinab zur Waldrast gelangen.

● 200 **Franz-Senn-Hütte,** 2147 m

Hoch über der Talstufe, die das Oberbergtal gegen das Alpein hin abschließt, liegt eine der ältesten Stubaier Hütten, die Franz-Senn-Hütte, die den Namen eines der großen Pioniere in den Bergen Tirols trägt. Erbaut 1885, mehrfach erweitert, AVS Innsbruck. Bew. vom 15. Februar bis 30. September. 158 B., 88 M., 20 L., WR. mit AV Schloß, 10 M., Tel. 0 52 26 / 22 18. Pächter Bgf. Horst Fankhauser, Neustift. Nächster Talort Neustift. Hervorragendes Skigebiet.

Sie ist der wesentlichste Ausgangspunkt und Stützpunkt für fast alle Berge im Bereich rund um den Alpeiner Ferner. Übergänge nach Lisens (Horntalerjoch), zur Amberger Hütte (Wildgratscharte), Dresdner Hütte (Hölltalscharte), Regensburger Hütte (Schrimmennieder).

● **201** **Von Neustift,** 4½—5 Std. Von Neustift nach Milders und auf dem Fahrweg durch das Oberbergtal bis zur Oberißalm (3½ Std.). Hierher mit Pkw befahrbar. Weiter auf breitem Weg an der nördl. Talseite zur Hütte (1¼ Std.).

Materialseilbahn (Rucksacktransport) ab Oberißhütte, bis dorthin Jeepverkehr.

● 202 **Gasthaus Bärenbad,** 1252 m

Im Oberbergtal am Weg zur Franz-Senn-Hütte liegt dieses ganzj. bew. Gasthaus. 20 B. Mit Kfz. erreichbar. Bew. Bgf. Ernst Falbesoner, Tel. 0 52 26 / 22 90. **Zugang,** siehe Franz-Senn-Hütte (R 201).

Weiter talein am Weg zur Sennhütte liegt die **Stöckler-Alm,** 1602 m, bew. 1. Februar bis Oktober, 15 B., 5. M.

Blick von Nordosten auf die Franz-Senn-Hütte und gegen die Berge nördlich des Alpeiner Ferners.

Schrandele
Aperer Turm
Turm-ferner
Berglas Ferner
Vord. Hinterbergl
Berglas Übergang
Berglas Sp.
Rinnengrube
Alpeiner Tal
Fr. Senn Hütte

● 203 Neue Regensburger Hütte, 2286 m

Im Falwesuntal, im Hohen Moos liegt knapp oberhalb einer Steilstufe die Hütte. Erbaut 1930/31, erweitert 1964 und 1975/76. AVS Regensburg, bew. Mitte Juni bis Ende September, sowie Januar bis Ostern auf besondere Anmeldung. 20 B., 60 M., 5 L., WR. mit AV-Schloß, 5 M. Nächster Talort Ranalt (Tel.). Von Falwesun Materialseilbahn mit Rucksacktransport. Funktelefon (0 52 26 / 25 20). Bew. Lorenz Knoflach, Neustift 571.

Ausgangspunkt für die ganze Umrahmung der Falwesuntales. Übergänge zur Franz-Senn-Hütte (Schrimmennieder) und Dresdner Hütte (Grawagrubennieder).

● **204** **Von Falwesun,** 2½ Std. Von der Brücke vor Falwesun (etwa 10—15 Min. vor Ranalt, Postautohaltestelle) zweigt rechts der Weg ab (Tafel) und führt in vielen Kehren etwa 500 m durch Wald steil empor. Weiter leitet er an der Falwesuner Alm (Ochsenalm) vorbei bis zur Steilstufe im Tal und überwindet diese in Kehren, worauf man sofort die Hütte erreicht.

Von Ranalt kann man gleich über dem Ruetzbach ein Steiglein erreichen, welches steil an den Hängen zur Falwesunalm hinaufleitet.

Von der Schallersäge führt ein bez. Steig zur Milderaunalm und über den „Ring“ zur Hütte, 5 Std. Oder von Volderau über die Kerrachalm.

● 205 Potsdamer Hütte, 2012 m

Im Gebiet der inneren Seealm im Fotscher Tal gelegen. Erbaut 1931, AVS Potsdam (jetziger Sitz in Dinkelsbühl). 18 B., 29 M., WR. mit 12 M. Bew. 20. Dezember bis 10. Januar, 15. Februar bis Ostern und im Sommer. Jeepverkehr zur Hütte. Bew. Engelbert Hundertpfund, Sellrain. Nächster Talort Sellrain (Tel.).

Ausgangspunkt für Roter Kogel, Hohe Röte, Lisenser Villerspitze, Hohe Villerspitze, Grawawand, Schaldersspitze, Wildköpfe, Hohe Schöna, Schwarzhorn, Schafleger, Angerbergkopf. Übergänge: nach Lisens (Hochgrafljoch), zur Franz-Senn-Hütte (Wildkopfscharte), zur Adolf-Pichler-Hütte (Kreuzjöchl).

Blick von Osten auf das obere Falwesuntal mit der Neuen Regensburger Hütte.

R 996 Nordwestgrat
R 999 Ostflanke
R 1019 Südostgrat

Grawawand
Ruderhofsp.
Hochmoos-
Scharte
Östl. Seesp.
Kräulspitzen
Südl.
Nördl.
Hint.
Plattenspitzen
Vord.
Neue Regensburger
Hütte
996
1019
996

● **206 Von Sellrain,** 3–3½ Std. ins Fotscher Tal (bei Rotenbrunn) und erst am westl., dann am östl. Ufer des Baches nach knapp 2 Std. auf dem Fahrweg zum Alpengasthaus „Bergheim“. Weiter auf dem Weg talein bis zur Kaseralm.

Sommerweg am östl. Ufer, leicht ansteigend zur Hütte, zuletzt in Kehren empor.

Der Winterweg (im Sommer und Herbst nicht zu empfehlen, schlammig) führt von der Kaseralm nach W über den Bach, am Westhang empor und trifft zuletzt auf den Sommerweg.

● 207 **„Bergheim“ in der Fotsch,** 1450 m

Wie R 206, 2 Std. von Sellrain, ganzjährig bew. (55 B., 30 M.). Besitzer: Luis Knapp, Skilehrer. Im Sommer Fahrweg für Pkw. (Etwas abseits des Weges, der durch das Fotscher Tal zur Potsdamer Hütte leitet, steht die Skihütte des Skiklubs Innsbruck.) Ausgangspunkt für die Skiberge der östl. Sellrainer Berge.

● 208 **Neue Bielefelder Hütte,** 2127 m

Auf einem kleinen Boden im Kar nordwestl. unter dem Acherkogel lag die 1951 durch Lawinen zerstörte Bielefelder Hütte. 1964 wurde sie als Notunterkunftshütte (10 M.) wieder aufgebaut. Die Neue Bielefelder Hütte ist auf dem vom Wetterkreuz über den Roßkopf nach Oetz abfallenden Grat erbaut: eine Materialseilbahn führt von den Seitnerhöfen zur Hütte. Bew. 24. Dezember bis 7. Januar, dann je nach Schneelage, 1. Juni bis 30. September, 34 B., 34 M., 10 L., kein AV-Schloß, kein WR. Skigebiet (Skilifte) in Hüttennähe. Bew. Ignaz Schöpf jun., Ötz-Habichen, Tel. 0 52 52 / 66 50. Nächster Talort Oetz, Telefon.

Ausgangspunkt: Acherkogel, Wetterkreuz, Maningkogel, Wechnerkögel. Übergänge: Dortmunder Hütte, Kühthai (Wetterkreuz, Mittertalerscharte). Gubener Hütte (Niederreichscharte, Hochreichscharte).

● **209 Von Oetz,** 4 Std. Durch den Ort durch und südl. des Dorfes nach links ab zum Wald (Tafel) (auch von der Kirche rechts dem Waldrand entlang). Auf bez. Weg in vielen Kehren steil empor zur Acherberg-Alm; hier Abzweigung nach links vom alten Hüttenweg und sanft ansteigend zur neuen Hütte. Hierher auch steiler, aber kürzer über Windegg, den Wasserleitungsweg und durch den Fockewald. Weitere Anstiege von Oetz über Seite (Materialseilbahnstation mit Gepäcktransport, bis hierher mit Kfz.) und über das Rote Wandl, Kühthaier Alpe zur Hütte sowie (häufig begangen) von der Seilbahnstation über den Karl-von-Schott-Weg. (Gehzeiten ebenfalls etwa 4 Std.)

Auch von **Habichen,** weiter talein, leitet ein bez. Steig über den Hang empor und trifft an der Waldgrenze mit dem anderen Weg zusammen.

● **209 a Von Ochsengarten,** 1¾—2 Std. Der Aufstieg erfolgt über den Martin-Busch-Weg, vorbei an der Balbach-Alm zur Hütte.

● 210 Dortmunder Hütte, 1948 m

Die Hütte liegt am westl. Rand des Kühthaier Talbeckens, am untersten Ausläufer des Zwölferkogel-Nordgrates. 1931/1932 erbaut, AVS Dortmund, bew. 15. Dezember bis 1. Mai, 15. Juni bis 15. Oktober, Ski-und Ferienheim, 40 B., 31 M., 10 L. Tel. 0 52 29 / 202. Bew. Fam. Pock, Kühthai.

Ausgangspunkt für die gesamten hinteren Kühthaier Berge sowie den westl. Teil der vorderen Kühthaier Berge. Übergänge: zur Stamser Alm (Pirchkogel), Neuburger Hütte (Rietzer Grieskogel, Hocheeder), Flaurlinger Alm (Flaurlinger Scharte), Bielefelder Hütte (Wetterkreuz, Mittertaler Scharte), Gubener Hütte (Finstertaler Scharte).

● **211 Zugänge,** siehe Oetz, R 119, und Gries im Sellrain, R 56 ff. (3½ Std). Postautoverkehr von Gries im Sellrain.

Von Silz, 5 Std. Bei der Kirche gegen S zum Waldrand, in Kehren zum Weiler Gwiggen und direkt gegen S durch Hochwald zum Silzer Jöchl (3½ Std.). Am Joch scharf nach O umbiegend, am Steig nach Marlstein, weiter nach Marail und am Fahrweg nach Kühthai.

● 212 Kühthai, 1967 m

Nächst dem Kühthaier Sattel, 2016 m, am Übergang vom Sellrain- zum Ötztal liegt diese Alm- und Wintersportsiedlung mit dem alten Jagdschloß Kaiser Maximilians und einer Reihe von Gastbetrieben, 10 Hotels und 5 Pensionen bzw. Frühstückspensionen.

4 Schlepplifte, Doppelsessellift zum Hochalterkar (2693 m), Sessellift zum Plenderlesee. Hallenbäder, Sauna, Kegelbahn und dgl.

Fahrstraße Sellrain — Kühthai — Ötz im Sommer und Winter für Pkw und Busse voll befahrbar. Postauto: Gries im Sellrain — Kühthai sowie Bahnhof Ötztal — Kühthai.

Das ganze Gebiet ist nicht nur ein ideales Skigebiet, sondern auch ein schöner Sommerstützpunkt, der zu den modernst erschlossenen Fremdenverkehrsgebieten Tirols gehört.

Südl. von Kühthai wird im Finstertal ein Stausee (Höhe des Schüttdammes 140 m) errichtet. Die sich dadurch ergebenden Wegänderungen sind zur Zeit (1978) noch nicht abzusehen.

● 213 Neue Pforzheimer Hütte
(Adolf-Witzenmann-Haus), 2308 m

Im inneren Gleirschtal liegt über dem Bach am W-Hang des Tales die Hütte. 1926—28 erbaut, 1967 erweitert, Sektion Pforzheim, bew. 1. Juli — Ende September, Anf. Febr. — Ende Mai, 40 B., 22 M., WR. mit AV-Schloß, 10 M. Nächster Talort St. Sigmund (Tel.). Funkverbindung zur Pension Ruetz in St. Sigmund. Frühjahrsskigebiet.

Ausgangspunkt für die gesamte Umrahmung des Gleirschtales. Übergänge zur Gubener Hütte (Gleirschjöchl), zum Westfalenhaus (Zischgenscharte) und nach Praxmar (Satteljoch).

● 214 Von St. Sigmund, 2½ Std. Bei der großen Straßenkehre unweit der Kirche talein und zu den Gleirschhöfen, dann am östl. Bachufer bis zum Zusammenfluß der Talschlußbäche, dort über den Bach, auf die westl. Talseite und in Kehren über die Steilstufe empor zum Schutzhaus.

Von Haggen kommend führt ein Verbindungsweg noch oberhalb des Zirmbaches an der S-Seite an einer Lacke vorbei (Bremstall) und trifft kurz vor den Gleirschhöfen zum Weg.

Blick von Nordosten auf das Westfalenhaus..

R 1265 Nord- und Nordwestgrat
R 1267 Nordostgrat

Hoher Seeblaskogel
Am Zoachen
Winnebachjoch
1265
1267
Westfalen
Haus

● 215 **Westfalenhaus,** 2273 m

Im Längental unter der Grubenwand an der nördl. Talseite gelegen, steht die Hütte 160 m über dem Bachgrund, mit schöner Aussicht auf den Längentaler Ferner und zum Lisenser Fernerkogel sowie zu den Brunnenkögeln. Erbaut 1908, erweitert 1930 und 1970, AVS Münster, Westfalen, bew. Mitte Juni bis Mitte September. 20. Februar bis 2. Mai, 22 B., 40 M., 10 N., Waschräume, Duschen, Warmluftheizung. WR offen, 8 M. Nächster Talort Lisens. Materialseilbahn. Gepäcktransport. Bew. Gebhard Schöpf, Gries im Sulztal, Gh. Alpenfriede.

Ausgangspunkt: Schöntalspitze, Grubenwand, Seeblaskogel, Bachfallenkopf, Brunnenkögel, Lisenser Fernerkogel. Übergänge: Pforzheimer Hütte (Zischgenscharte), Winnebachseehütte (Winnebachjoch), Sulztalalm, Amberger Hütte (Längentaler Joch) und über die Brunnenkogelrinnen und die innere Rinnennieder zur Franz-Senn-Hütte.

● **216 Von Lisens,** 2½ Std. Autoverbindung von Gries bis Lisens. Vom Gasthof Lisens an der westl. Talseite gleichmäßig ansteigend erreicht man unter der Hornspitze die Ecke im Hang zwischen Lisenser und Längental. Nun stets an der nördl. Talseite des Längentales (nicht zur Alm hinab!) ansteigend gewinnt man in gleichmäßiger Steigung die Höhe der Hütte.

Im Winter ist der beschriebene Weg sehr lawinengefährdet. Man geht talein bis zum Fernerboden (Jugendheim) und direkt beim Haus steil gegen W hinauf zum Taleingang des Längentales (im Aufstieg links vom Bach). Über die Längentaler Alm weiter im Bachgrund und dort, wo die Hänge unter der Hütte flacher werden, zur Hütte empor.

● **217** **Winnebachseehütte,** 2362 m

Wie der Name sagt, liegt die Hütte an dem See im Winnebachkar, von dem das Wasser steil über eine Talstufe herunterfällt. Erbaut 1901, AVS Hof, bew. 1. Juli bis Mitte September, Ostern, Pfingsten. 8 B., 16 M., 13 L., WR. mit AV-Schloß, 14 M. Nächster Talort Gries im Sulztal. Materialbahn von Gries (Ski- und Gepäckbef.) Frühjahrsskigebiet. Tel. 05253/311005. Bew. Ernst Reinl, Gries.

Ausgangspunkt: Sämtliche Berge des Bachfallenstockes, sowie die meisten Berge des Larstiger Gebietes. Übergänge: Westfalenhaus (Winnebachjoch), Gubener Hütte (Zwiselbachjoch).

● **218 Von Gries im Sulztal,** 2 Std. Hinter den letzten Häusern leitet die schmale Straße gegen NO über die Wiesen zu den Winnebachhöfen

(Gh.). Hinter diesen beginnt der Hüttenweg. In Kehren durch Wald, steile Schrofen umgehend, am nördl. Talhang des Sulztales aufwärts, bis der Weg steil in das beginnende Winnebachtal hineinführt. Von der Baumgrenze an wieder flacher bis zum Talschluß. Hoch über dem Bach gegen N in Kehren zur Hütte.

● **219** **Guben-Schweinfurter Hütte,** 2030 m

Am Taleck zwischen Zwiselbacher Tal und Horlachtal steht etwa 5 Min. über der Horlachalm die Hütte. Erbaut 1911 als Privathütte, 1914 angekauft von der AVS Guben, 1930 erweitert, 1964 Neubau durch die AVS Schweinfurt. Bew. 3 Wochen vor bis etwa 1 Woche nach Ostern, 15. 6. bis Ende Sept., 22 B., 55 M., WR mit AV-Schloß, 6 M. Nächster Talort Niederthai (Tel.). Bew. Erich Grießer, Umhausen, Östen 62.

Ausgangspunkt für nahezu alle Touren im Larstiggebiet. Übergang: Dortmunder Hütte (Finstertaler Scharte), Kühthai, Winnebachseehütte (Zwiselbachjoch), Bielefelder Hütte (Hochreich-, Niederreichsscharte), Neue Pforzheimer Hütte (Gleirschjöchl).

● **220** **Von Niederthai,** 2 Std. In Fortsetzung der Straße von Umhausen führt ein Karrenweg (Schlagbaum, Schlüssel beim nächsten Bauernhof) an der Südseite des Baches leicht ansteigend zu den Larstighöfen (Jausenstation, Unterkunft, Sommerbetrieb, bis hierher mit Pkw befahrbar). Weiter talein; kurz unter der Horlachalm überquert man den Bach und steigt hinter der Alm gemächlich zur Hütte empor.

● **221** **Stamser Alm,** 1858 m

Almwirtschaft des Klosters Stams. Keine Nächtigungsmöglichkeit.

Von Stams, 3 Std. Von der Station Stams gegen das Dorf, rechts am Kloster vorbei, hinter der Kirche rechts über Wiesen zum Wald (links von der Schlucht des Stamser Baches). Bei einer Kapelle Wegbiegung gegen O steil empor zum Weiler Hauland. Weiter im Wald vorbei am ehemaligen Jagdhaus, über den Bach und auf steilem Weg empor. Zuletzt mit großer Kehre hinauf zur Alm.

● **222** **Peter-Anich-Hütte,** 1909 m

Am Nordhang des Rauhen Kopfes (Untere Seewenalpe) nordwestl. des Rietzer Grieskogels. Erbaut 1884, erweitert 1931, AV-Sektion Touristenklub Innsbruck. 30 M., 4 L. WR mit Brennholz, Gas, Sonderschloß. Schlüssel bei Joh. Plank, Rietz, Bundesstr. 24, Telelefon

05262/22806. Bew. Anfang Juli bis Mitte Sept. Jeepverkehr zur Hütte. Die Hütte bietet prächtige Aussicht auf den Tschirgant, die Mieminger Berge, die Seefelder Senke und das Karwendel.

Ausgangspunkt: Rietzer Grieskogel, Bachwand, Kreuzjochkogel. Übergang nach Kühthai (Haggen).

● **223** **Von Pfaffenhofen,** 3½—4 Std. Vom Bhf. Telfs-Pfaffenhofen auf der Straße nach Westen und nach dem Sägewerk Kranebitter gegen SW zum Tal des Klausbachs und auf Markierung Nr. 153 aufwärts bis auf den Fahrweg von Rietz herauf und auf diesem zur Hütte.

● **224** **Von Rietz,** 3½—4 Std. Durch das Dorf aufwärts bis zu den letzten Häusern, wo sich die Fahrstraße im Wald nach Osten wendet. In einigen Kehren bis auf etwa 1600 m, wo eine Parkmöglichkeit für Fahrzeuge besteht. Kurz darauf mündet der Weg von Pfaffenhofen herauf ein. Auf einem Almweg weiter und in 1½ Std. zur Hütte. (Markierung Nr. 153.)

● **225** Von Stams über die Stamser Alm talein aufs Kreuzjoch und absteigend zum Narrenboden. Markierung Nr. 152. Auf Markierung Nr. 153 links ansteigend auf den Bachwandkopf und hinunter zur Hütte. 4—5 Std.

● 226 **Neuburger Hütte,** 1945 m

Abgebrannt, Neubau von der Gemeinde Oberhofen geplant.

● 229 **Flaurlinger Alm,** 1614 m

Im innersten Talgrund des Flaurlinger Tales liegt am Fuß des Seejoches in der Bachgabelung die Alm, in der Nähe die Skihütte. Gastbetrieb, Sommerwirtschaft, Skihütte, bew. bei Anmeldung auch im Winter. 30 B.

Ausgangspunkt für Hocheeder, Rietzer Grieskogel, Schartenkogel, Metzen, Flaurlinger Roßkogel (Seejoch), Peiderspitze, Brechten. Übergang R 522 ff., Flaurlinger Scharte nach Kühthai.

Blick von Nordosten auf die Roßkogelhütte mit Roßkogel bei Zierl. (Luftbild)

R 1371 a) von Nordosten (rechter Weg)
b) von Süden (linker Weg)

Roßkogel
Mitterkogel
Äußerer
Schloßkopf
Innerer
Hoher
Bremstall
1371
1371

● 230 **Von Flaurling,** 3 Std. Vom S-Ende des Dorfes hält man sich leicht ansteigend, geht an der O-Seite hoch über dem Bach im Wald talein, erreicht nach etwa 1½ Std. beinahe den Bachgrund und steigt weiter östl. des Baches bis zur Alm empor.

● **231** **Inzinger Alm,** 1636 m

Im inneren Talgrund des Hundstales gelegen, auch Hundstalalm genannt, Privatbetrieb, 12 M., bew. im Sommer, im Winter an Sonn- und Feiertagen. Ausgangspunkt für Brechten, Schloßköpfe, Peiderspitze, Weißstein, Roßkogel, Windegg. Skigebiet. Zugang von Inzing, über Eben, 2 Std.

● **233** **Roßkogelhütte,** 1780 m

Unterhalb der Kuppe des Rangger Köpfls liegt am Waldrand die Hütte. Schöne Aussicht auf die Mieminger Berge, das Wettersteingebirge, die Seefelder Senke und das Karwendel, sowie auf die Tuxer Berge. 1924 erbaut, AV-Sektion Österr. Gebirgsverein. 10 B., 23 M., bew. 20. Dez. — Ende März.; 1. Juni — 15. Okt. Zentralheizung.

Ausgangspunkt: Roßkogel, Weißstein, lohnendes Skigebiet mit schöner Abfahrt.

● **234** **Von Oberperfuß,** 2½—3 Std. (von Unterperfuß 3½—4 Std.). Von der Kirche südl., nach einigen Min. auf bez. Fahrweg (Tafeln) südwestl. abzweigend über Wiesen und durch Wald zu den Egghöfen empor und zum oberen Waldrand. Bis hierher angenehmer mit der Sesselbahn Oberperfuß — Stieglreith. Bei der Bergstation ist eine Gaststätte. Jeepverkehr von Stieglreith zur Hütte. Stets auf schönem Fahrweg, bis dieser links abzweigt. Nun am rechten Weg (Tafel) zur Riepenalm und hinauf zur Hütte.

● **235** **Von Ranggen** erreicht man auf steilem Weg von N her die Hütte in etwa 2½—3 Std.

● **236** **Adolf-Pichler-Hütte,** 1960 m

Nähere Angaben siehe im 2. Hauptteil, Kalkkögel; R 1381.

● **238** **Schlicker Alm,** 1616 m

In den Kalkkögeln; siehe R 1384.

● **241** **Starkenburger Hütte,** 2229 m

In den Kalkkögeln; siehe R 1383.

III. Übergänge und Verbindungswege

● 244 **Atterkarjöchl,** 2970 m

Zwischen Murkarspitze und Rotem Kogel.

● 245 **Von der Amberger Hütte,** 3 Std., gegen S etwa 20 Min. talein, dann westwärts empor ins Roßkar und über eine plattige Stufe, etwas gegen SW umbiegend, zuletzt über ein kleines Firnfeld (gelegentlich kleine Spalten!) und Schutt aufs Jöchl (die etwas niedrigere Einschartung links davon ist nicht anzuraten).

● 246 **Von Sölden,** 5 Std. Auf der alten Straße nordwärts nach Kaisers, weiter nordwärts über den Wütenbach und auf dem an schroffen Felswänden heraufziehenden Weg empor zur Kaisersbergalm. In vielen Kehren gegen O steil empor in eine Mulde und durch diese ins Atterkar. Nun gegen N durch das Kar und zuletzt mühsam in Kehren hinauf zum Joch.

● 247 **Wütenkarsattel,** 3115 m

Zwischen Wüterkarspitze und Windacher Daunkogel.

● 248 **Von der Amberger Hütte,** 3 Std. Am bez. Steig südwärts zum Ende des „Sulzes". Bei felsiger Stufe eine Weggabelung. Links Richtung Schlucht des Gletscherbaches ist der Weg zur Dresdner Hütte. Zum Wütenkarsattel geht man bei der Gabelung rechts und steigt steil empor in den felsigen Stufen. Oben rechts haltend über W-Rand-Moräne. Nun gegen S bis unter die Abbrüche der Wilden Leck. Hier betritt man den Ferner und steigt sanft gegen S bis unter den Sattel an, zuletzt über einen steileren Firnhang (Spalten) zu diesem hinauf.

● 249 **Von der Hochstubaihütte,** ½—¾ Std., erreicht man, gegen NO fast eben über den Wütenkarferner ansteigend, zuletzt über Geröll den Sattel.

● 250 **Von der Dresdner Hütte,** 3½ Std. Auf das Daunjoch (R 259), jenseits an einem kleinen See vorbei und hinab auf den Sulztalferner. Nun gegen SW zuerst flach, dann über den steilen Firnhang (Spalten) zum Sattel.

● 251 **Von der Hildesheimer Hütte,** 3¾—4 Std. Auf die Warenkarscharte (R 253), jenseits gegen W hinab auf den Wütenkarferner und nordwestwärts (wie bei R 249) zum Sattel.

● 252 **Warenkarscharte,** 3107 m

Zwischen Windacher Daunkogel und Warenkarseitenspitze.

● 253 **Von der Hildesheimer Hütte,** 3 Std. Gegen N zum Gaißkarferner und nun nordwestwärts ansteigend zur Scharte, 3149 m. Weiter gegen NW hinab (links unter dem Bildstöckljoch vorbei) zu P. 3004 unter dem SW-Grat der Stubaier Wildspitze. Unter dem Grat auf den Warenkarferner, der unter den Abstürzen der Daunkögel gegen W zuletzt steil über einen Eishang (Steinschlag), im obersten Teil über brüchigen Fels zur Scharte leitet.

● 254 **Von der Hochstubaihütte,** ½ Std. Gegen O über den Wütenkarferner leicht empor zur Scharte.

● 255 **Daunscharte,** 3156 m

Knapp nördl. unter dem Westl. Daunkogel, besonders günstiger Winterübergang.

● 256 **Von der Dresdner Hütte,** 3 Std. Dem Steig folgend, der zum Daunferner emporführt (Bildstöckljoch). Nun gegen W über den Ferner empor und zuletzt über ziemlich stark geneigte Firnflanke zur Scharte.

● 257 **Von der Amberger Hütte,** 3½ Std. Wie zum Wütenkarsattel bis in die große, flache Firnbucht, diese gegen SO querend und zuletzt über steilen Firn und Schutt zur Scharte.

● 258 **Daunjoch,** 3057 m

Südl. des Hinteren Daunkopfes. Kleiner See. Kürzester Übergang von der Dresdner Hütte zur Amberger Hütte. Beliebte Skitour.

● 259 **Von der Dresdner Hütte,** 2½ Std. Dem Steig folgend, der gegen das Bildstöckljoch emporzieht, bis zum Eissee. Von hier westw. über Moränenschutt, dann die Zunge des Daunkogelferners überquerend an den steilen Firnhang, der vom Joch herabzieht. Über ihn empor zum Joch.

Die Umrahmung des Daunkogelferners von Nordosten

R 256	Anstieg zur Daunscharte	R 608	Übergang zum Östlichen Daunkogel
R 262	Anstieg von der Dresdner Hütte	R 618	Normalweg von Südosten
R 607	Normalweg von Norden	R 620 a	Südostgrat

Stubaier Wildspitze
östl. Daunkogel
westl. Daunkogel
Windacher Daunkogel
Daunscharte
620 a
618
608
607
256
262
Daunkogelferner

● **260 Von der Amberger Hütte,** 2½ Std., auf Steig südwärts durch die ebene „Sulz“ und über die Felsstufe empor zur westl. Randmoräne des Sulztalferners. Dieser folgt man etwa 700 m und quert das ebene Gletscherbett gegen O. Auf Steigspuren gegen SO ansteigend, dann steil hinab zum Ferner (eine Stelle mäßig schwierig (II), auf diesem gegen S sanft empor, zuletzt gegen O über Firn (Geröll) zum Joch.

Der Rückgang der Gletscherzunge beträgt gegenüber dem Stande von 1937 etwa 500 m. Die Felsinseln sind jetzt wesentlich größer als auf der Karte von 1937.

Das jähe Abbrechen des Steiges bzw. die Höhendifferenz zwischen Steigende und Gletscherrand ist auf die starke Dickenabnahme des Gletschers zurückzuführen.

● **260 a Von der Hochstubaihütte über das Daunjoch:**

Wie R 249 zum Wütenkarsattel, dann den Weg zur Amberger Hütte über den Sulztalferner bis unter den ersten Eisbruch, dann in östl. bis südöstl. Richtung den Ferner querend und fast eben in Richtung Daunscharte, bis der Steig zur W-Flanke des Grates (S-Grat) vom Westl. Daunkogel entlang zum Anstieg des Daunjoches, dann gegen O über Geröll oder Firn ziemlich steil zum Joch.

● **261 Bildstöckljoch,** 3144 m, und **Stubaier Eisjoch,** 3133 m.

Zwischen dem langen SO-Grat der Stubaier Wildspitze und dem SW-Ausläufer der Schaufelspitze (3210 m) liegt eine breite, heute nur mehr an einer Stelle vergletscherte Senke, die noch vor etwa 50 Jahren in der gesamten Länge überfirnt war. Diese Möglichkeit, aus dem Stubaital in das Windachtal und Ötztal zu gelangen, wurde schon sehr früh benützt und durch einen Bildstock des hl. Isidor gekennzeichnet. Daher der Name Bildstöckljoch. Früher hielt man sich weiter westl., dort wo der Bildstock stand (3144 m). Seit der fortschreitenden Ausaperung, als der Fels frei wurde, benützt man die tiefste (vergletscherte) Einschartung östl. der alten Übergangsstelle. Seit einiger Zeit wird dieses Joch sinngemäß „Stubaier Eisjoch“ genannt, 3133 m.

● **262 Von der Dresdner Hütte,** 2½—3 Std. Am Steig beim Zollhaus vorbei, westwärts durch die „Gamsgarten“ empor in die flache Senke vor dem Daunkogelferner. Beim Wegweiser links ab und über den Moränenrücken empor auf P. 2850 m („Eisgrat“). Hier steht die Station „Eisgrat“ der Gletscherbahn. Idealer Ausgangspunkt für alle Gipfelbesteigungen in der Runde. Nun gegen S über den Ferner empor zum Joch.

● **263** Aus dem **Windachtal: Vom Fiegl-Wirtshaus** etwa 4 Std. Vom Gasthaus Fiegl zunächst an den Almhütten vorbei leicht fallend talein, über mehrere schöne Böden bis an den Bach (etwa 30 Min.), der aus dem Warenkar herunterkommt. Gleich jenseits des Baches zunächst weglos über den Grashang empor gegen drei alte, fast verfallene Heustadel. Dort setzt ein schwach ausgeprägter Steig an, teilweise verfallen und schlecht bezeichnet, der in Kehren über die Steilstufe emporführt zu einem Steinsignal im Warenkar.

Nun entweder durch das Blockwerk des Kares empor an die Zunge des Windachferners, der von O steil herabfließt. Über den Gletscher (Spalten) zum Joch. Oder über den steilen Fuß eines Felsrückens hinauf, weiter auf diesem gegen NO und wieder steil zu einer flachen Einsattelung im Grat, der den Windachferner südl. begrenzt. Den Ferner überquert man in Richtung auf das Stubaier Eisjoch zwischen Wildspitze und Schaufelspitze. Man erreicht das Joch an seinem östl. überfirnten Rand.

● **264** **Von der Hildesheimer Hütte,** 1½ Std. Da der Isidornieder nicht unter allen Umständen ratsam ist, geht man von der Hildesheimer Hütte oft besser über das Bildstöckljoch. Von der Hütte am See vorbei zur Moräne südl. des Gaißkarferners. Über diese, dann auf den Ferner und empor zu der Stelle, wo zwischen Schaufelspitze und Schußgrubenkogel der Gaißkarferner und der Windachferner zusammenhängen. Am östl., oberen Rand quert man den Windachferner gegen N und erreicht in wenigen Min. das Joch.

● **265** **Isidornieder,** 3158 m

Der früher oft benützte Übergang über dieses Joch ist heute nur bei sehr guten Schneeverhältnissen ratsam. Die Bezeichnung Isidornieder trifft auf die Einsenkung im SW-Grat der Schaufelspitze zu, nördl. von P. 3210 m (Felskopf). Siehe R 261.

● **266** **Von der Dresdner Hütte,** 2½—2¾ Std. Am Weg zum Bildstöckljoch (R 262) bis etwa 15 Min. unter das Joch. Dort gegen O umbiegend und über steilen Firn oder Blankeis hinauf (im Sommer häufig vollständig ausgeapert, morscher, steiler Fels) zur Einsattelung.

● **267** **Von der Hildesheimer Hütte,** 1½ Std. Wie am Weg zum Bildstöckljoch (R 264), jedoch kurz vor dem Übertritt auf den Windachferner gegen NW empor zu der Einsattelung zwischen dem Gipfelaufbau der Schaufelspitze und dem Felskopf, 3210 m.

● 268 **Schaufelnieder,** 3050 m
(auch Fernaujoch genannt)

Zwischen Schaufelspitze und Aperem Pfaffen.

● 269 **Von der Dresdner Hütte,** 2½ Std. Am bez. Steig zur westl. Zunge des Fernauferners und wie in R 276 über diesen in südl. Richtung mäßig steil zur Scharte empor. Von der Station Eisgrat der Stubaier Gletscherbahn 1 Std.

● 270 **Von der Hildesheimer Hütte,** 45 Min. Am Steig zum Schußgrubenkogel bis auf die Höhe des Gaißkarferners, dann nordostwärts den Ferner querend und am SO-Grat der Schaufelspitze entlang gegen O zur Scharte.

● 271 **Pfaffenjoch,** 3213 m

Zwischen Aperem Pfaff und Pfaffenschneide.

● 272 **Von der Hildesheimer Hütte,** 1 Std. Von der Hütte nordwärts am kleinen See vorbei und nach etwa 200 m hinab in das Geröllfeld vor dem Pfaffenferner. Über den Ferner und an dessen nördl. Rand empor zum Joch.

● 273 **Von der Dresdner Hütte,** 2½ Std. Auf die Lange Pfaffennieder (R 276) und jenseits hinüberquerend zum Sulzenauferner, auf dem man in südl. Richtung ansteigt und etwa 30 Min. von der Langen Pfaffennieder das Pfaffenjoch erreicht.

● 274 **Von der Sulzenauhütte,** 3 Std. Von der Hütte am Steig zum Peiljoch bis zur Abzweigung unterhalb des Joches. Nun auf der Moräne weiter zu ihrem Ende und am besten (Steinschlaggefahr!) links des mächtigen Blockwerks im steilen Eis ansteigend (Spalten), bis man die oberste Steilstufe unter dem flachen Firnfeld erreicht hat, über welches man weiter wie in R 273 zum Pfaffenjoch ansteigt.

● 274 a **Von der Siegerlandhütte,** 3 Std. Man folgt dem Verbindungsweg zur Hildesheimer Hütte (R 287) bis zum Gamsplatzl, steigt jenseits noch eine kurze Strecke über den Weg ab, um sich dann so bald als möglich nach rechts zu wenden, wo man nach Querung eines Geröllfeldes den Pfaffenferner betritt. Man quert an den nordseitigen Gletscherrand. Über die Firnfelder in nordöstl. Richtung auf das Pfaffenjoch, 3212 m (nicht zu verwechseln mit dem Pfaffensattel).

● 275 Lange Pfaffennieder, 2935 m

Zwischen Aperem Pfaffen und Fernauspitze, im langen Aperen Pfaffen-Grat. Übergang vom Schaufelferner zum Sulzenauferner.

● 275 a Von der Station Eisgrat der Stubaier Gletscherbahn, 2 Std. Von der Station ostw. über den Schaufelferner leicht fallend hinüber (im Spätsommer Spaltengefahr) und unter der Nordflanke der Schaufelspitze auf Steigspuren (Achtung, lose Blöcke) in den Talkessel des Fernauferners. Etwas ansteigend über Fels auf das Köpfl über den beiden Zungen des Fernauferners. Nun in weitem Bogen fast eben hinüber unter den NW-Wänden des Aperen Pfaffen durch bis in Fallinie der Langen Pfaffennieder. Von hier wie in R 276 auf die Lange Pfaffennieder.

● 276 Von der Dresdner Hütte, 2 Std. Südw. auf bez. Steig hinab zur Brücke, über den Bach und nun ansteigend in Richtung auf den Felskopf, der die beiden Zungen des Fernauferners trennt. Nun in die Schutthänge des Felskopfes und hinauf zu seiner Höhe.

Der Ferner wird nun gegen O in Richtung auf die Einsattelung im Aperen-Pfaffen-Grat gequert. Zuletzt steigt man über steile Schutthänge (Steinschlag!) über ein teilweise versichertes Steiglein zur Nieder empor. Etwa 4 m vor einem Holzpfahl (in der Scharte) rechts ab und über den Grat empor, nach etwa 200 m links haltend auf den oberen Sulzenauferner und weiter im Bogen rechts ausholend zum Pfaffenjoch oder zum Pfaffensattel (Spalten!).

Auch der direkte Abstieg jenseits auf den Ferner ist möglich, aber steinschlaggefährdet.

● 277 Vom Sulzenauferner erreicht man die Lange Pfaffennieder, indem man am oberen Firnbecken bis fast zum Steilabbruch absteigt. Kurz vorher quert man an den O-Hängen des Aperen Pfaffen über Blockwerk und Platten zum Grat. Man folgt dem Grat, bis er ungangbar wird. Hier leiten Steigspuren links in die Steilflanke hinunter (I). Bei Vereisung gefährlich; alte Sicherungsstifte. Man erreicht den Fernauferner, ohne die Lange Pfaffennieder zu berühren. Nur für Geübte!

● 278 Peiljoch, 2676 m

Zwischen Peilspitze und Aperem Pfaffengrat, Verbindungsweg Dresdner Hütte — Sulzenauhütte.

Der Weg Dresdner Hütte — Peiljoch — Fernerstube — „Lübecker Scharte"-NW-Grat auf den Wilden Freiger — Becherhaus wurde 1910 von der Sektion Lübeck erbaut. „Lübecker Weg". Von der Sulzenauhütte der Moräne entlang zur Fernerstube und weiter auf dem Lübecker Weg. Gut instandgehalten, versichert, leichte Kletterei, 4 Std.

● 279 **Von der Dresdner Hütte,** 1½ Std. Von der Hütte am bez. Steig ostwärts über den Bach und über die Schutthänge empor in vielen Kehren in einen Schuttkessel. Nun wendet sich der Steig nach S über einen Felsriegel hinauf und weiter gegen O über Geröll zum Joch.

● 280 **Von der Sulzenauhütte,** 1½ Std. Am bez. Steig gegen W empor zur nördl. Randmoräne des Sulzenauer Ferners (Drahtseilsicherungen) und über diese im unteren Teil steil ansteigend bis unter das Joch, welches man (Tafel) über steile Schutthänge erreicht.

● 281 **Pfaffensattel,** 3332 m

Zwischen Zuckerhütl und Wildem Pfaff, als Übergang nur sehr geübten Bergsteigern anzuraten.

● 282 **Von Norden.** Von der Langen Pfaffennieder (s. R 275), bzw. vom Pfaffenjoch (¾—1 Std.). Von der Langen Pfaffennieder (von der Dresdner Hütte kommend einige Schritte vor dem Pflock rechts ab) verfolgt man den Grat gegen den Aperen Pfaff bis auf etwa 3130 m und quert dann ohne Höhenverlust zum Sulzenauferner hinein und am Fuß des Aperen Pfaffen entlang bis in die Höhe des Pfaffenjoches, nun etwas steiler über den Firnhang gegen SO empor und weiter über flachen Firn zur Einsattelung zwischen Zuckerhütl und Pfaff.

● 283 **Von der Siegerlandhütte,** 2½—3 Std., am Steig gegen N zum Triebenkarlesferner. Über diesen steigt man in seinem nordöstl. Winkel unter dem Wilden Pfaffen an, wo eine Firnzunge in die steile Flanke emporzieht. Durch diese bis zu ihrem Ende hinauf und nun etwas links empor über brüchige Rinnen und Rippen hinauf zu dem Firnfeld unter dem Sattel, welches gelegentlich überwächtet ist.

● 284 **Pfaffennieder,** 3149 m

Zwischen Wildem Pfaff und Wildem Freiger, vergletschert.

● 285 **Von der Müllerhütte,** 10 Min. Fast eben über Blockwerk zur Nieder.

● 286 **Von der Sulzenauhütte,** 3 Std. Südw. empor („Lübecker Weg") und etwa 10 Min. hinter der Hütte über den Bach und zur östl. Seitenmoräne des Sulzenauferners, über die man sich ansteigend zum

Beginn der Fernerstube gegen S hält. Einige steile Schutthänge querend, dann gegen SO über dem Eis der Fernerstube im Blockwerk zum flachen Ferner. Nun zumeist am östl. Rand der Fernerstube ansteigend, bis man in das breite Firnbecken gelangt, von dem man direkt gegen S unter die Scharte kommt. Steil über Firn, im oberen Teil über Blockwerk und Schutt zur Nieder (die alten Drahtseilversicherungen sind unbenützbar!).

● 287 Siegerlandhütte — Hildesheimer Hütte
(Gamsplatzl, 3019 m)

2½ Std. Man steigt von der Siegerlandhütte etwa 50 Höhenmeter in nordwestl. Richtung durch die Scheiblehn auf gutem Steig hinab. Von hier fast eben auf schwächerem Steig unter der Zunge des Triebenkarlesferners durch. Von der westl. Moräne steil in Kehren empor auf das Gamsplatzl, 3019 m. Hier beginnt nun die neue Steiganlage, die stets südwestl. unterhalb des Fernerrandes des Pfaffenferners durch, quer über alle Abflüsse bis auf etwa 2700 m unterhalb der Hildesheimer Hütte hinabführt. Vom Gaißbachgraben in drei Kehren steil empor zur Hütte.
(Früher ging man vom Gamsplatzl weg über den nicht ungefährlichen Pfaffenferner, allerdings mit weniger Höhenverlust.)

● 289 Windachscharte, 2862 m

Zwischen Beillöcherspitze und Schwarzer Wand.

● 290 Von der Siegerlandhütte, ½ Std. Den Markierungen und Steinmännern folgend zunächst eben in südöstl. Richtung unter die Scharte und über steile Schnee- und Geröllfelder zu ihr hinauf.

● 291 Von der Timmelsalm, 2 Std. Am bez. Steig von der Alm zum Timmler Schwarzsee und nach NW abzweigend auf dem Steiglein über Geröll zur Scharte.

● 292 Schwarzwandscharte, 3062 m

Zwischen Schwarzwandspitze und Hofmannspitze. Vergletschert.

● 293 Von der Müllerhütte, bzw. vom Becherhaus, ¾—1 Std. Über den Übeltalferner in südwestl. Richtung queren und fast eben zur Scharte.

● 294 Von der Timmelsalm, 2 Std. Am bez. Steig (Nr. 30) zur Zunge des Schwarzwandferners und über diesen hinauf zur Scharte.

● 295 **Botzerscharte,** 2974 m

Zwischen Königshofspitze und Hochgwänd.

● 296 **Vom Becherhaus,** 2 Std. Zuerst gegen SW, dann etwas südl. umbiegend hinauf gegen P. 3005 zwischen Königshofspitze und dem gegen O hin aufgebauten Felsgrat.

● 297 **Von St. Martin im Schneeberg.** 4½ Std. Von St. Martin auf die nördl. Schwarzseescharte (R 300), dann den flachen Hochferner gegen N querend weiter (die Steiganlage ist verfallen) unter der Zunge des Rötenferners durch und gegen NW auf das Firnfeld, über welches man eben bis unter die Scharte gelangt. In wenigen Minuten wird vom Firnfeld aus die Scharte leicht erstiegen.

● 298 **Von der Timmelsalm,** 4 Std. Von der Alm am Steig, der gegen den Timmeler Schwarzsee führt, bis dieser gegen N steil hinableitet. Nun die Hänge querend in der Mulde talein (Königshoflahner) und um den S-Grat der Königshofspitze herum empor zum Firnfeld unter der Scharte. Nun direkt gegen NO hinauf zur Scharte.

● 299 **Nördliche Schwarzseescharte,** 2857 m

Zwischen Schneeberger Weißen und Schwarzseespitze.

● 300 **Von St. Martin im Schneeberg.** 2 Std. Gegen NO zum Schwarzsee und durch die Felsen am Steig im Zickzack auf die Scharte.

● 301 **Von Becher-, Grohmann-, Teplitzer Hütte.** Wie bei R 296 auf die Botzerscharte und jenseits über einen kleinen Gletscher gegen S hinab. Unter der Zunge des Rötenferners durch auf den flachen Hochferner und auf die Scharte (2 Std. von der Botzerscharte).

● 302 **Timmelsjoch,** 2478 m — **Siegerlandhütte** (R 116)

Seit Fertigstellung der Hochalpenstraße über das Timmelsjoch, 2478 m (Grenzstation), eröffnet sich dem ausdauernden und geübten Bergwanderer (Reepschnur, Pickel) eine Wanderung mit kurzen Gletscherstrecken zur Siegerlandhütte. Bergerfahrung und Orientierungsgabe erforderlich. Teilweise bez., 6—8 Std.

Vom Joch steigt man über Wiesengelände stets in N-Richtung — der Wietenkarsee bleibt rechts liegen; die folgende Felswand wird links umgangen — zur gut auszumachenden Rötenkarscharte, zuletzt etwas mühsam, über Geröll hinauf, P. 2782 m. Jenseits direkt nach rechts abbiegen, zunächst flach, dann steil über eine Stirnmoräne hinauf zu P. 2942 m am Beginn des Rötenkarferners. Ohne den Gletscher zu betreten, quert man über Geröll nach NW zur Scharte P. 2932 m, 2½—3 Std. ab Timmelsjoch.

Jenseits über Schutt und Firn ins Schrakar, das man in seinem östlichen Bereich bis in 2700 m Höhe begeht, um dann die Ausläufer des Schrakogel-N-Grates in Ost-Richtung zu queren und die rot-weiß-rote Markierung zu gewinnen. In Ost-Richtung den Östl. Kitzkampferner in flachem Anstieg bis in 2850 m Höhe hinauf. Querspalte! Über den hier ansetzenden Hangenden Ferner in N-Richtung hinab, bis man in 2650 m Höhe an seiner rechten Seitenmoräne wieder auf die Markierung stößt, die in konstanter Höhe von 2600 m über Geröllfelder nach Osten zum Hüttenberg führt; auf dem Hüttenweg zur Siegerlandhütte.

● 302 a **Siegerlandhütte — Timmelsjoch,** 6—8 Std.
(R 302 in umgekehrter Richtung)

Nach kurzem Abstieg über den Hüttenweg (R 145) bis in 2600 m Höhe folgt man den nach links (südwestw.) abzweigenden roten Markierungen und Pfadspuren über Blockwerk und Geröll so lange nach Westen, bis diese scharf nach S abbiegen (zum Scheiblehnkogel). Nun einer rot-weiß-roten Markierung folgend, quert man in gleichbleibender Höhe die Geröllfelder nach W, bis man die (orogr.) rechte Seitenmoräne des Hangenden Ferners erreicht. Über Geröll ansteigend zum Ferner und über ihn in südwestl. Richtung. In 2850 m Höhe umgeht man den südl. Felsausläufer des Vorderen Kitzkamps (Querspalte) und betritt den Östlichen Kitzkampferner. Über ihn leicht fallend bis zu seinem Ende in 2700 m Höhe hinab. Hier beginnen wieder rot-weiß-rote Markierungen, die sofort nach links zum Schrakogel hinaufführen. Man quert weglos über Geröll nach W, steigt über eine alte Seitenmoräne und quert südwestw. in 2700 m Höhe über Gletscherschliffe und Geröll ins Schrakar. Im östl. Teil des Kars hinauf, ab 2800 m über die Firnfelder des Schrakarferners, zuletzt steiler über Schnee und Geröll zur Scharte 2932 m am Fuß des Schrakogel-Westgrates. 4 Std. ab Hütte.

Man quert über ebene Geröllfelder unter dem Rötenkarferner entlang zu P. 2942 m und steigt über eine steile Stirnmoräne ins Rötenkarle hinab. In 2800 m wendet man sich scharf nach links (Süden), um die Rötenkarscharte, 2782 m, zu gewinnen. Jenseits über Geröll hinab auf die grünen Böden des Wietenkars. Weiter stets nach S über welliges Wiesengelände leicht fallend zum Timmelsjoch hinab.

● 303 **Gürtelscharte,** 2668 m

Zwischen Schneeberger Weißen und Gürtelspitze. (In der AV-Karte steht die Bezeichnung Gürtelscharte zu weit südwestl.)

● **304 Von St. Martin im Schneeberg,** 2¼ Std. Am bez. Steig Nr. 29 gegen N bzw. NO zur Scharte.

Von der Timmelsalm, 2¾ Std. Am bez. Steig Nr. 30 bis zur Abzweigung und weiter auf Steig Nr. 29 zur Scharte.

● **305** **Südliche Schwarzseescharte,** 2792 m

Zwischen Sprinzenwand und Moarer Weißen.

● **Von St. Martin im Schneeberg,** 2 Std. Am Weg zur Schneebergscharte etwa 45 Min. empor, dann auf dem Steig gegen N die steilen Hänge querend gegen P. 2554 und weiter gegen O über Schutt auf die Scharte.

● **307 Von Ridnaun,** 4½ Std. Vom Ort ins Lazzachtal am Fahrweg und am Weg zum Egetjoch bis zum kleinen See, 2448 m. Nun gegen W ins Schuttkar (Weiße Lahner), in dessen westl. Winkel über eine Schuttrinne hinauf zur Scharte.

● **308** **Schneebergscharte,** 2690 m

Zwischen Rinnerspitze und Sprinzenwand.

● **309 Von Ridnaun,** 4½ Std. Über den Karrenweg ins Lazzachtal zum Kasten-Whs. und in großen Kehren auf die Scharte empor.

● **310 Von St. Martin im Schneeberg,** 1 Std. Auf breitem Weg gegen O empor zur Scharte.

● **311** **Egetjoch,** 2681 m

Zwischen Moarer Weißen und Moarer Spitze.

● **312 Von Ridnaun,** 4½ Std. Ins Lazzachtal zur Moarer Alm und gegen NO in die Moarer Egete und weiter über Geröll zum Joch.

● **313 Von der Grohmannhütte,** 3¼ Std. Von der Hütte gegen S am Steig hinunter ins Gletschervorfeld und nach S dem Tal entlang am Trüben See vorbei in die untere Senner-Egete und über Geröll zum Joch.

● 314 **Sandjoch,** 2571 m

Zwischen Weißen und Rinnerspitze.

● 315 Von St. Martin im Schneeberg, 1½ Std. Am Steig an der östl. Tallehne etwas absteigend und gegen SO sanft über die Hänge empor zum Joch.

● 316 Von Ridnaun, 4½ Std. Von Ridnaun zur Erzaufbereitung und am Fahrweg ins Lazzachtal bis zum Kasten-Whs., dann dem Bach entlang die felsigen Hänge westl. in Kehren empor, weiter gegen SW querend und zuletzt gegen NW hinauf zum Joch.

● 317 Von Bichl im Ratschingtal, 3½ Std. Talein durchs Ratschingstal dem Weg zum Gleckjöchl (R 323) folgend bis zu den letzten Heustadeln, dann gegen SW gegen den NO-Grat der Weißen empor und über diesen weiter nordwestl. querend zum Sandjoch.

● 318 **Zermaidjoch,** 2618 m

Zwischen Weißen und Zermaidspitze.

● 319 Von St. Martin im Schneeberg, 2 Std. Am Steig an der östl. Tallehne leicht absteigend, dann gegen SO die Hänge querend bis zur Abzweigung aufs Sandjoch und nun fast eben, dann zum P. 2395 (unter dem westl. Fuß der Weißen) und in Serpentinen hinauf zum Joch.

● 320 Vom Ratschingstal, 4 Std. Vom Ratschings talein bis zum Felsriegel des Hocheggs (1970 m); südl. davon in Kehren gegen W empor, über den Bach und weiter in Kehren hinauf zum Joch.

● 321 **Gleckjöchl,** 2380 m

Zwischen Gleckspitze und Hoher Ferse.

● 322 Von Ridnaun, 3½—4 Std. Die N-Hänge der Zünderspitze querend steigt der Weg zum Staudenbergbach an, folgt diesem und wendet sich zuletzt gegen SW aufs Joch.

● 323 Von Ratschings, 4—4½ Std. Von Ratschings talein, nördl. des felsigen Kopfes des Hocheggs in Kehren steil empor zum Joch.

● 324 **Entholzjoch,** 2270 m

Übergang vom innersten Ridnauntal ins Ratschingstal.

● 325 **Von Ridnaun,** 3 Std. Etwa 10 Min. talein, dann am Weg westl. ansteigend zu einer Mühle am Valliglbach, weiter an der Entholzalm vorbei in den Talgrund und auf den flachen Sattel zwischen Hoher Ferse und Hochspitze.

● 326 **Vom Ratschingstal.** 2 Std. Von Bichl steil gegen N hinauf, an den S-Hängen der Hochspitze empor und gegen W querend hinauf zum Joch.

● 327 **Ratschingstal — St. Leonhard im Passeier**

Von Flading am Steig gegen SO in Kehren durch Wald empor, dann südwärts zur Wumblsalm und die Hänge südl. hinauf zum Gleiter Joch, 2248 m. Jenseits erst ein Stück gegen O, dann gegen S hinab über die Waldner Mähder zum Weiler Gleiten und zur Fahrstraße. Weiter hinab nach St. Leonhard. 3½—4 Std.

● 328 **Freigerscharte,** 3025 m

Zwischen Rotem Grat und dem Eckpfeiler im O-Grat des Wilden Freigers. Vergletscherter Übergang.

● 329 **Von der Nürnberger Hütte,** 2½ Std. Gegen S am Steig zum Grüblferner und über diesen weiter zur Scharte.

● 330 **Vom Becherhaus,** 1 Std. Vom Becherhaus ein kurzes Stück am Grat und ostwärts in die Bucht südl. des Wilden Freigers, dann eben zur Scharte querend.

● 331 **Von der Teplitzer Hütte,** 2 Std. Über den Hangenden und Gaißwandferner zur Rotgratscharte und nordwestw. fast eben zur Freigerscharte.

● 332 **Von der Magdeburger Hütte** über Magdeburger Scharte, Hangenden Ferner, Gaißwandferner, Rotgratscharte zur Freigerscharte (4½ Std.).

● 333 **Seescharte,** 2762 m

Zwischen Urfallspitze und Gamsspitzl.

● 334 **Von der Sulzenauhütte,** 2 Std. Von der Hütte am bez. Steig gegen das Niederl, bis er nördl. des Grünauferners scharf nach NO biegt. Dort zweigt der bez. Weg gegen O ab, der in einigen Kehren auf den Felsriegel östl. des Grünausees und weiter gegen SO zum Beginn des kleinen Grünauferners emporleitet. Über diesen steigt man gegen SO zur Scharte an.

● 335 **Von der Nürnberger Hütte,** 2 Std. Von der Hütte am bez. Steig gegen S über geschliffene Platten, bis der Weg zum Simmingjöchl gegen O abzweigt. Gegen S weiter bis zum Abhang der Urfallspitze und in Kehren am Fuß der Wände empor, bis man rechts den Grat erreicht, unter dem der Weg nach links weiterführt gegen den Wilden Freiger. Hier befinden sich Tafeln, von denen man in wenigen Schritten nach rechts den oberen Rand des kleinen Grünauferners an der Seescharte erreicht.

● 336 **Niederl,** 2680 m

Zwischen Mairspitze und Urfallspitze. Verbindungsweg Nürnberger Hütte — Sulzenauhütte.

● 337 **Von der Nürnberger Hütte,** 1½ Std. Am bez. Steig westwärts in Kehren durch das Kar am Fuß der nördl. begrenzenden Schrofen, und am guten Steig hinauf zur Scharte.

● 338 **Von der Sulzenauhütte,** 2 Std. Von der Hütte am bez. Steig gegen O über das „Übergschritt" und in einigen Kehren steil hinab zum alten Vorfeld des großen Grünauferners. Am Steiglein hinüber zur östl. Seitenmoräne. Nun ein Stück dieser folgend, dann in Kehren über begrünte Hänge gegen SO in Richtung auf den Grünausee. Kurz vor diesem (Abzweigung zur Seescharte) gegen NNO weiter und über steinige Almböden, an kleinen Lacken vorbei zur Abzweigung des Weges auf die Mairspitze. Nun gegen O sanft ansteigend (Lacke) und steiler in Kehren, zuletzt ein paar Schrofen querend zur Scharte. Das letzte Stück zum Niederl hinauf ist sehr steil, etwa 5 m ausgesetzt an der Wand des Niederls empor. Drahtseilsicherungen. Die Verbindung übers Niederl erfordert Schwindelfreiheit und Trittsicherheit.

(Sonst den markierten Weg über die Mairspitze wählen.)

● 339 **Rotgratscharte,** 3012 m

Zwischen Rotem Grat und Hoher Wand, vergletschert.

● 340 **Von der Teplitzer** (bzw. **Grohmannhütte),** 1½ Std. (bzw. 2¼ Std.). Von der Teplitzer Hütte nordwärts empor zum Hangenden Ferner (Spalten). Im weiten Becken wendet man sich nach W und steigt über den Gaißwandferner mäßig steil zur Scharte empor.

● 341 **Von der Magdeburger Hütte,** 4 Std. Über die Stubenscharte und die Magdeburger Scharte ostwärts auf den Hangenden Ferner, zum Gaißwandferner und empor zur Scharte.

● 342 **Von der Nürnberger Hütte,** 2 Std. Von der Hütte gegen S am Steig zum Grüblferner und gegen SW hinauf zur Scharte.

● 343 **Vom Becherhaus,** 1½ Std. Vom Haus im Bogen ohne Höhenverlust zur Freigerscharte (R 330). Jenseits ein Stück hinunter auf den Grüblferner und gleich wieder rechts haltend empor zur Rotgratscharte.

● 344 **Enges Türl,** 2848 m

Westl. Scharte im Kamm Hohe Wand — Westl. Feuerstein. Wenig empfehlenswert.

● 345 **Von der Nürnberger Hütte,** 2½—3 Std. Von der Hütte am Steig zum Grüblferner, und weiter wie bei R 347. Bei der Felsrippe hält man sich am östl. Ferner, sodann nahe der Rippe zur engen dreieckigen Scharte über den steilen Eishang empor.

● 346 **Weites Türl,** 2840 m

Östl. Scharte im Kamm Hohe Wand — Westl. Feuerstein. Nur sehr geübten Bergsteigern zu empfehlen.

● 347 **Von der Nürnberger Hütte,** 2½—3 Std. Von der Hütte am Steig gegen S zum Grüblferner. Über die flache westl. Zunge gegen SO empor gegen die Felsrippe, die von der Hohen Wand nördl. herabzieht. Über die Rippe zum östl. Ferner und gegen SO über die steile Eisflanke hinauf zur Scharte.

● 348 **Von der Teplitzer Hütte,** 1 Std. Gegen N über den Hangenden Ferner (Spalten), nicht sehr steil ansteigend, zuletzt über eine unschwierige Felsstufe zur Scharte.

● 349 **Nürnberger Scharte,** 2914 m

Scharte im SO-Grat des Aperen Feuersteins, dort wo im steileren Grat die Verflachung ansetzt, vergletschert.

● 350 **Von der Bremer Hütte,** 2¾ Std. Am bez. Steig zum Simmingjöchl und von dort gegen S zum Aperen Feuersteinferner und über diesen gegen S zur Scharte.

● 351 **Von der Nürnberger Hütte,** 2½ Std. Von der Hütte am bez. Steig zum Simmingjöchl bis über den Bach, der vom Grüblferner herabkommt, dann dem Bach entlang und über die östl. Moräne des Grüblferners aufsteigend, bis dort, wo die Moräne in steileren felsigen

Rücken übergeht. Hier nun östl. dieses Rückens in einem kleinen Tälchen empor, in dessen Hintergrund man sich gegen O wendet und steil über Schutt dem Bach entlang, zuletzt durch Schrofen über ein kleines Eisfeld gegen O zur Scharte aufsteigt. Kaum noch begangen.

● 352 **Simmingjöchl,** etwa 2730 m

Zwischen Aperem Feuerstein und Innerer Wetterspitze. Verbindungsweg Bremer Hütte — Nürnberger Hütte.

● 353 **Von der Bremer Hütte,** 1—1¼ Std. Am bez. Weg oberhalb des Simmingferners talein, zuletzt in Kehren gegen W zur Scharte empor.

● 354 **Von der Nürnberger Hütte,** 2 Std. Am bez. Steig über große Gletscherschliffe südwärts ansteigen, nach 10 Min. ostw. (Tafel) über Platten hinab zum Abfluß des Grüblferners, jenseits über Rasen und durch Schrofen (Drahtseilsicherung) hinein in ein Felskar (Oberes Grübl) unterhalb der Wetterspitze. Nun gegen S in Kehren steil empor zum Joch. Im Winter nicht benützbar.

● 355 **Höhenweg Innsbrucker Hütte — Bremer Hütte**

Gesamtzeit 7 Std., landschaftlich großartig, ist in gutem Zustand. Zurechtfinden bei Schnee und Schlechtwetter schwierig. Benützung auf eigene Gefahr.

Von der Hütte in südwestl. Richtung anfangs eben, dann leicht ansteigend zum Bergsee, von dem die Hütte ihr Wasser erhält. Sodann weiter südwestwärts hinauf zu einer Einsattelung im Zündlergrat (Alfeirkamm), großer Steinmann. Von hier fast ohne Höhenverlust durch die weiten Kessel der Glättealm, bis unter die Abstürze der Kl. Glättespitze. Von hier steil empor auf die **Bramarspitze,** 2521 m (etwa 2½ Std. bis hierher). Nun durch die steile, grasdurchsetzte W-Flanke abwärts in den weiten Kessel der Traualm, der wiederum fast eben durchquert wird. Aus dem westl. Kessel führen Steigspuren empor auf den NO-Grat der Äußeren Wetterspitze, welcher den Kessel im W umschließt. Der Übergang benützt das Joch unter der Hohen Schoaßen, etwas unterhalb des felsigen Gratfußes. Von hier steiler Abstieg, teilweise Seilsicherungen, durch die sog. „Ochsenschröfen" auf die Weideböden der Simming-Alm. 200 Höhenmeter über dem Becken des Simmingsees führt der Weg nun im Bogen durch den Almkessel, zum Schluß ansteigend zur Bremer Hütte auf dem Mittereck, 2393 m.

(Eine andere Möglichkeit ist der Abstieg von der „Ochsenschröfen" bis zum Simmingsee, wo man auf den Hüttenweg Gschnitz — Bremer Hütte trifft.)

Pflerscher Niederjoch, 3065 m

Zwischen Schneespitz und Pflerscher Hochjoch, vergletschert.

● **356 Von der Bremer Hütte,** 4 Std. Von der Hütte zum Simmingjöchl, hinauf zur Nürnberger Scharte und nun entweder dem Grat folgend zum Pflerscher Hochjoch, oder über den O-Grat absteigend zum Niederjoch. Siehe Pflerscher Hochjoch.

● **357 Von der Nürnberger Hütte,** 3½ Std. Aufstieg zum Hochjoch und Abstieg zum Niederjoch.

● **358 Von der Magdeburger Hütte,** 3½ Std. Von der Hütte am Steig Nr. 6 zum Stubenferner, hinüber auf den Feuersteinferner (P. 2854) und über eine steile Eisrinne hinauf.

● **359 Von der Teplitzer bzw. Grohmannhütte,** 2 bzw. 3 Std. Von der Hütte zur Magdeburger Scharte, auf den Feuersteinferner, etwas gegen NO absteigend bis unter die Eisrinne, durch welche man das Niederjoch ersteigt.

● 360 Magdeburger Scharte, 3105 m

Zwischen Westl. Feuerstein und Agglspitze, vergletschert.

● **361 Von der Magdeburger Hütte,** 3—4 Std. Am bez. Steig Nr. 6 zum Stubenferner. Über diesen an seinem felsigen Südrand aufwärts. Bei einem kleinen Steinmann wendet man sich südwärts (die Einschartung wird auch „Südl. Stubenscharte“ genannt) und erreicht fast ohne Höhenverlust P. 2854 im Südostgrat des Schneespitz (Steigspuren).

Der Steig geht nun über in ein ziemlich ausgesetztes und brüchiges Felsband (halbverschlissene Drahtseile), das bei Neuschnee oder Vereisung Vorsicht erfordert. Nachher geht es über in Schnee und Schutt, fast eben etwa 30 m über den Ferner, bis es wieder ein Felsband wird, das schließlich an einer Abseilstelle endet. Fester Haken vorhanden. 40-m-Seil erforderlich. Die Randkluft kann man überspringen.

Von der Magdeburger Scharte kommend, ist diese Abseilstelle wahrscheinlich nur schwer zu finden, da die Stelle keine Markierung aufweist. Die Abseilstelle befindet sich da, wo auf der Alpenvereinskarte 1:25000, Blatt Hochstubai, die gestrichelte Linie der Route vom Fels auf den Feuersteinferner übergeht, in einer Höhe von etwa 2890 m. Sie dürfte etwa 16 m hoch sein. Nun über den Feuersteinferner querend, zuletzt hinauf zur Scharte.

● 362 **Von der Teplitzer (Feuerstein-) bzw. Grohmannhütte,** 1 bzw. 2 Std. Gegen N empor auf den spaltenärmeren Teil der Zunge des Hangenden Ferners, vor der großen Spaltenzone gegen NO über die Felsen hinauf zum darüber liegenden flachen Teil des Ferners und gegen ONO mäßig steil zur Scharte.

● 363 **Agglsjoch,** 2836 m

Ein kaum begangener Übergang aus dem Pflerschtal ins hinterste Ridnauntal.

Vom Pflerschtal kann man am Weg bis unter die Magdeburger Hütte, dann gegen W ab zum Feuersteinferner, über diesen unschwierig zum Joch zwischen Rochollspitze und Zwerchwand ansteigen. Von S her nimmt man den Weg von der oberen Agglsalm (siehe Müllerhütte) nördl. zum Pfurnsee und steigt von dessen N-Ende über Geröll und Schrofen, zuletzt über steilen Schutt hinauf zum Joch.

● 364 **Pflersch — Ridnaun**

Von Pflersch gegen SW dem Allrissenbach entlang am Steig aufwärts zum Sattel zwischen Maurerspitze und Wetterspitze. Jenseits zuerst gegen SW, später gegen SO hinab nach Ridnaun, 5½—6 Std.

● 365 **Magdeburger Hütte — Tribulaunhaus am Sandessee (ital.)**

Steig Nr. 7, 4—5 Std. Von der Hütte etwa 100 m absteigen, dann unterhalb des SW-Grates der Schafkampspitze durch in Kehren hinauf zum Schneesumpf, über diesen gegen den S-Grat der Weißwandspitze und an der Flanke empor, bis man etwa 100 m unter dem Gipfel auf einem großen Band in der SO-Wand gegen O quert. Weiter nun auf dem Weg gegen den Hohen Zahn. Etwas unterhalb des Gipfels durch und gegen den Pflerscher Pinggl. Durch den Geröllkessel unter dem Pflerscher Pinggl und dem Goldkappl steigt man hinab zur Hütte am Sandessee.

● 366 **Sandesjöchl,** 2603 m

Zwischen Pflerscher Pinggl und Goldkappl, auch Pflerscher Scharte genannt. (Sandesjoch, 2821 m, siehe R 831.)

● 367 **Von der Österr. Tribulaunhütte,** 2 Std. Am steilen Steig über Schutt zum Joch empor.

● 368 **Vom Tribulaunhaus am Sandessee,** 1¼ Std. Über Muliweg in Kehren zum Joch.

● 369 **Schneetalscharte,** 2645 m

Zwischen Gschnitzer Tribulaun und Schwarzer Wand.

● 370 **Von der österr. Tribulaunhütte,** 2 Std. Im Sandestal auf dem Steig zum Gsträunjöchl gegen SO empor, dann rechtshaltend über Schutt und Schnee zur Scharte.

● 371 **Von Innerpflersch,** 3½ Std. Vom Weiler Boden am Steig gegen N durch den Koggraben zur Selwandalm und weiter über Schuttreisen zur Scharte.

● 372 **Gsträunjöchl,** 2521 m

Zwischen Eisenspitze und Kreuzjöchl.

● 373 **Von Obernberg,** 4 Std. Auf der Fahrstraße bis zu den letzten Häusern, dann auf bez. Weg gegen W talein, bei einer Kapelle vorbei und in vielen Kehren aufwärts in die Wildgrube; hinauf gegen die Felsen des Kreuzjöchl-S-Grates und unter diesen gegen S querend hinüber zum Joch.

● 374 **Von der Tribulaunhütte** (österr.), 1½ Std. Von der Hütte führt der Weg in Kehren empor und zieht zuletzt nordostw. zum Joch.

● 375 **Eggerjoch,** 2159 m

Zwischen Eggersteller und Leitnersteller.

● 376 **Von Trins,** 4 Std. Gegen S über die Brücke und am Steig an einigen Heuhütten vorbei etwa 50—60 m über dem Talboden, dann gegen SW in gleicher Höhe auf einen Weg, der zur Brücke über den Faltsämbach führt. An seinem östl. Ufer entlang, zuletzt gegen O empor zum Joch.

● 377 **Von Vinaders** im Obernbergtal, 3½ St. Auf dem Fahrweg nach Nößlach bis zum Höllenhof. Nun gegen W über Wiesenhänge und durch Wald, zuletzt über flache Weiden zum Joch.

● 378 **Obernberg — Mutenjoch — Gschnitztal**

Vom Whs. Spör etwa 1 km auf der Straße, und dann auf bez. Weg in Kehren gegen NW duch Wald empor bis auf die freien Almböden.

Nun gegen W steil hinauf zum Mutenjoch (etwa 2400 m). Jenseits gegen N in Kehren hinab, um einen Felsabbruch westl. herum in die Roßgrube und nördl. am Hang des Mortoartales hinab zu einer Weggabelung.

Entweder nun auf der linken Talseite zuerst nördl., später im Bogen gegen W umbiegend nach Gschnitz, 3½—4 Std., oder auf der rechten Talseite zuerst nördl. zum Talausgang und auf der rechten Seite des Gschnitztales talaus nach Trins, 5—5½ Std.

● 379 **Portjöchl,** 2111 m

Zwischen Pfeiferspitz und Geierkragen. AV-Karte Brennergebiet: Bartjöchl.

● **380 Von Obernberg,** 2½ Std. Auf der Fahrstraße zum Obernberger See, zur Seealm talein und gegen S in Kehren empor in die Bartiße. Nun gegen SW empor zum Portjöchl.

● **381 Von Süden** führen zahlreiche auf ital. Seite angelegte Militärstraßen und Wege zu den Grenzbefestigungen in der Nähe des Joches.

● 382 **Sandjöchl,** 2158 m

Zwischen Geierkragen und Hohem Lorenzenberg, im Hauptkamm.

● **383 Von Obernberg,** 2½ Std. Der Straße nach talein und am Fahrweg zum Whs. am Obernberger See. Nun am See (O-Seite) entlang bis zu seiner Einschnürungsstelle. Nun biegt der Steig nach SO ab und führt an einer Reihe von Heustadeln ansteigend vorbei und zuletzt durch einen mäßig steilen Graben hinauf zum Joch.

● **384 Die Südseite** wird in diesem Gebiet von vielen militärisch ausgebauten Weganlagen und Steigen durchzogen, die die italienischen Grenzschutzstellungen untereinander verbinden und vom Tal heraufführen.

● 385 **Fraderjoch,** 2140 m

Zwischen Kreuzjoch und Kuhberg.

● **386 Von Obernberg,** 3 Std. Am Weg über den Bach südl. dem Fraderbach entlang über die Moarer Alm zur Fraderalm und dem Tal nach, zuletzt in großen Kehren zum Joch.

● **387 Von Süden** erreicht man das Joch am besten von der Straße, die an den S-Hängen des Höhenzuges entlangführt (Militärstraße).

● 388 **Zwölfernieder** 2335 m

Zwischen Elfer und Zwölfer.

● 389 **Von Neustift,** 3½ Std. Vom Dorf über den Bach und beim Autenhof (Wegtafel), durch Hochwald zur Autenalm (1600 m). Weiter auf gut bez. Steig hinauf ins Autengrübl. Nun weiter am Steig in Kehren unter den Wänden hinauf zur Nieder.

● 390 **Von der Pinnisalm,** 2 Std. Über sehr steile Hänge empor zum Grätzngrübl bis gegen eine Almhütte und am bez. Steiglein in die tiefste Mulde und hinauf zum Übergang zwischen Zwölfer- und Elferspitze.

● 391 **Pinnisjoch,** 2369 m, siehe Innsbrucker Hütte (R 183).

● 392 **Innere Glättenieder,** 2805 m

Zwischen Großer Glättespitze und Glücksgrat (bester Übergang vom Unterbergtal ins Gebiet der Innsbrucker Hütte).

● 393 **Von der Innsbrucker Hütte,** 3½—4 Std. Von der Innsbrucker Hütte am Weg zur Bremer Hütte bis in die „Beil", südl. der Glättespitzen. Nun weglos durch die Grube gegen NW zuletzt steil hinauf zur Scharte. Auch von der Laponnesalm kann man hierher über die Traulalpe ansteigen.

● 394 **Von der Mischbachalm,** 3½ Std. Von der Alm wendet man sich weglos südw., dann südostw. in die innere Mischbachgrube, steigt in ihrem Schutt und Geröll empor zuletzt über den spärlichen Rest des inneren Mischbachferners und unschwierig hinauf zum Grat.

● 395 **Trauljoch,** 2788 m

Übergangsmöglichkeit zwischen Äußerer Wetterspitze und südl. Rötenspitze (nur für Geübte).

● 396 **Von der Bremer Hütte,** 1½—2 Std. Am Steig zur Innsbrucker Hütte bis ins Plattental und weglos westl. empor zum Joch.

● 397 **Von der Hohen Grubalm,** 2 Std. Von der Alm, welche man auf schlechtem Steiglein von Ranalt her erreicht, gegen O über Weidehänge empor, zuletzt über gestuften Fels ohne besondere Schwierigkeiten steil zum Joch.

● 398 **Lauterseejoch,** 2778 m

Zwischen Innerer und Äußerer Wetterspitze, kommt als Übergang nur in seltenen Fällen für Geübte in Betracht.

● **399 Von der Bremer Hütte** nördl. über den plattigen Rücken (Sicherungen) hinab und gegen NW ansteigend zum Lauterer See, von dem man stets gegen W die Höhe des Joches, zum Schluß mäßig schwierig, II, erreichen kann.

● **400 Von Ranalt** führt ein Steiglein zur Hohen Grubalm, von der man weiter gegen SO über Schrofen und steindurchsetzte Hänge gegen die steilen Geröll- und Blockhalden quert. Über diese ansteigend erreicht man zuletzt durch eine steile Schuttzunge und über mächtiges Blockwerk die Scharte.

Zur Hohen Grubalm kann man auch von der Bsuchalm ansteigen.

● 401 **Hammerscharte,** 2529 m

Zwischen Hammerspitze und Wasenwand.

● **402 Vom Naturfreundehaus am Padasterjoch,** ¾—1 Std. Vom Haus gegen NW am bez. Steig über den Almboden in Kehren empor zur Scharte.

● **403 Vom Pinnistal,** 3—3½ Std. (von der Issenalm), bez., alte Sicherungen, jedoch Trittsicherheit erforderlich. Bei der Issenalm zweigt der bez. Weg ab, führt über den Bach steil ansteigend über Wiesen, später in vielen Kehren durch Latschenhänge in die Widdersgrube empor. Aus dieser leitet er (Rohrauer-Steig) steil gegen O zur Scharte empor.

● 404 **Serlesjöchl,** 2384 m

Zwischen Serles und Roter Wand.

● **405 Von Kampl,** 3½ Std., von **Fulpmes,** 4 Std. Bez. Von Kampl gegen O in vielen Kehren durch dichten Wald empor, hierher von Fulpmes über Medratz, auf dem Weg hinauf zur Wirtschaft Wildeben und weiter südostw. auf dem sehr steilen Weg zum Joch.

● **406 Von Maria Waldrast,** 2 Std. Am bez. Steig hinter dem Ghs. empor, die S-Hänge der Serles querend und westl. der Spitze durch die Serlesgrube empor zum Joch.

● 407 **Kalbenjoch oder Trinser Joch,** 2229 m

Zwischen der Kesselspitze und der Peilspitze liegt östl. der eigentlichen Kammlinie das Joch, das den Übergang über den gegen O ziehenden Seitengrat vermittelt. Am häufigsten wird es vom Padasterjochhaus her begangen (R 410).

● 408 **Von Maria Waldrast,** 2½ Std. Dort wo der Weg von Matrei zur Waldrast etwa 10 Min. unter Maria Waldrast eine scharfe Biegung nach N macht, zweigt der Weg ab, der an der Matreier Ochsenalm vorbei gegen SO durch eine Talmulde leitet. Über eine steilere Stufe gelangt man in die Matreier Grube und nun steiler ansteigend hinauf zum Joch. Bei lawinensicheren Verhältnissen schöne Skiabfahrt!

● 409 **Von Trins im Gschnitztal,** 3 Std. Ein sehr wenig empfehlenswerter Steig führt entlang dem Valschwerner Bach als Abzweigung des Weges zum Padasterjochhaus hinauf zur Hutzalm, und weiter zum Joch.

● 410 Padasterjochhaus — Wasenwand — Roter Kopf — Kesselspitze — Kalbenjoch — Waldrast

Vom Padasterjochhaus führt der bez. Steig zuerst gegen NW gegen die Wasenwand empor, umgeht diese nordöstl. und leitet nördl. davon am Hauptgrat über den Roten Kopf und mit geringen Abweichungen weiter zum Gipfel der Kesselspitze, am NO-Grat weiter bis zu einer Schulter und von dieser in Kehren steil gegen O hinab, um fast eben zum Kalbenjoch hinüberzuleiten, von dem man in die Matreier Grube und talaus weiter hinunter zum Fahrweg gelangt, den man kurz unter Maria Waldrast erreicht. 3—3½ Std.

● 411 Mutterberger Joch, 3012 m

Zwischen Nördl. Daunkogel und Mutterberger Seespitze. Niedrigster Übergang vom Sulztal ins Stubaital.

● 412 **Von der Mutterberg-Alm,** 4 Std. Von der Alm gegen W hinauf zum verfallenen Hochleger und dem Bach entlang in die Glamergrube. Nun weiter gegen W über Blockwerk zur Scharte.

● 413 **Von der Dresdner Hütte,** 4 Std. Am bez. Steig über den Egesengrat (Weg zur Regensburger Hütte) hinab in die Wilde Grube, gegen NW über den Bach und jenseits in die Glamergrube. Weiter wie bei R 412 zum Joch.

● 414 **Von der Amberger Hütte,** 3 Std. Talein auf dem zum Daunjoch führenden Weg und auf die westl. Moräne des Sulztalferners; wo man den Ferner betritt, quert man gegen O in Richtung auf den Nördl. Daunkogel. Man steigt über Schutt und Geröll zuerst steil, dann flacher und zuletzt wieder steil in den Karwinkel westl. des Joches auf, von wo man unschwierig die Höhe des Joches erreicht.

● 415 Hölltalscharte, 3173 m

Zwischen Ruderhofspitze und Östl. Schwarzenbergspitze. 1. Übergang J. A. Specht, 1863.

● 416 Von der Franz-Senn-Hütte, 4 Std. Von der Hütte am bez. Steig talein und auf die westl. Seitenmoräne des Alpeiner Ferners. Bis zu ihrem Ende und weiter in südl. Richtung zum Ferner. Auf diesem gegen SW im Aufstieg rechts vom 2. Bruch empor zur oberen Firnfläche. Nun gegen SO haltend auf die östlichste der drei Scharten im O-Grat des Schwarzenbergs. Diese Scharte ist durch einen großen roten Farbfleck gekennzeichnet.

● 417 Von der Dresdner Hütte, 5 Std. Auf dem Weg zur Regensburger Hütte (Grawagrubennieder) bis in die Hohe Grube. Nun um den SO-Grat der Hölltalspitze herum und in Kehren steil empor in das trümmererfüllte Kar unter dem Hölltalferner. Durch dieses gegen N gegen die Scharte empor. Durch die steile Flanke auf versichertem Steig (Drahtseil) hinauf zur Scharte (Steinschlag!).

● 418 Grawagrubennieder, 2880 m

Zwischen Grawawand und Nockwand, wichtigster Übergang im Verbindungsweg Dresdner Hütte — Regensburger Hütte.

● 419 Von der Regensburger Hütte, 2 Std. Von der Hütte gegen SW am bez. Steig zuerst am Talboden, später in Kehren hinauf auf die orographisch linke Seitenmoräne des Hochmoosferners (rechts unten Falbesoner See). Nun wendet man sich südl. zur schuttbedeckten Zunge des Ferners, quert diese und ersteigt gegen SW über Eis, dann über Schutt und Geröll die Nieder.

● 420 Von der Dresdner Hütte, 5 Std. Von der Hütte am bez. Weg zum Sattel westl. des Egesengrates. Nördl. steil hinab in die Wilde Grube und an steilen Hängen nördl. querend in die Glamergrube (Abzweigung Mutterberger Joch). Weiter die Hänge gegen NO querend in die Hohe Grube (Abzweigung Hölltalscharte). Nun empor zum SO-Grat der Schafnock und knapp unterhalb der Schrofen gegen NO ansteigend in ein Schuttkar, welches in östl. Richtung gequert wird. Der Weg übersteigt nun den felsigen Trennungskamm zwischen Ruderhofkar und Schafgrübl und leitet in den nördl. Teil des Schafgrübls; weiter gegen O in einen Sattel zwischen Gams- und Schafspitz. In Kehren etwas absteigend unter den steilen Felsen der SO-Flanke der Gamsspitze durch über einen Schrofenvorbau, einen Hang querend und nordwestl. über einen schrofigen Abbruch in ein blockerfülltes Kar und nördl. über dieses zur Grawagrubennieder.

● **421** **Hochmoosscharte,** 3231 m

Zwischen Westl. Seespitze und Ruderhofspitze.

● **422** **Von der Regensburger Hütte,** 3½—4 Std. Von der Hütte am bez. Steig zum Beginn des Hochmoosferners und auf die linke Seitenmoräne. Nun hält man sich gegen SW gegen den Felskopf 2755 empor und erreicht nördl. von diesem den Ferner, der stets in der Nähe der von der Östl. Seespitze herabziehenden steilen Felshänge begangen wird (Spalten). Vom oberen flachen Gletscherbecken steigt man gegen SW zur Scharte hinauf.

● **423** **Von der Franz-Senn-Hütte,** 4½—5 Std. Von der Hütte wie zur Hölltalscharte (416) auf den zweiten flachen Fernerboden des Alpeiner Ferners. Am Fuß der südl. Wildgratspitze südl. oberhalb des großen Alpeiner Bruches gegen O in die Firnmulde unter der Scharte. Von da zuerst steil über Eis, später über steile Schutthänge hinauf zur Scharte (Steinschlag!).

● **424** **Schrimmennieder,** 2706 m

Zwischen Baßlerjoch und Schrimmenkopf. Unschwieriger Übergang zwischen Franz-Senn- und Regensburger Hütte.

● **425** **Von der Franz-Senn-Hütte,** bez., 2½—3 Std. Von der Hütte 200 m ostwärts an den Abhang des Gschwezgrates. Man überschreitet den kleinen Bach. Nun zuerst auf Steigspuren im Bogen nach O um den breiten Felsfuß des Gschwezgrates herum und ins Kuhgschwez, das gegen O durchschritten wird. Dort steiler empor in die Platzengrube und über Blockhalden nach S empor zur Nieder.

● **426** **Von der Regensburger Hütte,** bez., 2 Std. Von der Hütte gegen NO fast eben über die Windtratten zum Fuß des Summerwandls. Nun nordwärts empor in ein Blockkar und zuletzt steil in Kehren zur Nieder.

● **427** **Schwarzenbergjoch,** 3104 m

Zwischen Südl. Wildgratspitze und Westl. Schwarzenbergspitze.

● **428** **Von der Franz-Senn-Hütte,** 3½—4 Std. Wie am Weg zur Hölltalscharte (R 416) bis auf die weite obere Firnfläche des Alpeiner Ferners am Fuß des O-Grates der Südl. Wildgratspitze, an diesem vorbei südl. zur unschwierig ersteigbaren Scharte.

● **429 Von der Amberger Hütte,** 3½—4 Std. Von der Hütte über den Bach und am orographisch rechten Ufer talein, die Hänge aufwärts querend gegen O. Auf der rechten Seitenmoräne des Schwarzenbergferners zum Fuß des Schrankogel-O-Grates. Nun östl. über den Schwarzenbergferner querend zum Beginn der steilen Flanke, die über Schutt zum Joch hinaufleitet.

● **430** **Wildgratscharte,** 3168 m

Zwischen Nördl. und Südl. Wildgratspitze.

● **431 Von der Franz-Senn-Hütte,** 3½ Std. Am bez. Steig zur Hölltalscharte bis zum oberen Fernerboden (R 416). Nun mäßig steil über Eis, zuletzt über glatt geschliffene Felsen zur Scharte.

● **432 Von der Amberger Hütte,** 3½ Std. Von der Hütte am Weg zum Schwarzenbergjoch (R 429) bis zum Fuß des Schrankogel-O-Grates. Nun erst nördl., über den Schwarzenbergferner (Spalten), dann gegen O zur Scharte (Randkluft), zuletzt über Schutt auf diese hinauf.

● **433** **Brunnenkogelscharte,** 3212 m

Zwischen Wildem Hinterbergl und Hinterem Brunnenkogel.

● **434 Von der Franz-Senn-Hütte,** 3½ Std., vom Rinnennieder 1½ Std. Von der Hütte auf die Innere Rinnennieder (R 438) und hinab auf den Lisenser Ferner; auf dem flachen Gletscher bis in dessen südwestlichsten Winkel und hinauf zur Scharte, zu welcher man links von kleinem Türmchen im Grat ansteigt.

● **435 Vom Westfalenhaus,** 4 Std.; vom Längentaler Joch 1 Std. Von der Hütte zum Längentaler Joch (R 501). Nun gegen SO hinab auf den nördl. Schrankarferner und gegen O über steile Schneerinnen und brüchige Felsabsätze (gefährliches Gelände!) hinauf zur Scharte.

● **436** **Brunnenkogelrinnen**

Siehe Brunnenkögel R 1081—1084.

● **437** **Berglasübergang,** 3015 m

Zwischen Berglasspitze und Vorderem Hinterbergl.

Dieser Übergang stellt eine gelegentlich sehr schwierige Eisfahrt dar. Von der Franz-Senn-Hütte 4 Std. Am bez. Steig talein gegen die Zunge des Alpeiner Ferners, bis der Weg an der Moräne anzusteigen beginnt.

Nun gegen W über begrünte alte Moränen hinauf zum Berglastal und steil empor gegen den kleinen Hängeferner, der nördl. vom Aperen Hinterbergl überhängt und eine kleine Seitenzunge des Lisenser Ferners darstellt. Der stets in Veränderung begriffene Anstieg über den sehr steilen und zerklüfteten Eisbruch wird am besten am nördl. Rand genommen.

● 438 **Innere Rinnennieder,** 2902 m

Zugang zum Lisenser Ferner und Übergang zum Westfalenhaus (Brunnenkogelrinnen). Von der Franz-Senn-Hütte wie in R 439 empor zur Wegteilung in der Blechnerschlucht. Weiter auf bez. Steig in westsüdwestl. Richtung in die innere Rinnengrube, vorbei am See, zuletzt steil zum Joch (Stange) empor, von dem man den Lisenser Ferner kurz absteigend erreicht.

● 439 **Horntaler Joch,** 2819 m

Zwischen Hoher Villerspitze und Schafgrübler. Kürzester Übergang von der Franz-Senn-Hütte nach Lisens. Im Jochgebiet Vorkommen von Granat.

● **440 Von der Franz-Senn-Hütte,** 2 Std. An der Südseite der Hütte über eine Brücke (Schlucht des Alpeiner Baches). An der or. linken Talseite wendet man sich sofort rechts (nordw.) und folgt dem Steig, der über steile Grashänge emporführt, zuletzt um ein Eck in die kleine Blechnerschlucht.

Man folgt dem rechts (nordwestlich) fast eben durch die Steilwiesen hinziehenden Höhenweg zur A.-Pichler-Hütte und gelangt nach etwa 700 m zu einer Wegteilung. Hier nun links vom Höhenweg ab und in kleinen Kehren steil hinauf durch die Karmulde unter dem kleinen Horntaler Joch auf den begrünten Kamm, der vom Schafgrübler nach O streicht. Nun westwärts eben hinein in den obersten Teil der Viller Grube und durch eine kleine Schutthalde hinauf zum Horntaler Joch. Jenseits über steilen Schutt, durch das Horntal und hinab nach Lisens (2 Std.).

● **441 Von Lisens,** 3 Std. An der östl. Tallehne einige Min. talein, dann steil nach O am Steiglein empor und hinauf zur Spielgrube. Nun gegen S die steilen Hänge querend ins große Horntal, durch das man gegen SO ansteigend zuletzt in Kehren über steilen Schutt die Jochhöhe erreicht.

● **442** **Wildkopfscharte,** 2585 m

Zwischen Wildkopf und Hoher Schöne.

● **443 Von der Potsdamer Hütte,** 2½ Std. Hinab zur Seealm, über den Bach und am rechten Bachufer talein, dann auf schlechtem Steig in Kehren gegen S empor zur Scharte.

● **444 Von der Franz-Senn-Hütte,** 2½ Std. Von der Hütte auf dem Verbindungsweg zur Adolf-Pichler-Hütte (R 528) bis zur Sedugg-Hochalm. Nun nordwestl. am Steig zur Scharte.

● **445** **Hochgrafljoch,** 2695 m

Zwischen Lisenser Villerspitze und Hoher Röte.

● **446 Von der Potsdamer Hütte,** 2½—3 Std. Am Steig erst eben, dann leicht steigend die Hänge der nordwestl. Talseite querend zum Inneren Bremstall. Durch diesen zuletzt in Kehren hinauf zum Joch.

● **447 Von Lisens,** 3—3½ Std. Zunächst wie am Weg zum Horntaler Joch bis in die Spielgruben. Östl. in Serpentinen empor bis an den Fuß der Wände, die vom Ausläufer des N-Grates der Lisenser Villerspitze herabziehen. Diesen entlang nach N zur Schönlisensalm. Kurz davor zweigt ein Steig ins Schönlisenstal ab, dem man gegen SO bis auf das Joch folgt.

● **448** **Sendersjöchl,** 2512 m

Siehe Verbindungsweg Adolf-Pichler-Hütte — Franz-Senn-Hütte (R 528).

● **449** **Seejöchl,**2525 m

Zwischen Schlicker Seespitze und Gamskogel.

● **450 Von der Starkenburger Hütte,** 1½ Std. Von der Hütte am bez. Weg gegen NW über steile Rasenhänge, ein schmales Tal überquerend, um eine Ecke und hoch über dem Oberbergtal hinein zum Oberberger See. Oberhalb davon gegen N ansteigend zum Jöchl.

● **451 Von der Adolf-Pichler-Hütte,** 2 Std. Von der Hütte am bez. Steig über wellige Weideböden sanft ansteigend auf einen begrünten niedrigen Moränenkamm. Diesem folgend bis in die von der Schlicker Seespitze hinabziehenden Geröllreisen, welche südl. überquert werden, worauf man direkt zum Joch ansteigt.

● 452 **Mittertalscharte,** 2630 m

Zwischen Wörglgratspitze und Manningkogel.

● 453 **Von der Dortmunder Hütte,** 2½ Std. Am bez. Steig hinab durch Zirbenwald zur Mündung des Mittertales. Nun im Tal empor zu einem kleinen See und westl. in Kehren über Schutt hinauf zur Scharte.

● 454 **Von der Bielefelder Hütte über das Wetterkreuz,** 3½—4 Std. nach Kühthai (Theodor-Streich-Weg).

Von der Hütte auf bez. Weg nordostwärts empor auf das Wetterkreuz. Von hier auf dem neuerbauten Theodor-Streich-Weg, das Kl. Windegg westseitig und das Große Windegg ostseitig umgehend, in die Scharte 2603 m am Fuß der Wörglgratspitze. Durch die W-Flanke dieses Berges führt der Weg leicht in die Mittertaler Scharte, 2630 m. Von hier aus steil ins obere Mittertal hinab; durch dieses abwärts, über die Brücke auf die Straße und aufwärts nach Kühthai.

Der alte Weg vom Platz der Alten Bielefelder Hütte zur Mittertaler Scharte wird aufgelassen.

● 455 **Niederreichscharte,** 2728 m

Zwischen Hochbrunnachkogel und Hochreichkopf.

● 456 **Von der Dortmunder Hütte,** 3½ Std. Von der Hütte südl. ins Längental und talein bis zur Talbiegung, dann an der rechten Talseite bis in den westl. Winkel, wo man gegen SW um biegt und über Schutt die Scharte erreicht.

● 457 **Von der Bielefelder Hütte,** 2½ Std. (siehe R 462).

● 458 **Von Umhausen, 4½ Std.,**bez. von Reichalm bis zur Hohen Warte. Auf der alten Straße an der rechten Talseite talab zum Weiler Östen. Am Steig nördl. empor nach Farst. Am guten Almweg weiter zur Reichalm und auf dem Rücken nördl. zur Niederen Warte. Dem Grat nach zur Hohen Warte und am Steig südl. zur Scharte.

● 459 **Hochreichscharte,** 2912 m

Zwischen Hochreichkopf und Hoher Wasserfalle.

● 460 **Von der Guben-Schweinfurter Hütte,** 3 Std. Von der Hütte westnordwestw. über die steilen Hänge ansteigend, quert man hinein in das kleine Horlacher Steinkar. Man durchschreitet es gegen W und steigt zum kleinen Steinkarferner empor, weiter an seinem nördl. Rand hinauf und zuletzt in kurzen Kehren über Fels zur Scharte.

● 461 Von der Bielefelder Hütte, 3½ Std. (siehe R 462).

● 462 Bielefelder Hütte — Guben-Schweinfurter Hütte

Gesamtzeit 6—7 Std. Bergerfahrung notwendig.

Von der Neuen Bielefelder Hütte auf dem Weg zum Wetterkreuz empor. Bei der am Wege liegenden zweiten Brunnenstube teilt sich der Weg. Links zum Wetterkreuz, rechts zum Standpunkt der alten Bielefelder Hütte, wo der Oltrogge-Weg beginnt, 1 Std. In einer weiteren Stunde auf bez. AV-Steig auf den westl. Hängen des Acherkogels auf die Achplatte. Weiter, das Acherkar querend, steil hinauf zur Hohen Warte, 2 Std., von dieser mäßig steil die W-Flanke des Ötztaler Hochbrunnachkogels querend in die Niederreichscharte, 1 Std. Hier behält man den N-Grat unterhalb des Hochreichkopfes bei, die oberste Spitze westseitig umgehend, und gelangt in die Hochreichscharte, 1½ Std. Von hier aus auf bez. Steig abwärts (die Horlacher Finstertaler Alm bleibt am orogr. rechten Ufer des Baches liegen) zur Guben-Schweinfurter Hütte, die schon von der Scharte sichtbar ist, 1 Std.

● 463 Längentaler Scharte, 2654 m

Zwischen Plattkogel und Hochreichkopf.

● 464 Von der Dortmunder Hütte, 3 Std. Von der Hütte gegen S ins Längental bis zur Talbiegung (wie zur Niederreichscharte). Nun südl. einer Felsstufe etwas gegen O ausweichend in ein Hochkar mit einem kleinen See und weiter gegen S über Schrofen empor zur Scharte.

● 465 Von der Guben-Schweinfurter Hütte, 2 Std. Von der Hütte am Weg wie zur Hochreichscharte, bis dieser in die Schuttreise des kleinen Horlacher Steinkares mündet. Nun nordwestl. eines flachen Rückens über Schutt empor zur Scharte.

● 466 Finstertaler Scharte, 2719 m

Zwischen Schartenkopf und Kraspesspitze. Verbindungsweg Dortmunder Hütte — Guben-Schweinfurter Hütte. Schneefelder beiderseits des Joches.

● 467 Von der Dortmunder Hütte, 2½ Std. Gegen SO zum Bach und am rechten Ufer des Finstertaler Baches gegen S in Kehren über eine Stufe empor und zum Vorderen Finstertaler See. Weiter am Hinteren See vorbei, steiler gegen S empor und östl. in eine Karmulde am Fuße der Kraspesspitze. Nun wieder gegen S umbiegend am W-Rand des

Kares empor zur Scharte. (Durch das Großprojekt Finstertaler Stausee — 1972 ff. — werden hier in absehbarer Zeit die Anstiege völlig verändert werden.)

● **468 Von der Guben-Schweinfurter Hütte,** 2½ Std. Gegen NO in die begrünte Mulde des weiten Kares und durch diese über Schutt zur Scharte.

● **469 Räuhenkarscharte,** 2648 m

Zwischen Räuhengrat und Haidenspitze. (In der AV-Karte steht die Namensbezeichnung zu weit nördl.)

Dient gelegentlich als Übergang von der Pforzheimer Hütte nach Haggen. Von Haggen kann man durch das Kraspestal ansteigen und gegen O die Scharte erreichen. Von der Pforzheimer Hütte steigt man durchs Gleirschtal ab und durch das Räuhenkar gegen NW auf die Scharte.

● **470 Gleirschjöchl,**2750 m

Breite Senke zwischen Gleirscher Roßkogel und Schartlkopf.

● **471 Von der Pforzheimer Hütte,** 1½ Std. Auf bez. Steig über wellige Almböden gegen W ins Roßkar und steiler in Kehren zum Joch empor.

● **472 Von der Guben-Schweinfurter Hütte,** 2 Std. Auf bez. Steig gegen SO ins Zwiselbachtal und die Hänge der rechten Talseite aufwärts querend, später östl. umbiegend in eine große Mulde und steil in Kehren empor zum Jöchl.

● **473 Roßkarscharte,** 3053 m

Zwischen Gleirscher Fernerkogel und Hinterer Grubenwand.

Derzeit ist diese Scharte als Übergang nicht anzuraten, auf keinen Fall aber sollte der Abstieg an der N-Seite gegen die Pforzheimer Hütte durchgeführt werden, da sich der Bergschrund durch seine stark überhöhte Oberlippe als fast unbegehbar erweist. Die Zischgenscharte ist vorzuziehen.

● **474 Zischgenscharte,** 2936 m

● **475 Von der Pforzheimer Hütte,** 3½ Std. Heute Übergang anstelle der früher benützten Roßkarscharte. Von der Hütte am bez. Steig talein, bis nach einem auffallenden Wasserfall des Gleirschbaches der Weg in ein Trümmerfeld von großen Blöcken leitet. Nun ostwärts am

Hang empor und steil gegen SW die Hänge querend über Blockwerk in die Mulde unter dem Zischgenferner. Hinauf zur Zunge und über den Ferner gegen die Scharten, die sich zwischen Schöntalspitze und Grubenwand bieten. Die Scharten werden getrennt von einem großen Felszacken (Block auf der Spitze). Über Eis zur rechten Scharte, 2936 m. Auch die linke Scharte ist über Geröll unschwierig zugänglich.

● **476 Vom Westfalenhaus,** 2 Std. Von der Hütte am bez. Steig gegen die Winnebachseehütte etwa 15 Min. empor, dann gegen W zur Münsterhöhe und nördl. empor in die Hohe Grube. Nun aufwärts durch das Kar gegen die zwei Scharten empor, die westl. der Schöntalspitze eingeschnitten sind. Die Rinne, die auf die linke Scharte leitet, wird mühsam über Schutt erstiegen (bez.). Auch die rechte Rinne ist begehbar und bietet eine Übergangsmöglichkeit.

● **477** **Satteljoch,** 2734 m

Zwischen Lampsenspitze und Sattelschröfen.

● **478 Von der Pforzheimer Hütte,** 2 Std. Von der Hütte am bez. Steig gegen SO an den Hängen absteigend über den Bach und zur hinteren Gleirschalm. Nun gegen SO über den Talboden und in Kehren hinauf ins Karl, durch welches man in Kehren ansteigend steil das Joch erreicht.

● **479 Von Praxmar,** 2 Std. Am bez. Steig etwa 10 Min. gegen W hinauf, am Waldrand ein kleines Stück gegen N querend und in Kehren empor zum Zirmkogel. Nun gegen W empor zum Schönbichl. Weiter gegen W ein Wegstück über Schrofen und zuletzt nicht sehr steil zum Joch.

● **500** **Längentaljoch,** 2991 m

Zwischen Längentaler Weißem Kogel und Hinterem Brunnenkogel , im N vergletschert.

● **501 Vom Westfalenhaus,** 2½—3 Std. Vom Haus am bez. Steig (Dr.-Siemons-Weg) an der orographisch linken Tallehne auf die Zunge des Ferners. Man hält sich hierauf möglichst am O-Rand des Ferners und erreicht in mäßiger Steigung das Joch. Nur bei guter Sicht und wenig Schnee zu empfehlen, da an der S-Seite des Längentaljoches die Markierungen bei Schnee nicht leicht zu finden sind. Der Abstiegsweg ins Tal beginnt nicht gleich am Joch; man geht erst ein Stück südostw. am Abbruch entlang, zuletzt nach links durch eine steile Rinne über Blockwerk ins Schrankar hinunter.

● 502 **Von der Amberger Hütte,** 2—3 Std. (im Anstieg wenig empfehlenswert). Von der Hütte erwa 15 Min. talaus bis zur Hinteren Sulztalalm. Etwa 200 m außerhalb der Hütten zweigt rechts ein Steig ab. In steilen Kehren über Almwiesen nordöstl. empor ins Schrankar, durch Blockwerk und Schutt empor zum Joch.

● **502 a Die Gaißlehnscharte,** 3054 m, kann man auch am Weg aus dem Schrankar zum Längentaljoch sehr mühsam, wenn auch ohne besondere Schwierigkeiten erreichen, indem man etwa dort, wo die Verflachung im Tal des Schrankares zu Ende geht, die schutterfüllte Mulde gegen W verfolgt und direkt hinauf zur Scharte ansteigt (sehr mühsam, von der Amberger Hütte 2½—3 Std.).

Übergang über die **Gaißlehnscharte,** 3054 m. Von der Winnebachseehütte zur Amberger Hütte. Gut bez., 4 Std.

Von der Hütte über Wiesen und Blockwerk zur Zunge des Bachfallenferners. Am rechten — im Sinne des Aufstiegs — Rand des Gletschers erst flach, dann über eine Steilstufe zum Steilaufschwung. Über Geröll zur Scharte, 2½ Std. Sehr steil über Geröll wieder abwärts ins Schrankar, wo der Weg von der Gaißlehnscharte in denjenigen einmündet, der vom Westfalenhaus über das Längentaljoch kommt. Steiler Abstieg ins Sulztal; der Weg ist in umgekehrter Richtung nicht empfehlenswert, da sehr beschwerlich.

● 503 **Winnebachjoch,** 2788 m

Zwischen Winnebacher Weißkogel und Am Zoachen (Seeblaskogel).

● **504 Vom Westfalenhaus,** 1½ Std. Vom Haus sanft gegen W ansteigend ins Ochsenkar und teilweise in Kehren und durch rutschiges Steilgelände empor zum breiten Sattel, zuletzt gelegentlich über Firn aufs Joch.

● **505 Von der Winnebachseehütte,** 1½ Std. Gegen N empor ins Winnebachkar bis zur Moräne des kleinen Winnebachferners und gegen NO an seinem Rand aufs Joch.

● 506 **Zwiselbachjoch,** 2870 m

Zwischen Larstigspitze und Zwiselbacher Weißkogel.

● **507 Von der Winnebachseehütte,** 2½ Std. Auf bez. Steig gegen NW ins Winnebachtal, in Kehren über eine Steilstufe und über Schutt zum Joch.

● **508** **Von der Guben-Schweinfurter Hütte,** 3½ Std. Auf bez. Steig südostw. am linken Bachufer talein über eine kleine Stufe zum westl. Rand des Zwiselbachferners und diesem entlang zum Joch.

● **509** **Larstigscharte,** 3032 m

Zwischen Larstigspitze und Strahlkogel.

● **510** **Von Niederthai,** 5—6 Std. Am Steig zur Gubener Hütte talein bis zum Larstighof, ein Stück weiter, bis der Steig dann steil durch Wald empor zur Mündung des Larstigtales führt. Nun an der östl. Talseite talein bis zur Zunge des Larstigferners, der durch einen Felsriegel in zwei Arme geteilt wird. Einfacher über den östl., etwas kürzer, aber steiler über den westl. Arm empor zur Scharte.

● **511** **Von der Winnebachseehütte,** 3 Std. Zum Zwiselbachjoch und über mäßig steilen Firn am S-Fuß der Larstigspitze entlang zur Scharte.

● **512** **Salchenscharte,** 2778 m

Zwischen Hörndlespitze und Breitem Grießkogel.

● **513** **Von Niederthai,** 3 Std. Von der Kirche talein zum Wald und gegen NO empor zum Eingang des Grasstaller Tales. Über den Bach und am östl. Bachufer empor bis zum Talgrund. Nun gegen SO an der Lehne ansteigend zum Grasstaller See, an diesem vorbei und im Hintergrund des Tales über geröllbedeckte Platten gegen SO zur Scharte.

● **514** **Von Gries im Sulztal,** 2½—3 Std. Bei den letzten Häusern am Weg nach Längenfeld gegen NW auf schlechten Steigen im Wald hinauf ins Salchenkar und gegen N zur Scharte.

● **515** **Silzer Jöchl**

● **516** **Von Silz,** 2½ Std. Am Schießstand vorbei gegen S zum Wald und durch diesen in großen Kehren empor zum Weiler Platteben. Am linken Ufer des vom Birchet herabkommenden Baches aufwärts und in Kehren auf die Höhe des Kammes (Bildstöckl).

● **517** **Von der Dortmunder Hütte,** 2 Std. Von Kühthai nordwestw. auf der Fahrstraße talaus über die Hemerwaldalm nach Mareil und Marlstein, von wo der Weg gegen NW an der Flanke des Needertales mäßig auf- und absteigend zur Höhe des breiten, bewaldeten und sumpfigen Sattels leitet.

● 518 **Kreuzjoch,** 2556 m

Zwischen Kreuzjochkogel und Mitterzaigerkopf.

● 519 **Von Haggen,** 3½ Std. Der Fahrstraße nach nordwestl. zur Zimbachalm. Kurz hinter dieser an der nördl. Tallehne am bez. Steig empor zu den Weiden der oberen Zirmbachalm und in Kehren gegen N ansteigend zur Wegteilung (Rietzer Grießkogel). Nun nordwestw. über steile Hänge, zuletzt in Kehren empor zum Joch.

● 520 **Von der Stamser Alm,** 2 Std. Von der Stams zuerst Führe 221, dann von der Alm gegen SO in den hintersten Talwinkel des Stamser Tales, dann gegen NO empor durch ein kleines steiles Tälchen zu einem kleinen See (Wurmetal). Beim See umbiegend gegen O und SO hinauf zum Joch.

● 521 **Peter-Anich-Hütte — Neuburger Hütte**

Von der Peter-Anich-Hütte östl. am Berghang absteigend zur Pfaffenhofener Alm und am Weg weiter gegen die Hütte, 1 Std.

● 522 **Flaurlinger Scharte,** 2400 m

Zwischen Schartenkopf und Metzen.

● 523 **Von der Flaurlinger Alm,** 2 Std. Von der Alm gegen SO am Steig dem Bach entlang zum Ruepeler Boden und gegen SW in Kehren über steile Weidehänge hinauf zur Scharte.

● 524 **Von der Neuburger Hütte,** 3 Std. Auf dem Steig am O-Hang des Hocheeders querend in die westl. Mulde des Flaurlinger Tales. Nun an der Berglehne weiter, bis man den Steig von der Flaurlinger Alm her erreicht, und wie bei R 523 zur Scharte.

● 525 **Von Haggen,** 2½ Std. Etwa 20 Min. der Fahrstraße nach Kühthai folgend, dann gegen N, später nordwestl. steil empor zum Schäferhüttl und nordwestl. weiter, zuletzt in Kehren gegen N zur Scharte.

● 526 **Inzinger Alm — Roßkogelhütte**

Von der Alm zuerst ein Stück talein, dann ostwärts ansteigend und nun etwas südl. in Kehren auf den Rand der Hochfläche und zur Krimpenbachalm. Weiter am breiten Weg von der Alm zur Roßkogelhütte. Man kann auch ohne zur Alm abzusteigen von dem Sattel über die weiten Böden des Rangger Köpfls gegen NO zur Hütte hinabsteigen. 1½—2 Std.

● 527 Potsdamer Hütte — Adolf-Pichler-Hütte

Von der Potsdamer Hütte hinab zur Seealm und gegen NO über die Hänge am Steig empor zum flachen Sattel zwischen Schafkogel und Schaflegerkogel (Kreuzjöchl). Jenseits gegen O in Kehren hinab zum Talboden und entweder gegen N talaus zur Kemater Alm und über diese zur Hütte ansteigend, oder zum Skispitzl weglos empor und hinab zur Hütte.

● 528 Adolf-Pichler-Hütte — Sendersjöchl — Franz-Senn-Hütte („Franz-Senn-Weg")

Von der Adolf-Pichler-Hütte auf bez. Steig gegen SW (Richtung Skispitzl) empor zu einer Einsattelung im Grat des Sonntagsberges. Jenseits an der Berglehne hoch über dem Senderstal gegen S ansteigend bis unter das östl. vom Schwarzhorn eingesenkte Sendersjöchl (2512 m), welches man in einigen Kehren erreicht. Nun an der S-Seite einige Schritte gegen W, dann durch eine Rinne gegen S in Kehren hinab, bis unter die Felsen und weiter an der sehr steilen, zum Teil schrofendurchsetzten Grashalde hoch über dem Oberbergtal gegen SW bis in die Viller Grube. Weiter stets in derselben Richtung, bis der Weg leicht absteigend hinunter zur Franz-Senn-Hütte leitet. 4—5 Std.

Vom Sendersjöchl Verbindungsweg zum Seejöchl (R 449).

Alle Übergänge im Bereich der Kalkkögel siehe II. Hauptteil, R 1385 ff.

● 529—539 frei für Ergänzungen.

Der Hauptkamm der Stubaier Alpen (Luftbild

Franz Thorbecke befand sich mit seinem Flugzeug in ungefähr 4200 m Höhe über dem Seekar zwischen Hochstubai- und Fieglhütte.

Der Blick schweift nach Osten. Der gesamte Vordergrund wird vom Warenkar ausgefüllt. Dieses wird umgrenzt von: Östlicher Daunkogel, 3332 m, Stubaier Wildspitze, 3340 m (dreikantige Pyramide), eine kleine Felsinsel (von ihr verläuft ein langgestreckter Gletscher mit einem schneefreien Eisbruch auf den Beschauer zu), links von ihr liegt das Bildstöckljoch mit dem höchsten See Österreichs, 3144 m, Schußgrubenkogl, 3211 m (mit zum rechten Bildrand abfallender Südwestwand). Genau über der vorerwähnten Felsinsel steht die Schaufelspitze, 3333 m. Deren Schatten fällt auf den nach ihr benannten Ferner. Dieser trägt das Stubaier Gletscherskigebiet. Der schneegesäumte Moränenwall zielt auf den runden Rücken des Egesengrates, 2631 m. Rechts unter ihm befindet sich die Dresdener Hütte, 2302 m. Von dieser zieht das Stubaital hinaus nach Neustift, rechts begleitet von: Trögler, 2901 m (schwarze Westwand), Mairspitze, 2781 m (über ihr die dunklen Kegel: Äußere, 3070 m, und Innere Wetterspitze, 3055 m), Habicht, 3277 m (rechts von diesem bedecken Wolken das Gchnitztal), Serles, 2718 m (am linken Bildrand). Rechts über der Schaufelspitze erstreckt sich der lange Kamm des Aperen Pfaff, 3351 m. Sein gezackter Schatten wird auf den Fernauferner geworfen. Rechts von seinem Gipfel ist eine ausgeprägte, dreieckige und von zwei Schneestreifen geteilte Felsinsel. Oberhalb von ihr ist eine schmale Gletscherterrasse. Diese wird beschattet von Zuckerhütl, 3507 m, und Pfaffenschneid, 3498 m (beide stehen dicht nebeneinander). Über diesem Gipfelpaar schwingt sich bogenförmig eine Felsschneide vom Wilden Pfaff, 3458 m, zur Sonnklarspitze, 3467 m (letztere am rechten Bildrand). Die zwei Berge haben je eine Schneehaube. Links vom Wilden Pfaff zieht ein ganz schmaler Felsgrat (zwischen Fernerstube und Übeltalferner) zum Wilden Freiger, 3418 m. Über diesen gucken die zwei Feuersteine, 3268 m. Von dieser leitet ein mehrgipfeliger Kamm zum Telfer Weißen, 2566 m (am rechten Bildrand), bei Sterzing. Aus einem fast ganz geschlossenen Wolkenkragen lugt die feine Spitze des Pflerscher Tribulaun, 3096 m. Hinter diesem und der Serles zieht das Wipptal quer durch das Bild vom Brenner nach links in Richtung Innsbruck. Darüber sieht man von links nach rechts (in Klammern richtungweisend einige der bisher beschriebenen Berge): Tuxer Voralpen (Serles, Habicht), Olperer, 3480 m (Innere Wetterspitze), Großvenediger, 3674 m (Schaufelspitze), Großglockner, 3797 m (120 Kilometer weit weg, links über dem Tribulaun), Hochfeiler, 3510 m (Feuersteine), Hochgall, 3435 m (Wilder Pfaff), Pfunderer Berge (Zuckerhütl).

Rudolf Jauk

C. Die Gipfel

I. Der Hauptkamm und seine Ausläufer

● **540** Der Hauptkamm reicht mit seinen Ausläufern vom Ötztal bis zum Brenner. Er bildet den Grenzkamm und die Hauptwasserscheide des Gebietes. Seine Vergletscherung ist an der N-Seite wesentlich größer als an der S-Seite. Im W beginnt er mit dem Sulztalkamm. Dieser wird begrenzt von: einerseits dem Ötztal, andererseits dem Sulztal (Nebental des Ötztals) und von der Linie, die südl. der Wilden Leck vom Sulztalferner etwa nach Kaisers im Ötztal zieht. Die Fortsetzung bildet der westliche Teil des Hauptkammes, welcher von den Wütenkarspitzen zum Wilden Pfaffen reicht. Dieses Gebiet wird begrenzt: im N von der Linie, die aus dem Sulztal kommend über das Mutterbergjoch und das innere Mutterberger Tal zieht. Im O von der Linie Grawaalm — Sulzenau — Pfaffennieder westl. des Wilden Pfaffen. Im S vom Windachtal mit Fortsetzung über den Triebenkarlesferner zur Sonklarscharte. Vom Wilden Pfaffen zieht ein Grat nach S über die Sonklarspitze zur Schwarzwandspitze. Hier teilt sich der Grat und biegt mit einem Ast gegen W um. Dieser Grat, begrenzt durch das Windachtal im N, das Ötztal von Sölden bis Zwieselstein und das Timmeltal im SW und durch das innerste Passeiertal im O bildet den Brunnenkogel- oder Windachkamm. Von der Schwarzwandspitze nach SO zieht über den Botzer der Grat nach S, um sich später noch in zwei Hauptäste zu teilen.

Dieser Kamm wird im folgenden als Botzerkamm und seine südl. Ausläufer bezeichnet. Vom Wilden Pfaffen nach O erstreckt sich der östliche Teil des Hauptkammes bis zur Schneespitze. Dieser wird begrenzt im N durch die Linie: Grawaalm — Tschangelairalm — Längental bis Grüblalm — Simmingjöchl — Bremer Hütte. Im O durch die Linie Bremer Hütte — Stubenscharte. Im S durch die Linie Sonklarscharte — Magdeburger Scharte.

Vom Westl. Feuerstein nach SO zieht eine Kette, im wesentlichen begrenzt durch das Pflerschtal, Eisacktal von Gossensaß bis Sterzing sowie durch das Ridnauntal. Den östl. Ausläufer des Hauptkammes bildet die Tribulaungruppe, welche vom Schafkamm bis zum Brenner reicht. Im östlichsten Teil wird die Gruppe durch das Obernbergtal in zwei Äste gespalten. Die Begrenzung dieser Gruppe ist im NW das Gschnitztal vom Brenner bis Gossensaß, im S das Pflerschtal.

a) Der Sulztalkamm

● **541** Der Sulztalkamm zieht in seiner ganzen Länge direkt von NW nach SO. Sein Abfall ins Ötztal ist im wesentlichen ungegliedert, während er gegen das Sulztal lange NO-Grate entsendet. Stützpunkte: Gries im Sulztal, Nisslalm, Amberger Hütte, Kaisers im Ötztal, Sölden und die Hochstubaihütte.

Gamskogel, 2826 m

Letzter nördl. Ausläufer des Kammes.

● **542** **Von Norden.** Ohne Schwierigkeiten, Steig bzw. Steigspuren, 3½ Std.

Von Gries im Sulztal südl. über den Bach auf gutem Steig steil durch Wald zur Nisslalm. Von der Alm westl. am Waldrand, über Wiesen zur sogenannten Gasse (Alm). Von hier am Steig zuerst gegen NW, dann scharf umbiegend steil gegen SW in vielen Kehren dem NO-Sporn des Gipfels folgend zur Spitze.

● **543** **Übergang zum Kleinen Lochkogel,** 2921 m (O. Schindelholzer, K. v. Mittelstand, 1910). I, eine Stelle III—, 2 Std., brüchig.

Stets am Grat, absteigend zur Scharte, 2816 m, weiter am Grat gegen SW über das Kleine Kögele, 2822 m, leicht steigend zu einer Scharte. Weiter immer am Grat, 15 m unterhalb des Gipfels rechts auf ein Band und über eine griffarme Plattenrinne wieder auf den Grat.

● **544** **Kleines Kögele,** 2822 m

Siehe Gamskogel.

● **545** **Kleiner Lochkogel,** 2921 m

Nordostgrat (R. Braun, W. Pienz, 1951). IV, eine Stelle V, 3½ Std. E.

Einstieg bei etwa 2280 m am Beginn des NO-Grates. Anmarsch von der Nisslalm. Über teilweise begrünten scharfen Grat direkt an der Schneide über die Punkte 2470, 2630, 2622 zur Scharte vor dem steilen Gipfelaufbau (teilweise IV). Nun drei Seillängen IV am Grat empor zu riesigem Überhang. Von dessen Ansatz kurzer Quergang nach links in eine Verschneidung. In dieser (V) empor zu ihrem Ende, einige Meter nach rechts um die Kante und über gutgestuften Fels zum Gipfel.

● **546** **Übergang zum Lochkogel.** II, 1½—2 Std.
Vom Gipfel gegen SO absteigend zur Scharte (I), weiter stets am Grat, einen Abbruch auf der Sulztalseite umgehend (II).

Lochkogel, 3043 m

Dunkler, steiler Felsbau. 1. Besteigung: F. Escherich, Qu. Gritsch.

● **547 Südostgrat.** I, von der Alm 2½—3 Std.

Von der Nisslalm zum Reichenkar und gegen SW gegen den Verbindungsgrat zwischen Reichenkarspitze und Lochkogel ansteigend. Wo aus dem Kar schmale, steile Schotterhänge gegen die tiefste Einsattelung ziehen, aufwärts, jedoch nicht zur (weiter südl. liegenden) Scharte, sondern etwas gegen NW im Schutt zum Grat querend, weiter am Grat zum Gipfel.

● **548 Nordostgrat** (R. Braun, W. Pienz, 1951). IV, 4½ Std. E. Anmarsch von der Nisslalm. Einstieg bei P. 2534 aus dem Schönrinnenkar vom N-Ufer des Sees (2356), durch auffallend steile Rinnen erreichbar. Nun direkt am Grat über Punkt 2560, 2624 und 2836 bis zu einem auffallenden 8 m hohen Gratzacken; unschwierig südseitig zu umgehen, weiter zu kleiner Scharte vor dem Gipfelaufschwung. Weiter am Grat zum Gipfel.

● **549 Übergang zur Reichenkarspitze.** III, 1½ Std., stets am Grat. Bis zum Aufschwung der Reichenkarspitze unschwierig. Nun darf man sich nicht links zum NO-Grat (V) drängen lassen.

● **550** Auch die Nordwand wurde bereits 1923 auf zwei Wegen von H. Pfaundler und von K. Baumgartner mit J. Huber durchstiegen (III).

Reichenkarspitze, 2971 m

Eindrucksvoller Felsgipfel mit steilem Gipfelaufschwung. Zwischen Innerem und Äußerem Reichenkar.

● **551 Südostgrat** (F. u. S. Hohenleitner, 1909). II, 1 Std. E.

Von der Nisslalm an den Hängen unter dem NO-Grat des Reichlehnkogels querend, dann gegen SW ins innere Reichenkar. Mühsam aufwärts über Schutt zum Reichenkarferner und zur einfach erreichbaren Scharte, 2890 m. Steil über Blockgrat gegen N zu einem Vorkopf und hinab in kleine Scharte. Nun über Platten zum Gipfelblock. Im Abstieg kann man bereits von der Scharte des Gipfels durch eine Steilrinne zum Reichenkarferner absteigen.

● **552 Nordostgrat,** „Schöngartach-Grat“ genannt (R. Braun, W. Pienz, 1951). Teilweise V, 5 Std. E.

Einstieg bie der Reichenkarscharte, 2767 m, aus dem inneren Reichenkar erreichbar. Schwierig über die drei ersten kleinen Gratzacken, zu einer kleinen Scharte vor etwa 70 m hohem plattigem Turm. Von der Scharte eine kleine Seillänge an der S-Seite absteigend zu einem Seitengrat parallel zum Hauptgrat, Über diesen eine Seillänge (IV) empor zu großem Überhang. Unter diesem (V) über Hangel-Traverse sehr ausgesetzt nach links in begrünte steile Rinne, anfangs schwierig, oben einfacher auf den Turm. Am Grat etwa 8 m absteigend zu 6 m hohem Abbruch. In eine kleine Scharte abseilend (Abseilblock), weiter direkt am Grat (teilweise V) zu P. 2923, die folgende Graterhebung über ihre N-Seite besonders schwierig (brüchig, ausgesetzt) ersteigend zum letzten Aufschwung. Dieser wird 2 m links der Kante (V) über zwei Überhänge erklettert.

Übergang zum Gamezwart. (Beschreibung nach H. Kanischke, 1962.) I, 1½ Std. von der Reichenkarspitze. Im ersten Teil ist er mit R 552 identisch. Von der Scharte 2890 m am zerklüfteten und brüchigen Grat meist auf der Ötztalseite umgehend.

● 553 **Hoher Kogel,** 2889 m

Südwestgrat. Von der Scharte 2767 m (siehe Reichenkarspitze). I, 45 Min.

Von der Scharte wird direkt am Grat aufgestiegen und über mehrere Vorköpfe der Gipfel erreicht.

● 554 Von Südosten, II, 1 Std. E., mühsam.

Aus dem inneren Reichenkar steigt man direkt über Wandstufen steil in Richtung auf den bewachsenen Hang in der SO-Flanke und gelangt über die breite abgerundete Flanke auf den Gipfel.

● 555 **Reichlehnkogel**

Vorderer 2516 m, Hinterer 2583 m

Letzte Graterhebung im NO-Grat der Reichenkarspitze.

Aus dem inneren Reichenkar kann auf steilen rinnenartigen Grashängen der Grat zwischen vorderem und hinterem Gipfel erreicht werden. Über den Grat gegen NO zum vorderen 15 Min., zum hinteren 20 Min. Von der Alm 2½ Std.

Übergang zum Hohen Kogel. (Beschr. H. Kanischke, 1962.) Vom Hinteren Reichlehnkogel etwas links absteigend (so wird eine riesige Platte umgangen) zu einer großen Schuttscharte. In der sich nun aufbauenden Wand zieht von rechts nach links ein Band (8 m) empor. An diesem Ende steil (III) die Platten empor. Nun am Grat (II) zu einer weiteren

Scharte, und steil (II) die etwas rechts vom Gipfel herabziehende Rinne hinauf zur Gipfelpyramide.

Die Reichlehnkögel sind auch durch Rinnen (zum Verbindungsgrat führend) vom äußeren Reichenkar (und damit von der Nisslalm und Gries her) zu erreichen (I).

Gamezwart (Legerkogel), 3044 m

Breiter Schuttkopf im hintersten Sulzkar. Nur zusammen mit den Nachbargipfeln lohnend.

● 556 **Von Norden** (F. u. S. Hohenleitner, 1909). I, aber sehr brüchig. 1 Std. E.

Vom Reichenkarferner (aus dem Inneren Reichenkar von der Nisslalm weglos erreichbar) zum Fuß der N-Wand des Gipfels, durch welche mehrere eisdurchsetzte Rinnen hinaufziehen. Man wählt die Rinne, die östl. des Gipfels und westl. der tiefsten Einsattelung zwischen Gamezwart und Schwarzwanter hinaufzieht. Ausstieg etwas östl. des Gipfels.

● 557 **Übergang zum Tonigenkogel** (F. und S. Hohenleitner, 1909). I, 45 Min.

Stets am Grat absteigend zur breiten schotterigen Scharte südöstl. des Gipfels (gute Auf- und Abstiegsmöglichkeit aus dem Sulzkar). Nun weiter über einen Gratzacken zur Sulzkarscharte. Weiter am Grat zum Tonigenkogel.

● 558 Schwarzwanter

Westgipfel 3073 m, Ostgipfel 3080 m

Ausgeprägte Erhebung mit 2 Gipfeln im NO-Grat, der von der Gamezwart in das Sulztal hinabzieht.

Von der Gamezwart her (R. Hofer, K. Rufinatscher, 1909). III, 1 Std.

Vom Grat, den man durch die Eisrinne erreicht, wird der kurze scharfe Grat (teilweise ausweichend an der Seite des Sulzkars) zum Vorkopf überklettert und weiter an der Kante der Grat zum Gipfel begangen.

● 559 **Übergang vom West- zum Ostgipfel** über den gezackten Grat (R. Busch, W. Engelhardt, 1921). IV, 1 Std.

● 560 **Von Norden zum Ostgipfel.** II—III, 2½ Std. E., Steinschlag.

Über eine vom Inneren Reichenkar heraufziehende Schutt- und Eisrinne (Steinschlag) kann östl. des O-Gipfels angestiegen werden. Im oberen Teil in ihrem rechten Arm (westl.), zur Scharte östlich des O-Gipfels (III) und am Grat zu diesem.

● **561** Durch die **Südwand** kann mühsam und gefährlich direkt gegen den W- und O-Gipfel angestiegen werden, wenig ratsam. (Vermutlich 1. Beg.: Buchner, 1932.)

Bachleitenspitze, 2734 m

Wenig lohnende Graterhebungen im NO-Grat, der vom Schwarzwanter herleitet.

● **562 Von Norden,** III. Von der Alm 4½ Std., 2 Std. E. Steinschlag!

Aus dem Inneren Reichenkar zieht eine Schuttrinne, gleichlaufend zur Eisrinne im N-Abfall des Schwarzwanters, jedoch getrennt von einem Felssporn, empor. Etwa 90 m unter dem Grat beginnt eine Felsrinne. Durch diese zur Scharte, westl. der Spitze und am Grat zum Gipfel.

Tonigenkogel, 3013 m

● **563 Nordwestgrat von der Sulzkarscharte** (aus dem Sulzkar erreichbar), stets am Grat bleibend in 30 Min. zum Gipfel. I, 1. Beg. F. und S. Hohenleitner, 1909.

● **564 Übergang zur Muschenspitze. I, 1 Std.**

Man umgeht die beiden letzten Steilaufschwünge auf der Ötztalseite, steigt einige Meter die Rinne ins Atterkar hinab und gewinnt auf gutgestuftem Fels den Gipfel (I).

Muschenspitze, 3092 m

Schmale Gratschneide. Der lange NO-Grat mit dem Hohen und Niederen Sulzkogel endet über der Amberger Hütte.

● **565 Nordostgrat** (Muschenschneid) (F. Angerer, G. Muth, 1909). III, 5 Std. E.

Von der Amberger Hütte am Steig zum Atterkarjöchl ins Roßkar, dann nördl. ab zu der Scharte südwestl. des Hohen Sulzkogels. Nun am Grat gegen SW. Einen fingerähnlichen Zacken südl. umgehend, weiter luftig (II) zum höchsten Punkt der Muschenschneid, 2995 m. Der folgende Abbruch wird an der NW-Seite (über dem Muschenferner) umgangen und in einem Quergang wieder die Gratkante erreicht. Abseilstelle zur Scharte, welche durch einen Zacken geteilt wird. Diesen umgehend (I) weiter auf einen plattigen Turm (III). Zur nächsten Scharte wird an der Roßkarseite über die Wand abgestiegen (III). Über ein Geröllband am Fuß des nächsten Turmes empor zu einem Kamin und durch diesen zum Grat (III), weiter unschwierig zum Gipfel.

● 566 **Von Süden** (F. und S. Hohenleitner, 1909), I, 3—3½ Std. Am Weg gegen das Atterkarjöchl von der Amberger Hütte vor dem Ferner vom Weg ab am nördl. Rand des Ferners über Moränen hinauf gegen den Grat, über Blockwerk (Firnflecken) zur Scharte 3068 m, zwischen Muschenspitze und Murkarspitze, von hier unschwierig am Grat zum Gipfel.

● 567 Auch der **Ostgrat** wurde 1911 von K. Zeuner, teilweise III, begangen.

Sulzkogel

Hoher 2906 m, Niederer 2795 m

1. Best. des Niederen, F. Plaseller, 1898; 1. Best. beider Gipfel F. Hohenleitner, H. Schmotzer, 1903 (aus dem Roßkar).

● 568 **Normalanstieg:** Für Geübte ohne Schwierigkeiten, 1½ Std.

Von der Amberger Hütte etwas am Steig gegen den Sulztalferner talein, bis man direkt westl. über Gras und Schutt mühsam zur Einsattelung im Verbindungsgrat der beiden Gipfel ansteigen kann. Am Grat (I) zum Hohen Sulzkogel gegen SW oder zum Niederen gegen NO.

Schönere Führen bietet die N-Flanke des Niederen Sulzkogels. Auch der Anstieg durch das Steinkar auf den Verbindungsgrat ist gemacht worden. (Beide II.) Jeweils 2 Std. von der Vorderen Sulztalalm.

Auf den Hohen Sulzkogel kann auch von der Scharte südwestl. des Gipfels (siehe R 565) durch eine steile Schuttrinne (II) angestiegen werden. ½ Std. E.

Der Verbindungsgrat, bestehend aus aufgetürmten Platten, ist schlecht zu umgehen. Teilweise III. Umgehungsstellen brüchig. 1 Std.

Murkarspitze, 3148 m

● 569 **Von Norden,** ohne Schwierigkeiten, von der Amberger Hütte 3—3½ Std. Wie bei R 566 zur Scharte 3068 m nördl. des Gipfels und über Blockwerk und Geröll zum Gipfel.

● 570 **Von Süden** (L. Purtscheller, 1885?). Vom Atterkarjöchl, I, 45 Min. stets am Grat.

● 571 **Südwestgrat** (K. Zeuner, 1911). Im obersten Teil III, von der Kaiserbergalm bis „Am Kreuz“ 1½ Std., weiter zum Gipfel 2—2½ Std.

Vom Ötztal (Aschbach, besser Kaisers) zur Kaisersbergalm, 2014 m. Von dieser am Steig zum Atterkarjöchl bis in die Gegend der Karraine, von dort nach N zu schrofigem begrüntem Rücken „Am Kreuz", weiter gegen NO am anfangs harmlosen Grat zur Höhe 2852 m. Weiter am Grat gegen NO zu schotteriger Einsattelung, etwa 2870 m. Zum Beginn des eigentlichen SW-Grates und am Grat, teilweise III, zu P. 3015 m, etwas absteigend, weiter stets am Grat zum Gipfel (III).

Übergang zur Muschenspitze. Eine Stelle (ein enger Spalt) II, alles übrige unschwierig.

● 572 **Salchacher Kögele,** 2787 m

Dieser östl. Ausläufer der Murkarspitze wird vom Rücken „Am Kreuz" ohne Schwierigkeit in 20 Min. erreicht.

● 573 **Roter Kogel,** 3037 m

1. touristische Best. L. Purtscheller, 1887 (ebenso Übergang zur Kuhscheibe). Langer Felsrücken, von keiner Seite schwierig, am besten vom Atterkarjöchl in 45 Min., II, erreichbar.

● 574 Übergang zur Kuhscheibe. II, 1—1½ Std.

Am scharfen Grat zur Scharte, 2943 m, und gegen SO am flacheren Grat, weiter über den als Rücken ausgeprägten Grat (Zugang vom Roßkarferner möglich), und zuletzt zum Gipfel. Umgehungen auf der Roßkarseite (O-Seite) möglich.

NNO-Grat von P. 3028, vom Firnfeld ¼ Std., II, sehr brüchig, nicht empfehlenswert.

Kuhscheibe, 3189 m

Wenig ausgeprägte felsige Erhebung nordwestl. der Wilden Leck.

1. touristische Best.: Qu. Gritsch, K. A. Mayer, 1887.

● 575 Von Norden über den Roßkarferner. I, von der Amberger Hütte 3½ Std. Lohnende Frühjahrsskitour. Bis zum Ferner bez.

Von der Amberger Hütte am Steig zum Atterkarjöchl (R 245) bis auf ca. 2680 m und im Geröll unter dem Firnfeld des Murkarferners südl. zum Roßkarferner. Über diesen mäßig steil empor gegen den Hauptgrat zur Scharte, 3155 m (oder westl. davon) am Grat. Nun über Blockwerk zum Gipfel.

● 576 Von Südosten. Teilweise II, von der Hütte 3—3½ Std. Am Steig zum Sulztalferner unterhalb des Kuhscheibenferners westl. abzweigend und über Moränen, Geröll gegen SW zum Kuhscheibenferner. Am nördl. Rand aufwärts zur Scharte, 3106 m. Weiter am Grat gegen N zum Gipfel (II). Oder: Vom oberen Kuhscheibenferner 100 m unter der Scharte gegen NW über Geröll und Schrofen mühsam aufwärts, bis man den Grat etwas südl. des Gipfels erreicht.

● **577 Übergang zum Wannenkogel.** Teilweise II bis III, ¾ Std.

Weiterer Übergang zum nordöstl. Gipfel, 2976 m, teilweise III, stets am Grat, 1½—2 Std., brüchig.

● **578 Übergang zur Zahmen Leck,** II, 1½ Std.

Entweder am S-Grat zur Scharte 3106 m oder über die SO-Flanke zum Kuhscheibenferner. Den oberen Ferner querend zum Ansatz des NW-Grates der Zahmen Leck und auf diesem zum Gipfel.

● **579** **Wannenkogel,** 2976 m

1. Best. F. Reuter, 1898.

Unbedeutender Gipfel im NO-Grat der Kuhscheibe. Siehe R 575. Abstieg auch von der Scharte zwischen dem südwestl. (2982 m) und nordöstl. (2976 m) Gipfel nach S ins Wannenkar möglich (mühsam).

Zahme Leck, 3226 m

Nördl. der Wilden Leck aufgebaute Graterhebung. 1. touristische Best.: H. Moser, O. Schuster, 1896.

● **580 Nordwestgrat.** II, von der Amberger Hütte 3½ Std.

Über den Kuhscheibenferner von der Moräne des Sulztalferners her ansteigend, durch die Rinne, die nach SW auf den Grat zieht. Weiter über den NW-Grat zum Gipfel (II).

● **581 Südgrat.** II, von der Amberger Hütte 3½ Std.

Wie bei R 582 zu P. 3173 m, sowohl vom Atterkarferner wie vom Sulztal her erreichbar. Weiter am Grat gegen N.

● **Wilde Leck,** 3361 m

Südl. Endpunkt des Sulztalkammes. Stolzer, wuchtiger Felsaufbau mit besonders schönen Anstiegen. Wird häufig erstiegen. 1. Erst. durch Zachäus Grüner aus Sölden, 1885, auf Grund einer Wette.

● **582 Nordgrat** (O. Schuster, H. Moser, 1896). III, von der Amberger Hütte 4 Std.

Am Weg zum Sulztalferner talein und am rechten Rand des Sulztalferners, bis dort zwischen Zahmer und Wilder Leck eine kleine Fernerzunge herabhängt. Über diesen (zerrissen) empor zur Scharte 3173 südl. der Zahmen Leck, welche über Blockwek und leichten Fels erstiegen wird. Der Anmarsch aus dem Ötztal (Kaisersbergalm) durch das Atterkar und über den Atterkarferner, zuletzt durch das Eisrinnele zur Scharte ist schwieriger, bedeutend mühsamer, in der Eisrinne Steinschlag.

Nun südl., bis nach etwa 100 m der Grat in eine plattige Flanke übergeht. Gerade empor (westl. ausweichend etwas besser), über brüchigen Fels zurück zum Grat, der ausgeprägt weiter zum Gipfel führt.

In aperen Jahren wird der Aufstieg zweckmäßig mit der Überschreitung der Zahmen Leck verbunden.

● **583 Nordwand** (K. Baumgartner, G. Pfeifer, 1921). Teilweise IV (ohne näheren Bericht).

● **584 Ostgrat** (1. Beg. mit Umgehung: L. Purtscheller, Qu. Gritsch, F. Drasch,1887, direkter Anstieg: Pfaundler u. Gef., 1895). Mit Umgehung III, direkter Grat IV, 4—4½ Std. von der Amberger Hütte; 2—2½ Std. E.

Am Weg zum Sulztalferner um den Ostpfeiler des Berges herum und durch steile Firn- oder Eisrinnen empor auf den flacheren Ferner unter der Südflanke von P. 3096.

Vom nördl. Rand des Wilden-Leck-Ferners unschwierig zur Scharte. Hierher von der Hütte westl. von P. 3096 m im Ostgrat der Wilden Leck. 2½ Std. Weiter am Grat (oder knapp nördl. unter diesem auf Schuttabsatz) bis zu auffallendem rötlichem Zacken. Über Blöcke empor, den Zacken nördl. umgehend zur folgenden Scharte. Weiter zwei Wege: Entweder direkt (Pfaundler und Gef., 1895) am teilweise nach N überhängenden Grat zum Gipfel (IV), 4—4½ Std. oder (L. Purtscheller, 1887) von der Scharte an der S-Seite über Platten 10 m hinab auf schmalen Bändern in steilen Plattenschüssen querend gegen W, bis man über gutgestuften Fels der S-Flanke nahe am O-Grat ansteigen kann (III), 4 Std.

● **585 Südwand.** Einfachster Anstieg, II, Ausstieg III—, 1½ Std. E.; schwer zu finden.

Vom Wilden-Leck-Ferner unter der Scharte westl. von P. 3096 m etwa 150 m gegen W ansteigend. Dort, wo vom O-Grat ein Schuttfeld auf den Ferner zieht, steigt man empor und erreicht links der Blöcke den Einstieg. Nun auf schwach ausgeprägtem Band von O nach W schräg empor. Dieses mündet bei einer kleinen Wandstufe. Über diese zu einem weiteren Band. Nun wieder von W nach O aufwärts (gegen den

O-Grat). Weiter wieder gegen W umbiegend über gutgestuften Fels unter dem O-Grat zum Gipfel.

Die S-Wand, früher der beliebteste Anstieg, wird heute fast nur im Abstieg gemacht.

● **585 a Südwand** im Abstieg. Vom Gipfel zunächst auf dem nach Südwesten streichenden Blockgrat etwa 30 m hinab. Von hier über eine Steilstufe links haltend unter dem Steilabsatz zu den Steinmanndln. Man klettert nun, sich ostwärts haltend, durch die Südwand ab, wobei die Route immer wieder kleinen, nach Osten abstreichenden Bändern folgt, die von kleinen Absätzen unterbrochen sind. Im unteren Teil dienen als Richtpunkt zwei losgesprengte hellere Blöcke, die etwa in der Fallinie des ersten roten Felsturmes im Ostgrat liegen. Dort über einen kleinen Absatz hinab und um eine Kante, worauf man wieder über ein abschließendes Band auf die große Schuttreise gelangt, die etwa in der Fallinie des flachen Sattels im Ostgrat bis auf den Gletscher reicht. (Man ist ein paarmal versucht, gerade südwärts abzusteigen. Der richtige Weg ist aber immer der, welcher ostwärts weiter fallend auf Schuttbändern durch die Wand quert.)

● **586 Südwestgrat** (F. Juraschek, V. Riml, 1896). I, oberster Teil III, 1½ Std. E., von der Amberger Hütte 4½ Std.

Von der Hütte zum Sulztalferner und über den Wilden-Leck-Ferner empor zur Scharte 3220 m südl. der Wilden Leck, welche über Blockwerk und Schnee erstiegen wird. Diese Scharte ist auch über den Atterkarferner von W her erreichbar. Weiter von der Scharte über Blockwerk am Grat zu P. 3312 südwestl. des Gipfels. Vor dem Gipfel nach rechts ausweichen (auf Bändern in gleicher Höhe bleibend) und zum Gipfel.

Blick vom Daunjoch über den Sulztalferner nach Westen gegen die Wilde Leck

R 584 Ostgrat
R 585 Südwand
R 586 Südwestgrat

Wilde Leck
586
584
585

● 586 a **Zustieg von der Hochstubaihütte.** Für die Anstiege R 584—586 ist die Hochstubaihütte ein nahe gelegener Ausgangspunkt. Von der Hütte auf den Wütenkarsattel (R 249), dann am Weg zur Amberger Hütte absteigen bis an den Fuß der von den Wütenkarspitzen herabziehenden Geröllrippe. Man überschreitet sie und gelangt auf den Wilde-Leck-Ferner, von dem man leicht auf die Scharte P. 3220 m bzw. dem P. 3096 gelangen kann. 1—1½ Std. von der Hütte.

● **587** Auch von **Westen** wurde bereits 1895 direkt durch die Wände vom Atterkarferner her von W. Fender und W. Gumping angestiegen. III, brüchig.

Atterkarspitzen

südl. 3255 m, mittlere 3175 m, nördl. 3180 m

Diese Gipfel werden auch als Wildeck bezeichnet, und stellen einen selbständigen Grat dar, der etwas südl. der Scharte 3220 m (südl. der Wilden Leck) vom Hauptkamm ausgeht. 1. touristische Best.: H. Moser, O. Schuster, 1895.

● **588 Ostgrat** (K. Zeuner, 1911). III, eine Stelle IV, von der Scharte 1 Std.

Von der Scharte 3220 m hinab zum tiefsten Punkt der Einsattelung vor den Atterkarspitzen.Über die ersten senkrecht gestellten Platten des Grates (oder diese an der S-Seite umgehend), dann am Grat. Stets auf diesem zum Gipfel.

● **589 Von Südwesten** siehe Felderlaskogel.

Felderlaskogel, 2950 m

Ein selbständig aufgebauter Grat westl. der Atterkarspitzen. 1. touristische Begehung: K. Zeuner, 1911.

● **590 Nordgrat** (besser Nordflanke). III, direkt oberhalb des Roßköpfls am Grat zum Gipfel.

● **591 Westgrat** (R. Braun, Firlinger, 1950). Von der Kaiserbergalm II, eine Stelle III, 1½ Std. E., 2½ Std. von der Alm.

Hinauf gegen SW zu P. 2641 m. Weiter stets am Grat schwierig in Richtung auf P. 2938 m (nördl. Vorgipfel). Unter diesem südl. zum N-Grat und über diesen zum Gipfel.

● 592 **Übergang zu den Atterkarspitzen** (Firlinger, 1950). Teilweise III—IV, 2½ Std.

Vom Gipfel gegen SO stets am Grat zu P. 2936 m. Weiter ostwärts zur schotterigen Scharte 2930 m, ostwärts davon direkt zum Fuß des SW-Grates der Atterkarspitzen (sehr brüchig). Am Grat, bis dieser in eine O—W ziehende Rinne mündet. Aus der Rinne direkt sehr schwierig und brüchig empor zum O-Grat und über dessen letzten Teil zum Gipfel, 3175 m.

● 593 **Wütenkarspitzen**

Ein vielzackiger Kamm, der an der Wilden Leck südl. anschließt. Von N nach S Punkt 3244, 3212, 3220, 3217, 3186, 3209 m. Punkt 3244 zeigt sich als ein südl. Vorkopf der Wilden Leck. Unschwierig von N nach S zu überschreiten, weiter über Punkt 3212 m zu P. 3220 m, der auch vom Wilden-Leck-Ferner her über eine etwa 100 m hohe steile Firnflanke erstiegen werden kann. Über P. 3217 m absteigend gegen SW zu P. 3186 m und hinauf zu P. 3209 m, von hier hinab zum Sattel 3150 m. Überschreitung II, 1½—2 Std. 1. Beg.: F. Hohenleitner, F. Niglutsch, 1906.

b) Der westliche Teil des Hauptkammes

Dieser Teil des Kammes reicht vom Wütenkarsattel bis zum Wilden Pfaffen und umfaßt eine Reihe schöner Berge, wie die Stubaier Wildspitze, die Schaufelspitze und das Zuckerhütl, das mit 3505 m der höchste Gipfel der Stubaier Alpen ist. Dem Hauptkamm entspringen der Daunkogelkamm (gegen N) und der Brunnenkogelkamm gegen S.

Stützpunkte: Amberger Hütte, Hochstubaihütte, Dresdner Hütte, Sulzenauhütte, Müllerhütte, Siegerlandhütte, Hildesheimer Hütte, Fiegl-Whs.

● 594 **Windacher Daunkogel,** 3351 m

Breiter Firngipfel, dessen N-Flanke von einer Felsstufe durchzogen wird. Die S-Seite ist nach SW und SO firndurchsetzter steiler Fels. Der Windacher Daunkogel bildet den Ausgangspunkt eines Seitengrates, der gegen S, W und NW zieht; seinen Gipfeln kommt wenig Bedeutung zu, jedoch steht auf der Wildkarspitze die Hochstubaihütte als Ausgangspunkt für die Touren an der S-Seite der Sulztalumrahmung. 1. Erst. H. Buchner, Fr. Jenewein, 1876.

● 595 **Nordflanke** (F. Hohenleitner, L. von Hibler, 1903). III, 1—1½ Std. vom Fuß der Flanke.

Von obersten südl. Firn des Sulztalferners (am Weg zum Wütenkarsattel erreichbar) über steiles Eis ansteigend gegen einen fast 100 m hohen Felsgürtel (erst in den letzten Jahrzehnten ausgeapert) unter dem Gipfel. Diesen am günstigsten in Gipfelfallinie durchsteigend (schwierig, Steinschlag), danach unschwierig zum Gipfel. Nur geübten Bergsteigern anzuraten.

● **596** **Ostgrat** (L. Purtscheller, F. Drasch, 1887). II, 30 Min. von der Scharte (5 Std. von der Amberger Hütte).

Über den oberen Firn des Sulztalferners empor zum tiefsten Punkt (etwa 3260 m) zwischen Windacher Daunkogel und Westl. Daunkogel. Nun gegen W über den Firn zum zunehmend ausapernden Grat. Über zwei mäßig schwierige Köpfe am brüchigen Grat zum Gipfel.

● **597** **Von Süden.** I, 40 Min.

Von der Warenkarscharte (R 254) gegen N ansteigend über brüchige Schrofen etwas nordwestl. über Blockwerk zum Gipfelfirn.

● **598** **Westgrat** (F. Jennewein, H. Buchner, 1876). ¾—1 Std., Wächten!

Je nach Verhältnissen vom Wütenkarsattel her I—III. Gegen SO über den Firnhang zum westl. Vorgipfel, 3301 m, weiter an der Firnschneide zum Gipfel.

Warenkarseitenspitze, 3345 m

Langgestreckter von N—S ziehender Gipfel mit steilen Flanken nach O und W. Erster Aufbau im Seitengrat, der vom Windacher Daunkogel ausgeht.

● **599** **Nordostgrat** (L. Purtscheller, 1890). I, 30 bis 45 Min. Von der Warenkarscharte über den Grat zum Gipfel.

● **600** **Südgrat** (aus dem oberen Seekar; R. Kaulich, E. Meyer, 1920). II, 1—1½ Std.

Vom Weg, der zur Hochstubaihütte führt, am Beginn des oberen Seekares (2874 m) zum Anfang des Grates und auf diesem mäßig schwierig zum Gipfel.

● **601** **Von Westen** (L. Purtscheller, 1890), vom Seekarjoch (P. 3114 m) östl. der Wildkarspitze (in der AV-Karte ohne Namen). Von der Hochstubaihütte 1 Std. Brüchig.

Gegen SO am Blockgrat (stellenweise II), bis er auf ein kurzes Stück flankenartig in den SW-Grat des Gipfels mündet. Auf diesem SW-Grat über brüchiges Gestein und Blockwerk unschwierig zum Gipfel.

● 602 Wildkarspitze, 3173 m

Siehe Hochstubaihütte. (1. Best. L. Purtscheller, 1890.)
Übergang vom Hohen Nebelkogel leicht, 25 Min.

● 603 Hoher Nebelkogel, 3211 m

Von der Hochstubaihütte in unschwieriger Kletterei (I) in 25 Min. zu erreichen.

● 604 Südgrat. II, 3½ Std. vom Fiegl-Whs.

Vom Fiegl-Whs. am Weg zur Hochstubaihütte bis kurz vor den unteren Seekar-See (ca. 2600 m). Nun zunächst über Gras, später Schrofen, zum Nebelkogel, 3070 m, und weiter stets am Grat über Zacken und Türme zum Gipfel.

● 605 Durrnkögele, 3112 m

Von der Hochstubaihütte gegen NW über Firn hinab, dann westl. umbiegend und unschwierig auf den Gipfel, 15 Min. I.

● 606 Hoher Söldenkogel, 2975 m

Westl. Ausläufer gegen das Ötztal.

Er wird am unschwierigen SW-Grat (I), vom Söldenkogel, 2902 m, her erreicht. Zum Söldenkogel leitet ein bez. Steig, der aus dem Laubkar heraufzieht. Dieses kann man auf vielverzweigten Wegen von Sölden über die Kleblaralm oder von der Windachalm erreichen. 4½—5 Std.

Von der Laubkarscharte (R 141) in unschwieriger Kletterei (I), in 1½ Std.

Westlicher Daunkogel, 3300 m

Der schön geformte, dreieckige Gipfel liegt östl. vom Windacher Daunkogel und bildet den Punkt, wo der Daunkogelkamm nach N abzweigt.

● 607 Von Norden (vermutlich L. Purtscheller, F. Drasch, 1887). I. 20 Min. E., von der Amberger Hütte 4 Std.

Von der Daunscharte südl. am Firn ansteigend über glatte Schrofen am Grat weiter zum Gipfel.

● 608 **Übergang zum Östlichen Daunkogel** (A. Pallocsay, J. Kindl, 1888). II, eine Stelle III, 1—1¼ Std.

Südl. des Westl. Daunkogels erhebt sich ein plattiger Grataufbau, der schwierig überklettert wird, weiter weniger schwierig am Grat bis zur Firnzunge, die vom Daunkogelferner heraufzieht. Am Firngrat weiter, zuletzt über unschwierigen Fels zum Gipfel.

● 609 **Südwestgrat** (L. Purtscheller, F. Drasch, 1887). II, 30 Min. E.

Vom tiefsten Punkt zwischen Windacher Daunkogel und Westl. Daunkogel (etwa 3260 m, siehe Windacher Daunkogel) stets am Grat zum Gipfel.

● 610 **Grat zwischen Daunscharte und Daunjoch**

Von der Daunscharte nach N zieht ein etwa 1½ km langer Grat mit mehreren Erhebungen (3184, 3155, 3173, 3148, 3132) bis zum Daunjoch. Dieser Grat kann in 1—1½ Std. für Geübte ohne Schwierigkeiten überschritten werden.

● 611 **Hinterer Daunkopf,** 3225 m

1. Erst. L. Purtscheller, J. Drasch, 1887 über den Grat vom Westl. Daunkogel (R 610).

Von Nordwesten. I, 4—4½ Std. von der Amberger Hütte. Auf gutem Weg bis unmittelbar unter die Zunge des Sulztalferners (ca. 2400 m), Querung der Gletscherbäche und südöstlich etwas mühsam über Schutt ins Kar unterm Mutterberger Joch (2¼ Std.).

Aus dem Karwinkel über den schmalen Gletscher mäßig steil, fast spaltenlos südlich ansteigend (oder auch — ohne Gletscherbegehung, aber mühsamer — auf dem orogr. linken, kleinen Begrenzungsrücken) zum Schluß beliebig auf den breiten Gipfel. Schöner als der Übergang übers Daunjoch.

● 612 **Überschreitung zum Nördl. Daunkogel.** III, 2½—3 Std. Am N-Grat absteigend, schwierig zum nördl. Vorkopf, 3183 m, und weiter am N-Grat steil hinab zur Scharte, von der man sowohl nach O wie nach W leicht absteigen kann. Nun schwierig am zerscharteten SW-Grat des Nördl. Daunkogels zum südl. Vorkopf, 2986 m, und weiter zum Gipfel.

● 613 **Von Süden** (L. Purtscheller, F. Drasch, 1887). I, 30 Min. Plattensteig.

Vom Daunjoch steil über Firn, dann zum Grat und auf diesem bzw. knapp westl. davon zum Gipfel.

● 614 **Nördlicher Daunkogel,** 3076 m

Vom Mutterberger Joch am plattigen Grat in 20 Min. (II) zu ersteigen.

● 615 **Vorderer Daunkopf,** 2882 m

Ein Gipfel im östl. Seitengrat des Hinteren Daunkopfes, der von SO über Schutt und Schrofen einfach, aber mühsam erstiegen werden kann, wobei man noch vor der Zunge des Daunkogelferners nördl. unter den Wänden des Vorderen Daunkopfes gegen NW ansteigt und den Grat südwestl. des Gipfels erreicht; weiter am Grat zum Gipfel. (Von der Dresdner Hütte 2 Std.)

Der Verbindungsgrat, mit dem der Vordere Daunkopf und der Hintere zusammenhängen, stellt eine lange, mäßig schwierige Kletterei dar, wobei man unterhalb des Hinteren Daunkopfes zum Daunjoch quert und diesen Gipfel von S ersteigt.

Östlicher Daunkogel, 3332 m

Am besten mit der Besteigung der Wildspitze oder des Westl. Daunkogels zu verbinden. 1. Erst. A. Pallocsay, J. Kindl, 1888.

● 616 **Von Norden.** Je nach Verhältnissen bis IV, 2½—3 Std. von der Dresdner Hütte.

Vom Daunkogelferner unter der Daunscharte gegen die N-Flanke ansteigend, über den Bergschrund und über äußerst steilen Firn (etwa 160 m hoch, bis 50° geneigt) direkt hinauf gegen den Grat; über den Grat weiter zum Gipfel.

● 617 **Nordwand,** Felsweg. IV, 1 Std. E.

Einstieg in der Gipfelfallinie etwas westl. der NO-Kante, Bergschrund. Durch vereiste Rinnen zur steilen Blockwand, gerade hinauf und über Platten zum Gipfel.

● 618 **Von Südosten** (A. Pallocsay, J. Kindl, 1888, im Abstieg). Je nach Verhältnissen 30—45 Min. E., von der Dresdner Hütte 3 Std.

Vom Daunkogelferner ostwärts des Daunkogels ansteigend zu P. 3173 m, zwischen Östl. Daunkogel und Wildspitze. Den ersten steilen Grataufschwung an der O-Flanke umgehend, Bergschrund; weiter zum SO-Grat und auf diesem zum Gipfel.

Überschreitung vom Westl. Daunkogel s. R 608.

● 619 Der Anstieg **vom Warenkar** über den Warenkarferner zur Scharte, 3173 m, ist nicht empfehlenswert.

Stubaier Wildspitze, 3340 m

Eindrucksvolle Felsschaufel südl. über dem Daunkogelferner, lohnende Bergfahrt, Bergerfahrung erforderlich. 1. touristische Erst. E. v. Fuchs, M. Egger, J. Pfurtscheller, 1882. Gipfelkreuz, Gipfelbuch.

● **620 Südflanke,** unterhalb des SO-Grates, Normalweg. I, ¾ Std. vom Bildstöckljoch.

Vom Bildstöckljoch westwärts empor zu P. 3255 m und weiter zur Scharte 3235 m. Von hier knapp unterhalb des Südostgrates über schuttbedeckte Bänder und durch Rinnen zum Gipfel.

● **620 a Südostgrat** (M. Leigh-Clare, M. Schweiger, 1890), II, 1—2 Std. vom Bildstöckljoch. Wie in R 620 zur Scharte 3235 m und weiter über den teilweise ausgesetzten Grat zum Gipfel. Lohnender als R 620.

● **621 Von Nordosten** (vermutlich P. Richter, J. und D. Pfurtscheller, Dessené, 1883). Je nach Verhältnissen, vom Fuß der Rinne ¾—1 Std., III+.

Dieser Anstieg erfolgt vom Daunkogelferner durch die Eisrinne, welche östlich des Gipfels am weitesten gegen den Grat hin reicht (P. 3235 m). Die Eisrinne ist oben 20 m ausgeapert. Dort ist glatter, griffloser Fels zutage getreten (zur Zeit sogar Felshaken!). Das Eis selber und die Randkluft bieten ebenfalls Schwierigkeiten. Weiter am SO-Grat zum Gipfel.

● **622 Nordwand.** Teilweise IV, 3 Std. E.

Einstieg in Fallinie der auffallenden Eisrinne, die bis in das erste Drittel der N-Wand emporzieht. Bergschrund; durch die Rinne empor zu ihrem Ende, nach rechts über vereiste Platten, weiter aufwärts querend zu einer schwach ausgeprägten Rippe. Über diese empor, bis sie in die steile Gipfelwand übergeht. Über Platten und kleine schnee-erfüllte Rinnen zum Gipfel.

Blick von Südosten über das Bildstöckljoch gegen die Wildspitze

R 620 Südflanke
R 620 a Südostgrat

Stubaier Wildspitze
620
620a
Wütenkarspitzen

● 623 Durch die Südwestflanke ziehen sehr brüchige, steinschlaggefährdete Rinnen, der Aufstieg durch diese wurde gemacht, ist aber nicht anzuraten. (Weg der 1. Begehung.)

● 624 **Nordwestgrat** (A. Pallocsay, J. Kindl, 1888). III, 1 Std. E.

E. an der Scharte 3173 m. Über ein Firnfeld an die ersten Gratfelsen und über diese an den auffallenden Grataufschwung heran. Dieser wird knapp rechts der Gratkante durch einen Riß erklettert. Man hält sich weiter am Grat und weicht nur fallweise kurz nach rechts aus. Nach oben hin leichter werdend zum Gipfel.

● 625 **Schaufelspitze,** 3333 m

Breiter Felsgipfel, auch im Winter mit Ski leicht erreichbar. Der leichteste Anstieg von der Dresdner Hütte (Stubaier Gletscherbahn). Gipfelkreuz, Gipfelbuch. 1. tourist. Erst. J. A. Specht, A. Taufer, 1862.

● 626 **Normalweg** (A. Taufer, 1875). Für Geübte unschwierig, 30 Min. E. Vom Eisjoch südwestw. um den markanten Felsbau herum auf den obersten Gaißkarferner und an den Fuß der Südflanke. Durch die Flanke und unterhalb des SW-Grates auf den Gipfel.

● 627 **Nordgrat** (Heinrich Klier, Gerhard Markl, 1975). III, 2—3 Std. (Direkte Erkletterung des ersten Aufschwunges IV). Landschaftlich großartige Kletterei. Gefährlich wegen der großen losen Blöcke. Grathöhe 400 m.

Von der Bergstation Eisgrat der Stubaier Gletscherbahn eben über den Gletscher hinüber an den tiefsten Punkt des Grates. An geeigneter Stelle über die Randkluft und auf die Schrofen. Über Schrofen 50 m hinauf zum ersten Steilaufschwung. Seine direkte Erkletterung ist sehr schwierig. Man kann aber etwas links ausweichen. Gerade empor auf den auffallenden großen Gratturm. Unschwierig hinunter in die folgende Scharte. Nun immer direkt an der Gratschneide über Schrofen, große Blöcke und Wandstellen empor zum Gipfel.

● 628 **Nordflanke.** Im unteren Teil zerrissener Hängegletscher. Darüber Blockflanke mit Firnfeldern. (Durch diese Flanke fuhr im April 1958 Herbert Raditschnig mit Skiern ab).

● 629 **Nordostgrat.** Teilweise III, 2 Std. vom Einstieg. Von O über Firn (Eis) und Schrofen zum Grat, den man oberhalb der gefährlichen, abgespaltenen Türme betritt. Hinauf zur ersten Gratschulter. Weiter etwas flacher am Grat und nun stets steiler werdend, bis der Grat mit leichtem Knick direkt von O etwas weniger schwierig zum Gipfel leitet.

● **629 a Von der Schaufelnieder** (Weg der Erstersteiger). II, 1—1½ Std. vom Joch. Von der Nieder südl. unter den ersten Zacken den Grat umgehend zum Fußpunkt des SO-Grates, der zum östl. Vorgipfel leitet. Weiter brüchig am Grat zum Vorgipfel, 3228 m, und nun gegen W umbiegend am stets steiler werdenden Gipfelgrat zum höchsten Punkt.

● **630 Schußgrubenkogel,** 3211 m

Südl. der Schaufelspitze vorgeschobener Gipfel, auch mit Ski unschwierig erreichbar. Von N her vom oberen Gaißkarferner unschwierig über den Blockgrat und kleinen nördl. Vorgipfel über schmalen Grat (eine Kletterstelle I) in 20 Min. zu besteigen. Auch von der Hildesheimer Hütte kann, zuerst am Steig gegen den Gaißkarferner, dann stets auf dem Moränen- und Blockgrat südl. des Ferners, der Schußgrubenkogel in 1 Std. erreicht werden.

● **631 Aperer Pfaff,** 3351 m

Langgestreckter Felsgipfel, erhebt sich nordwestl. des Zuckerhütls und östl. der Schaufelnieder und bildet den Endpunkt eines nach N langgestreckt sich hinziehenden Grates. 1. touristische Erst. Th. Lampart und Gef. 1867 über den Aperen Pfaffengrat.
Dieser Apere Pfaffengrat wird häufig an der Langen Pfaffennieder, 2935 m, überschritten. Ihm entragen sodann der Südl. Fernaukogel, 3098 m, der Nördl. Fernaukogel, 2920 m, und der Peilturm, ehe der Grat zum viel begangenen Peiljoch abfällt.

● **631a Westgrat,** von der Schaufelnieder, I, 1½ Std. Anregende Kletterei; man hhält sich stets auf der Gratschneide. Interessante Felsformationen.

● **631b SO-Grat,** vom Pfaffengrund. I, 30 Min.

● **631c Von der Langen Pfaffennieder über den N-Grat.** Unschwierig.

● **632 Fernauspitze** P. 2920 m der AV-Karte. Letzte Erhebung im Aperen Pfaffengrat südöstl. des Peiljochs.

● **632 a Nordwestgrat** (H. und W. Klier, 1976), IV (2 SL), sonst II—III, 2½ Std. E.
Von der Dresdner Hütte südw. über den Bach. Weglos über Geröll zum NW-Grat, der mit einem dreieckigen Steilaufschwung im Kar ansetzt und an seinen linken Fußpunkt. Eine SL steil empor (IV), dann über

eine begrünte Rampe zum großen Gratturm, dessen Überkletterung sehr schwierig ist (IV). Immer weiter über den teilweise brüchigen Blockgrat zum Gipfel.

Abstieg nach N durch die Flanke (weglos, brüchiges Gelände) in das Kar unterm Peiljoch oder über den NO-Grat unter Umgehung des Peilturms zum Peiljoch (vgl. R 632).

● **633** **Peilspitze,** 2820 m

● **Vom Peiljoch.** I, 20 Min. vom Joch.

Westl. unter dem S-Abfall des Grates leicht ansteigend über Blockwerk zum W-Grat und zum Gipfel.

● **634** **Von der Dresdner Hütte.** 2½ Std.

Am Steig gegen den Trögler ostwärts ansteigend bis ins Kar nördl. der Peilspitze, nun vom Steig abweichend über Blockwerk zum Sattel östl. der Peilspitze und von O zum höchsten Punkt.

● **635** **Übergang zum Trögler.** Für Geübte unschwierig, 40 Min. Am besten immer am Grat gegen O, dann gegen NO zum Gipfel.

Großer Trögler, 2902 m

Leicht erreichbarer Aussichtsberg mit besonders schönem Blick auf den Hauptkamm sowie auf die Alpeiner Berge.

● **636** **Von der Dresdner Hütte** auf bez. Steig ostwärts, bis 20 Min. hinter der Hütte der Steig zum Trögler abzweigt, nun weiter stets am Steig zum Gipfel, 2½ Std.

● **637** **Von der Sulzenauhütte.** Am Steig westw. über Gras und Schrofenhänge zum Kleinen Trögler, 2885 m, und am breiten Gratrücken weiter zum Gipfel, 2 Std.

● **638** Die weiteren Ausläufer dieses Grates gegen N sind unbedeutend und ohne Interesse für den Bergsteiger. Der letzte Punkt des Grates wird der Pfaffenknollen, 2478 m, genannt.

Zuckerhütl, 3505 m

Höchster Gipfel der Stubaier Alpen.

Formschöner Gipfel, von N her völlig überfirnt, nach S steiler Felsabbruch. Großes Gipfelkreuz. 1. Besteigung: J. A. Specht, A. Tanzer, 1863, vom Pfaffensattel, im selben Jahr kamen L. Pfaundler, L. Barth mit Führer A. Tanzer über die Pfaffenschneid.

Der Normalanstieg (Ostgrat) beginnt am Pfaffensattel. Hierher kürzester Zugang von N von der Station Eisgrat der Stubaier Gletscherbahn, 2 Std., über die Lange Pfaffennieder, s. R 275 a.

Weitere Zugänge: Von der Dresdner Hütte 3—3½ Std., R 276; von der Hildesheimer Hütte, 2 Std., R 272; von der Sulzenauhütte 3½ Std., R 274. Im Winter vom Stubaier Eisjoch — Gaißkarjoch-Abfahrt Gaißkarferner-Querung der Hänge unterm Schaufelnieder (nur bei sicheren Verhältnissen!) — Pfaffenjoch—Pfaffensattel. 1½ Std.

● **639 Ostgrat,** vom Pfaffensattel (J. A. Specht, A. Tanzer, 1863). Eisweg. Bei guten Verhältnissen I, 30 Min.

Vom Pfaffensattel am O-Grat, wobei etwa nach dem ersten Drittel manchmal Spalten im Grat den Weg erschweren und zum Ausweichen in die N-Flanke zwingen. Die nun stets steiler werdende Firnkante endet kurz unter dem Gipfel, wobei weiterhin über bisweilen vereiste Schrofen der letzte Teil mit besonderer Vorsicht begangen werden muß. Besondere Vorsicht beim Abstieg. Bei Blankeis schwierig.

● **640 Ostgrat-Südflanke**, II, bei Blankeis am Grat vorzuziehen; führt in brüchigem Fels südl. des Firngrates, zuletzt in der S-Flanke zum Gipfel. Vom Sattel ein Stück dem Firngrat folgend, bis man nach links zwar steil, aber ungefährlich über Firn zu einem felsigen Gratl parallel zum Firngrat absteigen kann. Nun zwischen Fels- und Firngrat in der Mulde ansteigend gegen den Steilaufschwung. Dort leicht nach links über teilweise brüchigen Fels aufwärts querend, zuletzt in die S-Flanke und über gutgestuften Fels zum Gipfel. 30—40 Min.

● **641 Südwand** (im Abstieg I. Stüdl, P. Gleinser, 1867). III, eine Stelle IV, 2½ Std. E., große Steinschlaggefahr.

Von der Siegerlandhütte zum Triebenkarlesferner und auf diesem bis unter die S-Wand des Zuckerhütls. Einstieg dort, wo eine markante Eiszunge steil hinaufzieht. Etwa 130 m empor, zuletzt über brüchige Platten, dann links wieder in brüchige Platten querend und über Wandstufen zu einem Vorsprung etwa 80 m unter dem Gipfel. Weiter über hohe steile, aber gutgestufte Wandstellen, zuletzt flacher zum Gipfel. In allen Teilen sehr starke Steinschlaggefahr, schwierigste Stelle nach Verlassen der Eisrinne.

● **641 a Von der Siegerlandhütte** über die Pfaffenschneide, I, 4—4½ Std. Auf dem Weg R 287 (Hildesheimer Hütte) über das Gamsplatzl bis auf den Pfaffenferner in 3100 m Höhe. Hier wendet man sich nach rechts (= Südosten) und erreicht über einen steileren Firnhang die breite Einsattelung von P. 3206 m.

Der Gratpunkt 3230 m unmittelbar westlich von diesem Sattel kann auch direkt aus dem Kar unter dem Gamsplatzl über steile Geröllfelder und Schrofengelände mühsam, aber unschwierig erreicht werden. Dagegen verlangt die unmittelbare Gratüberschreitung vom Gamsplatzl zu P. 3230 m teilweise sehr schwierige Kletterarbeit.

Von P. 3206 m folgt man nun dem gleichmäßig steigenden SW-Grat der Pfaffenschneide entweder direkt über sein Blockwerk oder den Firn links von der Grathöhe. Die schmale Gipfelschneide der Pfaffenschneide, 3498 m, kann unmittelbar überschritten werden, wobei die Firnsenke, 3432 m, zwischen Pfaffenschneide und Zuckerhütl im Abstieg über den schmalen fels- und schneedurchsetzten O-Grat erreicht wird. Manchmal ist es ratsam, kurz vor dem Gipfel der Pfaffenschneide auf einem breiten Band leicht fallend in die S-Flanke zu queren und den O-Grat durch eine plattige, meist schneegefüllte Rinne wiederzugewinnen.

Von der Firnsenke über einen steilen Firnhang zum Gipfel des Zuckerhütls empor.

● **642 Über die Pfaffenschneide,** 3498 m, vom Pfaffenjoch (L. Pfaundler, L. Barth erstiegen 1863 mit Führer A. Taufer die Pfaffenschneid). Bei Blankeis ist Eiserfahrung notwendig. 1 bis 1¼ Std.

Nach S über Firn zu P. 3366 m; weiter am unschwierigen Grat und über ein steiles Firnfeldchen gegen P. 3498 m (dieser kann ebenfalls vom Pfaffenferner her bereits über seinen SW-Grat erreicht werden, wobei man von der obersten südöstl. Firnbucht des Pfaffenferners zur Scharte 3206 m ansteigt; der Anstieg noch weiter von O über die sogenannten Katzenköpfe lohnt sich nicht). Vom P. 3498 m leicht gegen O am Grat absteigend zum Sattel 3432 m, über eine kurze Wandstufe und in der Folge etwas unter dem Grat im obersten Firn zum Gipfelgrat und unschwierig zum Gipfel. Bei guten Verhältnissen ist dies unter Umständen noch besser als der O-Grat, jedoch nicht ungefährlich.

Blick vom Gaiskarferner nach Osten

R 272 Aufstieg zum Pfaffenjoch von der Hildesheimer Hütte
R 641 a Anstieg über den Südwestgrat und Überschreitung zum Zuckerhütl
R 642 Anstieg vom Pfaffenjoch

Zuckerhütl
Pfaffenschneide
641 a
642
P. 3230 m
272
641a
Pfaffenferner
272

● 643 **Nordwand.** Eiswand, 60°. 1 Std. Die Nordwand wird in Gipfelfallinie durchstiegen. Bei Firn schneller Anstieg. Steilste Stelle 60°.

Geißkogel, 3129 m

Die ebenmäßig geformte Felspyramide des Geißkogels steht beherrschend über dem Windachtal. Gipfelkreuz.

● 644 **Von der Siegerlandhütte** (Südflanke und SW-Grat), I, 2½ Std., rot bez. Man geht zunächst auf dem Verbindungsweg R 287 zur Hildesheimer Hütte bis zum Gletscherbach des Triebenkarlasferners, 30 Min. Dann weglos über ebene Geröllfelder zum Moränensee (Höhe 2695 m). Beim Abfluß des Sees geht man über den Scheitel eines Moränenkammes in westlicher Richtung. Man quert in stets gleichbleibender Höhe (2700 m) auf ausgeprägten Gamswechseln die Grashänge unter dem Steilabbruch der Geißkogel-Südflanke so lange nach Westen, bis man das untere Ende einer Steilrinne erreicht, die zum SW-Grat hinaufzieht. Bis hierher 1—1½Std. ab Hütte. Die direkte Durchsteigung der steilen, brüchigen und oft schneegefüllten Rinne ist nicht zu empfehlen. Man steigt besser etwa 50 m weiter links (= westlich) der Rinne in steilem Schrofengelände zum Grat empor, der in leichter und anregender Kletterei über seine Riesenblöcke bis zum Gipfel verfolgt wird.

● 645 **Nordgrat.** III, vom Gamsplatzl 1½ Std. (von der Siegerlandhütte 2½—3 Std.).

Von der Siegerlandhütte am Steig zur Hildesheimer Hütte (R 287) bis zum Gamsplatzl. Von hier zunächst leicht über den N-Grat bis zu einer kleinen Einschartung. Nun entweder schwierig über die scharfe Gratschneide oder 3 m unter dem Grat in der Ostflanke über ein fußbreites Band leicht steigend wieder zum Grat empor. Am Grat selbst oder leicht links davon mäßig schwierig über Blockwerk und plattiges Gestein zu einem braunen Grataufschwung. Der unmittelbare Weiterweg über die beidseitig überhängenden, mächtigen Gratblöcke ist nicht ratsam.

Man quert besser in der Gratostseite eine 15-m-Platte waagrecht auf fingerbreiter Leiste — in der Plattenmitte Ringhaken — und steigt schwierig in einer senkrechten Verschneidung 5 m hinauf zu einem Haken, III. An die Kante der linken Verschneidungswand ausgesetzt hinüberspreizend III +, und steil empor, Haken, und nach 10 m leichter zum Grat zurück. Drei bis vier mäßig schwierige Seillängen führen über den plattigen Grat zum Gipfel.

● **645 a Südostgrat** vom Moränensee (2695 m), I, 1½ Std.

Wie bei R 644 zum Moränensee und weiter an den Fuß des geschwungenen Grates. Zunächst rechts, ab ca. 2800 m am Grat selbst zum Gipfel. Beschr. D. Freigang.

Wilder Pfaff, 3458 m

Schöner, von NW her fast überfirnter Gipfel, einer der meistbesuchten Berge des Hauptkammes. Ausgangspunkt des langen weitverzweigten Seitengrates nach O. Wird meist zusammen mit dem Zuckerhütl bestiegen.

● **646 Normalweg** vom Pfaffensattel (oder etwas nördl. davon), (A. Gutberlet, A. Purtscheller, A. Tanzer, 1870). I, 30 Min.
Direkt über Firn und Blockwerk zum Gipfel.

● **647 Von Norden** (H. Heß, L. Purtscheller, 1887). Je nach Verhältnissen schwierig (III), 4—4½ Std. von der Hütte. Nur für geübte Eisgeher.

Von der Sulzenauhütte am Weg zum Peiljoch und weiter über die Ufermoräne, bis man flach auf den Sulzenauferner hinuntersteigen kann. Nun unter den großen Brüchen vorbei und immer steiler ansteigend gegen den Fuß des felsigen N-Grates des Wilden Pfaffen, der Sulzenauferner und Fernerstube trennt. Knapp westl. des Gratfußes ziehen steile Eishänge stark spaltendurchzogen empor, über diese und nun stets längs des Grates ansteigend, bis man direkt über den Firngrat gegen den Gipfel aufsteigen kann.

● **648 Ostflanke des Nordgrates** (F. Hohenleitner, S. Plattner, 1911). Je nach Verhältnissen bis IV, 2 Std. E., große Steinschlaggefahr.

Von der Sulzenauhütte am Weg zum Pfaffennieder bis in die Fernerstube. Etwa in der Mitte des N-Grates ist die O-Flanke teilweise von sehr steilem Eis durchsetzt. Gegen das untere Eisfeld ansteigend. Randkluft! Nun über steilen Firn (Steinschlag) zum Fels unter dem oberen Eisfeld. Schwierig über brüchige Rippen empor, wieder ins Eis, nördl. eines Bruches und nun zuerst steil, dann flacher werdend, bis man an dem immer mehr ausapernden N-Grat aussteigen kann. Weiter am N-Grat zum Gipfel.

● **649 Direkte Nordostwand** (K. Baumgartner, G. Pfeifer, 1923). Wandhöhe 450 m, nach Verhältnissen bis IV, 4 Std. E.

Aus der Fernerstube möglichst hoch gegen SO ansteigend, Bergschrund. Weiter etwa 100 m in enger Firnrinne empor gegen den O-Grat. Nun rechts querend unterhalb einer auffallenden rötlichen Steilstufe in der Wand, über Firn und Blockwerk empor bis zu einer weiter nördl. herabziehenden Firnrinne, über diese zu einer grauen Felsrippe und an dieser empor zu großem Felskopf im oberen Wandteil, weiter über brüchiges, zackiges Blockwerk. Bei einem Felsköpfl unter dem Grat (Wächte) zum Gipfel aussteigen.

● **650 Ostgrat** von der Pfaffennieder. I, 1 Std. Westl. ansteigend, so lang als möglich am Firn gegen den O-Grat hinauf.

● **651 Südostflanke.** II, 1 Std. E., Steinschlaggefahr.
Direkt von der Mitte der Wand (Bergschrund) über steinschlaggefährdeten Hang zum Fels und schwierig gegen den obersten O-Grat nahe beim Gipfel.

● **652 Südgrat** (L. Pfurtscheller, J. Kindl, M. Berns, 1886). III, 45 Min. E., brüchig.

Dieser setzt nördl. der Sonklarscharte, 3298 m, bei der Scharte, 3306 m, an, welche vom Übeltalferner unschwierig erreicht wird (brüchig). Weiter am Grat. Teilweise schwierig über brüchiges Gestein zum Gipfel.

Sonklarspitze, 3467 m

Breite Schneekuppe mit eindrucksvollem Hängegletscher an der W-Flanke. Abwechslungsreiche Anstiege.

● **653 Nordgrat** (R. Gutberlet, A. Tanzer, S. Holzmann, 1869). III, 1 Std. E., sehr brüchig, wenig lohnend.

Von der Sonklarscharte bis zur ersten Steilstufe, diese westl. umgehend, durch ein steiles Couloir zurück zum Grat und zur Spitze.

Blick von Norden auf den Sulzenauferner mit Hauptkamm

R 274 Zustieg von der Sulzenauhütte zum Pfaffenjoch
R 276 Zustieg von der Dresdener Hütte über Langen Pfaffennieder oder von der Station Eisgrat der Stubaier Gletscherbahn (R 275 a)
R 286 Zustieg von der Sulzenauhütte
R 639 Ostgrat
R 641 a Anstieg von der Siegerlandhütte bzw. Hildesheimer Hütte
R 642 Anstieg vom Pfaffenjoch
R 647 Anstieg von Norden
R 648 Ostflanke des Nordgrates
R 649 Direkte Ostwand
R 650 Ostgrat von der Pfaffennieder

Wilder Pfaff
Zuckerhütl
Pfaffenschneide
Aperer Pfaff
Pfaffensattel
639
641 a
646
642
Pfaffenjoch
Pfaffennieder
650
276
Sulzenauferner
649
648
Lange Pfaffennieder
274
286
647

Blick von Süden gegen den Hauptkamm. Im Kreis die Siegerlandhütte.
R 287 Übergang Siegerlandhütte — Hildesheimer Hütte
R 656 Normalaufstieg von Südwesten

● **654 Von Osten.** Teilweise II, von der Müllerhütte 2 Std.

Am Übeltalferner gegen den Fuß des O-Grates der Sonklarspitze. Diesen an seinem tiefsten Ansatz ersteigend und steil empor, bis man den Firngrat erreicht, und unschwierig zum Gipfel.

Die Überschreitung der Sonklarspsitze von der Siegerlandhütte mit Abstieg nach O vermittelt eine günstige Verbindung zur Müllerhütte.

● **655 Von Südosten** (M. Déchy, 1874). Nach Verhältnissen bis III, 2½ Std. von der Müllerhütte.

Vom Übeltalferner um den O-Grat der Sonklarspitze gegen S herum und nördl. des Bruches, welcher den Felsriegel durchbricht, am Rande aufwärts, bisweilen schwierige Eisarbeit. Vom oberen Rand des Bruches gegen N unschwierig zum Gipfel.

Die erste Besteigung über den Scheiblehnferner auf den Sattel zwischen Schwarzwand- und Sonklarspitze und über den Firnrücken von S führten V. Hecht und J. Pinggera 1872 aus.

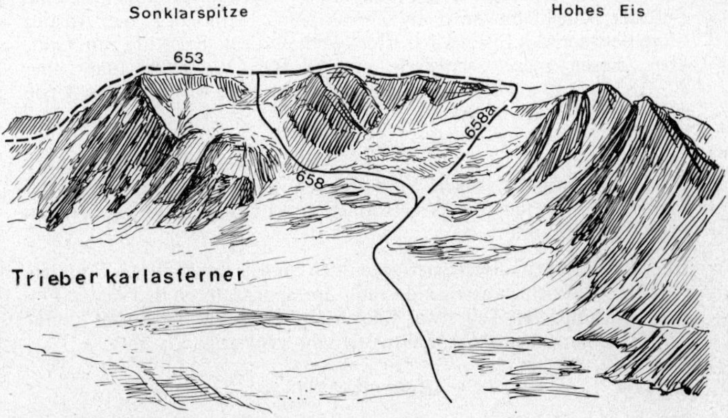

Blick von Westen auf Sonklarspitze und Hohes Eis

R 653 Nordgrat
R 658 Westflanke
R 658 a Westflanke

● **656 Von Südwesten** (W. und O. Chiari, E. v. Böhm, P. Kotter, 1875). I, 2 bis 3 Std. von der Siegerlandhütte, Frühjahrsskitour.

Von der Siegerlandhütte gegen NO ansteigend zum Ferner südl. der Scheiblehnwand. Nun im hintersten Winkel des Kares, das von der Scheiblehnwand und einem vom Hohen Eis herabziehenden SW-Grat gebildet wird, über Blockwerk zu steilerem Firnhang und über diesen zu P. 3306 m, weiter am Grat gegen O zum Hohen Eis, 3388 m, und nun gegen NO über P. 3453 m am Firn zum Gipfel.

Über den Felsgrat im SO des Firnhanges. I—II, 2—3 Std. von der Siegerlandhütte.

Jetzt am häufigsten zum Anstieg benutzt (R 656 ist im Sommer steinschlaggefährdet). Bez., an einer Stelle Drahtseilsicherung. Man biegt kurz vor Erreichen der Firnrinne nach rechts ab und folgt der roten Bez. südw. in eine deutlich sichtbare Scharte im Grat (ca. 3080 m). Auf dem Grat empor, bis man an einem Drahtseil 5 m in ein Schartl absteigt. Weiter auf Steigspuren zum P. 3306, und weiter wie oben. Beschr. D. Freigang.

● 657 **Über die Scheiblehnwand** (R. Kaulich, E. Meyer, 1920). Teilweise I—II, 2 Std. E. (2¾ Std. von der Hütte).

Von der Siegerlandhütte am Steig zum Triebenkarlesferner und zum Fuß der Scheiblehnwand; starke Ausaperung ermöglicht den Anstieg ohne Betreten des Eises. Über Blockwerk und eine Felsstufe zum Grat, über diesen mäßig schwierig empor über P. 3020 m und über P. 3182 m stets am Grat haltend zum Firngrat und weiter wie bei R 656 zum Gipfel.

● **658 Westflanke.** Nach Verhältnissen 1—1½ Std. vom Fuß der Flanke. II—III, je nach Eisverhältnissen. Schönste Eisfahrt im Bereich der Siegerlandhütte.

Über den Triebenkarlesferner gegen den Sporn, der südl. der Sonklarscharte herabzieht, ansteigend. Südl. des Sporns durch den steilen Eishang, im mittleren Teil etwas flacher, zuletzt wieder sehr steil hinauf zur Gipfelkuppe, nach Verhältnissen sehr schwierige Eisfahrt.

● **658 a** **Hohes Eis,** 3388 m

Westflanke, II—III je nach Eisverhältnissen, 2—2½ Std.

Die etwa 300 m hohe, vergletscherte Westflanke des Hohen Eises bietet bei einer Durchschnittsneigung von 35° eine reizvolle Eisfahrt mittlerer Schwierigkeit. Als Schlüsselstellen dieser Route sind die riesige Querspalte und der Bergschrund vor dem Gipfelhang anzusprechen. Die Überwindung dieser Hindernisse ergibt sich aus der jeweiligen Struktur der Spalten. Die Durchsteigung der Flanke empfiehlt sich im Frühsommer bei Firnbelag und zahlreichen Spaltenbrücken. Die Mitnahme von zwei Eishaken zu Sicherungszwecken ist angebracht.

Zunächst auf dem Verbindungsweg R 287 zur Hildesheimer Hütte bis zum Gletscherbach des Triebenkarlesferners. Nunmehr weglos über die Geröllfelder der Grundmoräne zum Ferner. Auf dem Gletscher leicht rechts haltend bis in 3000 m Höhe, Vorsicht: zahlreiche Spalten, unbedingt am Seil gehen! Über wellige Gletscherhänge gelangt man in 3100 m Höhe zum Fuß der eigentlichen Flanke. Wenn es die Spaltenverhältnisse erlauben, steigt man stets gerade in Richtung Hohes Eis empor, d. h. dorthin, wo die südlichen Felsen des Gipfeldaches der Sonklarspitze auslaufen.

Vom Hohen Eis zur Sonklarspitze, ½ Std., oder zur Siegerlandhütte hinab, 1—1½ Std. Übergang zur Schwarzwandspitze, I, 1½ Std.

Schwarzwandspitze, 3358 m

Die Schwarzwandspitze beherrscht mit ihrer wuchtigen Felsgestalt das NO-Ende des Windachtals. Sie wird meist zusammen mit der Sonklarspitze erstiegen.

● **659 Südostgrat** (M. Dechy, V. Hecht, J. Pinggera, 1874). I, 30—40 Min. von der Scharte.

Von der Schwarzwandscharte (hierher wie bei R 293) über den gutgestuften Grat, an den man sich stets hält.

● **660 Von Westen bzw. Nordwesten.** II, 2½ Std. von der Siegerlandhütte.

Von der Siegerlandhütte zum östl. Scheiblehnferner und empor bis unter den Verbindungsgrat Hohes Eis — Schwarzwandspitze. Dort zieht eine Eisrinne empor zum Grat etwas westl. von P. 3294 m; weiter am Grat, zuletzt über brüchigen Fels zu P. 3294 m, weiter am Firn zum Gipfel nach SO.

● **660 a Südwestgrat,** I—II, 2—2½ Std. von der Siegerlandhütte.

Von der Hütte über Schutt- und Firnfelder, zuletzt über einen steileren Schneehang (Bergschrund!) in die Scharte P. 3062 m, knapp östl. des Punktes 3094 m der Schwarzen Wand (R 661 a). Nun stets am Grat zum Gipfel. Ein plattiger Aufschwung in der Mitte des Grates kann überklettert (II) oder links weniger schwierig umgangen werden. Beschr. D. Freigang.

● **661** Am besten wird die Besteigung der Schwarzwandspitze mit der Sonklarspitze verbunden, wobei man auch den Anstieg R 655 der Sonklarspitze für die Schwarzwandspitze benützen kann, ebenso auch den Anstieg R 660 der Schwarzwandspitze für die Sonklarspitze (1. Übergang: Purtscheller, Kindl, 1890).

● **661 a Schwarze Wand,** P. 3094 m, 1—1½ Std. Als stolze Spitze erhebt sich P. 3094 m aus dem Gratverlauf Windachscharte — Schwarzwandspitze.

Von der Siegerlandhütte geht man leicht ansteigend über Geröll und Schnee in östlicher Richtung, um schließlich nördlich von P. 2903 m über Schutt und leichte Felsstufen zum SW-Grat des „Namenlosen" hinaufzusteigen. Der scharfe Grat entpuppt sich als breiter Rücken, der in mäßiger Steigung immer etwas rechts (= östlich) der Grathöhe leicht zum Gipfel leitet.

Der ganze Gratverlauf Windachscharte — P. 3094 m stellt eine interessante, aussichtsreiche Übungskletterei in festem Granitgestein dar, II, 1—1½ Std.

Von der Windachscharte folgt man stets dem Gratverlauf über die Hanselscharte, 2867 m, hinweg bis zum P. 2903 m, der etwas ausgesetzt auf der Ostseite des Grates im Schrofengelände umgangen wird. Dann wie oben beschrieben zum Gipfel.

c) Windach- oder Brunnenkogel-Kamm

● **662** Von der Windachscharte zieht dieser selten begangene, jedoch sehr schöne Kamm gegen W. Vorwiegend sind unschwierige Aufstiege zu finden. Die gesamte Überschreitung (erste von L. Purtscheller, 1892) stellt eine sehr genußreiche Fahrt dar und bietet schönste Aussicht auf den Alpenhauptkamm und die Dolomiten. Man benötigt 10—15 Std. Die höchste Schwierigkeit ist III (an der Beillöcherspitze). Bis auf das brüchige Gratstück zwischen Vord. und Hint. Kitzkogel hält man sich stets am Grat.

Stützpunkte: Für den inneren, östlichen Teil: Siegerlandhütte und Timmels-AH., für den westl. Teil Fiegl-Whs. im Windachtal und Brunnenkogelhaus.

Beillöcherspitze, 3065 m

Dieser Felsgipfel, der knapp östlich des Scheiblehnkogels steht, wurde in der alten Karte des AV als Scheiblehnkogel bezeichnet.

● **663** **Nordostgrat** (Beschreibung W. Reder, N. Pfeifer, T. Eder). Teilweise III—IV, 2—2½ Std. E.

Von der Windachscharte leicht zum Grat; zunehmend schwieriger zu plattigem, griffarmem Turm. Links der Kante (südl.) schmaler Riß, 2 m absteigend und in einem Riß querend in die Scharte hinter dem Turm. Nächster Turm schwierigste Stelle. 1 m rechts der Kante über steile, kleingriffige Platten hinauf. (Diese beiden Türme können rechts nördl. umgangen werden: von der Scharte vor dem ersten Turm 15 m durch eine Rinne, die bis in den Sommer mit Schnee gefüllt ist; über steile Platten absteigend und eben unter den Türmen querend und schwierig zur Kante zurück.) Die nun folgenden Türme werden überschritten (II—III). Man erreicht Gehgelände und steigt über P. 2990 m in eine schwach ausgeprägte Scharte hinab, aus der sich der Grat wieder steil aufschwingt. Zunächst direkt an der Gratkante, dann auf schmalem Band nach rechts in eine Rinne queren, aus der man zuletzt über das abschließende Wandl hinaufspreizt (III). Weniger schwierig weiter über Gratblöcke zum Gipfel.

● **664 Übergang zum Scheiblehnkogel.** II, 45 Min., brüchig.

Scheiblehnkogel, 3060 m

Der Scheiblehnkogel zeichnet sich als Hüttenberg der Siegerlandhütte durch einen kurzen, gefahrlosen Anstieg zum aussichtsreichen Gipfel aus. Weithin sichtbares Kreuz. Gipfelbuch.

Vermutlich 1. Besteigung L. Purtscheller, 1882.

● **665 Von der Siegerlandhütte,** bez., 1½—2 Std. Auf dem Hüttenweg steigt man etwa 10 Min. ab, bis man die nach links (= Südwesten) führende Abzweigung zum Scheiblehnkogel erreicht. Die Markierung und Pfadspuren führen durch grobes Blockwerk an einem Gletschersee vorbei und leiten über P. 2592 m durch die Hänge unter dem NW-Grat des Scheiblehnkogels zu den Gletscherschliffen am Ostufer des Westl. Scheiblehnferners. Über die Schliffe empor, bis man in 2750 m Höhe den Gletscher betritt. In gleicher Richtung weiter über schwach ansteigenden Firn; als ungefährer Richtungspunkt dient der Gipfel des Hohlkogels, 2960 m, der die südliche Begrenzung des Scheiblehnferners bildet. Unter den Gipfelfelsen des Hohlkogels wendet man sich nach links, um durch eine Firnmulde die Scharte 2888 m zwischen Scheiblehnkogel und Hohlkogel zu erreichen. 1—1½ Std. Ab hier weisen wieder rote Markierungen den Weg über Blockwerk und Geröll zum Gipfel.

● **665 a Von Norden,** I, von der Hütte 1½ Std. Frühjahrs-Skitour.

Von der Siegerlandhütte am Steig zum Östl. Scheiblehnferner unter dem Ferner westw. querend; am Fuß des NW-Grates des Scheiblehnkogels vorbei, um ihn herum und südw. über den Westl. Scheiblehnferner ansteigend in den hintersten, nicht mehr vergletscherten Winkel unter dem Scheiblehnkogel. Über Blockwerk zum Gipfel.

● **666 Nordwestgrat.** II, 2 Std. E.

Die Türme im unteren Teil des Grates werden am Westl. Scheiblehnferner umgangen und mühsam wird über Blockwerk der obere Gratteil erreicht; mäßig schwierig über die Zacken zum Gipfel (besser im Abstieg).

● **667 Übergang zum Hohlkogel.** Stets am Grat, I, 45 Min.

Hohlkogel, 2980 m

Wenig bedeutender Gipfel, der eigentlich nur eine Graterhebung zwischen Scheiblehnkogel und Hinterem Kitzkogel darstellt. Vermutliche 1. Überschreitung L. Purtscheller, 1892.

● **668 Von Norden oder Osten.** I, von der Hütte 1½ Std.
Von der Siegerlandhütte zum Westl. Scheiblehnferner; weiter gegen S empor bis in die Scharte östl. des Hohlkogels und über den Grat zum Gipfel. Anderer Weg: direkt von N zur N-Flanke und in wenigen Min. über Blockwerk und Schrofen zum Gipfel.

● **669 Übergang zum Hinteren Kitzkogel.** II, 1—1½ Std.

Gegen W zur Scharte, 2916 m, absteigend, am folgenden Grataufschwung empor zu P. 3050 m. Weiter gegen NW zum Gipfel.

Hinterer Kitzkogel, 3063 m

Als Nachbarberg von Hohlkogel und Scheiblehnkogel bildet der Hintere Kitzkogel den westl. Rahmen des Scheiblehnferners. Eine unbedeutende Erhebung im Nordgrat trägt die Bezeichnung Hinterer Kitzkamp, 2992 m. Der Siegerlandhütte präsentiert der Hintere Kitzkogel seine verfirnte NO-Flanke.

Vermutliche 1. Überschreitung L. Purtscheller, 1892.

● **670 Von der Siegerlandhütte,** II, 2 Std.

Der von der Hütte nicht unmittelbar einzusehende Normalanstieg führt über den Hangenden Ferner und den obersten Teil des Westgrates.

Wie in R 302 beschrieben auf den Hangenden Ferner. Man steigt etwa in Gletschermitte in Süd-Richtung bis in 3000 m Höhe unter den felsigen Gipfelaufbau hinauf, kaum Spaltengefahr. Man gewinnt den W-Grat über steilen Firn links (= östlich) vom obersten, stärker ausgeprägten Grattürmchen. Mäßig schwierig in festem Gestein in 10 Min. über den Grat zum Gipfel. Abstieg wie Aufstieg.

● **670 a Vom Fiegl-Wirtshaus.** I, 4—4½ Std., sehr mühsam.

Am Weg zur Siegerlandhütte talein, entweder: 20 Min. nach Fiegl-Whs. bei Pfapfes Muhre am Steig über die Windache auf Steigspuren dem Bach entlang nach O, wo nach etwa 20—25 Min. der Steig endet. Weiter am Bach zur Mündung des Kitzkampbaches oder talein am Weg zur Siegerlandhütte und dort über die Ache. Ostwärts des Kitzkampbaches empor zum Kitzkampferner (mühsam), weiter gegen den NW—Sporn des Vorderen Kitzkogels, dort gegen SO haltend und gegen den Hinteren Kitzkogel ansteigend, über Firn und Blockwerk zum Gipfel.

● **671 Nordostflanke.** II, 2½—3 Std.

Von der Siegerlandhütte zum Westl. Scheiblehnferner, über diesen gegen SW ansteigend zur Firnflanke, die gegen den Gipfel hinaufzieht. Steil über diese, im oberen Teil gegen P. 3050 m haltend und am Grat zum Gipfel.

● **672 Übergang zum Vorderen Kitzkogel.** I, 45 Min.

Der sehr stark zerschartete schwierige Verbindungsgrat wird unschwierig umgangen, indem man vom Gipfel auf den Ferner absteigt und nördl. unter dem Grat quert, bis man von N zu P. 2987 m östl. des Vorderen Kitzkogels ansteigen kann; weiter am Grat unschwierig zum Gipfel.

Vorderer Kitzkogel, 3060 m

Selten erstiegener Gipfel. Empfehlenswert vor allem bei der Gesamtüberschreitung des Windachkammes.

1. Besteigung L. Purtscheller, 1892.

● **673 Vom Fiegl-Wirtshaus.** I, 4 Std.

Wie bei R 670 zum N-Sporn des Vorderen Kitzkogels und entweder unterhalb des Sporns (ostwärts) hinauf zu P. 2987 m und unschwierig zum Gipfel oder westl. des Sporns gegen SO ansteigend und über Blockwerk und Schrofen zum Gipfel.

● **674 Übergang zum Jochköpfl,** I, 1 Std.

Hinab zum westl. Teil des Kitzkampferners. Gegen SW unter dem Grat querend (Überkletterung schwierig und nicht lohnend) und hinauf zur Scharte nördl. des Jochköpfls (Scharte, 3052 m). Weiter am Grat zur Spitze.

● **675** Nördl. der beiden Kitzkögel ziehen durch den Hangenden Ferner voneinander getrennt der **Hintere Kitzkamp,** 2992 m, und der **Vordere Kitzkamp,** 2865 m, ins Windachtal hinab. Der Hintere Kitzkamp ist vom Hinteren Kitzkogel (II) erreichbar; ebenso vom Westl. Scheiblehnferner über die O-Flanke. Der Vordere Kitzkamp ist vom Kitzkampferner her unschwierig ersteigbar, jedoch ohne Bedeutung.

● **675 a Westflanke,** I, 3½ Std. von der Siegerlandhütte.

Wie in R 302 von der Siegerlandhütte oder vom Timmelsjoch auf den Westl. Kitzkampferner. Diesen empor bis in Höhe 2900 m. Durch die

Westflanke weiter, im oberen Teil links haltend zu einem schwach ausgeprägten Felsriegel. Über Schnee und Geröll zum Gipfel.

Jochköpfl, 3143 m

Ein nach S vorgeschobener Gipfel mit eigenartiger flacher N-Abdachung, der gegen das Timmelstal zwei lange Grate entsendet. Lohnende Spätfrühjahrstour.

● **676** **Südgrat.** II, 3 Std. von der Timmelsjochstraße.

Vom Kälberhüttl (etwa 3 km talein an der großen Rechtskurve der Timmelsstraße) von der Straße ab und steil ostwärts empor. Man hält sich rechts des Wietenbaches aufwärts und gelangt zu dem Karsee. Hinauf zum Grat, den man beim tiefsten Punkt zwischen Timmelsjochberg und Jochköpfl betritt, weiter am Grat gegen N und zum Gipfel.

Oder (besser) links am See vorbei und rechts einer Felsenstufe empor auf ebenes Gelände. Zuerst nordwärts, dann nordostwärts empor und über steiles Blockwerk zum Gipfel.

● **677** **Südwestgrat.** Teilweise III, 3 Std.

Vom Karsee etwas nordwestl. zur Rötenkarscharte ansteigend (oder weiter östl. über Block- und Schuttwerk zur Scharte, 2832 m) weiter am Grat.

● **678** **Aus dem Rötenkar** (vom Kälberhüttl im Timmelstal mühsam erreichbar) oder über die Rötenkarscharte zum Rötenkarferner und von NW aus der Scharte, 3068 m, zwischen Schrakogel und Jochköpfl (II) zum Gipfel.

● 679 **Timmelsjochberg,** 2970 m

Dieser über dem Timmelsjoch aufgerichtete Gipfel ist die letzte Graterhebung im S-Grat des Jochköpfls. Er wird entweder vom P. 2901 m nördl. des Gipfels (vom tiefsten Punkt im Grat) mäßig schwierig erstiegen (vom Joch 2½ Std.) oder über seinen SW-Grat mäßig schwierig in 2 Std. erreicht. Durch seine NO-Flanke ist er unschwierig, aber mühsam zu erreichen.

● 680 **Hochwarte,** 2648 m

Dieser südöstl. der Kleinkarscharte gelegene Felsgipfel wird vom Joch oder von der Timmelsalm durch das Lange Tal über Schutt und Blockwerk unschwierig erstiegen.

Schrakogel, 3135 m

Runder Gipfel. (Schöne Aussicht auf das Hochstubai.)

1. Besteigung L. Purtscheller, 1892. Schöne Spätfrühjahrsskitour bei schneefreier Straße. Gipfelbuch.

● **681 Von Südosten.** I, 20 Min. Von der Timmelsjochstraße 3 Std.

Von der Scharte 3068 m zwischen Schrakogel und Jochköpfl (entweder über den Rötenkarferner — siehe R 678 — oder über den Kitzkampferner unschwierig erreichbar). Weiter am kurzen Grat zum Gipfel.

Von der Timmelsjochstraße nach der großen Kurve ins Timmelstal noch etwa 2,5 km talein. Hier kommen zwei Bäche aus dem Rötenkarle über die Steilstufe herab. Zwischen ihnen oder rechts davon empor ins Rötenkarle und weiter empor über den kleinen Rötenkarferner in die Scharte 3068 m. Empor zum Gipfel.

● **682 Von Westen.** II, 1 Std.

Von der Scharte, 2932 m (aus dem Schrakar oder vom Rötenkarferner erreichbar) unter Umgehung (nördl.) der ersten Graterhebung, P. 3017, in die Scharte P. 2995 und von hier stets am Grat zum Gipfel.

● **683 Von der Siegerlandhütte,** I, 4 Std. („Drei-Gletscher-Tour„).
Auf R 302 a geht man über den Hangenden Ferner und den Östl. Kitzkampferner, bis man unter die Ausläufer des Westl. Kitzkampferners gelangt (rot-weiß-rote Markierung), 2½ Std. ab Hütte. Im steilen Firn (im Sommer Blankeis, Steigeisen!) folgt man der Markierung entlang einiger ausgeaperter Felsrippen. In 2850 m Höhe erreicht man das flache, spaltenlose Gletscherbecken des Westl. Kitzkampferners. In allgemein südl. Richtung über den Firn empor, wobei man einer vom Schrakogel abzweigenden Schuttrippe zustrebt. Über das Blockwerk dieser Rippe führen wieder Markierungen hinauf zum SO-Grat des Schrakogels, den man unweit von P. 3068 m betritt. Über den leichten SO-Grat, einmal einem Felsaufschwung rechts ausweichend, zum Gipfel.

● **683 a Übergang zum Wannenkogel.** II, 1½—2 Std.

Vom Gipfel absteigend nach W zur Scharte, 2995 m. Hinab auf den Ferner; über den Schrakarferner querend zum Beginn des S-Grates und über diesen zum Gipfel.

Wannenkogel, 3088 m

Vorspringender Gipfel im Windachkamm zwischen Schrakogel und Wilder-Röt-Spitze. 1. Besteigung L. Purtscheller, 1892.

● 684 **Nordostgrat,** II, 3 Std.

Vom Fiegl-Whs. talein bis zur Alten Taje und bei Pfapfes Muhre über den Bach und talein zur Mündung des Rastlasbaches. Diesem folgend über Grashänge und Schrofen zur Haglleite und im Moränenkar aufwärts zum Haglkar. Ohne den Haglkarferner zu betreten, an seinem O-Rand hinauf zum NO-Grat des Gipfels; über diesen zum höchsten Punkt.

● **685 Südgrat.** II, 3—4 Std. vom Fiegl-Whs.

Vom P. 2969 m, der durch das Schrakar oder ebenso mühsam vom oberen Wannenkar her mäßig schwierig erreicht wird, zum Grat und auf diesem zum Gipfel.

Von der Siegerlandhütte erreicht man das Kar auf dem Weg zum Timmelsjoch (R 302 a).

● **686 Südwestgrat.** II, 3 Std. vom Fiegl-Whs.

Vom Fiegl-Whs. etwa 8 Min. talein, bis rechts ein Steig über die Windache und steil in Kehren südostwärts bergan führt. Bei den Weiden am Putzach Abzweigung eines Steiges gegen W. Diesem folgend bis zum Bach, der vom Scheißkar herabzieht; durch dieses aufwärts ins Wannenkar, zum Wannenkarsee, 2639 m. Nun südl. zum Wannenkarsattel, 2914 m, weiter gegen O zum Fuß des Grates, den man in seiner ganzen Länge überschreitet.

● **686 a Überschreitung vom Brunnenkogelhaus.** Über Hinteren Brunnenkogel, nördl. am Rotkogel vorbei und über die Wilde-Röte-Spitze zur weiten Senke des Wannenkarsattels, 2914 m. Über den SW-Grat zum Gipfel. II, 3 Std. Gutes Orientierungsvermögen für den günstigsten Routenverlauf ist erforderlich, da man nicht immer der Grathöhe folgt. Beschr. D. Freigang.

● **687 Wilde-Röte-Spitze,** 2965 m

1. Besteigung L. Purtscheller, 1892. Von allen Seiten unschwierig ersteigbarer Gipfel, am besten vom Wannenkarsattel über den Block- und Trümmergrat (SO-Grat). Übergang zum Rotkogel auf unschwierigem Blockgrat 45 Min.

● **688 Rotkogel,** 2892 m

1. Besteigung L. Purtscheller, 1892. Schrofengipfel, für Geübte unschwierig.

Von N aus dem Schönkar über Gras- und Schutthänge oder auf Steig vom Hinteren Brunnenkogel her am Grat unschwierig erreichbar.

Hinterer Brunnenkogel, 2775 m

Dieser letzte Gipfel im Brunnenkogelkamm hat diesem den Namen gegeben, obwohl er selbst für den Bergsteiger wenig interessant ist.

● **689** Vom Brunnenkogelhaus gegen SO auf Steig über den P. 2722 m in 15 Min. zu ersteigen.

● **690** Einem vom Fiegl-Whs. talein führenden Steig (siehe Wannenkogel) folgend bis zur Abzweigung am Putzach. Weiter am westl. Steig ins Schönkar und durch dieses auf den NO-Grat des Brunnenkogels, diesen im oberen Teil überschreitend zur Scharte westl. des Hinteren Brunnenkogels und von NW am Grat zum Gipfel. Vom Fiegl-Whs. 2½ Std.

d) Die Botzergruppe und ihre Ausläufer

● **691** Der von der Schwarzwandspitze gegen SO streichende Grat baut in seinem nördl. Teil jene Gruppe auf, die vom Botzer, 3250 m, beherrscht wird. Von hier nach S zieht ein Grat, der sich im Gebiet der Moarer Weißen wieder verzweigt, mit einem Ast nach S und einem nach NO. Der südw. ziehende Grat teilt sich wieder in zwei Äste, die beide nach O umbiegen und zwei Ketten zwischen Ridnaun-, Ratschings-und oberem Passeiertal bilden. Die südl. der beiden geht am Jaufenpaß in die nördl. Sarntaler Alpen über.

Stützpunkt im Botzergebiet: Müllerhütte und Becherhaus, sowie Grohmannhütte; eventuell kommt auch die Timmelsalm in Frage. Für die Berge zwischen Ratschings- und Ridnauntal wird am besten Mareit oder Ridnaun, im Ratschingstal Bichl oder Flading gewählt. Das Dorf Moos im oberen Passeiertal dient zum Ausgangspunkt für die Hohe Kreuzspitze und die Wanderungen in diesem Gebiet, diese Gruppe kann auch vom Jaufenhaus her begangen werden.

● **692** **Hofmannspitze,** 3112 m

Dreieckiger Felsgipfel, südöstl. nahe der Schwarzwandscharte, 1871 m, nach dem bei Sedan gefallenen Alpinisten Karl Hofmann benannt.

Von Nordwesten (L. Pfaundler, L. Barth, 1864). I, 30 Min. von der Schwarzwandscharte.

Von der Scharte stets am Grat haltend erreicht man im oberen Teil etwas steiler den Gipfel.

● **693** **Übergang** zum westl. Punkt der breiten Krone der **Königshofspitze** (Th. Petersen, A. Tanzert, 1871). I, 30 Min., stets am Grat.

Königshofspitze (Schneiderlahnerspitze), 3128 m, 3138 m

Dieser massige Doppelgipfel trägt eine breite Krone mit zwei wesentlichen Erhebungen. Von N breit, fast bis zu den Gipfeln überfirnt, nach S steile Felsabbrüche und ein kurzer S-Grat. Der Ostgipfel ist mit 3138 m der höhere, der W-Gipfel, 3128 m, wurde früher auch Hohe Stellen genannt.

● **694** **Von Norden** (H. Waizenbauer, J. Braunhofer, 1873). I, 2 Std. vom Becherhaus.

Vom Becherhaus am Übeltalferner in Höhe von etwa 3000 m querend, direkt gegen S. In die Bucht zwischen westl. und östl. Gipfel der Königshofspitze, deren Verbindungsgrat am besten etwa 150 m westl. von P. 3138 m (O-Gipfel) erreicht wird.

● **695** **Südostgrat des Ostgipfels** (L. Pfaundler, L. Barth), I, vom Becherhaus 2 Std.

Auf R 694 bis nördl. der Königshofspitze und nun östl. um den Sporn herum, der vom O-Gipfel gegen N zieht. Hinauf zur Scharte am Fuß des SO-Grates (2974 m) und in 30 bis 40 Min. unschwierig am Grat zum Gipfel.

● **696** **Von Südwesten** (Th. Petersen, A. Tanzert). II, 1 Std. E. Von der Timmelsalm zum Schwarzsee und hinauf zum Fuß des SW-Grates des W-Gipfels (Schneiderlahnergrat). Mäßig schwierig über die erste Felsstufe und weiter stets am Grat zum Gipfel.

● **697** **Von Westen (bzw. Nordwesten).** I, vom Timmeler Schwarzsee 1½Std.

Vom Timmeler Schwarzsee weiter am Steig zur Schwarzwandscharte, vom Schwarzwandferner ostwärts zum Grat nördl. der Königshofspitze (W-Gipfel). Über eine kleine Wandstufe zum oberen Ende des NW-Grates und leicht zum Gipfel.

Botzer, 3250 m

Bedeutendster Gipfel im Umkreis, von N, O und W auf Eiswegen erreichbar, nach S steiler Fels.

● **698 Von Nordosten** (Th. Petersen, A. Ennemoser, 1874). I, 2 Std.

Vom Becherhaus südw. zum Botzerferner, in der Firnbucht südwärts zum Grat, der vom Botzer nach N, dann nach O zum Hochgwänd zieht. Nun über den Grat und die oberen Hänge des Hangenden Ferners gegen S querend, am Firn bis nahe zum Gipfel.

● **699 Von Südosten** (H. Heß, L. Purtscheller, 1887). I, mühsam, vom Egetjoch 2 Std.

Vom Egetjoch zum Hangenden Ferner gegen NW. Der Hangende Ferner wird am besten an seinem östl. Rand über eine Schuttzunge erreicht. Den Ferner aufwärts bis unter den Gipfel und unschwierig hinauf. Mühsam, wenig lohnender Anstieg.

● **700 Von Westen.** Von der Botzerscharte (auf einer Variante dieses Weges: A. Pfeffer, P. Kotter, 1884). I, von der Scharte 1 Std.

Vom Becherhaus zum Botzerferner. Östl. der Königsshofspitze senkt sich der Grat zu einer ausgeprägten Scharte, 2974 m. Östl. davon steigt der westl. Arm des Botzer-N-Grates empor. Über diese Scharte und jenseits über den Ferner ansteigend gegen den N-Grat des Botzers, über diesen unschwierig zum Gipfel.

● **701 Von Süden** (H. Heß, L. Purtscheller, 1887). Lange, nicht sehr lohnende Bergfahrt (brüchig), vom Hochferner etwa 3 Std.

Die Begehung des Botzers von S ist möglich, jedoch kaum lohnend. Aus dem Gebiet der Timmelsalm steigt man gegen den Hochferner an, erreicht den Grat nördl. der Schwarzseespitze und übersteigt die folgenden Graterhebungen 3010, 3035 und 3104 m, sowie den direkten SO-Grat des Botzers.

Hochgwänd, 3192 m

Östl. des Botzers baut sich als Mittelpunkt eines kurzen, mehrfach verzweigten Seitengrates der Gipfel des Hochgwänds auf. Nach O stürzen steile Felswände ins Egetental.

● **702 Von Nordwesten.** I, 30 Min.

Vom Sattel zwischen Hochgwänd und Botzer (siehe R 698) südwärts absteigend, am obersten Rand des Hangenden Ferners ostwärts querend, bis eine steile Eisrinne nordwärts gegen den Ebenen Ferner hinabführt. Dort gegen die Westflanke und über Felstrümmer und Blockwerk zum Gipfel.

● 703 **Von Osten** (R. Wolf, J. Mader, 1887). II, von der Grohmannhütte 3½—4 Std.

Von der Grohmannhütte südwestl. über Schutthänge hinab ins Vorfeld des Ebenen Ferners und zum Beginn des Egetentales, gleich rechts (Egetlahner) ansteigend und durch eine Schotterrinne in der O-Flanke über dem Egetlahner hinauf. Zuerst über Schrofen gegen SW auf ein steiles Schuttfeld, welches zu P. 2805 m (Schulter im O-Abfall des Gipfels) leitet. Nun am S-Abfall des O-Grates gegen die O-Flanke des Gipfels und über ihren brüchigen Fels zur Spitze.

Schwarzseespitze, 2988 m

Dieser Gipfel bildet südl. des Botzers einen Verzweigungspunkt im Grat. Von NW und NO über Eis erreichbar, fällt die S-Flanke steil, felsig ab. Nach O zweigt der Grat über Schneeberger Weißen zur Gürtelspitze ab, nach SO bzw. O führt ein Grat zur Moarerer Weißen, über das Egetjoch zur Moarerspitze und weiter gegen NO zur Krapfenkarspitze und Gschlantenspitze.

● 704 **Von Nordosten.** I, 1 Std. vom Egetjoch.

Vom Egetjoch gegen NW zum Hinteren Senner Egetensee (2647 m). Nun westl. über den Gletscher, südwestwärts umbiegend und steil durch eine felsdurchsetzte Stufe des Gletschers, direkt empor zum Grat nördl. oder südl. der Spitze und unschwierig über Blockwerk zum Gipfel.

● 705 **Von Westen.** I, 30 Min. von der Nördl. Schwarzseescharte.

Von der Scharte gegen O zum Grat. Über ein kurzes felsiges Gratstück in die Firnflanke des Gipfels und über diese zum höchsten Punkt.

● 706 **Von Norden** (I) ist der Gipfel von der Scharte 2942 m erreichbar (siehe R 701).

● 707 **Schneeberger Weißen,** 2968 m

Von Westen. Von der Gürtelscharte (in der AV-Karte steht die Bezeichnung Gürtelscharte zu weit südwestl.), I, 1 Std.

Von der Scharte über Blockwerk des W-Grates zu Punkt 2815 m, etwas absteigend, hierauf am steiler werdenden Grat zur Spitze.

● 708 **Von Süden.** I, von St. Martin im Schneeberg 2 Std.

Von St. Martin hinab zum Bach, am Weg zur Gürtelscharte empor, bis man direkt in Fallinie des Gipfels über Grashänge, einem Schrofengürtel ausweichend und wieder über Grashänge gegen die S-Flanke des Gipfels ansteigt. Über die 80 m hohe, steile Blockflanke zum Gipfel.

● 709 Gürtelspitze, 2861 m

Von Norden. Von der Gürtelscharte I, 1 Std.

Von der Scharte am Grat gegen SW bis P. 2665 m, dort an der N-Flanke querend gegen W um einen Gratsporn herum und hinter diesem direkt von N zum Gipfel.

● **710 Von Westen.** I, 3 Std. von der Timmelsalm.

Von den Hütten über den Bach unterhalb des Bachzusammenflusses. Am südostwärts ziehenden Bachlauf aufwärts, nun gegen O über die felsdurchsetzte Stufe und weiter gegen SO zum Gipfel.

● 711 Moarer Weißen, 2967 m

Von Nordosten. Vom Egetjoch I, 1 Std.

Vom Joch westwärts unschwierigen Fels und Schutt querend zum Ferner, der die N-Flanke der Moarer Weißen bedeckt. Über den Ferner und eine kurze Felsstufe zu P. 2916 m nördl. des Gipfels, über den kurzen Felsgrat südwärts zur Spitze.

● **712 Von Westen** (1. Begehung vermutlich H. Heß, L. Purtscheller, 1887). I, von St. Martin im Schneeberg 2 Std.

Dem Weg zur Nördl. Schwarzseescharte folgend (R 300) bis zum Schwarzsee. Nun ostwärts über sanft geneigtes Gelände, über Schutt und Geröll, zuletzt über eine steile Schotterrinne zwischen Moarer Weißen und Schwarzseespitze (2916 m); über den kurzen Felsgrat südwärts zur Spitze.

Moarer Spitze, 2804 m

● **713 Von Nordwesten.** Ohne Schwierigkeit vom Egetjoch, 45 Min.

An den Schotterhängen in der N-Seite dicht unter dem Gipfel und von NW zum Gipfel. Mühsam.

● **714 Westgrat.** Vom Egetjoch ohne Schwierigkeit, 30 Min. Am Grat über Blockwerk und Schutt bis zur Gipfelflanke.

● **715 Von Südwesten.** I, 1 Std.

Man kann den Gipfel direkt über die schrofendurchsetzten SW-Hänge oder über den SW-Grat erreichen.

● 716 **Übergang zur Krapfenkarspitze.** I, 1 Std.

Stets am Grat über eine Reihe von Graterhebungen.

● 717 **Krapfenkarspitze,** 2703 m

Dieser Gipfel beherrscht den innersten Talwinkel von Ridnaun, gegen O zieht ein langer Felsgrat herab.

Vom Trüben See, 2332 m, im Egetental kann er über Schutt und eine Steinrinne erreicht werden, indem man zur Scharte 2656 m 500 m südwestl. des Gipfels ansteigt und weiter am Grat zum Gipfel geht. Von Mareit ist er über Schrofen und Grashänge und den nicht ganz harmlosen brüchigen O-Grat bereits begangen worden.

● 718 **Gschlantenspitze,** 2477 m

Dieser Gipfel kann aus dem Egetental vom Trüben See her bzw. nördl. davon ohne Schwierigkeiten über Schutt und Blockwerk erstiegen werden.

● 719 **Sprinzenwand,** 2899 m

Gipfel südl. der Südl. Schwarzseescharte, auf Schutt in der O-Flanke von der Scharte her (zuletzt über Schrofen) erreichbar.

Rinnerspitze, 2825 m

Breiter Gipfel zwischen Schneebergscharte und Sandjoch, der den Blick vom inneren Lazzacher Tal beherrscht. Von allen Seiten leicht ersteigbar.

● 720 **Von der Schneebergscharte.** I, 1 Std.

Stets am Grat zur Gratschulter 2765 m und zum Gipfel.

● 721 **Vom Kasten-Wirtshaus aus dem Lazzacher Tal.** I, 2½ Std.

Am Weg zum Sandjoch bis zur Abzweigung des Steiges zur Schneebergscharte. Nun stets südwestwärts haltend unschwierig über die NO-Flanke zur Spitze.

● 722 **Von St. Martin im Schneeberg.** I, 2 Std.

Am Steig zum Sandjoch bis auf den Rücken westl. unterhalb der Spitze, über diesen und den W-Grat unschwierig zum Gipfel.

Weißen, 2809 m

Felsiger Gipfel zwischen Sandjoch und Zermaidjoch, dessen NO-Grat zur Ratschingsscharte abfällt. Von dort zieht der Grat über Gleckspitze, Hohe Ferse, Hochspitze und Mareiter Stein gegen O hinab zum Ridnauntal.

● **723 Nordostgrat.** I, 1 Std. vom Sandjoch.

Vom Joch am Steig, der die NO-Flanke quert, bis zum NO-Grat. Über diesen, teilweise die Schwierigkeiten an der Nordflanke umgehend, zum Gipfel.

● **724 Südgrat** (A. Burckhardt, 1895). I, 45 Min.

Vom Zermaidjoch über die steile, gutgestufte S-Flanke zum Ansatz des Felsgrates und über diesen zum Gipfel.

Gleckspitze, 2620 m

● **725 Nordgrat.** I, 2 Std. von der Scharte südl. der Geigenspitze.

Vom Kasten-Whs. am Weg talaus, bis der Steig abzweigt, der südl. der Geigenspitze zur Staudenalm führt. Auf diesem Steig bis zur Grathöhe und über den breiten Rücken bis P. 2444 m, am Felsgrat zu einer Gratschulter und über Geröll zur Spitze.

● **726 Südwestgrat.** I, 1 Std. von der Ratschingsscharte.

Über einen Vorberg, 2581 m, gegen O über eine lange Einsattelung, eine Felsstufe an der S-Seite umgehend, zur Spitze.

● 727 **Geigenspitze,** 2254 m

Sie bildet den nördlichsten Gipfelaufbau in dem kurzen Seitengrat, der von der Gleckspitze nach N zieht. Sie ist vom Steig, der südl. den Grat überschreitet, in wenigen Min. unschwierig erreichbar.

Hohe Ferse, 2669 m

Ein schöner, leicht erreichbarer Gipfel, der einen Seitengrat nach N entsendet, im Grat zwischen Gleckspitze und Hochspitze.

● **728 Nordgrat.** I, von Ridnaun 5 Std.

Von Ridnaun zur Gewingesalm (nördl. der Zünderspitze). Von hier an der W-Seite am Steig unter der **Zünderspitze** vorbei (die von hier in kurzer Zeit unschwierig erreichbar ist), weiter am Gratrücken und über die Graterhebungen 2481 und 2499 m zum Ansatz des eigentlichen Felsgrates (bis hierher 4 Std.); auf diesem zuletzt steil zum Gipfel.

● **729 Südostgrat.** I, vom Entholzjoch 2 Std.

Am Grat bis zu einer Schulter und nun an der S-Seite unter dem Grat bis vor den Gipfel und gerade hinauf zu diesem.

● 730 **Westgrat.** I, 1 Std. vom Glockjöchl.

Vom Joch gegen SO über einen Vorberg, 2438 m, weiter zu P. 2542 m und hinauf zur Spitze.

Hochspitze, 2424 m

Leicht ersteigbarer Gipfel, der einen Grat nach N aussendet. In diesem Grat steht die **Einachtspitze,** 2303 m.

● 731 **Von Norden.** I, von Ridnaun 3½ Std.

Von Ridnaun über den Weiler Gasse nach Entholz und weiter gegen W zum Wald. Bei einer Weggabelung auf dem rechten Steig hinauf zur Kuhalm. Nun gegen S über die Einachtspitze und am Gratrücken weiter zur Hochspitze.

● 732 **Von Südosten.** I, 2 Std. von Bichl.

Aus dem Ratschingstal am Weg zum Entholzjoch. Nach dem ersten steilen Anstieg direkt nördl. weiter, steil hinauf zum Gratrücken, westl. der tiefsten Einsattelung zwischen Hochspitze und Mareiter Stein, weiter gegen W am Gratrücken zur Spitze.

● 733 **Mareiter Stein,** 2192 m

Letzte Graterhebung dieses Ausläuferkammes. Der Gipfel wird entweder über einen Steig von Entholz durch den Wald südwärts empor und zuletzt über den Gratrücken von W her erstiegen oder auch vom Steig, der von der Kuhalm (nördl. der Einachtspitze) gegen S führt, ebenfalls von W her begangen. Der lange Gratrücken gegen O bis gegen Pordaun ist teilweise auf Steigspuren und am Steig begehbar.

● 734 **Zermaidspitze,** 2662 m

1. Besteigung A. Burckhardt, 1895.

Dieser Gipfel beherrscht den inneren Talwinkel des Ratschingstales, wird aber von der nördl. stehenden Weißen wesentlich überragt. Man ersteigt ihn unschwierig vom Zermaidjoch her über einen steilen Hang der NO-Flanke, zuletzt über den felsigen N-Grat, in 45 Min. Vorkommen von Granat, Biotit und Hornblende.

Hohe Kreuzspitze, 2774 m

1. Besteigung A. Burckhardt, 1895.

Dieser Gipfel bildet mit seinem N- und W-Grat den Eckpunkt der Abzweigung des Grates, der nach W und NW gegen das innere Passeiertal führt; er ist mit seinem O-Grat der Ausläufer der Stubaier Alpen gegen den Jaufenpaß.

● 735 **Über den Nord- und Westgrat.** I, von der Zermaidscharte 2 Std.

Von der Scharte an der O-Seite der Zermaidspitze querend zum Beginn des N-Grates; bald östl., bald westl. ausweichend zum Eckpunkt im Grat und nun gegen O zur Spitze.

● 736 **Direkter Nordgrat.** I, von Flading (im Ratschingstal) 5 Std.

Am Weg zum Zermaidjoch bis zur zweiten Wegteilung, nun gegen SO zum Ansatz des N-Grates, mühsam empor. Über Platten zum Einstieg und weiter am Grat zur Spitze.

● 737 **Von Süden.** Von Moos, ohne Schwierigkeiten, 5½ Std.

Von Moos auf einem Steig gegen O zu einer Kapelle, welche auf dem breiten Rücken steht, der vom Hochwart herabzieht. Nun steil gegen N hinauf zum Hocheck und gegen NO an den Hängen der Stulser Mut querend, um diese herum und hinauf gegen die Weiße Wand westl. der Hohen Kreuzspitze, weiter gegen den Rücken, der vom Gipfel nach S zieht und über diesen unschwierig zum Gipfel.

● 738 **Hochwart,** 2607 m; **Kreuzjoch,** 2481 m; **Ganderberg,** 2328 m; **Hütterberg,** 2422 m

Diese Grataufbauten in dem von der Hohen Kreuzspitze westl. und nordwestl. ziehenden Grat können von Moos bzw. Rabenstein im Passeiertal unschwierig erstiegen werden.

● 739 **Kleine Kreuzspitze,** 2578 m

Unschwierig von allen Seiten erreichbarer Gipfel, der am besten vom Jaufenpaß her über die Graterhebungen des Saxners, über das Gleitnerjoch und das Schlatterjoch stets am Gratrücken haltend erstiegen wird. Auch am Weg von Flading zum Schlatterjoch bzw. von Moos zum Schlatterjoch ist der Aufstieg über den O-Grat des Berges unschwierig.

e) Östlicher Teil des Hauptkammes und seine Ausläufer

● **740** Der östliche Teil des Hauptkammes beginnt am Pfaffennieder und zieht über Wilden Freiger, die Rotgratspitze, die Feuersteine und die Schneespitze zur östl. dieser gelegenen Stubenscharte. Bei den

Feuersteinen zweigt gegen SO ein langer Grat ab, der mit vielen Gipfelerhebungen bis in die Gegend von Sterzing führt. Es sind die Berge zwischen Pflerschtal und Ridnauntal. Zumeist brüchiges Gestein.

Stützpunkte: Im Gebiet des Wilden Freigers empfehlen sich die Sulzenauhütte, Nürnberger Hütte und die Müllerhütte; die Teplitzer Hütte sowie die Magdeburger Hütte sind für die Feuersteine und die Agglsspitze, Lorenzenspitze, Rochollspitze usw. gut gelegene Ausgangspunkte. Die Bremer Hütte ist Stützpunkt für Touren vom N her ins Gebiet Feuersteine und Schneespitze. Für den weiteren Ausläuferkamm zwischen Pflerschtal und Ridnauntal wählt man am günstigsten Pflersch oder Mareit.

Wilder Freiger, 3418 m

Von N (Stubai) gesehen eine der hervorstechendsten Gipfelformen im Hauptkamm mit schwarzem Felssaum über großen Eisflanken. Gipfelkreuz, Gipfelbuch. Einer der meistbestiegenen Gipfel des Hauptkammes, auf den mehrere schöne Anstiege führen. Auf dem Normalweg von der Sulzenau- oder Nürnberger Hütte unschwierig. 1. Besteigung F. Leis „mit zwei Älplern", 1865.
Südöstl. des Gipfels liegt der Signalgipfel.

● **741 Normalweg von Nordosten** (von der Seescharte), (J. Ficker, P. Gleinser, S. Reinalter, 1869). I, von der Nürnberger Hütte 4 Std.; von der Sulzenauhütte 4—4½ Std.

Von der Seescharte (R 333) weiter am Steig, der in südwestl. Richtung ansteigt. Südl. des Gamsspitzls über ein kleines Firnfeld (am N-Rand halten) und hinauf zum Grat, der vom Gamsspitzl südl. zieht (Stange). Weiter am Steig gegen S; hierbei wird ein steiles Eisfeld gequert (Vorsicht für Ungeübte). Weiter am Grat, zuletzt über den Firnrücken gegen SW zu P. 3324 m. Nun im Bogen gegen W, unter dem Signalgipfel durch, vorbei an einer kleinen Hütte, zum Gipfel. (Am NO-Rücken bei ca. 3250 m kleine, verdeckte Längsspalten.)

Blick von Nordosten auf die Umrahmung des Grünauferners (Wild-Freiger-Ferner) (Luftbild)

R 334 Anstieg zur Seescharte
R 741 Normalweg von Nordosten
R 743 Nordwestgrat
R 745 Anstieg von Norden
R 650 Ostgrat

Wilder Freiger
3392 m
3418 m
Aperer Freiger 3262 m
Zuckerhütl 3505 m
Sonklarspitze 3467 m
Wilder Pfaff 3458 m
743
650
745
34
Grünausee

● 742 **Südwestgrat.** (H. Heß, L. Purtscheller, 1887, im Abstieg.) Von der Pfaffennieder, R 284 ff. II, 2½ Std.

Von der Sulzenauhütte 5 Std.

Der lange, aber gut begehbare Grat wird entweder direkt vom Pfaffennieder gegen O erstiegen (P. 3288 m) oder von der Müllerhütte aus über steiles Blockwerk in kurzem Aufstieg gegen N erreicht. Im weiteren Verlauf stets am Grat (teilweise Drahtseile).

● 743 **Nordwestgrat** (zum oberen Teil des SW-Grates). II, von der Sulzenauhütte 4 Std.; von der Scharte 3144 m am Fuß des Grates 1 Std.

Von der Sulzenauhütte am Weg zur Pfaffennieder bis in die oberste Firnbucht der Fernerstube, dort gegen NO umbiegend; am flachen Ferner (Spalten) in den Hintergrund dieser südöstl. Firnbucht der Fernerstube und zur Scharte 3144 m. Über den Grat, der den SW-Grat des Freigers etwa 300 m vor dem Gipfel erreicht. Weiter am Grat mäßig schwierig zum Gipfel.

● 744 **Nordwestflanke** (F. Hohenleitner, S. Plattner, 1910). Je nach Verhältnissen bis IV, 1 Std. E., Steinschlag!

Der Anmarsch wird am besten wie bei R 743 über die Scharte am Fuß des NW-Grates oder über den Wilden-Freiger-Ferner gewählt. Diese etwa 300 m hohe, von Eisrinnen durchsetzte steile Felsflanke wird in Gipfelfallinie durch die dort emporziehende Eisrinne und weiter über steile brüchige Felsen begangen. Nur sehr geübten Eisgehern anzuraten.

● 745 **Von Norden.** Eisflanke, von der Sulzenauhütte 4½—5 Std.

Von der Sulzenauhütte am Steig gegen O bis ins Vorfeld des Wilden-Freiger-Ferners (Grünauferner); nun gegen S zur steil aufstrebenden Gletscherzunge (Steinschlag), über diese steil empor und bei der ersten Verflachung am besten rechtshaltend (westl. Rand des Ferners) und weiter zur ersten großen Verflachung unterhalb eines Felsspornes im Ferner. Nun zwei Wege: Entweder schwieriger westl. des Felsspornes (im Aufstieg rechts) am steileren Arm des Ferners empor bis zum Fuß des Nordsporns, der vom Gipfel herabzieht. Nun ostwärts dieses Sporns (links) weiter gegen S empor und über kurzen Firnrücken zum Gipfel, oder: von der ersten großen Verflachung des Ferners am östl. Arm (links, bei Skianstiegen zu empfehlen) direkt nach S empor gegen P. 3324 m nordöstl. des Signalgipfels, über Firn und Blockwerk zum Signalgipfel (Finanzwachhütte) und gegen NW zum Hauptgipfel.

● 746 **Südostgrat von der Freigerscharte.** I, 1½ Std.

Von der Scharte gegen NW auf den Grat; weiter zu Punkt 3157 m (teilweise Drahtseile). Nun westwärts umbiegend über Firn und Blockwerk zu P. 3324 m und zum Signal- und Hauptgipfel.

● 747 **Von Süden zum Signalgipfel** (D. und J. Pfurtscheller, 1886). I, 1 Std.

Vom Becherhaus einige Minuten am Grat gegen N zum Ferner, von der Müllerhütte nordostw. über den Ferner, an dessen östl. Rand aufwärts in die nordöstl. Ecke unter dem Signalgipfel. Empor zum Blockgrat und von S unschwierig zu P. 3392 m, weiter nach NW zum Hauptgipfel.

● 748 **Südflanke des Hauptgipfels** (H. Buchner, F. Jennewein, 1876). I, vom Becherhaus 1 Std.

Die Gipfelflanke wird am besten bei einer etwas ostwärts des Gipfels emporziehenden Firnzunge (Randkluft) erstiegen.

● 749 **Becher,** 3190 m, siehe Becherhaus, R 158

Aperer Freiger, 3262 m

Nordwestl. des Wilden Freigers setzt ein nach N ziehender Grat an, der die Fernerstube und den Wilden-Freiger-Ferner voneinander scheidet. Dieser zieht bis in die Gegend der Sulzenauhütte; der Apere Freiger ist der Hauptgipfel dieses Grates.

● 750 **Von Westen** (L. Barth, L. Pfaundler, 1863). I, 3½ Std. von der Sulzenauhütte, brüchig.

Von der Sulzenauhütte am Lübecker Weg zur Fernerstube bis zu dem vom Aperen Freiger westwärts herabziehenden Block- und Schuttgrat, der den Aperen-Freiger-Ferner südl. begrenzt. Auf diesem Grat unschwierig zum Gipfel.

● 751 **Vom Wilden-Freiger-Ferner** kann aus der obersten Firnmulde über Geröll und Blockrinnen der Gipfel direkt von O unschwierig in 30 Min. erstiegen werden.

● 752 **Von Südosten.**

Von der Scharte zwischen Wildem Freiger und Aperem Freiger kann am SO-Grat P. 3255 m und weiter am Grat gegen N der Gipfel (I) in 1 Std. erreicht werden.

● 753 **Der Übergang zum Sulzenaukogel** bietet keine Schwierigkeiten, 1 Std.

• 754 **Sulzenaukogel,** 2947 m

Gipfel aus brüchigem Gestein, der sich hoch über der Sulzenauhütte im S erhebt. Er kann ohne wesentliche Schwierigkeiten bestiegen werden, bietet aber für Ungeübte beträchtliche Gefahren. Von der Blauen Lacke südl. der Hütte kann südostwärts über Schrofen, Geröll und Grashänge steil und mühsam der obere Teil des NW-Grates erreicht werden, welcher als Schuttgrat zum Gipfel leitet.

• **755** **Gamsspitzl,** 3052 m

Vom Wilden Freiger gegen NO zieht ein Firnrücken, später Blockgrat, über den der Normalanstieg führt. Als Eckpunkt erhebt sich in diesem Grat das Gamsspitzl, von dem der Gratverlauf gegen O zur Seescharte umbiegt; weiter leitet er gegen N zu Urfall- und Mairspitze. Das Gamsspitzl ist unschwierig erreichbar.

Von Süden, wo der Steig zum Wilden Freiger die Grathöhe erreicht, in 30 Min. am Blockgrat zum Gipfel.

Von der Seescharte in 45 Min. am Steig und am Blockwerk des O-Grates.

Urfallspitze, 2808 m

Selten begangener Felsgipfel nördl. der Seescharte.

• **756** **Nordgrat** vom Niederl. Teilweise II—III, 2 Std.

Vom Niederl gegen S am Grat schwierig zu P. 2724 m, mäßig schwierig weiter zur Scharte 2688 m, über die folgenden drei Zacken bis P. 2698 m (Aufstieg mühsam aus der Gegend der Nürnberger Hütte möglich). Nun gegen SO auf dem Grat (II) zum Gipfel.

• **757** **Südwestgrat von der Seescharte.** II, 45 Min.

Von der Scharte stets am scharfen Grat teilweise ausgesetzt zum Gipfel.

Mairspitze, 2781 m

Letzter Gipfel im Grat, der vom Freiger nach N zieht. Aussichtspunkt, von der Sulzenau- und Nürnberger Hütte auf Steiganlagen erreichbar.

• **758** **Von der Sulzenauhütte.** 2½ Std.

Am Steig gegen O ins Vorfeld des Grünauferners, durch dieses und weiter gegen das Niederl empor, bis im Schafgrübl unter dem Niederl der Steig zur Mairspitze nach NO abzweigt. Über Gras, Geröll und Blockwerk zum Grat und am Steig weiter gegen den Gipfel.

● **759 Von der Nürnberger Hütte.** 1½ Std.

Am Steig zum Niederl, bis sich der Weg zur Mairspitze etwa nach 10 Min. gegen N wendet; weiter unter dem O-Abfall des Grates zu einem felsigen Rücken. Auf diesem in Schutt empor zum Grat und weiter wie bei R 758 zur Spitze.

Im weiteren Verlauf führt der Grat von der Mairspitze gegen N über unbedeutende Ausläufer zum Knoll (Zottler).

Roter Grat, höchster Punkt 3099 m

Südöstl. der Freigerscharte erhebt sich der Rote Grat, von dem weiter gegen S und O ein wenig ausgeprägter Grat zum Geißwandferner herabzieht.

● **760 Von Nordwesten** (Freigerscharte). I, 30 Min., stets am Blockgrat.

● **761 Von Nordosten** (Rotgratscharte). I, 30 Min., stets am Blockgrat.

● **762** Übergang zur **Geißwandspitze,** 2970 m. Diese erhebt sich östl. vom Grat des Roten Grates. I, 1 Std.

Am S-Grat abwärts zur südl. Schulter, nun über den O-Grat im Blockwerk zur Einsenkung, die vom Geißwandferner nach S herabzieht. Zu dieser Mulde und weiter gegen O in der Blockflanke zum Gipfel der Geißwandspitze. Diese kann man auch von der Rotgratscharte her gegen SO über den flachen Firnsattel 2903 m und weiter im S über Blockwerk in 35 Min. erreichen.

Hochgrintl, 3033 m

● **763 Nordflanke** (R. Gutberlet, A. Tanzer, 1868). II, 45 Min. E., von der Nürnberger Hütte 3 Std.

Von der Nürnberger Hütte am Weg zur Freigerscharte bis zum Felssporn in der mittleren Mulde des Grüblferners. Dort gegen SO wendend und empor zur steilen Eisflanke, die zwischen Hochwand und Hochgrintl emporzieht. Hinauf zu Punkt 3008 m (Steinschlag, Randkluft); über Blockwerk und Felsstufen am Grat gegen W zum höchsten Punkt.

● **764 Von Süden** (R. Gutberlet, A. Tanzer, 1868). I, 1½ Std. von der Teplitzer Hütte.

Von der Teplitzer Hütte zum Hangenden Ferner und empor gegen den tiefsten Punkt zwischen Hoher Wand und Hochgrintl. Über kurze Block- und Felsstufe zum Grat und weiter gegen W zum Gipfel.

● 765 **Überschreitung von Westen nach Osten** (J. Ficker, P. Gleinser). I, 2 Std. Von der Rotgratscharte zur Hohen Wand. Von der Scharte über unschwierigen Fels zu P. 3021 m, weiter am Grat zur nächsten Graterhebung (P. 3025 m) und über P. 3033 m (höchster Punkt) hinab zur Einsenkung vor der Hohen Wand. Unschwierig am Grat von W zum Gipfel.

● **766** **Hohe Wand,** 2973 m

Vom Engen Türl unschwierig 30 Min. am Blockgrat.

Feuerstein

Westgipfel, 3246 m; Ostgipfel, 3268 m

Ausgeprägte Gipfel im hintersten Langental über der SO-Ecke des Grüblferners. Hier stößt der Habichtkamm an den Hauptkamm. Gipfelkreuz am Ostgipfel. 1. Ersteigung des Westgipfels: J. Ficker, P. Gleinser, A. Pfurtscheller, 1869. Ostgipfel (aus dem Pflersch): E. Pfeiffer, J. Teißl, 1883.

● **767** **Ostgipfel von Norden** (Nürnberger Scharte), (F. Pfurtscheller, G. Leitner, M. Marwig, C. Langbein, H. Seyffert, 1889). I, 1 Std.

Von der Nürnberger Hütte zum Gipfel 3½ Std. (R 352).

Von der Bremer Hütte über die Nürnberger Scharte 3½—4 Std. (R 352).

Von der Nürnberger Scharte zieht gegen SO ein Grat zum Pflerscher Hochjoch. Man steigt jedoch nicht ganz bis zur Nürnberger Scharte an, sondern bleibt unterhalb des südostwärts ziehenden Felsgrates. An der W-Seite (Grüblferner) diesem Grat entlang bis etwa zum Ende der felsigen Rippe, nun im Firnfeld gegen SW zum Grat, der vom Östl. Feuerstein nach N führt. Über Blockwerk zum Grat und zum Gipfel.

Blick auf die Bremer Hütte mit dem Grüblferner (Luftbild)

Niederjoch
Hochjoch
Westl.
Feuerstein
Nürnberger
Scharte
Feuerstein
Bremer Scharte
(nördl. Stubensch.)
Simmingjöchl
Bremer
Hütte

● 768 **Übergang zum westl. Feuerstein** (H. Löschge, P. Koller, 1881). I, 30 Min.

Am Grat haltend weicht man einigen Zacken in der nördl. Blockflanke aus und erreicht weiter am Grat den Gipfel.

● 769 **Westgipfel, Südgrat** (J. Ficker, F. Gleinser, L. Pfurtscheller, 1869). II, 45 Min. von der Magdeburger Scharte.

Von der Scharte über Blockwerk teilweise westl. ausweichend in anregender Kletterei zum Gipfel.

● 770 **Südwestflanke** (J. Ficker, F. Gleinser, L. Pfurtscheller, 1869). 1 Std. E. Steinschlag!

Diese wird vom Gipfel in Fallinie auf den Hangenden Ferner im unteren Teil von einer Firnzunge durchzogen. Über diese und steiles Blockwerk wird direkt in Fallinie zum Gipfel aufgestiegen.

● 771 **Westgrat zum Westgipfel.** II, eine Stelle III, vom Weiten Türl 1½ Std.

Vom Weiten Türl über den Firn zum Ansatzpunkt des Grates, die ersten Zacken südseitig umgehen und wieder zurück zum Grat. Einige steile Zacken mäßig schwierig, einen davon (III) überkletternd, weiter am Grat, der zuletzt fast eben zum Gipfel führt.

● 772 **Südostwand** (L. Novak u. Gef., 1901). III, 1 Std. E., brüchig.

Die etwa 160 m hohe Wand ist steil, sehr brüchig, wenig empfehlenswert. Vom Grat knapp östl. des westl. Feuersteins zieht eine steile brüchige Rinne zum Feuersteinferner herab, welche als Aufstieg dient.

● 773 **Aperer Feuerstein**, 2968 m

1. Besteigung Pittracher, H. Bertram, 1883.

Auf dem vom Pflerscher Hochjoch nach NW ziehenden Grat erhebt sich der Apere Feuerstein, der von der Nürnberger Scharte (15 Min.) unschwierig erstiegen werden kann (vgl. R 349 ff.) Vom Simmingjöchl her erreicht man ihn, indem man in Richtung auf die Nürnberger Scharte (südwestw.) den Ferner betritt und dann gegen W auf den Punkt des N-Grates des Aperen Feuersteins zuhält, wo der Firn am höchsten hinaufzieht. Am Grat zum Gipfel.

Pflerscher Hochjoch, 3166 m

Nach mündlicher Überlieferung bereits seit 1700 von Jägern erstiegener Firngipfel. 1. touristische Begehung J. Ficker, A. Pfurtscheller, P. Gleinser, 1870.

● **774 Von der Nürnberger Scharte** (siehe R 349 ff.) an der W-Seite des Grates nach SO und stets über Firn in 30 Min. zum höchsten Punkt.

● **775 Über den Simmingferner** von Nordosten. Je nach Verhältnissen schwierige Eistour, von der Bremer Hütte 3 Std.

Von der Bremer Hütte hinab zu westl. Zunge des Simmingferners und auf deren westl. Ast empor bis zur steilen Flanke; schwierig über diese, zuletzt gegen S einbiegend zum Firngrat vor dem Hochjoch und in wenigen Minuten zum höchsten Punkt.

● **776 Ostgrat.** Vom Pflerscher Niederjoch (Rocholl, 1883) I, 45 Min.

Am Felsgrat empor bis knapp vor den Gipfel, zuletzt über Firn zur Spitze.

Schneespitzl (Schneepinggl), 3178 m

Der westlichste Gipfel im östl. Hauptkamm zwischen Pflerscher Niederjoch und Stubenscharte, von N und NW bis fast zum Gipfel über Eis erreichbar.

● **777 Von Nordwesten.** Über den Westl. Simmingferner, je nach Verhältnissen IV, Eistour, 4—5 Std.

Von der Bremer Hütte hinab zum Simmingferner und auf dem östl. Teil der westl. Zunge empor zum unteren Bruch (am besten am O-Rand des Ferners haltend), weiter zum oberen Bruch in der steilen Eisflanke, unter Umständen sehr schwierig empor über diese und zuletzt gegen SO über Blockwerk und Firn zum Gipfel.

● **778 Von Nordosten** (Eisweg: J. Ficker, J. Kuen, J. Markart, 1871; Felsweg: J. Teißl, 1876). I, 1 Std.

Von der Nördl. Stubenscharte (Bremer Scharte) am Blockgrat (NO-Grat) empor, bis man bei etwa 3100 m den flachen Firn betritt, welcher zum Gipfel nach S leitet. Oder über den N-Arm des Stubenferners 45 Min., stets am Firn zum Gipfel aufsteigend.

Von der Alten Magdeburger Hütte kommend steigt man bis unter die Nördl. Stubenscharte empor; ohne diese zu betreten weiter zum Gipfel.

● **779 Südostgrat** (F. Pfurtscheller, L. Scholz, 1886; Variante in der SO-Flanke: J. Teißl, N. Morosini, 1887). I, vom Gratansatz 45 Min.

Von der Magdeburger Hütte auf dem Steig zum Stubenferner. Über dessen südl. Arm empor, bis der Weg zur Magdeburger Scharte sich auf dem Blockgrat nach S wendet. Von hier weiter gegen W zum Fußpunkt des SO-Grates; über den steiler werdenden Grat unschwierig zum Gipfel.

● **780 Vom Pflerscher Niederjoch über den Westgrat** (Dr. Scholz, F. Pfurtscheller, 1886). II, 30 Min. Vom Joch zum Ansatz des Grates über eine Steilstufe und weiter am Grat zum Gipfel.

● **781** Auch die **Südwestflanke** kann mäßig schwierig (II), jedoch steinschlaggefährdet in Fallinie des Gipfels erstiegen werden. 1 Std. E., wenig empfehlenswert.

Agglsspitze, 3196 m

Kleiner, von O her bis zum Grat mit Firn bedeckter Gipfel, gegen SW Felsabbruch.

● **782 Nordwestgrat** (von der Magdeburger Scharte), (C. Hofer, A. Wachtler, D. Diamantidi, P. Koller, 1887 zum Vorgipfel; D. Diamantidi, P. Koller, 1890 zum Gipfel). I, 45 Min. Von der Scharte über den Firngrat gegen S, dann steiler über Blockfels empor zur nördl. Schulter. Weiter am Blockgrat unschwierig zum Vorgipfel und über den scharfen Verbindungsgrat in wenigen Minuten zum Gipfel.

● **783 Von Nordosten** (Mühlsteiger, E. Pot, J. Windisch, 1890). II, 45 Min. E.; 2½ Std. von der Magdeburger Hütte.

Vom Feuersteinferner (R 361) bis unter die Magdeburger Scharte und nun gegen den Fuß des NO-Grates. Die Spalten an seinem Ende nördl. umgehend aufwärts gegen SW und zum Gratrücken. Über unschwierigen Blockfels und Firn zum oberen Teil der Flanke und steil über diese zum Gipfel.

● **784 Südostgrat.** II, 30 Min. von der Scharte 3046 m zwischen Agglsspitze und Rochollspitze.

Stets am Grat haltend bis zum Gipfel.

● **785 Von Südwesten.** I, mühsam, 2 Std. von der Teplitzer Hütte.

Vom Weg zur Magdeburger Hütte oberhalb P. 2797 m (am Hangenden Ferner) abzweigend gegen SO über Schutt und Firn zu P. 2815 m (jochähnliche Schuttfläche). Weiter gegen SO absteigend durchschreitet man den Hohen Trog und gelangt an seinem östl. Ende zum Fuß der Schrofen, die von der Rochollspitze südwestwärts herabziehen. Nun links nördl. dieser Schrofen in Richtung P. 3046 ansteigend und hinauf zu diesem. Weiter siehe R 784.

● **786** Auch die **Westflanke** (I) kann von der Teplitzer Hütte über den Hangenden Ferner, im oberen Teil über Blockwerk, begangen werden (2 Std.)

Rochollspitze, 3081 m

Kleiner Felszacken über der südl. Bucht des Feuersteinferners. 1. Besteigung Rocholl, J. Windisch, 1889.

● **787** **Nordwestgrat;** von P. 3046 m, I, 10 Min., stets am Grat.

● **788** **Ostgrat.** Vom Feuersteinferner unschwierig, 45 Min.; von der Magdeburger Hütte 2½ Std.

Vom Weg zur Magdeburger Scharte am Feuersteinferner gegen S zum O-Grat des Gipfels, den man unschwierig über Firn und Blockwerk in südl. Richtung erreicht. Über den östl. Vorgipfel zum Hauptgipfel.

Zwerchwand, 2934 m

● **789** **Von Nordwesten.** Vom Agglsjoch unschwierig, 30 Min. am Blockgrat.

● **790** **Von Osten.** I, 2 Std.

Von der Magdeburger Hütte am Weg zum Agglsjoch (R 363) zum Feuersteinferner und weiter gegen SW ansteigend hinauf zum NO-Grat; an seiner westl. Seite zum Gipfel.

● **791** **Übergang zur Lorenzspitze.** III, 45 Min.

Vom Gipfel südwestw. absteigend zum Vorgipfel, 2927 m. Nun südl. schwierig über eine Steilstufe von 40 m; am südl. ansteigenden Grat unschwierig zur Lorenzspitze.

● **792** Der Aufstieg **von Westen** durch die Flanke ist nicht empfehlenswert; sehr brüchig. Man bedient sich einer Rinne, die nördl. des Gipfels herabzieht. Knapp unter dem Gipfel südl. aus der Rinne und über die Blockflanke zur Spitze.

● **793** **Lorenzspitze,** 2886 m

1. Besteigung F. Frech, R. H. Schmitt, 1892. II, 5 Std. von Innerpflersch.

Von Innerpflersch am Weg zur Magdeburger Hütte bis zum Ende des Saumweges, über Gras und Schutt durch eine Schrofenstufe hinauf zum Grünsee, 2007 m, vom See gegen SW (in den Flecken), dann südl. zum Firn und hinauf zur tiefsten Scharte zwischen Lorenzspitze und

Ridnauner Schneespitze (diese Scharte, in der AV-Karte mit 2602 bezeichnet, liegt 2803 m hoch). Nun über den Grat gegen N (2818 m) etwas absteigend und gegen NW zum Gipfel.

Ridnauner Schneespitze, 2860 m

1. Ersteigung, von NW über den Feuersteinferner: Rocholl, J. Windisch, 1889.

● **794** **Nordwestgrat.** Vom Joch, 2806 m, I, 15 Min.

● **795** **Von Osten.** I, über Schutt und Blockwerk zum Gipfel.

● **796** **Übergang zum Äußeren Hochegg.** I, 20 Min. am Grat.

Hochtrogspitze, 2842 m

● **797** **Nordostgrat.** I, vom Grünsee 2 Std.

Vom Grünsee kommend über den kleinen Ferner gegen S ansteigend bis etwa 2700 m (wo der NO-Grat am unschwierigsten vom Firn her erreicht werden kann); weiter am Grat zum Gipfel.

Übergang zum Äußeren Hochegg, I, 25 Min.

● **798** **Äußeres Hochegg,** 2880 m

Direkt von **Norden und Nordwesten** unschwierig über Blockwerk ersteigbar, am besten über den zwischen Ridnauner Schneespitze und Äußerem Hochegg nach N hinabziehenden Schuttsporn und weiter am Grat gegen SO.

● **799** **Übergang zur Winkeljochspitze.** I, 1 Std.

Vom Äußeren Hochegg leicht absteigend gegen den östl. Vorgipfel; zwischen beiden zieht eine Schlucht herauf. Nun am Verbindungsgrat gegen S zur Winkeljochspitze.

● **800** **Winkeljochspitze,** 2810 m

Von Nordosten. I, 3 Std.

Von Innerpflersch am Weg zum Furtjoch etwa an der Waldgrenze gegen SW abzweigend in den Hohen Trog (den man über felsige Steilstufen entlang einer Rinne erreicht); nun am linken Begrenzungsgrat des Hohen Troges empor, bis dieser südöstlich des Gipfels im Grat mündet. Nach NW zum Gipfel.

● **801** **Von Südwesten.** Von Ridnaun, I, 3 Std.

Von Ridnaun am Weg zur Prischer Alm und am Weg zum Furtjoch unter diesem am Steig, der weiter gegen NW führt, bis man den S-Grat oberhalb P. 2536 m erreicht. Etwas hinter dem Grat (westl.) an der SW-Flanke empor über Gras und Geröll im obersten Teil hinauf zum S-Grat und über diesen zur Spitze.

● **802 Übergang zur Ellesspitze,** I, 1 Std.

Südostwärts absteigend bis zu einem Knick im Grat (großes Schuttfeld nach O) weiter am Grat, der auf eine Strecke in einen grasigen Rücken übergeht, und unschwierig hinauf zur Ellesspitze.

● **803** **Ellesspitze,** 2659 m

1. touristische Besteigung L. Barth, L. Pfaundler, 1860.

Westl. des Furtjoches (Farnbeilscharte). Für den Bergsteiger wenig interessanter Gipfel, von allen Seiten unschwierig, am besten vom Furtjoch am Geröllgrat ersteigbar.

● **804** **Maurerspitze,** 2630 m

Wenig interessanter Gipfel, der in älteren Karten als Moaterspitze bezeichnet wird. Vom Furtjöchl über den NW-Grat in 30 Min. ohne Schwierigkeit erreichbar.

● **805** **Maratschspitze,** 2646 m

In einem kurzen Seitengrat von der Maurerspitze nach N liegt dieser für den Bergsteiger uninteressante Gipfel. Weiter nördl. die Putzenspitze, 2362 m.

● **806** **Wetterspitze,** 2718 m

Von Nordwesten. 5 Std.

Von Innerpflersch am Weg zur Allrißalm, 1534 m. Am Steig südwärts durch das Tal bis unter das Joch zwischen Maurerspitze und Wetterspitze und nun gegen SO über Gras und Schutthänge zum westl. vorgelagerten P. 2510 und zum Gipfel.

● **807 Südostgrat.** I, 5 Std.

Von Innerpflersch talaus, bis etwas westl. das Toffringer Tal abzweigt und ein Steig an den Hängen des Tales hineinführt; nun talein bis gegen den Verbindungsgrat zwischen Telfer Weißen und Wetterspitze, den man im tiefsten Punkt zwischen den beiden Gipfeln ersteigt. Über Blockwerk zum Ansatz des SO-Grates und stets auf diesem zum Gipfel.

● **808 Von Südwesten.** Von Ridnaun 5 Std.

Am Steig gegen die Prischer Alm empor. Von der Alm zweigt ein Steig gegen NO ab, der bis zur Spitze leitet.

● **809** **Nordostgrat.** I, 2 Std.

Von der Valmingalm (diese kann man von Gossensaß oder von Valming her durch das Valmingtal in 2—2½ Std. erreichen) am Steig, der an den NW-Hängen zwischen Telfer Weißen und Schleierberg sich emporwindet. Hinauf zum Gratrücken am Steig gegen S bis zu einem Kreuz, dann stets auf dem in etwa westl. Richtung ziehenden Grat zum Gipfel.

● **810** **Südostgrat.** 2 Std. ohne Schwierigkeit.

Von der Valmingalm gegen SW zum Gratrücken und am Grat bis zu einer schwierigen Wandstelle und nun in der O-Flanke steil zum Gipfel.

In der Verlängerung des NO-Grates baut sich als nördlichster Punkt der **Schleierberg,** 2212 m, auf, der von dem Steig, welcher zum Kreuz führt (R 809) unschwierig am Gratrücken erreicht wird.

● **811** **Roßkopf,** 2176 m

Letzter Ausläufer dieses Grates, der von der Agglsspitze nach SO führt. Grasiger Kopf, an dessen O-Seite die Roßkopfhütte steht. 1 Std. von dort, 3 Std. von Sterzing. Von Gossensaß 4 Std.

II. Tribulaunkamm und Ausläufer

● **812** Von der Stubenscharte zwischen Schneespitz und Schafkamp zieht dieser Kamm über Weißwandspitze, Hohen Zahn, Goldkappl, Pflerscher, Gschnitzer und Obernberger Tribulaun und weiter über den Ausläuferkamm bis zum Brenner. Nördl. der Tribulaune spaltet sich ein nach NO ziehender Seitengrat ab, der bis gegen Gries ins Wipptal hinabführt. Die Berge vom Hohen Zahn bis zum Obernberger Tribulaun zählen zu den bedeutendsten Kletterbergen des Stubais und bieten mit ihren vielen, Hunderte von Metern hohen Wänden längste und schwierigste Felsfahrten. Lediglich im Gebiet des Schafkamps finden sich noch größere Fernerreste.

Stützpunkte: Für die Felsfahrten im Gebiet der Tribulaune wählt man am besten die Tribulaunhütte. Auch die alte Tribulaunhütte an der S-Seite vermittelt den Zugang zu großzügigen Felsfahrten. Das Gebiet des Schafkamps und der Weißwandspitze kann von der Bremer Hütte oder von der Laponesalm her begangen werden. Im S erreicht man es von der Magdeburger oder Tribulaunhütte. Einfache Anstiege auf den Obernberger Tribulaun, Rotspitze, Schwarze Wand und Eisenspitze werden am besten vom Gasthaus am Obernberger See aus ausgeführt.

Schafkampspitze, 3016 m

Langer Grataufbau westl. der Nördl. Stubenscharte. 1. Besteigung F. Frech, R. H. Schmitt, 1892.

● **813** **Nordgrat.** III, 2 Std. E.; 3½ Std. von der Bremer Hütte. Von der Bremer Hütte südwärts über den Bach, zum Hohen Boden, nun ostwärts ansteigend, bis man östl. der Fernerschrofen gegen den Karkamm ansteigen kann, wo man den Endpunkt des direkten N-Grates erreicht. Dieser führt scharf und zerrissen schwierig über P. 2825 m gegen S. Der letzte Teil geht in einen runden, steilen Felsrücken über, der zum Gipfel leitet.

● **814** **Ostgrat.** II, 1½ Std. E.; 3 Std. von der Magdeburger Hütte.

Von der Magdeburger Hütte am Steig zur Tribulaunhütte bis zum Schneesumpf, nach N mühsam zur Scharte 2839 m. Nun am O-Grat über die drei auffallenden Zacken zum Gipfel.

● **815** **Von Südosten.** II, 2½ Std., mühsam.

Von der Magdeburger Hütte am Steig zur Tribulaunhütte; empor gegen die Scharte östlich des Schafkamps, dann über Blockwerk westl. in die SO-Flanke und steil über Schutt und zuletzt über Fels zum Gipfel.

● 816 **Westgrat von der Nördl. Stubenscharte.** II, eine Stelle III, 2½ Std.

Von der Stubenscharte wird der fast 3 km lange Grat in seinem ganzen Verlauf unmittelbar an der Kante über viele Erhebungen und Scharten begangen.

Weißwandspitze, 3017 m

Die Weißwandspitze trägt einen Gipfelaufbau aus dolomitisiertem Kalkgestein und bietet ein wesentlich anderes Bild als die anderen Gipfel der zentralen Stubaier. Von N gleicht ihr Anblick dem eines Dolomitenberges. 1. Besteigung durch Kartographen. 1. touristische Besteigung von SW, J. Prochaska, 1882.

● **817 Nordwand.** IV, 2—3 E. Steinschlag!

Von der Scharte zwischen Hohem Zahn und Weißwandspitze wird nordwärts über steile Eis- und Schneehänge gequert bis etwa in Fallinie des Gipfels. Nun über kleine Platten zu einem kurzen Kamin, durch diesen, weiter über kleingriffige Wandstellen auf ein Plattenband. Nun über eine steile Platte linkshaltend empor; an ihrem Ende über steile Wandstufen und kurze Risse rechtshaltend bis auf einen markanten Felskopf. Links empor durch 25 m hohem Kamin, weiter über brüchige Wandstufen zu einem 15 m hohem Riß, durch diesen auf steile schotterige Platten und zum Grat nahe beim Gipfel.

● **818 Ostgrat** (Rocholl, J. Windisch, 1882). II, 1 Std. E.

Von der Scharte östl. der Weißwandspitze, zu welcher der Weg Magdeburger Hütte — Tribulaunhütte hinaufführt. Empor am O-Grat. Die unteren Türme werden auf der Pflerscher Seite umgangen, der letzte an der Gschnitzer Seite. Weiter unschwierig am Grat.

● **819 Von Süden** (J. Prochaska, 1882). I, von der Magdeburger Hütte 2—2½ Std.

Von der Magdeburger Hütte am Weg zur Tribulaunhütte bis unmittelbar südl. des Gipfels der Weißwandspitze. Von hier leitet ein gewölbter Rücken gleichmäßig geneigt bis zur Spitze.

● **820** **Hoher Zahn,** 2929 m

1. Begehung L. v. Sarnthein, G. Pittracher, 1882. Wenig ausgeprägter Gipfel östl. der Weißwandspitze, nahe am Steig Magdeburger Hütte — Tribulaunhütte (R 365).

● **821 Von der Laponesalm** am Ende der Wiesen über ein Brückele auf die andere Talseite. Über die blockübersäte Weide rechts des auffallenden Baches bergan bis in den Winkel, wo der Bach hervortritt. Nun nicht dem Bach entlang, sondern in der Kerbe rechts des Baches hinauf in die mittlere Mulde. Durch diese steigt man über Weide bergan, bis sich der Kessel schließt. Nun auf Steigspur nach links hinaus in das weite Küh-Karl mit einem auffallenden weißen Schuttbett vom Blockwerk der Weißwand. Von hier ziemlich genau in Fallinie empor gegen das Joch, wobei man bei gutem Firn oder Schneeverhältnissen stapfen kann. Später im Jahr hält man sich auf den rechten weißlichen Felsrücken zu, der aus dem oberen Kar ragt. An seiner rechten Seite hinauf auf sein Köpfl. Nunmehr in Zickzack empor auf das Joch, das man auch etwas weiter links unschwierig betreten kann. Vom Joch führt auf den Hohen Zahn eine Weganlage aus aufgeschichteten Steinstufen. Vom Joch in einer halben Stunde zum Gipfel.

Gesamte Gehzeit von der Lapones-Alm auf das Joch 4—5 Std.

● **822** **Pflerscher Pinggl,** 2768 m

Ostgrat. I, 1½ Std. von der Scharte westl. des Goldkappls, dem Sandesjöchl, auch Pflerscher Scharte genannt (2603 m, R 366). Über den unschwierigen Grat, zuerst über einen Gratbuckel, dann eine Steilstufe umgehend zum Gipfel.

● **823 Südwestgrat.** I, 2 Std.

Am Weg Tribulaunhütte — Magdeburger Hütte bis knapp unter den Grat, rechts hinauf zum tiefsten Einschnitt im SW-Grat, welcher weiter unschwierig zum Gipfel leitet.

● **823 a** **Garklerin,** 2412 m

Aussichtspunkt nördl. des Goldkappls, 1½ Std. von der Tribulaunhütte, bez.

Goldkappl, 2793 m

Dieser westl. des Tribulauns aufragende stolze Felszahn fällt mit einer imposanten N-Wand gegen das Sandestal ab. Nicht weniger großartig zeigt sich seine S-Wand. Nach O zieht ein scharfer Grat, gekrönt von großen Türmen, zum Sandesjoch herab, dessen westl. großer Turm als Flöckinger Turm bezeichnet wird, der weiter östl. liegende heißt Mühlsteigerturm. Dessen N-Wand stellt einen eigenen schwierigen Felsweg dar.

● **824 Nordwand** (K. Schuster, L. Netzer, Bernardi, 1921). IV—V, 3½—4 Std.

Die N-Wand sendet einen Vorbau in das Sandestal. Rechts (westl.) an seinem Fuß eine kleine Höhle. Einstieg bei der Höhle. Durch überhängenden Stemmkamin empor zu abschüssigen Platten. Auf Plattenband nach rechts bis zu gut ersteigbarer Rinne.

Einige Seillängen empor bis zur Scharte hinter dem Vorbau. Über dem Vorbau führen Platten in die Steilwand. Auf verzweigtem Band nach links zu gelber, brüchiger, überhängender Wand. Besonders schwierig (V) über diese und zu kleinem Plätzchen (Reitsitz). Einige Meter nach links zu senkrechter glatter Platte. Schwierig über diese von links nach rechts in die freie Wand zu gut ersteigbarem Kamin, der auf niederer Wandstufe endet. Von hier aus zum Gipfelkamin, der oben in zwei Äste geteilt ist. Schwierig empor und über den rechten Ast zum Gipfelschrofen, weiter unschwierig zum Gipfel.

● **825 Ostgrat** (O. Ampferer, C. Berger, 1899). III, 1½ Std. vom Sandesjoch, brüchig.

Vom Joch westwärts mäßig schwierig über zwei Türme zum dritten Turm (Mühlsteigerturm), der schwierig durch eine ausgesetzte Rinne südseitig erklettert wird; unschwierig nach W hinab zur Scharte (er kann an der S-Seite umgangen werden). Der nächste (vierte) Turm (Flöckingerturm) wird an seiner N-Seite umgangen. Über ein einfacheres Gratstück, eine sehr schwierige Stelle nördl. umgehend, weiter am flachen Grat zu einer Scharte (siehe R 827). Auf dieser Scharte westl. auf schmalem ebenem Band an der S-Seite zu einer breiten Rinne, durch diese empor und über einen Zacken (östl. Vorgipfel) gegen eine kleine Scharte dahinter. An der S-Seite querend gegen W und empor zum Gipfel.

Goldkappl von Norden

R 824 Nordwand
R 825 Ostgrat
R 830 Westgrat

Goldkappl

● **826 Ostwand** (F. Hörtnagl, L. Schlögl, 1922). IV, eine Stelle V, 5 Std. E.

Von der Tribulaunhütte am Steig zum Sandesjoch. Etwa auf halbem Weg abzweigend zum Fuß der O-Wand. Am Einstieg Steinmann. Durch engen, senkrechten Riß etwa 10 m empor. Zu einem Felsköpfl und links über die glatte, sehr steile Einstiegswand (H). Zu seichtem Riß und durch diesen zu gutem Stand. Quergang links über steile, glatte Platten zu günstigeren Felsstufen. Gerade hinauf zu Zacken unter dreieckigem Überhang. Vom Zacken über schmale Leiste etwa 8 m nach links in eine Verschneidung und durch diese bis dicht unter den Überhang (H). Über steile glatte Platte nach rechts unter dem Überhang querend zur Kante. Besonders schwierig um diese in glatte Verschneidung und nach einigen Metern zu einem Stand. Von hier über senkrechte, kleingriffige Wand (2 Überhänge) 40 m empor auf eine Felsrippe. Einige Meter nach links um eine Kante und durch eine Verschneidung zu einer Platte. Über diese empor und über 20 m hohe Wandstufe nach links hinauf an die Kante. Auf dieser durch einen engen Riß zu einem Felsköpfl (H).

Über glatten Fels gerade empor zu überhängenden Wandstellen und über diese schwierig zum ersten großen Plattenschuß. Über diesen in einen Winkel am oberen Ende (20 m). Nun über steile Wand rechts querend zu einer Kante. Über diese wenige Meter empor zur zweiten großen Platte. Über handbreiten Riß (H) 40 m empor zur Gipfelwand (Stand). Weiter nach links über brüchigen steilen Fels zu kleiner Platte, über diese und zu einer Kanzel. Rechts davon in überhängenden Riß und durch diesen auf einen Felszacken. Von hier gerade über die steile Gipfelwand zu Standplatz. Über glatte senkrechte Wand nach links (6 m) zu steiler Kante. Über diese zu einem Felskopf, durch eine Rinne rechts empor zum nächsten Kopf und weiter über eine steile Wand und über Wandln zum Gipfel.

● **827 Von Süden** (H. Unterwurzacher, Meynow, L. Treptow, J. Windisch, 1889). III, 2½ Std. E.

Von der Tribulaunhütte nordöstl. ansteigend, bis man die ersten Felsen rechts unter einer Schlucht (welche östl. des Gipfels herabzieht) erreicht. Dieser Fels vermittelt den Zugang zu einer bandartigen Rampe, welche in unregelmäßigem Verlauf gegen die Schlucht hinzieht und nach etwa 200 m in die Schlucht mündet (über überhängenden Abbrüchen).

Durch diese Schlucht (Steinschlag) empor zu einer Scharte östl. des Gipfelaufbaues, weiter siehe O-Grat.

Goldkappl von Süden

R 828 Führe Rebitsch-Frenademetz

● **828 Südwand** (Hias Rebitsch, Hans Frenademetz, 1936), VI— (3 SL), sonst V+ und V, 6—8 Std. E. Heikle, ernstzunehmende Tour, doch lohnend und überaus eindrucksvoll. Teilweise brüchiger Fels.

Zugang: Von der italienischen Tribulaunhütte (R 175) zum Einstieg, der sich ungefähr in der Wandmitte bei einem nach rechts ansteigenden Schuttband befindet.

Führe: Das Schuttband verfolgt man bis zu einem Absatz unter kurzer Verschneidung (eigentlicher Einstieg). In dieser Verschneidung 4 m empor zu H mit Holzkeil. Kurzer Quergang rechts und über Wandstufe (H, V+) gerade hinauf zu rechtsansteigendem Band (Stand). Etwa 20 m auf diesem Band bis unter eine kurze Rißreihe (Stand). Den Riß (Legschlingen, 1 H) 10 m empor zu ausgeprägtem Band (Stand). Auf dem Band Quergang waagrecht nach links (40 m), bis sich die Wand zurücklegt. Dort in leichter Kletterei 40 m hinauf zu gutem Stand (2 H) unter Verschneidung. Über die rechte Verschneidungswand (1 H, V) 15 m hinauf, dann heikler Quergang (V+) nach rechts (links Verhauer, Hakenreihe!) zur Kante und dort gerade hinauf (2 H) zu gutem Schlingenstand. Rechtsansteigendes Band verfolgen (ca. 5 m) und kurz links ansteigen (VI—), dann gerade hoch zu Schlingenstand. Rechts davon 2 m empor und linksquerend zu Überhang. Über diesen hinauf (3 H, A 2), dann waagrechte ausgesetzte Querung nach rechts (3 H,VI—) in überhängenden Riß zu Schlingenstand. Den Riß ca. 8 m empor (4 H) und kurzer Quergang nach links um die Kante (1 H) und über Wand leicht rechtshaltend zu luftigem Schlingenstand (1 guter Standhaken, 2 m darüber weiterer guter H). Nun in Wandkletterei 30 m hinauf auf ein Band (Stand). Rißfolge, erst rechtshaltend 5 m, dann links in senkrechten Riß, der nach 30 m auf einem Schuttband endet (Ende der Schwierigkeiten). Nun linkshaltend auf einer Rampe zu tiefem Rißkamin (Stand), der nach 20 m auf dem Grat endet (Stand). 30 m über den Grat empor, auf Bändern nach rechts in leichter Kletterei zum Gipfel. (Beschr. W. Scheftler).

Abstieg: Zuerst über den Ostgrat etwa 150 m hinab, bis man links in die Scharte queren kann. Von der Scharte (Abseilschlinge) südseitig hinab, anfangs abseilen, in ausgeprägtem Rinnensystem leicht linkshaltend hinab zum Wandfuß. 2 Std. vom Gipfel zur Hütte.

● **829 Mühlsteiger-Turm, Nordwand** (H. Plangger u. G. Jungwirth, 1932). V, 4 Std., brüchig.

Am Weg zum Sandesjöchl bis unter die Fallinie des Mühlsteiger-Turms durch eine von unten bereits sichtbare plattige Rinne zu steiler brüchiger Wandstufe, über diese auf ein großes Schotterfeld. Nun gerade 5 m hinauf, bis unter schwarze nasse Wand. Rechts von einem tiefen Kamin durch kurzen Riß empor. Es folgt ein plattiger Quergang rechts zu kaminartigem Riß. Überhängend in den Riß und empor zu einer kleinen Kanzel. 3 m nach rechts über steile gelbe brüchige Wand. Quergang 15 m nach links in eine steile Rinne; hinauf zu brüchigem Felskopf und zur Gipfelwand. Über brüchige steile Wandstufen und Rinnen mit kurzen Quergängen zum Gipfel.

● **830** Auch der **Westgrat** (III) wird von der Scharte her in etwa 2½ Std. bestiegen. Teilweise nördl. ausweichend.

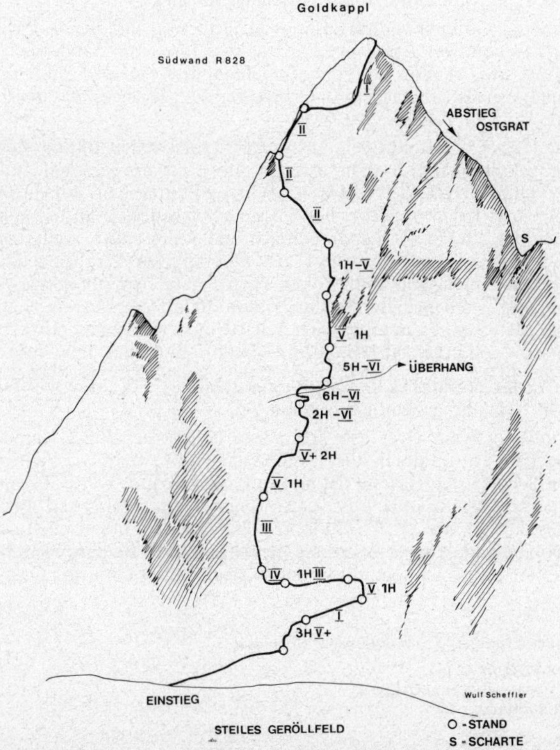

Pflerscher Tribulaun, 3096 m

Dieser gewaltige Gipfel ragt zwischen Tribulaunscharte und Sandesjoch empor. Durch die S-Wand, über den NW-Grat durch die NW- und N-Wand, über den NO-Grat, von O und von SO her führen Anstiege auf diesen Gipfel, deren einfachster schwierig ist. Er ist wohl der gewaltigste Kletterberg in den Stubaier Alpen.

● **831 Normalweg.** Vom Sandesjoch durch den oberen Teil der S-Wand (1. Versuch 1869: Engländer mit Schweizer Führer; 1. Begehung G. Hofmann, N. Winhart, J. Grill [Kederbacher], G. Pittracher, 1874). III—, 3 Std. E., brüchig, steinschlaggefährdet.

Von der österr. Tribulaunhütte anfangs auf dem Weg zum Sandesjöchl (R 366), dann südwärts steil über Schutt und Firn zum Sandesjoch, 2821 m, 2½ Std. — Von der alten Tribulaunhütte (auf der südtirolischen Seite) ostwärts in das Kar unterhalb des Sandesjoches und durch eine steile Rinne auf dieses, 1½ Std.

Vom Sandesjoch folgt man dem Grat nach O (den ersten 10 m hohen Turm umgeht man nördl., den zweiten südl.) bis er sich steil aufschwingt. Über Geröll nach rechts — Richtung Südflanke — zu einem Gratvorsprung. Leicht rechts haltend über schuttbedeckte Stufen und Bänder empor, durch eine enge Scharte und weiter nach rechts zu einem Kar. 10 m bevor eine westl. des Hauptgipfels herabziehende Schlucht in einem Kamin endet, über einen 5 m hohen Überhang — Drahtseil. Östl. neben dieser Schlucht etwa 100 m empor; weiter in ihren östl. Seitenast. 15 m unter einer Scharte links über eine Felswand — Drahtseil — 60 m hinauf (III—) zum Westgrat und kurz zum Gipfel.

● **832 Nordwestgrat** (bekannt als Westgrat). III+, 3 Std. E.; schwieriger als R 831, aber wesentlich besserer Fels.

Vom Sandesjoch am Grat ostwärts gegen einen von einem Kamin durchzogenen Turm, durch den Kamin oben links heraus zu einer schmalen Scharte, Abseilstelle (20 m) in die Scharte hinter dem Turm. (Nach der Abseilstelle ist eine Felspartie abgebrochen, daher schwieriger.) Von der Scharte rechts (Südseite) über Bänder und Rinnen zu einem Doppelturm. Dieser kann mit Zeitverlust südl. umgangen werden, oder steil zu einem Kamin in der N-Seite, durch diese zur Grat-

Die Tribulaune von Süden vom Pflerscher Höhenweg.

R 837 Nordostgrat
R 838 Südostanstieg zum Ostgipfel
R 848 Südwestgrat

Pflerscher
- Tribulaun -
Scharte
Gschnitzer
837
838
848

scharte begangen werden. Nun wieder an der S-Seite auf breiten Bändern zu einer Scharte (Spreizschritt); nun 3 m empor und links an die N-Seite zu einem steilen brüchigen Riß. Durch diesen zum Grat und weniger schwierig zum Gipfel.

● **833 Nordwestwand** (K. Rainer, H. Eberharter, 1945). V, 5 Std., Wandhöhe 500 m.

Die NW-Wand fällt mit schwarzem und gelbem Fels meist überhängend auf die Schutthalden herab. Sie beginnt mit einem von breiten Bändern durchzogenen Vorbau, auf dem ein Pfeiler ansetzt, der an der westl. Seite von der Wand getrennt ist und im gelben mittleren Wandgürtel in einer Felsschuppe endet. Ungefähr 80 m rechts oberhalb davon ein schwarzer nasser Riß, der im großen weißen Fleck endet. Weiterer Wandaufbau stufenartig. Einstieg an der linken Seite des Vorbaues über steile ausgewaschene Felsstufen empor zu zwei senkrechten gleichlaufenden Rissen. Über den rechten Riß schwierig empor zu breitem Band, unter den Dächern des Pfeilers (Steinmann) entweder an der rechten Pfeilerseite durch überhängenden Riß zur Felsschuppe oder an der linken Pfeilerseite 20 m links querend über eine kurze Wandstufe zu gutem Stand (H). Nun auf einer von links nach rechts emporziehenden Rampe hinauf. An einem weißen Fleck vorbei zum Kopf der Felsschuppe. Spreizschritt zur glatten überhängenden Wand (H). Stark abgedrängt vom Fels schräg empor (H, V+) zu abgesprengtem Felsblock (guter Standplatz). Nun im schwarzen Riß empor bis unter ein Felsdach (H). 3 m Quergang nach links in einen Kamin, in diesem zu seinem Ende (unterhalb einer durch Überhänge gesperrten Rißverschneidung). Über diese an der linken Begrenzungswand schwierig zur Stelle eines frischen Felsausbruches. Sehr schwierig empor und weiter über die nicht mehr so steile Wand über schwierige Wandstufen in der Fallinie bis zum Gipfel. Sehr eindrucksvolle Kletterfahrt.

● **834 Nordwand,** Gipfelstürmerweg (K. Schuster, L. Netzer, Bernardi). V, 10 Std.

Die N-Wand fußt mit einem Pfeiler in Fallinie des Gipfels in der steilen Schuttreise, die zum Sandesjoch emporführt; westl. des Pfeilers zieht

Pflerscher Tribulaun von Norden

R 832 Nordwestgrat
R 833 Nordwestwand
R 834 Nordwand, Gipfelstürmerweg
R 835 Nordwand, Melzerweg

Pflerscher Tribulaun
Ostgipfel
832
833
835
834

ein Riesenkamin durch die Wand. Durch diesen, bis man rechts über die Wand zu einer Kanzel gelangt. Nun nach links über den Kamin querend in die Plattenwände des Pfeilers und zum Pfeilerkopf. Nun wieder nach rechts auf Schuttband den Kamin überschreitend und weiter zu großem Felsblock. Rechts an der Kante löst sich eine Felsschuppe, hinter dieser feiner Riß, über den Abbruch zu einem versteckten Kamin. Nun nach links empor, um die Begrenzungskante des Kamins, weiter hinauf und nach rechts zu kleinem Platzl. Über glatte plattige Wand hinaufziehender fußbreiter Riß. Nach 20 m Abseilen bis zur Hälfte des Risses und Quergang (Platte) nach links zu einem Kamin, der an einem Turm an der Kaminkante endet. Nach rechts empor zu freistehendem Felsblock. Über die folgende brüchige Wand gerade empor über abschüssige Leiste nach links zu einer Verschneidung. Durch diese 10 m Abseilen zu einem Block (Beginn des Quergangs). Nun 25 m gegen den Riesenkamin querend, wo dieser von einer Felskanzel verschlossen wird. Durch Stemmkamin zu diesem Abschluß. Nun durch plattige Rinne zu einer vorstehenden Kante (von hier aus ist der Gschnitzer Tribulaun sichbar). Weiter zu einem Schuttband und über 40 m hohe Plattentafel mittels schmaler Leisten von links nach rechts empor zu schlechtem Sicherungsplatz. Über einen Riß und links empor.

Durch ein Felstunnel auf den Scheitel des Turms. Über unschwierige Schrofen zur Gipfelwand. Einstieg in Kamin (oberer Teil ungangbar). Dort auf Band rechts in die freie Wand und durch kurzen Stemmkamin zu den Gipfelschrofen und unschwierig zum Gipfel empor.

● **835** **Nordwand,** Melzerweg (O. Melzer, E. Spöttl, K. Berger, 1900). V, 10 Std.

Einstieg in die Schlucht links des N-Pfeilers und von ihr senkrecht heraus, über Überhang, besonders schwierig 30 m empor auf eine schmale Leiste. Links an der freien Wand 15 m empor, Spreizschritt nach rechts und an vorspringender Kante 10 m auf Reibung empor. Nach wenigen Metern Stand. Nun 60 m durch Kamine bis zu großem Überhang. Links unter diesem über vorstehende schwarze Platten, weiter zu kleinem Band (H), unter Überhang. Rechts, wo sich dieser verflacht, über schwierige Plattenwand auf schmale Leiste, über Ecken, Gratrippen, Bänder und überhängende Risse, bis mit zunehmender Nähe des Gipfels der Fels brüchiger wird. Solange empor, bis links eine Gratrippe den Blick in die Schlucht zwischen den Gipfeln sperrt. Nun links an blockbesetztem Überhang zu einem Felsfenster. Gerade empor zu schwarzem Riß und durch diesen zu einer steilen Kante und zum Gipfel.

● **836 Nordwand, Eisrinne.** Zwischen O- und W-Gipfel zieht von N eine steile eiserfüllte Schlucht empor, welche als Anstieg nicht empfehlenswert ist. IV, 5 Std. Sie wurde 1936 im Alleingang von F. Stoll begangen.

Von der Tribulaunhütte bis zur Eisrinne und durch diese in ständiger äußerster Steinschlaggefahr empor bis zu ihrem Ende in einem Winkel. Nun in steilem Fels nach links über Bänder zum O-Grat des O-Gipfels, der beim dritten Turm erreicht wird; weiter am O-Grat.

● **837 Nordostgrat zum Ostgipfel** (E. Spöttl, O. Melzer, 1901). IV, von der Tribulaunscharte 2 Std.

Von der Tribulaunscharte am Grat zum Ersten Turm, an der NW-Seite ausweichend, weiter am Grat mit kleinen Abweichungen rechts bis vor einen markanten gelben Turm. Diesen und die folgenden Zacken rechts ansteigend umgehend über Wandstufen zurück zum Grat. Nach kurzem Gratstück unter dem nächsten Turm links vorbei in eine steile Rinne und wieder zurück zum Grat. Über plattige Wandstufen links empor auf die scharfe Gratkante, nach wenigen Metern schwieriger Quergang in der NW-Seite und über Überhang in die Scharte vor dem Gipfelaufschwung hinunter. Nun durch eine Rinne 20 m nach links absteigend und nach rechts zu einer weiteren Rinne querend, welche über einen Überhang erreicht wird. Durch die Rinne hinauf und auf ihrer linken Begrenzungskante empor zum Ostgipfel.

● **838 Von Südosten zum Ostgipfel** (E. Clement, Waizer, 1908). IV, 7 Std., Steinschlag!

Am Weg zur Tribulaunscharte von S bis in die steile, zur Scharte ziehende Schuttrinne zwischen den hohen Wänden des Pflerscher und Gschnitzer Tribulauns. Nun gegen die SO-Wand, wo eine gewaltige Rinne, oben mehrfach verzweigt, vom Grat herabzieht. Über erdigen Schutt und Blockwerk empor im Grund der Schlucht, dann an die östl. Begrenzungsrippe. Durch die verzweigten Rinnen im oberen Teil und in wenigen Min. zum östl. Vorgipfel.

● **839 Südgrat zum Ostgipfel** (E. Clement, D. Waizer, 1908). IV, 5 Std.

Unter dem Fuß des S-Abfalles des O-Gipfels empor, bis rechts vom S-Grat eine Schlucht emporzieht, an ihrer rechten Begrenzung empor; bald nach links über die Schlucht und steil, ausgesetzt über die Wand auf den S-Grat, der teilweise ein wenig ausweichend bis zum O-Gipfel begangen wird.

● **840 Südwestwand des Ostgipfels** (K. Springorum, M. Pfau, 1911). III+, 4 Std.

Einstieg bei der Schlucht, die zwischen Haupt- und O-Gipfel herabzieht. Zur Mündung etwa 40 m empor, dann über glatte Platten und Steilstufen. Auf einer Terrasse nach rechts, bis sie in ein Band übergeht; auf diesem zu auffallendem gelben Felskopf. Von hier 30 m an der Gratkante empor. Nun in die SW-Wand über Bänder und Wandstufen und empor, bis man den S-Grat des O-Gipfels knapp unter diesem betritt. Weiter am Grat zum Gipfel.

● **841 Südwand** (H. Niederegger, T. Braun, 1951). IV—V, eine Stelle VI.

Die S-Wand teilt sich in 3 große Wandfluchten: Die westl. ist von der alten Hütte gut sichtbar; ihr Abschluß liegt im Vorbau des W-Grates. Die östl. Wandflucht mündet am O-Grat des O-Gipfels. Durch den mittleren Wandabschnitt, der nur vom Kar direkt darunter sichtbar ist, führt der Weg in Gipfelfalllinie empor.
Etwa 50 m vom Karende nach links zum Einstieg. Die ersten 3 Seillängen über gutgriffige Wandstellen gerade empor, in kurzem Quergang nach links und in eine etwas rechts emporziehende (vom Kar aus gut sichtbare) Rampe. In deren Riß- und Kaminreihe 3 Seillängen weiter empor. Über überhängenden Riß, etwas nach rechts ausweichend und über gutgriffige Wandstellen zum Beginn einer senkrechten, teilweise überhängenden Verschneidung (schwierigste Stelle). Über diese zu sehr glatter Platte und über diese zu ausgesetztem Stand. Von dort leicht ansteigend unter brüchige gelbe Risse. Durch diese empor, dann Quergang bis in den Grund und weiter in Kamin- und Rißreihe (3 Seillängen) zu großen Dächern, diese rechts umgehend zu einer Reihe von Verschneidungen und Kaminen. In diesen empor zur ersten Terrasse. Von hier über sehr brüchige Wandstellen, 3 Seillängen bis unter Überhang, über diesen zur zweiten Terrasse in der S-Rinne, weiter siehe Normalweg.

● **842 Der Übergang zwischen beiden Gipfeln** ist auf zwei Wegen möglich; der erste ist folgender:

a) Teilweise V—, 2—3 Std. (Allwein, Fendt, 1924). Beschrieben vom Hauptgipfel zum O-Gipfel:
Vom Hauptgipfel südostwärts hinab zum Beginn eines senkrechten, unten breiter werdenden Kamins, der sich durch die Steilwand in die Schlucht zwischen beiden Gipfeln hinabzieht. Durch diesen sehr schwierig hinab und nach links heraus. Über unschwierigen Fels zu Schuttband, über dieses in die Schlucht bei der Scharte. Durch die steile

Gschnitzer und Pflerscher Tribulaun von Nordwesten (Luftbild)

R 843 Alte Nordwestwand
R 845 Nordgrat
R 848 Südwestgrat
R 837 Nordostgrat
R 832 Nordwestgrat

Rinne südwärts hinab. Von O ziehen drei Felsrippen in die Schlucht, zwischen der zweiten und dritten in einen Kamin an der Wand empor zu einer kleinen Scharte, jenseits 35 m abwärts querend in eine sehr steile Rinne, die zum Grat östl. des Gipfels führt.

b) Die zweite Möglichkeit ist folgende (Treptow, J. Windisch, 1892): IV, 2 Std. Beschrieben vom O-Gipfel zum Hauptgipfel.

Unmittelbar unter dem Steinmann des O-Gipfels führt ein senkrechter Riß (im oberen Teil überhängend) hinab. Von links nach rechts durch die steile Wand gelangt man in den Riß und über den Überhang hinab. Nun schwierig auf abschüssigem Band (Geröll) 15 m unter die Scharte zwischen Haupt- und O-Gipfel; hinauf zu senkrechtem schmalem Kamin (Steigbaum). Durch den oben überhängenden Kamin empor und an der N-Seite auf Geröllband und über Wandstufen schwierig zum Gipfel.

Gschnitzer Tribulaun, 2946 m

Zwischen Tribulaunscharte und Schneetalscharte erhebt sich östl. des Pflerscher Tribulauns der Gschnitzer Tribulaun, ein mächtiger Felsstock mit gewaltiger NW-Wand, ausgeprägtem N-Grat und schönen O- und S-Wänden.

● **843 Nordwestwand** (alter Weg; Clement und Gefährten, 1908). IV, 4 Std. E.

Durch das Sandestal, oder von der Tribulaunhütte gegen die Schneetalscharte und zum Fuß der NW-Wand. Einstieg an deren N-Ecke. Über plattiges breites Band (anfangs fast schluchtartig) steil nach rechts empor. Wechselnd durch kleine Kamine und über plattige Schrofen. Vor einem Überhang nach rechts auf die das Band begrenzende grüne Schrofenrippe und auf dem Bande weiter, bis es als schmales Gesimse um eine Ecke herumführt. Die Wand links ist überhängend. Nun die senkrechte Wand unterhalb des Bandes sehr schwierig queren (35 m). Jenseits auf das wieder breitere Band. Nun schräg zurück über ein schwieriges Wandl auf kleinen Felszacken (guter Stand). Über das weiter gutgestufte, plattige Band auf großes breites Band, welches quer

Gschnitzer Tribulaun von Norden

R 837 Nordostgrat zum Gipfel des Pflerscher Tribulaun
R 843 Nordwestwand
R 844 Direkte Nordwestwand (Frenademetz)
R 846 Südostgrat
R 848 Südwestgrat

Gschnitzer Tribulaun
846
837
848
843
844

durch die ganze NW-Wand zieht. Auf diesem Band nach rechts bis dort, wo man die durch die N-Wand des Pflerscher Tribulauns ziehende Eisrinne sieht. Noch etwas weiter am Band und über gutgriffige steile Felsen auf ein ebenfalls waagrechtes Band. Gerade empor und über Wandln und schuttbedeckte schmale Bänder schräg gegen links empor in Richtung auf den Gipfelpunkt. Durch hohen Kamin durch die Gipfelwand (untere Stufe 40—50 m). Weiter in steile Rinne zum Ausstieg am SW-Grat nahe beim Gipfel.

● **844 Direkte Nordwestwand.** Diese wurde bisher zweimal auf äußerst schwierigen Wegen von H. Frenademetz und Gef. und K. Rainer und Gef. durchstiegen. Ohne näheren Bericht.

● **845 Nordgrat.** Der direkt von N heraufziehende Grat wurde vermutlich 1908 (ohne Bericht) sehr schwierig von Girtler und Gefährten begangen. Erste sichere Begehung 1936 F. Stoll (ebenfalls ohne Bericht).

● **846 Südostgrat** (G. Pittracher, 1872). I, 1 Std.

Von der Schneetalscharte (R 369) über steile Blockhalden zum SO-Grat, den man direkt bis zum Gipfel verfolgt.

● **847 Südwand** (im Aufstieg E. Allwein, W. Fendt — im Abstieg K. Schuster und Gef., 1913). II, 1½ Std.

Südl. der Tribulaunscharte aus dem Prateis ansteigend über Schutthalden zur Wand und in Gipfelfallinie über gutgestuften Fels auf das Schuttfeld unter dem Gipfel und weiter zum höchsten Punkt.

● **848 Südwestgrat** (F. Hörtnagl, 1900). II, 1½ Std. E.

Von der Tribulaunscharte stets am Grat bis zum Gipfel.

Schwarze Wand, 2917 m

Östl. der Schneetalscharte erhebt sich dieser Felsgipfel, von SO unschwierig über Schutt zu ersteigen; schwierigere Anstiege von S und O. Unschwieriger Übergang zum Obernberger Tribulaun.

Schwarze Wand und Schneetalscharte von Norden

R 852 Westanstieg

Schwarze Wand
852
Schneetalscharte

● 849 **Ostwand** (K. Hagspiel, K. Schuster, O. Netzer, H. Hummel, 1913). IV, 4 Std.

Von O durch den halbkreisförmigen Vorbau, über steiles Schuttfeld in die Mitte der Wand; durch eine Rinne, die sich zwischen zwei ausgeprägten Felsrippen emporzieht, bis zu einer Wandstufe. Hinter einem klotzigen Turm, der aus der Wand herauswächst, auf kleine Kanzel, von dort über die Stirnseite des Turms 20 m schwierig empor und auf den Turm. Nun nach rechts über Band 30 m zu einem Vorsprung; hinter diesem einige Meter absteigend und über einen abbrechenden Vorbau in die eingangs erwähnte Rinne. Durch diese empor zu großem Überhang. 15 m hinauf, dann nach links auf eine Rippe und über diese schwierig nach links empor und über 2 Rippen, bis die große Rinne erreicht wird, die vom hinteren Kar aus sichtbar ist. Die Rinne endet in einer Grotte (Eis) unter einem großen Überhang; links an der niedersten Stelle über den Überhang (Umgehung möglich) und nach 15 m zu einem ausgesetzten Quergang nach rechts und in die Rinne zurück.

Nun gerade 30 m hinauf auf ebenen Platz (gute Sicherungsmöglichkeit). Über schmales Band nach links zu einem Pfeiler. Hinter seiner Kante empor, dann 30 m absteigend und durch kurzen Stemmkamin zu einer kleinen Scharte. Von dort nach einer Seillänge zum großen Schuttfeld, über das der Normalweg herführt.

● 850 **Von Südosten.** Vom Schneekar auf Steigspuren in 30 Min. zu erreichen.

● 851 **Südwand.** Die südl. des Gipfels zum Großen Schuttfeld ansteigende niedere Wand wurde 1914 von K. Hagspiel, K. Schuster, O. Netzer, H. Schneeberger schwierig durchstiegen.

● 852 **Von Westen.** I, 1 Std. Von der Schneetalscharte her wird die Spitze auf drahtseilgesichertem Steig und über eine 10 m hohe senkrechte Wand (Klammern) erreicht.

Eisenspitze, 2673 m

Nördl. der Schwarzen Wand erhebt sich, vom Gschnitztal aus wie ein Vorbau dieser Wand anzusehen, jedoch als selbständiger Punkt die Eisenspitze.

● 853 **Nordwand** (E. Linser, T. Martinstetter, 1921). IV, 3 Std. E.

Einstieg in Fallinie des höchsten sichtbaren Gipfelzackens links von einem schwarzen Loch. Westwärts haltend 130 m unschwierig empor zu 3 senkrecht parallel herabziehenden Felsrippen. Links davon durch einen Riß in ein Schartl (rechts von der schwarzen, von der Hütte

Eisenspitze, Nordwand

R 853 Nordwand (Linser-Martinstetter)
R 856 Direkte Westwand

bereits sichtbaren Wasserrinne). Am Kopf neben der Scharte Steinmann. Von der Scharte gerade empor gegen einen nach links überhängenden Gratturm; 60 m hinauf auf begrüntes Band und schief nach links empor auf ein weiteres Band. Rechts an einem Felskopf vorbei auf das höhere Band und schief nach links zu einem Steinmann. Gerade hinauf zur Gratkante und über diese zum Gipfel.

● **854 Ostwand.** II, ¾—1 Std. im Abstieg.

Vom Gipfel nach rechts durch kaminartige Rinne östl. hinab. Nach rechts querend zum Ansatz eines steilen Kamins und durch diesen hinunter. Vom unteren Ende 50 m nach links und auf Grasbändern und über Wandstufen zum Schutt am Fuß der Wand.

● **855 Von Nordwesten** (O. Ampferer, K. Berger, 1898). III, 2 Std.

Von der Tribulaunhüte zur Einsattelung nördl. des Berges. Nun auf den ersten Gratturm bis fast zur Spitze, dann schwierig in die W-Flanke und durch teilweise überhängenden Kamin zur Spitze.

● **856 Direkte Westwand** (K. Rainer, K. Kuppelwieser, 1949). IV, 4 Std.

Von der Tribulaunhütte am Steig gegen den Gschnitzer Tribulaun und von diesem zur Wand. Nasser schwarzer, wulstiger Fels versperrt die verschneidungsartige Steilrinne im Gipfelaufbau. 150 m rechts der Falllinie bildet eine gelbe abgesprengte Felsplatte einen Riß. Hier Einstieg. Durch diesen Riß von rechts nach links empor in die Steilrinne bis in den Grund. Gerade in der Rinne empor, bis sie sich in eine Wand verliert. Über diese rechts in brüchigem Fels luftig zum Gipfel.

● 857 **Roßlauf,** 2880 m

Südl. der Schwarzen Wand erhebt sich der Roßlauf, der vom Weg zwischen Obernberger Tribulaun und der Schwarzen Wand in ¼ Std. unschwierig erreicht werden kann. Auch vom Portjöchl ist er unschwierig von SO her stets am Grenzkamm entlang zu ersteigen. Über mehrere Graterhebungen steigt man vom Portjöchl zuerst gegen die Pfeiferspitze an (2378 m) und hält sich weiter stets am Grenzkamm über P. 2584 (3 Std. vom Joch).

Auch der Westabfall dieser Spitze wurde bereits 1913 von K. Schuster und W. Hummel vom Karsumpf her über kulissenartig aufgebaute Felsklippen ohne wesentliche Schwierigkeiten begangen.

Der Übergang zur südl. vorgeschobenen, schulterartigen Eisenplattenspitze, 2609 m, (auch Rotspitze genannt) unschwierig über den Grat gegen S.

Obernberger Tribulaun, 2780 m

Als östl. Endpunkt im Tribulaunkamm erhebt sich dieser Gipfel aus einer hochflächenartigen, schräg gegen N abfallenden Ebene, die in steiler Felswand gegen N abbricht. Der östlichste Punkt dieser Wand, mit dem Gipfel rückenartig verbunden, wird gelegentlich als Kleiner Obernberger Tribulaun im Gegensatz zum Hauptgipfel bezeichnet.

● **858 Von Osten.** Auf Steig 4½—5 Std. von Gries am Brenner, 2½ Std. vom Obernberger See.

Vom Obernberger See am westl. Seeufer führt der Steig über steile Wiesenhänge felsdurchsetzt zu einer Hochfläche. Von hier unschwierig zum westl. aufgebauten Gipfel.

● **859 Übergang zur Schwarzen Wand.** Auf Steig 1½ Std.

● **860 Nordwand** (K. Schuster, H. Delago, H. Nußbaumer). IV, 3 Std. E.

Vom Hinterenskar in der Fallinie des Gipfels über Schutthänge zu einer Einbuchtung in der Wand. Die Nische ist mit einem Überhang abgeschlossen. Rechts von der Wand durch 15 m hohen Kamin schräg nach rechts empor, weiter hinauf (30 Min.) zu einer breiten Kanzel, die gegen das Kar vorspringt. Gutgestufter Fels leitet nun gegen einen Grat, der brüchig und unangenehm zu einem Turm führt; dieser wird nach links auf einem Band umgangen. Von dort durch kleines Schuttkar, oben durch stufenförmige Wände geschlossen, über diese teils überhängenden Wände durch kurzen Riß in eine Rinne und in die große Rinne unter dem Gipfel. Weiter durch diese empor zum Gipfel.

● 861 Hohes Tor, 2648 m

Nördl. der Eisenspitze zieht eine Abzweigung im Grat rückenartig über das Gsträunjöchl und baut in ihrer nördl. Fortsetzung das Hohe Tor auf, das nach W in steilem Fels, bzw. grasdurchsetzten Wänden abfällt. Dieser Gipfel ist vom Gsträunjöchl unschwierig zu begehen. Gegen O zieht der Grat weiter über das Kreuzjöchl zur Mutte.

Mutte, 2630 m

Dieser Punkt im Grat kann von Obernberg auf gut markiertem Steig (bis auf das Muttenjoch, 2400 m) von SO unschwierig erreicht werden. Gegen NW fällt eine steile Wand gegen das Gschnitztal ab.

● 862 Nordwestwand (A. Fröhlich, H. Jörg, 1921). IV, 2½ Std.

Dort wo die NW-Wand am weitesten ins Kar vorspringt, über schuttbedeckte Schrofen empor zu einem auffallenden Riß, der nun die ganze Wand durchzieht. Erst links, dann rechts davon empor bis zu breitem Schuttband, dann 30 m nach links und an gutgriffiger Wand etwa 80 m gerade hinauf. Dort, wo sich der Riß zum Kamin erweitert, auf schmalem, steilem Band in diesen hinein. In ihm bis unter mächtigen Überhang. Nun 6 m empor, dann 4 m heraus. Durch einen schmalen Spalt auf die linke Begrenzungswand. Direkt über den folgenden Überhang und in der folgenden Rinne 20 m empor. Nun nach rechts auf eine Rippe queren. Der folgende turmartige Aufbau wird an der NW-Seite erklettert. Nun einige Meter nach links und durch kurze Rinne zum Gipfel.

● 863 Der nördliche Seitenkamm

Die Fortsetzung des Rückens, der nördl. der Wiesenspitze beginnt und über das Gstraunjöchl und die Mutte gegen NO zieht, bildet grüne Almböden, die sich in einigen Graterhebugen zur **Rötenspitze,** 2482 m, **Leitner Steller,** 2313 m, und **Egger Steller,** 2285 m, aufbauen. Der nordöstl. Teil des Grates wird mit seinen gegen das Wipptal abfallenden Almböden als **Nößlachjoch** oder **Steinacher Jöchl,** 2232 m, bezeichnet und bietet schöne Skiabfahrten, die wegen ihrer guten Schneelage schon früh im Winter und noch spät im Frühjahr befahrbar sind.

Sessellift Steinach — Berger-Alm (bew.). 2. Sektion aufs Joch. Von dort bez. Anstieg zum Nößlachjoch (2 Std.).

● 864 Der südöstliche Seitenkamm

Südöstl. der Schwarzen Wand führt der Kamm über die **Pfeiferspitze,** 2583 m, zum **Portjöchl** (Bartjöchl), 2111 m. Weiter zieht sich auch dieser Kamm als begrünter, von wenigen Schrofen durchsetzter Rücken gegen NO. Über den **Grubenkopf,** 2331 m, und den **Geierkragen,** 2309 m, gelangt man zum **Sandjöchl,** 2158 m, und weiter über den **Hohen Lorenzenberg,** 2313 m, das **Fraderjoch,** 2124 m, das **Kreuzjoch,** 2243 m, und **Steinjoch,** 2186 m, zum **Sattelberg,** 2113 m, der sich westl. über dem Brenner erhebt und den Endpunkt dieses Kammes bildet. Diese Gratwanderung stellt besonders im Spätwinter eine genußvolle Skifahrt dar, die am besten vom Sattelberghaus bis zum Sandjöchl, mit Abfahrt gegen den Obernberger See ausgeführt wird. Vgl. auch R 379 ff.

III. Der Habicht-Serles-Kamm

● **865** Zwischen Stubaital, Wipptal und Gschnitztal steht eine im wesentlichen aus zwei Zügen aufgebaute Gruppe, die ihren Ursprung am Simminger Jöchl hat. Von hier zieht der eine Kamm von der Inneren Wetterspitze über den Habicht bis zur Elferspitze. Östl. des Habichts liegt das Pinnisjoch (Innsbrucker Hütte). Von diesem Joch zieht der Serleskamm gegen NO und N bis zur Serlesspitze. Das Pinnistal scheidet den nördl. Habichtkamm vom Serleskamm. Während der Habicht-Elfer-Kamm aus zentralen Gneisen aufgebaut ist und nur in seinem äußersten Ende an der Elferspitze Kalkklippen aufgesetzt hat, bestehen die Gipfelaufbauten des Serleskammes durchwegs aus dolomitähnlichem Kalk. Mit Ausnahme des Gratstückes vom Simminger Joch bis zum Habicht — und dort nur sehr mäßig — finden wir im ganzen Gebiet keine Vergletscherung. Für den Felsgeher ist der südl. Teil des Serleskammes sowie die Serles selbst besonders interessant wegen vieler schöner, jedoch zum Teil sehr schwieriger Felsfahrten.

Stützpunkte: Für die Touren im nördl. Habichtkamm dienen als Ausgangspunkte die Pinnisalm oder Karalm im Pinnistal (am Weg zur Innsbrucker Hütte). Für den Normalaufstieg zum Habicht benützt man die Innsbrucker Hütte, ebenso für die Touren auf die Glättespitze, den Glücksgrat, Ochsenkogel und Zwerchwände. Diese kann man allerdings auch aus dem innersten Gschnitztal von der Laponesalm erreichen. Für die Innere und Äußere Wetterspitze wird die Bremer Hütte benützt. Die Touren von W her aus dem Stubaital unternimmt man von der Autenalm (Elferspitze) oder Mischbachalm. Ranalt ist als Stützpunkt für Ochsenkopf oder Äußere Wetterspitze geeignet, doch wenig empfehlenswert. Für die Elferspitze selbst kommt noch die Elferhütte am Valsissen in Frage. Im Serleskamm benützt man für die Serles-N-Wand Maria Waldrast bzw. den Serleslift von Mieders, ebenso für die Berge südl. der Serlesspitze bis zur Kesselspitze. Den südl. gelegenen Teil des Kammes kann man vom Naturfreunde-Haus an der O-Seite oder von der Issenalm, bzw. Pinnisalm erreichen. Für einige Touren an der Ilmspitze, an der Torsäule und am Kirchdach bzw. Kirchdachspitze wählt man auch Gschnitz.

Innere Wetterspitze, 3055 m

Letzter südl. Gipfel unseres Kammes, sanfter N-Grat, steiler S- und O-Grat.

● **866** Von **Osten** und über den **Nordgrat,** I. Leichtester Anstieg von der Bremer Hütte, 2¾ Std. Zuerst zum Lauterer See, 2425 m, südwestl. in das Schneekachel und rechts heraus durch Rinnen auf einen Blockhang und hinauf zum N-Grat und über diesen zum Gipfel.

● **867** **Nordgrat** (P. Gleinser, v. Lauterer, 1875). I. 1 Std. vom Lauterseejoch.

Am Grat oder westl. unterhalb der Kante.

● **868** **Nordostwand** (H. Pichler, L. Aichberger, 1922). III, 2 Std. von der Bremer Hütte.

Von der Bremer Hütte nach N ins Lauterkar und über steile Hänge zum Fuß der NO-Wand in die rechte obere Ecke des Kars. Über Gras nach rechts zu einer Schuttstufe und über Blöcke nach links unter die Gipfelwand zu einem Schuttfleck. Von diesem durch schwierige Rinnen auf den O-Grat nahe der Spitze.

● **869** **Ostgrat** (O. Ampferer, W. Hammer, 1898). II, 2½ Std. von der Bremer Hütte.

Von der Hütte über Gras und Schrofen unterhalb des O-Grates ansteigend gegen NW empor zu einer Scharte, von der eine tiefe Rinne nach S zieht. Mäßig schwierig über eine steile Wandstufe, dann unschwierig am Kamm, einige Zacken und Aufschwünge an der S-Seite teilweise ausgesetzt mäßig schwierig umgehend.

● **870** **Südgrat** (vermutlich D. Pfurtscheller, 1893). II, 1½ Std. vom Simmingjöchl, R 352.

Am Grat gegen N bis zur ersten tiefen Scharte (auf Bändern an der W-Seite gut erreichbar). Von der Scharte einige Meter gegen O absteigend, weiter nach N querend umgeht man die folgenden Zacken. Weiter am Grat, gelegentlich an der O-Seite ausweichend, steil über plattigen Fels bis unter den südl. Vorgipfel, unschwierig aber ausgesetzt an der W-Seite querend empor zu einem Kopf im flacheren Grat. Weiter unschwierig zur Spitze.

Der wenig ausgeprägte **Westgrat** wurde von der Grüblalm her ebenfalls begangen.

Äußere Wetterspitze, 3070 m

Breiter massiger Gipfel, langer O-Grat, den der Weg Bremer Hütte — Innsbrucker Hütte oberhalb der Burgschrofen überschreitet.

● **871 Von Norden** (G. Pittracher, N. v. Kaun, 1881). II, vom Burgschrofen (Hüttenweg) 2 Std.

Auf dem Weg über den Burgschrofen nach N in die Plattengrube, an der N-Seite des O-Grates querend hinauf gegen den N-Grat (unschwierige Platten) unter dem letzten Gipfelaufschwung, mäßig schwierig über diesen, knapp links der Kante in einem Kamin empor und weiter zum Gipfel.

Die direkte Überschreitung des N-Grates vom Trauljoch her, 1—1½ Std., ist unschwierig, doch sehr brüchig.

● **872 Von Südosten** (O. Ampferer, W. Hammer, 1898). I—II, vom Lautersee 1—1½ Std.

Vom See in den innersten Winkel, wo eine steile Rinne mühsam zum obersten S-Grat leitet, weiter mäßig schwierig über den Grat zum Gipfel.

● **873 Südwestgrat.** II, 1 Std. vom Lauterseejoch.

Von der Bremer Hütte ins Lauterkar und schwieriger zum Joch (2 Std.). Über den ersten plattigen Aufbau des Grates schwierig (weniger schwierig links) und weiter am Grat zum Gipfel.

Südliche Rötenspitze (Reatlspitze), 2982 m

Genaugenommen die einzige Rötenspitze, da die sogenannte Nördliche Rötenspitze (Bänkenspitze) nur eine Kuppe im N-Grat darstellt. Die Südl. Spitze ist ein massiger Gipfel mit einem scharfen O-Grat, der im oberen Teil in Schutt übergeht.

● **874 Von Nordosten** (L. Prochaska, 1894). I, 2 Std. vom Hüttenweg Bremer Hütte — Innsbrucker Hütte; 1 Std. E.

Vom Weg ab in die Trauler Bockgrube und mühsam in dieser empor zur Scharte südl. des Ochsenkogels (Geißschneide). Weiter am Grat gegen SW über den nördl. Vorkopf **(Nördl. Rötenspitze, Bänkenspitze,** 2926 m) und weiter am Grat zum Gipfel.

● **875 Von Süden.** II, 1 Std. E.

Vom Trauljoch am Grat stets an der Kante zum Gipfel.

Ochsenkogel (Ochsgrubenspitze), 3033 m

Dieser sehr selten bestiegene Doppelgipfel südwestl. der Zwerchwände wurde früher (AV-Brennerkarte) als Geißschneide bezeichnet, welcher Name jedoch nur dem NW-Grat zukommt.

● **876 Nordgrat,** II, einige Stellen III, 1½ Std. E.

Von der Mischbachalm gegen S ansteigend, am Fuß des NW-Grates der Glücksgratspitze vorbei in die Bergergrube und zum Bergerferner. Am westl. Rand des Ferners zum Ansatz des N-Grates; über die erste Steilstufe schwierig in festem Gestein an der Kante empor, weiter am flacheren Grat, dann steiler zum Vorkopf und weiter sehr brüchig am zunehmend steileren Grat zum Gipfel.

● **877 Nordostgrat.** Aus der tiefsten Scharte südl. der Zwerchwände, II, 1 Std. (Plattenkletterei).

● **878 Von Nordosten** (L. Prochaska, 1894). I, von der Innsbrucker Hütte, 4—4½ Std.

Am Weg zur Bremer Hütte hinauf gegen die Innere Glättenieder. Unter dieser gegen S abzweigend über den Peilgrubenferner zur höchsten Scharte im SO-Grat unterhalb des Gipfels. Unschwierig über Platten zum Vorgipfel, über brüchige Gratköpfe zum höchsten Punkt.

● **879 Südostgrat.** I. 1—1½ Std.

Vom Fuße des Grates über grobes Blockwerk zum Gipfel.

● **880 Südwestgrat** (L. Prochaska, 1894). Kurze, unschwierige Blockkletterei vom äußeren Peilgrubenschartl, etwa 45 Min.

● 881 Zwerchwand

südwestl. Punkt 2912 m, nördl. etwa 2900 m

Nordgipfel. II, 1 Std. von der tiefsten Scharte südl. des Glücksgrates. Immer an der scharfen Schneide entlang.

● **882 Südgipfel von Süden.** III, 1½ Std.

Aus der tiefsten Einsattelung zwischen Ochsenkogel und Zwerchwand, stets am Grat.

Der **Übergang** von einer zur anderen Spitze wurde von H. Delago ausgeführt, ohne Bericht. IV.

Glücksgrat, 2954 m

Stumpfer kegelförmiger Gipfel westl. der Inneren Glättenieder.

● **883 Nordwestgrat.** II, teilweise III, 5 Std. von der Mischbachalm.

Von der Inneren Mischbachgrube (von der Mischbachalm gegen S) zur Scharte nördl. P. 2380 m (Rötenspitze). Weiter am Grat bis zur scharfen Kante vor P. 2705 m, über diese und weiter zum Gipfel.

● **884 Von Nordosten.** II, 45 Min. von der Inneren Glättenieder.

Am Grat gegen SW, bis dieser schwierig wird; auf der Stubaier Seite die Zacken umgehend, zuletzt über grobes Blockwerk zum Gipfel.

● **885 Südostgrat.** II, von der Äußeren Peilgrubenscharte 1—1½ Std., stets am Grat.

Große Glättespitze, 3134 m

Schön geformter Felsgipfel im Grat südwestl. des Habichts.

● **886 Nordgrat** (O. Ampferer, W. Hammer, 1901). II, von der Äußeren Glättenieder 1¾ Std.

Von der Innsbrucker Hütte am Weg zur Bremer Hütte bis unter den Glätteferner. In der Mulde aufwärts über den Ferner zur Äußeren Glättenieder, 2973 m (1¾—2 Std.). Weiter am Grat, I, zum Gipfel.

● **887 Von Nordosten.** I, von der Innsbrucker Hütte 3½ Std., sehr brüchig, wenig ratsam.

Wie bei R 886 unter die Glättenieder, abzweigend gegen die NO-Flanke und brüchig über diese zum Gipfel.

● **888 Südgrat.** III, teilweise IV, von der Inneren Glättenieder 2 Std. Sehr brüchig, nicht ratsam.

Von der Glättenieder über den plattigen Grat, gelegentlich an der W-Seite kurz ausweichend zum Gipfel.

● **889 Westwand** (J. Harold, H. Scharfetter, 1923). II, 1½ Std. E. Von der Mischbachalm in die Innere Mischbachgrube und gegen S unter die Fallinie der Spitze. Durchstieg in der Falllinie des Gipfels.

Kleine Glättespitze, 2894 m

Gipfel im langen SO-Grat der Großen Glättespitze.

● 890 **Südostgrat** (O. Ampferer, W. Hammer, 1901). II, 1 Std. von der Pramarnspitze.

Von der Innsbrucker Hütte am Weg zur Bremer Hütte, bis dieser den SO-Grat der Glättespitze bei der Pramarnspitze überschreitet, 2 Std. Nun am Grat empor zum Gipfel.

● 891 **Übergang zur Großen Glättespitze** (O. Ampferer, W. Hammer, 1901). III, 2½ Std.

Vom Gipfel schwierig über plattige Stufen und Absätze am Grat bis zurGroßen Glättespitze.

Habicht (Hager), 3277 m

Der mächtigste Gipfel im Habichtkamm, der auf unschwierigem Weg von der Innsbrucker Hütte (jedoch durchaus nicht gefahrlos) erreicht werden kann. Der Habicht ist der touristisch am frühesten erstiegene Gipfel des Stubais. Westl. und östl. des Gipfels ziehen zwei gleichlaufende Grate nach N, zwischen denen der Mischbachferner eingebettet ist. Gegen SO fällt ein mäßig geneigtes Firnfeld (Habichtferner) ab. 1. touristische Besteigung C. Thurwieser, I. Krösbacher, 1836.

Den ganzen Grat von der Inneren Wetterspitze zum Habicht hat Hermann Delago als erster überschritten (Privatmitteilung).

● 892 **Normalweg von Osten.** Von der Innsbrucker Hütte (Weg Thurwiesers, 1836). I, 2½—3 Std., teilweise bez. Steig mit Drahtseilsicherung.

Von der Innsbrucker Hütte über die vorgelagerten Rampen gegen W zu einer Gratrippe, steil in Kehren über diese, dann auf die Pinniser Seite, weiter in Kehren empor zur östl. Ecke des Gipfelaufbaues. Nun über den kleinen Habichtferner zum Gipfelaufbau und über Blockwerk zum Gipfel.

Im Abstieg nicht über das Firnfeld und die steile Firnrinne links des Abstiegsweges am Beginn abfahren; die Rinne bricht überaus jäh in Felsstürze über dem Pinnistal ab (häufige Unfälle!!).

● 893 **Westlicher Nordgrat (Mischbachgrat),** (K. Hagspiel, H. Delago, 1921). III, 4 Std. E.

Von der Mischbachalm durch die Äußere Mischbachgrube aufwärts bis zum Ansatz des Grates knapp westl. des Ferners. Über die steile Kante direkt empor zum ersten Gratkopf, weiter am Grat zum zweiten Kopf und am Blockgrat zum dritten Kopf. Von dort absteigend zu einem Sattel und nun am Blockgrat, dann über steile Plattenschüsse zu einer westl. des Gipfels stehenden Kuppe und unschwierig zum Gipfel.

● **894 Über den Mischbachferner** (W. Pfurtscheller, O. Biermann, F. Löwl, 1883). Eine der schönsten und beliebtesten Eisfahrten in den vorderen Stubaiern.

Von der Mischbachalm je nach Verhältnissen 4—8 Std.

Erster Weg: über sämtliche Steilstufen des Ferners, aus der Äußeren Mischbachgrube über die rechte Schlußwand des Ferners, weiter empor im östl. Arm, sehr steil über die zweite Eisflanke (50°) und hinauf gegen den Gipfelaufbau, zu dem man etwas westl. des Gipfels über die steile Eiszunge (oberer Teil ausapernd, Steinschlag) zum Grat und in wenigen Schritten zum Gipfel gelangt.

Zweiter Weg: nicht so schwierig. Am linken (östl. gelegenen) flacheren Zungenende empor, weiter rechts aufwärtshaltend gegen das Ende des Grates, der den oberen Mischbachferner in der Mitte teilt. Weiter am Blockgrat mäßig schwierig zum Gipfel.

● **895 Östlicher Nordgrat** (bekannt als **Habicht-Nordgrat),** (O. Ampferer, W. Hammer, 1901; 1. Winterbegehung G. Glockengießer, 1952). IV, von der Inneren Mischbachnieder 8—9 Std.

Der Grat zieht von der Inneren Mischbachnieder über das (in der neuen AV-Karte nicht benannte) Schaufelspitzl, 2834 m, gegen den Grat östl. des Gipfels.

Zum Schaufelspitzl von der Mischbachnieder siehe R 900. Vom Schaufelspitzl am Grat gegen S bis zu senkrechtem Abbruch (etwa 17 m), Abseilstelle (kann an der W-Seite über steile Felsen und eine plattige Wandstufe, zuletzt auf einem Band umgangen werden). Der zweite Steilabbruch wird überklettert. Auf schmalem ausgesetztem Grat weiter zu dunklem Turm. Diesen in der W-Flanke umgehend zurück zum Grat, zum nächsten dunklen Turm empor und von dessen höchsten Punkt etwas in die O-Wand absteigend bis oberhalb von Überhängen.

Auf schmalen Leisten gegen N zurück, hinab zu einem Grasband und leicht ansteigend zur Scharte hinter dem Turm. Der Steilabbruch kann durch Abseilen überwunden werden, 30 m Seil. Weiter am scharfen Grat über mehrere Zacken zum nächsten dunklen Turm; durch sehr brüchige Rinne westl. absteigen, gegen S querend zu einem Kamin und durch diesen hinauf zum Grat.

Am steiler ansteigenden Grat weiter empor und stets an der Gratkante zu einem Gratkopf, bei dem der Grat gegen SO umbiegt und zur N-Schulter des Gipfels leitet.

● 896 **Nordostwand** (H. Moschitz, E. Hensler, F. Pfeifer). II, 4 Std. von der Karalm. Gefährlich und mühsam.

Nicht lohnender Anstieg. Von der Karalm zum Wandfuß; rechts von einem kleinen Wasserfall empor zu deutlich sichtbarem dreieckigem Grasfleck. Stets gerade über Schrofen, Schutt und Grasbänder zur nördl. Schulter des Gipfels und unschwierig zu diesem.

● **897 Von Südosten.** II, 1—1½ Std. E.

Unter der Äußeren Glättenieder gegen die SO-Flanke des Berges, wo eine steile Plattenrinne emporleitet. Durch diese Rinne zuerst im Grund derselben, dann an der rechten Begrenzungsrippe empor, Steinschlag.

● **898 Südwestgrat** (J. Stüdl, P. Gleinser, 1867, im Abstieg). II, 2½ Std. von der Äußeren Glättenieder.

Über die Gratzacken stets an der Kante zur östl. Schulter des Gipfels und weiter zum Gipfel.

Die Erstbegeher stiegen vom Joch durch eine steile Schlucht in die Innere Mischbachgrube und zur Mischbachalm ab.

● **899 Südwestpfeiler** (H. Weber, I. und W. Reder, 1951). IV+, 3½ Std. E.

Vom Gipfel zieht gegen S zu P. 3200 ein Grat, von dem ein Pfeiler gegen SW herabzieht. Aus dem Glättekar empor zum Fuß des Pfeilers, der in dreieckiger Plattenwand fußt. Um einen Turm, der der Wand vorgelagert ist, in eine trümmerübersäte Rinne. Bis knapp unter die Gratsenke, dann unschwierig über gutgestuften Fels, weiter über einen Überhang sehr schwierig auf den Grat. An der Kante weiter über einige brüchige Zacken zu kleinem Stand. 2 m Quergang nach rechts in eine Verschneidung, in dieser 15 m empor (IV+), bis man rechts den Rand einer steilen Platte erklettern kann. Über steile griffarme Platten 30 m in weniger schwieriges Gelände. An der Kante hinauf zu P. 3200 m. Nun über den kleinen Habichtferner zum Gipfelaufbau. Einige Meter rechts des Grates durch brüchige Rinne eine Seillänge empor, einen Überhang rechts umgehend auf ein Band, 15 m nach rechts über steile Platten, 15 m empor an die Kante und über diese zum Gipfel.

Habicht von Nordosten (Luftbild)

R 894 Anstieg über den Mischbachferner
R 893 Mischbachgrat
R 894 Mischbachfernerweg
R 895 Nordgrat

Habicht
Pflerscher Tribulaun
895
1. Weg
2. Weg
893
894

Graterhebung im N-Grat des Habichts zur Mischbachnieder (siehe R 895).

● **900 Nordgrat von der Mischbachnieder** (O. Ampferer, W. Hammer, 1901). III, teilweise IV, 2 Std. vom Einstieg.

Der Aufstieg zur Mischbachnieder stellt bereits erhebliche Anforderungen: Von der Mischbachalm unter dem NW-Grat des Mantelers ansteigend bis in die Höhe der Scharte und dann von NW her in die Scharte hineinquerend; oder vom unteren Zungenende des Mischbachferners her schwierig auf einem Band durch die steilen Abbrüche zu erreichen. 2½ Std. Vom Pinnistal: Von der Karalm in den Talschluß südl. des Baches, der von W herabkommt. Über Steigspuren gegen die Nieder herauf, wo eine enge steile Schrofenrinne über Platten und steile Rasen und loses Blockwerk zur Scharte leitet. 2 Std.

Von der Nieder am Grat zum ersten Turm, knapp links der Kante empor und in die folgende Scharte, mäßig schwierig über den nächsten Turm. Weiter auf breitem plattigem Grat zum großen nächsten Kopf. Die weiteren Zacken werden östl. auf einem Band umgangen; wieder zum Schartengrat und bis nahe zu seinem Ende. Durch schwach überhängenden Riß zur Scharte. Vor dem nächsten steilen Turm links durch eine Steilrinne zum oberen Rand eines großen Plattenschusses, schwach empor, querend über die Platten zu einem Spalt (zwischen Bergkörper und abgesprengtem Block). Durch den Spalt und auf plattigem Rücken nach rechts zum Hauptgrat. Weiter teils am Grat, teils an der Pinnisseite über gutgestufte Platten zur Spitze. (Fortsetzung zum Habicht siehe R 895).

● **901 Von Osten,** II. Von der Karalm 3 Std.

Von der Alm gegen die Mischbachnieder bis zu einer vom Gipfel herabziehenden Gratrippe. Über Felsstufen, Platten und Rasen möglichst nahe der Rippe zum Gipfel.

● **902 Nordwestwand** (H. Delago, K. Hagspiel, E. Geisler, A. Firnhauf, L. Ambach, 1921). IV, 1½ Std. vom Einstieg.

Von der Mischbachalm zur Mischbachnieder und zum Fuß der Wand. Einstieg in Gipfelfallinie bei einer Plattenrinne, welche (von einem Köpfl verdeckt) gerade emporzieht. Sie wird nach 30 m flacher. Weiter über schräge Plattenschüsse. 35 m empor zu hohem Wandgürtel. Sehr schwierig hinauf, dann 30 m weniger schwierig bis zum steilen Gipfelaufbau. Gerade über Platten zu grasdurchsetztem Band (welches nach rechts zum Hauptgrat leitet). Vom Band einige Meter nach links empor zu fast senkrechtem, 15 m hohem Riß. Schwierig über diesen (guter Stand). Nun gerade empor und nach rechts zur Kante und hinter dieser 40 m hinauf zum Gipfel.

Manteler(spitze), 2814 m

Wuchtiger Felszacken mit steilem Südgrat.

● **903** **Von Norden.** II, eine Stelle III, 1 Std. E.

Aus der Scharte zwischen Keldererspitze und Manteler zum ersten Vorkopf (I, 30 Min.), den folgenden Abbruch (III) überkletternd, weiter (II) am Grat zur Spitze.

● **904** **Südgrat** (K. Hagspiel, Gerold, 1921). IV, 1½—2 Std. von der Mischbachnieder.

Von der Nieder an der Kante empor zu großem Aufschwung. Auf einem Band 20 m nach links (SW-Wand), durch einen Kamin empor und über guten Fels zum südl. Vorgipfel.

● **905** **Von Südwesten,** 2—2½ Std. von der Mischbachalm. Aus dem Kar unter der Mischbachnieder in einer auffallenden gelben Rinne sehr mühsam zum Grat zwischen Vor- und Hauptgipfel. Steinschlag!

● **906** **Nordwestgrat.** II, 2 Std. E.

Einstieg am besten von der Inneren Klamperberggrube, direkt zum Grat empor, mäßig schwierig am teilweise plattigen Grat zur Spitze.

● **907** **Von Westen.** Von der Mischbachalm, II, 2 Std., sehr mühsam.

Im steilen, schrofendurchsetzten Gelände unter dem NW-Grat ansteigend und mühsam über Schrofen und Wandln, direkt von SW zum Gipfel (je weiter rechts, südl., um so schwieriger).

Oder: aus der Klamperberggrube an den Hängen möglichst hoch ansteigend und sehr mühsam von NW zum Gipfel.

● **908** **Gaißspitze,** 2742 m

Als solche wird der erste Vorkopf im N-Grat des Mantelers bezeichnet, siehe Manteler, N-Grat.

● **909** **Keldererspitze,** 2690 m

Kaum bestiegener Gipfel. Am besten am Weg von der Pinnisalm bis unter die Zwölfernieder (verfallene Almhütte). Auf schlechten Steigspuren etwa in 2000 m Höhe südwärts bis hinter den O-Grat des Schafspitzl. Nun südl. des Grates empor bis unter das Joch, 2574 m. Links durch die Mulde und durch eine Rinne zum nördl. Vorgipfel und über den Grat zum Hauptgipfel. Von der Pinnisalm 4 Std., sehr mühsam. Der S-Grat ist unschwierig zu begehen.

● **910** **Schafspitzl,** 2660 m

Wuchtig und breit aussehender Berg. Von allen Seiten ohne besondere Schwierigkeiten, jedoch nicht ungefährlich zu ersteigen. Am besten in 1¼ Std. aus dem Grätzengrübl über die N-Flanke in Gipfelfallinie ansteigend. Auch der S-Grat ist unschwierig (I), der Zugang zu diesem jedoch sehr mühsam (3 Std. von der Karalm). Übergang von der Zwölferspitze über den teilweise ausgesetzten Grat (mächtige Blöcke, I), 1 Std.

Zwölferspitze, 2562 m

Gipfel südl. der Zwölfernieder. 1. Besteigung C. Gsaller, etwa 1870.

● **911** **Nordgrat.** Aus dem Autengrübl, II, 2 Std.

Stets am plattigen Grat, kaum ausweichend.

● **912** **Nordostgrat.** II, von der Zwölfernieder 1 Std.

Stets am Grat, gelegentlich den plattigen Zacken an der N-Seite ausweichend zum Vorgipfel und über den kurzen scharfen Grat zur Scharte und zum Gipfel.

● **913** **Von Osten.** I, 1 Std. von der Zwölfernieder.

Von der Nieder auf die Pinnisseite hinab (Grätzengrübl) zwischen Zwölfer und Schafspitzl und über eine rinnenartige Grasflanke zur Scharte zwischen nördl. Vorgipfel und dem Hauptgipfel empor. Zuletzt über plattigen Fels zum Gipfel.

Elferspitze, 2499 m

Vom nördl. Ausläufer dieses Kammes zieht ein vielfach zerrissener scharfer Grat gegen S, der die Elfertürme und die Elferspitze aufbaut. Diese Türme zeigen einen ausgeprägten nördl. Turm und zwei südl. Türme, die durch einen breiten Riß getrennt in einen westl. und in einen östl. zerfallen.

● **914** **Normalweg von Westen.** I, 1¾ Std. von der Elferhütte.

Von der Hütte wie bei R 915 zu den Felsen, wo die unschwierige Kletterei beginnt, nun südseitig auf Steig über große Blöcke zu einem kleinen

Schartel. Nun auf Schafsteigen unterhalb des Massivs weiter bis unterhalb des Hauptgipfels und durch eine Rinne, die sich zu einem Spalt mit verkeiltem Block verengt, zum breiten Hauptgipfel. Nur für Geübte!

Anderer Weg: II, 2 Std. von der Elferhütte. Von den Türmen führt ein Schafsteig südl. über Blöcke unterhalb des Massivs weiter zur Zwölfernieder.

Am Hauptgipfel vorbei gelangt man westl. davon vom Steig unschwierig auf den Gratsattel. Von dort die Steilwände südl. umklettern. Eine 1 m breite Schlucht kann überspreizt oder durchklettert werden. Dann um eine Ecke in eine Geröllrinne, von der man einige Schritte ansteigend die große Spaltgegend mit Blöcken Richtung O verfolgt und am Ende links zum breiten Gipfel gelangt.

Nördlicher Elferturm, etwa 2495 m

● **915 Normalanstieg.** II, 1¼ Std.

Von der Elferhütte über den Kamm, wo sich der Weg zwischen alleinstehenden Türmen windet. Zum Schluß unschwierige Kletterei, dann durch einen engen Riß auf die schmale Spitze.

● **916 Nördlicher Turm, Nordwand** (vermutlich H. Pedit).

Einstieg in Gipfelfallinie durch Kamin mit Klemmblock. Auf bemoostes Band und nach links durch kurzen Riß (griffarm) zu gutem Stand. Nun kurzer Riß nach rechts zu einer Verschneidung (dunkles Gestein), durch Kamin und über Wandstellen zu gelber Felstafel beim Schartl, weiter über den Grat zum Gipfel.

● **917 Nördlicher Turm, Nordwestwand** (J. Salcher, 1936). V, 2 Std. E.

Von der Autenalm gegen die Elfernieder empor und unter die Türme nach links, bis zur großen Schlucht zwischen westl. Südturm und Nördl. Turm. Einstieg links von der Schlucht. Über 10 m hohe Wandstufe empor zu einem Kamin, über eine weitere Steilstufe und zu einem Riß. Einige Meter über Wandstufen und kurzer Quergang nach rechts. Über 10 m hohen Riß und links aufwärts führendes Band empor. Weiter über zwei kurze steile Wandstellen und durch einen Riß, weiter gerade empor zu einem Schartl über einer gelben Wand. Über den Grat zum Gipfel.

● **918 Von Südosten** (VI) wurde dieser Turm von G. Glockengießer und Gef. bestiegen.

Mächtiger, im obersten Teil durch einen Spalt getrennter Felsblock.

● **919 Von Nordosten** zur Scharte zwischen beiden Türmen. IV, 1½ Std. E.

Von der Mulde am O-Fuß des N-Turmes über Schutt zur Schlucht zwischen S-Türmen und N-Turm und durch diese hinauf. Durch ein Loch (Schlund) und zum ersten Absatz. Nun links weiter empor durch Stemmkamin, rechts um eine Ecke, auf ein Band und links querend, bis eine Wandstufe zum Schartl an der senkrechten Wand des Östl. S-Turmes leitet.

● **920 Von der Scharte zum Westl. Turm.** III, 30 Min.

Über eine Kante nach rechts auf einen Felsabsatz, jenseits hinab zum Fuß der Gipfelwand. Über senkrechten Absatz in einen Riß (neben der linken Kante) und zum Grat. Weiter über diesen zum Gipfel.

● **921 Von der Scharte zum Östl. Turm.** III, 30 Min.

Vom Schartl nach links um eine Ecke und in eine Steilrinne, die vom Gipfel herabzieht. Steil, oben brüchig empor zum Grat und zum Gipfel.

● **922 Von Südwesten zur Scharte zwischen beiden Spitzen** (Regensburger, Ribis, 1935). IV, 2 Std.

Zwischen dem östl. und westl. Turm ziehen drei gleichlaufende Rißreihen nach oben. Anstieg in der rechten. Im Riß zwei Seillängen empor und in seiner Erweiterung zum Stemmkamin bis zu einer Schutterrasse (Abzweigung von Kasparek).

Nun gegen W zu Kamin mit Sperrblock. Über diesen zum zweiten Klemmblock und empor zu guten Stand. Weiter über Blockwerk und Schutt zum Schartl.

● **923 Fortsetzung des Weges zum Östlichen Südturm** (F. Kasparek, H. Schmid, 1943). V+, 8 Std. E.

Vom Schuttplatz (siehe R 922) 10 m gerade empor, dann Quergang nach rechts (H). Am Beginn mit Seilzug 1 m absteigend und über schmales überwölbtes Band 15 m nach rechts bis über eine Kante (Stand, 2 H). Leicht absteigend einige Meter nach rechts, dann leicht schräg rechts empor zu gutem Stand. Von dort 3 m gerade hinauf zu einem seichten, von links nach rechts emporziehenden Riß. Zum Beginn des überhängenden von unten sichtbaren Risses (schlechter Stand). Im Riß empor über einige Klemmblöcke und Überhänge zu gutem Stand über Dohlennest. Nach 5 m zu schuttbedecktem Absatz. Weiter über die folgende Wand (10 m) rechtshaltend empor (H). Nun zum Beginn des sehr brüchigen Ausstiegskamins. Durch diesen 20 m empor in kleine Scharte unmittelbar nördl. des Gipfels.

● **923 a** **Variante** („Fulpmerweg“, F. u. R. Mayr, K. Fischlechner, 1968). V, 1½ Std.

Vom Schuttplatz im Regensburger-Riß in der rechten Rißreihe 10 m empor zu breitem Absatz (Stand). Den Rissen folgend (nicht im Kamin-!) 25 m empor unter ein gelbes Dach, das man rechts überwindet (H). Nun im Riß weiter zu Stand (H). Nach einer unschwierigen Seillänge in die Scharte.

● **924** **Auch von Südosten** (VI) wurde dieser Turm bestiegen.

● **924 a** **Südostrampe** (G. Glockengießer). IV.

b) Der Serleskamm

● **925** **Kalkwand,** 2564 m

Vielzackiger Grataufbau nordöstl. vom Pinnisjoch. Von der Innsbrucker Hütte leitet ein Steig über den Grat empor, dessen höchsten Punkt man in etwa 1 Std. erreicht. Weiter führt dieser Steig bis gegen die Innere Ilmspitze.

● **926** **Ilmspitzen**

Südl. des Kirchtürls steht der stolze Doppelgipfel. Mehr als 400 m stürzen die W- und N-Wände ins Pinnistal ab. Die beiden fast gleich hohen Gipfel zählen zu den schönsten Kletterbergen in den Stubaier Alpen.

● **927** **Äußere Ilmspitze,** 2690 m

Normalweg von Nordwesten (Purtscheller, Egger, Kiechler, 1892). II, 2 Std. E., nicht leicht zu finden.

Von der Pinnisalm zum Kirchtürl und etwa 10 Min. unter der Scharte rechts ab, in die Wände der Äußeren Ilmspitze. Unschwierig, dann mäßig schwierig an der NW-Seite über Felsstufen und Wandln und einige Kamine zu kleinem begrüntem Joch. Dann zum Fuß eines gewaltigen, fast viereckigen Felsklotzes, hinter dem der Gipfelaufbau liegt. An diesem vorbei und empor zur schlanken Felsspitze.

● 928 **Nordwandschlucht** (E. Clement, Humpeler, 1908). III, teilweise IV, 4 Std. E., brüchig, große Steinschlaggefahr!

Durch die große breite nach N gerichtete Wand zieht zur Scharte zwischen beiden Gipfeln eine Schlucht empor. Einstieg über sehr glatte Stufen in die Rinne. 120 m in der Schlucht empor. Über den folgenden Klemmblock und nach 15 m in schwierigen plattigen Kamin. Weiter durch die teilweise wasserdurchflossene Rinne 140 m in der Schlucht hinauf. Weiter über die Steilstufe zur Scharte und zum Gipfel über den Grat.

● **929 Nordwestwand** (H. Sterzinger, A. Treichl, 1941). V, 4½ Std. E.

Links der Schlucht, die zur Scharte zwischen den beiden Gipfeln leitet, fallen die Wände der Äußeren Ilmspitze, durch die im oberen Teil der Normalweg führt, steil gegen N und NW ab.

Einstieg links der Schlucht, rechts von der Kante, die die große gelbe Wand abschließt.

Zwei Verschneidungen führen 40 m empor. Durch die linke hinauf unter den Riesenüberhang. Nun 10 m waagrecht nach rechts um die Kante (2 H), dann 40 m empor zu einem Geröllband. Nun in einem Riß weiter empor bis zu seinem Ende. Von dort 20 m nach links querend, eine Seillänge in einem Riß hinauf bis zu dem bereits von unten sichtbaren Rasensockel. Durch einen Riß auf ein schmales Grasband. Vier Meter nach links zu einem Riß und an diesem hinauf (H); weiter eine Seillänge hinauf zum Wandabschluß. Weiter am brüchigen Grat zum Gipfelaufbau. Durch einen seichten Riß empor, zu einem Geröllband und noch 6 m empor. Nun Quergang nach rechts über unschwierigen Kamin zum NO-Grat und über diesen zum Gipfel.

● **930 Nordostgrat** (H. Stieger, C. Forchermayr, 1896). III, 4—5 Std. E.

Unter dem Kirchtürl an der NO-Seite in kaminartigem Riß empor und in der nassen plattigen Wand zu einem Band. Auf diesem nach links zum NO-Grat. Nun stets am Grat haltend zum Gipfel.

● **931 Von Südwesten** (E. Clement, Humpeler, 1908). III, 4—5 Std. von Gschnitz.

Von Gschnitz auf schlecht kenntlichen Steigspuren gegen das Kirchtürl empor. Nach links aus der Rinne unter die Wände der Ilmspitze. Von da durch eine steile Rinne zur Scharte zwischen beiden Gipfeln. Von der Scharte am Grat bzw. durch brüchigen Fels zum Gipfel.

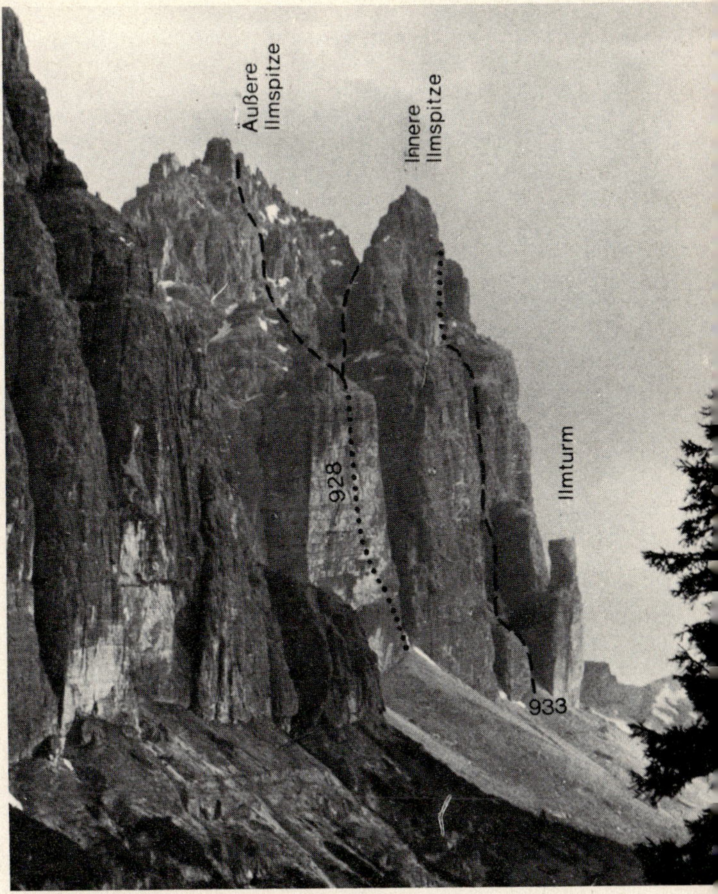

Äußere und Innere Ilmspitze mit Ilmturm

R 928 Nordwandschlucht
R 933 Nordwand

● **932 Von der Äußeren zur Inneren Ilmspitze** (J. Hechenblaikner, R. Steiner, 1902; möglicherweise bereits H. Renner, 1895). II, teilweise III, 1—1½ Std.

Von der Äußeren Spitze gegen die Scharte hinab (brüchig) und jenseits empor gegen den Gipfelaufbau. Zur ersten plattigen Wandstufe, die im östl. Teil begangen wird. Durch eine Rinne empor und im folgenden Kamin weiter, mit Spreizschritt an die O-Kante des Risses und auf die Stufe. Nun über Schutt zur nächsten Plattenstufe, an deren östl. Ende empor und am Hauptgrat gegen N zum Gipfel.

● 933 Innere Ilmspitze

Normalweg auf Steig von der Innsbrucker Hütte (R 925).
Nordwand(schlucht) (Hagspiel, Gerold, 1919; zweite Begehung mit Varianten Moschitz, Pfeifer, Hensler, 1919). III, teilweise IV, 5 Std. E.

Durch die N-Wand der Inneren Ilmspitze zieht zwischen dem Gipfel und dem südwestl. vorgelagerten Kopf eine Schlucht herab, die im wesentlichen den Anstieg vermittelt. Links von dem auffallenden Ilmturm Einstieg in die Schlucht. Etwa 100 m empor zu überhängender Stufe. Durch Kamin hinauf, nach 8 m großer Klemmblock. Über diesen und wieder in den Grund der Schlucht zurück. Nach 50 m steile Wandstufe. Nun auf einem Band brüchig nach rechts empor zu Schuttkessel und über Stemmkamin 30 m hinauf und weiter zu einer Schutterrasse, von welcher links ein zweiter, unten überhängender Stemmkamin emporleitet. Nun 25 m weiter und zu einer Kanzel. Etwa 50 m empor und wieder zur Schlucht. Durch einen Kamin im Berg wieder zum Schuttfeld und über Band zur Scharte. Weiter am Grat zum Gipfel.

● **934** Die **Nordwand** (V) wurde direkt 1941 von S. Brunhuber und R. Gucher in 3½ Std. durchstiegen.

● **935** Einen weiteren Anstieg führten 1942 H. und C. Barobek durch die Nordwand aus, V, 3 Std.

● **936 Von Südosten.** Letzter Teil IV, von Gschnitz 5—6 Std.

Wie bei R 931 in die steile Rinne, die zur Scharte zwischen beiden Gipfeln leitet, jedoch unterhalb der Scharte nach einer kaminartigen Ver-

Innere und Äußere Ilmspitze von Süden

R 931 Anstieg von Südwesten
R 936 Anstieg von Südosten
R 937 Südwestgrat

Äußere
Ilmspitze
931
936
Innere
Ilmspitze
937

engung der Rinne nach links, über gebänderte Schrofen einen nördl. vorgelagerten Zacken umgehend zu einem kleinen Sattel. Von diesem brüchiger Quergang in die Rinne, die zur Scharte zwischen dem (südwestl.) Vorgipfel und dem Gipfel zieht. Hinauf auf die Scharte über 15 m hohe Wand (im Abstieg Abseilstelle, Haken nötig). Leicht überhängend leitet die Wand zur Scharte. Weiter am Grat zum Gipfel.

● **937 Südwestgrat** (K. u. H. Grissemann, O. Melzer, E. Spötl, 1901). IV, 3 Std. E.

Von der Karalm im Pinnistal zum Fuß der Wand, die westl. vom Grat herabzieht. Über diese etwa 70 m hohe Stufe zum Grat und weiter auf diesem zu senkrechtem Aufschwung. An der O-Seite über plattiges Band zu einer steilen Rinne und durch diese zuletzt über steile Wandstufe in die Scharte zwischen Gipfel und Vorgipfel. Zwischen beiden Wänden stemmend empor, dann schwierig auf die Gipfelseite, weiter zum Grat und zum Gipfel.

● **938** Auch die mehr nach W gerichteten Abbrüche der Inneren Ilmspitze wurden 1933 von R. Jaufer (ohne näheren Bericht), IV, in 4—5 Std. vom Einstieg durchstiegen.

● **939 Ilmturm** (Hagspiel, Gerold, 1919). IV, 1 Std. E. Klobiger gelber Turm an der westl. Ecke der Ilmspitze (unter den NW-Wänden).

Einstieg in der Rinne zwischen Berg und Turm. Durch die Rinne zum Turm-Absatz. Rechts über eine Wandstelle zu losem Block. Von hier durch kleines Fenster in die W-Wand und über gutgriffige Wand 30 m empor zum breiten Gipfel.

● **939 a Westwand des Ilmturmes** (H. Frankhauser, A. Schlick, 1968). IV, einige Stellen V und VI, Zeit der Erstbegeher 8 Std. E.

Durch die Westwand des Ilmturmes zieht ein markanter Riß bis auf eine große Schulter. Er wird zum Durchstieg benutzt. Vom Fuß der Wand einen gelben, etwas überhängenden Riß bis unter das erste Dach durchwegs in freier Kletterei. Nun kurzer Quergang bis zur linken Begrenzung des Daches, etwa 2 m aufwärts zu einem Stand (Klemmblock, V+). Der folgende kleine Überhang wird direkt überklettert (VI—). Dann dem Riß folgend etwa 40 m aufwärts zu einem Stand mit drei Haken (Überhang VI—, sonst V—). Weiter in anregender Kletterei zur großen Schulter. Von der Terrasse über einige Wandstufen zu einem großen Block an der Kante, hinter diesem durch ein Loch zurück in die Westwand zu einem Stand. Über die nun folgende, keine nennenswerten Schwierigkeiten bietende Wand (IV) zum Gipfel. Von den Erstbegehern wurden in der Wand 11 Haken zurückgelassen.

Torsäule, 2450 m

Die nach S vorgeschobene Schulter der Kirchdachspitze, die mit breiter Südwand gegen das Gschnitztal abfällt, deren SO-Wand unter dem Grat von der Torsäule zur Kirchdachspitze liegt, empfehlenswert im Übergang zur Kirchdachspitze.

● **940 Von Südwesten** (vermutl. Deye, Pokorny, 1923). II, 2 Std. E. (nicht ganz leicht zu finden). Siehe Kirchtürlspitze (R 957) im Abstieg.

Von Gschnitz gegen das Kirchtürl empor. Im steilen Schuttfeld unter dem Kirchtürl bis dorthin, wo mehrere Rinnen die SW-Wand knapp unterm Kirchtürl durchziehen, durch die der Anstieg (II) möglich ist.

● **941 Südwandkante** (E. Linser, J. Stolz, 1921). IV, eine Stelle V, 5 Std. E. Wandhöhe 550 m.

In Gipfelfallinie durchzieht eine Kante die Wand. Einstieg in Gipfelfalllinie. Über ein schuttbedecktes Band etwa 30 m nach rechts zum Fuß der Kante. Nun über die Kante in gutgestuftem Fels empor bis zu einer Plattenwand; von rechts unten nach links oben (westl.) 60 m empor. Weiter über kleingriffigen Quergang 9 m eben nach rechts und über unschwierigen Fels 15 m schräg östl. hinauf. Kurz unter einer kleinen Scharte nach links über sehr gut gestuften Fels hinauf zu einem von links oben nach rechts unten ziehenden Riß. Links des Risses 40 m hinauf, bis zu einer großen Scharte. Nun über die Scharte und in der folgenden Schlucht unschwierig 85 m hinauf. Von dort links zu begrüntem Boden am Fuß der steilen Gipfelwand hinan. Linker Hand ein kleines Köpfl. Rechts davon durch senkrechten 5 m hohen Riß auf ein Schuttband. Am östl. Ende des Bandes wieder in einem Riß 9 m hinauf (brüchig, schwierigste Stelle). Am Ende des Risses wieder ein grüner Boden. Nach 20 m auf ein Köpfl (an die Gipfelwand rechts angelehnt). In einer kleinen Schlucht 40 m hinauf zu gutem Stand und 6 m nach links zum Beginn eines senkrechten, oben überhängenden Kamins. 18 m durch diesen empor zu seinem Ende. Weiter auf schmalem ebenem Band (10 m). Dort 5 m hinauf zu begrüntem Band, an dessen rechten Ende in kaminartiger Steilrinne hinauf (I) zum Gipfel.

● **942 Südwand** (W. Mariner, H. Wanicek, 1937). V, 7—8 Std. Wandhöhe 650 m.

Etwas östl. der Gipfelfallinie zieht ein schwach ausgeprägter runder Pfeiler, im untersten Teil gelbe Überhänge bildend, herab. Einstieg am tiefsten Punkt der Wand in Fallinie des östl. Gipfelgrates. Links des überhängenden Pfeilers über weiße Platten 30 m empor unter ein Dach. Über dieses hinweg, schräg rechts empor zu einem Band an der

Pfeilerkante. 4 m nach rechts um die Kante, über einen Überhang in eine nach links ziehende Rampe zu gutem Stand. Etwas rechts ein gelber auffallender Riß, der oben in einen Kamin übergeht und vom Klemmblock verschlossen wird; über diesen zum Kopf des Pfeilers (Steinmann). Nach rechts in den tiefen Kamin, 35 m empor, rechts in eine Scharte und in dem gleichlaufend emporziehenden Kamin weiter bis zu seiner Gabelung. Zwischen beiden Kaminen 60 m gerade empor unter ein Dach. Rechts von einem kleinen Latschenstrauch über das Dach und weiter in ein kleines Schartl bei einem abgesprengten Turm. Rechts davon empor zu gelber Steilstufe. Knapp rechts davon über 20 m hohe schwarze Wand zum Beginn einer überhängenden Verschneidung. Über diese in eine nach links emporziehende steile Rinne und zu einem Band (Steinmann). Nach links um die Kante, senkrecht 2 Seillängen empor zu einem nach links ziehenden geneigten Band. Auf diesem 35 m nach links, durch einen Kamin 15 m hinauf zum nächsten Band. Die Fortsetzung des Kamins bildet ein feiner Riß. Links davon senkrecht empor, 3 m Quergang nach links in eine Steilrinne und hinauf zu gutem Stand. Weiter 4 Seillängen über die steile Gipfelwand, senkrecht bis zu mächtigen Überhängen. Etwas rechts davon direkt zum Steinmann des Gipfels.

● **943 Südwand (alter Weg),** (S. Dayé, 1914). IV+, eine Stelle V, 4 Std. E.

Links der SO-Kante wird die S-Wand von zwei Kaminen durchzogen, deren linker im wesentlichen den Anstieg bietet (im untersten Teil senkrecht abbrechend). Auch der rechte wurde bereits durchstiegen.

Von Gschnitz gegen N empor (im Bachbett, nicht in den Latschen). Oben setzt auf einem latschenbewachsenen Rücken der zerschartete SO-Grat, die Fortsetzung der SO-Kante, an. Empor zum Fuß der Wand (am besten rechts, östl. vom Grat in schrofendurchsetztem Gras) auf breitem Band nach links zum Fuß der SO-Kante, etwas absteigend

Torsäule und Kirchtürlspitze von Süden

R 940 Anstieg von Südwesten
R 941 Südwestkante
R 942 Südwand
R 943 a Südostpfeiler
R 945 Südostwand
R 957 Abstieg gegen das Kirchtürl

Torsäule
Kirchtürlspitze
957
940
945
941
942
943a

auf der anderen Seite zu ebenem Band und weiter sehr schwierig hinauf zu höherem Band. Auf diesem einige Meter nach rechts zu einem Riß und durch diesen besonders schwierig zu kleiner Felskanzel. Hier glatte 70 m hohe Wand (rechts überhängender Fels). In der Verschneidung zwischen den Überhängen und der Wand empor (schwierigste Stelle) zum Beginn des Kamins und in diesem mühsam stemmend 90 m empor, weiter durch gutgestufte Rinne zum Gipfel.

● **943 a Südostpfeiler** (K. Brentel, W. Linser, 1969). VI— (eine Stelle), V+, großteils III und IV. Wenig H, sehr brüchig, Wandhöhe 600 m, 6 Std. E.

Der dreieckige, gelbe Wandteil rechts der Marinerführe schließt in halber Höhe mit einem Pfeilerkopf. Die Führe zieht in der Mitte dieses Wandteils empor auf den Pfeilerkopf, weiter über zwei Aufschwünge unter die Gipfelwand und knapp links der gelben, überhängenden Wandzone zum Gipfelgrat. Im unteren Teil brüchig, sonst schönes, festes Gestein.

Zum Einstieg: Von Gschnitz folgt man einem Weg an der linken Seite des Bachbettes (50 m östl. der Kirche). Weiter oben führt ein schmales Steiglein nach links, zuerst durch Wald, dann durch Latschen. Oberhalb des großen Latschenkopfes in das Bachbett zurück und durch grasige Rinnen, dann durch Schutt zum Wandfuß (1½ Std.).

Führe: E. am höchsten Punkt der Reise in Fallinie der schwarzen Platte. Vom E. schräg links über plattigen Fels zu St. 1 m gerade empor, dann Quergang 7 m nach rechts zum Beginn eines auffallenden gelben Risses. Den Riß gerade empor (brüchig, keine H, V+) zu St. Nun 5 m schräg rechts empor und durch auffallenden plattigen Kamin gerade hinauf zu St. (V). Von hier sofort schräg links über eine Rampe empor zu St (II-III), weiter 1 SL (20 m) leicht schräg rechts zu St. 3 m nach links queren, anschließend in einem Riß ca. 8 m über einen brüchigen Überhang empor (Schlüsselstelle, VI—) in eine Rinne zu St. Der Rinne folgend etwas links haltend zu St. Einen breiten, hier ansetzenden Riß 8 m empor, bis er sich in einem Überhang verliert, 3 m nach links in eine Rißreihe, durch sie weiter schräg links zu St. Weiter durch Kamine und Risse 3 SL auf eine grasbewachsene Pfeilerschulter. Auf einem breiten Grasband 1 SL nach rechts zu St. Nun ca. 15 m gerade durch eine brüchige Rinne auf ein zweites Band, auf ihm zurück nach links zur Pfeilerkante zu St. Durch einen auffallenden, am Band ansetzenden Riß (H) 10 m gerade hinauf auf eine schräg nach links verlaufende Rampe. Diese weiter verfolgend auf ein Köpfl und in einem hier ansetzenden Riß in gerader Linie auf den Gipfel. (Beschr. D. Eidelpes.)

Abstieg: Vom Gipfel über den flachen Grat nach N, bis man, über die Schrofen der Westflanke absteigend, auf Bändern die Schlucht erreicht, die zwischen Torsäule und Kirchtürlspitze nach SW hinabzieht. Zuerst im linken Ast der Schlucht, dann hinunter in den rechten Ast und zu einem Steilabbruch. Rechts unterhalb davon ist der Schlucht eine breite Grasschulter vorgelagert. Über eine schmale Rampe an der rechten Schluchtwand abwärts und nach rechts auf die Grasschulter (brüchig, II). Durch die Rinne rechts davon abwärts, zwei Absätze links umgehend in das Kar, das vom Kirchtürl herabzieht. In wenigen Min. zurück zum Einstieg (¾ Std. vom Gipfel). Beschreibung Linser.

● **944** Auch die **Südostkante** (IV) wurde 1937 von E. Falschlunger und H. Rebitsch erstiegen. Ohne Bericht.

● **945** **Südostwand** (vermutlich Clement, etwa 1910). Unterer Teil IV, oben III, 2 Std. E.

Wie bei R 942 östl. vom SO-Grat empor, dann rechts unter die SO-Wand. Einstieg unter bereits vom Tal sichtbarem schwarzem, kaminartigem Riß. Im wesentlichen stets im Riß sehr schwierig (H) empor, weiter zum Grat und auf diesem teilweise schwierig gegen SW zum Gipfel (oder gegen NO zum Kirchdach).

● **946** **Übergang zur Kirchdachspitze** (O. Ampferer, 1895). II, 45 Min., stets am Grat.

Kirchdachspitze, 2840 m

Breiter, mächtiger Kalkstock mit wilden N- und NW-Wänden. Gegen SO zieht ein Grat flach gegen das Kirchdach und bricht steil in der Roblerwand gegen das Gschnitztal ab. Gegen S leitet ein Grat zur Torsäule und gegen SW setzt sich der Grat in mehreren Zacken gegen das Kirchtürl fort. Diese Zacken sind die Kirchtürme. Die letzte Spitze vor dem Kirchtürl heißt Kirchtürlspitze.

● **947** **Normalweg.** Steig vom Padasterjochhaus, 2 Std.

Vom Naturfreunde-Haus am Padasterjoch auf bez. Steig südw. zur Schäferhütte, dann nach W, später SW zum Gipfel.

● **948** **Nordwestpfeiler** (H. Sterzinger, A. Treichl, 1941). VI, 7½ Std. Teilweise identisch mit R 949.

Von der Pinnisalm wird der vorgelagerte Sockel unter der Wand an der linken Seite umgangen. Über Geröll zur Wand und 300 m nach rechts bis zu einem unter dem Pfeiler liegenden Geröllkopf.

Von hier aus ist eine Rißverschneidung sichtbar, die oben in einem gelben Zacken endet. In der Fallinie zu diesem hinauf. Vom Geröllkopf über leichte Schrofen 2 Seillängen bis zur Verschneidung (H) und in dieser 1 Seillänge zu einem von unten nicht sichtbaren Kamin. Durch diesen vollkommen geschlossenen Kamin 30 m hinauf und zum Grat des Pfeilers. Über diesen zur ersten Gratwand. Von hier über mehrere Überhänge hinauf (2 H) auf schmales Band (H). In einen seichten Riß hinauf und unter die folgende Wandstufe. Nun fast an der Kante über einen Riesenüberhang einige Meter hinauf, ein paar Spreizschritte nach rechts in eine Rißreihe, in ihr 2 Seillängen (2 H) auf einen Absatz an der Kante. Durch einen leichten Kamin und über den nördl. Wandteil auf den ersten Pfeilerkopf. Am Grat zur wuchtigen Pfeilerwand. Nun 15 m gerade hinauf auf ein schmales Band. 4 m nach links in eine seichte Verschneidung, die auffallende schwarze Wandstelle links liegen lassend. 100 m fast senkrecht empor (in der Wandhälfte erster H) und zum Grat. Am Grat bis unter die Gipfelwand und direkt durch sie zum Gipfel.

● **949 Nordwestwand** (H. Frenademetz, H. Tiefenbrunner, 1932). Teilweise VI, 5—6 Std. E.

Links vom Pfeiler wird die auf einem Sockel aufgesetzte 1100 m hohe Wand von 3 Kaminen gegliedert. Der nördlichste verliert sich in der Wand, der weiter rechts zieht durch eine gelbe Wand, scheinbar von einem Dach abgeschlossen. Er endet 200 m höher unter gelbem Wandgürtel. Dieser ist der Anstiegskamin. Von der Pinnisalm am Vorbau links vorbei und zur Wand. Auf Steigspuren nach rechts zum Einstieg (große, weiße Blöcke). Im Kamin 60 m hinauf zum Beginn eines 30 m hohen überhängenden Kamins (brüchig). 20 m hinauf und in engen Kessel. Durch überhängenden, gebogenen Kamin (2 Klemmblöcke) in die schluchtartige Fortsetzung, weiter über Kaminstücke und Wandstufen, zuletzt linkshaltend durch einen nassen Riß unter gelbe Steilwand. Nach links um eine Ecke. Über 30 m hohe Wandstufe in senkrechter Rißverschneidung empor zur Schlucht, die zwischen N- und NW-Wand herabzieht. Weiter auf den Grat und auf diesem gegen den Gipfel (gelegentlich rechts abweichend) und zum Gipfel.

Kirchdachspitze und Ilmspitze von Norden

R 948 Nordwestpfeiler
R 949 Nordwestwand (Frenademetz-Tiefenbrunner)
R 950 Nordwestwand (alter Weg)

Ilmspitzen
948
949
950
Kirchdachspitze

● **950 Nordwestwand (alter Weg),** (E. Clement, L. Humpeler, 1908). IV—V, 7—8 Std. E.

Rechts von der Schlucht, die N- und NW-Wand trennt, zieht die etwa 400 m hohe, oft schluchtartige Kaminreihe fast senkrecht hinauf. Einstieg links von der Felskante. Über 30 m hohe steile Wand (plattig) rechts vom Kamin schwierig hinauf zu einer flachen Rinne, aus dieser sehr schwierig einige Schritte nach links in kaminartige Wandverschneidung. 40 m gerade hinauf auf steiles Schotterband und nach links in einen Geröllkessel, über 12 m hohe Kaminstufe (Sperrblock links umgehend). Durch die folgende Wandstufe in schräg rechts emporziehenden Kamin, über Schutt weiter in den schluchtartigen Kamin und scharf links in den schluchtartigen Riß (am Beginn moosige Blöcke). Über 70 m hohe Wandstufe hinauf zu dachartigem Überhang (sehr naß) äußerst schwierig hinauf unter das Dach. Unter dem Dach (H) herausspreizend und über dem Überhang zu kleinem Geröllkessel. Weiter über 10 m hohe senkrechte Stufe zum folgenden Überhang und über diesen 30 m weiter zu senkrechtem, oben überhängendem Kamin.

In der rechten Wand empor auf breites nach rechts ziehendes Schuttband. Auf diesem nach rechts, über Schrofen rechts zu einer Scharte und weiter über Schrofen zum steileren Ansatz. Am Fuß nach links querend zum Beginn eines 10 m hohen anfangs rißartigen Kamins. Über festes Gestein durch diesen und zum Grat. Weiter auf diesem zum Gipfel.

Eine weitere Führe durch die **Nordwestwand** wurde 1947 teilweise äußerst schwierig (VI) von T. Braun und Geiger westl. der Hauptschlucht ausgeführt.

● **951 Nordwandschlucht** (L. Mucha, K. Poppinger). Unterer Teil VI, oberer Teil IV, 8 Std. E.

Die auffallende Schlucht fällt vom Grat, der von dem Gipfel gegen NW zieht, bis in das Kar ab. Der unterste rißartige Teil der Schlucht wird umgangen. Vom vorliegenden Sockel etwas absteigend, nach rechts in eine Rißverschneidung querend, im Riß und über die anstoßenden Platten drei Seillängen hinauf, bis unter überhängenden Wandgürtel. Nach links weiter durch brüchigen Riß, weiter nach links und über Überhang. Auf Schuttrampe in die Schlucht, weiter in der Schlucht über den ersten Überhang (Steigbaum), 30 m hinauf zum zweiten großen Überhang. Auf einer Leiste nach links, gerade empor durch brüchigen Kamin und wieder zurück in die Schlucht. Der dritte Überhang wird mittels Durchschlupf überwunden. Nun in die oft schnee-erfüllte Schlucht und weiter in dieser. Unter dem letzten, nicht begehbaren

Überhang nach rechts auf ein Band zur Begrenzungsrippe und auf dieser zu einer Schutterrasse. Nun schräg links zum W-Grat und weiter zum Gipfel.

● 952 **Auch die Nordwand** (IV) wurde 1942 von R. Steinlechner und Gef. durchstiegen.

● 953 **Von Südosten** (E. Clement, Zangerle, Blaschke, 1908). IV—V, 8 Std. E.

Von Gschnitz talaus und gegen N zur großen Schuttreise. In dieser empor (in der SO-Flanke des Kirchdaches). Hinauf zur Mündung der Schlucht. In der Hauptschlucht weiter bis zu kleinem Felskessel. Nun nach links durch anfangs ausgeprägte, schutterfüllte Seitenschlucht, rechts von einem Wasserfall. Oberhalb des Wasserfalles nach links über die Rippe zur obersten Latschenterrasse. Schräg rechts empor und in die Fortsetzung der Schlucht. Hinauf bis zur Schluchtteilung. Durch den rechten Ast weiter, oben an seiner linken Begrenzung. Durch die Schlucht zu auffallend gelber Wand, die durch tiefen Kamin vom Berg abgespalten ist. Links davon steil über die schwarze Wand hinauf, dann unschwierig zum Ostgiebel des Kirchdaches. Weiter am Grat zum Gipfel.

● 954 **Von Südwesten** (H. Kiechler, 1893). II, 4 Std. von der Pinnisalm.

Von der Pinnisalm talein und gegen das Kirchtürl empor. Nun nach links in die SW-Flanke und direkt hinauf gegen den Gipfel.

● 955 **Kirchtürme**

Die drei im Grat vom Kirchdach zum Kirchtürl aufragenden Zacken nördl. der Kirchtürlspitze wurden 1923 von A. Deye und K. Pokorny bestiegen. Von der Abzweigungsstelle im Grat zur Torsäule steigt man über steilen Schutt zur Scharte vor den Türmen ab. Auf den ersten Turm steigt man unmittelbar über die Kante von dieser Scharte an (teilweise III—IV, 30 Min.). Der Übergang zu den folgenden beiden Zacken (ebenfalls III, 30 Min.) geht über die Gratkante.

● 956 **Kirchtürlspitze**

Von der Scharte, von der man zum ersten Kirchturm ansteigt, wird zuerst etwas absteigend, dann auf Bändern wieder ansteigend die Scharte zwischen dem dritten Kirchturm und der Kirchtürlspitze erreicht. Von hier mäßig schwierig (II) in kurzer Kletterei zum Gipfel.

● **957 Abstieg gegen das Kirchturl** (besser nach Südosten), (Deye, Pokorny, 1923). II, teilweise III, 1½—2 Std.

Vom Gipfel zunächst über Schrofen und kleine Wandstellen hinab gegen das Kirchtürl bis etwa zu senkrechtem Abbruch. Die Steilstufe südl. umgehend, um weiter unten, oberhalb einer Steilrinne auf verstecktem Band wieder an den Grat zurückzukehren. (Im Band schwierige Unterbrechung.) Nun in der Steilrinne aus der Scharte südl. hinab. Bis zur Mündung der Rinne in einem Kamin (schluchtartig). In der Schlucht ein senkrechter Abbruch. Nach 10—15 m in kleinen Felskessel. Durch die Schlucht weiter zu einem Sattel, und um eine Ecke in eine weitere links hinabziehende Rinne. Wenige Meter durch diese und wieder in die Hauptschlucht zurück. Über steile Stufen und Kaminstücke hinab ins Kar unter dem Kirchtürl.

● 958 Schneiderspitze

Die nördl. Schulter im NO-Grat der Kirchdachspitze wird vom bez. Steig zum Kirchdach überschritten. Gratübergang zur Riepenspitze II.

● 959 Riepenspitze (Hammerspitze), 2640 m

Gerundeter Felskopf nördl. des Kirchdachmassivs, am Grat ohne Schwierigkeiten zu überschreiten. Von der Hammerscharte in 15 Min. zu erreichen.

● 960 Wasenwand (Wasserwand), 2565 m

Von S her grasbewachsener Aufbau mit felsiger N-Seite, am Steig vom Naturfreunde-Haus in nordwestl. Richtung in 45 Min. zu erreichen. Der Abstieg am Grat gegen N ist wenig empfehlenswert (östl. des Grates, eine schwierige Stelle. 1. Begehung Binder, Gerhold, Forchermayer, 1897).

● 961 Roter Kopf, 2525 m

Graskopf nördl. der Wasenwand, der am Weg vom Naturfreundehaus zur Kesselspitze überschritten wird.

● 962 Kesselspitze, 2733 m

Graterhebung westl. über dem Kalbenjoch (Trinserjoch), die nach N und NW steil ins Pinnistal abfällt. Die Kesselspitze wird direkt vom Kalbenjoch auf Steig oder vom Naturfreundehaus auf Steig in 2 Std. erstiegen. Die N-Wand, die von großen Schluchten durchzogen wird, wurde 1909 von F. Hohenleitner und E. Simbriger auf schwierigem Weg durchstiegen (ohne Bericht).

Lämpermahdspitze, 2599 m

Nördl. des Mauernjoches und südl. der Roten Wand erhebt sie sich als wuchtiger Gipfel.

● **963 Vom Kalbenjoch** (R 407) her mühsam und steil über Schutt gegen NW ansteigend in 45 Min. zu erreichen.

● **964 Vom Mauernjoch** her (II), am SW-Grat, teilweise westl. ausweichend. 30 Min.

● **965** Der **Übergang zur Roten Wand** ist für Geübte unschwierig.

● **966 Von Norden** kann die Lämpermahdspitze erreicht werden, wenn man von Fulpmes gegen das Serlesjöchl aufsteigt, in der letzten Schuttreise vor dem Jöchl gegen S abbiegend und die Scharte westl. der Roten Wand erreicht (Steig). Von hier auf sich verlierenden Steigspuren gegen SW zum Grat zwischen Roter Wand und Lämpermahdspitze und auf diesem zum höchsten Punkt.

● **967** **Rote Wand,** 2505 m

Kleiner Grataufbau südwestl. der Serlesspitze. Vom Serlesjöchl her in 30 Min. erreichbar. Am Steig gegen das Kalbenjoch und südl. der Felsabbrüche der Roten Wand direkt gegen W empor.

● **968** **Blaser,** 2244 m

Breiter grüner Kopf, lohnendes Ausflugsziel, schöne alpine Flora. Von Matrei am Brenner 5 Std. Auf dem Weg nach Maria Waldrast bis zur letzten großen Kehre vor der Waldrast. Dort (Tafel) gegen S und am Steig durch das lange Tal, zuletzt über Schutt hinauf zum Sattel (Schluimessattel) zwischen Peilspitze und Blaser und am Grasrücken von W her zum Gipfel. Vom Kalbenjoch führt ein Steig über die **Peilspitze,** 2393 m, zum Blaser. Von Trins auf dem Steig zum Schluimessattel und weiter zum Gipfel. Von Steinach a. B. führt ein Steig über den Weiler Birchet, über Mähder und durch steilen Wald von SO zum Blaser empor, 4 Std.

50 Höhenmeter unterhalb des höchsten Punktes die priv. **Blaserhütte,** 2176 m; im Sommer bew., einfache Übernachtung.

Mächtiger Kalkaufbau, der den Schlußpunkt des Grates bildet, der vom Pinnisjoch gegen N zieht. Ihre formschöne Gestalt beherrscht mit ihren markanten Wänden das Bild des äußeren Stubaitales und des Äußeren Wipptales. Sie gilt auch als Wahrzeichen von Innsbruck. Aus dem NW-Grat ragen die beiden Sonnensteine, der AAVI-Turm und der LSK-Turm empor. Beschreibung der 1. Besteigung H.G. Ernstinger, 16. Jh. (wohl Gemsjäger). Gipfelkreuz, Gipfelbuch.

● **969 Normalweg von Maria Waldrast.** Auf Steig 2½—3 Std.

Auf bez. Steig von der Waldrast südl. unter der Serlesspitze bis in die Matreier Grube und gegen NW zum Serlesjöchl (hierher von Fulpmes R 405) und am teilweise drahtseilgesicherten Steig von SW zum Gipfel.

● **970 Nordwand** (1. Begehung der oberen Wandhälfte M. Peer, R. Renner 1893, untere Wandhälfte Kl. Jeitler, Ernst Schmid 1947, 1. Winterbegehung: W. Mariner, P. Aschenbrenner, S. Jöchler, Tschmalitsch. Beschr. H. und W. Klier, 1972). IV+, 5—6 Std., großzügige Wandkletterei, sehr brüchig und steinschlaggefährlich, häufig nasser Fels.

Von der Bergstation der Serleslifte Mieders auf dem Fahrweg in Richtung Maria Waldrast bis zur 14. Kreuzwegkapelle, die etwa 100 m nördl. des kleinen Sattels steht, unter dem das Kloster Maria Waldrast liegt. Hierher auch von Matrei über Maria Waldrast.

An dieser Kapelle führt westwärts ein Holzziehweg in den Wald hinauf Richtung Sonnenstein. Man folgt diesem Weg bis zu seinem Ende in der Nähe des Waldrandes. Nun leicht ansteigend durch die Latschen, nach wenigen Min. schon auf die erste Schuttgasse. Über diese hinauf an den Wandfuß und nun immer dem Wandfuß entlang auf Gamswechseln in Richtung Serles-Nordwand.

Man erreicht so den am tiefsten ins Kar vorspringenden Felssporn. Rechts von diesem durch Schutt empor bis zur ersten Rinne. Durch diese (brüchig) etwa 30 m auf den ersten Absatz. (Hierher kann man auch von links her über Schutt- und Schrofenhänge gelangen.)

Serles von Norden

R 970 Nordwand (westlicher Einstieg)
R 970 a Alte Nordwandführe (Umgehung des unteren Wandteils)
R 971 Nordostgrat
R 972 Direkter Nordostgrat

Serles
971/972
970
970a
östl. E.
dir. E.
970

Nun nicht rechts das erste Band hinauf (Verhauer), sondern nochelmmal 30 m durch die kaminartige Rinne weiter gerade empor auf den nächsten Absatz. Hier rechts über ein Schuttband an die Pfeilerkante. 10 m rechts der Kante setzt ein Kamin an; durch diesen (IV) etwa 40 m empor, wobei man unter dem überhängenden Stück im oberen Teil des Kamines in das rechte Kaminsystem herüberqueren kann, das man aber nach etwa 8 m wieder verläßt, in das linke zurückquert und den Ausstieg gewinnt.

Über eine Schutthalde an den nächsten Aufschwung. Hier entweder durch den senkrechten Kamin gerade empor oder über die ausgewaschenen Felsen zur Rechten empor unter den Steilaufschwung und auf einem schmalen Band nach links zurück in die Kaminreihe. Es folgt ein kurzer, überhängender Riß, dann über leichteres Gelände etwa 3 Seillängen empor an den markanten Aufschwung der Pfeilerkante. Von hier quert man nun nach rechts in die auffallende Schlucht, in deren Grund zwei Kaminsysteme eingerissen sind. Bei trockenen Verhältnissen durchsteigt man besser das rechte Kaminsystem (IV+).

Standplatz (H) nach etwa 30 m links außerhalb des Kamingrundes. (Von hier wurde auch ein Seilquergang [V] in die linke Kaminreihe durchgeführt, H.)

Von diesem Standplatz nun durch den oberen, überhängenden, brüchigen und oft feuchten Teil des Kamins (H), und über zwei abschließende schwierige Wandln in leichteres Gelände. (Bei Nässe wählt man die linke Kaminreihe, V.)

Man hält sich nun leicht links über Schrofen und Schutt gegen die zentrale Pfeilerrippe der Nordwand zu (II). Über diese in anregender Kletterei hinauf zu einem weiteren, schuttbedeckten Absatz, über dem der auffallende, senkrechte Felsgürtel des oberen Teiles der Serles beginnt. Auf dem Schuttband etwa 40 m nach rechts (Steinmann). Rechts des senkrechten Aufschwungs durch einen Riß nach links empor, an die Rippe zurück und über diese (brüchig) auf das große Gipfelschuttfeld. Man geht an den markanten Gipfelaufbau heran. Dieser wird direkt über die auffallende Gratkante erstiegen (III+), wobei man von rechts her einsteigt.

● **970 a** Die **alte Nordwandführe** benützte die auffallende Schuttreise links der Nordwand bis hinauf zum großen Schuttband in halber Wandhöhe; über das Band oberhalb der senkrechten Wandstufen quert man in die Wand (Gamswechsel) bis zur zentralen Pfeilerrippe. Über diese, wie oben beschrieben, zum Gipfel.

● **971** **Nordostgrat,** alter Anstieg mit Umgehungen. I—II, eine Stelle III—.

20 Min. am Weg zur Serles empor. Kurz vor der ersten Schuttreise durch schmale Latschengassen, weiter oben linkshaltend zur vorletzten Scharte des NO-Grates. Durch die rechte oder linke von zwei brüchigen Rinnen auf einen Felskopf, dann hinunter in die letzte Scharte vor dem Gipfelaufbau (III—). In meist unschwieriger Kletterei steil hinauf und nach Umgehung einer Mulde durch die brüchige Gipfelrinne auf den höchsten Punkt.

Wegen des sehr brüchigen Gesteines ist davon abzuraten, weiter unten in den Grat einzusteigen und die unteren Türme zu überschreiten.

● **972** **Direkter Nordostgrat** (Mraz, Melchert, 1947). Vom Verlassen des alten Anstiegs ab IV, 1 Std.

Bis zur zweiten Rinne an der S-Seite am alten Weg. Von der Schuttscharte rechts 3 Seillängen steil empor zu Schotterplatz, am Fuß eines Turmes. Links der NW-Kante am Turm schwierig empor (2 Seillängen) zu Absatz. Weiter über die steile, kleingriffige Wand zu einem Überhang (brüchig). Über diesen in ein Schartl und unschwierig über Schutt und Wandstufen zum Gipfel.

● **973** **Nordgrat** — Sonnensteingrat (E. Hensler, K. Oberguggenberger, K. Zäuner, 1913). Westl. des Gipfels zieht ein Grat nach N, der den **Hinteren** und **Vorderen Sonnenstein** aufbaut. IV, 3—4 Std. E.

Am Weg von Fulpmes zur Waldrast bis zur 9. Kreuzwegstation. Über eine Schutthalde bis ans Ende der Schlucht. Aus der Schlucht gegen O auf dem latschenbewachsenen Rücken empor zu den Felsen. Über plattige Rinnen an der W-Seite auf den ersten Grataufbau. Über den Grat, über einen Zacken zum letzten Aufschwung. Auf schmalem Band an der O-Seite und über ausgesetzte Felsstufen schwierig zum Gipfel des Vorderen Sonnensteins (2441 m). Unschwierig am Grat zum Hinteren Sonnenstein, unschwierig gegen SO zur Scharte westl. der Serlesspitze und zum Gipfel.

● **974** **Direkte Ostwand** (F. Hörtnagl, H. Etschmayer, 1960). V, teilweise brüchig. 4 Std. Wandhöhe etwa 300 m. Einstieg in Gipfelfallinie des Vorderen Sonnensteins.

Vom Einstieg gerade empor bis unter ein Dach und einen Quergang nach rechts bis zu Stand (mehrere H). Durch einen Riß und eine steile ausgewaschene Rinne gerade hinauf, bis große, gelbe Überhänge den Weiterweg versperren. Unter diese über Platten schräg links aufwärts bis zu gutem Standhaken. Von diesem über kurzen Überhang etwa 5 m gerade empor (schwierigste Stelle), Quergang nach links und wieder nach rechts über eine Rampe und ein Wandl in die Rinne bis zum großen Band.

Über einen Überhang erreicht man eine Rinne in Gipfelfallinie, die man eine Seillänge verfolgt. Nun mehrere Seillängen in leichtem Gelände schräg links aufwärts bis zu einer Schulter. Von dort gerade in einer steilen, brüchigen Rinne bis zum Gipfel des Vorderen Sonnensteins.

Abstieg entweder normal in das Stubaital oder wieder zurück nach Maria Waldrast. Letzteren Abstieg verfolgt man den Grat in Richtung Serles bis zu einer Scharte hinter einem schmalen Felsturm. Von dieser Scharte zieht eine steile Rinne bis zum Wandfuß des Sonnensteins.

● **975 LSK-Turm** (H. Landegger, F. Köhler, W. Grolp, 1921). III, 30 bis 40 Min. Am Grat steht in seinem obersten Drittel ein Turm, an dem man normalerweise links (im Aufstieg) vorbei geht (benannt nach dem Klub „Lange-Seil-Knappen“).

Am Grat bis zur Scharte im obersten Drittel. Von der Scharte durch eine Rinne des Grataufschwunges westl. vom Turm, unschwierig an die O-Flanke und an dieser empor, bis man die Kluft zwischen Grat und Turm überspringen kann. Auf gutem Band an die SW-Kante. An dieser 3 m empor und wieder in die West-Seite zurück. Über kleinen brüchigen Überhang hinauf und auf gutgestuftem Fels zur Spitze des Turmes.

● **976 AAVI-Turm** (K. Krall, J. Oberhammer, 1921). IV, 30 Min. An der O-Seite des Sonnensteingrates steht etwa zwischen Vorderem und Hinterem Sonnenstein ein Turm, den man am besten vom Serlesjöchl her erreichen kann (benannt nach dem Akademischen Alpinen Verein, Innsbruck).

Am Grat an der O-Seite durch eine Rinne hinab, um den Turm an der S-Seite herum, zu einer Schulter in der SO-Seite. Über steilen Rasen zu einem Wandgürtel und über diesen, über Schutt und Rasen zum folgenden hohen Wandgürtel. Über diesen zur zweiten Schulter. Über Schrofen zum Gipfelblock, der durch einen Kamin erstiegen wird.

Der Serleskamm, der mit der Serlesspitze seine letzte wesentliche Erhebung erreicht, zieht nach N von Maria Waldrast über das Waldrastjöchl und die Gleinser Mähder bis gegen Schönberg. Diese Jöcher sind lohnende Ausflugsziele und bieten angenehme, leichte Skifahrten.

Vorderer Sonnenstein und AAVI-Turm

R 973 Nordgrat (Sonnesteingrat)
R 976 Anstieg auf den AAVI-Turm

Vord. Sonnenstein
AAVI-Turm
973
976
Abstieg
Alte S-Wand
Dir. S-Wand

● **977** Vom Mutterbergjoch zieht in Fortsetzung des Daunkogelkammes ein Grat gegen NO bis zum Schwarzenberg. Hier teilt er sich; sein östl. Arm teilt sich bei der Ruderhofspitze in zwei Äste, die das Falwesuntal umschließen. Gegen N zieht, sich mehrfach verzweigend, der Grat, in dessen Seitenarmen Schrankogel, Brunnenkogel, Lisenser Fernerkogel und gegen NO schließlich die Hohe Villerspitze und im weiteren Verlauf Wildkopf und Schwarzhorn aufgebaut sind, bis zum Seejoch. Von der Hohen Villerspitze nach N zweigt ein Grat zur Lisenser Villerspitze ab, der bald an Mächtigkeit verliert und in sanftere Vorberge übergeht. Die sanftere Fortsetzung des Kammes von der Hohen Villerspitze nach NO bilden die Kalkkögel.

Stützpunkte: Für das Gebiet nördl. des Mutterbergjoches Amberger oder Dresdner Hütte, bzw. Mutterbergalm. Ebenso werden Schrankogel und Schrandele auch von der Amberger Hütte bestiegen. Der beste Stützpunkt für die gesamte Umrahmung des Alpeiner Ferners ist die Franz-Senn-Hütte. Die Regensburger Hütte ist der Ausgangspunkt für Touren in der Umrahmung des Hochmoosferners, der Kräulspitze, Knotenspitzen von S. Ebenso werden Greitspitze, Pfandlspitze und Nockwand von dorther bestiegen. Für das Gebiet um den Lisenser Ferner kommen die Franz-Senn-Hütte, Lisens und das Westfalenhaus in Frage. Ebenso wird die Hohe Villerspitze am besten von der Franz-Senn-Hütte her erreicht. Für einige Anstiege an diesem Berg (Nordwand), sowie für die Touren vom Wildkopf bis zum Schwarzhorn, ferner für die Touren von der Lisenser Villerspitze gegen N ist die Potsdamer Hütte der geeignete Ausgangspunkt.

Bockkogel, 3095 m

Blockberg über den Zungen des Sulztal- und des Bockkogelferners. Lohnend nur in Verbindung mit der Mutterberger Seespitze.

● **978 Vom Mutterbergjoch.** I, von der Amberger Hütte 3½ Std.

Auf dem Weg zum Mutterbergjoch R 414 bis etwa 200 m unter die Jochhöhe. Nun nördl. (links) über gutgestuften Fels auf die Grathöhe.

● **979 Von Norden** (L. Purtscheller, F. Drasch, 1887). II, teilweise III, 3—3½ Std. von der Amberger Hütte.

Von der Amberger Hütte auf dem Steig zum Schrankogel, bis er scharf ostwärts biegt. Nun südwärts querend über den Schwarzenbergbach und in Richtung gegen SO ansteigend zum unteren Schrofengürtel der

Wand. Auf einer Schuttzunge hinauf und im Schutt mühsam 160 m empor. In der mittleren Rinne der N-Flanke, die vom W-Grat her abfällt, empor. Über den obersten Teil des W-Grates zum Gipfel. Wenig empfehlenswerter, sehr brüchiger Anstieg.

● **980 Von Nordosten.** Letzter Teil II, 3½ Std.

Über den Bockkogelferner ins obere südl. gelegene Firnbecken, welches gegen den Gipfel des Bockkogels hin gegen W überquert wird. Nun südl. des Gipfels über Blockwerk und Geröll steil zum obersten Teil des S-Grates (brüchig), den man etwa 15 Min. unterhalb des Gipfels betritt.

Mutterberger Seespitze, 3305 m

Von NW gesehen mächtige Felsgestalt. 1. Erst. L. Purtscheller, F. Drasch, 1887, vom Bockkogel.

● **981 Nordwestgrat** (R. Busch, W. Engelhardt, J. Schmid, 1922). II, 3½ Std. von der Amberger Hütte; 45 Min. E.

Von der Amberger Hütte auf dem Schrankogelweg etwa 1½ Std. aufwärts. Bei der Weggabelung rechts vom Weg ab in Richtung Westl. Schwarzenbergspitze. Unter die Westl. Schwarzbergspitze und über eine Schneerinne und ihre rechte Nebenrinne auf den Abbruch des Ferners. An dessen Rand über brüchiges Gestein in die östl. Firnbucht und zu Punkt 3214 m. (II).

Über den Bockkogelferner in die obere nördl. Firnbucht bis dort, wo der NW-Grat auf eine Strecke hin unterbrochen ist (Höhe etwa 3050 m); dort südw. zum W-Grat, dessen Ansatzpunkt bei 3060 m erreicht wird. Nun etwas nördl. vom Grat empor und weiter stets am Grat zum Gipfel.

Auch die N-Flanke (II) kann aus der oberen Firnbucht als Anstieg gewählt werden.

● **982 Von Süden.** II, sehr mühsam, 1½ Std. E., von der Dresdner Hütte 3½—4 Std.

Von der Dresdner Hütte am Steig zur Regensburger Hütte bis in die Glamergrube. In dieser empor bis unter den Gipfelaufbau der Mutterberger Seespitze. Nun wird östl. des Kleinen Seeferners gegen N angestiegen. Dort führt ein Schutthang, der gegen oben in einen Rücken übergeht, aufwärts; nun steil gegen NW empor und an einer Flanke bis knapp unter den Gipfel. Etwa 90 m unter diesem am besten westwärts zum obersten Ende des SW-Grates hinauf und auf diesem weiter zum Gipfel.

● 983 **Südwestgrat.** Dieser zieht vom Mutterbergjoch als steile Kante gegen N, um dort im P. 3118 m gegen NO umzubiegen (L. Purtscheller, F. Drasch, 1887). III, vom Joch 1½—2 Std.

Vom Mutterbergjoch wird der erste Steilaufschwung gegen W umgangen, indem man unter den Felsen quert und dann nach NO steil zur Scharte zwischen P. 3118 m und 3070 m aufsteigt. Nun auf dem zuerst kaum ausgeprägten Grat über den Bockkogelferner hinauf zu P. 3118. Weiter am Grat, der über mehrere Einsenkungen und Graterhebungen zur Spitze führt.

Der unterste senkrechte Abbruch nördl. des Joches wurde von M. Wetzel 1930 begangen. Durch die Wand zieht ein Kamin von rechts nach links empor. In diesem bis in halbe Höhe der Wand hinauf, aus ihm heraus auf breites, nach links ziehendes Band. Auf diesem empor und unter überhängenden Felsen auf Kriechband nach rechts. Durch einen Kamin hinauf und weiter nach rechts zum Rand des Abbruches (III, 30 Min. vom Joch).

● 984 **Übergang zum Bockkogel.** (Weg der Ersteigersteiger). II, 2—2½ Std.

Erster Teil im Abstieg über den SW-Grat siehe R 983; weiter von der Scharte zwischen 3118 und 3070 am Grat bis zum Gipfel.

● 985 **Übergang zur Hölltalspitze** (A. v. Pallocsay, J. Kindl, 1887). II, 1½ Std., stets am Grat.

● 986 **Hölltalspitze,** 3277 m

Nordgrat (vermutlich A. v. Pallocsay, J. Kindl, 1888). II, 45 Min. E., 3½—4 Std. von der Amberger Hütte. Wie in R 981 auf den Bockkogelferner.

Über den Bockkogelferner (am besten an seinem nördl. Rand) ansteigend hinauf zum tiefsten Punkt zwischen Schwarzenbergspitze und Hölltalspitze. Weiter am Grat über einen schwach ausgeprägten Vorkopf zum Gipfel.

● 987 **Südflanke.** III, 2 Std. E.

Von der Mutterbergalm oder Dresdner Hütte in die Grube über dem Mutterberger See und hinauf gegen die Südflanke des Gipfels. Noch unterhalb des großen Seeferners ziehen Rinnen durch die Südwand. Einstieg etwa in Gipfelfallinie. Nun links empor, bis man sich rechts aus der Rinne in die leichtere Flanke heraushält. Weiter hinauf gegen den Gipfel. Sehr brüchiger, nicht empfehlenswerter Anstieg.

Hölltalspitze von Südosten

R 987 Südflanke
R 988 Südwestgrat
R 988 a Ostkante

● 988 **Südwestgrat** (A. v. Pallocsay, J. Kindl, 1888). II, 45 Min. E. Wie in R 981 auf den Bockkogelferner.

Vom Bockkogelferner in die nördl. Firnmulde und nördl. der O-Schulter der Mutterberger Seespitze zum Grat. Weiter gegen NO am Grat zum Gipfel.

● **988 a Ostkante — Hölltalkante** (1. Begehung der ges. Kante Heinrich Klier, Ernst Knapp 1971), IV, 5 Std. E., 650 Höhenmeter. Lange, lohnende Gratkletterei.

Der Ostgrat der Hölltalspitze fällt mit mehreren Steilabbrüchen gegen die Hohe Grube ab. Die zwei untersten Gratköpfe weisen nach Süden. Einstieg unmittelbar über den Gletscherseen der Hohen Grube (hierher entweder von der Talstation der Stubaier Gletscherbahn; ein Stück talein über die Bachbrücke und nach etwa 50 m vom Dresdner Hüttenweg rechts ab auf einem Steig hinauf zum Mutterberger Hochleger. Dort auf einer Brücke über den Bach und jenseits auf einem alten Steig in nördl. Richtung durch das Latschenfeld empor, zuletzt über freie Wiesenböden in westl. Richtung zur Seenplatte; oder von der Dresdner Hütte auf dem Höhenweg zur Regensburger Hütte durch die Wilde Grube hinauf zur Seenplatte der Hohen Grube. Über einen Grashang direkt hinauf zum Einstieg).

In anregender Kletterei über den von vielen Türmchen gekrönten unteren Teil des Grates. Schließlich etwas schwieriger hinab in ein Schartl. Auch über den zweiten, runderen Aufbau meist direkt an der Grathöhe an die eigentliche Kante heran.

Über leichteren Fels an den ersten Steilaufschwung. Standplatz (H). Durch den senkrechten Riß etwas rechts der Kante (H) hinauf zu einem schmalen, waagrechten Einriß. Man quert hier etwa 3 m nach rechts, bis ein weiterer Riß zu einem Überhang emporzieht (H). Über den Überhang auf den ersten Absatz.

Nun über leichteren Fels den zweiten Steilaufschwung empor, bis er sich zu einem schmalen, türmchengekrönten Grat zuspitzt. Vom letzten Turm durch einen senkrechten Riß in der Nordwest-Seite abklettern (IV+) oder 8 m abseilen.

Über einen interessanten Plattenschuß an den dritten Steilaufschwung der Kante. In luftiger Kletterei durch feine Plattenrisse knapp links der Kante hinauf. Nach etwa 20 m folgt eine überhängende Spreizstelle; über diese hinweg zum nächsten Absatz. Nun stets direkt über die Gratschneide. Ab hier ist das Gestein fest. Gute Geher können nun seilfrei ansteigen. Mehrere interessante Kletterstellen (III), insbesondere vor dem Vorgipfel mit großem Steinmann und unmittelbar vor dem Hauptgipfel.

Der **Abstieg** von der Hölltalspitze zurück zum Einstieg in der Hohen Grube führt am besten über den kurzen Nordgrat. Man steigt entlang des obersten Gletscherrandes nahe dem Grat nordwärts hinab bis zu den ersten Türmen (nicht in die tiefste Scharte absteigen, da die Steilrinne dort meist stark vereist ist).

Durch die grobblockige, ziemlich brüchige Felsflanke absteigen auf den untersten, vorgebauten Felssporn. Drei Meter unterhalb des Felsspornes Abseilhaken. 40 m abseilen über Platten, Eisschilder und die Randkluft hinweg auf den Gletscherboden (zwei 40 m-Seile oder ein Seil und eine Reepschnur à 40 m erforderlich).

Der Hölltalferner ist sehr spaltenreich. Man versucht deshalb, in nordöstlicher Richtung möglichst rasch aus der Spaltenzone heraus an den Gletscherrand zu gehen. Dann über Blockhänge hinunter in die Mulde. Durch diese südwärts talaus, bis man auf den Hölltalsteig (weiß bez.) trifft. Über diesen hinab zum Höhenweg Regensburger Hütte — Dresdner Hütte.

Schwarzenbergspitze

Ostgipfel 3378 m, Westgipfel 3362 m

Schwarze Felsmauer südl. über den obersten Firnbecken des Alpeiner Ferners.

● **989 Ostgipfel, Nordostgrat** (L. Purtscheller, A. Tanzer, 1890). II, teilweise III, 1 Std. E. Von der Franz-Senn-Hütte 4½ Std.

Der Einstieg erfolgt bei der Scharte östl. des O-Gipfels vom Alpeiner Ferner her (nicht zu verwechseln mit der Hölltalscharte). Über Firn zuletzt steil zur Scharte 3159 m. Nun weiter am Grat über die erste Steilstufe direkt empor. Über den flacheren Grat zur zweiten Steilstufe, die am besten knapp links (südl.) in einem Kamin erstiegen wird. Nun südl. der Kante nahe dem Grat, zuletzt über Platten zum Gipfel.

● **990 Südostwand** (vermutlich A. v. Pallocsay, J. Kindl, 1888). III, 1½ Std. E.

Vom Hölltalferner etwas nördl. der Gipfelfallinie in eine brüchige Rinne, die man nach der ersten steilen Stufe von 40 m nach links verläßt. Über die Flanke gegen den Gipfel.

● **991 Südgrat.** III, 1 Std. von der Scharte zwischen Hölltalspitze und Schwarzenberg, 3190 m.

● **992 Von Süden** (W. Engelhardt, 1924). III, 1½ Std. E.

Unter dem W-Grat vom Anstieg zum Schwarzenbergferner kommend herum und unter die S-Wand des W-Gipfels. Der Anstieg führt über steile Platten unter dem W-Gipfel empor. Zuletzt über eine Rippe zum Gipfel.

● **993 Übergang zum Westlichen Schwarzenberg.** II, 45 Min. auf dem aus großen Blöcken getürmten Grat.

● **994 Westgipfel von Nordwesten** (Kichler, Pfurtscheller, 1891). II, 45 Min. E. 4½ Std. von der Franz-Senn-Hütte.

Über den Alpeiner Ferner ansteigend unter dem Schwarzenbergjoch vorbei gegen S in die südwestl. Ecke der westl. Bucht des Alpeiner Ferners, von wo eine steile Firnzunge gegen den Grat hinaufzieht. Oft gefährlich verdeckte Randkluft. Überwindung an der rechten Seite der Firnzunge meist leichter. Nach Verhältnissen schwierig empor und weiter über den Grat gegen SO zum Gipfel.

Ruderhofspitze, 3473 m

Ebenmäßige, schöne Berggestalt. Einer der meistbesuchten Berge des Stubais. Gipfelbuch.

● **995 Normalweg** (K. Bädecker, A. Ruthner, P. Gleinser, A. Tanzer, 1864). I, 5 Std. von der Franz-Senn-Hütte (größtenteils reine Eistour).

Von der Franz-Senn-Hütte am Weg zur Hölltalscharte bis in die oberste Firnbucht unter der Scharte ansteigend; nun weiter gegen O in die südöstl. Firnbucht unterhalb der Ruderhofspitze. Dort, wo im Grat der steile Gipfelaufbau ansetzt, zieht eine Firnflanke (Randkluft) bzw. eine Rinne gegen den Grat (Steinschlag) empor. Durch sie zum Grat und nach N zum Gipfel (bei guter Schneelage kann man im Frühjahr auch weiter gegen NO durch die Flanke steigen). Man kann auch direkt zur Hölltalscharte ansteigen und den ganzen Grat von der Hölltalscharte über die Scharte 3247 m (die man ebenso unschwierig von der südöstl. Firnbucht her erreicht) bis zum Gipfel beschreiten. 30 Min. länger. (1. Besteigung B. Lergetporer, Fr. Jenewein, M. Schönherr, 1874.)

● **996 Nordwestgrat** (Kerschbaumer, 1895). II, 1½ Std. E., 4—5 Std. von der Regensburger Hütte.

Von der Hochmoosscharte zuerst am Grat mäßig schwierig zu P. 3395 empor. Von dort am breiten Schotterrücken zur folgenden Steilstufe. In den letzten Jahren mehrfach abgebrochen. Sie kann schwierig über-

Westliche Seespitze, Hochmoosspitze und Ruderhofspitze

R 995 Normalweg
R 996 Nordwestgrat
R 1014 Anstieg von der Hochmoosscharte

klettert werden oder besser nördl. im obersten steilen Eis der N-Flanke umgangen werden. Zurück zum Grat, unschwierig zum Gipfel.

● **997 Von Norden,** Eiswand (vermutlich A. Pensch, E. Renk, 1926). Etwa 200 m sehr steiles Eis, nur sehr geübten Eisgehern anzuraten. Nach Verhältnissen ¾—1 Std. E.

Vom Weg zur Hochmoosscharte (R 421) unter der Scharte direkt gegen S zur gebauchten äußerst steil aufstrebenden direkten N-Flanke, in die man am besten etwa 80 m westl. des ausgeaperten NO-Sporns einsteigt. Gerade hinauf, dem oberen Eisbuckel eventuell etwas östl. ausweichend gelangt man zum Schluß von NO direkt zum Gipfel.

● **998 Von Nordosten** (P. Hieronymus, F. Jenewein, A. Tanzer, 1874). II, 1 Std. E.

Vom Weg zur Hochmoosscharte in Höhe des Ansatzes des NO-Sporns gegen S abbiegend zum Sporn, den man vom nördl. Ende her ersteigt. Am brüchigen Fels empor, bis man in den oberen weniger steilen Teil der N-Flanke knapp neben dem Grat gegen den Gipfel aufsteigt.

● **999 Ostflanke** (L. Purtscheller, H. Heß, 1887). Nach Verhältnissen, im übrigen Teil reine Eistour, III, von der Hütte 4½ Std.

Von der Regensburger Hütte am Weg zur Hochmoosscharte unterhalb des NO-Pfeilers südl. querend und steil über Firn gegen die felsige O-Wand ansteigend. In dieser zieht ein auffallender Riß empor, der rechts des höchsten Punktes der Wand am NO-Grat mündet. Rechts des unteren Endes der Rinne ein kleiner Felssporn. Einstieg schwierig (Randkluft). Auf den Felssporn hinauf, weiter in die Rinne und an der linken Begrenzungswand der Rinne empor. Durch einen glatten, plattigen Riß nach links aus der Rinne auf die Begrenzungsrippe hinauf. Weiter zum Firngrat und zum Gipfel. Steinschlag!

● **1000 Über den Grawawandferner von OSO** (J. Scholz und Gef., 1883). Reine Eistour, von der Grawagrubennieder 1¾—2 Std., von der Regensburger Hütte 4—5 Std.

Von der Nieder westw. an der S-Seite der Grawawand ansteigend, bis sich der Grawawandferner in sehr steiler enger Eisrinne gegen W fortsetzt, durch diese Rinne empor auf den Firnrücken nördl. von P. 3296 m, hinauf zu P. 3435 m, gegen N und in kurzer Zeit am Grat zum Gipfel.

● **1001 Von Süden** (P. Hieronymus, F. Jenewein, A. Tanzer, 1874). Von der Spitze zieht gegen S ein steiles, im steilsten Teil sehr schmales Eisfeld, der Ruderhofferner, herab. Reine Eistour, von der Dresdner Hütte 5—6 Std.

Von der Dresdner Hütte am Steig zur Regensburger Hütte und südl. der Ruderhofspitze in das Kar zwischen Schafnock und Gamsspitze. Hinauf zum Ruderhofferner, der direkt von S nach N bis zum Gipfel begangen wird. Die steile Eisstufe in der Mitte wird am besten am rechten Rand erstiegen. Oder (Weg der Erstbeg.): Man steigt vom Ferner auf den Ostgrat und über diesen zum Gipfel.

● **1002 Ein Anstieg von Südosten** führt über die **Gamsspitze** und P. 3296 gegen den Gipfel. II, 5½—6½ Std. von der Dresdner Hütte, sehr mühsam. Wo der Weg Regensburger Hütte — Dresdner Hütte ostwärts unter der Gamsspitze vorbeiführt, wird über Schutt, Blockwerk und Schrofen einem Bachlauf folgend gegen den Grawawandferner angestiegen. Bevor man den Ferner betritt, kann man gegen S über Blockwerk den Gipfel der Gamsspitze erreichen. Weiter wird am Grat über den Grawawandferner unschwierig angestiegen, der letzte Aufschwung zu P. 3296 m wird mäßig schwierig erklettert. Weiterer Aufstieg wie bei R 1000. Wenig empfehlenswerter Anstieg.

Grawawand, P. 3338 m, 3167 m

Langer zerrissener Felsgrat, der von der Ruderhofspitze ostwärts zieht und zur Grawagrubennieder steil abfällt.

● **1003 Nordostwand** (F. Mühl, F. Putz, L. Schönecker, 1932). IV, 3½ Std. E.

In der Fallinie der Grawawand (höchster Punkt) am Hochmoosferner Einstieg von rechts her über Schrofen und Wandstellen in eine kleine gelbe Rinne. Aus dieser nach rechts zum Kopf eines Pfeilers. Über Schutt den Abbruch des folgenden Pfeilers in der N-Flanke querend und über glatte Platten und kleine Risse zu seinem höchsten Punkt. Von hier links in begrünter Steilrinne, die hinter zwei Zacken nach rechts emporzieht, bis auf die Kante des zweiten Zackens.

Etwas absteigend in schneegefüllte Rinne. 3 m tiefer über Platten (griffarm) eben rechts querend zu gutem Stand. Über Platten empor zum Fuß eines leicht überhängenden Kamins (kleiner Klemmblock). Über den Block nach links (östl.) hinauf zu zwei Rinnen. Durch die rechte Rinne zu Schuttkanzel. Entlang der Wand ein gelber Riß, in diesem hinauf zur Kante des Absturzes, über die Kante zum höchsten Punkt.

● **1004 Von Osten** (vermutlich A. Hintner, 1898). III, teilweise IV.

Von der Grawagrubennieder in die steile N-Flanke. Den ersten Gratabbruch umgehend und durch eine steile blockerfüllte Rinne zum Grat; weiter stets am beiderseits sehr steil abfallenden Grat (brüchig) zu P. 3167 m.

Die weitere Begehung des Grates ist wenig ratsam. Er wird sehr schwierig und brüchig, teilweise in der N-Flanke knapp unter den Türmen erstiegen. Von P. 3030 im im obersten Teil des Grates kann die Ruderhofspitze erreicht werden. Nicht anzuratender Weg.

Nockwand, 3091 m

Ostwärts der Grawagrubennieder erhebt sich ein mächtiger Gipfelaufbau, die Nockwand, auch Rautwand genannt. Die alte AV-Karte führt die Bezeichnung Schöckbüchlgrat, welche Benennung allerdings nur für den SO-Grat zutrifft.

● **1005 Nordgrat** (F. Mühl, L. Schönecker, 1932). IV+, einschließlich des Wandabbruches, 5 Std. E. Von der Regensburger Hütte 6 Std.

In der Fallinie des Grates etwa 35 m über Geröll empor gegen einen 10 m hohen senkrechten, schwarzen, engen Kamin, der unterhalb in seichtem Riß fortgesetzt ist. Westl. (rechts) davon in kurze flache Rinne und schräg nach links über teilweise überhängenden Fels, zuletzt auf schmalem Grasband zum untersten Ende des Kamins. Durch den Kamin empor, teilweise an der rechten Begrenzung; zuletzt überhängend. Weiter durch sehr steile glattgewaschene Rinne gerade hinauf zu einer Schutthalde. Darüber am Grat sind zwei Plattenschüsse zu erkennen, getrennt von einem Seitenarm des Nordgrates: ein kleiner (östl.) und ein größerer (westl.). Nun durch den kleineren (östl.) in schrägem Einriß nach rechts empor zur Einschartung im Seitengrat. Über diesen auf den westl. größeren Plattenschuß. Über diesen schräg rechts empor querend zum Grat. Weiter am Grat zum Gipfel.

● **1006 Nordost-Eisflanke** (L. Zach, F. Mühl, 1931). Nach Verhältnissen, letzter Teil III, von der Regensburger Hütte 3—4 Std., große Steinschlaggefahr!

Von der Regensburger Hütte wird bis über die Steilstufe unter dem Hochmoosferner angestiegen. Noch unterhalb des Falbesoner Sees quert man vom Weg gegen S, wo steil die kleine, sehr steinschlaggefährdete Eisflanke erreicht wird, die von der Nockwand herabzieht. In Gipfelfallinie wird so weit als möglich angestiegen, zuletzt über eine Plattenrampe der N-Grat erreicht. Nun linkshaltend auf schmaler Schuttleiste aufwärts in eine glatte Plattenrinne, 5 m hinauf, Querung nach rechts (westl.) in einen von Blöcken gebildeten Riß und durch diesen zum Blockgrat, weiter zum Gipfel.

● **1007 Von Süden** (L. Purtscheller, J. Kindl, 1890). II, 2½—3 Std. E.

Von der Schöckbichlalm oder Schellegrüblalm mühsam steil gegen N ansteigend ins Kar zwischen dem SO-Grat der Pfandlspitze und der

Nockwand. Aus dem linken oberen Ende durch eine Rinne unschwierig zur Scharte unmittelbar nordöstl. der Nockwand und (II) zum Gipfel.

● **1008 Von der Grawagrubennieder,** Westgrat (L. Purtscheller, J. Kindl, 1890), II, am Grat 1—1½ Std.

Pfandlspitze, 3025 m

Mächtiger Felsgipfel im Kamm, der von der Ruderhofspitze ostwärts zieht. 1. Erst. F. Jenewein, Hoffmann, Schwab, 1874.

● **1009 Nordwand** (im Abstieg F. Mühl, F. Putz, L. Schönecker, 1932; im Aufstieg F. Mühl, H. Brandstätter, F. Defregger, 1932)

In der Fallinie des Gipfels zieht ein Rinnensystem, das in einer Hauptrinne endet. Durch diese Rinne bis dort, wo sie am breitesten wird. Nun westl. gegen einen auffallenden Zacken höher oben in der Wand, bis man den Plattengürtel erreicht, der die Wand durchzieht. Von links durch einen plattigen Einriß in mäßig geneigter Verschneidung empor, hierauf in eine weitere schwierige, steilere Verschneidung, hernach auf glatten Platten nach rechts zu einem Riß, der den Plattengürtel nach rechts oben gegen den auffallenden Zacken durchzieht. Am Ende des Einrisses in glatte schlechtgriffige Rinne, durch sie und über Schrofen hinauf zur gutgestuften brüchigen Einbuchtung und durch diese zum Grat westl. des Gipfels.

● **1010 Von Norden und über den Ostgrat,** über das Gamswartl (bis P. 2940 m östl. der Pfandlspitze H. Brandstätter, 1931; bis zum Gipfel F. Mühl, F. Putz, L. Schönecker, 1932). Östl. der Pandlspitze liegt im Grat eine Scharte, das Gamswartl genannt. IV, eine Stelle V, 5 Std. E.

Von der Regensburger Hütte an den Hängen ansteigend bis zur Schuttreise, die östl. der Pfandlspitze emporzieht. Zuletzt über gutgriffigen Plattenschuß zur Scharte (Gamswartl). Auf der Gratschneide empor zu P. 2948 (Brandstätterturm) und am zerrissenen Grat zum zweiten Turm. Der überhängende Abbruch zur folgenden Scharte wird an der N-Seite absteigend, dann über Platten bis zur Scharte überwunden. Über den dritten Turm auf steile Platten etwas rechts zu einem vorspringenden gelben Block. Über einen seichten Riß empor (schwierigste Stelle) und über eine Platte auf den Turm. Weiter am Grat zur Scharte vor dem vierten Turm. Über die Scharte (Spreizschritt) und über Blöcke zur Wand des Turms und links zu einem schwach überhängenden Riß. Hinter abgesprengtem Block an der Kante des folgenden Plattenschusses empor und weiter hart am Grat über kleine Zacken zum Gipfel.

● **1011 Von Süden und Südwesten** (L. Purtscheller, J. Kindl, 1890). II, 2½—3 Std. von der Alm. Siehe Nockwand, R 1006. Von der Schöckbüchlalm zur Scharte zwischen Nockwand und Pfandlspitze und am Grat gegen O zur Spitze. Die Erstbesteiger (1874) gingen über den SO-Grat der Pfandlspitze.

● 1012 **Hanischkopf**, P. 2788 m

Nordöstl. vom Gamswartl erhebt sich, bevor der Grat flacher wird, ein Gratkopf, der von Bergsteigern aus Regensburg Hanischkopf benannt wurde. Gratübergang zu diesem ist schwierig. 1931 wurde von H. Brandstätter, F. Mühl, M. Schultheiß die N-Wand erstmalig im Abstieg begangen, IV, 2 Std.

Von P. 2788 durch eine steile plattige Rinne hinab zu einem Plattenschuß und rechts (östl.) hinab durch einen Riß. Etwas westl. (links) über Schrofen und Schutt zu einem Abbruch, rechts ausgesetzt querend in eine Plattenrinne. An der rechten Begrenzung abwärts bis 50 m über dem Kar. Ausgesetzt auf schmalen Bändern gegen O zu einem Köpfl. Durch plattige Risse, zuletzt über Plattenleisten und ein Grasband zu begrüntem Kopf und in die Schuttrinne, die östl. vom Hanischkopf herabzieht.

Greitspitze, 2785 m

Die letzte Erhebung im Grat, der von der Ruderhofspitze gegen O zieht. Sie ist von S von der Pfandler Alm in 2½ Std. bzw. von Ranalt steil durch Wald- und Wiesenhänge sehr mühsam in 5 Std. zu erreichen.

● **1013 Nordwand** (H. Brandstätter, F. Mühl, M. Schultheiß, 1931). II, 2 Std., brüchig.

Einstieg über den begrünten Sporn zwischen dritter und vierter Schuttrinne (Steinmann). Über diesen Sporn empor und über grasige Schrofen und plattige Stufen zu großer steiler Schuttrinne. In der Rinne über einen eingeklemmten Block bis zu einer Scharte (mit großem Klemmblock). Über diesen Block nach rechts am Fuß eines Plattenschusses absteigend. In eine weitere Schuttrinne und wieder empor zu einer Scharte. Nach rechts in eine Plattenrinne querend und empor in dieser. Zuletzt nach links über plattige Schrofen zu einer Scharte im Hauptgrat und nach links zum Gipfel.

Westliche Seespitze, 3355 m

Von der Ruderhofspitze ausgehend zieht ein vielverzweigter Kamm gegen NO, dessen erster Gipfel die Westl. Seespitze ist. Nach NW fallen steile Felswände auf den Alpeiner Ferner hinab, während gegen den Hochmoosferner nach SO nur eine kurze Blockstufe herabzieht.

● **1014 Von der Hochmoosscharte** (Kerschbaumer, 1895). I, 30 Min. Von der Regensburger Hütte (R 422) 4½ Std.

Von der Scharte nordwärts an den Firnhängen, zuletzt über Blockwerk zum Gipfel.

Von der Regensburger Hütte kommend steigt man am besten direkt durch die Blockhalden der SO-Flanke empor, ohne zur Hochmoosscharte aufzusteigen.

● **1015 Übergang zur Östlichen Seespitze** (H. Seidl, D. Stolz, 1906). I, 20 Min.

Auf dem Firn- und Blockgrat erreicht man den Gipfel.

● **1016** Die **Nordwestwand** (III) wurde 1903 von F. Hohenleitner und L.v. Hibler begangen.

Östliche Seespitze, 3416 m

Blockgipfel nördl. über dem Hochmoosferner. Die Östl. Seespitze ist mit der Westl. durch einen wenig ausgeprägten Grat verbunden. 1. Erst. L. Barth, L. Pfaundler, 1863.

Beide Gipfel sind von der Regensburger Hütte und von der Franz-Senn-Hütte aus leicht zu ersteigen (Skitouren).

● **1017 Von Nordwesten über den Seespitzferner** (R. Liebenwein, 1906). Reine Eistour, 5 Std. von der Franz-Senn-Hütte.

Von der Franz-Senn-Hütte am Steig zum Alpeiner Ferner und auf diesem, bis er sich steiler zum ersten großen Bruch emporhebt. Nun gegen O über den flachen Ferner querend erreicht man eine steile Schuttstufe, durch welche man etwas gegen NO ansteigend zum Seespitzferner gelangt. Über diesen gegen SO empor zum Blockgrat knapp unter dem Gipfel.

● **1018 Von Nordwesten und von Osten zum Gipfel,** über den Alpeiner Kräulferner. Eistour, von der Franz-Senn-Hütte 5 Std.

Von der Franz-Senn-Hütte etwa 1 Std. südwärts talein zum Alpeiner Ferner. Am Ende der Sommerwände bricht von links der Alpeiner

Kräulferner herab. Über Moränenschutt empor zum Sporn, welcher den Alpeiner Kräulferner und den Seespitzferner voneinander trennt. Nun über den ersten steilen Bruch des Alpeiner Kräulferners und weiter über den flacheren Ferner und den wieder steiler ansteigenden Teil, der nach S umbiegt. In diesem am besten etwas ostwärts ausholend, zuletzt von O zum Gipfel.

● **1019 Südostgrat** (L. Barth, L. Pfaundler, 1863). II, 3 Std. E.

Von der Regensburger Hütte am Steig zum Hochmoosferner und zum Falwesuner See. Über den breiten östl. Ansatz des Ferners empor und auf den Grat; stets auf diesem, bis er ganz flach in Schutt übergeht, und weiter zuletzt in Firn zur Spitze.

● **1020 Südwestflanke.** I, 30 Min. E.

Von der Hochmoosscharte kommend oder von der Regensburger Hütte am Weg zu dieser kann man gut gegen die SW-Flanke ansteigen und erreicht über deren Blockwerk den Gipfel.

● **1021 Übergang zur Südlichen Kräulspitze,** I. Im oberen Teil am Firn, dann am Blockgrat haltend.

Südliche Kräulspitze, 3289 m

Die drei Kräulspitzen ragen als schöngeformte Blockgipfel über dem Alpeiner Kräulferner im W und dem Falwesuner Kräulferner im O auf. (1. Erst. H. Kober, M. Vogelmayer, F. Permoser 1889).

● **1022 Normalweg.** I, 4½—5 Std. von der Franz-Senn-Hütte.

Wie bei R 1018 über den Alpeiner Kräulferner und direkt südl. der Spitze zur Scharte 3259 m, zum Gipfel. Man kann auch (Weg der Ersteiger) über den Falwesuner Kräulferner zur Scharte 3259 m ansteigen.

● **1023 Von Osten.** Im letzten Teil III, von der Regensburger Hütte 4 Std.

Von der Regensburger Hütte am Steig gegen den Hochmoosferner, bis man noch vor dem Bach, der vom Falwesuner Kräulferner herabzieht, über Schutt und Geröll zum Falwesuner Kräulferner hinaufsteigt. An seinem nördl. Rand bis zum Ansatz des O-Grates, den man von S her über Schutt erreicht (die nördl. Mulde des Kräulferners hat sich vom Ferner losgetrennt). Nun weiter am O-Grat, bis dieser zuletzt steil zur Spitze emporleitet.

• 1024 Übergang zur Mittleren Kräulspitze. II, 1 Std.

Am Grat nordwärts absteigend über einen Turm und zur Scharte 3228 m. Von der Scharte etwas abwärts querend in die W-Flanke und hinter dem steilen Abbruch über gutgestuften Fels zum Grat, dem man im oberen Teil in einer südwestl. vom Gipfel herabziehenden Blockrinne ausweicht, durch welche man zum Gipfel hinaufgelangt.

Mittlere Kräulspitze, 3302 m

• 1025 Nordwestgrat. II, 3½—4 Std. von der Franz-Senn-Hütte.

Von der Franz-Senn-Hütte am Steig zum Sommerwandferner und über diesen zur Kräulscharte gegen SW (3069 m); von dort, stets am Grat haltend über P. 3142 m hinauf zum Gipfel. Oder (Weg des Erstersteigers L. Purtscheller, 1890) direkt vom Ferner über die steilen nordostseitigen Schnee- und Plattenhänge des Gipfels.

• 1026 Von Südosten. Im letzten Teil II, 3½—4 Std. von der Regensburger Hütte.

Wei bei R 1023 bis zum Ansatz des O-Grates und hinauf in die nördl. abgetrennte Mulde des Falwesuner Kräulferners. In dieser aufwärts gegen die Scharte südl. der Mittleren Kräulspitze, 3228 m, welche man über eine kurze steile Blockstufe erreicht. Weiter von S zum Gipfel.

Auch direkt durch die gutgestufte steile SO-Flanke kann vom Ferner mäßig schwierig zum Gipfel angestiegen werden.

• 1027 Übergang zur Nördlichen Kräulspitze. II, ¾—1 Std.

Von der Mittleren Kräulspitze ostwärts hinab zur Senke zwischen beiden Gipfeln und den folgenden Abbruch im Aufstieg zur Nördl. Kräulspitze an der S-Seite umgehend zum Gipfel.

• 1028 Sommerwände

Innere 3122 m, Hintere 2904 m, Mittlere 2847 m,
Vordere 2677 m

Von der Kräulscharte gegen NO zieht ein Grat (II, einige Stellen III), der den Sommerwandferner gegen das Alpein hin begrenzt und direkt überschritten werden kann.

Die Scharten südwestl. und nordöstl. der Mittleren Sommerwand können unschwierig vom Sommerwandferner erreicht werden, die Vordere Sommerwand wird auf bez. Steig von der Franz-Senn-Hütte gegen S anseigend zuerst östl. des Grates, dann durch die O-Flanke in einer

Stunde erreicht. (1. gesamte Überschreitung G. Salcher, Th. Schimmelbusch, 1900.)

Nördliche Kräulspitze, 3298 m

● **1029 Über Sommerwandferner und Westgrat.** I, 3½ Std.

Von der Franz-Senn-Hütte wie bei Mittlerer Kräulspitze, R 1025, gegen die Kräulscharte ansteigend, jedoch unter dieser gegen SO ab und zur Scharte zwischen Mittlerer und Nördl. Kräulspitze. Steil über den letzten Firnhang (Randkluft), Blockwerk und unschwierigen Fels zur Scharte. Weiter dem Steilabbruch an der S-Seite ausweichend zum Gipfel.

● **1030 Von Osten** (L. Purtscheller, 1890). II, von der Regensburger Hütte 3½ Std.

Von der Regensburger Hütte talein bis dort, wo der Bach vom Falwesuner Knotenferner herabzieht. Nun etwas westl. des Baches mühsam über schutt- und grasdurchsetzte Schrofen gegen NW ansteigend, zuletzt über einen Moränenrücken von S zum Falwesuner Knotenferner (von hier aus in südl. Richtung ansteigend die Hintere Plattenspitze unschwierig erreichbar). Weiter gegen W am Ferner, dann über brüchiges Blockwerk und Geröll über die Felszunge, welche den Ferner in einen oberen und einen unteren Teil zertrennt, und wieder über Firn zum Ansatz des kurzen O-Grates. Über diesen in wenigen Min. zum Gipfel.

Vom oberen Firn des Knotenferners kann man unschwierig den Grat nördl. der Spitze erreichen und über diesen zum Gipfel ansteigen.

● **1031 Übergang zur Alpeiner Knotenspitze** (C. Gsaller, J. Kindl, 1890). II, 1 Std. am Grat.

Alpeiner Knotenspitze, 3233 m

Felsberg östl. über dem Sommerwandferner.

● **1032 Von Norden** (C. Gsaller, J. Kindl, 1890). I, 3 Std. von der Franz-Senn-Hütte.

Von der Hütte zuerst am Steig gegen den Sommerwandferner, dann ins Stiergschwez. Nun südl. über Grasböden, weiter steil über Geröll und Schutt zum mittleren Lappen des Knotenspitzferners, welcher am höchsten hinaufzieht. Über den Ferner gegen S und dort, wo der Ferner die N-Flanke des Grates in den letzten Jahrzehnten frei gemacht hat, brüchig über Schrofen zur Einsattlung östl. der Knotenspitze ansteigend. Dann am O-Grat unschwierig zum Gipfel.

● **1033 Von Süden.** I, 3½ Std. von der Regensburger Hütte.

Von der Regensburger Hütte wie bei R 1030 zum Falwesuner Knotenferner und gegen NW ansteigend bis dort, wo der eigentliche S-Grat der Knotenspitze ansetzt; weiter am Grat zum Gipfel.

● **1034 Übergang zur Falwesuner Knotenspitze.** I, 1 Std., stets am Grat.

Falwesuner Knotenspitze, 3120 m

● **1035 Von Norden.** (C. Gsaller, J. Kindl, 1890) I, 3 Std. Von der Franz-Senn-Hütte 3½ Std.

Wei bei R 1032 zur Scharte zwischen beiden Gipfeln und am Grat gegen NO zum Gipfel.

Oder: Noch vor dem mittleren Lappen des Knotenspitzferners zum Ansatz des unten wenig ausgeprägten N-Grates. Empor zu P. 2788 m und am Grat empor, bis sich der untere Teil gegen die O-Flanke hin verläuft und man gezwungen ist, auf die rechte obere Rippe zu wechseln, bis sie wenige Min. ostwärts vom Gipfel im Grat mündet (II, 3 Std.).

● **1036 Von Süden.** Im oberen Teil II, 3½ Std.

Von der Regensburger Hütte am Steig gegen NO ins Jedlasgrübl und weiter am Steig, der zur Östl. Knotenspitze emporführt, bis zum Jedlasgrüblferner. (Von hier kann man unschwierig gegen SW ansteigend die Vordere Plattenspitze erreichen.) Über den harmlosen Ferner zur Scharte 2916 m im S-Grat und auf diesem zum Gipfel.

● **1037 Übergang zur Östl. Knotenspitze.** I, 1 Std.

Am Grat gegen O hinab und über eine kleine Graterhebung zum Ansatz des SO-Grates der Östl. Knotenspitze und über diesen zum Gipfel.

Östliche Knotenspitze, 3100 m und **Kreuzspitze,** 3082 m

Steiler Felsaufbau, durch dessen schrofige S-Flanke ein Steig von der Regensburger Hütte herleitet.

● **1038 Von Süden. Von der Regensburger Hütte.** Auf Steig 2½ Std.

Von der Regensburger Hütte hinauf ins Jedlasgrübl und empor gegen den Jedlasgrüblferner. Noch vor diesem biegt der Steig ab und wendet sich der steilen S-Flanke zu, durch welche er auf den Grat und kurz westwärts zur Kreuzspitze führt. Nordwärts über den schmalen Blockgrat (I—II) zur Östl. Knotenspitze, 10 Min.

● **1038 a Ostkamm.** I–II.

Von der Regensburger Hütte 2½ Std. auf dem Steig wie bei R 1038 bis 200 m oberhalb der Hütte, dann östl. auf Schafsteigen ins oberste Schafgrübl und westl. über die breiten Hänge, zuletzt über Blockwerk zur Kreuzspitze. Guter Abstieg.

● **1039 Nord- und Nordwestgrat,** Gschwezgrat (L. Purtscheller, J. Kindl, 1890). II, 2 Std. E., 3 Std. von der Franz-Senn-Hütte.

Von der Hütte am Weg zur Regensburger Hütte und unmittelbar hinter dem Bach südostwärts ab und gegen den Grat ansteigend, dessen nördlichste tiefste Scharte, die Oberisser Scharte, mühsam erreicht wird. Weiter gegen S am Grat; dieser kann auch aus dem Stiergschwez weiter rückwärts mühsam über Schutt erstiegen werden. Nun am Gratrücken weiter bis zu der östl. des Grates eingelagerten kleinen Firnzunge; über diese hinauf gegen den Ansatz des eigentlichen Gipfelgrates. Über die kleine Wandstufe zum Grat und die Steilstufe südl. der Scharte an der W-Seite umgehend weiter am Grat. Empor, bis der Grat seine ausgeprägte Form verliert, und unter dem Gipfel links in die obere kaminartige Fortsetzung einer Plattenrinne, die von NO heraufzieht. Vom Ende des Kamins auf ein Schuttfeld an der W-Seite, welches nach rechts zum SW-Grat führt. Weiter unschwierig zum Gipfel.

● **1040 Übergang zur Uelasgratspitze** (E. Mayr, K. v. Mittelstädt, R. Willeit, K. Zeuner, 1909). IV, 3 Std.

Vom Gipfel einige Schritte nordwärts und links von den nach NO abfallenden Platten hinab. Unter die Platten rechts zum oberen Ende einer Rinne, die von der ersten Scharte nach N zieht. Über die Rinne, durch einen Kamin und über eine kurze Wandstufe empor zur Scharte. Nun in schmalem Riß 10 m hinauf, an der Kante weiter bis unter den scharfen Felszacken am Gipfel des ersten Turmes. Über Platten an der N-Seite querend und zum Beginn eines brüchigen Kamins und durch diesen zum Grat. Über griffarme Platten zur zweiten Scharte hinab. Weiter am Grat zur dritten Scharte, den dritten Grataufbau vor der vierten Scharte sehr brüchig nördl. umgehend zu dieser. Weiter am Grat und zum vierten Grataufbau. Der Abbruch zur fünften Scharte wird südl. umgangen. Hinter der Scharte zum Grat und auf diesem steil zum Gipfel.

Uelasgratspitze, 3039 m

● **1041 Von Nordwesten vom Kuhgschwez** (D. u. F. Pfurtscheller, J. Scholz, 1886). III, 3 Std.

Vom Kuhgschwez (Weg zur Regensburger Hütte) gegen S empor, zuletzt durch steile Rinnen zur letzten Scharte westl. der steilen Spitze. Teilweise sehr brüchig, weiter am Grat zum Gipfel.

● **1042 Nordgrat, Uelasgrat.** III, teilweise IV, 3—3½ Std. E.

Von der Franz-Senn-Hütte am Steig zur Regensburger Hütte bis zum N-Fuß des Grates, der in seiner ganzen Länge begangen wird.

● **1043 Ostgrat.** II, 3 Std. von der Regensburger Hütte.

Von der Regensburger Hütte am Steig zur Knotenspitze, bis rechts ein Steiglein unter dem SO-Grat durchführt und zum Schafleger unter dem Gugeligen Ferner leitet. Nun weiter gegen N ansteigend in Richtung auf die dritte Scharte ostwärts der Uelasgratspitze, welche über steilen Schutt mühsam erstiegen wird. Nun am O-Grat gegen die Spitze in die zweite Scharte und weiter am Grat zur ersten Scharte. Nun in der SW-Flanke querend, bis steile grasdurchsetze Rinnen zum Gipfel führen.

● **1044 Übergang zum Schrimmenkopf.** Erster Teil II, weiter I, 45 Min.

Vom Gipfel am O-Grat bis zur dritten Scharte und weiter zur Scharte westl. des Schrimmenkopfes, 2858 m, weiter zum Gipfel.

● **1045** **Schrimmenkopf,** 2907 m

Wenig ausgeprägter Grathöcker. Von S her über Schrofen und Blockwerk steil und mühsam zu erreichen. Von der Schrimmennieder (R 425) steil am Grat gegen W über Blockwerk und Wandstufen zum Vorkopf, 2706 m. Weiter (teilweise II) am Grat und am später breiten Gratrücken, 1 Std.

● **1046** **Baßlerjoch,** 2830 m

So wird der schulterartig von der Schrimmennieder gegen O vorgebaute Grat bezeichnet, der von der Schrimmennieder über Schutt in 20 Min. erreicht wird. Abstieg über den SO-Kamm (I—II) aber anfangs sehr brüchig, dann steile Grashänge über die Obere und die Untere Kerachalm nach Volderau, 4 Std.

Kerachspitze, 2919 m

● **1047 Vom Baßlerjoch, Südgrat.** II, 1½ Std.

Fast stets am Grat zum westl. Vorgipfel und zum Gipfel.

● 1048 **Von Süden.** II, 3 Std. von der Regensburger Hütte.

Aus der Scharte westl. des Gipfels zieht eine Schlucht in die südl. gelegene Karmulde, welche mäßig schwierig den Anstieg vermittelt. Der Zugang von der Regensburger Hütte erfolgt am Steig, der unter der Schrimmennieder gegen O zum Ring leitet (R 426). Westl. vom Ring in die Kerachgrube absteigend (oder am Grat gegen NO leicht ansteigend) und oben in die Mulde querend, weiter empor zur Mulde und hinauf gegen die Schlucht.

Auch von der oberen Kerachalm, die man von Volderau erreicht, gelangt man an den Einstieg.

● 1049 **Übergang zur Brennerspitze.** II, 45 Min., stets am Grat.

● 1050 **Brennerspitze,** 2882 m

Von der Milderaunalm, die man von Schaller über die Höfe Unteregg erreicht, steigt man westwärts gegen den Fuß des O-Grates (I) der Brennerspitze an, welcher zum Gipfel leitet. 5 Std. von Schaller.

● 1051 **Mittergratspitze,** 2755 m;
Gamsspitze, 2711 m; **Seblaspitze,** 2503 m

Man kann diese Gipfel von Milders, bzw. von der Schallersäge, aber auch von Bärenbad her erreichen.

Südliche Wildgratspitze, 3272 m

Vom Westl. Schwarzenberg zieht der Grat, der in diesem Teil die Wasserscheide zwischen Stubai- und Ötztal bildet, gegen N hinab zum Schwarzenbergjoch und steigt von diesem gegen N auf zur Südl. Wildgratspitze. Diese ist ein massiger Felsaufbau in der langen Gratschneide zwischen Schwarzenbergjoch und Wildgratscharte. 1. Ersteigung Dr. H. Meyer, J. Pfurtscheller, 1886.

● 1052 **Nordgrat** (P. Neumann, F. Henning, 1894). II, 1 Std. von der Wildgratscharte.

Von der Scharte über ein flacheres Gratstück südl. und weiter am stets steiler werdenden Grat zum Gipfel.

● 1053 **Ostgrat.** II, 1 Std. E.

Von der Franz-Senn-Hütte zum Alpeiner Ferner und auf diesem bis zum Fuß des felsigen O-Grates. Über die etwa 80 m hohe gegen N gerichtete brüchige Flanke zum O-Grat empor und weiter am Grat.

● **1054** Auch der **Südgrat** wurde bereits (II—III) begangen, indem man vom Alpeiner Ferner möglichst gegen den obersten Gratansatz des Gipfels anstieg. 1 Std. E.

Nördliche Wildgratspitze, 3320 m

In der Fortsetzung des Grates von der Wildgratscharte zum Schrandele baut die Nördliche Wildgratspitze einen scharfen Felskopf auf, der mit breitem Fuß nach O gegen den Alpeiner Ferner abfällt.

● **1055 Ostgrat** (M. Jedlicka, J. Soutschek, F. Vogt, 1932).II, eine Stelle III, 1½ Std. E.

Von der Franz-Senn-Hütte zum Alpeiner Ferner und auf diesem zum Fuß des O-Grates, den man in seiner NO-Flanke steil in Rinnen und Blockwerk erklettert. Weiter am Grat zum Gipfel.

● **1056 Südgrat.** III, 1 Std.

Von der Wildgratscharte gerade empor und an der Gratkante schwierig über den ersten steilen Abbruch (oder besser von der Scharte an der W-Seite etwas absteigend bis zu einem aus der Wand vorspringenden 15 m hohen Felsklotz, hinter ihm durch Kamin empor, dann links in eine schräg von links nach rechts ziehende Rinne und zur Grathöhe). Weiter am Grat zum Gipfel.

● **1057 Westflanke** (A. Hintner u. Gef., 1894). II, 1 Std. E.
Nördl. des Gipfels ziehen zwei Rinnen herab. Man wählt die rechte. Von der Wildgratscharte zum Schwarzenbergferner absteigend und unter der Wand bis zu einer Rinne, die nördl. des Gipfels herabzieht. Durch diese (Steinschlag) teilweise sehr brüchig empor. Im oberen Drittel aus der Rinne nach rechts und über brüchigen Fels zum N-Grat beim Gipfel.

● **1058 Übergang zum Schrandele.** I, 45 Min.

Stets am Verbindungsgrat. In die Flanken abzusteigen ist unratsam, brüchig. Man kann mehrmals auf die Schwarzenbergseite ausweichen.

● **1059** Die **Nordflanke** wurde vom Wildgratferner her direkt durch J. Harold, H. u. K. Scharfetter, 1923, begangen (III, Steinschlag).

Schrandele, 3393 m

Schöne, steile Felspyramide über dem nördl. Winkel des Schwarzenbergferners. Aus den vier Firnbecken zwischen den vier kreuzförmig auseinanderlaufenden Graten fließen eindrucksvolle Gletscher talwärts. 1. Ersteigung: L. Purtscheller, J. Reichl mit 1 Führer, 1886.

● **1060 Von Süden** (Normalweg, I). Vom obersten Schwarzenbergferner 1 Std. Von der Franz-Senn-Hütte (R 431) über die Wildgratscharte 4½ Std. Von der Amberger Hütte (R 429, 432) 4½ Std. Aus der nordöstl. Firnbucht des Schwarzenbergferners steigt man ostwärts über Schrofen zum Verbindungsgrat Nördl. Wildgratspitze — Schrandele an. Nun stets auf der Grathöhe zum Gipfel. Kleinere Steilaufschwünge können an der Schwarzenbergseite umgangen werden.

● **1060 a Von Südosten.** II, 1½ Std. E. Der in R 1060 erwähnte Verbindungsgrat kann auch vom Wildgratferner durch brüchige Rinnen erreicht werden.

● **1060 b Nordgrat** (Weg der Erstersteiger). III, 4—5 Std.

Der vielgezackte Grat zieht vom Hinteren Wilden Turm über eine vom Verborgen-Berg-Ferner erreichbare Scharte zum Schrandele. Von der Franz-Senn-Hütte am Steig gegen den Alpeiner Ferner und hinauf über den Verborgen-Berg-Ferner zur Scharte nördl. des Schrandeles (etwas näher beim Hinteren Wilden Turm), auch vom Schrankar her steil durch brüchige Rinne erreichbar. Südwärts am Grat bis zu dem ersten Zacken. Vor diesem an der W-Seite 30 m absteigend und bis zur nächsten tieferen Scharte querend, weiter möglichst an der Gratkante. Von der dritten tiefen Scharte ist ein zwischen Riesenblöcken hinaufziehender Kamin zu durchklettern. Am nun stets steiler werdenden Grat an der scharfen Kante zum Gipfel.

● **1061 Ostgrat.** II, 4 Std. von der Franz-Senn-Hütte, sehr brüchig.

Vom Schrandele zieht zwischen Verborgen-Berg-Ferner und Wildgratferner ein langer mäßig steil absinkender Grat nach O. Vom Alpeiner Ferner zum Endpunkt des Grates; an seiner niedrigsten Stelle wird der Grat von S, vom Wildgratferner her erreicht (auch vom östl. Ende, wenig lohnend, zu erklettern, II). Weiter am Grat und rechts der Kante zum Gipfel.

● **1062 Westwand** (G. Herold, 1900). III, 2½ Std. E., 6 Std. von der Amberger Hütte.

Von der Amberger Hütte talaus und auf Steig gegen das Längentaljoch ansteigend ins Schrankar. Noch unter dem großen Moränenplateau rechts hinauf zum kleinen Südl. Schrankarferner, über diesen gegen O. Vom Gipfel (N-Grat) zieht eine turmbesetzte Rippe herab, welche zwischen zwei Rinnen liegt. Zuerst über diese Rippe, im oberen Teil in die südl. davon liegende Rinne (Steinschlag); aus dieser rechts in die Felsen unter dem N-Grat. Nun empor zum N-Grat und über diesen zum Gipfel.

● **1063 Übergang zum Schrankogel** (H. v. Ficker, O. Hintner, 1894). Stellenweise III, 4—5 Std.

Die vollständige Begehung des Grates ist teilweise sehr schwierig. Vom Gipfel des Schrandeles unmittelbar über den ersten Abbruch hinab. Der zweite Abbruch wird an der Südseite umgangen. Durch eine Rinne zurück zum Grat. Über die folgenden Zacken, sie teilweise umgehend, zur tiefsten Scharte im Gratverlauf. Den folgenden kurzen Plattengrat links umgehend, im weiteren Teil auf der Gratkante (von der N-Seite her ansteigend). Nun am Grat hinauf zum Schrankarkogel, 3327 m, weiter am Grat abwärts zu auffallenden Plattentürmen. Links 15 m hinab auf gut gangbares Band und wieder zum Grat. Über den folgenden Abbruch unmittelbar an der Kante. Über die kleine Firnkuppe und einen Schrofengrat, weiter über den NO-Grat zum Gipfel.

● **1064** Der **Schrankarkogel,** für sich allein wohl kaum lohnend, wird vom Schwarzenbergferner erreicht, indem man zum Verbindungsgrat zwischen Schrankogel und Schrankarkogel etwas nördl. der tiefsten Scharte (3275 m) ansteigt.

Schrankogel, 3496 m

Eindrucksvoller, schaufelförmiger Berg. Ebenmäßige Firnpyramide von NO. Schönes Bergziel; im Frühjahr und Hochsommer oft besucht. Gipfelkreuz, Gipfelbuch.

Wahrscheinlich schon 1824 von Harpasser (oder Hargasser) erstiegen, der im selben Jahr am Hohen Göll tödlich abstürzte.

● **1065 Von der Amberger Hütte** (Schöpf, Pfarrer von Gries, etwa 1840; möglicherweise Harpasser, 1824). Steig, 4½—5 Std., I, am Schluß manchmal Firngrat.

Von der Hütte aus zum Bach; über diesen und am (orographisch) rechten Ufer talein über Weidehänge am Fuß des Schrankogels südl. und östl. ansteigend zu der Ufermoräne des Schwarzenbergferners. Abzweigung des Weges zum Schrankogel, 2 Std. von der Hütte, bei gelber Bez. Ein roter Pfeil leitet nach links. In Kehren hinauf zum Hohen Egg und am Rücken des W-Grates (oberer Teil der sogenannten Franzensschneid), zuletzt über den schmaler werdenden Grat (loses Blockwerk, Vorsicht bei Neuschnee!) zum Gipfel.

Im Frühjahr und nach Neuschneefällen wählt man besser R 1069 als Anstieg, weil bei R 1065 im oberen Teil stellenweise unüberwindliche Wächtengrate auftreten.

Der O-Grat (R 1069) wird von der Franz-Senn-Hütte im Frühjahr als Normalweg gemacht. Von der Franz-Senn-Hütte 5 Std.

● **1066 Von Westen,** über die Franzensschneid. III, teilweise IV, 5 Std. von der Amberger Hütte.

Von der Amberger Hütte zur Hinteren Sulztalalm und am Steig ins Schrankar. Vom unteren Ende des Schrankars gegen S zum nordwestl. herabziehenden W-Grat; teilweise sehr schwierig über diesen empor. Zuletzt am Steig zum Gipfel.

● **1067 Nordwand** (G. Hechenblaikner). IV, 6 Std. von der Amberger Hütte. Von der Amberger Hütte ins Schrankar. Von dort zieht eine mächtige Schutt- und Firnrinne gegen den NO-Grat empor, die links vom Gipfel mündet. Durch diese Rinne empor und in ihrer linken Fortsetzung nach oben weiter. Steinschlag! Im oberen Teil in dem weitverzweigten Rinnensystem sehr brüchig gegen den NO-Grat. Zuletzt auf diesem zum Gipfel.

● **1068 Nordostflanke** (H. Hörtnagl, W. Löb, 1923).

Vom Schwarzenbergferner zieht in seiner hintersten Mulde eine etwa 200 m hohe, teilweise sehr steile Eisflanke zum Gipfel bzw. O-Grat empor. Je nach Verhältnissen sehr schwierig (steilste Stelle 52°) zum Gipfel (unten Umständen beachtlicher Bergschrund).

● **1069 Ostgrat** (F. F. Tuckett, Brown mit den Schweizer Führern Chr. Almer und F. Andermatten, 1865). 1½ Std. E., teilweise Steigspuren. Wenn der Firngrat vereist: schwierig. (Steigeisen und Pickel erforderlich.)

Vom Schwarzenbergferner, direkt vom Ende der langen Ufermoräne zieht der O-Grat, im oberen Teil als Firngrat, zur Spitze.

Blick von Nordwesten auf den Schrankogel und den Stubaier Hauptkamm
(Winteraufnahme, Luftbild)

R 1065 Normalaufstieg von der Amberger Hütte
R 1066 Westanstieg
R 1067 Nordwand

Schrankogel
Mutterberger Seespitze
Wilder Pfaff
Sonklarspitze
Zuckerhütl
Pfaffenschneide
Aperer Pfaff
Nördl. Daunkogel
Schaufelspitze
Hint. Daunkopf
Stubaier Wildspitze
Östl. Daunkogel
1065
1066
1067

● 1070 **Wilder Turm**

Zwischen Berglasferner mit Turmferner und dem Verborgen-Berg-Ferner zieht ein Felsgrat von O nach W empor. Dieser baut den Vorderen Wilden Turm auf (3177 m). Westl. davon vermittelt die Turmscharte den Übergang vom Berglasferner zum Verborgen-Berg-Ferner. Weiter gegen W führt der Grat zum Hinteren Wilden Turm. 1. Ersteigung J. Scholz, F. und D. Pfurtscheller, 1886.

Vorderer Wilder Turm, 3177 m

● **1071** **Ostgrat** (O. Bir, 1921). III, teilweise IV, 3 Std. E.

Von der Franz-Senn-Hütte über Moränen zum Ende des O-Grates. Über kleine Stufen unschwierig auf den ersten Turmaufbau des Grates. Über Schrofen absteigend zu einer Scharte. Über senkrechte 3 m hohe Platte (Steigbaum) empor, etwas links über 15 m hohe sehr steile Platte zum zweiten Turm, der durch Quergang rechts unter der Spitze umgangen wird. Nun rechts absteigend bis zum Fuß der Wand und dieser entlang bis zur Einsattelung zwischen drittem und viertem Turm. Nun wieder am Grat einem Überhang mit lose aufliegender Platte ausweichend in luftiger Kletterei auf einen vorspringenden Zapfen. Links um diesen herum und in einem 10 m hohen engen Kamin zum Spitz des vierten Turms. Von hier etwas absteigend am Grat zum fünften Turm, welcher den Vorderen Turm darstellt.

● **1072** **Von der Turmscharte.** In 5 Min. unschwierig erreichbar.

Hinterer Wilder Turm, 3294 m

● **1073** **Von Norden.** (A. v. Pallocsay mit Quirin Gritsch, 1888). Von der Berglasnieder am Grat (I) in 30 Min. erreichbar.

● **1074** **Von der Turmscharte.** I, in 20 Min.

● **1075** **Südgrat** (II). Von der tiefsten Scharte im Verbindungsgrat zum Schrandele (über den Verborgen-Berg-Ferner erreichbar) wird gegen N angestiegen. Über die erste steilere Stufe am Grat; etwas flacher weiter bis zum letzten Gipfelaufschwung und steil (etwas an der W-Seite haltend) zum Gipfel.

Wildes Hinterbergl, 3288 m

Überfirnte Kuppe, die über dem Lisenser und Berglasferner aufragt.

Schrankogel von Nordosten

R 1068 Nordostflanke
R 1069 Ostgrat

● **1076 Von der Franz-Senn-Hütte über den Berglasferner** (P. Ferchl, Schleußner, 1888). Reine Eistour, 4—5 Std. Normalweg, Winteranstieg über den Berglasferner.

Von der Franz-Senn-Hütte talein, bis der Gletscherbach vom Berglasferner herunterkommt. Vom Steig ab und über steile Hänge über Gras und Moränenschutt hinauf zur Zunge des Berglasferners. Über diesen empor, den steilen Brüchen etwas südl. ausweichend, hinauf in die Verflachung des Ferners. Etwas nordwestl. der Turmscharte wendet man sich gegen NW und steigt direkt über flache Firnhänge zur Kuppe des Hinterbergls.

Noch einfacher ist der Zugang, wenn man, statt über den Berglasferner anzusteigen, den Weg über den Verborgen-Berg-Ferner nimmt. Am Weg bis unter die Zunge dieses Gletschers; von dort ab gegen W und empor zur Scharte, die zwischen Hinterem und Vorderem Wilden Turm eingeschnitten ist. Unschwierig über dieselbe auf den Oberen Berglasferner und gegen NW zum Gipfel.

● **1077 Aus dem Schrankar.** (Weg der Erstersteiger; Albin von Pallocsay mit Führer Quirin Gritsch, 1888). II, 5 Std. von der Amberger Hütte, nicht lohnend.

Von der Amberger Hütte talaus zur Sulztalalm und am Steig ins Schrankar empor. Man begeht den Nördl. Schrankarferner (teilweise völlig blocküberschüttet) in Richtung auf die W-Wand des Hinterbergls. Durch eine steile Rinne kann man (Steinschlag!) zur Berglasnieder ansteigen. Von dort erreicht man über den Grat in 10 Min. das Hinterbergl.

● **1078 Von der Brunnenkogelscharte.** II, ¾—1 Std.

Von der Scharte steigt man direkt am Grat empor. Ein Turmaufbau wird an der Seite des Schrankares umgangen, weiter am Grat zum Hinterbergl.

● **1079 Nordostgrat** (L. Purtscheller, 1890). Vom Berglas-Übergang über das Vordere Hinterbergl, II, 1½ Std.

Vom Berglasübergang steigt man direkt zum Vorderen Hinterbergl auf (kann auch an der N-Seite auf einem Blockband umgangen werden); weiter fast stets am Grat.

● **1080 Übergang zum Lisenser Ferner.**

Die Firnkuppe des Wilden Hinterbergls fällt zum Lisenser Ferner mit einer etwa 80 m hohen, sehr steilen Flanke ab, welche gelegentlich von guten Eisgehern oder bei bester Firnlage zum Abstieg benützt werden kann. Weniger Erfahrenen ist allenfalls als Übergang der NW-Grat zur Brunnenkogelscharte anzuraten.

● 1081 Brunnenkögel

Vom Wilden Hinterbergl zieht ein Grat kurz gegen NW und weiter gegen N. Von der Brunnenkogelscharte nach N steht der Hintere Brunnenkogel und etwa 1 km nördl. davon der Vordere Brunnenkogel. Weiter zieht der Kamm über Lisenser Spitze und Rotgratspitze zum Lisenser Fernerkogel. Dieser Kamm scheidet den höher gelegenen Lisenser Ferner vom tiefer gelegenen Längentaler Ferner bzw. vom Längental. Gegen W brechen 100 m hohe Wände ins Längental ab, während von O her der Ferner nahe bis unter die Gipfelgrate reicht. In die steilen W-Abstürze sind drei große Rinnen eingeschnitten, welche als Brunnenkogelrinnen bezeichnet werden. Alle drei sind begehbar und stellen verhältnismäßig einfache Zugänge von W zum Lisenser Ferner und seiner Umrahmung dar.

● 1082 Die **erste Brunnenkogelrinne** beginnt in der Scharte zwischen Rotengrat- und Lisenser Spitze und endet im Längental noch vor den alten Seitenmoränen des Längentaler Ferners in mächtigen Schutthalden. Im oberen Teil durch überhängende Felsen gesperrt; man muß bei der Begehung nördl. in die Flanke ausweichen (II).

● 1083 Die **zweite Brunnenkogelrinne** zieht von einer tiefen Scharte südl. der Lisenser Spitze herab. Zum Einstieg in die Rinne kommt man, wenn man von dem auffallenden grünen Moränenkopf in der Mitte des Längentales gegen SO ansteigt. Die Rinne liegt nördl. der NW-Kante des Vorderen Brunnenkogels.

● 1084 Die **dritte Brunnenkogelrinne** ist am leichtesten zu begehen. Sie zieht von der durch einen Felszacken geteilten Brunnenkogelnieder zwischen den beiden Brunnenkögeln gegen den Längentaler Ferner herab. Im oberen Teil steile Platten.

Hinterer Brunnenkogel, 3325 m

Normalweg: Von der Franz-Senn-Hütte über den Lisenser Ferner in die Brunnenkogelscharte (R 433) und über den SO-Grat. I—II, 4 Std.

● 1085 **Nordostgrat.** III, eine Stelle IV, 1 Std. E.

Von der Brunnenkogelnieder, 3124 m, am Grat gegen SW empor. Es werden zwei Scharten schwierig stets an der Gratkante überschritten (zwci fast senkrechte Wandstufen, 8 bis 10 m hoch) weiter bis zum steileren Ansatz des Grates. An der Kante empor bis zu einem Gratabbruch, den man auf der Lisenser Seite umgeht. In eine Scharte empor und weiter über den Blockgrat zum Gipfel.

● **1086** Die steile, von Rinnen durchzogene Blockflanke gegen O (II) kann in etwa 1¼ Std. begangen werden. Große Steinschlaggefahr, nicht empfehlenswert. (1. Besteigung H. Meynow, L. Treptow, D. Pfurtscheller, J. Unterwurzacher, 1890.)

● **1087** **Südostgrat,** von der Brunnenkogelschart (L. Seibert, Kichler, M. Egger, Th. Siller, 1889). I, eine Stelle II, 40 Min.

Von der Scharte über zwei Felszacken hinweg. Abstieg vom zweiten Turm mäßig schwierig. Leicht zum Fuß des Gipfelgrates und über gutgestuften Fels zum Gipfel empor. Bei guter Schneelage wird vom Lisenser Ferner kommend direkt westl. der erwähnten Felszacken in der Brunnenkogelscharte angestiegen.

● **1088** **Vom Längentaljoch** (L. Purtscheller, F. Schnaiter, 1880). I, 1 Std.

Vom Längentaler Joch am unteren Teil des SW-Grates vom Brunnenkogel etwa 100 m empor und dann nach rechts aus dem Grat heraus in die SW-Flanke des Gipfels. Über brüchige Rinnen, Blockwerk und Wandstellen empor bis zum Gipfel.

● **1089** **Nordwestflanke** (A. Hintner u. Gef.). III.

Auch die NW-Flanke wurde mühsam in sehr brüchigem Fels vom Längentaler Ferner her begangen. In Fallinie des Gipfels durch Rinnen und über äußerst brüchigen Fels erreicht man den SW-Grat knapp unter dem Gipfel. Nicht empfehlenswert.

Vorderer Brunnenkogel, 3306 m

● **1090** **Nordostgrat** (H. Moser, O. Schuster, 1895). III, 1½ Std. E.

Vom Lisenser Ferner gegen W und zum nördl. Vorkopf des Vorderen Brunnenkogels. Am vielgezackten Grat südl. hinab zu einer Gratsenke (diese kann man auch direkt vom Lisenser Ferner durch eine Felsrinne erreichen). Am folgenden Grat über einen steilen Plattenschuß (im mittleren Stück schmaler Riß) empor. Weiter im wesentlichen an der Gratkante, teilweise plattig und griffarm.

● **1091** **Südgrat,** über die Firnflanke vom Lisenser Ferner. (M. Bedell, C. Zenger, J. Hofer, 1895). III, 1—1½ Std.

Vom Lisenser Ferner steigt man über eine nach oben stets steiler werdende Firnflanke (oder links davon im brüchigen Fels) empor zum

Beginn des eigentlichen Südgrates. Nun stets an der Kante hinauf zum Gipfel.

Die Überschreitung vom Vorderen zum Hinteren Brunnenkogel kann am Grat bzw. im mittleren Gratstück westl. davon auf einer Schuttterrasse ausgeführt werden (1. Überschreitung E. Mayer, 1918.)

● **1092** **Nordwestkante** (H. Rebitsch, W. Mariner, 1939). IV—V, einige Stellen V+, 5—8 Std. E. Wandhöhe 470 m.

Eine der schönsten Urgesteinsklettereien im Stubai.
Vom Westfalenhaus gegen den Längentaler Ferner empor und etwa zum Beginn der zweiten Brunnenkogelrinne. Etwas südl. davon zieht die Kante steil zum Gipfel empor. Einstieg bei einer höhlenartigen Nische am Fuß der Kante. Nach rechts auf einer Rippe 70 m empor, über eine schwierige Platte und überhängenden Riß zu einer Kanzel (erste Unterbrechungsstelle der Kante), durch einen überhängenden Riß (schwierigste Stelle) etwa eine Seillänge empor über die Steilstufe. Aus einer Nische direkt an der Kante weiter bis zum zweiten Steilaufschwung, empor bis unter große Überhänge, auf steilen Plattenrampen (feiner Riß) zu senkrechter Platte (waagrechter Riß). Über die Kante in eine Nische, durch überhängenden, gutgriffigen Riß durch die Überhänge empor. Über eine Rampe nach links zur Kante und weiter am turmbesetzten Grat zum Gipfel.

● **1093** **Nordwestgrat.** Etwas nördl. der NW-Kante zieht in der Wand ein wenig ausgeprägter kantenähnlicher Grat empor. Ansatz direkt an der zweiten Brunnenkogelrinne (A. und R. Melmer). Teilweise IV, 5 Std. E. Einstieg am Grat anfangs weniger schwierig bis zu einem schrägen Quergang mit äußerst griffarmen Platten. Über abwärts geschichtete Platten griffarm empor, im obersten Drittel sehr brüchig.

● **1094** Die **Westwand** des Vorderen Brunnenkogels wurde 1937 von H. Frenadametz und A. Tschaler in 3 Std. begangen. Ausstieg südl. des Gipfels. IV, teilweise V.

● 1095 **Lisenser Spitze,** 3230 m

Schuttkopf, der nur wenig über den Lisenser Ferner emporragt. Vom S wie von O unschwierig in 30 Min. vom Firnboden des Lisenser Ferners zu erreichen. 1. Ersteigung G. E. Lammer, 1897.

● 1096 **Rotgratspitze,** 3273 m

Dieser Felskopf bildet die südl. Schulter des Lisenser Fernerkogels. Gegen SO und S fallen steile Abbrüche zum Lisenser Ferner nieder, die sich weiter gegen O im Blockwerk der Plattigen Wand fortsetzen. Von der Scharte südl. des Fernerkogels (R 1097) unschwierig in 15 Min. zu erreichen. Der Grat zur Lisenser Spitze kann teilweise schwierig begangen werden. 1. Ersteigung A. Hintner, F. Stolz, 1898.

Lisenser Fernerkogel, 3299 m

Den nördl. Endpunkt des kurzen Seitengrates vom Hinterbergl her bildet der Lisenser Fernerkogel, als scharfes Horn vom Lisenser Tal her anzusehen. Mit steilen Wänden fällt er gegen O und W ab. Gegen NO entsendet er einen langen Grat. Der Fernerkogel ist einer der herrlichsten Aussichtsberge der Stubaier Alpen, großartige Frühjahrs-Skifahrt. 1. Best. Peter Karl Thurwieser mit dem Jäger Philipp Schöpf, 1836.

● **1097 Normalweg über die Innere Rinnennieder** von der Franz-Senn-Hütte (H. Buchner, F. Jenewein, 1876). I, 4—4½ Std. von der Franz-Senn-Hütte.

Von der Franz-Senn-Hütte zur Inneren Rinnennieder. Von der Nieder etwas absteigend (Bergschrund) und über das weite Firnbecken des Lisenser Ferners (mehrere Spalten!) leicht gegen NO und in der Firnbucht ansteigend, die vom Ferner südl. der Plattigen Wand emporzieht. Ungefähr in der Mitte der Plattigen Wand ziehen Steigspuren durch das Blockwerk empor auf das Firnfeld des Rotgratferners. Nun auf diesem gegen NW ansteigend zur Scharte südl. des Fernerkogels empor. Von hier über Platten und Blöcke zum Gipfel.

● **1098 Nordgrat** (L. Purtscheller, R. Rofner, im Abstieg, 1877). II, 3½ Std. E.

Von Lisens am Steig zum Westfalenhaus, bis südl. der Hornspitze ein Steiglein leicht absteigend hinab zum Bach und zur Längentaler Alm leitet. Von der Längentaler Alm östl. ansteigend um den breiten in steilen Wandln abfallenden Fuß des Grates und etwas an seiner NO-Seite empor (man kann auch von Lisens talein zum Fernerboden und von dort am sogenannten Winterweg, einem schlechten Steig, zur Längentaler Alm ansteigen. Man steigt etwa 200 m vor der Alm gegen S über steile Rasenhänge empor zum Fuß des Grates). An seiner schmalsten Stelle durchsteigt man (Einstieg bei einer Platte) von links nach rechts den Schrofengürtel und gelangt nach 40 m auf die obere stein- und grasdurchsetzte Flanke, die zum eigentlichen Fuß des Grates emporführt. Nun auf dem als Doppelgrat ausgebildeten Gratrücken, zuerst am östl., im oberen Teil am westl. Arm an der Gratkante oder an seiner

Blick aus dem Sellraintal nach Süden auf den Lisenser Fernerkogel.

O-Seite knapp unterm Grat hinauf zum nördl. Vorkopf des Gipfels. Von diesem im wesentlichen stets an der Gratkante weniger steil zum Gipfel.

● **1099 Westwand** (Weg der Erstersteiger). Wegen der ungeheuren Brüchigkeit nicht zu empfehlen.

Vom NW-Fuß des Fernerkogels steigt man durch steile, brüchige Rinnen empor, überquert einige Rippen und gelangt zuletzt von W her zum Gipfel oder südl. davon. Auch auf einem Anstieg direkt von NW auf gratähnlichem, sehr brüchigem Felsrücken, im oberen Teil stellenweise sehr steil, zuletzt über brüchiges Blockwerk kann der Gipfel erreicht werden.

● **1100 Von Lisens durch das Kleine Horntal über den Lisenser Ferner** (1. Begeh. im Abstieg F. Kasperowski, J. Pock, L. Schaufler, W. Seifert, J. Steinbacher, V. Tollinger, 1888). 4—5 Std. von Lisens.

Von Lisens am Weg zum Fernerboden. An einem Kreuz auf einem Moränenhügel vorbei und ostwärts des Baches gegen S. Dort windet sich das selten begangene, gestrüpp-verwachsene Steiglein steil gegen O (an einer verfallenen Hütte vorbei) über eine Felsstufe, über steile Grashänge und Schrofen hinauf zum Beginn des Kleinen Horntales. Von hier aus überschreitet man das Rinnsal im Kleinen Horntal und steigt etwas gegen S am Kamm der großen alten Ufermoräne des Lisenser Ferners an. Über die Zunge des Lisenser Ferners steigt man ziemlich steil gegen S empor, um dann im großen Bogen südl. ausholend gegen W über den Lisenser Ferner zur Plattigen Wand zu gelangen. Weiter siehe R 1097.

● **1101** Für geübte Geher gibt es einen kürzeren, unschwierigeren, sehr mühsamen Anstieg, der nicht gefahrlos ist. Man überquert beim Fernerboden die Melach (am Jugendheim Fernerboden gegen S vorbei). Westl. des verzweigten Gerinnes steigt man dort an, wo man am leichtesten den Erlengürtel durchschreiten kann. Nun stets gegen S empor über Blockwerk und Schutt, sehr mühsam, zuletzt über teilweise steile Gletscherschliffe unter den Wänden des Fernerkogels ansteigend, bis man noch vor dem Ende des Lisenser Ferners gegen W durch steile Block- und Schuttrinnen (bis spät im Jahr Firn) direkt zum Rotgratferner aufsteigen kann (nördl. der Plattigen Wand). Weiter wie bei R 1097.

Auch die weiter nördl. liegende Schlucht kann (teilweise III, sehr steinschlaggefährdet) begangen werden. Nicht anzuraten!

Berglasspitze, 3125 m

Felskegel südwestl. über der Sennhütte, westl. ist der weite Lisenser Ferner eingelagert.

● **1102 Nordostgrat** (D. Pfurtscheller, J. Unterwurzacher, H. Meynow, L. Treptow, 1890). II, 45 Min. E.

Von der Franz-Senn-Hütte am Steig gegen die innere Rinnennieder. In die obere Rinnengrube und nördl. des Sees vorbei, weiter nicht zur Nieder ansteigend, sondern gegen SW, bis man durch eine steile Schuttrinne den NO-Grat erreichen kann, weiter am Grat zum Gipfel.

Auch vom Lisenser Ferner (R 1097) kann der Grat je nach Verhältnissen schwierig erstiegen werden. 1. Ersteigung vermutlich Behoumek, Winter, Fischer, 1920.

● **1103 Südostgrat.** II, 3 Std. von der Franz-Senn-Hütte.

Wie bei R 1102 in die obere Rinnengrube und gegen S zu den spärlichen Resten des kleinen Rinnenferners. Über diesen und einiges Blockwerk ersteigt man die Scharte unter dem Ansatz des Gipfelgrates. Nun am Grat empor über die scharte Kante zum ersten Turm. Weiter dem Grat nach bis zum letzten Zacken. Ein Turm, der durch auffallend helles Band an der W-Seite gezeichnet ist, wird auf diesem umgangen. Nun am Grat haltend, dann in eine Steilrinne nach links und durch diese um eine steile Abzweigung rechts zum Grat zurück. Weiter an der Kante teilweise rechts ausweichend, zum Hauptgrat und nach links zum Gipfel.

● **1104 Südwand** (T. Fritz, W. Held, H. Tschaller, 1933). II, 2 Std. E.

Von der Franz-Senn-Hütte talein, bis man wie beim Berglasübergang durch das Berglastal unter die S-Wand der Berglasspitze kommt. Nun nach N zum Fuß der Wand empor. Einstieg in Gipfelfallinie. 20 m in einer Rinne nach rechts, dann links über plattige und grasige Bänder weiter. Gerade über Blockwerk über einen Gratrücken und zu kurzer Wandstelle. Durch einen Kamin zu einem Sattel und weiter in eine Schlucht, über brüchiges Gestein und Blockwerk zum Gipfel.

● **1105 Südwestgrat** (E. Mayer, 1919). II, 45 Min. vom Berglasübergang.

Vom Berglasübergang am Lisenser Ferner etwas gegen N über die Randkluft und an der W-Seite zum Grat. Nun etwas unter dem Grat (westl.), bis dieser steil ansetzt. Auf den Grat und stets an der Kante, zuletzt steil zum Eckpunkt im Grat. Über eine 2 m tiefe Scharte auf die

gegenüberliegende hohe Platte. (Lose Platte in der Scharte.) Weiter am Grat zum Gipfel.

● **1106** Auch durch die direkt **gegen N gerichtete Flanke** unter dem Gipfel kann vom Lisenser Ferner durch steile Rinnen, etwas westl. des Gipfels angestiegen werden.

Rinnenspitze, 3003 m

● **1107** **Nordostgrat,** von der Äußeren Rinnennieder (D. Pfurtscheller, J. Unterwurzacher, H. Meynow, L. Treptow, 1890). II, 45 Min., sehr brüchig, nicht lohnend.

Stets am Grat haltend.

● **1108** **Ostflanke.** I, mühsam, von der Franz-Senn-Hütte 2½ bis 3 Std.

Von der Franz-Senn-Hütte am Steig zur Inneren Rinnennieder, bis man nördl. des Rinnensees über Trümmerwerk und steile Rasenhänge (zuletzt über Schutt) über die O-Flanke direkt zum Gipfel ansteigt.

● **1109** **Südwestgrat** (J. Pock, Alliani, 1892). II, teilweise III, 1 Std. E.

Von der Inneren Rinnennieder direkt auf den ersten Turm nordöstl. der Scharte. Weiter am Blockgrat scharf an der Kante zu kleinem Grataufbau. Weiter zur Scharte im Grat, welche von zwei Felstürmen gekennzeichnet ist (links umgehend). Jenseits der zwei Türme weiter am Grat bis zu einer kleinen Scharte. Hinter dieser setzt ein großer Überhang an. Am Grat empor zu einem kleinen Platz, von dort links in die Flanke und links vom Überhang über kurzen Riß zu überhängendem Block, rechts über diesen Grat (etwas weiter links kann durch einen Kamin die Stelle besser überwunden werden) weiter direkt am Grat zum Gipfel.

● **1110** Auch die **Nordwestwand** kann (brüchig, II, teilweise III) in kurzem Anstieg begangen werden, wobei man etwas nördl. des Gipfels den NO-Grat erreicht.

● **1111** Die **Gratüberschreitung** von der Rinnenspitze bis zum Kleinen Horntaler Joch (II) stellt in ihrem gesamten Verlauf eine schöne Tagestour dar (1. Überschreitung L. Trißl, H. Riens, 1902).

● **1112** **Kreuzkamp,** 3008 m

Wenig bedeutende felsige Erhebung im Grat gegen NO. Breiter Doppelgipfel, dessen östl. Punkt wenig niedriger ist als der westl. Zwischen den Gipfeln gegen N sind spärliche Reste eines Firnfeldes eingelagert.

● 1113 **Südwestgrat** (L. Barth, L. Pfaundler, 1863). II, 30 Min. E.

Von der Äußeren Rinnennieder (vom Steig zur Inneren Rinnennieder oberhalb der ersten Steilstufe ab und gegen W. von der Franz-Senn-Hütte 2 Std. oder vom Lisenser Ferner steil durch Rinnen erreichbar) am Grat über das Blockwerk zum Gipfel.

● 1114 **Übergang zum Blechnerkamp** (L. Barth, L. Pfaundler, 1863). I, 1 Std.

Vom Gipfel gegen O zum P. 3005 m und knapp vor diesem gegen N über das Firnfeld absteigend, welches man in Richtung auf die Scharte nördl. des Kreuzkamps quert (2950 m), man vermeidet den Steilaufschwung und gewinnt an der SW-Flanke ansteigend den Grat südl. des Blechnerkamps. Weiter am Grat zum Gipfel.

Blechnerkamp, 3000 m

● 1115 **Von Norden,** vom Kleinen Horntaler Joch (L. Barth, L. Pfaundler, 1863). I, 45 Min.

Von der Franz-Senn-Hütte am Steig gegen das Horntaler Joch bis zum Beginn des Schafgrübls und westwärts ansteigend zuletzt über steilen Schutt empor zum Kleinen Horntaler Joch (1¾—2 Std.). Nun am Grat haltend gegen SW hinauf zu P. 2983 m und weiter am Grat gegen S zum Gipfel.

● 1116 **Von Osten** kann unterhalb des Horntaler Joches etwas gegen SW ansteigend der lange kammartige O-Grat erreicht werden. Man ersteigt die Scharte östl. eines Kopfes, der als O-Schulter des Blechnerkamps ausgebildet ist. Weiter am Grat (II).

● 1117 **Schafgrübler,** 2921 m

Wegen seiner Aussicht lohnender Felsgipfel. Vom Horntaler Joch ist er auf Steigspuren an der gegen das Horntal absinkenden N-Flanke unschwierig in 20 Min. zu erreichen.

Vom Kleinen Horntaler Joch ist er unschwierig in 30 Min. am Grat oder an der westl. Flanke zu begehen.

Der im SW-Grat aufragende Gratkopf heißt **Horntalspitze,** 2863 m.

Hohe Villerspitze, 3092 m

Wuchtiger Gipfel aus dunklem Hornblendeschiefer nördl. über dem Horntaler Joch. Unter seiner Nordwand ist der kleine Fotscher Ferner eingelagert, an dem der Fotscherbach entspringt. An der Hohen Villerspitze gabeln sich die Bergkämme, die das Fotschertal einrahmen.

Auf diesen Gipfel führen durchwegs interessante Anstiege, die Bergerfahrung erfordern. Erstbesteigung: Karl Gsaller und Gefährten, 1878.

● **1118 Vom Horntaler Joch** (R 439) über den „Schiefen Gang" und die SW-Flanke, II, 1½ Std. (Weg der Erstbesteiger).

Sowohl der von der Franz-Senn-Hütte, als auch der von Lisens kommende Bergsteiger steigt vor Erreichen der Jochhöhe gegen die Felszacken an, die dem Grat entragen, der vom Horntaler Joch zum eigentlichen Steilaufschwung des Berges zieht.

Man zweigt am Weg von der Franz-Senn-Hütte zum Horntaler Joch etwas oberhalb der letzten Schuttmulde vor der Jochhöhe rechts ab. Über steile Grashänge nordwärts ansteigend an den Steilaufschwung des Berges.

Zunächst über Blockwerk an der Ostseite empor (Steigspuren) an den Gratansatz. Hier wechselt man in die Westflanke hinüber. Auf Steigspuren fast eben hinein in die SW-Flanke zu einer Schuttmulde unter den senkrechten Wänden („Kapelle"). Hier rechts auf einer Rampe empor in die Scharte beim „Zuspitzl". Von hier zieht eine Gratschneide nordwärts an den Bergkörper. Schwierig über die Zacken oder leicht durch die Ostflanke an den Steilaufschwung heran. Hier beginnt der „schiefe Gang", eine Folge von Bändern und Einrissen, der durch die ganze SW-Flanke bis an den NW-Grat hinaufzieht. Man folgt dem „schiefen Gang" aber nur etwa 70 m. Dort mündet eine Rinne auf einen Schuttplatz. Durch diese Rinne rechts empor, eine plattige Steilstelle überwindend, bis zur Gabelung der Rinne. Weiter durch den linken Ast in die dem Gipfel nächstliegende Scharte des NW-Grates. Über den Grat zum Gipfel.

(Man kann dem „schiefen Gang" auch weiter folgen und den NW-Grat an einer tieferen Stelle erreichen. Langwieriger. Empfehlenswert nur, wenn die Rinne naß oder vereist ist.)

● **1119 Nordwand; westl. Durchstieg** (Gstöttner, 1936). IV, 3½ Std. E.

Direkt in Gipfelfallinie zieht eine Rippe herab, unter der Wand westl. um die Rippe herum. Rechts der Kante über Platten (naß) empor (im unteren Drittel teilweise auf der Kante). Weiter direkt über die Kante und steile Platten, über stufenartigen Fels in eine westl. des Gipfels liegende kleine Scharte. Weiter am Grat gegen O zum Gipfel.

● **1120 Nordwand, östl. Durchstieg** (M. Peer, 1895). III, teilweise IV, 3 Std. E.

Etwas östl. der Gipfelfallinie über plattige Felsstufen und steile seichte Rinnen gerade empor, hinauf zum Grat etwas östl. des mittleren Gipfelzackens und am Grat zum Gipfel.

● **1121 Ostgrat** (S. Hohenleitner, S. Mair, 1910). III, 4 Std. vom Schaldersjöchl.

Das Schaldersjöchl, 2645 m, über dem innersten Talgrund; links empor in das große Kar, das vom N-Rücken der Schaldersspitze im W und einem Felsrücken im O begrenzt wird, im Kar nach S und über steilen Schutt in 2½ Std. zum Jöchl. Oder: von der Franz-Senn-Hütte am Steig zum Seejöchl (Adolf-Pichler-Hütte), bis man ostwärts des Schaldersjöchls angelangt ist und nun gegen W mühsam durch die Schaldersgrube aufsteigen kann (2½ Std.). Vom Schaldersjöchl hinauf zur Schaldersspitze, über plattigen Fels weiter am fast ebenen Grat über die Graue Wand zur engeren Scharte, in der der Gipfelgrat ansetzt. Zuerst am Grat empor zum ersten Aufbau (mauerartige Graterhebung) quer auf dem scharfen Plattengrat. Über abschüssige Platten an der N-Seite etwas absteigend wird die Felsstufe bei einem kleinen Einriß überwunden. Weiter direkt am Grat. Die folgende ähnliche Graterhebung wird schwierig über die grasdurchsetzten Felsen der S-Seite erstiegen. Weiter an der Gratkante, gelegentlich an der N-Seite (plattig) ausweichend, zum östl. Gipfelzacken. Den überhängenden Wandabbruch gegen W umgeht man an der S-Seite. Weiter im Blockwerk zum Gipfel.

● **1122 Südwand** (E. u. R. Zsigmondy, L. Purtscheller, 1882). II, teilweise III, 2 Std. E.

Von der Franz-Senn-Hütte bis unter das Horntaler Joch und von dort gegen N zum Fuß der Wand. Die grasdurchsetzten S-Wände durchzieht aus der Villergrube von rechts nach links gegen den Gipfel eine steile Schlucht, eine über glatte Platten zu erreichende senkrechte Schlucht bleibt links liegen. Hinter der nächsten Gratrippe führt eine Geröllmulde zum Einstieg. Über Wandln zu schief nach links emporziehendem Riß, seine Fortsetzung auf begrünten Bändern umgehend zu einer Gratrippe, hinter welcher die oben erwähnte Schlucht emporführt. Über Platten über die Schlucht. Über einige Wandstellen zum Beginn zweier Kamine und durch den rechten empor. Über verklemmte Platten zu einem Band und auf diesem zum Gipfelaufbau. Unschwierig über Wandstellen zum Gipfel.

● **1123 Übergang zur Lisenser Villerspitze;** über die Villerköpfe (M. Peer, O. Melzer, 1894). II, 2 Std.

Am Verbindungsgrat möglichst an der Gratschneide, gelegentlich an der NO-Flanke ausweichend (brüchig) werden die beiden Gratköpfe (Villerköpfe) überschritten. (Von der Scharte zwischen beiden Köpfen ist ein Auf-oder Abstieg an der Fotscher Seite möglich.) Weiter am Grat über den südl. vorgelagerten Gipfel und die folgende Scharte zur Lisenser Villerspitze.

● **1124** **Wildkopf,** 2742 m

Gratkopf über dem innersten Fotschertal, der vom Schaldersjoch über zwei Vorköpfe am Grat von SW her (teilweise II) in 2—2½ Std. erreicht wird.
Von O vom Sedugg-Alm-Hochleger kann man über Grashänge und gefährliche Schrofen gegen den Grat kurz nördl. des Wildkopfes ansteigen. Die Gratüberschreitung weiter gegen NO führt über zwei Vorköpfe zum Vorderen Wildkopf, 2640 m, und zur Wildkopfscharte. Die weitere langwierige Fortsetzung des Grates über die Hohe Schöna, 2820 m, bis zum Schwarzhorn am teilweise rückenartig ausgebildeten Grat, teilweise aber mäßig schwierig im brüchigen Fels, ist wenig reizvoll. Der letzte Gipfel, das Schwarzhorn, 2813 m, kann vom Sendersjoch her gut erreicht werden.

● **1125** **Steinkogel,** 2560 m; **Gamskogel,** 2665 m

Diese zwei zwischen Sendersjöchl und Seejöchl liegenden Graterhebungen werden unschwierig von beiden Seiten begangen.

Lisenser Villerspitze, 3026 m

An der hohen Villerspitze gabelt sich der Grat. Sein westl. Ast zieht zur Lisenser Villerspitze und weiter westl. des Fotscher Tales gegen N. Den letzten wesentlichen Gipfelaufbau in diesem Grat bildet dieser Gipfel.

● **1126 Von Norden vom Hochgrafljoch** (C. Wechner, L. Seidler, J. Tragseil, B. Tützscher, 1879). II, 1½—2 Std.

Vom Hochgrafljoch (R 445) an der W-Seite etwas absteigend und südw. wieder durch ein kleines Tälchen gegen den Ansatz des Grates. Nun auf dem zunehmend schärfer werdenden NO-Grat, teilweise plattig über den Vorkopf 2981 m, und zur Spitze.

● **1127 Von Lisens** kommend erreicht man über die Schönlisensalm das Schönlisenstal und steigt südostwärts zum plattigen NO-Grat an.

● 1128 **Hohe Röte,** 2828 m

Dieser Gipfel, der gegen das Hochgrafljoch mit scharfem Grat abfällt, wird am besten (mühsam) von der Schönlisensalm gegen O über Gras- und Schrofenhänge her erstiegen. 3 Std. von Lisens.

● 1129 **Gallwieser Mittergrat,** 2690 m;
Roter Kogel, 2834 m, **und Ausläufer**

Die Fortsetzung des Grates gegen N führt über den Gratkopf des Gallwieser Mittergrates, weiter zum Roten Kogel (teilweise schwierig; 1. touristische Begehung des gesamten Grates A. Hintner, F. Hörtnagl, F. Stolz, 1898).

Der Rote Kogel ist ein von der Fotscher Skihütte oder Potsdamer Hütte gern besuchter Skiberg, der über die nordöstl. eingelagerten sanften Wiesenhänge des Widdersberges erstiegen wird. Auch sein nach O und NO ausstreichender Seitengrat, der **Kastengrat,** 2716 m, ist unschwierig ersteigbar.

Von W her erreicht man den Roten Kogel vom Gallwieser Hochleger über steile Wiesen- und Schutthänge.

● **1130** Gegen N führt der Grat über unschwierig begehbare Graterhebungen, teils grasbewachsen, teilweise mit Schrofen durchsetzt, über **Auf Sömen,** 2792 m, die **Hühnereggen,** das **Fotscher Windegg,** 2577 m, und zuletzt das **Obere Gamskögele** bis oberhalb Rotenbrunn im Sellrain.

Das Fotscher Windegg, im Winter eine beliebte Skitour, erreicht man vom Bergheim in der Fotsch über die Allmindalm, 1710 m, weiter weglos westwärts über die steilen Grashänge zum Gipfel.

● 1130 a **Schwarzhorn,** 2813 m

Letzte felsige Erhebung in dem von der Hohen Villerspitze nach NW ziehenden Kamm. Vom Sendersjöchl (Adolf-Pichler-Hütte) her über die **Marchsäule,** 2624 m, etwas südl. des Kammes, erreichbar.

● 1130 b **Schaflegerkogel,** 2410 m, **Angerbergkopf,** 2400 m
Breitschwemmkogel, 2304 m
Sonnenwein, 2271 m, **Salfeins,** 2001 m

Von Schwarzhorn zieht ein begrünter Kamm nordwärts, der das Fotschertal vom Senderstal trennt. Er trägt eine Reihe von schwach ausgeprägten Erhebungen.

Die bekannteste ist der Schafleger (Station auf dem „Innsbrucker Ski-Expreß"). Von ihm führen Abfahrten sowohl zur Fotscher Skihütte als auch zur Kemater Alm.

Die inneren Berge des Kammes können auf Forst- und Almwegen sowohl von der Kemater Alm, als auch vom Bergheim Fotsch aus erstiegen werden.

Auf das Salfeinsköpfl führen sowohl von Grinzens (Ortsteil Pafnitz), 3—3½ Std., als auch aus dem Senderstal (Kaserlhütten, Wechselmahderalm) über Salfeinsalm (4 Std.) Wege.

V. Die Südlichen Kühthaier und Westlichen Sellrainer Berge

● **1131** Von Gries im Sellrain zieht eine breite Talfurche gegen W, setzt sich über den breiten Sattel von Kühthai fort und fällt im Needertal wieder gegen Ötz ab. Südl. davon erhebt sich ein Kamm, der gegen N mehrfach verzweigte Grate entsendet. Die Berge, die zwischen Kühthai und dem Horlachtal liegen — von W vom Acherkogel bis gegen O zum Kraspestal — bilden die Südl. Kühthaier Berge. Dies ist eines der am besten erschlossenen Skigebiete Tirols. Etwa bei der Kraspesspitze biegt der Grat nach S um und zieht über mehrere Gipfel zum Gleirschjöchl und weiter über die Sonnenwände bis zum Gleirscher Fernerkogel. Die Berge, die zwischen dem Sellraintal, dem Kraspestal, Zwiselbachtal, Längental und Lisenser Tal liegen, werden als Westl. Sellrainer Berge bezeichnet. Sie werden meist vom Sellrain und seinen Nebentälern her begangen. Die Vergletscherung dieses Gebietes ist relativ gering und erreicht nur am Kraspesferner und am Gleirschferner größere Ausdehnung. So sind die meisten Bergfahrten dieses Gebietes Felstouren. Weit weniger begangen als die stärker vergletscherten Gebiete der weiter südl. gelegenen Stubaier Berge, bietet jedoch gerade dieses Gebiet besonders stille und auch heute noch wenig erschlossene Winkel mit schönen und teilweise auch schwierigen Fahrten.

Stützpunkte: Als Stützpunkt für den Acherkogel dient die Bielefelder Hütte. Das gesamte übrige Gebiet der Kühthaier wird vom Kühthai aus begangen. Vom S her sind einige Touren von der Gubener Hütte auszuführen; die selten bestiegenen Berge um das Kraspestal erreicht man von Haggen ohne Zwischenstützpunkt. Im Gebiet der Westl. Sellrainer Berge stellt die Neue Pforzheimer Hütte im Gleirschtal den besten Ausgangspunkt dar, daneben auch Praxmar und Lisens im Lisenser Tal. Das Westfalenhaus kommt für einige Bergfahrten im südl. Teil der Westl. Sellrainer Berge in Frage. Auch von der Winnebachseehütte geht man gelegentlich über das Winnebachjoch auf den Winnebacher Weißkogel und den Gleirscher Fernerkogel.

● **1132** **Zwölferkögele,** 2229 m

Der letzte Gipfel in dem Grat, der vom Acherkogel nordwärts zieht. Es ist auch mit Ski zu erreichen. Von Kühthai durchs Needertal bis zur Unteren Ißalm und nun an den Hängen gegen W ansteigend zur Oberen Ißalm, weiter gegen SW zum Gipfel (1½ Std.). Der südl. ziehende

Grat, der Gaißschartlesgrat, kann in seiner ganzen Länge auf Gamswechseln, Jägersteigen und teilweise auch weglos begangen werden. (Bis zum Wetterkreuz 1—1½ Std.)

● 1133 **Wetterkreuz,** 2578 m

Das Wetterkreuz ist ein gern befahrener Skiberg, der von der Dortmunder Hütte über die Untere Ißalm, die obere Ißalm und durch das Wörgltal unschwierig erstiegen wird. Auch von der Bielefelder Hütte her führt ein Steiglein gegen N in Kehren empor. Als leichter Übergang zwischen Kühthai und Bielefelder Hütte ist es für Wanderer zu empfehlen. (s. R 462)

● 1134 **Windegg**
Großes 2644 m, Kleines 2607 m

Vom Wetterkreuz steigt man gegen S über Blockwerk und grasdurchsetzte Hänge unschwierig zum Kleinen Windegg auf. Weiter führt der Grat nach S zum Großen Windegg und teilweise an der S-Kante ausweichend, kann man (II) über die Scharte 2603 m den Gipfel der Wörglgratspitze erreichen. (1. Begehung L. Pfaundler 1885.)

● 1135 **Wörglgratspitze,** 2723 m

Dieser Gipfel, der mit beachtlicher Felswand den südl. Abschluß des Wörglgrates bildet, entsendet je einen Grat nach NW, NO und S. Von der Mittertalscharte her ist er am Grat (II) in 1 Std. zu erreichen (1. Ersteigung F. Hörtnagl, H. Schmotzer, 1899). Auch der Grat von NO her ist mäßig schwierig zu begehen (1. Begehung H. Tumler, 1899), wobei man am besten vom Steig zur Mittertalscharte etwa 150 m unter der Scharte direkt gegen N den Ansatz des Grates erreicht. Der S-Grat wurde 1899 zum erstenmal von F. Miller und L. Schönach begangen.

● 1136 **Hintere Karlesspitze,** 2636 m

Von der Wörglgratspitze zieht nach NO und N ein teilweise als Rücken ausgebildeter Grat. Dort, wo der Grat seine Richtung ändert, steht die Hintere Karlesspitze. Sie ist von der Dortmunder Hütte am Steig ins Mittertal gegen W (an den N-Hängen des Hochwanners querend), dann talein und zuletzt vom Steig zur Mittertalscharte nach N direkt über Grashänge erreichbar. Der Übergang zum nördl. Vorgipfel ist unschwierig in 10 Min. auszuführen. Auch direkt von O her kann man über schrofendurchsetzte Grashänge und Blockhalden zum Verbindungsgrat nördl. der Hinteren Karlesspitze ansteigen. Die Überschreitung zur Vorderen Karlesspitze ist teilweise mäßig schwierig mit einigen schwierigen Stellen und sehr wenig lohnend (Weg der Erstersteiger: O. Melzer, H. Grissemann, 1900). Gelegentlich weicht man nach W ab, die gesamte Überschreitung von der Wörglgratspitze über Hintere Karlesspitze — Vordere Karlesspitze — Schafzoll dauert etwa 3 Std.

● 1137 **Vordere Karlesspitze,** 2569 m

Sie ist eine steil nach W und NO abfallende, von S und O jedoch unschwierig (sehr mühsam) ersteigbare Graterhebung (siehe Hintere Karlesspitze). 1. Ersteigung von O her O. Melzer, H. Grissemann, 1900.

● 1138 **Schafzoll,** 2394 m

Gern besuchter Skiberg, der über die nordöstl. eingelagerten sanften Wiesen von O her vom Hemerwaldhochleger, von der Dortmunder Hütte kommend, unschwierig erstiegen wird (Skiabfahrt).

Maningkogel, 2892 m

Südl. der Mittertalscharte zieht der Grat hinauf zum Maningkogel, mit N-Abstürzen gegen das Mittertal. Der NO-Grat zieht ebenfalls gegen das Mittertal hinab. Der Maningkogel ist nur durch eine flache Einsattelung vom Acherkogel-NO-Grat getrennt und wird meist in Verbindung mit diesem erstiegen. (Da frühere Berichte fehlen, muß man annehmen, daß Melzer 1900 die erste Ersteigung ausführte.)

● 1139 Von Nordwesten, zuletzt von S; von der Bielefelder Hütte (vermutlich O. Melzer, H. Grissemann, 1900). I, 1¾—2 Std.

Von der Bielefelder Hütte am Steig empor gegen die Mittertalscharte. Unter den Felsen des Grates gegen S ab und empor zum Eisfeld an der N-Seite des Acherkogels. Hinauf zur Scharte südl. des Maningkogels und zuletzt am kurzen Grat zum Gipfel. Es kann auch die schrofige Flanke nach SW zum Eisfeld herab für den Anstieg benützt werden.

● 1140 Nordostgrat (K. Holzhammer, 1924). III, eine Stelle IV, 4 Std. von der Dortmunder Hütte, 2 Std. E.

Besonders anzuraten in Verbindung mit dem NO-Grat des Acherkogels. Von der Dortmunder Hütte am Steig gegen die Mittertalscharte und über die Steilstufe in das Blockkar unterhalb der Scharte. Am Beginn des Kares über Steilstufen nach SW, an einem Seelein vorbei zum Ansatz des SO-Grates. Über den Unterbau des SO-Grates mäßig schwierig im gutgestuften Fels empor, auf der nördl., vom Mittertal abgewandten Seite. Der nach kurzem Absatz folgende Steilaufschwung wird direkt an der Kante erklettert (schwierigste Stelle). Am weiteren gleichmäßig steilen Grat, gelegentlich an der plattigen S-Seite ausgesetzt ausweichend, zuletzt direkt an der Kante zum Gipfel. (Weiter siehe Acherkogel NO-Grat.)

Acherkogel, 3008 m

Eine der schönsten Berggestalten der Stubaier Alpen. Er beherrscht als stolze Pyramide den Talkessel von Ötz. Herrliche Aussicht auf die Stubaier und Ötztaler Alpen. Gegen N und S bzw. SW brechen hohe Felsflanken ab und gegen O stürzt eine steile Wand ins Mittertal hinab. Gegen W, NO und SO entsendet er scharfe Grate. 1. Ersteigung L. Purtscheller, J. Schnaiter, 1881, auf einem heute nicht mehr begangenen Weg von SO, bzw. O.

● **1141 Nordflanke** (O. Melzer, 1893). II, 3 Std. von der Bielefelder Hütte (heute häufiger als der frühere „Normalweg" R 1144 begangen).

Von der Hütte ostwärts durch das Karle am Steig gegen die Mittertalscharte empor. Nach 45 Min. gegen S zum kleinen Maningsee, über Geröll und unschwierige Schrofen zum Firnfeld der N-Seite empor. Vom Firnfeld rechts haltend, rechts der ausgeprägten Felsrippe in der N-Flanke hinauf (oder auf der Rippe empor). In gutgestuftem Fels zum Grat zwischen Hauptgipfel und westl. Signalgipfel über kurzes Gratstück unschwierig zum Hauptgipfel.

● **1142 Nordostgrat** (K. Holzhammer, 1924). III, 1½ Std. von der Scharte zwischen Maningkogel und Acherkogel. Prachtvolle Kletterei.

Wie bei R 1141 über das Eisfeld der Nordflanke ansteigend, jedoch empor zur Scharte zwischen Maningkogel und Acherkogel. Über den ersten Grataufschwung nach der Scharte an der Mittertalseite in kurzem Kamin empor. In schöner ausgesetzter Kletterei meist direkt an der teilweise scharf ausgeprägten Gratschneide zum Gipfel.

● **1142 a Südostwand** (P. Schillfahrt, N. Raich, 1975). Im unteren Teil IV, eine Stelle V—, im oberen Teil III—IV, Wandhöhe 350 m. Zeit der Erstbegeher 5 Std. Die abwechslungsreiche Führe verläuft größtenteils in der Gipfelfallinie, im unteren Teil in der markanten Wandausbuchtung, die man von rechts nach links erklettert, im oberen Teil weist die auffallende Verschneidung den Weg.

● **1143 Durch die Ostflanke des Südgrates und über den Südgrat** (F. Hörtnagl, H. Schmotzer, 1899). II, 4½ Std. von der Dortmunder Hütte, etwa 1½—2 Std. E.

Von der Dortmunder Hütte am Steig gegen die Mittertalscharte. Diesen verläßt man noch unter der Steilstufe, die zum Kar unter der Scharte emporführt. Nun pfadlos gegen SW über die Roßböden, dann über Blockwerk und Moränenschutt gegen den kleinen Mittertalferner empor, der im Talhintergrund unter dem Wechnerkogel eingebettet ist. Am N-Rand des Ferners westl. in Richtung der Scharte am S-Grat des Acherkogels empor. Von diesem zieht eine steile Rinne durch die Wand zu einer Felsnische. Empor zu dieser Nische, dann rechts davon (nördl.) über steile Felsstufen (Steinschlag). Zuerst etwas rechtshaltend, dann schräg gegen links empor. Hinauf zur Scharte und über den S-Grat, einige Stellen westl. umgehend zum Gipfel.

Einen etwas weiter links gelegenen Durchstieg (nicht empfehlenswert) führte L. Purtscheller 1881 aus, einen weiter rechts gelegenen Pfaundler.

Von der Dortmunder Hütte ist der Anstieg über die Mittertalscharte und den NO-Grat oder die O-Flanke empfehlenswerter.

● **1144 Südwestflanke** (F. Gstrein, F. Lantschner, M. Pfaundler, 1891). II, von der Bielefelder Hütte 4—4½ Std. (Früher als Normalweg bezeichnet, aber ebenso schwierig und sogar gefährlicher als R 1141 und schwieriger zu finden.)

Von der Hütte gegen S am bez. Steig zur Gubener Hütte zum W-Grat empor und weiter am Steig durch die gegen S und SW abfallenden Wände. Im großen Rinnensystem südwestl. des Gipfels zweigt man vom Weg ab und steigt durch gefährliche Lawinenrinnen gegen den Gipfel empor in Richtung auf einen auffallenden hellen Fleck unter dem Gipfel. Nun gegen die Scharte zwischen Signal- und Hauptgipfel, etwas links empor und entweder unter der Scharte nach rechts und steil empor zum Grat gegen den Hauptgipfel, oder: über die Scharte zwischen Haupt- und Signalgipfel und jenseits etwas absteigend rechts östl. querend zu einer plattigen Rinne; durch sie empor. Zuletzt aus der Rinne nach rechts zum Grat über dem Abbruch oberhalb der Scharte. Weiter am Grat zum Gipfel.

● **1145 Westgrat** (vermutlich F. Lantschner, 1893). Teilweise III, 3½ Std.

Von der Bielefelder Hütte am Steig zum W-Grat empor; auf diesem gegen O zuerst über einen schwach ausgeprägten Rücken hinauf zum scharfen Gratansatz. Am plattigen Grat zu einer Scharte (beiderseits ziehen Rinnen hinab). Weiter zu 3 m hoher Plattenwand, die von links nach rechts kleingriffig überwunden wird oder links umgangen werden kann. Weiter gegen den Aufbau des Signalgipfels. Der steile Abbruch vor dem Hauptgipfel wird entweder rechts umgangen oder links überwunden. Aus der Scharte etwas absteigend, an der N-Seite gegen O querend zu einer Plattenrinne, durch diese empor, dann rechts heraus zum Grat über dem Abbruch oberhalb der Scharte. Weiter am Grat zum Gipfel.

● **1146** Auch die **Nordwestwand zum Westgrat** wurde 1921 schwierig von H. Lantschner in 2 Std. E. begangen.

● **1147 Übergang vom Acherkogel zum Großen Wechnerkogel** (E. Schmid, O. Mader, 1944). IV, 3—3½ Std. Großzügige Gratfahrt.

Vom Acherkogel über den S-Grat absteigend zur Einsattelung vor dem Kleinen Wechnerkogel. Über diesen hinweg in die Scharte vor dem Wechnerturm, dessen N-Kante fast senkrecht ansetzt. Von der Einsattelung unmittelbar vor dem Fuß der Kante eine Seillänge nach rechts (südwestl.) absteigend in die Wand und über kurze Risse 20 m hinauf, in einen versteckten Kamin, welcher in einer Verschneidung mündet. Gerade hinauf in die trichterförmig erweiterte Verschneidung, welche zunehmend schwerer an ihrer linken Seite (kleingriffig) erstiegen wird. Man gelangt vor dem ersten Gratturm auf die Kante. Dieser wird ostseitig umgangen und weiter zum Gipfel des Großen Wechnerkogels empor. Bei der Überschreitung vom Wechnerkogel zum Acherkogel wird der Steilabfall des Wechnerturms im unteren Teil durch Abseilen (großer Felsblock) überwunden. Den gelbroten Turm vor dem Acherkogel kann man auf schmalen Leisten in der O-Flanke umgehen. (Beschreibung nach H. Klier und R. Meier, 1955).

Wechnerkogel (Großer 2956 m, Kleiner 2900 m)

Im Kamm zwischen Acherkogel und Hochbrunnachkögeln stehen die Wechnerkögel in folgender Reihe von N nach S: Kleiner Wechnerkogel, 2900 m (1. Ersteigung vom Acherkogel her: O. Ampferer, H. und W. Hammer, A. Greil, 1894), Wechnerturm mit seiner steilen N-Kante. Es folgt der Mittlere Wechnerkogel, eine unbedeutende Graterhebung. Zuletzt der Große Wechnerkogel (1. Ersteigung vom Längental her: H. Krollik, F. Schnaiter, 1895). Dieser entsendet einen langen O-Grat und einen S-Grat, nach N fällt er steil gegen den Mittertalferner herab. Er trägt seinen Namen zur Erinnerung an einen der ersten Innsbrucker Bergsteiger, Karl Wechner (gest. 1884).

● **1148 Ostgrat** (im Abstieg O. Ampferer, G. und H. Beyrer, W. Hammer, 1895). II, 2 Std. E. an der Wechnerscharte, 5 Std. von der Dortmunder Hütte.

Eine der schönsten Bergfahrten in der Kühthaier Bergen. Von der Dortmunder Hütte zum Mittertalferner (siehe Acherkogel R 1143). Über den mäßig steilen Ferner gegen SO unter den Wänden des Wechnerkogels durch und empor zur Wechnerscharte. Diese ist durch einen Turm geteilt. Besser erreichbar ist die linke Scharte. Den Turm nun südseitig umgehend zur westl. Scharte (die man ohne Schwierigkeit auch von S aus dem Längental erreichen kann). Der O-Grat setzt mit hohem Steilaufschwung an, den man zuerst südl., dann an der N-Seite ausweichend ersteigt. Der folgende, nur ganz wenig ansteigende Grat wird bis zum Gipfelaufbau stets an der Kante begangen. Über den letzten Aufbau im plattigen Fels zum Gipfel.

● **1149 Von Osten und über den Südgrat** (Weg der Erstersteiger 1895). I, 4 Std. von der Dortmunder Hütte, 1½ Std. E.

Von der Dortmunder Hütte am bez. Steig ins Längental und dort, wo es gegen W umbiegt, an der nördl. Talseite unter dem Roten Kogel gegen W. Hinauf über steile Gras- und Geröllehnen zum S-Grat des Wechnerkogels, nördl. vom Längentaler Turm. Direkt am Grat über Blockwerk zum Gipfel.

● **1150 Übergang zum Mittleren Wechnerkogel** (O. Ampferer, G. und H. Beyrer, W. Hammer, 1895). III, 30 Min.

Vom Großen Wechnerkogel an der Seite des Mittertales einige Meter gegen N hinab, dann links (westl.) durch blockerfüllte Rinne in eine enge Scharte vor dem Mittleren Wechnerkogel hinab. Nun über plattigen Fels auf den Gipfelzacken. Die weitere Gratschneide zum Wechnerturm ist ausgesetzt und scharf. Schwierig erreicht man den Vorgipfel und den Wechnerturm.

● **1151** Auch der **Westgrat zum Wechnerturm** (III) wurde von K. Holzhammer (1923 oder 1924) begangen. Bericht fehlt.

● **1152 Westwand** (B. Leubner, W. Erlacher, 1928). IV, 3 Std. E.

Von der Bielefelder Hütte am Steig zur Gubener Hütte unter die W-Wand des Großen Wechnerkogels. Einstieg beim begrünten Sockel, der am tiefsten in das Acherkar herabzieht. Über diesen links ansteigend unter der senkrechten Wand vorbei, die vom W-Grat des Wechnerturms herabzieht. Bei einer Rinne 70 m empor auf ein Köpfl, unter einem Plattenwulst 30 m ansteigend zum Beginn einer riesigen Platte (bereits von unten deutlich sichtbar). Unter dieser 35 m nach links, bis man über hellem Überhang steht, der von unten deutlich sichtbar ist. Nun 80 m gerade empor zum Fuß eines auffälligen Turmes. Hinter diesem 60 m hinauf zum Grat und 50 m zum obersten S-Grat zum Gipfel.

● **1153** Auch die **Nordwand** wurde 1910 direkt vom Mittertalferner her (III) von W. Tränkel, K. Stradal begangen.

● **1154** Durch die **Ostwand** führte 1912 H. Pfaundler einen Anstieg aus.

Wechnerwand, 2852 m

Breiter Doppelgipfel östl. der Wechnerscharte. Eine breite Flanke fällt nach N ins Mittertal hinab.

● **1155** **Von der Wechnerscharte** (O. Ampferer, W. Hammer, 1895). II, ¾—1 Std.

Von der Wechnerscharte (R 1148) steigt man über den Grat zuerst gegen N, dann am besten neben der S-Seite an der Kammhöhe zum westl. Gipfel.

Die Überschreitung zum östl. Gipfel, 2852 m, wird in 10 Min. unschwierig ausgeführt.

● **1155 a** **Südsüdwestgrat.** II, ½—¾ Std. Wie in R 1148 zur Wechnerscharte (linke, nördl. Scharte). Dem ersten Aufschwung des SSW-Grates kann man im O ausweichen. Man kehrt aber baldmöglichst zum Grat zurück. Weiter über ihn zum Westgipfel und zum Ostgipfel.

● **1156** **Südflanke** (H. Pfaundler, 1924). II, 1 Std. E.

Von dem Seelein unter dem Roten Kogel steigt man gegen NO über Gras und Blockhalden bis in den Winkel, der sich etwa südl. des östl. Gipfels emporzieht. Die folgende Wand wird gerade in Gipfelfallinie erklettert.

● **1156 a** **Westgrat.** Von der Wechnerscharte leicht ansteigend in die Südflanke und sobald als möglich gerade empor zum Grat. Immer auf ihm zum Westgipfel und unschwierig zum höheren Ostgipfel.

● **1157** Auch die **Nordwestschlucht,** die durch die N-Flanke ins Mittertal hinabzieht, wurde 1904 von L. v. Hibler (II—III) im Abstieg begangen.

Vom westl. Gipfel folgt man ein kleines Stück dem Grat gegen die Wechnerscharte hin. Bei einem kleinen Schartl zieht eine enge Schlucht durch die ganze NW-Seite des Berges bis hinab zum Mittertalferner, teilweise schwierig kann durch die Schlucht abgestiegen werden.

● **1158 Übergang zum Roten Kogel** (T. Miller, W. Heinz, H. Tumler, 1899). III—, 1 Std.

Vom O-Gipfel am linken Rand der S-Flanke (SO-Grat) hinab. Zur tief eingeschnittenen Scharte in Richtung Roter Kogel (der tiefsten Stelle zwischen Wechnerwand und Rotem Kogel) zieht vom SO-Grat nach links (O) ein kaminartiger Riß eine gute Seillänge hinunter. Den oberen Ansatz dieses Risses darf man nicht verpassen. Diesen Riß nicht mit weiter oben beginnenden, senkrechten Kaminen verwechseln! Durch den Riß bis in halbe Höhe hinab. Man quert nach links in einem Parallelriß und quert gleich weiter links fallend (III—) auf die geneigte Platte oberhalb der Scharte und steigt in diese ab. — Von hier kann man günstig durch die schluchtartige Rinne nach S ins oberste Längental absteigen. — Der markante Gratturm auf der anderen Seite der Scharte setzt mit einer Steilkante an. Weitläufige Umgehung des Gratturms im N durch tiefes Absteigen. Sobald der Grat wieder erreicht ist, auf ihm bis zum eigentlichen W-Grat des Roten Kogels, der zwei übereinandergestaffelte wandartige Aufschwünge aufweist. Beim unteren Aufschwung schräg rechts aufwärts zu einem körperengen Spalt. Vor ihm Querung nach S über Gesimse und Leisten zum oberen, gratartigen S-Rand der Wand und auf ihm auf die Höhe des ersten Aufschwungs. Auch beim zweiten Aufschwung ähnliche Querung nach S zum gratartigen S-Rand der Wand und auf ihm zum Gipfelgrat (Beschreibung K. Pörtl.)

Roter Kogel, 2825 m

Östl. der Wechnerwand bildet der Rote Kogel den Eckpunkt, bei dem der Grat zwischen Längental und Mittertal aus der östl. Richtung nach NO umbiegt. 1. touristische Begehung von SO (nicht über den Grat): Krollik, Schnaiter, 1894.

● **1159 Normalweg über die Südflanke** (H. Telaber, 1920), I, 3½ Std. von der Dortmunder Hütte.

Von der Dortmunder Hütte südwärts ins Längental dem Steig und der Bez. folgend, bis man sich genau südl. des Roten Kogels befindet. Von hier südwärts hinauf zum See, 2428 m (Wesersee). Nun über steile Grashänge etwas nordwestwärts halten gegen die kleine Einschartung beim Köpfl, 2570 m, unter dem Südostgrat des Roten Kogels.

Man erkennt nun etwas links des Südostgrates eine plattige Verschneidung. Etwa 50 m westl. dieser Verschneidung öffnet sich eine Rinne. Man steigt über Gras hinauf an den Beginn dieser Rinne. Über schrofiges Steilgelände links (westl.) der Rinne etwa eine Seillänge empor. Dann unmittelbar in der Rinne oder an ihrem rechten (östl.) Begrenzungsgratl hinauf, bis sie sich erweitert und in Schrofengelände übergeht. Über felsige Steilstufen im Bereich des Südostgrates empor. Knapp unter dem Gipfel wird einer Steilstufe und auch dem Gipfelaufschwung kurz rechts ausgewichen.

● **1160** **Südostgrat** (H. Delago, etwa 1920). II, 3½—4 Std. von der Dortmunder Hütte.

Wei bei R 1159 an die kleine Einschartung bei Punkt 2570. Nun auf dem grasigen Rücken unmittelbar an den Steilaufschwung des Südostgrates heran.

Der Grat setzt mit einem etwa 2 m hohen Steilwandl an. Über dieses empor und durch Einrisse immer in der Nähe der Kante zwei Seillängen in anregender Kletterei empor. Darüber wird das Gelände rasch leichter und man erreicht wie bei R 1159 den Gipfel. Den günstigsten Abstieg wählt man über R 1159.

● **1161** **Nordgrat** (A. Tschon, E. Hofmann, 1920). II, teilweise III, 4 Std. von der Dortmunder Hütte.

Von der Dortmunder Hütte am Steig ins Mittertal bis zu dem kleinen See, 2181 m) westl. der Mittertaler Türme. Nun gegen SO ansteigend und gegen die Flanke des Vorderen Mittertaler Kopfes empor; aus dem obersten einiger großer Schuttflecken in die Schrofen der NW-Flanke des Mittertaler Kopfes. Auf breitem Schuttband etwas rechts absteigend, dann auf schmalem Band querend durch die Flanke, zuletzt durch rasendurchsetzte Schrofen empor zum oberen Rand der Steilschlucht, welche zwischen dem Hinteren Mittertaler Kopf und dem Roten Kogel in das Mittertal herabzieht. Über Schutt und Schrofen zur Scharte empor, weiter am kurzen N-Grat zur Spitze, wobei man sich stets an der Gratschneide hält und den Vorgipfel überschreitet.

Auch vom O aus dem Längental ist ein Zugang zum Gratansatz möglich und auch wenig mühsam, wenn man sich an die eingelagerten Grasstreifen hält. Etwa zwei Seillängen unter dem Grat quert man (I—II) schräg rechts aufwärts zum Grat.

● **1162** Auch direkt **von Norden her aus dem Mittertal** kann man gegen das kleine firnerfüllte Kar unter dem Gipfel ansteigen und von diesem über gutgestuften steilen Fels den Gipfel erreichen. II—III, steinschlaggefährdet.

● **1162 a** Abstieg über den Südostgrat. II.

Vom Gipfel auf dem bald breit werdenden SO-Grat unschwierig bergab, bis er sich vor seinem Ende zusammenschnürt und steil abfällt.

Hier quert man nach rechts (westwärts) fallend in die Einbuchtung am oberen Ende der parallel zum Grat hinabführenden Plattenrinne. In einer Rechtsschleife zu Standplatz unter überhängendem Felsen. Die griffarme Plattenrinne kann nun vermieden werden, wenn man die Rinne nach rechts verläßt und zu einer kleinen Schulter quert. Von hier über steiles, grasdurchsetztes Gelände hinab zum Fuß der Rinne.

• 1163 Hinterer Mittertaler Kopf, 2640 m

Im Grat vom Roten Kogel nach NO findet sich eine Reihe für den Bergsteiger wenig interessanter Gipfel, deren südlichster der Hintere Mittertaler Kopf ist (1. Ersteigung F. Koch, A. Ledl, A. Rogenhofer, 1900). Von der Dortmunder Hütte II, teilweise III.

Von dem kleinen (beinahe verlandeten) Seelein im Mittertal steigt man gegen O zur Scharte zwischen Vorderem und Hinterem Mittertaler Kopf. Nun an der O-Seite querend zu einem Kamin und durch diesen zur Grathöhe und zum höchsten Punkt.

• 1164 Vorderer Mittertaler Kopf, 2526 m

3 Std. von der Dortmunder Hütte (II). 1. Ersteigung F. Koch, O. Ledl, A. Rogenhofer, 1900.

Von dem ersten See im Mittertal ersteigt man durch eine von O herabziehende Rinne den Grat (an ihrer Gabelung im rechten Ast). Von der Scharte nördl. des Kopfes durch einen Kamin zu 3 m hoher plattiger Wandstelle links und auf plattigem Band 20 m ansteigend. Weiter über den Blockgrat zum Gipfel.

• 1165 Mittertaler Türme

Im weiteren Gratverlauf nach N erheben sich drei Felsaufbauten, von dennen der mittlere am kühnsten emporsteigt (1. Ersteigung A. Tschon, A. Albrecht, E. Hofmann, 1924). Vom Mittertaler See steigt man gegen O über Blockhalden in die Scharte zwischen dem Vorderen Mittertaler Kopf und dem südlichsten Turm. Schwierig wird von hier am plattigen Grat der Gipfel erstiegen (3 Std. von der Dortmunder Hütte).

Einfacher ist der Anstieg, wenn man von der Scharte etwas östl. quert und zum Gipfel ansteigt. Auch der Mittlere Mittertaler Turm kann von hier aus erreicht werden. Im Abstieg vom Gipfel einen Gratturm umgehend, an der O-Seite querend in die folgende Scharte und über kurzen steilen Reitgrat (III) zur Spitze des Mittleren Turms (schwierig,

3½—4 Std. von der Dortmunder Hütte). Der Nördl. Turm wird von der Scharte nördl. davon (teilweise III) über den plattigen N-Grat erstiegen.

● 1166 **Hochwanner,** 2456 m

Der Hochwanner stellt den letzten Ausläufer dieses Grates dar. Der von den Mittertaler Türmen herabziehende Grat überschreitet einen Felsaufbau und zieht teils schrofig, jedoch nicht leicht zu begehen zum Hochwanner. Von O und NO ist dieser Gipfel über grasdurchsetzte Schrofen steil und sehr mühsam, wenig lohnend, zu ersteigen.

● 1167 **Längentaler Turm,** etwa 2810 m
(in der neuen AV-Karte falsche Höhenzahl)

Er ist ein kühner Felszacken im S-Grat des Großen Wechnerkogels. Der Turm wird aus der Scharte (2768 m) nördl. des Hochbrunnachkogels über den steilen S-Grat mäßig schwierig in 25 Min. erstiegen. Einstieg knapp rechts vom S-Grat, nach etwa 15 m nach links zur Gratkante und stets an dieser zum Gipfel.

Der N-Grat führt steil, teilweise sehr schwierig und als Reitgrat ausgeprägt von seinem Ansatz in etwa 30 Min. zur Spitze. (1. Überschreitung von S nach N H. u. B. Lantschner, 1920.) Die Scharte südl. des Turmes wird brüchig von W her durch eine Rinne erreicht.

● 1168 **Hochbrunnachkogel**

Südl. vom Längentaler Turm findet sich ein wenig ausgeprägter Felskopf, Hochbrunnach genannt, der mit mäßiger Einschartung im Grat gegen S zu einem Felsgipfel führt, der als Längentaler Hochbrunnachkogel bezeichnet wird (2875 m). Von einer tiefen, sehr steilen Scharte getrennt, steht im S der Ötztaler Hochbrunnachkogel (2888 m). Diese beiden Doppelgipfel nördl. und südl. der Scharte sind in der AV-Karte als Hochbrunnachkogel bezeichnet. Gegen O und W stürzen steile Felswände herab, mehrfach von Rinnen durchzogen, während vom Hochbrunnachkogel nördl. des Längentaler Hochbrunnachkogels nach O und W je ein Grat auszieht. Südl. des Ötztaler Hochbrunnach sendet ein unbenannter Vorgipfel (früher gelegentlich als Ötztaler Hochbrunnach bezeichnet) einen langen Grat gegen W.

● 1169 **Längentaler Hochbrunnachkogel,** 2875 m

Am einfachsten über die O-Flanke durch das Kar zu erreichen. Von der Scharte südl. des Längentaler Turms ersteigt man mäßig schwierig den

Hochbrunnach und gewinnt über den Grat nach S den Gipfel in 35 Min. H. Krollik, F. Schnaiter, 1894).

(Die Scharte südl. des Längentaler Turms wird von W vom Steig Bielefelder Hütte — Gubener Hütte her durch eine brüchige Rinne erreicht.)

Auch der S-Grat wurde 1904 von L. v. Hibler teilweise sehr schwierig (IV) mit Umgehung der Steilstufe erstiegen.

● **1170** **Ötztaler Hochbrunnachkogel,** 2888 m

Von der Niederreichscharte wird er unschwierig in 30—45 Min. (H. Krollik, F. Schnaiter, 1894) bestiegen. Ein weiterer Anstieg ist vom Längental her durch die O-Flanke am S-Rand einer steilen Plattenflucht (II) möglich. 45 Min. E. (Abstieg der Erstbesteiger).

Eine Überschreitung vom Ötztaler zum Längentaler Hochbrunnachkogel (teilweise IV) zwingt zum Ausweichen an der W-Seite (1. Überschreitung L. v. Hibler, 1904).

Hochreichkopf, 3008 m

Südwestl. der Niederreichscharte erhebt sich der Hochreichkopf, der seinen NW-Grat gegen diese Scharte entsendet. Dieser Grat wird im unteren Teil von einer Steiganlage erschlossen, die an der W-Seite gegen die Hochreichscharte hin quert. Diese liegt südl. des Gipfels (Steig teilweise verfallen). 1. touristische Ersteigung L. Purtscheller, 1890. Gipfelkreuz, Gipfelbuch.

● **1171** **Nordwestgrat** (A. Ledl, F. Stolz, 1899). II, von der Scharte 1½ Std.

Am schlecht erhaltenen Steig von der Niederreichscharte zum Ansatz des Blockgrates und in anregender Kletterei, gelegentlich an der N-Seite (Längental) ausweichend zum Gipfel.

● **1172** **Nordostgrat** (F. Hörtnagl, 1901). II, 2 Std. von der Längentaler Scharte.

Im unteren Teil löst sich der Grat in zwei Äste auf. Schöner zu begehen ist der südliche Zweig. Um den Gratansatz zu gewinnen, braucht man nicht zur Längentaler Scharte aufzusteigen; man kann stattdessen den zum Hochreichkopf führenden markierten Weg (von der Gubener Hütte) bis zur Höhenlinie 2600 m der AV-Karte beibehalten und dann zum Gratfuß queren. Man ersteigt den südl. Ast von N und bleibt dann auf dem Grat bis zum Gipfel. Erst kurz vor dem Gipfel II, sonst I. Landschaftlich hervorragend schön. Auch im Abstieg empfehlenswert. (Beschreibung K. H. Pörtl.)

● 1173 **Von Süden** (Weg der Erstersteiger, 1890). Unschwierig, 1 Std. E.

Von der Hochreichscharte stets am flankenartigen Rücken teilweise plattendurchsetzt, teilweise Geröll, zum höchsten Punkt.

Hohe Wasserfalle, 3002 m

Kühn gezackte Gratschneide südöstl. der Hochreichscharte. Nach S und SO ziehen Grate gegen das Horlachtal bzw. ins Wannental 1. touristische Ersteigung L. Purtscheller, 1890.

● 1174 **Nordwestgrat** (A. Ledl, F. Stolz, 1899). II, 1 bis 1½ Std.

Von der Hochreichscharte (R 459) wird der erste Gratzacken westl. umgangen. Weiter am Grat über den Vorkopf, 2971 m. Einem schwierigen Felszacken weicht man östl. aus und ersteigt weiter am Grat den gespaltenen Gipfel. Der Übergang zum südl. Gipfelzacken ist mäßig achwierig am scharfen Grat. Man steigt zu einer Geröllscharte ab, umgeht den folgenden Plattenturm an der W-Seite. Von der nächsten Scharte durch einen kleinen senkrechten Kamin empor, jenseits auf einem Band etwas absteigend und zuletzt durch steile Rinne zum Grat nahe beim Gipfel (15 Min.).

● 1175 **Ostgrat** (Weg der Erstersteiger, 1890). II, 1—1½ Std. E. Vom Horlachtal kommend erreicht man über die Finstertaler Alm und das Wannenkar, zuletzt steil von S her über Gras und Schrofen unschwierig den Gaißkogel, 2½ Std. von der Gubener Hütte. Weiter verfolgt man den nicht sehr seilen Grat in seinem ganzen Verlauf bis zum nördl. Gipfelzacken. Diesen Grat kann man auch von N, von der Längentaler Scharte her kommend durch das kleine Horlacher Steinkar erreichen oder von S vom Langen Wannenkar steil zu einer Schulter im Grat ansteigend.

● 1176 **Südgrat.** I, obere Hälfte teilweise II, 1 Std. E.

Vom Horlachtal her kann man über die steilen nach S herabziehenden Hänge den S-Gratansatz erreichen (bei P. 2950). Von der Guben-Schweinfurter Hütte kommend erreicht man ihn in etwa 2½—3 Std. durch das Wannenkar. Weiter folgt man dem Grat, der im obersten Teil zu einer scharfen Schneide entwickelt ist.

● 1177 Auch von **Osten** kann man eine Scharte zwischen nördl. und südl. Gipfelzacken erreichen. Wenig empfehlenswert, Steinschlag!

● 1178 **Peistakogel,** 2843 m

Von der Hohen Wasserfalle zieht die Verlängerung des S-Grates mit beiderseits schrofendurchsetzt abfallenden Hängen zum letzten Vorberg, dem Peistakogel, der unschwierig von der Finstertaler Alm her, von der Guben-Schweinfurter Hütte in etwa 1½ Std. erstiegen wird.

Niederer Plattkogel, 2737 m

Östl. der Längentaler Scharte erhebt sich der Niedere Plattkogel mit einem breiten, über einen Vorkopf nach N hinabziehenden Felsfuß.

● **1179 Südwestgrat.** II, von der Längentaler Scharte ¾ bis 1 Std.

Man verfolgt im wesentlichen den Plattengrat.

● **1180 Ostgrat** (Weg der Erstbesteiger A. Ledl, F. Stolz, 1899). II, 30 Min. von der Plattkogelscharte.

Stets am Grat.

Auch die nach S abfallende Flanke (II) wurde bereits des öfteren begangen (Abstieg der Erstbegeher, 1899).

Hoher Plattkogel

Westlicher 2790 m, Östlicher 2735 m

Östl. vom niederen Plattkogel erhebt sich dieser wenig bedeutende, unschwierig ersteigbare Doppelgipfel.

● **1181 Westgrat zum Westlichen Gipfel** (Weg der Erstbesteiger A. Ledl, F. Stolz, 1899). I, 30—45 Min. von der Scharte zwischen Hohem und Niederem Plattkogel.

● **1182 Von Süden.** Steil über Gras und Schrofen von der Finstertaler Alm in 1½ Std. erreichbar.

● **1183 Übergang zum Östlichen Gipfel** (A. Ledl, F. Stolz, 1899).

Stets am Grat über die begrünte, unschwierig von N vom Stierkar, sowie von S vom Wurmeskar her erreichbare Einsattelung.

Gamezkogel, 2960 m

Etwas nordwestl. des östl. Gipfels des Hohen Plattkogels erhebt sich, durch eine lange Felsschneide mit diesem verbunden der Gamezkogel (Gamskogel). Er bildet den Eckpunkt, an dem der Grat nach N biegt und über Sulzkogel, Mittagsturm, Mittagsköpfe und Zwölferköpfe gegen Kühthai zieht.

Blick von Osten auf die südlichen Kühtaier Berge.

R 1176 Südgrat
R 1175 Ostgrat
R 1174 Nordwestgrat

● 1184 **Nordgrat** (Krollik, Schmalter, 1894). I, 20 Min. vom Einstieg, 4 Std. von der Dortmunder Hütte.

von der Dortmunder Hütte am Weg zur Finstertaler Scharte bis hinter den zweiten Finstertaler See und nun gegen SW über grasdurchsetzte Hänge und Geröll, über eine kleine Steilstufe und wieder etwas flacher zum Gamezkogelferner. Über diesen gegen W und im westlichen Winkel hinauf zur Scharte zwischen Sulz- und Gamezkogel. Nun unschwierig am Grat gegen S zum Gipfel.

Von NO her kann man am Gamezkogelferner auch in seine südwestl. gelegene Ecke aufsteigen und etwas gegen W unschwierig den Gipfel erreichen.

● 1185 **Übergang zum Östlichen Plattkogel** (A. Ledl, F. Stolz, 1899). Teilweise IV, 2 Std.

Der sehr wenig absteigende, jedoch stark zerschartete Grat, für den Bergsteiger ohne wesentliche Bedeutung, kann in seiner ganzen Länge über viele Zacken hinweg überklettert werden.

● 1186 **Übergang zum Östlichen Gamezkogel** (A. Ledl, F. Stolz, 1899). I, 25 Min.

Vom westl. Gipfel herab zur Scharte, weiter am Grat und zuletzt etwas von S her zum Gipfel.

● 1187 **Östlicher Gamezkogel,** 2942 m

Dieser Gipfelaufbau zwischen Gamezkogel und Finstertaler Fernerkogel (Gamezkögele) kann direkt von N vom Gamezkogelferner her erstiegen werden (II). Lohnend ist die Ersteigung jedoch nur in Verbindung mit dem Gamezkogel oder mit dem Finstertaler Fernerkogel.

Sulzkogel, 3016 m

Im Grat vom Gamezkogel nach N erhebt sich als erster Gipfel der Sulzkogel, der mit breitem, von Geröll und Blockwerk bedecktem Rücken nach S abfällt, nach N entsendet er einen sehr scharfen Grat, nach NO fällt eine steile Wand ab. Auf seinem scharfen Normalanstieg im Spätwinter sehr lohnende Skitour. 1. Ersteigung J. Pock, B. Tütscher, 1878.

● 1188 **Normalweg** (vermutlich im oberen Teil A. Ledl, F. Stolz, 1899). Von der Dortmunder Hütte 3½—4 Std.

Von der Hütte am Steig zur Finstertaler Scharte bis hinter den zweiten See. Gegen SW über eine Steilstufe, dann wieder flacher zum Gamezkogelferner und an dessen N-Rand empor, zuletzt über Blockwerk ziemlich steil zum Fuß des Gipfelaufbaues und von diesem zum Gipfel.

● **1189 Nordgrat** (H. Margreiter, H. Schmotzer, 1900). Von der Scharte zwischen Sulzkogel und Mittagsturm schwingt sich der steile N-Grat (fast ausschließlich aus Zacken gebildet) empor. III+, 1½—2 Std.

Von der Scharte über Platten etwas links zum ersten Zacken. An diesem vorbei und im wesentlichen an der messerscharfen Kante des teilweise überhängenden Grates.

Über sämtliche Zacken bis zum ersten von N her nicht ersteigbaren. An der O-Seite teilweise ausgesetzt und sehr brüchig drei Zacken umgehend, zuletzt wieder am scharfen Grat zur steilen Gipfelwand, welche als eine mächtige Platte emporzieht. Über diese auf eine etwas nordwestl. vom Gipfel vorgeschobene Schulter und über Schutt zum Gipfel.

● **1190 Nordostwand** (S. Hohenleitner). IV, 1½—2 Std. E., 4 Std. von der Dortmunder Hütte.

Von den Finstertaler Seen gegen SW und über eine Steilstufe stets gegen W ansteigend bis direkt unter die NO-Wand.

Einstieg: In Gipfelfallinie übe ein breites Band nach rechts empor in eine Rinne, teilweise durch diese, teilweise an ihrer rechten Begrenzung hinauf zu steilem Geröllfleck unter der Gipfelwand. In die hinterste Ecke des Geröllfleckes neben der überhängenden Wand. Durch eine seichte Rinne rechts empor. Gabelung bei einem Plattenbuckel.

Von diesem Buckel schräg links über Platten zu einer 8 m hohen plattigen Verschneidung, die durch die Gipfelwand zieht. 40 m empor zu kleinem Schuttplatz unter den Überhängen des N-Grates. Weiter zu überhängendem Kamin, dessen Anfang von rechts über überhängende Wandstelle erreicht wird. Durch den Kamin, bis Klemmblöcke gegen den N-Grat abdrängen. Der N-Grat wird etwa 20 m unter dem Ausstieg betreten. Weiter über die Schlußplatte zum Gipfel.

Einen weiteren, etwas leichteren Durchstieg führte F. Böttcher 1932 allein aus. III, 1½ Std. E. Aus dem innersten Winkel unter der NO-Wand auf abschüssigem Schuttband empor bis zu seinem Ende nach links. Dort in eine Wandbucht und schwierig senkrecht empor. Über der Bucht in der steilen Plattenwand leicht rechtshaltend, in Fallinie etwas östl. des Gipfels empor (der Anstieg liegt links vom Hohenleitnerweg).

● **1191** Auch die **Südwestflanke** mit steilen felsdurchsetzten Geröllhängen wurde bereits begangen (Weg der Erstersteiger, 1878), ebenso der gegen O ziehende Kamm.

Der **Übergang zum Gamezkogel** am Grat ist teilweise mäßig schwierig (I—II). 1. Überschreitung F. Hohenleitner, H. Schmotzer, 1903.

● 1192 **Mittagsturm,** 2929 m

Nördl. vom Sulzkogel erhebt sich ein schöner, aufgespitzter Felskopf.

a) **Südflanke,** II—, ½ Std. Von der Scharte südl. des Mittagsturms schräg links eine Seillänge zur S-Kante ansteigend, dann sofort schräg rechts eine Seillänge aufwärts in den oberen Teil einer Rinne, die rasch zum Gipfel leitet. — Für den Abstieg: Wo die Rinne seicht und morsch durch die S-Flanke abfällt, rechts eine Seillänge schräg abwärts zur S-Kante und dann eine Seillänge schräg links abwärts zur Scharte (II). Wichtig für die Überschreitung von N nach S.

b) **Südgrat,** III, ½ Std. Unmittelbar an der Kante (Abstieg der Erstbegeher A. Ledl, F. Stolz, 1899).

c) **Von Norden her** steigt man zuerst über den Grat über einen Vorkopf zum Turm. Nun über den steilen Grat und einen brüchigen Kamin hinauf zur Spitze. Teilweise III, ½ Std. vom Gratansatz. (Aufstieg der Erstbegeher A. Ledl, F. Stolz, 1899).

● 1193 **Mittagsköpfe,** 2895 m, 2934 m

Diese wenig ausgeprägten Graterhebungen in der Fortsetzung nach N werden unschwierig überschritten. Nur im Zusammenhang mit der ganzen Gratüberschreitung vom Zwölferkogel zum Mittagsturm lohnend zu ersteigen. (1. Ersteigung und Überschreitung A. Ledl, F. Stolz, 1899.)

Zwölferkogel, 2988 m

Südl. vom Kühthai erhebt sich der mächtige Gipfelaufbau des Zwölferkogels, welcher mit langem Grat vom Kleinen Zwölferkogel von N her aufsteigt und gegen W einen sehr langen W-Grat entsendet. Der nördl. vorgelagerte Rücken, **die Mute,** 2395 m, stellt eine beliebte Abfahrt im Kühthaier Skigebiet dar (Skilift).

● **1194** **Nordgrat** (mit Abweichungen A. Ledl, F. Stolz, 1899; 1. direkte Begehung F. Hörtnagl, F. Koch, J. Schönpflug, 1899). II (eine Stelle III) 2 Std. E., 3½ Std. vom Kühthai.

Vom Kühthai empor gegen S auf breitem Grasrücken und hinauf zum Kleinen Zwölferkogel (1½ Std.). Weiter am scharfen Grat, einen Abbruch etwas westl. umgehend. Steil am Grat empor zu einem Knick im Grat. An einem großen Gratblock mit anschließendem Zacken schöne Kletterstelle (III), die sich jedoch in der W-Flanke umgehen läßt. Weiter gegen SW bis zu einer tief eingeschnittenen Scharte. 8 m senkrecht hinab, ausgezeichnete Griffe und Tritte (II). Jenseits am Grat über Platten mäßig schwierig empor zum Gipfel.

● **1195 Von Südosten.** I.

Im Aufstieg hält man sich vom südl. Ende des Hinteren Sees gegen W empor in Richtung auf die Plattenrinne, durch diese (teilweise geröllerfüllt) erreicht man den im Abstieg erwähnten Sattel.

Vom Hinteren Finstertaler See her ist gegen NW am Fuß des Zwölferkogels ein steiles Geröllfeld sichtbar, das gegen O steil abbricht. Weiter südl. ist ein spitzer Felskopf sichtbar. Gegen diesen steigt man durch die Rinne empor zum Sattel.

Von dort quert man nach rechts, steigt dann über das Schuttfeld empor und erreicht zuletzt von SO her den Gipfel. (1. touristische Begehung vermutlich D. und F. Lantschner, Wagner, Jaueregg, 1899.) 3 Std.

Im Abstieg schwierig zu finden, 1 Std. bis zum Finstertaler See. Vom Gipfel gegen SO über Geröll und Blockwerk und Schrofen in das Schuttkar südöstl. des Zwölferkogels. Direkt gegen O durch das Kar kurz absteigend, bis man sofort unter einem von S her ziehenden plattigen Felsriegel (etwa 40 m über einem senkrechten Abbruch nach O hinunter) etwas gegen SO quert und zu einem kleinen, flachen Sattel ansteigt, hinter dem man durch eine oben grasdurchwachsene, unten schutterfüllte, teils plattige Rinne gegen O zum Hinteren Finstertaler See, zuletzt steil über Schutthänge absteigen kann. (1. Begehung R. Fr. v. Lichtenberg, 1894).

● **1196** Auch durch das **Längental** findet man von der Dortmunder Hütte kommend einen Anstieg auf den Gipfel. Man steigt unterhalb des Zwölferkares etwa von den zwei kleinen in Verlandung begriffenen Seen gegen O steil über schrofige Hänge empor; geht durch das flache Zwölferkar und steigt zuletzt sehr steil durch die stets enger werdende Schuttrinne, die sich erst knapp unter der Scharte im S-Grat des Zwölferkogels etwas erweitert, weiter über den Grat oder die SO-Flanke zum Gipfel (unschwierig, sehr mühsam, 3½—4 Std; 1. Begehung vermutlich R. Fr. v. Lichtenberg, 1894).

● **1197** Auch der **Westgrat** wurde bereits 1904 von H. Pfaundler, K. Bolaczek, F. v. Wendt (II, teilweise III), in 2 Std. E. erstiegen.

Vom Längental wie bei R 1196 zum Beginn des Zwölferkares und zum Ansatz des W-Grates. Nun fast stets am Grat hinauf zum Gipfel.

Finstertaler Fernerkogel, 2911 m
(auch Gamezkögele genannt)
Schartenkopf, 2854 m

Felsköpfe im Hintergrund des Finstertales.

● **1198 Von Norden** (Weg der Erstersteiger F. Lantschner, M. Pfaundler, G. Küntzel, 1894). I, 3 Std. vom Kühthai.

Von der Dortmunder Hütte zu den Finstertaler Seen, weiter gegen S und SW zum Gamezkogelferner. Über diesen in Richtung zum Gipfel ansteigend, zuletzt über Blockwerk empor zum Gipfel.

● **1199 Von Nordosten** (A. Ledl, F. Stolz, 1899). II, 1¾ Std. von der Finstertaler Scharte über den Schartenkopf.

Von der Scharte am Grat gegen W hinauf zum **Finstertaler Schartenkopf,** 2854 m, beliebter Aussichtsberg, und weiter am Grat gegen SW leicht absteigend bis zur Einsenkung zwischen beiden Gipfeln (man kann von der Finstertaler Scharte gegen W fast eben unter dem Schartenkopf queren und gelangt so an der S-Seite zur selben Einsenkung empor). Weiter stets am Grat zum Gipfel.

● **1200 Südgrat** (O. u. E. Friedrich, L. Pistor, 1921). II, eine Stelle III, 2—2½ Std. E.

Von der Guben-Schweinfurter Hütte über den breiten Graskamm, der allmählich felsig wird. Weiter über ein flacheres, aber scharfes und zackiges Gratstück, dann über grasdurchsetztes Plattengelände zum obersten, schärfer ausgeprägten Teil. Hier findet sich die einzige schwierige Stelle (III), die links sehr griffarm überwunden wird.

● **1201 Übergang zum Östlichen Gamezkogel** (A. Ledl, F. Stolz, 1899). II, eine Stelle III, 1 Std.

Vom Gipfel auf der scharfen Gratkante hinab, dann auf ein breites Band oberhalb der N-Wand. Vom Ende des Bandes quert man ostwärts zurück und empor zum Gipfelgrat. Über Blockwerk zum Gipfel des Östl. Gamezkogels.

● **1201 a Weiterweg zum Gamezkogel:** Bevor der Gipfelgrat des Östlichen Gamezkogels steil zu einer tief eingeschnittenen Scharte abfällt, einige Meter über seichte Einrisse der plattigen S-Seite abwärts und dann schräg abwärts zur Scharte. (Am Grat selbst überhängende Zacken; die N-Flanke ist äußerst brüchig.) Von der Scharte unschwierig zum Westlichen Gamezkogel.

Kraspesspitze, 2953 m

Nordwestl. der Finstertaler Scharte steht ein mäßig hervortretender Gipfel, der gegen NW mit steilen Wänden abfällt, von S her über Schutt und Geröll auf kleinem Steig leicht erreichbar ist.

● **1202 Von der Finstertaler Scharte** am Steig, zuerst links vom Grat, dann gegen O ab über den oberen Teil eines nach S ragenden Felsporns hinüber und weiter gegen NO ansteigend, zuletzt von S oder SO her zum Gipfel. 3½ Std. von der Dortmunder Hütte und von der Gubener Hütte.

● **1203 Von Osten** (Weg des Erstersteigers L. Purtscheller, 1882). I, 4½ Std. von Haggen.

Von Haggen ins Kraspestal und bis zum Fuß der ersten Steilstufe, etwa 2150 m, über diese westl. des westl. Baches empor, bis man im S des vom Schöllekogel herabziehenden Grates direkt gegen W zur Scharte südl. der Kraspesspitze mühsam über steilen Schutt emporsteigen kann. Weiter gegen NW über den Grat zum Gipfel.

● **1204 Übergang zum Schöllekogel** (vermutlich Krollik, Schnaiter, 1894). I, teilweise II, 45 Min.

Von der Kraspesspitze hält man sich stets am Grat, übersteigt den kleinen Kopf 2886 m und erreicht weiter am Grat den Schöllekogel.

● **1205 Schöllekogel,** 2900 m

Ein breiter, wenig bedeutsamer Gipfel (1. Ersteigung H. Krollik, F. Schnaiter, 1894), der aus dem Kraspestal über den NW-Grat mäßig schwierig (II) in 3½ Std. von Haggen erstiegen werden kann. (F. Hörtnagl und Gef., 1897.) Von Haggen ins Kraspestal. Hinter einer auffallenden Talenge zweigt gegen W ein großes, oben karähnlich erweitertes Tal, das Steintal, ab. Man steigt durch das Steintal an (Steigspuren), bis man gegen SW eine Wandflucht an ihrem südl. Ende durchsteigen kann, die ein im nördl. Schöllekogel eingebettetes Hochkar nach unten abschließt. Nun durch das Kar empor und auf den Grat, der mäßig schwierig (II) gegen SO und mit scharfem Gratknick in wenigen Min. zum Gipfel führt.

● 1206 Steintalspitzen

Südliche 2741 m, Nördliche 2743 m

Zwei Graterhebungen, die östl. der Finstertaler Seen im Grat zwischen Schöllekogel und Pockkogel aufgebaut sind. Von keiner Seite her besonders schwierig zu ersteigen. Die Nördl. wird leicht am Grat vom Pockkogel her oder direkt aus dem Steintal von O über Schutt und Geröll erstiegen. Der Zugang von W her südl. des Nördl. Gipfels vom hinteren Finstertaler See aufsteigend ist sehr mühsam, nicht anzuraten. Die Überschreitung von S bietet allein im S-Grat der Südl. Spitze und ihrer nach S vorgelagerten Schulter mäßige Schwierigkeiten (II). (Vom Schöllekogel zum Pockkogel über die Steintalspitzen 2 Std.)

● 1206 a Pockkogel, 2807 m

Der Grat biegt hier gegen NO um. Gegen O fallen plattige Wände ab, gegen NW entsendet er einen Zweiggrat. 1. Ersteigung: J. Pock, B. Tützscher, C. Wechner, 1876; J. Pock, einer der ersten Innsbrucker Bergsteiger, nach dem der Gipfel benannt wurde, war einer der Erschließer dieses Gebirges.

● 1207 Von Südwesten (Weg der Erstersteiger 1876). I, 3 Std. von Kühthai.

Von Kühthai am Steig zum Vorderen Finstertaler See, nun gegen O ab und steil über Gras und Schutthänge empor. Über eine Plattenstufe, die man an ihrer schmalsten Stelle unschwierig durchsteigt, ins kleine obere Kar und unschwierig zum Gipfel.

● 1208 Von Haggen (H. Pfaundler, 1923). II, 3 Std.

Ins Kraspestal durch die Talenge und ins Steintal gegen W empor, von welchem man direkt zuletzt steil über Schutt und Geröll zum Ende des S-Grates ansteigt, auf dem man über Blockwerk in kurzer Zeit den Gipfel erreicht.

● 1209 Von Nordosten. (F. Hörtnagl, A. Walde, 1897.) III—, 1½ Std.

Von Kühthai mit dem Plenderlesee-Sessellift empor zur Seenplatte. Weiter ostwärts über Schutthänge zur Gaißkogelscharte. Nun über die Gratköpfe des NO-Grates zum Gipfel.

Auch der O-Absturz wurde bereits 1897 einmal durchklettert, stellt aber keinen empfehlenswerten Anstieg dar.

Gaißkogel, 2820 m

Nördl. Eckpunkt im Grat, der das Kraspestal gegen W begrenzt. Kühn emporstrebender Felsgipfel.

● **1210** **Von Südwesten** (J. Pock, B. Tützscher, C. Wechner, 1876). I, 2½—3 Std. von Kühthai.

Man geht von der Dortmunder Hütte gegen SO, jedoch vor dem Anstieg zu den Finstertaler Seen gegen S und steigt zu den Plenderleseen empor, oder man benützt den Plenderlesee-Sessellift. Mühsam erreicht man durch das blockerfüllte Kar gegen O zuletzt sehr steil die Gaißkogelscharte, von der man ohne besondere Schwierigkeiten gegen NO zuerst steil, dann etwas flacher bis nahe zum Gipfel ansteigt, den man über kurzes Blockwerk erklettert.

● **1211** Über den nach W bis NW ausstreichenden Grat, welcher den Plenderleseekopf aufbaut, ist der Gipfel in 2 Std. E. (II—III) zu erreichen.

● **1212** **Weitkarspitzen**

Nördliche 2948 m, Südliche 2947 m

Von der Kraspesspitze nach S zieht ein Grat, in dem mehrere Köpfe aufgerichtet sind. Diese Spitzen heißen Weitkarspitzen und bilden die Trennung zwischen Weitem Kar und dem Gebiet des Kraspesferners, dem inneren Kraspestal. Die Nördl. und die Südl. sind beide aus dem Weiten Kar und aus dem Kraspestal leicht zugänglich. Ihre Überschreitung am Grat II, mit einigen Stellen III, dauert 2½—3 Std. von der Kraspesspitze zum Zwiselbacher Roßkogel. Teilweise sehr brüchig.

Zwiselbacher Roßkogel, 3050 m

Der Zwiselbacher Roßkogel ist ein mächtiger Doppelgipfel, dessen südl. 3082 m hoch gelegener Punkt in der neuen AV-Karte fälschlich als Gleirscher Roßkogel bezeichnet wird. Als Gleirscher Roßkogel gilt der im S-Grat als Schulter ausgeprägte Punkt 3008 m. Beliebte Frühjahrsskifahrt.

● **1213** **Von Norden zum Nordgipfel** (F. Hörtnagl und Gef., 1897). I, 4 Std. von Haggen, 2½—3 Std. von der Pforzheimer Hütte.

Von Haggen durch das Kraspestal, durch die Talenge und über die folgende Steilstufe, am Kraspessee vorbei und gegen S zum Kraspesferner. Über diesen gegen NW empor, zuletzt über unschwieriges Blockwerk und kurzen Grat zum Gipfel.

Von der Pforzheimer Hütte gegen W in das Walfeskar und in seinem nordwestl. Arm ansteigend hinauf zur Scharte 2958 m (zuletzt steil über Schutt und Geröll), nun gegen W zu dem Schartl 2966 m und weiter gegen W durch die Geröll- und Schneemulde hinauf zum höchsten Punkt.

● **1214 Übergang zum Südgipfel** (L. Purtscheller, J. Schnaiter, 1881). I, in Firn und Blockwerk, 15 Min.

● **1215 Südgrat** (L. Purtscheller, J. Schnaiter, 1881). II, eine Stelle III, 3—4 Std. von der Pforzheimer Hütte, 1½ Std. E.

Vom Gleirschjöchl über den Grat gegen NW über zwei flache Gratschultern zu P. 2946 m am Fuß des Gleirscher Roßkogels. Am Grat hinauf zum **Gleirscher Roßkogel,** 3008 m, nach einer Einsattelung und zwei weiteren Graterhebungen mäßig schwierig zur Scharte des gespaltenen S-Gipfels. Nun über glatte Platten (IV) zum Gipfel empor oder besser rechts (östl.) an einer großen, lose aufliegenden Felsplatte vorbei und (II) von O durch Verschneidung auf südl. Zacken, unschwierig am Grat zum nördl. Zacken.

Rotgrubenspitze (Grubenkarspitze), 3040 m

Der höchste Gipfel in der Umrahmung des Kraspestales, eine schöne Felspyramide, die steil gegen den Kraspesferner abfällt.

● **1216 Von Norden;** Eisrinne. Schwierig je nach Verhältnissen, von Haggen 4—4½ Std.

Vom unteren Kraspesferner (von Haggen durchs Kraspestal wie in R 1213 zu erreichen) zieht eine steile Eisrinne in die Scharte zwischen Hauptgipfel und östl. Vorgipfel. An ihrem Ende über Fels (brüchig) zum Grat, dann unschwierig zum Hauptgipfel.

● **1217 Nordostgrat** (Witzenmann, 1928). II, teilweise III, 4½ Std. von der Pforzheimer Hütte.

Von der Rotgrubenscharte (von der Pforzheimer Hütte aus der Rotgrube in 1½—2 Std. erreichbar) über ein vorgelagertes Gratstück links einem Zacken ausweichend zum wandartigen Steilaufschwung. Links in der Wand hinauf, dann rechts zur Kante und am oberen Rand links zurück. Weiter am Grat zum östl. Vorgipfel und südl. der Kante über Platten zur Scharte und unschwierig zum Hauptgipfel.

● **1218 Südostkante** (E. Helmstädter, 1932). III, 1½ Std. E.

Einstieg im westl. Arm des Rotgrubenkars zum Rotgrubenköpfel (2714 m der AV-Karte; Scharte, 2681 m). Über steile Schrofen zur Kante und stets an dieser hinauf zum östl. Vorgipfel.

● **1219 Südwestgrat** (L. Purtscheller, F. Schnaiter, 1881). II, 1 Std. E.

Von der Scharte 2947 m (von der Pforzheimer Hütte in etwa 2 Std. durch das Rotgrubenkar) unschwierig am Grat über den ersten Vorkopf bis nahe zum Gipfel, im letzten Teil rechtshaltend, etwas schwieriger zum Gipfel.

● **1220 Pforzheimer Grat** (A. Keller, W. Eisenlohr, 1934).

Als solcher wird der Grat bezeichnet, der von P. 2972 m südwestl. der Rotgrubenspitze gegen SO herabzieht und Walfeskar und Rotgrube voneinander trennt. III, teilweise IV, 5 Std. E. Von der Hütte direkt gegen NW zum Anfang des Grates. Weiter am Grat unschwierig bis P. 2876 m. Hinab zu enger Scharte, brüchig über den folgenden Steilabbruch (IV), an der Kante weiter und ebenso schwierig zu P. 2894 m empor. Weiter zu seinem Endpunkt.

Haidenspitze, 2973 m

Die Haidenspitze ist ein langer, gewölbter Grat, von dem gegen O Schutthalden und Grasflächen ins Gleirschtal herabziehen. Gegen das Kraspestal fallen steile Felsen und Geröllfelder ab.

● **1221 Nordwestwand** (A. Witzenmann, K. Lang, 1932). II, einige Stellen III.

Anmarsch von der Pforzheimer Hütte über die Scharte südl. der Rotgrubenspitze, hinab über den Kraspesferner und zur NW-Wand der Haidenspitze. Schräg empor, nun nach links querend in die Wand. Von hier aus 2 Möglichkeiten:

1. Weiter nach O querend und hinauf zum Stangengipfel.
2. Über eine Rippe zum obersten SW-Grat und direkt zum Gipfel.

● **1222 Von Südosten** (H. Krollik, F. Schnaiter, 1894). I, 2—2½ Std.

Von der Pforzheimer Hütte auf Steigspuren unter dem Rotgrubenkar ansteigend gegen N, gegen die grasige, felsdurchsetzte Schulter „auf der Haide“. Gegen NW über Geröll ansteigend, unter die blockige Ostflanke nordöstl. des Gipfels direkt hinauf gegen den Ostgrat. Unterhalb des Grates gegen W umbiegend und zum Gipfel.

● 1223 **Südwand** (A. und M. Witzenmann, 1931; eine Variante wurde 1931 von R. Helmstädter, rechts der Witzenmannführe, begangen). III, 3½ Std. von der Pforzheimer Hütte, 2 Std. E.

Von der Hütte in das östl. Rotgrubenkar und gegen die S-Wand des Gipfels. Durch die Rinne, die mitten durch die Wand zieht, empor, bis sie in halber Höhe durch Klemmblock gesperrt wird. Schwierig über diesen Block. Nun links aus der Rinne in die Wand zu einer auffallenden Einbuchtung der Steilstufe in der Wand. Unter den Platten, die zur Einbuchtung leiten, links empor und durch die Einbuchtung hinauf. Weiter unschwierig zum Gipfel.

● **1224** **Südwestgrat.** Am SW-Grat gibt es zwei Möglichkeiten, entweder (II) in der N-Flanke unterhalb des Grates, 1½ Std. E., oder schwieriger (III—IV) am Grat direkt, 2 Std. E.

Als Zugang ist am besten von der Pforzheimer Hütte der mittlere Arm des Rotgrubenkars und die zur Rotgrubenscharte emporführende Schuttrinne geeignet.

● **1225** **Übergang zum Räuhengrat,** im Volksmund als Reichengrat bezeichnet (A. Witzenmann, 1928). III, 4—5 Std.

Vom O-Gipfel zum ersten Abbruch, der schwierig, kurz, in der O-Flanke umgangen wird. Weiter durchwegs am Grat zur Scharte 2648 und über den Grat zur Räuhenkarscharte. Stets weiter am Grat hinauf gegen P. 2804 m des Räuhengrates. Der weitere Gratübergang über mehrere Graterhebungen zum Rotkogel (II) 1 Std. am Grat.

● 1226 **Rotkogel,** ca. 2760 m

Vom Räuhengrat zieht mit kurzem Bogen nach W der Grat gegen N, welcher gegen W riesige Felswände ins Kraspestal sendet. Die einzig nennenswerte Erhebung in diesem Grat ist der Rotkogel, welcher am Grat von N her vom Mutenkogel, 2420 m (III), begangen wird (erste Begehung über den Rotkogel zum Räuhengrat H. Delago, 1893). Der Mutenkogel ist von St. Sigmund her oder von den Gleirschhöfen mühsam aber ohne Schwierigkeiten zu ersteigen. Vom Mutenkogel am Grat bis zu tief eingerissener Scharte am Gipfelansatz des Rotkogels. Weiter über die Felsen der NO-Seite.

● 1227 **Freihut,** 2617 m

Von Gries bzw. von der Juifenau oder von N her aus der Gegend des Kreuzlehnerhofes wird der NO-Grat dieses Ausläuferberges erreicht, über den man zum höchsten Punkt aufsteigt. Der Freihut bildet die letzte Erhebung in dem Grat, der das Lisenstal vom Gleirschtal trennt (1. touristische Ersteigung J. Pock, A. Endres, J. Steinbacher, am gleichen Tag F. Kasperofsky, F. Wopfner, 1888).

● 1228 **Grieskogel,** 2707 m

Bekannt als Grieser Grieskogel. Vom Lisenstal von Juifenau bzw. von Narötz am Steig gegen SW und hinauf zur Grüblalm, 2058 m. Von hier steigen steile, steindurchsetzte Grashänge gegen den Gipfel an, über welche man mühsam in 5 Std. von Gries den Gipfel erreicht.

Der Übergang zum Freihut vom Gipfel am steilen Blockgrat 150 m hinab zur ersten Scharte südl. des Sömenjoches, weiter am rückenartig entwickelten Grat zum Freihut. II, 1½ Std. 1. touristische Ersteigung J. Hepperger, A. und F. Lieber, 1888.

● 1229 **Hohe Wand (Tageweitköpfe)** höchster Punkt 2788 m

Eine Reihe von Gipfelerhebungen, die den vom Grieskogel her nach SW ziehenden Gratrücken auf eine Weile felsig unterbrechen, während er weiter wieder teilweise begrünt gegen die Lampsenspitze zieht. Von Praxmar über die Praxmarer Almhütte kann der Kamm südl. der Felszacken erstiegen werden, wobei man über den Grat unschwierig zum Grieskogel gelangt.

● 1230 **Lampsenspitze,** 2875 m

Dieser zwischen Lisenser Tal und Gleirschtal aufragende Kamm ist an einem Punkt, dem Satteljoch, tief eingeschnitten. Nördl. davon erhebt sich die Lampsenspitze, die unschwierig von SO von Praxmar über das Satteljoch und weiter über die grasdurchsetzten Hänge von S und SO her erreicht wird (4 Std.) Von der Pforzheimer Hütte steigt man zum Bach ab und weiter gegen SO, dann steil gegen O hinauf zum Satteljoch und weiter von SO zum Gipfel.

Die gesamte Überschreitung des Grates von der Lampsenspitze zum Freihut (teilweise II) stellt eine genußvolle Höhenwanderung dar, die aber nur Geübten anzuraten ist. Sie ist in etwa 4 Std. von Lampsen aus bis zum Freihut gut auszuführen und bietet den seltenen Genuß langdauernder Aussicht auf die weiten Gebiete der Nördl. Stubaier Berge. Vermutliche 1. touristische Ersteigung B. Tützscher, C. Wechner, 1879.

● 1231 Kuhwachter, 2762 m

Der als Kuhwachter in der AV-Karte bezeichnete Punkt stellt den nördlichsten Sattelschrofen dar, während der Name Kuhwachter im Ortsgebrauch an dieser Stelle nicht bekannt ist. Als Kuhwachter wird im Volksmund der tief im Tal südl. der Pforzheimer Hütte über dem See liegende Vorsprung bezeichnet, von dem man das Vieh im ganzen Talabschnitt gut überblicken kann.

● 1232 Sattelschrofen, höchster Punkt 2890 m

Die Sattelschrofen, als deren nördlichster der Kuhwachter angegeben ist, können in 3 Std. E.von N nach S überschritten werden (III). Vom Satteljoch zumeist am Grat bis zum dritten Turm. Der vierte, fünfte und sechste wird östl. an der Lisenser Seite umgangen (Überklettern, IV); nun wieder hinauf zum Grat und zu P. 2876 m empor. Von diesem nach S (III) am zerscharteten Grat weiter und über den mittleren Gipfel zum höchsten südl., 2890 m. Über dessen NW-Gratrücken (I) auf das Firnfeld und ins sogenannte Gamsgrübl, von dem man (I) zum Weg absteigt, der vom Satteljoch zur Pforzheimer Hütte zieht. Auch der S-Grat kann von der Hütte in 2½—3 Std. (II) begangen werden. Von der Pforzheimer Hütte südw. talein, dann gegen SW über Gras und Schrofen zum Wilden Kar südl. der Sattelschrofen und hinauf zum Ansatzpunkt des S-Grates (2758 m). Stets an der Gratkante zum südl. Gipfel.

Der Übergang zum Zischgeles. Stets am Grat vom südl. Sattelschrofen 1 Std. (II).

Zischgeles, 3005 m

Westl. von Lisens steht im Trennungskamm zwischen Lisenser Tal und Gleirschtal der Zischgeles, der einen langen, mit breitem Fuß endenden O-Grat aussendet. Trotz seines felsigen Aufbaus ist er auch ein im Spätwinter gern besuchter, für den erfahrenen Tourenfahrer lohnender Skigipfel.

● 1233 Von Norden (vermutlich Eglauer, Peer, Pircher, Prochaska, 1894). I, 3 Std. von der Pforzheimer Hütte.

Von der Pforzheimer Hütte herab zum Bach und talein, dann gegen SO empor ins Wilde Karl. Über den obersten Teil des Gratrückens, empor zum oberen Teil des N-Grates und über diesen zum Gipfel.

● 1234 Von Nordosten, von Praxmar. I, 3 Std. Frühjahrsskitour, Lawinengefahr! Von Praxmar gegen SW am Steig nördl. des Moarler

Baches und hinauf gegen W ins Satteljoch. Durch diese talähnliche Mulde südwestl. und nicht zu früh auf den obersten N-Grat und über Blockwerk zum Gipfel. Im Winter Benützung des Schleppliftes!

● **1234a Von Lisens.** Ähnlich wie R 1234, 3½ Std.

● **1235 Übergang zur Schöntalspitze** (A. Hintner, M. Peer, 1892). II, 3½ Std., brüchig.

Am S-Grat zur ersten Scharte hinab und weiter zu P. 2958 m, dann zum Steilabbruch über der Scharte 2892 m. Den Abbruch östl. umgehend durch eine Rinne hinab und über eine Rippe hinunter zum Fuß der Wand. Von dort gegen SW zur Scharte 2868 m ansteigend und von N über den zerscharteten Grat teilweise auf der Gleirscher Seite ausweichend bis zu einem Steilabbruch. Diesen rechts umgehend wieder empor. Weiter mäßig schwierig am Grat hinauf zur Spitze.

● **1236 Oberstkogel** (Obere Achsel), 2728 m

Dieser östl. Ausläufer des langen Grates, der vom Zischgeles nach O zieht, kann (I) von Praxmar am Steig gegen SW, weiter dann nach S über Schutt und Grashänge ansteigend, in 2½—3 Std. erstiegen werden.

● **1237 Schöntalspitze,** 3008 m

Im Winter hochalpine Skitour von Lisens. Auch am SW-Grat von der Zischgenscharte R 475 (II) am Grat zu begehen. Von NO wurde der Gipfel erstmals von M. Peer und A. Eglauer 1894 begangen. Vom Westfalenhaus auch durch die östl. von der Spitze herabziehende Rinne und eine große Platte (II) des obersten O-Grates ersteigbar. 2½ Std.

● **1238 Hornspitze,** 2540 m

Von der Schöntalspitze zieht ein langer Grat nach O, der in seinem Verlauf die Weiße und Blaue Wand und die Hornspitze aufbaut, die gelegentlich am Grat begangen werden. Vor allem zeichnen sich diese Gipfel durch sehr gefährliche, grasdurchwachsene Rinnen und Schrofenhänge aus.

● **1239 Grubenwand** (Schwarze Wand)

Im Talschluß des Gleirschtales erhebt sich zwischen der Schöntalspitze und dem Gleirscher Fernerkogel das Massiv der Vorderen und Hinteren Grubenwand, die einen langen Grat nach N aussendet, der Gleirschferner und Zischgelesferner voneinander trennt. Gegen S und W bzw. NW fallen prächtige Felswände ab. Das Massiv zerfällt in zwei Gipfel, die durch einen scharfen, brüchigen Grat miteinander verbunden sind.

Vordere Grubenwand, 3165 m

● **1240 Nordwestwand** (J. Harold, E. Fischer, Pomerolli, 1931). III, 2½ Std. E.

Vom Gleirschferner (Blockzunge) zieht in Fallinie der Vorderen Grubenwand eine Rinne herab. Am linken Rand der Rinne 100 m (Steinschlag) mühsam in Fallinie zur steilen Gipfelwand empor. Nun direkt, zuletzt durch engen Stemmkamin zum Ausstieg etwas westl. des Gipfels.

● **1241 Nordgrat** (A. Witzenmann, A. Kremer, 1930). IV, 6 Std. E.

Von der Pforzheimer Hütte talein und gegen den Zischgelesferner empor. Noch vor der Zunge des Ferners (im Volksmund meist Zischgenferner genannt) gegen W zum N-Grat und hinauf zu P. 2970 m, dem ersten Gratkopf. Nun am scharfen, zerrissenen Grat, einige Türme an der W-Seite umgehend, weiter. Zuletzt über den sehr scharfen, teilweise als Reitgrat ausgebildeten Kamm steil zum Gipfel empor.

● **1242 Nordostgrat** (J. Pircher, R. Kreisel, L. Prochaska, 1894). II, 1 Std. von der Zischgenscharte.

Nördl. der Zischgenscharte in südwestl. Richtung steil über Firn hinauf zur Scharte 3005 m. Nun über lose Blöcke stets am Grat zum Gipfel.

● **1243 Übergang zur Hinteren Grubenwand** (H. Delago, 1894). III, 30 Min., brüchig.

Zuerst am scharfen, brüchigen Grat, dann an der S-Seite etwas absteigend zu schmalem Band, auf diesem unter dem Grat gegen den Gipfel empor. Zuletzt über steile Platten von SO zum höchsten Punkt.

Hintere Grubenwand, 3175 m

● **1244 Nordwestwand** (H. Moschitz, G. Pfeifer, 1919). III, 1½ Std. E.

Einstieg an der Stelle, wo vom Gleirschferner in Gipfelfallinie eine Rinne hinaufleitet. Links davon über Plattenstufen empor in eine flache Rinne. In dieser aufwärts bis dort, wo die linke Begrenzungsrippe in der Wand endet. Nun links aus der Rinne heraus und gerade hinauf zur Gipfelwand, die gegen den W-Grat hin durchstiegen wird.

Blick vom Zischgeles nach Süden gegen die Grubenwand.
(Winteraufnahme mit Skiroute)

● **1245** **Südwestgrat** (F. Hohenleitner, R. Liebenwein, 1911). Von der Roßkarscharte zieht über mehrere Gratköpfe der stark zerrissene Kamm fast 2 km lang zum Gipfel empor. III, teilweise IV, 4 Std. E.

Vom Gleirschferner steigt man gegen den Grat empor, den man östl. von der Roßkarscharte, bereits hinter dem zweiten Plattenkopf, von N her durch eine steile Rinne schwierig und brüchig ersteigt. Weiter hält man sich an der scharfen, oft firstartigen Kante und überklettert die folgenden Türme an der Gratkante. Durch die Gipfelwand linkshaltend empor zum höchsten Punkt.

Gleirscher Fernerkogel, 3194 m

Früher auch Roßkarspitze genannt. Die südwestl. Ecke der Umrahmung des Hinteren Gleirschtales bildet der von NO und O her früher fast völlig überfirnte Gipfel. Gegen W fallen steile Wände ab, gegen N, SO und S entsendet der Gipfel seine Grate. (1. Ersteigung L.Purtscheller, H. Schöller, 1883.)

● **1246** **Von Osten** (Führe der Erstersteiger). Eine Stelle II, sonst reine Eistour, 4—5 Std. von der Hütte.

Von der Pforzheimer Hütte am Steig (nicht leicht zu finden, zum Teil Steigspuren), der über die Kuhwarte hoch am Hang südwärts zieht, zum Gleirschferner und auf diesem empor (einzelne Spalten) in den südwestl. Winkel bis unter die Roßkarscharte. Dort gegen W zu einer plattigen Wand. Diese wird von mehreren Rinnen durchzogen, deren Durchstieg bei schlechter Schneelage äußerst steinschlaggefährdet ist; daher rechts von den Rinnen in eine Verschneidung, über die Wand (II) und je nach Verhältnissen direkt über den Eishang zum Gipfel.

Eine Variante führt statt direkt zum Gipfel zur Scharte nördl. davon und (teilweise IV) über den Grat zum Gipfel.

● **1247** **SSW-Grat** (F. Hörtnagl und Gef., 1897). Im oberen Teil II, 3 Std. vom Westfalenhaus.

Vom Westfalenhaus zum Winnebachjoch empor, unter diesem gegen N zum Weißkogelferner und gegen NW zur Scharte am Fuß des SSW-Grates. Durch Gletscherrückgang und Felsausbruch ist diese direkt nicht mehr ersteigbar. Man muß den Grat vom Winnebacher Weißkogel her gewinnen, wobei der Abbruch in die Scharte durch Abseilen zu überwinden ist oder 50 m tiefer auf Bändern in der W-Flanke umgangen wird. Über diesen (II) zum Gipfel.

● **1248** Durch die etwa 70 m hohe **Südwand** kann (III), sehr steil, direkt zum Gipfel angestiegen werden.

● 1249 Als **Übergang zum Winnebacher Weißkogel** benützt man den Verbindungsgrat, der im Aufstieg zum Weißkogel (III) begangen wird. 1—1½ Std.

● 1250 **Übergang zur Südlichsten Sonnenwandspitze:** siehe Überschreitung der Sonnenwände vom Zwiselbacher Grieskogel her.

Sonnenwände

Südlichste (oder Hinterste) 3094 m, Hintere 3112 m, Mittlere 3111 m, Vordere 3159 m, Östliche 3104 m (in der Karte ohne Namen, im nördlichsten NO-Grat, der von der Vorderen Sonnenwand ausgeht).

Die Sonnenwände begrenzen das innerste Gleirschtal gegen W und bilden die Scheidewand zum Zwiselbachtal.

a) **Südlichste Sonnenwand,** 3094 m

● 1251 **Von Nordosten und über den Nordwestgrat** (L. Prochaska, F. Stolz, F. Hörtnagl, 1897). I, 3 Std. von der Pforzheimer Hütte.

Von der Zunge des Gleirschferners steigt man südwestw. zum Südlichen Sommerwandferner auf, von dem man (I) den Ansatz des kurzen Gratstückes nordwestl. des Gipfels erreicht. Weiter am Grat zum höchsten Punkt.

● 1252 Auch der etwas gegen Nordosten gerichtete Grat, der von der Südlichsten Sommerwand auszieht, kann in 1—1½ Std. mäßig schwierig von seinem Ansatz her unter dem Ende des Sonnenwandferners begangen werden.

● 1253 **Südostwand** (H. Frenademetz, 1932). II, 2 Std. E.

Von der nordwestl. Ecke des Gleirschferners zieht eine steile, plattige Rinne etwa 80 m empor. Durch sie erreicht man über brüchiges Gestein gegen rechts einen überhängenden Abbruch, den man rechts über unschwierigeren Fels begehen kann. Weiter unschwierig zum Gipfel.

● 1254 b) **Hintere Sonnenwand,** 3112 m

Diese wird meistens über den S-Grat vom Südl. Sonnenwandferner her begangen, indem man zum tiefsten Punkt südl. des Gipfels und dann über zwei Vorköpfe (II) aufsteigt. (1. Ersteigung: F. Hörtnagl u. Gef., 1897.)

● 1255 Auch in einer zwischen dem P. 3000 m und 3100 m (die 2 Vorköpfe südl. des Gipfels) gelegenen Rinne, kann man mühsam vom Ferner her ansteigen. Dabei wird der unterste Abbruch östl. knapp der Rinne umgangen.

● 1256 c) **Mittlere Sonnenwand,** 3111 m

Dieser Punkt wird in den meisten Fällen nur bei der gesamten Überschreitung berührt.

Auch seine SO-Wand wurde durchstiegen. III, teilweise IV, 1—1½ Std.

In Fallinie des Gipfels ist vom Nördl. Sonnenwandferner her ein Kamin zu sehen, der bis in halbe Höhe der Wand emporzieht. Rechts davon (III) 25 m empor, dann links in den Kamin, den folgenden Überhang links auf Plattenbändern umgehend zur Schutterrasse unter der Gipfelwand. Vom oberen Ende der Terrasse links empor zu einer Steilrinne, rechts davon hinauf zu einem Band, auf diesem nach rechts zu einer Kante und über diese zum Gipfel.

● 1257 d) **Vordere Sonnenwand,** 3159 m

Sie wird meistens bei der Überschreitung betreten (1. Ersteigung H. Delago, 1894), jedoch wurde sie auch über den NO-Grat über die Östl. Sonnenwand erstiegen. IV, 6 Std. E.

Von der Pforzheimer Hütte gegen S und empor, westl. des Kuglten Kopfes, bis man etwas westl. von P. 2830 m, der untersten Gratschulter, zum Grat ansteigen kann. Im letzten Teil über Plattenschüsse (IV) zum Grat. Weiter über Platten, Türme und Scharten hinweg, fast stets an der Gratkante zur Östl. Sonnenwand. Nun über eine steile Plattenwand, den ersten Zacken rechts umgehend, zwei weitere überkletternd in die Scharte östl. von der Vorderen Sonnenwand. Über Rinnen und Risse durch die Plattenflucht zum Gipfel.

● 1257a **Nordwestgrat** (Gebräuchlichster Anstieg). II.

Von der Pforzheimer Hütte südwärts in das Kar zwischen Vorderer Sonnenwand und Zwiselbacher Grieskogel. Nun südwestwärts über den stark zurückgegangenen Grieskogelferner steil auf die Scharte, 2983 m. Über den hier beginnenden Nordwestgrat auf die Vordere Sonnenwand. Infolge der Ausaperung der Nordflanke im Sommer kurz unter dem Gipfel sehr plattig und daher bei Nässe schwierig.

● 1258 **Überschreitung der Sonnenwandspitzen.**

Vom Zwiselbacher Grieskogel bis zum Gleirscher Fernerkogel. (1. Überschreitung L. Prochaska, F. Stolz, H. Delago, 1897.) II.

Vom Gipfel des Zwiselbacher Grieskogels über den Grat hinab. Anfangs teilweise westl., später bei einem hellen Köpfl mehr östl. ausweichend, ohne wesentliche Schwierigkeiten. In 45 Min. zum Fuß der Vorderen Sonnenwand. Nun weiter direkt am Grat, später teilweise links davon ausweichend (Firnhang, im Sommer teilweise ausgeapert, plattig). Zur Vorderen Sonnenwand (II, 45 Min.). Nun absteigend am Kar weiter, dann in den Geröllbändern der W-Seite knapp unterm Grat auf- und absteigend in etwa 30—45 Min. zur Mittleren Sonnenwand (II). Nun einen westl. Seitengrat rechts lassend über den etwas östl. ziehenden Hauptgrat gegen S weiter zu kleinem Schuttplatz hinab, wobei ein kleiner Gratturm etwas ausgesetzt überstiegen wird (kann rechts besser umgangen werden).

Über den nun stellenweise unschwierigen Geröllgrat weiter, einen mannshohen Turm knapp rechts umgehend, zuletzt nach 40 Min. zur Hinteren Sonnenwand (I—II). Gleich hinter der Spitze wird eine Geröllscharte überquert. Man steigt den nun wilden und zerscharteten Grat rechts umgehend etwa 50 m in einer Schuttrinne ab, quert weiter nach links fast waagrecht zum Grat, überschreitet diesen und hält sich an seiner östl. Seite, etwa 30 m gegen den Ferner absteigend. Dann umgeht man auf einem Geröllband in der Plattenflanke einige Graterhebungen. Wo der Ferner am höchsten heraufzieht, erreicht man wieder die Grathöhe. Knapp links davon zu einer kleinen Scharte, welche die Hinterste Sonnenwand von einem westl. Vorzacken trennt. Weiter empor zum Gipfel, II, 1 Std. Von der Hintersten (Südlichsten) Sonnenwand steigt man weiter gegen S ab. Auf dem nun wieder scharf aufgebauten Grat über seine schmale Kante, teilweise III, bis zum Fernerkogel (1 Std., teilweise III).

Die gesamte Überschreitung stellt eine der schönsten Touren dieses Gebietes dar; sie ist sehr lang, man benötigt von der Pforzheimer Hütte insgesamt 8—10 Std.

Zwiselbacher Grieskogel, 3088 m

Die Begrenzung des hinteren Gleirschtales gegen W findet südl. des Gleirschjöchls mit dem Zwiselbacher Grieskogel ihren Abschluß. Dieser stellt einen schönen, scharfen, oben abgeplatteten, von steilen Plattenschüssen umgebenen Felsaufbau dar.

● **1259 Nordwestgrat** (F. Hohenleitner und Gef., 1903). II, 4—5 Std. von der Guben-Schweinfurter Hütte.

Von der Guben-Schweinfurter Hütte gegen das Gleirschjöchl empor bis in die „Stube". Nun gegen SW ins Kar und über eine steile Plattenrinne zur Scharte südl. des vorgeschobenen Punktes 2627 m. Weiter am Grat, teilweise an der Zwiselbacher Seite ausweichend.

● **1260 Nordostgrat** (Th. Mayer, O. Stolz, 1899). III, 1 Stelle III+, 1½—2 Std. E. an der breiten Scharte.

Von der breiten Scharte südl. des Schartenkopfes empor zu P. 2761. Nun am Plattengrat bis zum Steilaufschwung unter dem Vorgipfel, welcher direkt begangen wird. Von hier aus in wenigen Min. zum Gipfel.

● **1261 Südostwand** (R. Helmstädter, K. Ruf, 1932). IV, teiweise V, 3—3½ Std. E.

Von der Guben-Schweinfurter Hütte erreicht man, zuerst gegen die Breite Scharte aufsteigend, dann südl. vorbei und gegen SW ansteigend, in 2½ Std. den Fuß der Wand. Diese zerfällt in zwei Teile: Unterer Teil von einer sehr langen Rinne durchzogen, in die kaminartige, senkrechte Stücke eingeschnitten sind.

Oberer Teil stark überhängender Fels, von teilweise überhängendem Kamin durchbrochen. Einstieg: wo das Geröll am weitesten in die Wand emporzieht. Mühsam hinauf zum überhängenden Einstieg und auf eine kleine Terrasse (III) und etwas rechts zur Rinne. Über eine 10 m hohe, fast senkrechte Wand in die Rinne hinein. In der kaminartigen Rinne (III) zur Terrasse empor. Nun erreicht man den oberen Teil der Wand. Vom Ende der Rinne nach links über Bänder zum Fuß des Kamins. Über eine griffarme Platte (IV) rechts empor in den Kamin (Sicherungsplatz). In schwieriger Stemmarbeit 150 m hinauf (manchmal überhängend). Über den letzten Überhang (dachartig) zum letzten unschwierigen Stück zum NO-Grat, 4 Seillängen vom Gipfel. Weiter am Grat zum höchsten Punkt.

● **1262** Der in R 1258 kurz erwähnte **Südgrat** wird von der Scharte 2983 m her begangen, indem man zwei großen Zacken an der Zwiselbacher Seite ausweicht und über eine kleingriffige Plattenstelle dem Vorgipfel zustrebt. Nun hält man sich am Grat oder besser an der W-Seite etwas absteigend, dann durch eine Rinne zurück zum Grat und zum Gipfel (II, 1 Std.). 1. Begehung: J. Pircher, A. Hintner, F. Hörtnagl, 1894.

● 1263 Schartlkopf, 2831 m, und **Metzgerstein,** 2782 m

In der tiefen Einsenkung, die nun den Kamm nach N fortsetzt, liegen zwischen der Breiten Scharte und dem Gleirschjöchl der **Schartlkopf,** 2831 m, bekannt auch als Samerschlagspitze, und der **Metzgerstein,** P. 2782 m. Beide können unschwierig vom Gleirschjöchl oder von der Breiten Scharte her überschritten werden.

VI. Bachfallenstock und Larstiger Berge

Der Bachfallenstock, eine selbständige Gruppe, liegt zwischen Winnebachjoch, Längentaljoch und dem Winnebachtal. Südl. des Winnebachjochs erhebt sich der Stock des Hohen Seeblaskogels, südwestl. davon der Bachfallenferner, der einzige größere Gletscher des Gebietes.

Stützpunkte sind das Westfalenhaus für die N- und O-Anstiege auf den Hohen Seeblaskogel, die Winnebachseehütte für die meisten anderen Touren. Gries im Sulztal, das man im Anstieg zur Winnebachseehütte berührt, die Hintere Sulztalalm und die Amberger Hütte sind weniger geeignet.

Die Larstiger Berge bilden die Fortsetzung des Kammes, der von der Schöntalspitze zum Gleirscher Fernerkogel führt. Sie beginnen im O mit dem Winnebacher Weißkogel (nördl. des Winnebachjoches), ziehen nach W zum Zwiselbachjoch, zur Larstigspitze und über den Strahlkogel, den höchsten und schönsten Berg der Gruppe, zum Grasstaller Grieskogel. Von der Larstigspitze streicht der 7 km lange Larstigkamm gegen N. Am Grasstaller Grieskogel entspringt der Grat, der zwischen Larstigtal und Grasstalltal parallel zum Larstigkamm nach N zieht. Zwischen Larstigspitze und Strahlkogel zweigt gegen SW der Kamm zum Breiten Grieskogel ab. Von dort zieht gegen SO der Grat zum Gänsekragen, der gerade westl. der Winnebachseehütte endet; gegen SW der Grat zur Salchenscharte und zum Hörndle, wo er nach N umbiegt und das Grasstalltal westl. begrenzt. Die stärkste Vergletscherung findet sich um den Breiten Grieskogel, Larstigspitze und Strahlkogel.

Die Larstiger Berge zählen zu den einsamen Gebieten der Stubaier Alpen, und gerade der landschaftlich großartige Larstigkamm ist bei weitem nicht vollständig erschlossen.

Stützpunkte für das Gebiet sind die Gubener Hütte für das Zwiselbachtal, die Larstighütte (Sommerwirtschaft) für das Larstigtal mit Larstigspitze und Strahlkogel sowie Niederthal für den westl. Teil; die Winnebachseehütte für die Anstiege von S; die südwestl. gelegenen Berge werden gelegentlich von Längenfeld im Ötztal her bestiegen.

Hoher Seeblaskogel, 3235 m

Dieser fast selbständig aufgebaute Gipfelstock zwischen Winnebachjoch und Bachfallenscharte trennt das hintere Längental vom Winnebachkar. Weit verzweigt ziehen seine Grate nach NW und N, weiter nach SW und auf der anderen Seite nach NO und SO. Gegen S entsendet er ebenfalls einen Grat, der gemeinsam mit dem SO-Grat den Grünen-Tatzen-Ferner umschließt. Gegen N, W und O fallen mächtige Wände in die Kare herab.

● **1265 Über den Nord- und Nordwestgrat** vom Winnebachjoch (Öfner, K. Knapp, 1904; teilweise wurde dieser Weg wohl schon bei der ersten Ersteigung 1881 von L. Purtscheller und J. Schnaiter begangen). III, 3½—4 Std. vom Joch. Vom Winnebachjoch ersteigt man direkt am Grat oder etwas gegen W ausholend vom kleinen Winnebachferner her die nördlichste Schulter, genannt „am Zoachen", 2980 m. Weiter verfolgt man über mehrere Zacken hinweg den Grat zur ersten Steilstufe, welche (III) von links her begangen wird. Über diese weiter am Grat erreicht man P. 3122 m. Hier teilt sich der Grat und entsendet gegen SW einen Seitenarm, der nochmals verzweigt gegen N die innerste Mulde des Winnebachferners einschließt. Der weiter gegen SO ziehende Grat ist etwas unschwieriger zu begehen und führt zuletzt über Blockwerk zum Gipfel.

● **1266 Nordwand** (E. Spötl, 1901). IV, 2—3 Std. E. Steinschlag, teilweise steiles Eis.

Vom Westfalenhaus am Steig zum Winnebachjoch. In der Mulde des Ochsenkares gegen SW hinauf zum Ochsenkarferner, wo eine Eisrinne etwas östl. der Gipfelfallinie (unter der O-Schulter des Gipfels) herabzieht. Je nach Verhältnissen bei meist großer Steinschlaggefahr in der Rinne empor, aus welcher man zuletzt rechts heraus in Fels (III) und über Wiesen den Grat zwischen O-Schulter und Gipfel erreicht.

● **1267 Nordostgrat,** Ochsenkargrat (A. Ledl, V. Tschammler, P. Waitz, 1898). II, teilweise II—III, 2½ Std. E., 3½—4 Std. vom Westfalenhaus.

Der Einstieg erfolgt über den Fuchsgrat genannten östl. Vorkopf, den man direkt von N her ersteigt, oder etwas südl. des Fuchsgrates vom

Ochsenkarferner, wo dieser am weitesten zum Grat emporzieht. Weiter verfolgt man stets die Gratkante. Dann über einen Rücken steil empor. Zuletzt erreicht man am flacheren Grat die O-Schulter und von dieser (I) den Gipfel.

● **1268** Die **Westflanke** wurde bereits 1881 von L. Purtscheller und J. Schnaiter bei der ersten Ersteigung begangen, zählt jedoch nicht zu den empfehlenswerten Anstiegen.

● **1269** **Über den Grünen-Tatzen-Ferner** (F. Hörtnagl, F. Stolz, A. Walde). Reine Eistour 3½—4 Std. vom Westfalenhaus, für sehr geübte Tourenfahrer bei guter Frühjahrs-Firnlage eine ideale hochalpine Skiabfahrt.

Vom Westfalenhaus erreicht man am Steig gegen S, dann auf einer Abzweigung am unteren Ende der großen Seitenmoräne des Längentalferners steil gegen W das Geröllkar unter dem Ende des Grünen-Tatzen-Ferners. Durch die enge, im unteren Teil oft von Steinschlag bestrichene Rinne erreicht man nach etwa 250 m eine Verflachung, über der das letzte steile Eis zum Gipfel führt, wobei man am besten etwas gegen den O-Grat hin ausholt und über diesen den Gipfel erreicht.

● **1270** **Von Süden bzw. Südwesten,** Normalweg (G. Holzknecht, F. Plaseller, 1897). Von der Winnebachseehütte, I, 3 Std.

Von der Hütte gegen O am Steig zum Beginn des Bachfallenferners empor und nördl. der Zunge bis in die Gegend der Grünen Tatzen, das sind die vom SO-Grat herabziehenden, teilweise begrünten Hänge, die gegen den Ferner in felsiger Steilstufe abbrechen. Darin ist ein kleines Tal gegen Osten eingelagert. Man erreicht es über den Hang der nördl. Seitenmoräne des Bachfallenferners und verfolgt es in der gesamten Länge, später nach NO umbiegend. Man erreicht die Grathöhe bei P. 3022 m, folgt ihr über unschwierige Stufen und ein steiles Schneefeld auf P. 3102 m. Kurzer Abstieg am Grat zur Scharte 3099 m. Von dort Abstieg auf den Grünen-Tatzen-Ferner, den man in Richtung auf den höchsten Punkt des Ostgrates überschreitet, über diesen, teils Schnee, teils Fels auf den Gipfel. Vorsicht, gegen N Wächten!

● **1271** Direkt **von Westen** her im nördl. Teil des Weiten Kares, wo steile Rinnen zum nordwestl. ziehenden Grat hinaufleiten, wurde ein Durchstieg gefunden. Ebenso wurde die den Grünen-Tatzen-Ferner in südöstl. Richtung begleitende Gratkante, welche von der O-Schulter ausgeht, 1898 von V. Tschammler und P. Waitz (III) erklettert.

● 1272 Bachfallenkopf, 3176 m

Massiger Felsaufbau nördl. des Längentaler Weißen Kogels, für sich allein kaum lohnend zu ersteigen.

Von Nordosten (F. Hörtnagl, 1900). I, 45 Min. E., 2½—3 Std. von der Winnebachseehütte.

Von der Winnebachseehütte am Steig empor zum Bachfallenferner, den man im flachen Teil oberhalb der Zunge von N her betritt. Weiter gegen S über die etwas südl. der Bachfallenscharte steiler ansetzende Firnzunge, die leicht links überwunden werden kann, empor, zuletzt über eine Felsstufe zum Grat östl. des Gipfels und zum Gipfel.

Der alte Weg von der Scharte P. 3102 über die Vorköpfe ist durch Felsstürze stark erschwert (wahrscheinlich III—IV).

● **1273 Übergang zum Längentaler Weißen Kogel.** I, teilweise II, 45 Min. Der Übergang vollzieht sich bis zur tiefsten Einsattelung am Grat. Von hier ab meist im Firn des Längentaler Ferners.

● **1274** Auch die **Westflanke,** etwas südl. des Gipfels, eine steile Schutt- und Blockstufe, kann mühsam (II) durchstiegen werden (¾—1 Std. vom Ferner, erste Begehung W. Nothdurft, S. Plattner, W. Tränkel 1909).

Längentaler Weißer Kogel, 3218 m

● **1275 Von Nordwesten.** Für Geübte unschwierig, I, 3 Std. von der Winnebachseehütte.

Von der Hütte am Steig zum Bachfallenferner und am Ferner gegen S bis unter die W-Flanke, die vom Grat zwischen Bachfallenkopf und Weißem Kogel herabzieht. Hier führen steile, brüchige Schrofenrinnen gegen die Scharte nördl. des Gipfels empor. Durch die äußerst linke Rinne, die am wenigsten gefährliche, ersteigt man den Grat und (I) auf diesem den Gipfel.

Ausblick vom Zwiselbachjoch nach Südosten über das Tal der Winnebachseehütte gegen den Bachfallenferner.

R 1272 Nordostanstieg
R 1273 Übergang
R 1278 Südwestgrat
R 1290 Nordostgrat

Bachfallenscharte
Bachfallenkopf
Hint.
Brunnenkogel
Hint. Wilder Turm
Längentaler Weißer Kogel
Schrandele
Schrankarkogel
Schrankogel
Gaißlehnscharte
Putzenkarschneide
Hint.
Vord.
1272
1273
1278
1290
Bachfallenferner
Winnebachsee
Hütte

● **1276 Von Nordosten** (F. Hörtnagl, F. Stolz, A. Walde, 1897). I, 2¾—3 Std. vom Westfalenhaus (oder von der Amberger Hütte 3½—4 Std.).

Vom Westfalenhaus am Doktor-Siemons-Weg zum Längentaler Ferner und über diesen empor gegen das Längentaljoch. Hierher auch von der Amberger Hütte (R 500). Knapp nördl. unter dem Joch gegen SW abbiegend und über den Firnhang empor zur Einsattelung zwischen Weißem Kogel und Bachfallenkopf. Weiter über den Grat (meist im Firn) zum Gipfel.

● **1277 Ostgrat** (A. v. Pallocsay, J. Kindl, 1888), teilweise II, 1½ Std. vom Längentaljoch.

Wenig ratsam, teilweise brüchig und gegenüber dem Anstieg vom Westfalenhaus (R 1276) kein zeitlicher Vorteil.

Vom Joch steigt man über mehrere Gratköpfe hinweg stets am Kamm bis zum Gipfel an.

● **1278 Südwestgrat** (vermutlich F. und S. Hohenleitner). Von der Gaißlehnscharte, III, 2—2½ Std. E.

Von der Gaißlehnscharte (die man über den Bachfallenferner von der Winnebachseehütte unschwierig in 2 Std. erreicht; siehe auch R 1179), übersteigt man am brüchigen Grat den ersten Kopf und die folgende Einschartung. Weiter folgt man dem scharf gehackten Grat. Über eine steile Scharte kurz vor dem Eckpunkt im Grat und die folgenden Graterhebungen und Scharten erreicht man zeitweise westl. ausweichend den Gipfel.

● 1279 Gaißlehnkogel

Der Gaißlehnkogel bildet mit drei Gipfeln den südl. Eckpunkt und das Ende des Bachfallenferners. Im S ist am Fernerrand eine Scharte eingeschnitten. Östl. davon erhebt sich der Doppelgipfel des Großen Gaißlehnkogels, dessen östl. P. 3216 m und dessen westl. P. 3213 m mißt. Westl. der Scharte steht ein kleinerer Kopf, der im Gegensatz zum Großen Gaißlehnkogel ohne jede Schwierigkeit erstiegen werden kann. Dies ist der Kleine Gaißlehnkogel (Murmenteler).

● 1280 Großer Gaißlehnkogel, 3216 m, 3213 m

Von Nordosten, von der Gaißlehnscharte (A. v. Pallocsay, J. Kindl, 1888). II, 45 Min.

Von der Gaißlehnscharte (R 502 a) steigt man etwas an der südl. Blockflanke an und erreicht zuletzt am Grat den östl. Gipfel.

Übergang zum westl. Gipfel (F. Escherich, Qu. Gritsch, 1888). II, 10 Min.

Am stark zersägten Grat zwingt ein Plattenturm zum Ausweichen an der N-Seite. Man quert ihn an seinem Fußpunkt, erreicht durch schluchtartige Rinnen wieder den Grat und steigt auf diesem zum Gipfel.

● **1281 Übergang zum Kleinen Gaißlehnkogel.** Über die dazwischen eingesenkte Scharte, 3130 m (teilweise am Grat F. Escherich, Qu. Gritsch, 1888). Teilweise II, 45 Min. Man hält sich dabei stets auf der Grathöhe.

● **1282 Abstiege vom Großen Gaißlehnkogel:**

1. Den O-Grat (II) etwa 200 m bis zu einer Einsenkung mit auffallend hellem Gestein hinab und über Schrofen ins Seitenkar und zum See, 2688 m.

2. Auch die Rinne, die aus diesem Seitenkar an den Verbindungsgrat der beiden Gipfel ansteigt, ist II.

● 1283 Kleiner Gaißlehnkogel, 3145 m

Von der Winnebachseehütte über den Bachfallenferner und zuletzt in südwestl. Richtung ansteigend, kann man direkt von N zu dieser Graterhebung aufsteigen, wobei man fast vollkommen im Firn etwas westl. des Gipfels die Grathöhe erreicht, oder auch östl. zur tiefen Einsattelung, von der man in wenigen Minuten zum Gipfel ansteigen kann.

● 1284 Am **Nordwestgrat** von der Kühlehnkarscharte, 3012 m, her kann diese Graterhebung (II) in 45 Min. bis 1 Std. erreicht werden (1. Begehung F. Escherich, Qu. Gritsch, 1888). Brüchig! Der Anstieg erfolgt zunächst im Firn. Vor dem letzten Aufschwung wird der Grat erstiegen.

● 1285 Die **Kühlehnkarscharte,** 3012 m, kann man vom oberen Firn des Bachfallenferners her direkt gegen W flach ansteigend erreichen. Sie ist die tiefste Einsattelung südl. der Kühlehnkarschneide. Auch von SW her aus dem Kühlehnkar (von Gries oder von der Vorderen Sulztalalm kommend) kann man zuletzt durch eine steile, brüchige Rinne (II) zur Scharte aufsteigen (sehr mühsam).

Kühlehnkarschneide
Südgipfel 3196 m, Nordgipfel 3188 m

Die westl. Begrenzung des Bachfallenferners im hinteren Teil bildet eine scharfe Gratschneide, von der zwei Seitengrate nach O und SW ausziehen. In ihr erheben sich zwei auffallende Punkte, die Südl. und die Nördl. Kühlehnkarschneide.

● 1286 Von der Kühlehnkarscharte (R 1285) **über den Südgrat:** I, 30 Min. zum südl. Gipfel. Man benützt zunächst den Grat und steigt dann rechts der Gipfellinie über Blockwerk zum Gipfel. Etwas schwieriger (II) kann auch der direkte Grat begangen werden (1. Begehung: V. v. Pallocsay, J. Kindl, 1888).

Der vom südl. Gipfel nach O zum Bachfallenferner herabziehende Grat kann (ebenfalls II) in 1½ Std. E. begangen werden.

● 1287 Übergang zum Nordgipfel, II, 30 Min.

Man verfolgt im wesentlichen die scharfe Plattenschneide bis zum Endpunkt (1. Begehung: L. Prochaska, F. Hörtnagl, F. Stolz, 1898).

● **1288** Der **Übergang nach N zur Putzenkarschneide** (mit Abstiegsmöglichkeiten zum Bachfallenferner und zum Säuischbachferner), etwa 1½ Std., ist teilweise II, wobei man immer nach Möglichkeit die Gratkante verfolgt.

Putzenkarschneide, 3120 m, 3073 m

Zwischen Bachfallenferner und Säuischbachferner erhebt sich südl. des kleinen Putzenkarferners die Putzenkarschneide als langer Gratrücken, einen westl. oder vorderen (3120 m) und einen östl. oder hinteren Gipfel (3070 m) aufbauend. 1. Ersteigung A. v. Pallocsay, J. Kindl, 1888.

● **1289** **Von Norden** kann man von der Winnebachseehütte in 3 Std. ansteigen, indem man den Steig zum Bachfallenferner etwa bis zu dem kleinen See 2485 m (30 Min.) oberhalb der Hütte verfolgt, dort gegen S abbiegt und durch das Putzenkarle und über den Putzenkarferner ansteigt. Am Ferner hält man sich gegen SW und erreicht die Scharte, 2902 m, im südwestl. ziehenden Blockgrat. Auf diesem (I—II) zum Gipfel.

● **1290** **Der Nordostgrat der Hinteren Putzenkarschneide** kann vom Bachfallenferner (II) erstiegen werden. Der Grat selbst ist unschwierig, 1½ Std. vom Bachfallenferner. 1. Begehung K. Rufinatscha, T. Schedler, 1912. Der Verbindungsgrat zwischen beiden Gipfeln bietet keine Schwierigkeiten.

● **1291** **Der Südgrat der Vorderen Putzenkarschneide** (meistens im Übergang von der Kühlehnkarschneide her gemacht) kann auch vom Bachfallenferner erreicht werden, wobei der weitere Anstieg am Grat erfolgt. Eine plattige Stelle II. 3 Std. von der Winnebachseehütte. (1. Begehung A. v. Pallocsay, J. Kindl, 1888).

● **1292** Sowohl vom Bachfallenferner als auch vom Putzenkarferner (durch eine steile Eisrinne) kann man zum Verbindungsgrat zwischen Vorderer und Hinterer Putzenkarschneide ansteigen (1. Begehung im Abstieg F. Hörtnagl, L. Prochaska, F. Stolz, 1898). Von der Winnebachseehütte 2½ Std. bzw. 3 Std., I

● **1293** **Südwand der Vorderen Putzenkarschneide** (H. Moschitz und F. Pfeifer, 1919). III, 1 Std. E.

Hohe Winnebachspitze, 3135 m
Niedere Winncbachspitzen, 3054 m und 2992 m
Rötkogel, 2708 m

● **1294** Von der Kühlehnkarschneide gegen SW führt ein Grat, der die Hohe Winnebachspitze aufbaut. Zu ihr zieht von N her der Säuischbachferner hoch empor, während sie gegen SW und SO steil abfällt und gegen S einen Grat entsendet, der zuletzt in steilen Wänden abbricht. Die erste Ersteigung wurde vermutlich 1892 von Kremer, Braun und Großmann durchgeführt.

a) Von der Winnebachseehütte kann man zum Bachgrund absteigen und jenseits über Schrofenhänge zum Säuischbachferner ansteigen,von wo man direkt gegen S etwas westl. vom Gipfel den Grat erreicht und über diesen zum Gipfel ansteigt. II, 3½ Std. Auch von SW her wurden vor allem früher gelegentlich Anstiege über Gras und steile Schrofenrinnen ausgeführt.

b) Durch die „Winnebachlehn"-Rinne und den N-Grat auf die Niedere Winnebachspitze. Steiles Eis, Steinschlag. II. Man hält sich am besten rechts.

c) Wie bei R 1289 zur Scharte 2902, von dieser (II—) hinab auf den Säuischbachferner. Keine Höhenverluste, kaum mühsam.

● **1295** **Übergang zur Kühlehnkarschneide,** II, teilweise III, 1 Std. (F. Hörtnagl, L. Prohaska, F. Stolz, 1898).

● **1296** Westl. von der Hohen Winnebachspitze bauen sich in der Umrahmung des Säuischbachferners die **Niederen Winnebachspitzen** auf, vom Säuischbachferner her unschwierig zu erreichen (A. v. Pallocsay, J. Kindl, 1888). P. 3054 Schutt- und Blockgipfel, P. 2992 hat lohnende Aussicht. Bester Anstieg wie in R 1292 beschrieben (Gratübergang).

● **1297** Etwas weiter gegen NW vorgeschoben steht als Schulter gegen das Winnebachtal hin der **Rötkogel,** 2708 m, der an den Hängen der SW-Seite mühsam und nicht ungefährlich zuletzt über steile Schrofen von Gries im Sulztal in 2½—3 Std. erstiegen werden kann.

Winnebacher Weißkogel, 3185 m

Nördl. vom Winnebachjoch erhebt sich dieser Gipfel, an dessen NO-Seite der Weißkogelferner eingebettet ist. Gegen W fallen mächtige Wände ins Zwiselbachtal ab.

● **1298 Vom Winnebachjoch.** I, 1½ Std. (Frühjahrsskifahrt).

Vom Joch nördl. ansteigend zum Weißkogelferner. Über diesen gegen W empor, bis man entweder über den Grat oder direkt von NO her zur Spitze ansteigen kann.

● **1299 Übergang** auf dem langen zerscharteten Grat gegen SW und W zum **Zwiselbacher Weißkogel.** II, teilweise III, 1½—2 Std.

● **1300** **Zwiselbacher Weißkogel,** 2961 m

Die Scheidewand zwischen Zwiselbachtal und Winnebachtal wird von der von O nach W ziehenden Gratschneide gebildet, die vom Zwiselbachjoch ausgeht. Die mächtigste Erhebung dieses Grates ist der Zwiselbacher Weißkogel (1. Ersteigung: M. Peer, 1893).

Von der Guben-Schweinfurter Hütte, zuletzt von NO, nach Verhältnissen 4½—5 Std. Am Steig ins Zwiselbachtal und zum Zwiselbachferner, auf dem man zu seiner östl. Firnzunge hinaufsteigt. Über diese, im letzten Teil ziemlich steil, erreicht man teilweise über Eis den Gipfel.

Auch der diese Firnzunge nach W begrenzende wenig ausgeprägte Nordgrat kann ohne große Schwierigkeiten begangen werden.

Der Grat vom Zwiselbachjoch ist zuerst unschwierig über einige Gratköpfe, teilweise in Geröll, dann auf der teilweise plattigen Gratschneide ohne besondere Schwierigkeiten zu begehen. (45 Min. vom Joch.)

Larstigspitze, 3173 m

Ein scharf aufragender, hornförmiger Gipfel mit allseits plattigen Graten und Wänden.

● **1301 Südostgrat** vom Zwiselbachjoch (F. Hörtnagl, A. Posselt). II, eine Stelle III, 1½ Std. E., brüchig.

Vom Joch an der S-Seite unter dem Grat am Grieskogelferner querend, steigt man erst dort in den Grat ein, wo der eigentliche Gipfelaufbau ansetzt. Nun steil am Grat über eine fast senkrechte Plattenstufe empor zum Eckpunkt im Grat südl. des Gipfels. Am Plattenkamm oder einfacher über ein brüchiges Band westl. des Grats auf die Gipfelschneide.

● **1302 Südwand.** II, 45 Min. E. (evtl. bei Winterbegehungen empfehlenswertester Anstieg). 1. Begehung (auf vermutlich anderer Führe): F. Escherich, Schmelcher, Qu. Gritsch, 1888. Erste sichere Begehung dieses Weges: Böttcher, 1934.

Vom Grieskogelferner steigt man in Gipfelfallinie gerade empor, zuletzt etwas gegen den O-Grat, um diesen aber sofort wieder zu verlassen und im obersten Teil der Wand auf Bändern querend gegen den obersten SW-Grat anzusteigen. Zuletzt über die kurze scharfe Plattenschneide mit der Plattenstufe (R 1301) von S her zum Gipfel.

● **1303** **Südwestgrat** von der Larstigscharte (L. Purtscheller, J. Schnaiter, 1891). II, 45 Min., sehr brüchig.

Von der Scharte hält man sich stets am stark zerzackten brüchigen Grat bis zum Eckpunkt und weiter über die Plattenschneide und die Plattenstufe von S her zum Gipfel. Dieser Grat ist weniger brüchig als der Ostgrat. Man umgeht die beiden unteren Steilaufschwünge an der O-Seite.

● 1304 Der Larstiggrat

Der von der Larstigspitze nach N ziehende, fast 7 km lange Grat baut nach dem Larstigkopf eine Reihe von Gipfeln auf, welche in der Reihenfolge von S nach N folgendermaßen angeordnet sind: Südl. Larstigknotenspitze, Nördl. Larstigknotenspitze, dann folgen einige in der Karte unbenannte Punkte, dann die Südl. Larstiggratspitze, und nach langer weiterer Gratfortsetzung die Nördl. Larstiggratspitze, auch Gamezkögele genannt. Der letzte Aufbau des Grates ist die Sömenspitze. (1. vollständige Überschreitung: S. Hohenleitner, A. Soppelsa, L. Eisenreich, O. Simerding, 1909.) Von der Larstigspitze nach N zum Larstigkopf führt der Grat schwierig und scharf zerrissen zur Scharte 3015 m, weiter über die Graterhebung 3041 m und über die folgende Scharte erreicht man (III—IV) am zunehmend zerrissenen Grat den **Larstigkopf** (III—IV), 2½—3 Std. 1. Begehung: S. Plattner, W. Nothdurft, V. Tränkel, 1909.

● **1305** Auch von N über die Zwerchwand her und vom Larstigtal kann dieser scharfe Felszacken erstiegen werden. Vom Larstigtal steigt man über die Moränen des Larstigferners an bis dort, wo aus der Scharte eine oben verbreitete Geröllrinne, unten in unschwierigen Felsen endend, herabzieht, die den Zugang vermittelt.

An der O-Seite aus dem Zwiselbachtal führt eine Geröllschlucht weit hinauf, nur ein nicht sehr hoher, fast senkrechter Felsabsturz erschwert den Ausstieg auf die nördl. Schulter. Gemsjäger hatten früher dort gelegentlich ein Seil eingehängt.

● **1306** Vom Larstigkopf wendet man sich über die nördl. liegende Scharte gegen die Zwerchwand, wo der Grat gegen NW umbiegt, um bei einem in der Karte unbenannten Gratkopf wieder gegen N weiterzuführen. Auf diesem Grat (III) zur **Südl. Larstigknotenspitze** (eine Scharte in diesem Grat nordwestl. der Zwerchwand wird unschwierig aus dem Zwiselbachtal erstiegen; vom Larstigkopf zur Südl. Larstigknotenspitze 1½ Std.).

● **1308** Die **Nördliche Larstigknotenspitze** wurde 1900 von W. Heinz und F. Miller vom Larstigtal her erstiegen. Von den Larstighöfen am Steig durch den Wald und dann durchs Larstigtal, bis man nordwestl. der Nördl. Larstigknotenspitze über Schutt das Schneekarle erreichen kann. Dessen Fortsetzung bildet eine große, oft schnee-erfüllte Rinne, die man, teilweise an der linken Begrenzung, ansteigt. Zuletzt auf den Gratansatz und weiter am Gratgegen S zur Spitze. (II—III, 2 Std. vom E.)

Auch vom Zwiselbachtal kann über das kleine östl. eingebettete Eisfeld und schwierig über die brüchige Wand, zuletzt am Grat, zur Spitze aufgestiegen werden.

● **1309** Der weitere Grat nach N wird immer leichter. Von der Nördl. Larstigknotenspitze zur **Südl. Larstiggratspitze,** II, 1 Std. Weiter verfolgt man den Grat, gelegentlich auf Gamswechseln ausweichend, in 1½ Std. zur **Nördl. Larstiggratspitze.** Der Abstieg nach N führt in etwa 1 Std. über die Scharte auf den nächsten letzten, wesentlich niederen Gratpunkt, die **Sömenspitz.** Von der dazwischen liegenden Scharte (Sömenscharte) kann man (I) gegen NO absteigend durch das Zwiselbachtal die Gubener Hütte erreichen.

● **1310** **Larstigfernerkopf,** 3216 m

Zwischen Larstigspitze und Strahlkogel steht ein in der Karte unbenannter felsiger Kopf von fast ausgeglichener Pyramidenform. Gegen S setzt sich der Grat zum breiten Grieskogel fort. Ein kleiner felsiger Kopf, P. 3204 m, ziert diesen Grat. (Erste Begehung durch die S-Flanke K. Zeuner 1919.)

Am Grat von der Larstigscharte befindet sich eine herausgewitterte Quarzbank. Gerade Überschreitung, III, 5 Min. Jedoch Umgehungsmöglichkeiten auf beiden Seiten.

Strahlkogel, 3295 m

Eine der schönsten Gipfelgestalten der ganzen Stubaier Berge, eine mächtige Pyramide mit schlanker Felsspitze, erhebt sich im inneren Larstigtal im Kamm zwischen Larstigfernerkopf und Grasstaller Grieskogel. Die Flanken sind von breiten Quarzbänken durchsetzt. Die erste Ersteigung führte bereits 1833 C. Thurwieser aus, doch ist über seinen Weg nichts bekannt.

● **1311 Nordwand** (K. Wolf, A. Zimmermann, 1903). IV, 1 Stelle IV+, 4 Std. E.

Die mächtige, über 400 m hohe Wand wird von zwei Rinnen durchzogen, deren westl. nach oben in hohem Kamin fortgesetzt ist. Die östl. ist zum Anstieg wenig geeignet (Steinschlag). Zwischen den beiden Rinnen steht ein massiger Wandaufbau. Einstieg in Gipfelfallinie. Über steile, plattige Schrofen empor und gerade hinauf über Wandstufen gegen eine mächtige, 12 m hohe, oben mit Überhang endende Platte. Dieser Überhang wird von einer breiten, mehrere Meter hohen Bank aus rotem Gneis gebildet. Wenige Schritte auf schmalem Band querend, bis eine Stelle sichtbar wird, wo die Platte zwar noch steiler ist, jedoch von feinem Riß durchzogen wird (schwierigste Stelle, IV+). Durch diesen Riß empor, weiter über Plattenstufen und Wandstellen. Unter einem steilen Absturz (aus der Fallinie des bisherigen Anstiegs) nach links und zum obersten Teil des NO-Grates, knapp beim Gipfel, in eine kleine Scharte. Über 4 m hohe Platte fast senkrecht am Grat weiter, auf schmalen Leisten freie Wand querend bis unter die Gipfelfallinie. Gerade empor, zuletzt über Schrofen und Blockwerk zum höchsten Punkt.

● **1312** Vom Gipfel gegen W bricht der Grat zunächst sehr steil ab, nach dem Abbruch folgt ein flaches Gratstück, das gegen N einen Felspfeiler entsendet. Westl. davon zieht eine Rinne herab. Auch diese stellt bei sehr günstigen Schneeverhältnissen einen schwierigen (III) Auf- und Abstiegsweg dar, der im Sommer wegen der großen Steinschlaggefahr nicht anzuraten ist.

● **1313 Nordostgrat** (H. Moschitz, F. Pfeifer, E. Pechlaner, 1919). III, einige Stellen IV, 3 Std. E.

Durch das Larstigtal, am W-Rand des Larstigferners ansteigend, erreicht man den Fuß des Grates. Einstieg unter einer auffallend grau gefärbten Gratstufe. Über den gestuften Grat zunächst 150 m empor, bis über einer Schuttstufe senkrechte Platten den Weg sperren. Ewas links ansteigend zur Kante des Grates. Eine gutgestufte Wand führt in eine Plattenmulde, von deren oberem Ende man wieder links die Kante erklettert. Ein nach links führendes Band verfolgt man bis zu seinem Ende, worauf man eine große Geröllstufe in der Mitte des Grates erreicht. Weiterhin stets an der Gratkante bis zum Gipfel.

● **1314 Ostflanke** (F. Gstrein, F. Lantschner, L. Künzl, 1892). Vom oberen Larstigferner zieht eine mit vielen Rinnen durchsetzte Wand empor, III, teilweise IV, 3 Std. E.

Vom westl. Arm des Larstigferners zieht eine Rinne weit in die Wand empor (nördl. von rotem Fels, südl. von Platten begrenzt). Nach oben läuft die Rinne gegen eine Scharte südöstl. des Gipfels aus. Einstieg direkt in die Rinne (Steinschlag). Meist am Fels knapp rechts der Rinne steil empor, bis der Fels etwas flacher wird und plattig zum Eisfeld in der Wand hinaufleitet. Über das Eisfeld zum Gipfelaufbau, und nun gerade empor steil und ausgesetzt zum Gipfel.

● **1315** **Südostgrat** (M. Pfaundler, G. Künzel, 1899). III, 2 Std. E.

Südostwärts des Strahlkogels ist im Grat zum Larstigfernerkopf eine Scharte eingesenkt, welche man leicht durchs Larstigtal über den Larstigferner oder etwas schwieriger über den Grasstaller Ferner erreichen kann. Der gewöhnliche Anstieg über den Larstigferner ist der Weg zur Larstigscharte, doch kann man etwas steiler auch über die westl. Hälfte des Ferners direkt zur Scharte emporsteigen. Von dieser Einsattelung wendet man sich direkt dem SO-Grat zu und steigt über den teilweise plattigen ersten Grataufbau stets an der Kante zum zweiten Aufbau empor, welcher an der S-Seite umgangen werden kann. Ebenso umgeht man den dritten Grataufbau an der S-Seite und steigt direkt zum Gipfel auf.

● **1316** Auch die **Südflanke** kann (II) etwa in Gipfelfallinie (aber auch westl. davon) durchstiegen werden. Einige Schwierigkeiten bieten steile Wandstücke, welche von querdurchziehenden quarzhaltigen Gesteinsadern gebildet werden (vermutlicher Weg Thurwiesers 1833).

● **1317** **Westgrat** (L. Purtscheller, F. Drasch, 1887). II, teilweise III, 1½ Std. von der Scharte zwischen Grasstaller Grieskogel und Strahlkogel; 2¼ Std. vom Grasstallferner.

Der Grat zieht vom Grasstaller Grieskogel gegen O herab zu einem Sattel und weiter zum Strahlkogel. Zuerst mäßig steil, dann steiler werdend empor. Diese Einsenkung kann vom Grasstallferner her (II) durch Geröll, über Blockwerk und Rinnen, im oberen Teil über einige Bänder erreicht werden. Von der tiefsten Stelle des Joches am besten unter der noch weit flach hinziehenden Kammhöhe an der S-Seite. Beim Ansatz des eigentlichen steilen Gipfelgrates empor zur Kante und (teilweise III, ausgesetzt) stets an dieser hinauf, nur an einigen Stellen kann man ein paar Meter an der S-Seite ausweichen.

● **1318** Der **Zugang zum Grasstallferner** ist aus dem Grasstalltal etwas schwierig, doch ist der Weg vom Grasstallsee über den Ferner unschwieriger als der Durchstieg durch die steilen Schrofen nördl. des Sees. Von Niederthai über das Grasstalltal braucht man für diesen

Zugang etwa 4½—5 Std. zum Einstieg. Etwa dieselbe Zeit hat man von Längenfeld über die Salchenscharte zu rechnen.

Grasstaller Grieskogel, 3160 m

In der Fortsetzung des Grates vom Strahlkogel her steht dieser Felsaufbau, der mit kühnen Wänden gegen W und gegen NO abfällt. Seine Grate ziehen nach NW, O und SW.

● **1319** **Nordwestgrat** (A. Posselt, A. Walde, S. Hertl, A. Hintner, F. Hörtnagl, 1900). II, teilweise III, 3½—4 Std. E.

Vom Larstigtal kommend ersteigt man den Grat nördl. des Grasstaller Grieskogels beim Kreuzjöchl über Gras- und Schutthänge (auch vom Grasstalltal erreicht man ohne Schwierigkeiten diese Gratsenke). Weiter überschreitet man die beiden Grasstaller Köpfe (2942 und 3109 m). Knapp südl. des Hinteren Grasstaller Kopfes, 3109 m, hält man sich an die plattige NO-Seite des NW-Grates. Diese stellenweise wenig ausgeprägte Kante wird (III) in Richtung auf eine Kanzel hin begangen. Den folgenden Steilaufbau umgeht man an der NO-Seite (oder, IV, rechts durch einen Kamin). Weiter am scharf zerzackten Grat bis zum Vorgipfel, von welchem man über eine scharfe Plattenscharte den Hauptgipfel erreicht.

● **1320** Im Jahre 1887 wurde aus dem hinteren Larstigtal durch L. Purtscheller und F. Drasch ein Anstieg gefunden. Über Bänder, Blockrinnen und Platten querten sie die O-Flanke des N-Grates und stiegen in teilweise schwieriger Kletterei zuletzt kurz nördl. des Gipfels zum Vorgipfel empor.

● **1321** Der **Ostgrat** wird von der Einsenkung knapp östl. des Gipfels, die man auch zum Anstieg für den W-Grat des Strahlkogels benützt, leicht in 30 Min. erstiegen (siehe Strahlkogel R 1317). 1. Begehung: Th. Mayer, O. Stolz, 1899.

● **1322** **Neederkogel,** 2756 m

Ein schöner allein stehender Felskopf nördl. des Kreuzjöchls. Gegen N ziehen vom Gipfel zwei Grate hinab. Von S kann der Gipfel vom Kreuzjöchl her in 45 Min. am Blockgrat erreicht werden (1. touristische Ersteigung F. Hörtnagl, 1900). Auch auf dem direkt von N herabziehenden Grat, wie auch auf den steil gegen O abfallenden Grashängen, im obersten Teil über einfachen Fels, ist er ohne wesentliche Schwierigkeiten zu besteigen.

Breiter Grieskogel, 3287 m

Schöne, breite, fast überfirnte Kuppe mit herrlicher Fernsicht.

● **1323 Über den Grasstallferner und von Nordwesten** (vermutlich F. Plaseller, E. Scherka, F. Karlinger, 1896). I. Im Mittelstück felsige Steilstufe. Eisweg je nach Verhältnissen schwierig: 5 Std. von Niederthai.

Von Niederthai durch das Horlachtal bis zur Abzweigung des Grasstalltales und in diesem talein bis zum Grasstaller See; an dessen O-Ufer durch ein kleines Schuttälchen hinauf zur steilen Zunge des Grasstallferners. Über diese und den folgenden Gletscherbruch zum flachen Firnfeld.

Oder: Nördl. des Sees etwa am Beginn der nordwestl. dem See vorgelagerten Felsrippe gegen O empor und in die Felsen nördl. der Gletscherzunge (sehr schwer zu findender Anstieg. Vorsicht im Abstieg: Nahe am N-Rand des Ferners zu einem Geröllkopf. Von dort gegen NW entlang steil abfallender Felsen und durch Rinnen, einige Male querend, hinab). In grasdurchsetzten steilen Schrofen und wandartigen Felsen empor, bis man den Ferner fast eben in seinem nördl. Teil betreten kann. Nun gerade gegen O hinauf zum flachen Firnfeld.

Vom Firnfeld gegen O und unterhalb des NO-Grates des Breiten Grieskogels scharf gegen S zum Gipfel empor.

Vom Firnfeld kann man auch direkt gegen S ansteigen und den oberen Teil des gegen O hinaufziehenden Grates zum Aufstieg benützen.

● **1324 Vom Zwiselbachjoch** 1¼—1½ Std., I. Von der Gubener Hütte 4 Std., von der Winnebachseehütte 3 Std. (Weg der Erstbesteiger: L. Purtscheller, F. Schnaiter, 1881.)

Vom Zwiselbachjoch steigt man gegen W über den Ferner an, biegt etwas südl. der Larstigspitze gegen S um, weicht einer Steilstufe im Eis südl. aus und steigt dann wieder gegen W dem Grat knapp nördl. des Gipfels zu (beliebte Frühjahrs-Skifahrt). Bemerkung: Die Kante apert immer mehr aus, wobei brüchige und glatte Plattenstellen zu Tage treten. Je nach Verhältnissen III. Oder auf Steigspuren durch die ebenfalls ausapernde Ostflanke zum schon lange sichtbaren Kreuz.

● **1325 Von Westen** bzw. von Südwesten (H. Schmelcher, Escherich, 1888). II, 2 Std. von der Salchenscharte.

Von der Salchenscharte gegen NO ansteigend über steiles Blockwerk und Schutt in eine talähnliche blockerfüllte Rinne, die man über einen rückenartigen Grat erreicht. Nun weiter in teilweise steilem Blockwerk empor gegen NO und hinauf zur Schulter 3140 m. Knapp vor dieser betritt man die südl. Ecke des Grasstallferners, auf dessen Firn man weiter gegen O ansteigt; zuletzt über unschwieriges Blockwerk auf den Gipfel.

Südwand (Beschreibung nach Hans Komischke). II, 4½ Std. von Gries. Die Wand wird auf Schuttbändern durchstiegen. Vom Kar steigt man zuerst links der Gipfelfallinie in eine steile Rinne, die unter den Gipfelaufbau zieht. Nun auf Bändern empor. Brüchig. Nur im Abstieg zu empfehlen.

● **1326** **Gänsekragen,** 2915 m

Südöstl. des Breiten Grieskogels erhebt sich nach der breiten, von S unschwierig begehbaren Wantlasscharte, 2805 m, ein breiter Grataufbau, Gänsekragen genannt. Die westl. Erhebung, 2902 m, wird manchmal auch als Brunneck bezeichnet.

Zum höchsten Punkt (Ostgipfel, 2915 m) gelangt man von der Winnebachseehütte auf einem Steig gegen W, dann in vielen Kehren steil durch die SO- und S-Flanke empor, zuletzt etwas von SW zum Gipfel. (1½—2 Std.)

Auch am **Westgrat** kann man den höchsten Punkt erreichen, wenn man von S zur Wantlasscharte ansteigt und sich im weiteren Verlauf an der Gratkante hält (II). **Von Osten** am Grat kann der Gipfel in etwa 2 Std. von der Winnebachseehütte aus (teilweise III) erreicht werden.

● **1326 a** **Westgrat von der Wantlas-Scharte,** 2805 m. III, eine Stelle IV—.

Hierher von der Winnebachseehütte durch das Winnebachkar. Nun stets an der Kante des zersägten brüchigen Grates (III), eine Stelle mit roten brüchigen Zacken (IV—), empor zum W-Gipfel und in wenigen Min. auf den höchsten Punkt.

● **1326 b** **Südgrat** (W. Schönberdt, 1962), 1½ Std. E., II, zum W-Gipfel. Blockgrat.

Blick nach Nordwesten über das winterliche Winnebachkar gegen die Larstiger Berge.

Das Bild zeigt die Skirouten (Winteraufnahme).

Breiter Grieskogel
Larstigfernerkopf
Larstigspitze
Larstig-
Scharte
Zwieselbachjoch
Gries kgl.-Ferner
Winnebachkar
z. Winnebachseehütte

● **1326 c Überschreitung zum Breiten Grieskogel**, 2—3 Std. Abstieg Wantlas-Scharte III—IV—, Aufstieg II.

Vom Gänsekragen hinab in die Wantlas-Scharte. (Vom Grat Ausweichmöglichkeiten nach N und S.) Von der Scharte weiter über einen senkrechten, doch gutgriffigen Aufschwung (II) zu P. 3050 m und steil (brüchig) zum Eckpunkt 3224 m. Über den Firn des Grieskogelferners auf den Gipfel.

Hörndle, 2986 m

Im W der Salchenscharte erhebt sich als südwestl. Eckpunkt der Larstigberge das Hörndle, welches gegen N, O und SW scharfe Grate entsendet und gegen NW und S mit beachtlichen Felswänden abstürzt. Der Grat gegen N wird als „Vier-Zaiger-Grat" bezeichnet. Gegen N setzt sich dieser Grat etwa 6 km lang gegen das Horlachtal fort und baut in seinem Verlauf den Hemerkogel auf.

● **1327 Vier-Zaiger-Grat** (N-Grat) (A. Posselt, F. Hörtnagl, 1900). III, teilweise IV, 2½ Std. E.

Vom Grasstalltal steigt man noch nördl. des Sees gegen SO zuerst flach, dann steiler über Gras und Schutt gegen den Beginn des Grates an, in dessen unterem Teil vier scharfe, auf der schmalen Gratschneide aufgesetzte Türme, die „Vier Zaiger" stehen. Sehr schwierig werden diese überklettert, dann wird der im oberen Teil etwas leichtere Grat bis zum Gipfel begangen.

● **1328 Ostgrat von der Salchenscharte** (A. Posselt, F. Hörtnagl, 1900). II, 1½ Std. von der Salchenscharte, 5½ Std. von Längenfeld.

Von der Salchenscharte am Grat zur Pleisenspitze (Salchenkarkopf, 2902 m) empor. Weiter am Grat stets an der Kante zum Gipfel.

● **1329 Von Südwesten**, von Längenfeld (1. touristische Begehung: M. Peer, 1893). I, 5 Std.

Von Unterlängenfeld auf dem Weg ins Sulztal bis zum Eingang des Tales. Bei einer Kapelle auf einem Steiglein links gegen N hinauf und schließlich pfadlos über die steilen Gras- und Geröllhänge zum Gipfel.

● 1330 **Hemerkogel**, 2760 m

In der Fortsetzung des Vier-Zaiger-Grates nach N erhebt sich der Hemerkogel, aus dem Grasstalltal ziemlich unschwierig ersteigbar. Von der oberen Hemerachalm kann man ihn ohne Schwierigkeiten über die südl. davon eingeschnittene Scharte erreichen.

Zur oberen Hemerachalm steigt man vom Ötztal, am bestens von Ehspan oder von Dorf (nördl. von Längenfeld) auf schmalen Steigen durch Wald und über steile Wiesen herauf.

VII. Die Vorderen Kühthaier Berge

● **1331** Die nördlichste Gruppe der Stubaier Alpen ist im N begrenzt durch das Oberinntal zwischen Kematen und Ötztal, im SO und S durch das Sellraintal mit seiner Fortsetzung bis Kühthai und weiter durch das Needertal bis Ötz. Sie zerfallen im wesentlichen in drei Teile: erstens die Gruppe um den Pirchkogel mit Irzwänden und Hochalter, zweitens die Gruppe um den Hocheeder mit dem Rietzer Grieskogel und drittens in die Gruppe um die Peiderspitze mit Seejoch, Weißstein und Roßkogel. In diesem Teil der Stubaier Berge gibt es keine Gletscher mehr. Während vom Hauptkamm gegen N viele tiefe Gräben gegen den Inn hinabziehen, ist der S-Abfall zu der wesentlich höher gelegenen Sellrain-Kühthai-Furche fast ungegliedert und auch steiler. An den N-Abhängen findet sich reichliche Bewaldung. Oberhalb des Inntalbodens begleiten in der Gegend von Silz und Haiming besiedelte Hangterrassen den Talverlauf. Ebenso ziehen sich an den Hängen oberhalb von Flaurling bis gegen Oberperfuß an der östl. Ecke der Gruppe dicht besiedelte Terrassen hin. Die Berge dieses Gebietes sind beliebte Wanderberge. Sie bieten im Winter lohnendes Skigelände. Als stadtnahes Skigebiet verdient besonders der Ausläufer des Roßkogels gegen NO, das Windegg und Rangger Köpfl, Beachtung. Südl. von Inzing, im Hundstal, gibt es herrliche Abfahrten für den zünftigen Tourenläufer. Südl. von Telfs ist die Umgebung der Peter-Anich-Hütte sowie der Flaurlinger Alm ein schönes Skigebiet.

Stützpunkte: Für das Gebiet um den Pirchkogel am besten Kühthai mit der Dortmunder Hütte, von N her Silz und Stams. Hocheeder und Rietzer Grieskogel besucht man meistens von der Neuburger Hütte und von der Peter-Anich-Hütte, bzw. von Telfs. Seejoch und Peiderspitze, vor allem aber der Übergang über die Flaurlinger Scharte nach Kühthai wird von Flaurling aus bzw. von der Flaurlinger Alm (Skihütte) her begangen. Von Inzing über die Hundstalalm (Inzinger Alm) besucht man das Gebiet der Peiderspitze, Koflerspitzen, des Weißsteins und Roßkogels. Am häufigsten wird dieser Berg aber von der Roßkogelhütte am Rangger Köpfl bzw. von Oberperfuß her begangen.

● 1332 **Grieskogel**

Vorderer 2666 m, Hinterer 2673 m

Nördl. von Kühthai erhebt sich in einem kurzen Ausläufergrat des Pirchkogels nach S der Aufbau der beiden Grieskögel, durch eine Scharte voneinander getrennt. Keine Skiberge. Man erreicht die beiden Gipfel, indem man von Kühthai am Steig gegen Schwarzmoos (R 1233) ansteigt und vom oberen See (2424 m) gegen W bzw. SW die Scharte zwischen den Gipfeln erreicht. Über den Grat auf den Vorderen Grieskogel II—III, 2½ Std. Zum Vorderen kann man auch direkt über Grashänge, zuletzt über Schrofen von S ansteigen, I (2½ Std.), während man den Hinteren von der Scharte am kurzen Grat gegen N ohne wesentliche Schwierigkeiten ersteigen kann. Weiter in unschwieriger Kletterei über den scharfen Grat zur Scharte vor dem Pirchkogel. Diese Scharte erreicht man auch aus dem westl. der Grieskögel eingesenkten kleinen Tälchen (Hintere Pirchgrube) unschwierig über Geröll und Schutt. Beide Gipfel etwa 2 Std. von Kühthai.

Pirchkogel, 2828 m

Schöner Aussichtsberg, begrünter Kopf. Bei günstiger Schneelage schöne Skiabfahrt.

● 1333 **Von Kühthai.** Am Steig 2½ Std.

Direkt vom Ort Kühthai steigt man gegen N über Wiesen empor, gewinnt in steilen Kehren die Steilstufe unterhalb der Stockacher Böden und steigt über diese zum Schwarzmoos auf. Weiter führt das Steiglein gegen NW am See, 2424 m, vorbei (Abzweigung zu den Grieskögeln). Über eine Steilstufe, weiter in Kehren steil gegen W erreicht man den Grat, dessen südl. Ecke der Hintere Grieskogel bildet (der von hier aus in wenigen Min. erreichbar ist). Am Grat, der in einen breiten Rücken übergeht, erreicht man den Gipfel.

Bei der Abfahrt mit Skiern hält man sich vom Gipfel südöstl. im obersten Teil in Gratnähe (in der O-Flanke des S-Grates), um den steilen Abbrüchen südöstl. des Pirchkogels nicht zu nahe zu kommen.

● 1334 **Von der Stamser Alm durch das Schneetal.** 5—6 Std. von Stams.

Von Stams am Weg zur Stamser Alm und von dieser direkt gegen S über steile Grashänge empor in die talähnliche Grube, westl. der „Grießer". Nun stets in der block- und schutterfüllten Grube hinauf, über mächtige Blockhalden ansteigend durch das Schneetal. Bevor dieses

Schneetal gegen W das Joch erreicht, gegen S empor. An einer Felsstufe vorbei und über Blockwerk erreicht man die Einsattelung ostwärts des Pirchkogels und von dieser in wenigen Min. den Gipfel.

● **1335** Von der Dortmunder Hütte kann man am Steig, der die S-Hänge quert und der talaus gegen Marail führt, den talähnlichen Graben erreichen, der direkt vom Pirchkogel gegen S herabzieht. Steil und mühsam ersteigt man durch diesen, zuletzt an ihrer schmalsten Stelle über eine Schrofenzone den Pirchkogel von S bzw. zuletzt von SO (niemals im Winter begehen!).

● **1336 Von Silz über die Silzer Alm,** 6 Std.

Vom Dorf südl. am Schießstand vorbei zum Wald, dann auf einem Weg östl. der Kapelle bei der Wolfsgrube. Weiter immer ostwärts ansteigend über den Stadlinger Bach zur Silzer Alm (2½ Std.). Auf schmalem Steig erst ostwärts weiter, dann gegen W ansteigend zum Sattel östl. des Faltegartenkögeles, am O-Rand der Feldringer Böden. Über den breiten Rücken des W-Grates nun etwas gegen SO empor bis zum Gipfel.

Auch von Marail kann man auf Steigspuren über die steilen Wiesenhänge zuerst gegen N, dann gegen O den W-Grat erreichen.

Irzwände, 2757 m

Östl. des Pirchkogels erstreckt sich ein langer, vielfach zerscharteter Grat, in dem drei Felszacken besonders hervortreten, deren höchster Punkt 2757 m beträgt. Es ist ein selten besuchter Teil dieser Gruppe, der auch nicht ganz leicht zu ersteigen ist. 1. Ersteigung: J. Pock, 1883.

● **1337 Vom Schwarzmoos** (1 Std. von Kühthai, R 1233) steigt man links des von den Irzwänden herabziehenden Grats an der Geröllhalde empor, bis man eine klammartige Schlucht erreicht, durch die man gegen den Gipfel hin ansteigt.

Im oberen Teil verläßt man die Rinne und hält sich über grasdurchsetzte steile Schrofenhänge gegen den höchsten Punkt empor (2 Std. E.), II, sehr gefährlich.

● **1338 Von Osten,** vom Hochalter her, erreicht man in 1½ Std., II—III, eine Stelle IV, den höchsten Punkt, indem man vom Hochalter zuerst unschwierig gegen W geht. Über den Grat erreicht man den Steilansatz des östlichsten Punktes der Irzwände, 2675 m, zu dem man (IV) emporsteigt. Weiter hält man sich im wesentlichen an der Gratkante.

● 1339 **Von Westen** her erreicht man aus der Einsattelung knapp östl. des Pirchkogels in 1½ Std. (II—III) fast stets an der Kante der teilweise scharfen Plattengrates die erste Erhebung, die folgende Scharte und über den langen Grat den höchsten Punkt.

● 1340 **Von Norden** her, von der Stamser Alm kommend, steigt man etwas westl. des höchsten Punktes ein, wo eine steile Rinne gegen den Grat hinaufzieht. Durch diese und zuletzt über den Grat erreicht man den Gipfel.

Auch direkt von N kann der höchste Punkt im untersten Teil durch steile Rinnen (Steinschlag) im oberen Teil über Blockwerk und Geröll mäßig schwierig erstiegen werden. (1. Begehung: O. Ampferer, H. und W. Hammer, A. Greil, 1894.)

● 1341 **Hochwanner,** 2452 m

Nördl. der Irzwände liegt, durch ein kleines Joch von diesen getrennt, ein von W her über Schrofen und Grashänge erreichbarer Kopf. Von der Stamser Alm kann man gegen SO ansteigen und in 1¾ Std. den Kopf erreichen.

● 1342 **Hochalter,** 2673 m

Ein nach S steil in Grashängen abbrechender Grataufbau östl. der Irzwände, von dem ein langer Grat gegen N zum Kreuzjoch zieht. Auch dieser Grat kann mäßig schwierig begangen werden, während man von Kühthai her über die Stockacher Böden, zuletzt über Geröll die Grathöhe etwas westl. des Gipfels ersteigt und am Grat leicht den höchsten Punkt gewinnt. Sessellift bis in 2400 m Höhe. Von Kühthai 2 Std.

● 1343 **Mugkogel,** 2688 m

Auch der weiter westl. als letzter Punkt im Grat aufragende Mugkogel kann sowohl am Grat vom Hochalter her (II) als auch von SW herauf über Grashänge sehr steil und mühsam, aber ohne Schwierigkeit begangen werden (2½ Std. von Kühthai).

● 1344 **Mitterzaigerkopf,** 2629 m

Die südl. des Kreuzjoches aufgebaute Mitterzaigerkopf kann (I) von diesem Joch her erstiegen werden.

● 1345 **Kreuzjochkogel,** 2750 m

Breiter, felsiger Gipfel nordöstl. des Kreuzjochs, der nach N steile felsige, teilweise wandartige Hänge entsendet und gegen S mit einem kurzen Felsgrat in die obere Zirmbachgrube abfällt. Vom Joch kann er (I) in etwa 1 Std. am Grat erstiegen werden. Auch von dem gegen NW im Grat als Ausläufer stehenden Marchköpfl kann man zuerst am Gratrücken, im letzten Teil auf dem etwas schärferen NW-Grat zum Gipfel ansteigen, etwa 1 Std.

Der Übergang am Bachwandkopf (I) erfolgt am Grat in 45 Min.

● 1346 **Bachwandkopf,** 2758 m

Westl. vom Grieskogel erhebt sich der wenig lohnende Felskopf, der gegen N einen langen Grat entläßt; kann unschwierig von der Peter-Anich-Hütte erstiegen werden. Man hält sich stets gegen S empor über den begrünten Vorkopf (2114 m, Rauhkopf), erreicht stets weiter gegen S ansteigend P. 2326, eine breite grüne Gratschulter und steigt dann am zunehmend steiler werdenden Grat zur nächsten Verflachung, dem Oberen Albl, wo man bald dahinter auf Steigspuren trifft, welche direkt gegen S zum höchsten Punkt hinaufführen (2 Std.). Der Übergang zum Rietzer Grieskogel wird in 45 Min. unschwierig ausgeführt.

Rietzer Grießkogel, 2884 m

Einer der meistbesuchten Berge dieser Gruppe, ein schöner trapezförmiger Gipfel, der höchste in den Vorderen Kühthaier Bergen.

● 1347 **Von der Neuburger Hütte.** Siehe Hocheeder, R 1351, etwa 4 Std.

● 1348 **Von Kühthai oder Haggen.** Von Kühthai auf der Fahrstraße talaus, bis man etwa 20 Min. vor der Zirmbachalm „bei der Marche" einen Steig antrifft, Markierung Nr. 152, der sich an den SO- und O-Hängen des Kleinen Mugkogels in die Zirmbachgrube hineinwindet und gegen N bis unter den Kreuzjochkogel emporführt. Wegteilung: Links führt der Steig zum Kreuzjoch; rechts (östl.) erreicht man über die Zirmbacher Narrenböden (Bez. Nr. 153) die S-Abfälle des Rietzer Grieskogels, über die man steil gegen N ansteigend den obersten Teil des W-Grates betritt und in kurzer Zeit gegen O den Gipfel erreicht. Rot markiert.

Von Haggen wendet man sich talein und steigt bis hinter die Zirmbach-Almhütte auf, hinter der man (gleich hinter dem Zaun) den Fahrweg verläßt und an den Hängen gegen NW ansteigt. Man erreicht an der O-Seite des Baches nun den Steig, der südl. vom Kreuzjochkogel emporführt, weiter wie am Weg von Kühthai her. Beide Wege etwa 4½ Std.

● **1349 Von der Peter-Anich-Hütte.** Markierung Nr. 153.

Zuerst gegen S ansteigend bis zum Oberen Albl, von dort an der O-Seite des Bachwandkopfes vorbei querend, zum Schluß erreicht man den Grat zwischen Bachwandkopf und Rietzer Grießkogel. Die Überschreitung des Bachwandkopfes bildet einen Umweg von etwa 45 Min. Von der Hütte 3—3½ Std., rot markiert.

● **1350 Von Süden, von den Flaurlinger Narrenböden her,** kann man unschwierig, mit einer Kletterstelle links, I—II, etwas mühsam zum Gipfel aufsteigen.

Hocheeder, 2798 m

Einer der meistbesuchten Gipfel dieser Gruppe, der aus Blockwerk aufgebaut ist und eine herrliche Aussicht über das ganze obere Inntal, das Karwendel, die Seefelder Berge, Mieminger und Lechtaler Alpen bietet. Erste Ersteigung: J. Pock, A. Siegl, B. Tütscher, 1883.

● **1351 Von der Neuburger Hütte.** Am Steig, 3 std.

Von der Hütte wendet man sich gegen SW und steigt an der W-Seite des Sonnkarköpfls auf, erreicht den grasigen Rücken, der bald in schrofiges Gelände übergeht. Nun fast stets am Grat empor bis knapp vor dem Schafmarebenkogel das Steiglein wieder an der W-Seite unterhalb des Gipfels vorbeiführt.

Die Überschreitung des Schafmarebenkogels selbst bietet kaum größere Schwierigkeiten, ist aber auch nicht lohnend. Im weiteren führt der Steig gelegentlich ein wenig an der NW-Seite größtenteils am Grat hinauf zum Gipfel. Die Fortsetzung des Steiges am Grat zum Rietzer Grießkogel dauert 1 Std.

● **1352 Von Südosten bzw. Süden her** kann man (von der Flaurlinger Alm kommend oder von der Neuburger Hütte an den O-Hängen des Hocheeders auf Steigen und Steigspuren querend, zuletzt gegen W in die Talmulde südl. des Berges) unschwierig, aber mühsam auf Steigspuren, zuletzt im Geröll und durch eine steile Rinne etwas südwestl. des Gipfels den Grat erreichen und weiter zum Gipfel ansteigen. Gegen W kann man auch zum Verbindungsgrat zwischen Rietzer Grießkogel und Hocheeder auf Steigspuren ansteigen.

● 1353 **Von der Peter-Anich-Hütte** erreicht man den Hocheeder in 2½—3 Std., indem man gegen SO in die Talmulde hineinquert und steil in Kehren gegen die obere Seebenalm ansteigt. Noch vor der Alm hält man sich weiter gegen S durch das untere und obere Moos empor und steigt zuletzt steil und mühsam, I, zum Grat zwischen Rietzer Grießkogel und Hocheeder auf. Weiter benützt man den Steig am Grat.

● 1354 **Über den Nordwestgrat,** der etwas westl. vom Gipfel abzweigt, kann man (II) den Hocheeder gewinnen, wenn man von der Neuburger Hütte zuerst am Steig bis unter das Sonkarköpfl ansteigt. Noch weiter unter dem Gipfel (in der Gegend von P. 2136 m) hält man sich (weglos) gegen SW, umgeht den felsigen Sporn und wendet sich nach S in das kleine Kar, das nördl. des Hocheeders eingelagert ist. Den Endpunkt des NW-Grates bildet der Narrenkopf. Südl. davon in teilweise begrünten Grat zieht gegen O eine steile, rinnendurchzogene Flanke zum Kar „Im Metzen". Steil (II) in die Scharte unmittelbar südl. des Narrenkopfes und weiter am Grat zum Gipfel. Der Übergang zum Rietzer Grießkogel ist rot markiert.

● 1355 **Narrenkopf,** 2461 m

Der Narrenkopf kann von der Scharte südl. des Gipfels erstiegen werden, wobei man den schwierigen Stellen ausweicht (2 Std. von der Neuburger Hütte). Der Grat zum Hocheeder wird vom Narrenkopf in etwa 1 Std. überschritten.

● 1356 **Schartenkogel,** 2603 m

In der breiten Senke zwischen Grieskogel und Seejoch, in der die Flaurlinger Scharte eingeschnitten ist, steht westl. davon der steil und mühsam, aber unschwierig erreichbare Schartenkogel, der die südöstl. Schulter im Gratauslauf des Rietzer Grießkogels darstellt.

Seejoch, 2808 m

Auch Haggener Seejoch, Flaurlinger Roßkogel oder Haggerspitze genannt. Höchster Punkt im Gebiet der Peiderspitze mit schöner Rundsicht.

● 1357 **Nordgrat.** I, 3—3½ Std. von der Flaurlinger Alm.

Von der Alm steigt man gegen S empor, überschreitet den Weg, der die N-Hänge quert, und strebt weiter gegen S dem Gratrücken zu, der abwechselnd schrofig und begrünt in teilweise schärferem Verlauf stets an der Kante bis zum Gipfel begangen wird.

● **1358 Von Osten.** I, von der Peiderscharte 45 Min.

Von der Scharte (oder von der Flaurlinger Alm kommend noch unter der Scharte) wendet man sich entweder am unschwierig ersteigbaren Grat oder nördl. in der breiten Geröllmulde gegen W und erreicht mühsam ohne Schwierigkeiten den höchsten Punkt, 3½ Std. von der Flaurlinger Alm.

● **1359 Von Süden und Südosten** her kann man, von St. Sigmund kommend oder von Haggen ansteigend, ohne Schwierigkeit, jedoch sehr mühsam den Gipfel in etwa 4 Std. erreichen.

● **1360** Der **Westgrat** von der Flaurlinger Scharte her kann (II) in 2 Std. über die Metzenspitze, im oberen Teil ziemlich scharf und zerzackt, begangen werden.

Peiderspitze, 2808 m

Ein schöner, scharfer Felsaufbau mit langen Graten gegen W, N und O. 1. Ersteigung: J. Pock, 1888.

● **1361 Nordgrat** (H. Grissemann, E. Spötl, 1899). II, 2 Std. vom Brechten.

Von der Inzinger Alm gegen W erreicht man über die Galtalm und den Hochleger am Steig den **Brechten.** (Hierher auch R 1366.) Weiter hält man sich am Kamm bis zum **Hohen Bremstall,** 2601 m. Weiter erreicht man über eine Scharte den **Kleinen Schloßkopf** (AV-Karte: Innerer Schloßkopf; wohl eine Verwechslung beim Kartenstich, da Innerer und Äußerer Schloßkopf vertauscht sind); mäßig schwierig ersteigt man den zweiten Punkt, 2725 m. Etwas absteigend erreicht man über ein fast ebenes, zerschartetes Gratstück den begrünten Sattel nördl. der Peiderspitze, von dem man über einen Blockgrat den Gipfel ersteigt.

● **1362 Ostgrat** (H. Lechleitner, N. Plattner, F. Hohenleitner, 1897). Von den Koflerspitzen her (II), 1½ Std.

Die Zacken des O-Grates werden teilweise überklettert, teilweise wird an der S-Seite knapp unterm Grat ausgewichen.

● **1363** Der Weg der Erstbesteiger wird heute wohl nicht mehr begangen.

Von den Koflerspitzen an der S-Seite bis unter den Gipfel querend, zuletzt steil durch Rinnen empor erreichte Pock in 4½ Std. von Gries im Sellrain den Gipfel.

● **1364** **Westgrat** (F. Hörtnagl und Gef., 1899). Teilweise schwierig (II—III), 1½ Std. von der Peiderscharte.

Meist am scharfen, plattigen Grat, gelegentlich an der N-Seite ausweichend.

● 1365 **Innerer Schloßkopf**, 2725 m

Der Innere Schloßkopf (in der Karte als Äußerer bezeichnet) wurde 1934 von W. und K. Mariner und H. Hörmann über den SO-Grat erstiegen. Einstieg am Fuß des Grates von links nach rechts durch brüchige Rinnen. Hinauf zur Gratkante und über den zerscharteten Grat über alle Türme zum Gipfel. 1 Std., IV.

● **1366** Der **Brechten** (siehe R 1361) ist ein gern besuchter Skiberg, der bei guter Schneelage eine schöne steile Abfahrt über den Archbrand gegen NO nach Inzing bietet.

Vom Dorfplatz Inzing auf der nach S führenden Straße aufwärts bis über den großen Schutzdamm. Bei der Wegverzweigung rechts über den Bach zum Gehöft Mühltal und durch den Hang hinaus zum Weiler Hof auf der Hangterrasse. Über die Wiesen südwärts zum Waldrand und auf steilem Heuziehweg empor zu den Lärchenwiesen der „Hoarlig". Steil durch die Mähder empor, schließlich durch einen Waldgürtel zur Archbrand-Alm, 1700 m.

Weiter über den begrünten Kamm empor auf den Hirschbichl, 2045 m. Über die Einschartung (Hattinger Tal) westwärts weiter empor auf den Rauhen Kopf.

Oder auf einem Steig von der Scharte fast eben hinein zur Jochbrunn-Alm (Hochleger). Von hier über die Almböden steil hinauf zum Brechtenjoch (höchste Erhebung, 2419 m). Großer Steinmann.

● **1367** **Koflerspitzen,** höchste Erhebung 2641 m

Zwischen Peiderspitze und Roßkogel erheben sich fünf leicht ersteigbare Gratköpfe, die von der Inzinger Alm durch das Hundstal, vorbei am Hundstalsee, südwärts empor zur Grathöhe und nun weiter am Grat, mühsam, aber unschwierig erreicht werden können, 2 bis 2½ Std.

Von Gries im Sellrain (Weg des Erstersteigers J. Pock, 1888) steigt man westl. des Bachtobels, der vom Roßkogel herabzieht, auf Wegen und Steigspuren gegen N und NW an, erreicht zuletzt weglos die Grathöhe und wandert mühelos zu den Spitzen hinüber. (4 Std. von Gries.)

● 1368 Mitterkogel, 2510 m

Südl. der Inzinger Alm zieht vom Grat ein kleiner Seitengrat nach N, der den Mitterkogel aufbaut. Dieser ist unschwierig von S am Grat zu ersteigen, während der Anstieg von N weniger schwierig als mühsam und nicht ungefährlich über steile, brüchige Flanken emporführt. 1. Begehung: J. Pock, 1888.

● 1369 Weißstein, 2510 m

Südwestl. des Roßkogels erhebt sich ein kühner Felszacken, der mit steilen Wänden gegen N in das enge Tal abfällt. Er kann am besten vom Roßkogel her erreicht werden (siehe Roßkogel, 1. Begehung: M. Peer).

Doch ist er auch von W bzw. SW zu erreichen, III, 40 Min. E. Von der Inzinger Alm steigt man am besten zum Hundstalsee an, von diesem gegen SO zum Gratrücken und weiter gegen O zum Weißstein. Auch durch das enge Tal ist der Grat westl. des Zackens unschwierig, aber etwas mühsamer zu erreichen. Über den Geröllgrat möglichst hoch gegen den Fels ansteigen. Nun über steile Platten der W-Seite unter den Grat empor, bis man auf einem Band etwas gegen S abweicht und bald zu einer auffallenden Schulter hinaufsteigen kann, von der eine (ebenfalls schwierig ersteigbare) Rinne gegen S hinabzieht. Weiter nun über die steile Wandstelle und zum Gipfel. (1. Begehung F. Hörtnagl, H. Lechleitner, N. Plattner, 1897.)

● 1370 Roßkogel, 2649 m

Als wuchtiger, oben scharf zugespitzter Gipfel bildet er den östl. Endpunkt der Vorderen Kühthaier Berge. Er ist von Innsbruck aus gut sichtbar und schließt den Talkessel gegen SW ab. Strahlenförmig ziehen von dem Doppelgipfel 5 Grate aus. Der westl. Gipfel ist etwas höher (2649 m), der östl., 2642 m, ist der bessere Aussichtspunkt.

Blick von Nordosten auf Oberperfuß gegen die Ausläufer der Vorderen Kühtaier Berge.

Roßkogel

● **1371 Von Nordosten.** Von der Roßkogelhütte 2—2½ Std.

Zwei Wege: entweder von der Roßkogelhütte am Steig südl. des Rangger Köpfls bis zur Krimpenbachalm. Nun weiter auf einem Steiglein über Grasböden und einen etwas schärferen Rücken gegen SW zum sogenannten Rappenegg und in das kleine Kar, welches östl. dem Roßkogel vorgelagert ist. Aus diesem Kar durch eine steile Rinne zu einer Scharte im SO-Grat und über diesen zum Gipfel.

Oder: Von der Roßkogelhütte zum Rangger Köpfl und nun entlang dem langen Zaun, der vom Rangger Köpfl bis zum Windegg führt. Am Endpunkt dieses Zaunes setzt der Gratrücken an, über den ein schlechtes Steiglein emporzieht. Zuletzt steil, aber ohne jede Schwierigkeit auf diesem Grasrücken bis zum Gipfel (N-Grat).

● **1372 Von Rotenbrunn** im Sellrain kann man in 5—5½ Std. zum Gipfel ansteigen. Zuerst hinauf nach St. Quirin (bis hierher Fahrstraße) und von dort auf Waldwegen hinauf zum Rauhen Kopf. Weiter hält man sich am Gratrücken über den Jochrain (Hütte), über den Ochsenstein, dann etwas steiler ansteigend zum O-Grat und nun stets auf diesem, bis man am Ansatz des Gipfelgrates das Steiglein trifft, das zum Gipfel leitet.

● **1373 Übergang zum Weißstein** (M. Peer, 1893). II, 40 Min.

Vom Roßkogel am gut gangbaren Grat zum Fuß des Weißsteins. Der Turm, der am Grat steht, wird südl. auf schmalen Leisten umgangen. Über eine Rinne, die hinter dem Turm herabzieht, empor und weiter auf teilweise spärlich bewachsener Plattenflucht zum Grat, über den man die Spitze erreicht.

● 1374 **Rangger Köpfl,** 1939 m

Nordöstl. des Roßkogels zieht ein breiter Grasrücken zum Rangger Köpfl hinan, unter dessen Kuppe, 150 m tiefer, die Roßkogelhütte steht. Das Rangger Köpfl ist ein beliebter, stadtnaher Skiberg, Sessellift von Oberperfuß nach Stieglreith, Schlepplift auf das Rangger Köpfl (siehe Roßkogelhütte).

Die nördliche Kalkkögelgruppe.

Marchreisenspitze
Ampferstein
Schneidersp.
Lizumer Kar
Axamer-Lizum

DIE KALKKÖGEL

A. Einführung

● **1375** Wie eh und je hat das kleine Felsenreich zwischen Stubaital und Senderstal seine Liebhaber und Freunde. Manchmal, wie nach dem ersten und wiederum nach dem zweiten Weltkrieg, kommen sie in Scharen, dann wird es wieder ruhiger auf den sonnigen Gipfeln, in den Wänden und Karen und auf den Almen zu Füßen der Felswände.

Die Axamer Lizum ist allerdings zum modernen Wintersportzirkus und „olympischen Tummelplatz" ausgebaut worden, mit mehreren Liften und einer Standseilbahn auf den Hoadl — im Sommer eine günstige Zugangsmöglichkeit in den nördl. Teil der Kalkkögel.

Alfons Zimmermann, der nach dem ersten Weltkrieg seinen Kalkkögel-Führer herausgegeben hat, schreibt in seinem Vorwort: „Seitdem der Friede von St. Germain das deutsche Südtirol gegen alles Menschenrecht fremdvölkischer Herrschaft überliefert hat, ist dem Land Tirol nur noch in seinem Norden ein kleiner, dolomitenähnlicher Felsenzug geblieben: die Stubaier Kalkkögel, die Dolomiten Nordtirols. Sie erinnern in vielem an ihre gewaltigen Brüder im Süden, an das Wunderreich König Laurins im Rosengarten. Wenn auch ihre Gruppe nur klein ist, ihre Formen sich nur in einigen Hauptgipfeln zur Mächtigkeit erheben, sind sie doch ein prächtiges Stück Nordtiroler Alpen, eine trotzig abgeschlossene Berggemeinde, die in ihrer Eigenart reizvoll wird und den Besucher auf Tal- und Höhenwegen reich belohnt. Die sonnigen, blumenreichen Almen, der darüber keck und übermütig in das leuchtende Blau des Himmels stürmende, hellschimmernde Zackenzug und die gegenüber sanft in begrünten Hängen hinziehenden, dunkelfelsigen Urgebirgskämme gewähren in feiner Zusammenstimmung ein an Farben und Formen reiches Landschaftsbild."

Die Vergleiche sind überaus treffend. Wer etwa von der ehemaligen Regensburger Hütte hinaufschaut gegen die Zacken der Geislergruppe, wird sich lebhaft an den Rundblick von der Adolf-Pichler-Hütte erinnern. Und auch hier finden sich, wie dort, auf jedem der Felstürme und Zacken Anstiege aller Schwierigkeitsgrade.

Und was Dr. Siegfried Hohenleitner vor dreißig Jahren vorausschauend skizziert hat, ist mittlerweile zu einer ganz großen Sache der Skifahrer geworden. Die Axamer Lizum, die Schlick (Fulpmes) und die Abfahrten der Mutterer Alm sind durch zahlreiche moderne Liftanlagen erschlossen worden und sind beliebte Tummelplätze der Liftler. Seejöchl, Halsl und Alpenklubscharte im unmittelbaren Bergbereich; die Berge um das Fotscher Tal; der vielgerühmte „Expreß" von der Fotsch über den Schafleger zur Kemater Alm und weiter über den Hoadl in die Lizum und über das Birgitz- und Pfriemesköpfl auf die Standard-Abfahrten, die fast bis in die Maria-Theresien-Straße hinabführen . . . das sind Namen, die für den zünftigen Tourenfahrer einen guten Klang haben. Trotz ihrer stadtnahen Lage begann die Erschließung der Kalkkögel erst in den achtziger Jahren des vorigen Jahrhunderts, als anderwärts die große Erschließung schon zu Ende ging.

Karl Gsaller und seiner Bergsteigergruppe „Wilde Bande" erstiegen der Reihe nach alle wichtigen Gipfel der Gruppe und gaben auch den unbenannten unter ihnen ihre Namen. Auch Ludwig Purtscheller, dem großen Bergsteiger, waren die Kalkkögel nicht zu gering: in Band 2 seiner „Erschließung der Ostalpen" legt er seine Erfahrungen nieder.

Um die Jahrhundertwende waren es vor allem die jungen Bergsteiger des AAKI und der Bergsteigerriege des Innsbrucker Turnvereins, die sich in den Kalkkögeln Erstersteiger-Lorbeer holten: auch die kleinen, teils überaus kecken Felsgebilde wurden erstiegen, auf die bereits erstiegenen neue und gewagtere Wege gefunden. 1902 erscheint das Gedenkbuch für den in der N-Wand der Praxmarerkarspitze verunglückten Innsbrucker Bergsteiger Otto Melzer: „Aus Innsbrucks Bergwelt", in dem sich viele prachtvolle Lichtbilder von den Kalkkögeln finden. Mit diesem Buch und Karl Gsallers Aufsätzen in der „Zeitschrift" des AV flog der Ruhm der Nordtiroler Dolomiten auch in die Ferne.

Als der AAKI im Jahre 1904 seine Adolf-Pichler-Hütte erbaute (zu Ehren des Tiroler Naturforschers und Dichters Adolf Pichler, 1819—1900, benannt), war der geeignete Stützpunkt für die Bergsteiger geschaffen.

Erstmals im Jahre 1914 hallte der Klang von Metall durch die Wände: die NW-Wand der Riepenwand wurde erstiegen. Alte Bergsteiger wandten sich grollend von solchem Tun ab. Zimmermann ging in seinem Kalkkögelführer „auf diese rein sportliche Betätigung" nicht ein.

Inzwischen ist die sportliche Note vom Felsklettern nicht mehr wegzudenken. Auch in den Kalkkögeln wurden Wände und Türme aller Schwierigkeitsgrade erklettert, viele davon auch im Winter.

In der Zeit zwischen den beiden Weltkriegen waren es Matthias Auckenthaler, Hans Frenademetz, Hias Rebitsch und ihre Gefährten, die auf der Großen und Kleinen Ochsenwand und in den W- und NW-Abstürzen der Riepenwand extreme Anstiege eröffneten. 1976 und 1978 legten Wolf, Purtscheller und Schiestl zwei neue Anstiege durch die Riepen-NW-Wand.

Die Zeit der Winterbegehungen leiteten nach dem zweiten Weltkrieg Hermann Buhl und Josl Knoll mit ihrer Begehung der Kalten Kante ein. Besonders in den sechziger Jahren wurden viele der schweren Touren bei winterlichen Verhältnissen begangen. Die erste Überschreitung der gesamten Kette führten 1965 Gustl Kirchmayr und Georg Wurm durch, die erste Winterüberschreitung gelang Felix Kuen und Werner Haim im März 1969.

B. Die Hütten und ihre Zugänge

● 1376 **Mutterer Alm,** 1610 m

Alpengasthaus, am Fuß des Pfriemesköpfls gelegen. Schöner Blick in das Inntal, auf die N-Kette und die Tuxer Vorberge. Im Winter beliebtes Skigebiet. Die Mutterer Alm ist Privatgasthaus. Ganzj. bew., 10 B. BRD-Meldestelle. Winterbereitschaftsdienst.

Gondelbahn. Talstation 5 Min. oberhalb der Haltestelle Nockhof, 15 Min. oberhalb von Mutters. Gipfellift Pfriemesköpfl (1962).

Übergänge: Zur Birgitzköpflhütte und zur Adolf-Pichler-Hütte. Ausgangspunkt für Saile, Pfriemeswand.

● 1377 **Von der Station Nockhof** der Stubaitalbahn. 2½ Std. Bez.

Von der Haltestelle auf dem breiten Weg in den Wald. Dort zweigt gegen rechts der Jeep-Weg ab, der weniger steil, aber weiter durch Wald emporführt und in der Mitte der Nockhofwiese in den ersten Weg einmündet. Auf dem ersten Weg durch den Lärchenwald aufwärts auf die untere Nockhofwiese. Bei einem Bauernhaus vorbei auf die obere und zum Ghs. Nockhof, BRD-Meldestelle, ganzj. bew., 15 B. Zum Waldrand, vorbei an der Knappenhütte und weniger steil ansteigend durch Wald empor zur Paternosterfichte. Auf dem Weg in gleicher

Richtung weiter, dann im Bogen gegen links, über die Skiabfahrt und weiter wenig ansteigend durch Wald, zuletzt über die freien Hänge zum Ghs. Mutterer Alm.

● **1377 a Mutterer Alm — Raitiser Alm**

Von der Mutterer Alm führt ein breiter Weg fast eben an den Hängen querend, die Lawinengräben unterhalb des Pfriemesköpfls und Spitzmanndls überschreitend, durch die Malgrube zuletzt etwas absteigend zur Raitiser Alm. Etwa 1 Std. Die Alm, 1550 m, ist ganzj. bew., 7 B., 20 M., Kfz zum Haus. Von hier Weiterweg zur Kreither Alm und aufs Halsl (R 1390).

● **1378** **Axamer Lizum,** 1633 m

Zentrum der Olympischen Winterspiele 1964 und 1976. Hotels, Gasthausbetrieb in der „Skihütte" des Ski-Clubs Axam. Restaurant, Imbißstube etc. Talstation des Birgitzköpfl-Liftes und des Hoadl-Lifts, Standseilbahn auf den Hoadl. Moderne Autostraße von Innsbruck. Telefonverbindung. Alpine Unfallmeldestelle. Die alte Almwirtschaft ist noch erhalten.

Übergänge: Zur Mutterer Alm (über das Birgitzköpfl) über den Hochtennboden zur Adolf-Pichler-Hütte, über das Halsl nach Fulpmes oder Telfes im Stubai oder zur Schlicker Alm.

Stützpunkt: für Hoadl, Malgrubenspitze, Marchreisenspitze, Hochtennspitze, Ampferstein, Lizum-Kamm, Saile, Birgitzköpfl, durch den Hoadllift auch für Kletterfahrten in den Kalkkögeln (nach S bis zum Nadelsockel).

● **1378 a** Am Birgitzköpfl, 2089 m, steht das **Naturfreundehaus** (Birgitzköpflhütte). Ganzj. bew., 34 B., 50 M. Pächter: E. Schuchter. TVN-Naturfreunde.

● **1379 Von Axams,** Ständige Postautoverbindungen.

Axams erreicht man von Innsbruck mit Postauto oder zu Fuß von der Eisenbahnstation Kematen durch das Nasse Tal in 1¼ Std.

Von Axams südwärts, der neuen Straße folgend, bis zur Brücke, wo der Lizum-Bach aus der Talenge tritt. Hier rechts von der Straße ab. In der engen, waldigen Bachschlucht talein. Bei einem Kalkofen vorbei zur Schäferhütte, wo sich das Tal weitet. Eben über Wiesen in den Talkessel der Lizum.

● **1380 Von Götzens oder Birgitz.** Aussichtsreiche Wanderung. Teilweise bez. 3—3½ Std.

Von den beiden Orten (südwestl. und südöstl.) über die Wiesen an den Eingang des kleinen Tales, durch das ein Weg zur Götzener Alm führt. Wenige Minuten im Tal einwärts. Noch vor Erreichen des Baches auf einem Weg rechts ab, der steil durch Wald emporführt zum aussichtsreichen Ghs. Adelshof, 1316 m (BRD-Meldestelle, 10 B., ganzj. bew.). Hier trifft man auf die neue Fahrstraße. Auf dieser bequem in die Lizum.

● 1381 **Adolf-Pichler-Hütte,** 1960 m

Am W-Abfall der Kalkkögel steht unter dem Steingrubenkogel auf der Talstufe über der Kemater Alm dieser wichtigste Stützpunkt in den Kalkkögeln. Erbaut 1904, AAKI. 20 B., 36 M., 6 L., fl. W., Zentralheizung, elektr.. Licht; bew. von 15. Juni bis 1. Oktober, bei Anmeldung von Gruppen Ostern, Pfingsten und gelegentlich zu Weihnachten. Bew. von Fam. Willi Haider, Gries i. Sellrein 8. Nächster Talort: Grinzens (Tel.). Schönes Skigebiet.

Ausgangspunkt für fast alle Fahrten im Gebiet der Kalkkögel. Übergänge in die Schlick (Alpenklubscharte), zur Starkenburger Hütte (Seejöchl) und zur Franz-Senn-Hütte (Verbindungsweg, genannt „Franz-Senn-Weg").

Von Grinzens: 2¾ Std. Von der Autohaltestelle Pafnitz aufwärts zum Eingang des Senderstales und vorbei am Zeidlerhof (Fahrräder einstellen). Oder: von der Ortschaft Grinzens zum Taleingang und am guten Weg bis dort, wo nach der ersten Brücke über den Sendersbach beide Wege zusammenkommen. Nun weiter stets dem Bach entlang talein, bis man etwa 20 Min. hinter der geschlossenen Waldgrenze (im Senders) linker Hand (im Aufstieg) vom Bach ab zur Kemater Alm ansteigt. (Bis hierher Fahrweg für Pkw.) An der Alm vorbei leitet der Weg gegen SO und steigt zum Schluß in einigen Kehren hinauf zur Hütte am Rande der Talstufe.

● 1382 **Kemater Alm, 1673 m**

Im weiten Almböden unter den schroff aufragenden Felsgestalten der Kalkkögel gelegen.

Alpengasthaus, sommers und winters bew. 25 B., 25 M. Für die Bergsteiger nur als Zwischenstation zur Pichlerhütte von Bedeutung. Zugänge siehe dort, R 1381. Für Pkw befahrbarer Weg von Grinzens, zu Fuß 2—2½ Std. Parkplatz (Gebühr 10,— S).

Adolf-Pichler-Hütte.

● 1383 **Starkenburger Hütte,** 2239 m

Am Fuß des Hohen Burgstalls auf einer Bergschulter hoch über Neustift gelegen, bietet die Hütte herrliche Aussicht auf fast den gesamten Stubaier Hauptkamm, den Habicht-Serles-Kamm und einen Teil der Tuxer Alpen. Erbaut von der AVS Starkenburg (Darmstadt), bew. Pfingsten bis Ende September. 12 B., 32 M., WR. im Nebenhaus mit AV-Schloß, 5 L.; elektr. Licht. Pächter: Johann Hofer, Neustift 85. Materialbahn von der Kaserstattalm.

Ausgangspunkt: Hoher Burgstall, Kleiner Burgstall, Sennenjoch, Schlicker Schartl, Schlicker Seespitze, Seejoch. Übergänge: Adolf-Pichler-Hütte-Seejöchl, Verbindungsweg Franz-Senn-Hütte.

● **1383 a Von Fulpmes:** An den Oberrand des Ortes und zur Talstation des Sesselliftes Froneben. Mit Lift oder auf der Straße empor nach Froneben und wie in R 1383 b zur Hütte. Von Froneben 2½ Std.

● **1383 b Von Telfes:** 3½ Std. Vom Bahnhof auf Wiesenwegen zur Mündung des Schlicker Baches beim Weiler Plöven (hierher auch von Fulpmes auf Fahrweg). Auf gutem Weg in Kehren hinauf nach Froneben und kurz oberhalb des Gasthauses vom Weg in die Schlick links abzweigend auf breitem Fahrweg gegen S zur Galtalm. Nun sanft ansteigend an der Berglehne zur **Knappenhüte,** 1750 m, Sommerwirtschaft, Unterkunft, und weiter zur Kaserstattalm, von hier gegen W über Latschenhänge auf schmalem Steig zur Hütte.

● **1383 c Von Neustift:** 3½ Std. Hinter der Kirche gegen NW empor und auf schlechtem Steig in vielen Kehren hinauf zum Schönegg und weiter, bis man den Weg a) etwa 10 Min. unter der Hütte erreicht. Neue Fahrstraße nach Forchach.

● **1383 d Von Needer** beim Gasthof Zegger über die Ruetzbrücke, dann scharf rechts und nach 100 m links über die Pfurtscheller Höfe auf steilem Pfad (bez.) durch Wiesen und Wald zur Kaserstattalm, von hier gegen W über Latschenhänge zur Hütte (3 Std.). Nach Vereinbarung auch Fahrt ab Needer mit eigenem Haflinger bis Talstation der Materialseilbahn bei Kaserstattalm, dann ¾ Std. bequemer Anstieg.

● 1384 **Schlicker Alm,** 1616 m

In der Schlick am O-Abfall der Kalkkögel steht das private Wirtshaus, welches das Gebiet der Kalkkögel von O her erschließt. Beliebter Skistützpunkt von Dezember bis April (Sennenjoch, Kleiner Burgstall). Ganzj. bew., 50 B., 100 M. Tel. 0525/2409. Bew. Siegfried Stern. Sessellift vom nördl. Dorfrand von Fulpmes bis Froneben sowie von der

Schlicker Alm und der Zirmachalm aufs Sennesjöchl. Von der Schlicker Alm zur Pfarrachalm wurde 1975 ein schöner Steig angelegt (Gloat- oder Friedl-Stern-Steig).

● **1384 a** **Von Fulpmes:** An den Oberrand des Ortes und zur Talstation des Froneben-Sesselliftes. Mit Lift empor nach Froneben. Dann auf dem Fahrweg talein zur Schlicker Alm. Von Froneben 1 Std. Von Fulpmes außerdem Fahrweg zur Bergstation des Liftes auf Froneben. (für Pkw gesperrt). Taxibetrieb Froneben — Schlick.

● **1384 b** **Von Telfes:** 2¼ Std. Auf Wiesenweg gegen SO hinauf zum Weiler Plöven, dort am Schlicker Bach aufwärts und in einigen Kehren durch den Wald hinauf zu den Wiesen von Froneben (1¼ Std.). Bei der Gastwirtschaft Froneben vorbei auf leicht ansteigendem Waldweg hinein zur Alm.

● **1384 c** **Von Fulpmes** führt am nördl. Ortsrand ein Weg hinauf gegen den Weiler Plöven, überwindet in einer großen Kehre die waldige Steilstufe und trifft unterhalb von Froneben auf den Weg a).

● **1384 d** **Froneben,** 1338 m

Alpengasthof, der Stadt Innsbruck gehörig. Nördl. von Fulpmes auf freier Almhöhe über dem Stubaital, aussichtsreich. Am Weg zur Schlicker Alm. 30 B., Meldestelle des BRD. Sessellift von Fulpmes. Schlepplifte.

Zugänge: R 1384 von Telfes oder Fulpmes, 1¼ Std.

● 1385 **Schlicker Alm — Halsl — Mutterer Alm.** 3½—4 Std. Teilweise bez.

Von der Schlicker Alm talaus durch den Schlicker Boden bis zu der Stelle, wo sich am nördl. Waldrand eine Tafel „Zum Halsl“ befindet. Hier links nordöstl. ab und unter den Hängen der Marchreisenspitze und des Ampfersteins im Bogen nach N querend und fast eben zum kleinen Talboden der Iß, 1690 m. Hier führt ein Weg durch den Wald gerade hinab nach Telfes im Stubai. Im Halsltal steiler ansteigend empor auf den breiten Jochsattel des Halsls, 1998 m, zwischen Saile und Lizumer Kamm eingesenkt. Jenseits in nördl. Richtung unter die felsigen Flanken der Saile querend bis zum Naturfreundehaus am Birgitzköpfl, von dort guter Weg zum Lift am Pfriemesköpfl und weiter durch den Wald hinab zur Mutterer Alm.

● 1386 **Schlicker Alm — Halsl in die Axamer Lizum.** 3½ Std. Teilweise bez.

Von der Schlicker Alm auf dem „Friedl-Stern-Steig“ zur Pfarrach-Alm und weiter auf das Halsl. Jenseits nordwestl. auf Steig hinab in die Lizum.

● 1387 **Malgrubenscharte,** 2360 m

Gratsattel zwischen Malgrubenspitze und Lizumer Spitze. Kammeinschartung in den Kalkkögeln. Von der Lizumalm 2 Std. Von der Schlicker Alm 2 Std.

Von der Lizumalm auf dem Steig in Richtung auf die Lizumer Spitze in das westl. Lizumkar empor und über die Geröllhänge etwas mühsam empor in die Scharte (von den einzelnen kleinen Scharten nimmt man die westl. als Malgrubenscharte an). Jenseits auf dem Steig, der zur AK-Scharte hinüberleitet (Gsallerweg, R 1391) kurz hinab, dann pfadlos hinab in die Malgrube und auf dem dort beginnenden, kleinen Malgrubensteig hinab zur Schlicker Alm.

● 1388 **Widdersbergjöchl,** etwa 2250 m

Übergang von der Lizumer Grube in das östl. Lizumkar. Von der Lizumalm über das Widdersbergjöchl zur Adolf-Pichler-Hütte 3—4 Std.

Von der Lizumalm kurz talein, dann auf schmalem Steig links ab und steil empor ins Lizumkar. (Nach O zweigt hier ein Steig zum Halsl ab.)

Westl. über die Geröllhänge auf den Widdersbergsattel (bez. Steig). Jenseits hinab in die Lizumer Grube und aus ihr aufwärts auf den Hochtennboden, eine schöne Hochfläche mit prächtigem Fernblick. Südwestl. hinab und auf schmalem Steiglein unter den Wänden und Karen querend, bis man auf den Steig trifft, der von der AK-Scharte (R 1292) herabkommt. Auf ihm hinab zur Hütte.

● 1389 **Hoadljöchl,** ungefähr 2300 m

Flacher Sattel im grünen Kammstück zwischen Hoadl und der Gratererhebung (P. 2379 m) nördl. des Hochtennbodens. Übergang von der Lizumalm zur Kemater Alm 3½ Std., zur Adolf-Pichler-Hütte 4 Std.

Von der Lizumalm südwärts in den Talgrund. Dann auf neu ausgebautem Fahrweg in westl. Richtung über die Hänge empor auf den Sattel. Jenseits steil über die Hänge hinab in den Talgrund und talaus zur Kemater Alm.

Vom Hoadlsattel südw. gelangt man auf gutem Steig eben zum Hochtennbodensteig hinüber. Von hier zur Adolf-Pichler-Hütte (siehe oben).

● 1390 **Hochtennbodensteig**

Schön angelegter aussichtsreicher Höhenweg, der von der Adolf-Pichler-Hütte über den Hochtennboden zur Lizumalm oder über den Hochtennboden und das Halsl ins Stubai oder über das Pfriemesköpfl zur Mutterer Alm führt. (Blaue Bezeichnung.)

Zeiten von der Adolf-Pichler-Hütte: in die Axamer Lizum 3 Std., in die Schlick 4—4½ Std., zur Mutterer Alm 4½—5 Std.

Von der Hütte auf dem Steiglein gegen die AK-Scharte aufwärts. Unter den Felsen des Nadelsockels links ab und auf schmalem Steiglein unter den Wänden querend. Hier setzt der Steig an, der über die Geröllhänge, unter den Abstürzen des Steingrubenkogels auf die Grasböden der Wetterschrofen führt. Nahe unter den Felsen der Steingrubenwand und der Zinnen weiter und aufwärts zum Hochtennboden. Die Hochfläche fällt gegen die Lizumer Seite hin mit steiler Wand ab.

a) Vom Hochtennboden nördl. hinab auf das Hoadljöchl und auf dem Steig zur Kemater Alm.

b) Vom Hochtennboden nordöstl. hinab in die Lizumer Grube. Zunächst weglos über Geröll und Grashänge abwärts. Dann auf einem Steig im Lizumtal auswärts und zur Lizumalm.

c) Vom Hochtennboden über das Widdersbergjöchl in das Lizumkar.
Fast eben auf gutem Steig ostwärts durch die Karmulde auf das Halsl. Von hier entweder nördl. unter der Saile und dem Pfriemesköpfl zur Mutterer Alm und nach Innsbruck (siehe R 1385).

Oder vom Halsl in südöstl. Richtung über den Ißboden nach Telfes im Stubai. Vom Halsl über den Ißboden und zur Schlicker Alm (R 1385 umgekehrter Weg).

d) Weiterweg vom Halsl zur Raitiser Alm. Vom Halsl gegen O fast eben zum Sailenieder (1981 m). Nun auf bez. Steig abwärts an der Berglehne, zuletzt in Kehren hinab zum schutterfüllten Talboden bei der Kreither Alm. Nun am Steig nördl. leicht ansteigend zur Raitiser Alm. Es ist auch möglich, etwa 300 m oberhalb des Talbodens auf schwer zu findendem Steiglein die Latschenhänge unterhalb des Spitzmanndls nach O zu queren und zuletzt durch Wald direkt zur Alm hinabzusteigen.

● 1391 **Gsallerweg**

Schöner Höhenweg, der von der Adolf-Pichler-Hütte über die AK-Scharte auf die Schlicker Seite und hier gut versichert die Hänge querend auf die Malgrubenscharte emporführt. Nach Umgehen der Lizumer Spitze leitet er auf die Marchreisenspitze (durch die SW-Flanke). Nur für Geübte. (Nähere Beschreibung siehe R 1392 und R 1413.)

Der Gsallerweg vermittelt leichten und mühelosen Zugang zu Bergfahrten, die über die AK-Scharte von der Schlicker Seite aus durchgeführt werden.

Von der Hütte zum Gipfel der Marchreisenspitze 3 Std.

● 1392 **Alpenklub-Scharte,** etwa 2400 m
(AK-Scharte)

Scharfe Einschartung zwischen Schlicker Nadeln und Kleiner Ochsenwand. Bequemster Übergang von der Adolf-Pichler-Hütte in die Schlick und ins Stubai.

Von der Adolf-Pichler-Hütte zur Schlicker Alm, 2—2½ Std. Blaue Bezeichnung.

Von der Hütte zuerst kurz südöstl. wenig ansteigend über das hügelige Gelände, dann (zugleich mit dem Hochtennbodensteig, R 1390), den steilen Gras- und Geröllhang zum Fuß des Nadelsockels empor. (Hier zweigt der Hochtennbodensteig nördl. ab.) Rechts in das breite Geröllkar zwischen der schroff aufragenden Kleinen Ochsenwand und dem Nadelsockel empor und auf die Scharte.

Jenseits zuerst links haltend auf dem Steig hinab, dann in den Hängen unter der Südl. Schlicker Nadel weiter abwärts. (Nach links zweigt hier der Gsallerweg auf die Marchreisenspitze ab.) In Kehren durch die Nadelreise hinab auf den Boden der Roßgrube, nordwestl. oberhalb der Schlicker Alm. Steil durch lichten Wald hinab und kurz talaus zur Alm. Von der Schlick im Aufstieg 1½—2 Std. auf die Scharte.

● 1393 **Riepenscharte,** ungefähr 2550 m

Gratscharte zwischen Großer Ochsenwand, bzw. Nordeck und der Riepenwand. Weniger als Übergang als für die Besteigung der Großen Ochsenwand und der Riepenwand von Bedeutung. Der Aufstieg von der Schlicker Alm in die Riepenscharte ist sehr mühsam.

Von der Adolf-Pichler-Hütte auf die Scharte, 1 Std.
Von der Schlicker Alm 2½—3 Std.

Von der Hütte auf dem Weg zum Seejöchl südl. über die Hänge und Böden sanft ansteigend aufwärts bis zum großen Moränenhügel (Bachquelle). Hier östl. ab und über die Rasenhänge so weit als möglich empor und auf das Geröll zwischen Riepenwand und Ochsenwand. Man hält sich am besten auf Steigspuren gegen links unter die Türme des S-Grates der Ochsenwand und steigt über Geröll und Felsstufen empor in die Scharte.

Die jenseits ins Schlicker Tal hinabziehende Rinne ist sehr steil, brüchig und steinschlaggefährdet.

● 1394 **Seejöchl,** 2525 m

Breiter Gratsattel zwischen Schlicker Seespitze (bzw. Seejochturm) und dem westl. davon aufragenden Gamskogel. Das Seejöchl vermittelt einen schönen, mühelosen Übergang von der Adolf-Pichler-Hütte zur Starkenburger Hütte, in die Schlick oder nach Bärenbad im Oberbergtal.

● 1395 **Adolf-Pichler-Hütte — Starkenburger Hütte.** Bez. 2—2½ Std.

Von der Adolf-Pichler-Hütte genau südwärts auf gutem, bez. Steig zuerst über Almböden, dann durch sumpfige Mulden, schließlich über einen begrünten Grat und zuletzt quer durch den Schutthang, der von der Schlicker Seespitze herunterzieht, hinauf zum Seejöchl, 2525 m.

Das Seejöchl ist die Grenze zwischen den Kalkkögeln und den Urgesteinsbergen des Fotscher Kammes. Schöner Blick auf die Stubaier Gletscher.

Jenseits hinab und zum Schlicker See. Der Steig quert die W-Hänge des Hohen Burgstalls und führt längs des grünen Rückens hinab zur Starkenburger Hütte.

● **1396 Von der Adolf-Pichler-Hütte über das Seejöchl und das Schlicker Schartl in die Schlick.** (Siehe R 1398.)

● **1397 Von der Adolf-Pichler-Hütte in das Oberbergtal und nach Bärenbad.** Teilweise bez. 3 Std.

Wie bei R 1395 vom Seejöchl bis unter das Schlicker Schartl. Hier weglos rechts, westl. ab und in Richtung auf eine kleine Steinhütte abwärts. Von hier hinab zum Bach und ihm entlang steil hinunter zur Seealm. Auf kleinem Steig gegen rechts südwestl. hinaus auf eine Wiesenfläche mit Heustadeln. Dann südl. steil über die Hänge hinab in den Wald und ins Tal. Kurz talaus zum Ghs. Bärenbad.

Von Bärenbad in 1½ Std. nach Neustift im Stubai.

Schlicker Schartl, 2547 m

Gratsenke zwischen Hohem Burgstall und den Schlicker Manndln. Guter Übergang von der Adolf-Pichler-Hütte oder der Starkenburger Hütte ins Schlicker Tal.

● **1398 Adolf-Pichler-Hütte—Seejöchl—Schlicker Schartl—Schlick.** 3 Std. Bez. Wie in R 1395 auf das Seejöchl.

An der S-Seite wendet sich der Weg zum Schlicker Schartl entschieden links, führt leicht fallend unter einen senkrechten Felsabsturz (Wegverzweigung zur Starkenburger Hütte) und nun wieder leicht ansteigend in zwei Minuten auf das Schlicker Schartl.

Jenseits über die steilen Hänge hinab und (Wegvereinigung mit dem vom Burgstall und dem von der Scharte zwischen Hohem und Kleinem Burgstall herabkommenden Steig) am rechten östl. Talhang talaus. Zuletzt hinab in den Talgrund und zur Alm.

● **1399 Schlicker Alm — Schlicker Schartl — Starkenburger Hütte,** 3 Std. Bez.

Von der Alm talein und in Richtung auf den Hohen Burgstall am linken, östl. Talhang aufwärts. Unter den Schrofen des Hohen Burgstalls rechts ab und empor auf die Scharte. Jenseits kurz hinab und auf dem guten Steig südl. unter dem Hohen Burgstall vorbei zur Starkenburger Hütte.

● 1400 **Sennenjoch (Sennesjoch),** 2259 m

Flacher Gratsattel in dem Rücken, der vom Hohen Burgstall nordöstl. zieht und der das Schlicker Tal im S begrenzt. Das Jöchl ist ein Übergang aus dem Schlicker Tal ins Stubai, von der Schlicker Alm zur Knappenhütte. Im Winter beliebtes Ausflugsziel mit schöner Abfahrt zur Schlicker Alm (Sessellift). Von der Schlicker Alm auf das Sennesjöchl 1½—2 Std. Von der Alm im Schlicker Tal einwärts. Dem breiten Weg folgend, der ungefähr ½ Std. nach der Alm in einer Kehre nach links empor auf die Weideböden führt. Nach der Kehre von ihm ab und auf Steigspuren und weglos über die Hänge südwestl. empor auf das Joch.

Jenseits kann man über die steilen Hänge zur Knappenhütte absteigen. Von dort talaus nach Telfes oder Fulpmes oder auf dem Hüttenweg zur Starkenburger Hütte.

D. Gipfel

● 1401 **Pfriemesköpfl** (auch **Pfrimesköpfl**), 1802 m

Begrünter Kopf unter der N-Flanke der Saile. Aussichtspunkt. Im Winter vom Köpfl schöne Abfahrt zur Mutterer Alm.

● 1402 **Von der Mutterer Alm.** ½ Std. (Sessellift).

Von der Mutterer Alm auf dem Weg zum Birgitzköpfl aufwärts bis auf einen kleinen Boden am Fuß der steilen ausgeschlagenen Skiabfahrt. Nun links haltend durch den Wald und im Bogen von S auf den Gipfel.

● 1403 **Pfriemeswand,** 2097 m

Südl. über dem Priemesköpfl aufragende Felsschulter. Gipfelkreuz. Von W unschwierig auf Steig erreichbar. Übungsklettereien.

● 1404 **Nordwand,** III+, 1—2 Std.

Einstieg wo der Steig ganz nahe an die Wand heranführt. Durchstieg durch die auffallende Kaminreihe.

● 1405 **Westwand,** IV, im Holzkeilriß A 1/VI—, 1½ Std. 3 Seillängen.

Über den Rücken bis westl. unter die Wandstufe hinauf. Bei einer Gedenktafel Einstieg. Über die Wandstufe gerade empor auf ein Grasband und durch einen Kamin 10 m empor in eine Nische. Nun nach rechts dem Riß folgend (A 1/VI—, Holzkeile), auf ein Schotterband. Über eine letzte Steilstufe nach rechts auf den Grat und über ihn zum Gipfel.

Man kann den Holzkeilriß auch weiter links in leichterem Gelände umgehen (vom ersten Grasband nach links queren).

● 1406 **Pfriemesnadel,** an der W-Seite der Pfriemeswand. Durchstieg durch den abgespaltenen Kamin, Spreizschritt.

● 1408 **Saile (Nockspitze),** 2406 m

Südwestl. über Innsbruck mit dreigipfeligem Gipfelblock aus dem waldigen Mittelgebirge aufragend. Aussichtspunkt.

● 1409 **Von der Mutterer Alm und über den Südwestrücken.** Ohne Schwierigkeiten, 2 Std.

Von der Mutterer Alm auf dem Weg südl. gegen die Pfriemeswand aufwärts (bis auf das Pfriemesköpfl Sessellift). Unter deren N-Hang wendet sich der Weg gegen rechts und quert die zum Teil schrofigen Hänge des Pfriemesköpfls und der Saile zuletzt in einigen Kehren empor zum Naturfreunde-Haus auf dem hinteren Birgitzköpfl. Von hier südl. leicht ansteigend auf gutem Steig gegen das Halsl. Vor Erreichen der Jochhöhe links, östl. ab und über den grasigen Rücken von SW her auf den Gipfel

● **1410 Von der Lizum und über den Südwestrücken.** 1½—2 Std.

Von der Lizum auf dem Steig in Kehren südöstl. auf das Halsl. Über den Rücken nördl. und auf dem Steig wie in R 1404 über den Rücken zum Gipfel.

● **1411 Nordostgrat.** I, von der Mutterer Alm 2 Std.

Von der Mutterer Alm zu Fuß oder mit Sessellift auf das Pfriemesköpfl. Weiter bis unter den N-Abhang der Pfriemeswand. Links haltend an ihrer Flanke durch Wald empor und in die Senke zwischen Pfriemes und Saile. Über Geröll an den NO-Grat; in anregender, unschwieriger Kletterei zum Gipfel.

● **1412 Ampferstein,** 2555 m

Südl. des Halsls aufragender Felsgipfel. Er bildet den nordöstl. Eckpunkt der Kalkkögelkette. Gegen N zum Halsl zieht der mit Türmchen versehene N-Grat hinab. Gegen das Halsltal stürzt die O-Flanke ab. Der S-Grat trägt die begrünte Salzplattenspitze, 2383 m, auch Kleiner Ampferstein genannt. 1. touristische Ersteigung: K. Gsaller, 1879.

● **1413 Aus der Östlichen Marchreisenscharte.** Ohne Schwierigkeit, ¼ Std. (sehr mühsam). Von der Lizum 2½—3 Std. Von der Schlicker Alm 2½ Std.

Die zwischen Marchreisenspitze und Ampferstein aufragenden Zacken der Kehlbachlspitzen trennen die Marchreisenscharten. Von der Schlicker Alm kurz talaus, dann links die steilen Latschenhänge empor und an den Beginn der großen Schuttreise, die von der Marchreisenscharte herabfließt, genannt Marchreise. Auf ihr mühsam empor bis unter dic Kehlbachlspitzen. Von dort rechts zur Östl. Marchreisenscharte empor. Hier auch von der Lizumalm. Von der Alm in das Lizumkar und die Geröllrinne zwischen Ampferstein und Marchreisenspitze mühsam empor in die Scharte.

Von der Adolf-Pichler-Hütte über den Hochtennboden und das Widdersbergjöchl in das Lizumkar und die Rinne empor in die Scharte (2½—3 Std.).

Aus der Marchreisenscharte über Geröll und Rasen kurz zum Gipfel.

● **1414 Südgrat und Salzplattenspitze.** (C. Gsaller, 1883). I, von der Schlicker Alm 2½—3 Std.

Von der Schlicker Alm auf einem Steig nordwestl. in die Malgrube aufwärts. Vor Erreichen der flacheren Böden auf dem Schlicker Grubensteig, der quer durchläuft, rechts ab und zum Fuß des S-Rückens des Ampfersteins, über den man unschwierig den Gipfel erreicht.

Man kann den S-Rücken auch weiter unten betreten, indem man auf dem Weg zum Halsl (siehe dort) bis auf den Bürstligboden ansteigt (von wo aus sich der Weg um die Ausläufer des S-Rückens herum gegen N wendet). Hier links haltend, dann rechts und über den Rücken und über die Salzplattenspitze zum Gipfel.

● **1415 Abstieg über den Südrücken in das Schlicker Tal.**

Über den Grat hinab. Nach dem runden Kopf der Salzplattenspitze verzweigt sich der Rücken. Auf dem östl. Rücken hinab. In der O-Flanke des Rückens ragen ein paar Türme auf; aus der Scharte nördl. von ihnen zieht eine Geröllrinne hinab ins Halsltal, durch das man gerade hinab nach Telfes oder Fulpmes absteigen kann.

Steigt man nach der Salzplattenspitze weiter über den S-Grat ab, gelangt man zurück auf den Bürstligboden. Von hier etwas rechts absteigend, trifft man auf einen Steig, der in Kehren am steilen Hang über den Schlicker Bach abwärts führt, und über den man den Weg Schlicker Alm — Froneben erreicht.

● **1416 Nordflanke vom Halsl** (K. Wechner, 1880). I, vom Halsl 1½ Std.

Vom Halsl über einen Rücken steil empor zu Felszacken, links an ihnen vorbei und auf einen Gratkopf. Dahinter sieht man die Türme am Beginn des N-Grates.

Kommt man von der Adolf-Pichler-Hütte, steigt man nicht ganz zum Halsl ab, sondern steigt nach Querung des Schuttkares, das von der Marchreisenscharte herabstreicht, über den linken Begrenzungsgrat des Geröllkares und über einen Rücken empor auf den Gratkopf vor den Türmen. Über den grasigen Kamm kurz hinab, um den Felsaufbau der Türme herum nach links in eine Senke zwischen einem Turm des N-Grates zur Rechten und einem Felszacken links. Von der Einsenkung rechts neben einer Wand auf die Lizumer Seite absteigend in ein Schartl (10 Min.), das man auf die Stubaier Seite hin (besser abwärts) überschreitet und an den Beginn einer Rinne; durch sie mühsam über Geröll empor (150 m) und auf den N-Grat des Ampfersteins.

Über ihn empor, unter dem Gipfelaufbau links in die Ostflanke querend und gerade empor in kurzer Kletterei zum Gipfel.

Vom Beginn des N-Grates kann man auch über eine kleine Felsstufe auf Steigspuren die ins Halsltal abfallenden Hänge etwas ansteigend queren, den Gipfelaufbau in der O-Flanke gegen S queren, bis man über Rasen und Geröll unschwierig den Gipfel erreichen kann.

● **1417 Westwand** (F. Hohenleitner, Th. Ranzi, 1903). II, 1½ bis 2 Std. E.

Einstieg in einer Geröllschlucht rechts der großen Schlucht, die die ganze Wand durchzieht, in Fallinie eines mächtigen Vorgipfels im N-Grat, der gegen das Kar hin den Gipfel verdeckt.

Aus dem Lizumer Kar in die Geröllhalde des Marchreisenkares aufwärts in die Geröllschlucht (Einstieg). Bald wieder aus ihr nach links heraus auf grasige Schrofen und über einen Absatz auf eine Terrasse. Durch einen weiten Kamin, dann nach rechts, gerade empor und über Schrofen an den Fuß des Vorgipfels, dessen Wand rechts umgangen wird. Über Schrofen zum Gipfel.

● **1418—1420** frei für Ergänzungen.

● 1421 **Kehlbachlspitzen,** 2530 m

Zwei Felszacken, im Kammstück zwischen Ampferstein und Marchreisenspitze aufragend. Nur in Verbindung mit dem Ampferstein oder der Marchreisenspitze lohnend.

● **1422 Überschreitung von der Westlichen Marchreisenscharte über beide Erhebungen in die Östliche Marchreisenscharte.** II, ½ Std.

Wie in R 1413 in die Westl. Scharte empor. Etwas rechts des Grates durch eine Rinne, über ein Band und über brüchige Felsstufen auf den höchsten Punkt. Auf den etwas niedrigeren O-Gipfel und von ihm kurz südl. hinab, durch einen engen senkrechten Spalt in eine Rinne und durch sie zur Östl. Marchreisenscharte.

● 1423 **Marchreisenspitze,** 2623 m

Schöne, hohe Felsgestalt über dem Hintergrund des Lizumtales, die schon vom Inntal oder der Karwendelbahn her gesehen ins Auge springt. Mächtige N-Wand gegen das Lizumtal.

Von S gesehen stumpfer Felsbau. Aus den Scharten östl. und westl. des Gipfels ziehen lange Geröllreisen hinab. Nach der östl. Reise, die ins Schlicker Tal hinabzieht, Marchreise, wurde der Gipfel benannt. Diese bildet die „March“ = Grenze, zwischen dem Schlicker und dem Telfeser Gebiet. 1. touristische Ersteigung: K. Gsaller, 1879.

● **1424 Über die AK-Scharte und den Gsallerweg durch die** Südwestflanke. Unschwierigster Anstieg. Sicherungen. Nur für Geübte. Von der Adolf-Pichler-Hütte 3 Std., bez. Von der Schlicker Alm 3½ bis 4 Std.

Von der Adolf-Pichler-Hütte wie in R 1392 auf die AK-Scharte. Jenseits kurz hinab und auf die Rasenhänge unter den Schlicker Nadeln. Zunächst fast eben den Flanken der Südl. Schlicker Nadel entlang, unterhalb der Nadelscharte über die Nadelreise und auf eine grüne Schulter. Der Steig quert nun die N-Flanke des Steingrubenkogel-O-Grates und die von der Steingrubenscharte herabziehende Reise und führt an den Fuß des Schlicker O-Turmes, dessen unterster Absatz auf einem Felsband überstiegen wird. Nun durch das Steingrubenkar, unter der N-Turm-Scharte kurz hinab und wieder empor auf einen Geröllsattel und steil ansteigend über Geröll zum Fuß der Schlicker Zinnen. Unter kleinem, dachartigem Übergang durch, oberhalb der grünen Hänge der Malgrube durch die Hänge der Hochtennspitze empor auf einen kleinen begrünten Kopf, Aussichtspunkt, unterhalb des W-Gipfels der Malgrubenspitze. Fast eben hinein, und empor auf die Malgrubenscharte. Kurz auf die Lizumer Seite, dann zurück auf die Schlicker Seite und an den Hängen der Lizumer Spitze wenig ansteigend aufwärts. Über eine Felsstufe in die Geröllrinne, die vom Schartl zwischen Lizumer Spitze und Marchreisenspitze herabzieht, und über ein Band auf die grasige SW-Flanke der Marchreisenspitze. Steil über Rasen an den W-Grat, der auf der Lizumer Seite unschwierig zur Geröllkuppe der Marchreisenspitze führt.

● **1425 Abstieg vom Gsallerweg ins Schlicker Tal.** 1½—2 Std.

Auf dem Steig zurück bis zur Geröllrinne, die von der Scharte zwischen Lizumer Spitze und Marchreisenspitze herabzieht. Auf ihr hinab bis nahe zu ihrem Ende, wo man auf den Schlicker-Gruben-Steig trifft (er führt von der Bachgrube her durch die Schlicker Gruben zu S-Grat des Ampfersteins). Auf dem Steig kurz nach rechts und auf die Böden der Malgrube (Quelle). Nun entweder links zur Schlicker Alm, oder rechts durch die nördl. Roßgrube in die südl. hinab und über den Weg, der von der Alpenklub-Scharte herabkommt, in die Schlick.

Marchreisenspitze, Lizumer Nadel und Lizumer Spitze von Norden

R 1428 Nordwand
R 1429 Nordwestwand
R 1431 Nordwandschlucht

● 1426 **Abstieg von der Marchreisenspitze auf den Gsallerweg und ins Lizumtal.** 1 Std. Sehr mühsam.

Auf dem Gsallerweg zurück bis zur Geröllreise, die von der Scharte zwischen Marchreisenspitze und Lizumer Spitze herabkommt. Über sie mühsam empor in die Scharte und jenseits über die weiten Geröllhänge in das Marchreisenkar. Durch das Lizumkar talaus und zur Lizum.

● **1427 Abstieg auf dem Gsallerweg und vom Westgrat in das Lizumtal.** I, eine Stelle II, ¾—1 Std. Kürzester Abstieg.

Vom Gipfel auf dem Gsallerweg hinab, bis sich dieser vom W-Grat in die begrünte SW-Flanke wendet. Hier rechts dem Grat entlang hinab und zum Beginn einer schluchtartigen Rinne. Unter einem auffallenden Klemmblock hindurch und über Felsstufen hinab in die Geröllrinne, die in das Marchreisenkar hinabzieht. Über sie hinab und zur Lizum.

● **1428 Nordwand** (K. Berger, K. Grissemann, O. Melzer, 1898). III+, 3 Std. E. Einer der beliebtesten Durchstiege der Kalkkögelgruppe.

Zugang: Man geht von der Lizum (Talort Axams) talein und folgt dem Fahrweg in südwestl. Richtung etwa 15 Min. Sodann auf Steigspuren links ab, steil den Hang hinauf, bis man auf einen Steig trifft. Diesem folgt man nach links aufwärts bis in die Karmulde am Fuß der N-Wände des Ampfersteins und der Marchreisenspitze (Lizumkar).

Übersicht: Der Marchreisen-N-Wand ist ein Felssporn vorgebaut. Wo dieser an den senkrechten Wandgürtel stößt, bildet sich etwa 80 m östl. der dunklen kaminartigen N-Wandschlucht eine vorgebaute Gratkante aus.

Die Verschneidung dieser Kante mit dem senkrechten Abbruch bildet den Schlüssel für die Durchsteigung des Steilaufschwungs, der von der Karmulde aus ziemlich unnahbar aussieht.

Die Führe: Über Schutt mühsam von rechts an den Vorbau heran und bis in den Winkel, den er mit den senkrechten Nordabstürzen bildet. Nun den ausgeprägten Steigspuren und Steinmännern folgend über den Vorbau meist unschwierig bis an den eigentlichen Wandaufschwung heran.

An den breiten senkrechten N-Wandkörpern ist hier, nach N vorspringend, eine Felstafel angebaut, die oben in einer Türmchen-Krone endet. In der Verschneidung zwischen der Wand und dem Türmchensporn zieht der Melzerriß empor (60 m, III+). Schwierigste Stelle. (Nach 40 m Überhang, Hakenstand.) Er führt in das Schartl zwischen dem letzten Türmchen und der Wand.

Leichtere Variante: Der Übergang im obersten Drittel des Melzerrisses kann links umgangen werden. Vom Hakenstand unterm Überhang auf einer Leiste waagrecht nach links (III, ausgesetzt), etwa 8 m. Standplatz. Von hier schräg rechts empor (H) in das zweite Schartl. Von diesem auf das Türmchen und jenseits 2 m überhängend hinab in das Melzerschartl (Steigbaum).

Fortsetzung: Hier legt sich die Wand etwas zurück. Durch die gutgriffigen Rißrinnen unmittelbar über dem Schartl 40 m empor, zuletzt rechts haltend auf ein breites Band (Steinmann).

Nun am besten 20 m westwärts (rechts) und dann etwa 100 Höhenmeter dem Gipfel zu haltend über schöne Wandabsätze empor (II). Für diesen Aufstieg wählt man am besten die Schneide zwischen N- und NO-Wand.

Man gelangt an den mit Überhängen ansetzenden braunsplittrigen Gipfelaufbau. (Seine unmittelbare Erkletterung ist sehr schwierig (IV)). Die Durchschnittsschwierigkeit der Wand behält man bei, wenn man auf dem breiten Schuttband etwa 40 m in die NO-Flanke (links) quert. Dort zieht ein feuchtes, scharf eingeschnittenes Rinnensystem empor. Einstieg etwas rechts über eine brüchige Wandstelle. Sodann etwa 50 m in der Rinne, auf ein Band. 10 m links an die Kante und über gutgestuften Fels empor auf den SO-Grat, den man etwa 30 m unterhalb des Gipfels erreicht. Leicht auf den Gipfel.

● **1429 Nordwestwand** (O. Ampferer, H. Ficker, A. Hintner, F. Stolz, 1898). II, stellenweise III—.

Von der Lizum oder der Adolf-Pichler-Hütte aus dem Lizumkar in die Mitte der Geröllrinne empor, die von der Scharte zwischen Lizumspitze und Marchreisenspitze herabzieht. Auf einem breiten Band in die NW-Wand hinaus. Einstieg. Von hier über Wandstufen, Bänder, brüchige Schrofen und Rinnen zum Gipfel empor.

● **1430 Nordostwand** (H. Frenademetz, H. Tiefenbrunner). IV, 3½ Std.

Der Durchstieg hält sich an die rechte Begrenzungskante der großen, sich oben erweiternden Schlucht, die die NO-Wand durchreißt. (Nicht zu verwechseln mit der N-Wand-Schlucht.)

Über Geröll und Schrofen in der Schlucht empor, bis ein schmales Band nach rechts aufwärts an die Kante leitet. Um die Kante herum, und in einer Verschneidung 10 m aufwärts zu Stand. Weiter gerade empor, zur Kante zurück und auf eine kleine Schutterrasse. Nun über eine Wandstufe (20 m, brüchig) auf eine Geröllkanzel. Über ein überhängendes Wandl und ein von links herabziehendes auffälliges Plattenband gerade empor zu kleinem Stand. Kurzer Quergang nach rechts auf ein Köpfl. In einem senkrechten Riß 6 m empor und auf ein abdrängendes Band. Auf ihm 10 m Querung nach rechts und über eine senkrechte Wandstufe auf ein breites Band. Nach links um eine Kante herum, gerade empor auf ein überwölbtes Band. 15 m nach rechts, über ein überhängendes Wandl und durch eine Rinne empor auf einen breiten Schuttfleck mit mehreren Blöcken. Nun über eine Wandstufe auf eine Schutterrasse in der Fortsetzung der Schlucht und durch einen tief eingeschnittenen Kamin zum Gipfel.

● **1431 Nordwandschlucht** (1. Begehung wahrscheinlich H. Frenademetz, Th. Plattner, L. Korin, 1950). Teilweise V+, ungefähr 3 Std. Wie zum Einstieg bei R 1418.

Die N-Wandschlucht ist der tief eingeschnittene Kamin, der rechts des N-Wanddurchstiegs (R 1417) die Wand durchzieht. Die Schlucht bricht im unteren Teil ungangbar ab und wird von der N-Wandführe her erreicht, und zwar über ein fallendes Schuttband nach rechts zum Beginn der Schlucht. Diese gabelt sich gleich zu Beginn. Im rechten Arm zwei Seillängen ohne besondere Schwierigkeiten empor, bis sich die Schlucht steil aufbäumt. Über die Steilstufe in brüchigem Fels empor (V). Gerade, aber weniger steil weiter, über eine zweite Steilstufe (IV), dann leicht links aufwärtshaltend zum Gipfel. Schwierigste Kletterfahrt an der Marchreisenspitze.

● **1432 Übergang zur Malgrubenspitze — Hochtennspitze und zur Adolf-Pichler-Hütte.** I—II. 2½—3 Std.

Vom Gipfel der Marchreisenspitze auf dem Gsallerweg bis zur Malgrubenscharte zurück. Die Scharte ist durch mehrere Türme in Teilscharten gespalten. Man umgeht auf der Schlicker Seite drei Schartentürme auf einem Steiglein und quert von der westlichsten Malgrubenscharte, dem steil ansetzenden O-Grat der Malgrubenspitze ausweichend, rechts eben auf der Lizumer Seite hinein in Richtung auf eine Geröllschulter mit einem kleinen Zacken. Über Geröll kurz empor an den Beginn einer engen Geröllrinne, in der man bis in eine Scharte im O-Grat des O-Gipfels emporsteigt.

Hierher auch auf etwas schwierigerem Weg: man weicht dem steilen Ansatz des O-Grates gegen S auf begrüntem Band aus, steigt durch eine schmale, steile Rinne und über Schrofen zum Grat empor, umgeht einen Gratturm auf der S-Seite und quert in die Scharte im O-Grat.

Hinter der Scharte weicht man dem schroffen Gipfelaufbau gegen rechts auf einem niedrigeren Wandgürtel aus. Man steigt von der Scharte wenige Schritte rechts gegen die nördl. Begrenzungskante dieses Wandgürtels in ein Schartl empor (von dem Schartl zieht eine Schlucht ins Marchreisenkar hinab), und über gutgriffigen Fels schräg links empor. Man erreicht den Schutthang unterhalb des Gipfels und über ihn den O-Gipfel selbst.

Aus der Senke der wenig ausgeprägten Doppelgipfel des O-Gipfels gegen W in der Gipfelrinne abwärts, bis zum ersten nach rechts führenden Band, oder weiter in der enger werdenden Rinne über einen Absatz zum dritten Band hinab. Die Bänder leiten in die S-Flanke des Malgruben-W-Gipfels. Über Schrofen in südl. Richtung absteigend, erreicht man eine kleine, begrünte Senke. Aus ihr quert man gegen rechts in die Lizumscharte. Aus der Scharte durch die überall gut gangbare Flanke der Hochtennspitze empor auf ihren Gipfel. Schöne Rundsicht.

Vom Gipfel der Hochtennspitze führt ein Steiglein über den N-Rücken hinab auf den Hochtennboden, von wo aus man auf dem Hochtennbodensteig bequem zur Adolf-Pichler-Hütte absteigen kann.

● **1433 Abstieg zur Westlichen Marchreisenscharte und Übergang zum Ampferstein.** I, 1¼ Std.

Von der Geröllkuppe des Gipfels einige Schritte südl. hinab und östl. über gutgestuftes Felsgelände ungefähr 80 m hinab in Richtung auf einen Grateinschnitt im östl. Abhang. Von diesem Einschnitt südl. hinab an den Beginn zweier Rinnen. Durch die rechte, engere Rinne hinab und unter einem großen Block an ihrem Ausgang gegen O; am Ausgang der linken Rinne vorbei, um ein Eck herum auf ein schmales Band, von dem aus ein Steiglein in die westl. Marchreisenscharte führt. Eine plattige Stelle (I) am Bandbeginn kann auf einem tieferen Band umgangen werden.

Von der Westl. Scharte Übergang in die Östl. und aus ihr in ¼ Std. unschwierig auf den Gipfel des Ampfersteins.

1967 wurde von D. Tamposch eine neue Führe durch die Nordwand erstmals begangen (III, eine Stelle IV+). Beschrcibung fehlt.

● **1434** Frei für Ergänzungen.

● **1435** **Lizumer Spitze,** etwa 2550 m

Dreizackiger westl. Nebengipfel der Marchreisenspitze. Lohnend nur in Verbindung mit der Marchreisenspitze.

● **1436 Aus der Malgrubenscharte.** ¼ Std.

Auf dem Gsallerweg von der Adolf-Pichler-Hütte, oder aus der Schlick und über den Gsallerweg in die Malgrubenscharte. Aus ihr über brüchige Schrofen unschwierig auf den Gipfel. Der östl. Gipfelzacken ist unschwierig, die Besteigung der beiden anderen jedoch ist mäßig schwierig.

● **1437 Aus der Scharte zwischen Lizumer Spitze und Marchreisenspitze.** 10 Min.

Aus der Scharte auf der Schlicker Seite über ein Band in eine Rinne. Durch sie empor und über Felsstufen auf den Gipfel.

● **1438 Abstieg in die Malgrubenscharte.**

Unter dem östl. Gipfelzacken links auf breitem Band um die Gipfelzacken herum und auf die westl. Schulter der Lizumer Spitze und hinab zur Malgrubenscharte.

● **1439** **Lizumer Nadel,** etwa 2500 m

Der Lizumer Spitze nördl. vorgeschoben ragt die schlanke Lizumer Nadel auf. 1. Ersteigung: E. Spötl, O. Melzer, 1900.

● **1440 Aus dem Schartl zwischen Lizumer Spitze und Lizumer Nadel durch die Westwand.** III+. Sehr brüchig.

Vom Schartl steigt man in der steilen, brüchigen W-Rinne hinab, bis man in eine weiter nördl. gelegene Rinne queren kann. Durch sie empor bis unter die westl. Turmwand. Auf einem grasigen Band bis unter die tiefste Stelle des N-Grates empor. Über eine 8 m hohe Wandstufe zu dieser Gratstelle bei einem kleinen Felszahn. Nun dem Grat entlang empor, bis ein schmales Felsband gegen links in die Wand hineinführt. (Spreizschritt über eine Unterbrechung des Bandes.) Dann 20 m über gutgestuften Fels gerade empor auf ein breites Band mit einem nördl. vorgelagerten Felszacken. Man umgeht ihn östl. oder westl. und klettert über eine 10 m hohe plattige Wandstelle der Gipfelwand aufwärts zu einem Band, das man links zur O-Kante des Turmes verfolgt; über diese auf den schmalen Gipfel.

Die Gipfelwand kann auch gerade durch einen Riß erklettert werden.

● **1441 Überschreitung von Osten über die ganze Ostkante nach Süden und über den Südgrat** (E. Arnold, J. Hager, D. Schmid, 1919).

● **1442** Frei für Ergänzungen.

● 1443 **Malgrubenspitze,** 2576 m

Mächtiger Felsaufbau mit schöngeformtem Doppelgipfel, der gegen N mit schroffer Wandflucht abstürzt. Etwas östl. vom O-Gipfel zweigt gegen N ein Grat ab, der stufenförmig abfällt. Eine große Abstufung des Grates bildet die Kleine Malgrubenspitze. Ihre Felsen fallen steil gegen das Widdersbergjöchl ab. Die S-Flanke der Malgrubenspitze ist von Grasbändern durchsetzt. Eine Schlucht spaltet hier den Gipfelaufbau in die beiden Gipfelerhebungen. 1. Ersteigung des O-Gipfels: K. Gsaller, 1883.

● 1444 **Südflanke zum Ostgipfel.** I, von der Lizumer Scharte ¾ Std.

Die Lizumer Scharte erreicht man entweder vom Gsallerweg über begrünte Hänge, oder, indem man vom Hochtennboden gegen die Lizumer Grube absteigt und unter den Felsen der NO-Wand der Hochtennspitze wieder emporsteigt.

Aus der Lizumer Scharte kurz über den schotterigen W-Rücken der Malgrubenspitze aufwärts. Unter den schroff aufragenden Felsen des W-Gipfels auf Steigspuren auf die Schlicker Seite in eine kleine grüne Senke. Von hier nordwärts über brüchige Schrofen gerade aufwärts auf ein Schotterband. Auf ihm etwa 30 Schritte nach rechts und durch eine Rinne oder neben ihr über Schrofen (20 m) auf ein Band. Auf ihm nach rechts, um einen viereckigen Felszacken herum in die von der Gipfelscharte herabziehende Rinne. Durch diese mühsam in brüchigen Gestein empor. Kurz unter der Scharte nach rechts und in wenigen Minuten über Schrofen und Geröll auf den Ostgipfel.

● 1445 **Übergang zum Westgipfel.** II, ¼ Std.

Vom Ostgipfel hinab in die Gipfelscharte. Aus ihr über drei senkrechte Wandstufen mit eingelagerten Schuttbändern auf den W-Gipfel.

● 1446 **Von Westen auf den Westgipfel.** I, von der Lizumer Scharte ¾ Std.

Wie in R 1427 vom Schotterband durch die Rinne auf das zweite Band empor. Hier links, nordwestl. durch eine ungemein brüchige Rinne empor und von einem Schartl im W-Grat auf die Lizumer Seite, unschwierig über einen kurzen Geröllhang zum Westgipfel.

● 1447 **Über den Westgrat.** II.

Der erste Gratturm kann auf der N-Seite unschwierig umgangen werden. Über die teilweise brüchige Gratfelsen zum W-Gipfel.

● 1448 **Aus der Malgrubenscharte von Osten.** I, in Verbindung mit der Marchreisenspitze lohnend.

Auf dem Gsallerweg in die Malgrubenscharte empor. Hier wie in R 1432 (Übergang Marchreisenspitze — Malgrubenspitze) auf den O-Gipfel.

● 1449 **Nordschlucht** (H. Beyrer, A. Hintner, F. Stolz, 1898; unmittelbare Begehung der Kleinen Malgrubenspitze vom Widdersbergjöchl: H. Grissemann, O. Melzer, F. Miller, 1899). III+, 2½ Std.

Die N-Schulter der Malgrubenspitze wird Kleine Malgrubenspitze genannt.

Vom Widdersbergjöchl über die N-Flucht der Kleinen Malgrubenspitze gerade empor auf ihren Gipfel und zu dem Geröllsattel, der sie von der N-Wand der Malgrubenspitze trennt.

Diesen Geröllsattel kann man besser erreichen, indem man aus der Lizumer Grube über die Geröllhänge emporsteigt. Eine steile Rinne, die von der Gipfelscharte herabzieht, vermittelt den Aufstieg. Über nasse Wandstufen empor, dann gegen rechts durch einen sehr brüchigen Kamin auf ein schmales Band. Auf ihm (12 m) bis zu seinem Ende. Von hier über die ausgesetzte kurze Schlußwand zum Gipfel.

● 1450 Einen **weiteren Durchstieg** durch die **Nordwand** führten E. Hensler und J. Purtscheller durch. Er verläuft etwas westl. des ersten und benützt nicht die Rinne, sondern einen langen Kamin, der vom W-Gipfel gerade in die Geröllhänge der Lizumer Grube hinabzieht. Einstieg von rechts her in den abbrechenden Kamin.

● 1451 **Nordwestwand der Kleinen Malgrubenspitze** (H. Frenademetz, H. Tiefenbrunner, 1934). V, 2 Std.

Vom Hochtennbodensteig, südl. des Widdersbergjöchls, ist in der NW-Wand ein auffallender Kamin sichtbar, der zu beiden Seiten von überhängenden, gelben Wänden begrenzt ist. Links befindet sich ein großer dreieckiger Übergang. Durch diesen Kamin erfolgt der Anstieg

Vom Widdersbergjöchl steigt man östl. (links) des Felsaufbaues der Malgrubenspitze an, bis man aus der Reise nach rechts durch eine schmale, steile Rinne ansteigen kann. Auf ein Schartl empor und jenseits (westwärts) über Schutt hinunter an den Beginn des Kamins.

E 30 m schräg oberhalb vom Kaminbeginn, wo eine schmale Leiste waagrecht nach rechts zum Kamin zieht.

In der linken Wand 10 m empor auf eine Leiste, Querung nach rechts zu gutem Stand. 6 m an der Kaminkante gerade empor unter einen

Kleine und Große Malgrubenspitze, Nordwand

R 1449 Nordschlucht
R 1450 Nordwand
R 1451 Nordwestwand

Überhang (II). Um die Kante herum (H), Spreitzschritt in die rechte Kaminwand und waagrechte Querung in den Kamingrund (V). Hier 60 m aufwärts im Kamin. Spreitschritt hinauf zu einem Geröllfleck. 8 m weiter empor unter einen dachartigen Überhang. Der folgende Überhang wird umgangen, worauf man bald über weniger schwieriges Gelände den Gipfel erreicht.

● 1452 Malgrubenturm

Der Turm ragt nördl. der Lizumer Scharte, unterhalb der Malgrubenspitze auf. 1. Ersteigung: K. Rainer, H. Wolf, 1936. Der Malgrubenturm wird durch einen fast bis zum Gipfel emporziehenden Riß erklettert.

● 1453 Hochtennspitze, 2551 m

Westl. der Lizumscharte aufragend. Vom Schlicker Tal aus erscheint sie als wenig ausgeprägter, begrünter Schrofenkegel. Gegen die Lizumer Grube stürzt sie mit schroffen, zerklüfteten Wänden ab. Gegen N entsendet sie einen breiten, zum Teil begrünten Rücken, den Senderskamm, der nach der Hochfläche des Hochtennbodens und dem Hoadljöchl den Hoadl, 2342 m, das Pleißenjöchl, 2266 m, und das Axamer Kögele, 2093 m, trägt. Bei der Hochtennspitze biegt der Kalkkögelkamm aus seiner O-W-Richtung in die N-S-Richtung. Der Gipfel ist unschwierig ersteiglich. Aussichtspunkt. 1. touristische Ersteigung: R. Seidler, K. Wechner, 1883.

● 1454 **Westflanke vom Hochtennboden.** 1½ Std. Leichter Anstieg, teilweise Steig.

Von der Bergstation des Hoadlliftes über den Rücken hinab auf den Hoadlsattel, dann empor zum Hochtennboden. Man überquert ihn. Weiter auf dem Steig in die Westflanke, zuletzt mühsam durch eine Schuttrinne empor zum Gipfel.

Hochtennspitze von Norden

R 1454 Westflanke
R 1458 Nordwand

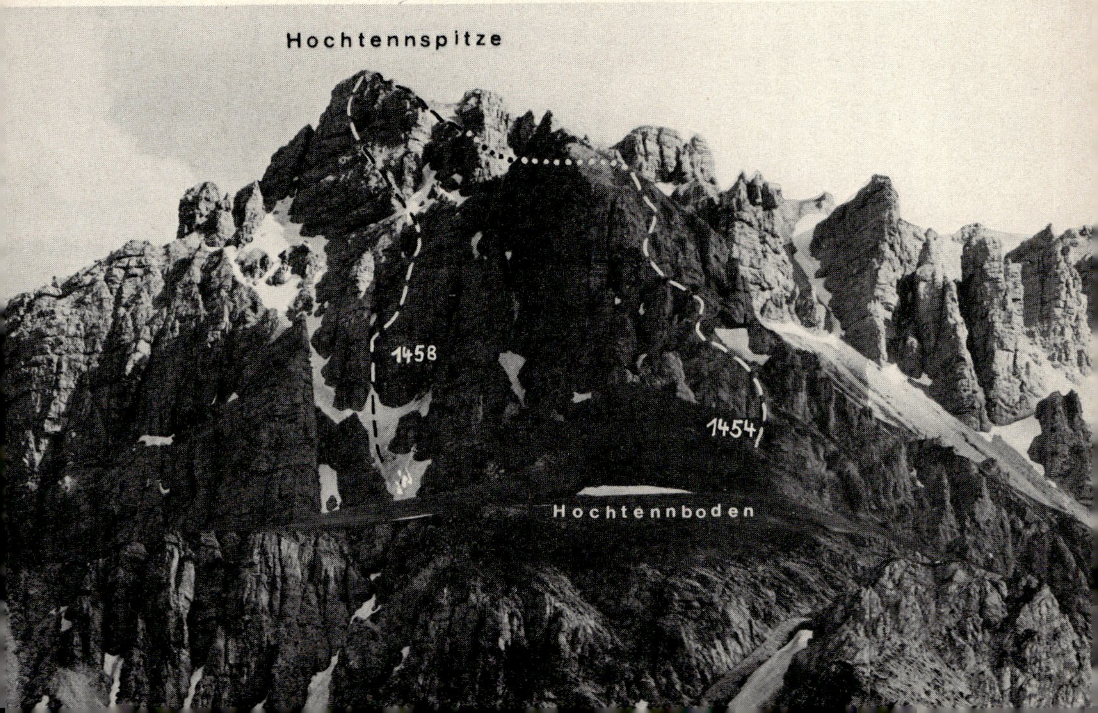
Hochtennspitze
1458
1454
Hochtennboden

● **1455 Nordgrat.** Steig. Von der Adolf-Pichler-Hütte 1½ Std. Bez. Von der Lizum 3 Std. Von der Hoadllift-Bergstation 1 Std.

Von der Adolf-Pichler-Hütte zum Hochtennboden. Hierher auch von der Lizum. Besonders günstig erreicht man den Hochtennboden von der Hoadllift-Bergstation. Einige Minuten südwärts hinab in den Sattel. Auf einem Steig über den Kamm empor zum Boden.

Am Hochtennboden beginnt ein Steig, der über den N-Grat zunächst zum Fuß eines breiten Gratkopfes führt. Der Steig führt nun rechts hinab in eine Reise und durch sie empor, dann neben dem N-Grat ansteigend in eine Scharte im SW-Grat. Aus ihr kurz zum Gipfel.

Man kann auch kürzer (ohne dem Steig in die Reise hinab zu folgen) über Rasen und Schrofen auf den Gratkopf emporsteigen. Von seinem Scheitel kurz über den Kamm aufwärts, vor einem schroffen Gratzacken gegen rechts hinaus in den Geröllhang und über das Steiglein zum Gipfel.

● **1456 Von der Hochtennscharte, über den SW-Grat.** 10 Min. Steig. Aus der Schlick 3 Std., von der AK-Scharte 1 Std.

Von der Adolf-Pichler-Hütte auf die AK-Scharte und auf dem Gsallerweg bis unter die Hochtennscharte, die zwischen den Zinnen und der Hochtennspitze eingesenkt ist. Vom Weg in 10 Min. empor auf die Scharte und aus ihr über einen Steig zum Gipfel.

● **1457 Abstieg in die Lizumer Scharte** (¼ Std.), Übergang zur Malgrubenspitze.

Vom Gipfel in der schrofigen S-Flanke hinab, dem schroffen Grat ausweichend; nun quert man auf Steigspuren gegen den Grat und in eine Scharte. Von ihr zieht eine Geröllrinne durch die N-Wand der Hochtennspitze in die Lizumer Grube hinab. Der nächsten felsigen Graterhebung weicht man knapp unter dem Grat (nicht auf dem Steig) gegen rechts aus und gelangt auf den Grat selbst. Nun auf die Lizumer Seite und durch eine kleine Rinne in die Lizumer Scharte.

Die Flanke von der Hochtennspitze bis zur Lizumer Scharte ist überall gut gangbar. Ein zu tiefer Abstieg erfordert jedoch mühsame Querung durch brüchiges Gelände in die Scharte. Aus der Lizumer Scharte wie in R 1427 auf den Gipfel der Malgrubenspitze.

● **1458 Nordwand** (H. Lenz, K. Mittelstädt, K. Zeuner, 1910). Teilweise III—, 2 Std.

Vom Hochtennboden an den Wandfuß. Die Mitte der etwas östl. gerichteten Wand wird von einer schluchtartigen Rinne gespalten. Durch diese, bzw. ihre rechten Begrenzungsrippen vollzieht sich der Durchstieg.

● 1459 Senderskamm

Bei der Hochtennspitze zweigt nach N ein großteils begrünter Kamm nordwärts ab, der das Senderstal vom Lizumer Tal trennt. Er trägt einige sanfte Erhebungen: den Hoadl, 2342 m (von den Einheimischen „das Hoadl" — Hühnchen — genannt) — die Pleißenspitze, 2266 m (auch Pleißenjöchl) und als Aussichtspunkt ganz im N das Axamer Kögele, 2093 m (großes Gipfelkreuz, von Axams aus sichtbar).

Die genannten Erhebungen sind durch das Liftsystem der Axamer Lizum im Winter und Sommer leicht erreichbar gemacht. Moderne Standseilbahn und Doppelsessellifte auf den Hoadl. Bergrestaurant am Gipfel. Großes Gipfelkreuz. Schlepplift auf die Pleißenspitze. Von dort Abfahrt nordwärts in eine Senke und leicht ansteigend hinaus auf das Axamer Kögele. Von hier rassige Steilabfahrt nach Axams. Diese Abfahrtsschneise kann auch als Sommeranstieg benützt werden.

Hoadl und Pleißenspitze können sowohl von der Lizum aus, als auch aus dem Senderstal (Kemater Alm) unschwierig über steile Almhänge (teilweise auf Steigen) erstiegen werden.

● **1460** Frei für Ergänzungen.

● 1461 Die Schlicker Zinnen, etwa 2570 m

Aus dem flachen, breiten Grat, der von der Hochtennspitze südwärts zur Hochtennscharte zieht, ragt über der Scharte der Felsstock der Schlicker Zinnen auf. Vom Hoadl aus gut sichtbar sind die NW-Grate der Süd- und Nordzinne („Delagokante"), die weit gegen den Hochtennbodensteig herabziehen und jäh ins Kar abbrechen. Von N erscheinen sie als ein kompakter Felsklotz, aus dem Senderstal sind die einzelnen Zinnen gut unterscheidbar. 1. Gesamtüberschreitung: O. Ampferer, K. Berger, 1899.

● **1462 Nördlichste Zinne.** 1. Ersteigung über die Nordwand: O. Ampferer, K. Berger, 1899.

● **1463 Überschreitung des Zinnenstockes von der Hochtennscharte zur Zinnenscharte** über Nördlichste Zinne, Nord-, Mittel- und Südzinne (O. Ampferer, K. Berger, 1899). IV, 2—3 Std. Lohnend ist die Überschreitung von N nach S; die Anstiege sind jeweils IV, die Abstiege I—II.

Zur Hochtennscharte fällt die Nördlichste Zinne mit schroffer Wand ab, an die sich ein Felszahn anlehnt. Von der Hochtennscharte in die Einschartung zwischen Wand und angelehntem Zahn. 10 m über eine Wandstelle empor und auf einem Band nach rechts an die Gratkante. Knapp rechts der Kante 50 m empor, dann über Schrofen gegen links hinaus und hinauf in eine Rinne. Aus ihr in ein Schartl und über Felsen kurz nach rechts zum zackigen Gipfel der **Nördlichsten Zinne.** 2 SL IV. Vom Gipfel über geröllbedeckte Schrofen in wenigen Min. hinab in die enge Scharte vor der Nordzinne. Der zwischen den beiden Zinnen stehende Felszahn wird auf einem Band auf der Schlicker Seite umgangen.

(Hier zieht eine enge Geröllrinne hinab, die in die breite Rinne einmündet, durch die man den leichtesten Anstieg auf die Nordzinne gewinnt.) Man steigt nun von der Scharte über geröllbedeckte Felsstufen rechtshaltend empor, quert dann auf einem Plattenband nach links bis an den Beginn eines tief eingeschnittenen Kamins. Durch ihn (IV) steil empor auf die schuttbedeckte Gipfelfläche der **Nordzinne.** 2 SL.

Vom Gipfel kurz über den Grat nach N, man steigt dann durch eine brüchige Rinne und über Schrofengelände (Steigspuren) nach links (auf die Senderstaler Seite) ab, bis man auf einem ca. 1 m breiten überdachten Schichtband leicht fallend in die Scharte vor der Mittelzinne queren kann. Ganz am Anfang hat das Band eine Unterbrechungsstelle.

Aus der Scharte über die N-Wand links haltend 20 m auf ein kleines Felsköpfl an der O-Kante. Knapp links davon durch einen senkrechten Riß (H, IV+) auf den Gipfel der **Mittelzinne.** 1 SL.

Abstieg: Von der Stelle, wo man aus der N-Wand aussteigt, durch eine Rinne einige Meter hinab (II), dann auf einem Band nach rechts auf eine Kanzel über dem schmalen Spalt (gegenüber ein kleiner Felssporn). Durch diesen Spalt stemmt man sich abwärts in ein Schartl, umgeht den Zacken auf der Schlicker Seite und gelangt über Wandstufen in die Scharte zwischen Mittel- und Südzinne. Die Mittelzinne kann auch aus der Scharte vor ihr nach links umgangen werden. Aus der Scharte vor der Südzinne 6 m Quergang auf einem schmalen Band auf die Senderstaler Seite. Durch einen Kamin empor auf ein geröllbedecktes Band und von hier über Wandstufen auf den Gipfel der **Südzinne.**

Beim Abstieg nicht auf den Steigspuren, die südl. zu einem überhängenden Kamin führen, sondern kurz auf dem Anstiegsweg zurück bis auf das geröllbedeckte Band. Man verfolgt es südl. in ein Schartl (rechts ein Felszacken), von dem der Aufstiegskamin zur Zinnenscharte hinabzieht. Entweder durch ihn hinab, oder rechts an der Kante abwärts.

Man kann auch durch einen Riß auf der Senderstaler Seite auf ein Plattenband hinabsteigen, das steil zum Kaminfuß hinabführt.

Am besten seilt man sich durch den Kamin zur Zinnenscharte ab.

● **1464** **Nordwand** (Weg der Erstersteiger). IV, 30—45 min. Siehe R 1463.

● **1465** **Nordwestgrat** (F. Krämer, G. Pfeifer, J. Purtscheller, 1919). III—, 1 Std.

Einstieg in gleicher Höhe mit der Hochtennscharte in der N-Wand, am Beginn des schiefen, nach rechts ziehenden Risses. Über ein Band nach rechts und über eine Wandstufe und ein Band an die Gratkante.

Nach kleinem Überhang auf einem Band nach links empor, dann rechtshaltend zu einer Kanzel an der Gratkante. Über Gratstufen aufwärts zu einem Turm. Auf breitem Band nach rechts zu einem flachen Kamin und durch ihn auf die letzte empor, 25 m auf einem Band nach links und zuletzt durch einen Kamin zum Gipfel.

● **1466** **Nordwestseite** (J. Hirche, 1930).

● **1467** Frei für Ergänzungen.

● **1468** **Nordzinne.** Vom Senderstal gesehen, die kühnste Erhebung des Zinnenstockes, mit langem NW-Grat. 1. Ersteigung A. Hintner, M. Peer, H. Renner, 1893.

● **1469** **Einfachster Anstieg.** (E. Spötl, H. Stieger, Winter 1900), II, ¾ Std. E. Im Aufstieg mühsam und wenig lohnend; meist als Abstieg nach der NW-Kante gemacht.

Die O-Seite des Zinnenstockes wird durch eine breite Geröllschlucht gespalten, die den Aufstieg vermittelt.

Man erreicht sie entweder von der Adolf-Pichler-Hütte über die AK-Scharte und den Gsallerweg; man quert nach Durchsteigung des „Kirchls“ unter der Zinnenscharte zum O-Fuß der Südzinne und an den Beginn der Aufstiegsreise. In gleicher Zeit von der Adolf-Pichler-Hütte über den Hochtennbodensteig; über die Hochtennspitze und die Hochtennscharte, von der man, über Geröll absteigend, den Fuß der Nördlichsten Zinne umgeht und zur Reise gelangt.

Von der Schlicker Alm steigt man in die Malgrube empor, von dort über Geröll zum Fuß der Zinnen.

In der Anstiegsreise hält man sich an den Seitenwänden. An einer weiter oben einmündenden Reise vorbei weiter aufwärts, bis die Reise in mehrere Rinnen verzweigt. Rechts über einen Klemmblock, der auch durch die linke Seitenrinne umgangen werden kann. Man quert oberhalb in die rechte Rinne zurück. Durch sie empor in die Scharte zwischen Nord- und Mittelzinne. Durch die enge Scharte und jenseits auf der Senderstaler Seite rechts auf einem breiten Geröllband sanft ansteigend empor in ein Schartl in die W-Flanke der Nordzinne. Schräg rechts durch eine Rinne und über brüchige Schrofen unschwierig zum Gipfel.

Abstieg (vgl. R 1463): Aus der engen Scharte kann man auch durch die sehr enge, steile Schlucht sofort auf die Senderstaler Seite absteigen. Sie ist meist das ganze Jahr mit Schnee erfüllt. 1 Abseilstelle, einige Stellen II.

● **1470** **Ostwand** (E. Beyrer, F. Ungetüm, 1902). III—, 1½ Std.

Die O-Wand fällt gegen den Gsallerweg ab. Der Anstieg vollzieht sich durch eine schluchtartige Rinne, die die ganze Wand durchzieht.

Durch die Rinne, teils an ihrer linken Begrenzungskante, teils durch sie empor bis unter einen Turm, wo sie sich teilt. Im linken Ast empor, über Schrofen zum Gipfel.

● **1471** **Nordwestgrat** (H. Delago, H. und R. Grissemann, F. Miller, 1899) — „Delagokante". V (1 SL), sonst IV+. 2—3 Std. Unterer Teil sehr brüchig.

E. am Fuß des Grates in einem Schartl. 2 SL links der Kante über brüchige Wandstellen auf ein Schuttband empor. Man folgt ihm, bis man über ein bemoostes Band nach schräg rechts auf ein Schotterplatzl an der Gratkante gelangt, die sich hier überhängend aufschwingt. Direkt an der Kante über den Überhang empor (V, H), kurz nach links und einige Meter gerade auf ein schmales Band hinauf. Auf ihm Quergang nach links, bis man wieder zur Gratkante ansteigen kann. Weiter stets an der Kante oder knapp daneben zum Gipfelaufschwung und auf dem Normalweg zum Gipfel.

Schlicker Türme und Zinnen von Westen

R 1471	Nordwestgrat, Delagokante	R 1488	Steingrubenwand-Westgrat
R 1475	Westverschneidung	×	Nordturm-Westkamin
R 1476	Westwand, Rampenweg	R 1518	Südturm-Westwand

Schlicker Zinnen
Nordzinne
Mittelzinne
Steingrubenwand
Schlicker Türme
Nordturm
Südturm
1471
1475
1476
1488
1518

● 1472 Mittelzinne. 1. Ersteigung. O. Ampferer, K. Berger, 1899

Die Mittelzinne wird fast ausschließlich in Verbindung mit den anderen Zinnen bestiegen; die Westwandführen enden auf einer Schuttfläche unterhalb des eigentlichen Gipfelaufbaus.

● **1473 Von Süden,** II, 1 Std. von der Zinnenscharte.

Aus dem Kar etwas unterhalb der Zinnenscharte auf einem Steig westl. an der Südzinne vorbei auf die ansteigende Schuttfläche am Fuß der Mittelzinne. Von SW an den Felsaufbau heran. Am besten steigt man zunächst rechts von dem Spalt, der die Zinne von dem südl. anschließenden Felssporn trennt, 3 m an, spreizt über den Spalt auf ein kleines Podest. Weiter auf einem Band nach rechts, bis man durch eine seichte Rinne zum Gipfel der Mittelzinne ansteigen kann.

● **1474 Von Norden** (O. Ampferer, K. Berger, 1899), IV+, 1 SL, 30 Min. aus der Scharte. S. R 1463.

● **1475 Westwand-Rampenweg** (Weithas, Müller, 1957). IV, 5 SL, 1½—2 Std. auf die Grathöhe.

Die in eine Schlucht auf der W-Seite der Schlicker Zinnen abfallende Wand wird von links unten nach rechts oben von einer Rampe durchzogen. Vom tiefsten Punkt der Wand über Schutt kurz empor, dann auf Steigspuren nach links an den Beginn eines Kamins links von einem auffallenden Dach. Durch den Kamin auf ein begrüntes Band, das man ca. 20 m nach rechts verfolgt, bis man nach links auf ein schmales Band ansteigen kann. Auf diesem 10 m nach links bis zu H. Nun wieder nach rechts, dem sehr schmalen Band folgend an den Beginn der Rampe. Über sie 3 SL ziemlich gerade empor und zuletzt unter einem Überhang nach links auf leichteres Gelände. Weiter über Schutt und Schrofen auf die Grathöhe. Von dort kann man auf Steigspuren unschwierig in die Zinnenscharte queren.

● **1476 Westverschneidung** (Deseke, Öfner, Spitzenstätter, 1963). V, 1½ Std., 150 m. Brüchig.

Parallel zum Rampenweg zieht ein mit Dächern unterbrochener Riß links durch die W-Wand. Einstieg links am unteren Ende der Rißreihe bei einem Dach. Über dieses und eine Länge zum nächsten Überhang. Dieser wird (brüchig, V) von rechts nach links überwunden. Dann dem Riß folgend bis zum Grat nach dem Ausstieg des Rampenweges.

● **1477** **Die Südzinne**

1. Ersteigung von der Zinnenscharte: O. Ampferer, H. Renner, 1894.

● 1478 **Von Norden.** S. R 1463.

● 1479 **Über die Südseite** (Weg der Erstersteiger). III, von der Zinnenscharte 20 Min.

Die Zinnenscharte wird am besten von der Adolf-Pichler-Hütte über die AK-Scharte und den Gsallerweg erreicht. Man verfolgt den Gsallerweg bis in die oberste Steingrube. Man durchquert sie bis gegen den O-Grat der Steingrubenwand. Ein Steig führt nun durch einen schmalen Spalt im O-Grat, das sogenannte „Kirchl", etwas an — und wieder absteigend auf einen breiten Geröllhang, über den man — am besten gleich neben dem O-Grat der Steingrubenwand ansteigend — auf die Zinnenscharte gelangt.

Man kann auch direkt vom Hochtennbodensteig mühsam durch das Kar zur Zinnenscharte ansteigen. Aus der Scharte über Felsen kurz empor an den Beginn eines tief eingeschnittenen Kamins. Durch ihn und über eine glatte, abdrängende Wandstufe empor.

Gleich schwierig ist das Ausweichen aus dem Kamin an seine linke, westl. Begrenzungskante. Zuletzt unschwierig auf den Gipfel.

● 1480 **Südwand** (H. Frenademetz, T. Tiefenbrunner, A. Dematte, 1930), III, 2½ Std.

Von der Zinnenscharte zieht eine Reise hinab. Ungefähr in ihrer Mitte befindet sich ein großer, flacher Felsblock. 20 m oberhalb auf einer 40 m langen Leiste von rechts nach links in die Wand hinaus. Vor dem Abbruch der Leiste an die Kante, nach rechts über eine ausgesetzte Wandstelle in festem Fels 12 m empor. Durch einen schon vom Einstieg aus sichtbaren Riß links aufwärts zu einem Schuttfleck. Links um die Kante und über eine 30 m hohe, senkrechte Wandstufe in die Scharte zwischen Mittlerer und Südzinne. Aus ihr unschwierig zum Gipfel.

● 1481 **Südwestwand** (R. und W. Frank, 1928).

Einstieg am linken Ende eines nach links ziehenden Schuttbandes. Nun rechts zum Kamin, der von der Wandmitte senkrecht emporzieht. Links weiter, etwas tiefer zu einem Band und gerade empor durch die Wand zu einem feinen Riß, durch den man links den Gipfelgrat erreicht.

● 1482 **Westwand** (K. Berger, J. und L. Hechenblaikner, 1903). II, stellenweise III—.

Einstieg im nördlichsten Teil des Wandfußes.

Auf brüchigem Band Querung nach rechts und über Schrofen gerade empor zur ersten Wandstufe. Durch einen engen Kamin auf sie. Nun schräg rechts ansteigend. Der westl. Vorbau der Südzinne wird an der S-Seite erklettert. Über die Kante des Vorbaues empor zum Turm, der der Mittelzinne südl. vorgelagert ist. Man umgeht ihn links unter einem Überhang. Zwischen diesem Turm und der Mittelzinne empor und über Schrofen und Geröll zum Gipfel.

● **1483** **Nordwestgrat** (K. Walch, W. Richter, 1930). IV, etwa 1½ Std.

Einstieg befindet sich 20 m links der Gratkante. 5 m gerade über sie empor, dann eine Seillänge Querung nach rechts schräg aufwärts und zurück zur Kante zu einer kleinen Kanzel. Der Kante entlang empor zu einer zweiten Kanzel (H) und weiter aufwärts zu einer Wandstelle (25 m). Zu einem Erker und durch einen kleinen Riß nach links empor und weiter zum 1. Gratgipfel. An der Gratkante empor und durch Rinnen zum 2. Gratgipfel und zum Hauptgipfel.

● **1484** Frei für Ergänzungen.

● **1485** **Steingrubenwand,** 2550 m

Südl. der Schlicker Zinnen und nördl. des N-Turmes als wenig ausgeprägter doppelgipfeliger Felskopf aufragend. Vom S-Grat streicht nach SO ein langer Felsrücken hinab, der die Steingrube und die Malgrube voneinander trennt. Ein südl. Seitenast des Rückens ragt zwischen der Nördl. und Südl. Roßgrube auf. Dem nördl. Ast entragt der Kopf des Hühnerspiels, 2011 m. 1. Ersteigung K. Gsaller, 1883.

● **1486** **Von Norden,** I, 20 Min. aus der Zinnenscharte.

Aus der Scharte auf der Senderstaler Seite auf einem abschüssigen Band leicht ansteigend auf eine Gratrippe queren, die vom N-Gipfel westwärts hinabzieht. Weiter auf der Westseite über Steigspuren zum Gipfel.

Oder auf der Schlicker Seite links der steilen Gratkante über brüchige Schrofen aufwärts und später auf der W-Seite über Geröll zum Gipfel (nicht empfehlenswert).

● **1487** **Aus der Nordturmscharte und über die Westseite** (Weg des Erstersteigers), 15 Min.

Die Nordturmscharte, 2500 m, erreicht man vom Gsallerweg unschwierig und kurz, indem man den Weg bis in die Steingrube verfolgt und von dort über Grasflecken und Geröll in die Scharte emporsteigt.

Von der Adolf-Pichler-Hütte auf dem Hochtennbodensteig bis zum Graskopf des ersten Wetzsteinschrofens. Hier empor bis unter die Felsen des S-Turmes links in die Geröllrinne und etwas mühsam empor in die Scharte. Von der Scharte auf Steigspuren in die W-Flanke hinaus. Über Geröll und Schrofen in die Senke zwischen beiden Gipfeln und kurz auf den etwas höheren S-Gipfel.

● **1488** **Westgrat** (J. und A. Purtscheller, 1919). III+, 1½ Std.

Einstieg unmittelbar vom Hochtennbodensteig. Durch die auffallende Kamin- und Rißreihe zum Gipfel.

● **1489** Frei für Ergänzungen.

● **1490** **Pyramidenspitze,** ca. 2350 m

Auffallend gegen Osten verschobener pyramidenartiger Felssporn der Steingrubenwand, durch einen tiefen Einschnitt vom Hauptmassiv getrennt.

● **1491** **Zugang:** Von der Schlicker Alm auf den Steig 113 (Richtung AK-Scharte) in die Roßgrube. Hier rechts abbiegen. Dem Steig zur Marchreisenspitze folgend gelangt man in latschenfreies Gelände. Im N erblickt man nun die markante Spitze mit ihrer SO-Kante und O-Wand. Über Grashänge und einer Schotterreise zu den Einstiegen. (1½ Std., günstigster Anstieg.)

Zugang von der AK-Scharte: Über den Gsallerweg in die Malgrube, Richtung Schlick absteigend zu den Einstiegen.

● **1492** **Ostwand:** III—IV, 1½ Std. Einstieg wie bei SO-Kante. Nach der 1. Seillänge quert man ca. 30 m nach rechts in die Wand. Der weitere Anstieg führt durch den Kamin, der den oberen Teil der Wand durchzieht.

Direkter Anstieg: IV+, ½ Std. 5 m unterhalb der Schulter in der Ausstiegsrinne 2 m nach links und gerade empor zu Haken. 10 m durch einen Riß zu einem Band (H). Leicht links aufwärts (H) zum Gipfel.

● **1493** **SO-Kante:** III, teilweise IV, 1½ Std. Felshöhe ca. 200 m.

Einstieg etwa 30 m oberhalb des Kantenansatzes in der Rinne unter auffallenden Überhängen. 20 m rechts hinauf zur Kante, rechts der Kante haltend 3 Seillängen empor zu einem breiten Absatz. 10 m auf Band rechts queren, durch einen Kamin und über gebänderten Fels bis unter eine überhängende Wandpartie. Auf einem Band 15 m rechts, durch eine Rinne und leichten Fels zum Gipfel.

● 1494 **Direkte SO-Kante:** V.

● 1495 **Abstieg:** 10 m nach S vom Gipfel absteigen, über Schuttband ca. 80 m nach N zu Abseilhaken. 15 m abseilen, durch brüchigen Kamin in die nördl. Scharte absteigen. Von hier entweder durch Rinnen in die Malgrube, oder besser in die Steingrube (südl.) zum Einstieg.

● 1496 Frei für Ergänzungen.

● 1497 **Schlicker Nordturm,** 2570 m

Schöngeformter, stolzer Felsturm südl. der Nordturmscharte. Von der Schlicker wie von der Senderstaler Seite aus erscheint er als schlanke Nadel. 1. Ersteigung: A. Hintner, H. Renner, 1894. 1. Überschreitung der drei Türme: Karl Berger, 1900.

● 1498 **Von der Nordturmscharte auf dem Bandweg** (Weg der Ersteersteiger). II, mit Stellen III, ½ Std. Normalanstieg.

Der Einstieg befindet sich am höchsten Punkt der Scharte südl. des in ihrer Mitte aufragenden Felsens.

Durch einen kurzen Riß (oder links davon über eine gutgestufte Wandstelle) auf schuttbedeckte Schrofen. Über sie 30 m nach links empor zum Beginn eines auffallenden Kamins. Hier etwa 3 m empor auf ein Band, wo der eigentliche Kamin ansetzt. Quergang nach rechts, stets dem Band folgend (Spreizschritt über Unterbrechungsstelle) um den Turm herum zu einem Schuttfleck (Steinmann) auf der Senderstaler Seite. Im mittleren der drei schwach ausgeprägten Risse hinauf und über eine weitere Wandstelle auf den großen Schuttplatz unter dem Gipfelaufschwung. An der Nordseite zieht ein Riß empor (rechts davon die Erinnerungstafel für den Fotografen und Kunstmaler Peters). Durch ihn oder besser rechts davon hinauf in die Steilrinne und durch sie zum Gipfel.

● 1499 **Millerriß** (F. Miller, H. Tumler, 1898, 1. Alleinbegehung K. Berger, 1900). IV+, eine Stelle V, 1 Std.

Wie bei R 1455 zum auffallenden Kamin. Durch diesen auf die Gratschulter und nach rechts an den Beginn des Risses. Zuerst kurz rechts von ihm, dann durch ihn zum Gipfel (20 m, eine Stelle V, Ausstieg V—). Der Ausstieg kann leichter links in der Wand umgangen werden.

● 1500 **Unmittelbar vom Gsallerweg** kann man durch einen tief eingeschnittenen Kamin in der O-Seite des Turmes ansteigen. Man quert unterhalb der Gratrippe, die bis zur Gipfelwand emporzieht, rechts zum Bandweg, und steigt von hier zum Millerriß empor (vermutlich Melzer—Delago), III+.

● 1501 Eine Seillänge links vom Millerriß leitet eine weitere Führe auf den Gipfel. Sie ist durch eine auffallende, glatte Platte gekennzeichnet.

● 1502 **Nordwest-Kamin** (Hanspeter Heidegger, 1976). IV+, 2 Std. Keine H.

Vom Hochtennbodensteig durchs Kar hinauf zur NW-Wand, die von einem auffallendem Rißkamin durchzogen wird. Durch ihn empor unter ein Dach, nach rechts auf eine Schulter und durch den folgenden blockigen Riß auf den Bandweg.

● 1503 Frei für Ergänzungen.

● 1504 **Schlicker Ostturm**, 2550 m

Ein schmaler, nach oben spitz zulaufender Felsturm, der südöstl. des Südturms auf der Schlicker Seite auf einem breiten Sockel aufragt. 1. Ersteigung: H. Delago, 1894.

Lohnend ist die Überschreitung vom West- über den Ostgrat oder umgekehrt.

● 1505 **Nordwand** (H. Gebhardt, K. Hagspiel). Teilweise IV, ½ Std.

Einstieg in gleicher Höhe mit dem Fuß des S-Turmes. Den Durchstieg vermitteln zum größten Teil Kamine.

● 1506 **Ostgrat** (Weg des Erstersteigers). III, von der Steingrubenscharte 30 Min. Die Steingrubenscharte (zwischen Steingrubenkogel und Südturm) erreicht man in etwa 15 Min. über Geröll vom Gsallerweg.

Wenige Meter unterhalb der Scharte auf der Schlicker Seite setzt der W-Grat auf. Rechts davon auf gut gangbarem Band in die S-Seite des Turmes, bis man auf die Rasenhänge unterhalb des O-Grates ansteigen kann (Steigspuren). Der gerade Aufstieg unmittelbar vom Gsallerweg über die Wandstufen auf die Rasenhänge wurde von L. Gerold, K. Hagspül, K. Schweikher 1919 durchgeführt (III).

Zuerst über einen Gratabsatz steil empor, dann Quergang in die N-Wand des Turmes auf schmalem Band. Durch einen gutgriffigen Riß auf die Gratkante zurück und über sie nun unschwierig zum Gipfel.

● 1507 **Ostkante.** Schönste und schwierigste Felsfahrt am O-Turm. V+, ungefähr 1 Std.

● 1508 **Westgrat** (E. Spötl, 1899). III, von der Scharte 20—30 Min. Schöne Kletterei in festem Gestein.

Wie in R 1506 an den Fuß des W-Grates. 10 m über den ersten Absatz gerade an der Kante empor, dann links in der N-Seite durch einen Riß 10 m auf eine Gratschulter. Weiter an der Kante zum Gipfel.

● **1509 Von der Steingrubenscharte zum Nordturm.** I, 15 Min.

Von der Scharte über den Verbindungsgrat Südturm-Ostturm und jenseits durch eine Geröllrinne 35 m hinab. Hier setzt ein Band an, das um den Südturm herum in die Scharte zwischen Süd- und Nordturm und nach rechts hinaus auf die Ostschulter des Nordturms leitet, von der man unschwierig in die N-Flanke und zum Bandweg und Millerriß gelangt.

● **1510** Frei für Ergänzungen.

● 1511 Schlicker Südturm, 2580 m

Nördl. des Steingrubenkogels als stumpfer Felsturm aufragend. 1. Ersteigung von der Steingrubenscharte: A. Hintner, M. Peer, H. Renner, 1893.

● **1512 Normalweg von SW,** eine Stelle II, von der Steingrubenscharte 20 Min.

Von der Steingrubenscharte gegen den Wandgürtel der SW-Seite empor. An seiner niedrigsten Stelle durch einen Kamin empor. Vor einem Sperrblock entweder leicht links hinaus und gerade empor. Auch rechts des Risses über die Felsen empor. Nun über das Geröllfeld zum Gipfel.

● **1513 Von Norden, aus der Scharte zwischen Nordturm und Südturm** (Delago, Grissemann, 1903). IV+, eine Stelle V, ½ Std.

Aus der Scharte 15 m gerade empor auf ein Geröllband. Einige Meter nach rechts und im ersten Riß gerade aufwärts zum Gipfel.

Etwas einfacher ist der Anstieg, wenn man vom Band etwa 50 m nach rechts bis vor die NW-Kante quert. Hier 8 m gerade empor, dann nach links durch einen kurzen Kamin und zuletzt durch einen Riß zum Gipfel.

Man kann auch auf dem Band in die Westseite queren und über mäßig schwierige Wandstufen zum Gipfel emporsteigen.

● **1514 Ostwand, südlicher Riß** (K. Berger, 1900). III+, 30 Min.

Übersicht über die Ostwand:
Der obere Teil der Ostwand wird von mehreren Einrissen gespalten. Auf das Band an deren Fuß gelangt man entweder direkt von der Scharte, oder man quert etwas tiefer und steigt durch einen 25 m hohen Kamin (II) empor.

Schlicker Nordturm.

Der südlichste der Risse ist der Weg von Karl Berger; rechts davon ein sich gabelnder Riß, durch dessen linken Ast die Route Egger-Oberhammer führt (R 1515), rechts der Gipfelstürmer-Riß (R 1516).

Die Führe: Durch den südlichsten der Risse bis in halbe Höhe, über eine abdrängende Wandstelle aufwärts und wieder durch einen Riß weiter zum Gipfel.

● **1515 Ostwand, Egger-Oberhammer-Weg** (K. Oberhammer, Egger, 1910, 1. Alleinbegehung: M. Auckenthaler, 1933). IV. 1 Std.

Durch den auffällig gegabelten Riß und den links abzweigenden Kamin in der oberen Wandhälfte zum Gipfel.

● **1516 Ostwand, Gipfelstürmerriß** (W. Hummel, I. Heigenhuber, H. Lassen, 1912; 1. Alleinbegehung: Franz Mair, 8.12.1968). IV, 1 Std.

Wie R 1515, dann durch den rechts abzweigenden Einriß zum Gipfel.

● **1517 Südostwand** (J. Sparer, 1924), IV, eine Stelle IV+. 30 Min.

Durch die gelbe SO-Wand zieht (vom Joch gut sichtbar) ein Riß von rechts nach links oben. Über Schrofen an seinen Beginn. Von links über gestuften Fels (zuletzt sehr brüchig, IV+) in den Riß und ihm folgend auf das Gipfelschuttfeld.

● **1518 Westwand** (J. Spötl, Weihnachten 1899). III.

Der Aufstieg vollzieht sich durch den tief eingerissenen Kamin. Eine Felsstufe im Kamin wird rechts an plattiger Wand erklettert.

● **1519** Frei für Ergänzungen.

● **1520 Hühnerspieltürme.** Am O-Fuß des Steingrubenkogels. Vom Gsallerweg erreichbar. Durchstiege von Heini Sterzinger, Fulpmes.

● **1521** Frei für Ergänzungen.

● 1522 **Steingrubenkogel,** 2635 m

Zwischen den Schlicker Türmen und den Nadeln ragt diese mächtige Felsschaufel empor. Von dem Doppelzacken des Gipfels fällt der Grat nach S und N mit steiler Wandbildung ab. Gegen W steile Felsfluchten, gegen O mäßig geneigte Flanken, die von Grasbändern durchzogen sind. Nordwestl. unter der Nadelscharte ragen in der W-Flanke zwei Türme auf; der eine, eine schlanke Nadel, wurde von den Erstersteigern RAC (Real-Alpen-Club)-Turm genannt. 1. Ersteigung von der Steingrubenscharte über die N-Wand: L. Purtscheller, 1883. Über die O-Flanke: K. Gsaller, 1883.

● 1523 **Normalweg von Süden.** Stellenweise II, von der AK-Scharte 1—1½ Std.

Von der AK-Scharte auf dem Gsallerweg etwa 100 m nordwärts bis zur Schlicker Nadelreise (die von der Nadelscharte zwischen Nadeln und Steingrubenkogel herunterkommt). Über das Geröll empor bis unter den O-Fuß der Mittleren Nadel, den ein Felsfenster durchbricht. Nun rechts gegen eine Felsschlucht, vor dieser Schlucht nach rechts in die Hänge hinaus.

Hierher auch von der Nadelscharte kurz über Geröll abwärts (s. auch R 1529). Schräg rechts ansteigend über Schrofen und Geröll auf ein Band und auf einen grünen Sattel in einer Gratrippe. Von hier an den Fuß eines Wandgürtels, durch eine Rinne, zuletzt steil bis unter die Scharte zwischen den beiden Gipfelzacken. Hier links auf Bändern und über Schrofen aufwärts zum S-Gipfel, oder kurz nach rechts auf den N-Gipfel.

● 1524 **Abstieg in die Nadelreise.** ¾—1 Std.

Vom Gipfel hinab und durch die Rinne abwärts bis zu ihrem Ende. Von hier gegen rechts hinab zu einem Band und schräg rechts über Schrofen hinunter in die Nadelreise.

● 1525 **Nordflanke** (L. Purtscheller, 1883). Stellenweise II, 1 Std. E., mühsam und brüchig.

Von der Steingrubenscharte durch eine Rinne links der Scharte schräg links empor zu einem Schuttfleck. Nach links über Stufen auf ein Schuttband. Auf ihm etwa 100 m nach rechts queren. Wo ein Kamin von oben herabzieht, über eine Stufe empor, auf einem Band rechts haltend, an der linken Begrenzungskante des Kamins aufwärts. Auf ein zweites Band und gerade empor zu einem Zacken mit gelber Wand. Daneben in einer von rechts nach links ziehenden tiefen Rinne in brüchigem Gestein aufwärts unter den N-Gipfel in die Gipfelscharte. Aus ihr zum höchsten Punkt.

● 1526 **Abstieg vom Steingrubenkogel nach** N. Eine Stelle II, sehr brüchig, teilweise unübersichtliches Gelände.

Vom N-Gipfel gerade kurz über einen Schrofenabsatz hinunter auf eine Geröllstufe. Auf Steigspuren nach links in eine Rinne. Man überquert sie, steigt über einen Rücken und durch eine brüchige Rinne ab, bis man nach ca. 60 m auf einem Steig wieder nach rechts in die oben erwähnte Rinne quert (Steinmänner). In der Rinne hinunter auf ein großes Schotterband (II); auf diesem nach rechts (Steigspuren), bis man nach 100 m neben einer Rinne über gestuften Fels absteigen kann. Wieder auf einem Band zurück nach links (50 m) und durch eine Rinne in leichter Kletterei in die Scharte vor dem Südturm.

● **1527 Aus der Steingrube und von Nordosten.** I.

Von der AK-Scharte auf dem Gsallerweg zur Geröllrinne, die von der Steingrubenscharte herabzieht. In ihr empor bis unter die Steingrubenscharte und links auf einem Band gegen SO auf die Schlicker Seite hinaus und auf die Grashänge oberhalb des Spaltes im Steingrubenkogel-O-Grat.

Hierher auch gerade vom Gsallerweg. Vor Erreichen der Geröllrinne der Steingrubenscharte wendet man sich schräg links über Geröllbänder aufwärts und klettert durch einen Riß empor, der weiter oben in eine flache Rinne übergeht. Linkshaltend auf die Grasböden oberhalb des Spaltes im O-Grat. Von den Grasböden auf einer begrünten Gratrippe (rechts von einer Rinne) und zum breiten Grasband, das zum Fuß des Wandgürtels führt. Hier wie in R 1523 durch eine Rinne in die Gipfelscharte und zum S-Gipfel, oder gerade hinauf zum N-Gipfel.

● **1528 Abstieg in die Steingrube.** ½ Std. I.

Vom Gipfel ostwärts gerade über Schrofen auf den großen, unteren Grashang; bevor der Hang in den Spalt des Ostgrates abbricht, nach links und durch Rinnen und über Bänder weglos, aber unschwierig hinab zum Gsallerweg.

● **1529 Gerader Anstieg von S** (O. Melzer, G. Walcher, F. Miller). Eine Stelle III, sonst II, 1—1½ Std. von der AK-Scharte. Günstigster Anstieg auf den Steingrubenkogel.

Von der AK-Scharte auf dem Steig zur Südlichsten Nadel und dann auf einem schwach ausgeprägten Steig über ein Band auf der Schlicker Seite an den Nadeln vorbei in die Nadelscharte queren. I, 30 Min.

Aus der Scharte steigt man zum Geröllfleck an. Weiter über den schrofigen Kamm, dann nach rechts zu einem in der S-Wand eingeschnittenen engen Kamin. Durch ihn empor (III) in eine Rinne und in ihr aufwärts auf den Grat und in ein Schartl. Auf Steigspuren weiter zum Gipfel.

● **1530 Abstieg nach Süden.** Vom S-Gipfel kurz südwärts über den Grat hinab in ein Schartl und links abwärts auf das begrünte Köpfl. Weiter abwärts auf einen Schotterkopf und schräg rechts hinab in eine Gratscharte. Auf der Senderstaler Seite durch den Riß und Kamin hinab und auf dem Band gegen links in die Nadelscharte.

● **1531 Aus der Nadelscharte und durch den Kamin auf der SW-Seite.** 1 Std.

Von der Nadelscharte durch eine Rinne auf ein breites Schuttband und auf ihm etwa 50 m auf der W-Seite gegen den RAC-Turm hin. Durch einen steilen Kamin, gegenüber dem Turm, empor auf ein breites Band und auf ihm etwa 10 m nach rechts. Von hier durch einen engen Riß schräg links empor in ein Schartl im S-Grat und über ihn auf die begrünten Hänge. Über sie empor an den Gipfelaufbau und rechts davon über Schrofen zum S-Gipfel.

● **1532 Westwand des Gipfelaufbaus** (O. Melzer, E. Spötl, 1900), IV, 1 Std. E.

Aus der Nadelreise unschwierig über Schutt in die Scharte zwischen Vorgipfel und Hauptgipfel. (Hierher gewöhnlich wie bei R 1534, 1535, 1536.) Aus der Scharte nach rechts durch einen Kamin auf einen Grasfleck. Von hier rechts hinab in die Schlucht. Aus ihr in den nach rechts hinaufziehenden Riß und ihm folgend auf leichtes Gelände südl. des Gipfels. Oder direkt durch die Schlucht zum Gipfel empor (etwas schwieriger).

● **1533 Westwand mit geradem Gipfelausstieg** (H. Matzka, G. Haarman, 1975), IV+, 2 SL.

Von der Scharte 50 m nach links und gerade durch einen Rißkamin hinauf.

● **1534 Westwand des Vorgipfels, Gebhardtweg** (A. Gebhardt, T. Kirchmair, H. Wisiol, 1915). IV, 2—2½ Std. auf den Vorgipfel. Lohnende, häufig begangene Tour.

Der Gebhardtweg verläuft durch eine Kaminreihe im rechten Wandteil, stets wenig links der Begrenzungskante. Vom Hochtennbodensteig in die Nadelreise und zum Wandfuß. Auf dem untersten, begrünten Band nach links, dann gerade aufwärts durch einen schiefen Kamin auf ein schmales Band. Auf ihm nach rechts bis zum Ansatz eines auffallenden Kamins. Oder: Man steigt in der Nadelreise weiter an, bis die Felsen von Nadelsockel und Steingrubenkogel zusammenzutreten beginnen. Nun nach links und auf einem zunächst ansteigenden Band zum Kamin. Durch ihn und zwei weitere Kamine (dazwischen jeweils kleine Wandstufen) ziemlich gerade empor auf die Geröllfläche unter der Wand des Vorgipfels (vier Seillängen). Wenig rechts der Kante durch einen schrägen Riß und über eine kleine Wandstelle wieder auf flacheres Gelände. Über den Grat (der letzte Zacken wird rechts umgangen) zu einer tief eingerissenen Scharte, die überspreizt wird. Über die folgende Wandstufe rechts haltend, zuletzt durch einen engen Schluf auf den Vorgipfel.

Jenseits in die Scharte zwischen ihm und dem Gipfel hinab. Weiter wie bei R 1532.

● **1535 Gerade Westwand** (Heinrich und Walter Klier, 1975), IV—V, Schlüsselstelle VI—, 3 Std. zum Vorgipfel. Größtenteils festes Gestein, abwechslungsreiche Kletterei.

Übersicht: Der Westabsturz des Steingrubenkogels wird etwa 120 m über dem tiefsten Punkt von einem überhängenden Wandgürtel durchzogen. In der Wandmitte sieht man zwei auffallende, schwarze Streifen, die über die gelben Überhänge herabziehen. Dort liegt die Schlüsselstelle. Die Führe zieht vom Wandfuß gerade an diesen Überhang heran und über ihm wieder in gerader Linie durch Kamine und Risse auf die große Schutterrasse. Die Fortsetzung bildet ein Riß, der knapp links der auffallenden Kante des Vorgipfels emporzieht. Im Schlußteil treffen sich alle drei Westwandführen.

Beschreibung: Der Vorbau der Westwand reicht bis zum Hochtennbodensteig herab. Etwas rechts des tiefsten Punktes ist ein schluchtartiger Kamin ausgeprägt. Rechts von ihm an den eigentlichen Steilaufschwung. Hier Einstieg. Gerade über dem Kamin prägt sich eine auffallende Verschneidung aus, deren Grund von einem Kamin gebildet wird. Durch ihn 40 m empor auf ein Band (Standplatz). Von hier durch einen überhängenden, brüchigen Riß etwas links haltend zum Stand unter der Überhangszone (V). (Oder gerade über eine Wandstelle (V) links des Risses auf das Band). In ihr erkennt man rechts einen auffallenden, runden Einschnitt. Diesen muß man erreichen. Man steigt kurz nach links und quert an der gelben Leiste nach rechts (H).

Über den Überhang 8 m empor in den Einriß (VI—) und einige Meter weiter zu Stand. Durch das senkrecht darüber emporziehende Riß- und Rinnensystem 100 m hinauf, zuletzt etwas rechts auf ein Schartl. Aus ihm wenige Schritte über Schrofen empor an den nächsten Wandaufschwung.

Steingrubenkogel, Westwand

R 1536 Gipfelstürmerweg
R 1537 Besonders direkte Westwand
R 1534 Westwand des Vorgipfels, Gebhardtweg
R 1535 Gerade Westwand
R 1532 Hauptgipfel, Westwand

Steingrubenkogel
1532
1536
1534
1537
1535

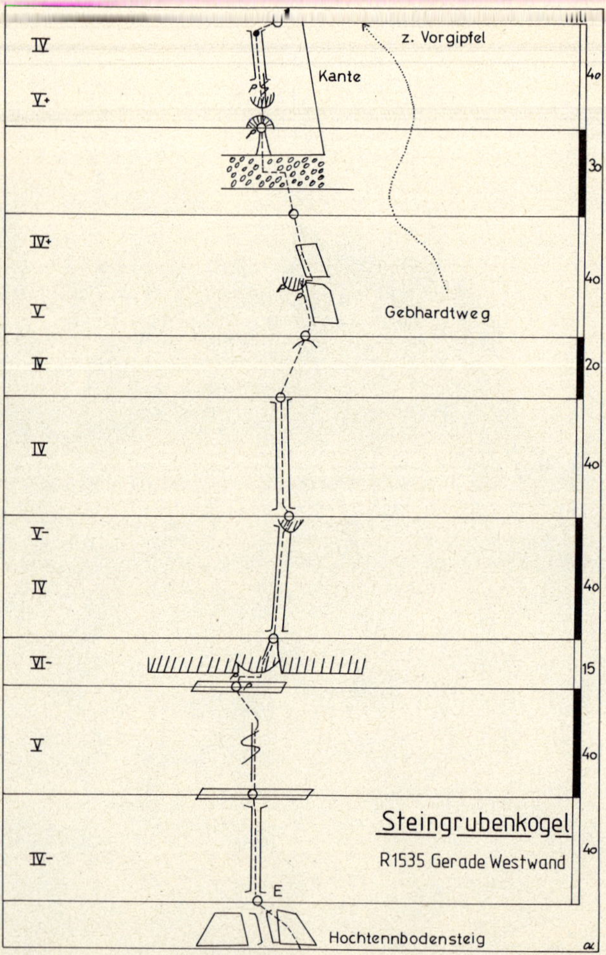
z. Vorgipfel
Kante
IV
V+
IV+
V
Gebhardtweg
IV
IV
V-
IV
VI-
V
IV-
E
Hochtennbodensteig
40
30
40
20
40
40
15
40
40
Steingrubenkogel
R1535 Gerade Westwand

Links des vortretenden Felsaufbaus durch den überhängenden Riß (V, H), dann links über eine Wandstelle und durch den abschließenden Riß auf die Schutterrasse.

Der gerade Anstieg führt durch den tiefen Riß links der Westkante des Vorgipfels. Zunächst durch eine splittrige Rinne 15 m empor in die Nische unter dem großen Überhang. Stand (H). 30 m im Riß (V +) bis zu einem Klemmblock. Von hier rechts an die Kante und auf leichteres Gelände. Hier trifft die Führe auf den Gebhardtweg. Weiter wie bei R 1534 zum Gipfel.

● **1536 Westwand — Nördlicher Durchstieg — „Gipfelstürmerweg"** (W. Hummel, L. Netzer, 1913), eine Stelle V, 2½ Std. zum Vorgipfel.

Von der Adolf-Pichler-Hütte auf dem Hochtennbodensteig zum nördl. Teil der W-Wand. 10 m links des breiten nassen Risses zieht ein schmaler Spalt gerade empor, der sich in zwei Äste gabelt. Durch den linken Ast empor bis zur ersten Terrasse. Auf einem Band nach rechts in den schmalen Riß (rechts des nassen Risses). In ihm aufwärts bis zu drei Gratürmen. Zwischen dem zweiten und dem dritten Turm durch Geröll und Bänder nach rechts in die Scharte zwischen Vorbau und Gipfelwand.

Oder von Anfang an in der Riß- und Kaminreihe rechts des breiten nassen Risses gerade empor auf die Schuttfläche unter dem Vorgipfel (IV +).

● **1537** 1978 führten M. Wolf und R. Purtscheller einen Anstieg zwischen Gipfelstürmerweg und gerader Westwand durch. **„Besonders Direkte Westwand" (IV +).**

● 1538 RAC-Turm

Nordwestl. unter der Nadelscharte in der SW-Flanke des Steingrubenkogels als schmale Felsnadel aufragend. Von den Erstersteigern Real-Alpenclub-Turm genannt. 1. Ersteigung: Friedel, Hensler, Oberhammer, 1917.

● **1539 Westwand** (Weg der Erstersteiger). V/AO, 1 Std.

Durch die Risse und den Überhang (H) in der W-Wand eine Seillänge zum Gipfel.

● **1540 Südostwand** (F. Hörtnagl, H. Schwarzenberger, 1935). VI/A1, 1 Std.

Der Aufstieg erfolgt durch die Rißreihe der SO-Wand, wenige Meter links der O-Kante.

• 1541 Frei für Ergänzungen.

• 1542 Schlicker Nadeln, 2550—2570 m

Eine Gruppe von Felstürmen, die nördl. der AK-Scharte aufragen. Die Südlichste ist sanft und am wenigsten ausgeprägt. Die Melzernadel, ein klobiger Felsturm, ist die nächste, es folgt die Mittlere Nadel, ein schlanker Felszahn, dann die Kronennadel, ein mächtiger Turm, dessen Gipfel drei kleine Felszacken trägt. Die Westliche Nadel steht auf der Senderstaler Seite etwas unterhalb.

Die Überschreitung der Nadeln erfolgt günstig von S nach N.

• 1543 Kronennadel

Nördlichste und höchste der Nadeln. 1. Ersteigung: H. Alliani, H. Delago, O. Melzer, 1894.

• 1544 Aus der Nadelscharte über die Nordwand (Weg der Ersterstei-ger). II, 20 Min.

In die Nadelscharte unmittelbar vom Gsallerweg, oder von der AK-Scharte mit Umgehung der anderen Nadeln (R 1529). Von der Scharte links empor gegen einen auffallenden Zacken in der O-Flanke. Hier auf schmalem Band gegen rechts aufwärts zu einem Zacken. Kurz über eine Wandstelle empor auf die kleine Gipfelfläche mit den drei Felszacken.

• 1545 Von Süden (O. P. Maier, J. Purtscheller, 1911). III—, ½ Std.

Von der Scharte südl. des Turmes auf gutem Band nach rechts bis zum Beginn eines Kamins. In ihm empor bis auf eine Schulter, östl. des Gipfels. Hier westl. auf einem Band zu einem Kamin; durch ihn und über Felsstufen empor zum Gipfel.

• 1546 Mittlere Nadel

1. Ersteigung: H. Delago, O. Melzer, 1894.

RAC-Turm

R 1540 Südostwand

RAC - Turm
1540

● **1547 Über die Nordwand aus der nördl. Scharte.** III, ½ Std.

Aus der Scharte zwischen Melzernadel und Mittlerer Nadel auf der Schlicker Seite auf einem Band herum und in die Scharte zwischen Mittlerer und Kronennadel. Einstieg. Zuerst in brüchigem Gestein kurz aufwärts, dann Querung schräg rechts empor in die Wand. Zu einem Kamin im westl. Teil der N-Wand und kurz durch ihn aufwärts. Auf einem Band nach links zu einer glatten Wandstelle und über sie zum Gipfel mit den zwei kleinen Zacken. Der Kamin kann auch von der Senderstaler Seite her erreicht werden, indem man von der Scharte vor der Mittleren Nadel westl. über eine Felsstufe kurz hinabsteigt und auf einem Band in die Turmflanke quert. Nun über eine steile Wandstufe in den Kamin (IV) und wie oben zum Gipfel.

● **1548 Westkante.**

Siehe altes Tourenbuch der Adolf-Pichler-Hütte, Seite 61.

● **1549 Südwand** (H. Gebhardt, W. Hummel, L. Netzer, 1919).

● 1550 Westliche Nadel

● **1551 Von Norden.** IV, 20 Min.

Man hält sich zunächst im rechten Teil der N-Wand (links zwei Überhänge). Über den Überhängen quert man nach links und steigt durch einen Riß (IV) und den folgenden Kamin auf die Schulter unter dem Gipfel kurz auf diesen an.

● **1552 Südkamin.** III, 20 Min.

Der Aufstieg führt durch den Kamin, der den Turm rechts bis zur Hälfte durchzieht.

● **1553 Südwand** (K. Rainer, M. Rebitsch u. Gef., 1945). VI, 1—2 Std.

Über Schrofen zu einer Schulter an der SW-Kante der Nadel. Hier setzt ein von links nach rechts emporziehender, mehrfach unterbrochener Riß an, der vor einem Köpfl unter einem senkrechten, feinen Einriß endet. Durch diese Risse zum Gipfel.

● 1554 Melzernadel

1. Ersteigung: O. Melzer, 1894.

● **1555 Nordwand** (Weg des Erstersteigers). IV, 20 Min.

Aus der AK-Scharte umgeht man die Südlichste und die Melzernadel auf der O-Seite (R 1529). Die Scharte zwischen Melzernadel und Mittlerer Nadel ist sehr schmal. Man erklettert den in der Scharte aufragenden Felszacken, indem man gegen die S-Wand der Mittleren Nadel spreizt. Vom Zacken läßt man sich entweder in die N-Wand der Melzernadel hinüber, oder man steigt vom Zacken auf den Klemmblock zurück. Vom Block 5 m gerade empor, dann Querung nach links und durch einen breiten Riß zum Gipfel empor.

● **1556** **Südwand** (K. Rainer und Gef.). V+/A1, 1 Std.

Der Anstieg erfolgt durch den überhängenden Riß, der die Südwand von links nach rechts durchzieht. An seinem Ende kurz nach rechts, gerade hinauf und zurück nach links zum Beginn eines weiteren Risses. Durch ihn (V+) zum Gipfel.

● **1557** **Südwestwand.** V, im oberen Teil mündet sie in die W-Wand-Führe (VI—).

● **1558** **Westwand** (M. Rebitsch und Gef.), VI—, 1 Std.

Im linken Teil der Westwand 5 m empor, dann Quergang 6 m nach rechts (V). Nun stets gerade, zuletzt durch einen Riß (VI—) zum Gipfel. 1 SL.

● **1559** **Südlichste Nadel**

● **1560** **Von der AK-Scharte,** I, 20 Min.

Von der Scharte empor und auf der W-Seite um den ersten Gratkopf herum. Gleich neben der Gratkante über Fels aufwärts und auf einem Band nach rechts auf den Hang, der zum Grat zwischen den zwei Gipfelzacken führt.

Der Abstieg nach N ist eine unschwierige Kletterei. Man kann die Nadel auch unschwierig umgehen.

● **1561** Frei für Ergänzungen.

● **1562** **Nadelsockel**

Der westliche Vorbau der Schlicker Nadeln, der mit zwei mächtigen Sockeln im Kar aufsetzt, weist einige beliebte Klettertouren auf, die zum Fuß der Nadeln und zur AK-Scharte führen. Man kann sie gut mit einer Besteigung der Nadeln verbinden; sie sind auch als selbständige Touren lohnend.

● **1563** **Linke Kante des Nadelsockels** (F. Krämer, G. Pfeifer, J. Purtscheller, 1919). IV, 2—3 Std. E. Meist festes Gestein.

Die linke Kante begrenzt den Nadelsockel nördl. gegen die Nadelreise, die von der Nadelscharte herunterzieht. Die Kante setzt unten mit zwei

Felsrippen überhängend an. Der Einstieg erfolgt zwischen den beiden durch eine Rinne. In ihr 40 m empor, bis man auf einem schmalen Band an die Kante hinausqueren kann. Zwei volle Seillängen (IV—) an der Kante empor bis unter einen gelben überhängenden Abbruch. Wenige Meter nach links und durch einen engen Kamin auf die große schräge Platte hinaus, die zur Grathöhe zurückführt. Auf der Gratschneide zwei Seillängen weiter, dann etwas absteigen und durch eine brüchige Rinne unter den großen Abbruch, der von unten wie ein selbständiger Felsturm wirkt. (Der alte Weg über den Aufschwung ist durch einen Felssturz ungangbar geworden.) Man quert nach links auf einem Schotterband bis in die Nadelreise, dann über glatte graue Wandstellen schräg rechts zwei Seillängen hinauf bis in eine Nische knapp neben dem tiefen Spalt. Rechts der Nische über eine Wandstelle (H, IV) auf die Grathöhe. Von hier ohne weitere Schwierigkeiten zum Gipfel (stellenweise II).

Beim Abstieg zum Fuß der Nadeln ist eine kleine Steilstufe zu überwinden (III, oder abseilen). Vom zweiten Schärtchen zieht nach links eine steile Rinne in die Nadelreise, durch die man unschwierig absteigen kann.

● **1564 Linke Nadelsockelkante, direkter Ausstieg** (H. Hagner, O. Larl, 1965)

Pfeilerhöhe 100 m, V—, keine H. Es handelt sich um den markanten letzten Aufschwung, der sonst links umgangen wird.

Am Fuß des Pfeilers 5 m rechts, durch einen Riß hinauf, Querung schräg links aufwärts und auf schmaler Gratkante zu gutem Stand. Weiter 5 m links durch eine graue Verschneidung 10 m empor; Querung auf abschüssiger Platte 3 m nach rechts und wieder schräg links aufwärts durch einen überhängenden Kamin 30 m zu gutem Stand. 30 m an der Gratkante senkrecht hinauf, bis man auf schmalem Band nach links queren kann. Nach 10 m Stand bei auffallendem Kamin, der den Turm ganz durchschneidet. Spreizschritt über den Kamin und 15 m über überhängende Wandstufe auf den Grat zurück. Weiter unschwierig zum höchsten Punkt.

Nadelsockel und Steingrubenkogel

R 1563 Linke Nadelsockelkante
R 1565 Nadelsockelkamin
R 1566 Rechte Nadelsockelkante
R 1567 Westwand des rechten Nadelsockels, Zickzackweg

Steingrubenkogel
Nadelsockel
1563
1565
1566
1567

● **1565 Nadelsockelkamin** (F. Kramer, G. Pfeifer, J. Purtscheller, 1919). III, stellenweise IV—. Meist festes Gestein. 1½ Std. E.

Zu dem tief eingeschnittenen Kamin führt eine Rinne gerade empor. Man steigt durch sie an den Beginn des Kamins, weiter stets im Kamingrund (unter einigen Klemmblöcken durch) empor, bis man nach rechts auf leichtes Gelände aussteigen kann. Bei Nässe — besonders im Frühsommer — sind die Kaminwände sehr rutschig!

Stets nach rechts den Steigspuren folgend über Geröll in die AK-Reise, oder zu den Nadeln empor.

● **1566 Rechte Kante des Nadelsockels** (E. Pertl, W. Laichner, F. Bachmann, 1948; 1. Winterbeg. S. Strickner, H. Messner, 29.12.1963). V/AO, IV, 5 SL, 1½—2 Std.; schöne Kletterei in meist festem Gestein.

Zugang: Vom Hochtennboden wie bei R 1565 an den Beginn des Nadelsockelkamins. Aus dem Kamin bald nach rechts an den ersten gelben Steilaufschwung der Kante. E. in einer Nische (H).

Route:
1. Sl: Vom linken Rand der Nische gerade an der stumpfen Kante empor (15 m V) und über eine Stufe an einen überhängenden Riß.
2. SL: Durch den Riß (V/AO); vom letzten Haken nach links auf leichteres Gelände. Weiter am Grat (IV).
3. SL: Am Grat, zuletzt durch eine kleine Verschneidung auf die Kanzel am Fuß der großen Platte. (IV)
4. SL: Am Riß, der die Platte durchzieht, 10 m überhängend empor (V/AO), zuletzt nach links um das Eck auf ein Band.
5. SL: Durch die Verschneidung und den folgenden Kamin auf die Grathöhe (IV) und unschwierig über den Grat auf die große Schutterrasse.

Abstieg auf Steig nach rechts in die AK-Reise.

● **1567 Westwand des rechten Nadelsockels — Zickzackweg** (Hanspeter Heidegger, Reinhard Schiestl, 1973). VI— (einige Stellen), V, 5 SL, 2½—3 Std. Schöne Kletterei in festem Fels. 1 Zwischenhaken.

Übersicht: Der rechte Nadelsockel fällt mit einer glatten, von Überhängen durchzogenen und unten abbrechenden Wand in eine Schlucht ab. Die Führe quert aus der Schlucht in die Wand hinaus und umgeht die Dächer in der Wand im Zickzack in reiner Freikletterei.

Zugang: Man steigt durch die immer enger und steiler werdende Schlucht an, zu einem großen Klemmblock, unter ihm durch bis auf seine Höhe. Hier E.

Route: Quergang 6 m auf den Klemmblock hinaus (VI—, schwerste Stelle). Weiter nach links, bis es möglich ist, nach oben durchzukommen. Auf ein grünes Band empor zu Standplatz. Quergang 10 m nach links zu H. Von hier immer rechts haltend auf ein schmales Band und durch eine kleine, flache, überhängende Einbuchtung (VI—) und weiter über die glatte Wand nach rechts auf ein breites, begrüntes Band zu Standplatz. 10 m nach rechts an einem Riß vorbei, der nach unten überhängend abbricht. Nun von rechts nach links zum oberen Ende des Risses (VI—). Von hier Quergang nach links zu einer auffallenden, dreieckigen Platte, gerade empor in einer anfangs schwach ausgeprägten Rinne zu Stand. Die letzte Seillänge gerade durch einen Kamin und zuletzt über Schrofen zum Ausstieg auf die große Schotterfläche.

● **1568 Ostkante.** V (eine Stelle), IV, 1½ Std.

Von der AK-Scharte über den Gsallerweg zur Schlicker Nadelreise. Die linke Kante empor (V) nach links spreizend über die schwierigste Stelle. Über Schrofen zum Gipfel der Südlichsten Nadel.

● **1569** Frei für Ergänzungen.

● 1570 Kleine Ochsenwand, 2554 m

Südl. der AK-Scharte ragt die Kleine Ochsenwand als wenig ausgeprägter, stumpfer Felsberg auf. Gegen W und N steile Felsabstürze; hier führt eine Reihe bekannter und gern ausgeführter Kletterwege empor; gegen die Schlicker Seite Geröll und Schrofenhänge. 1. Ersteigung: O. Ampferer, H. und W. Hammer, 1893.

● **1571 Aus der AK-Scharte.** 15 Min. Meist in Verbindung mit dem Übergang über die AK-Scharte oder der Ersteigung der Großen Ochsenwand ausgeführt.

Von der AK-Scharte auf einem Steiglein auf die W-Seite, dann auf den Rücken, zuletzt gegen links schräg empor und auf den Gipfel.

● **1572 Nordwand — Melzerknappenweg.** III, 1 Std. aus der AK-Scharte.

Aus dem Geröllhang südwestl. der AK-Scharte baut sich die dreieckige Gipfelwand auf, die oft als Abschluß für die N- und W-Wand-Anstiege begangen wird. Im linken der beiden Risse, die die Wand durchziehen, gerade empor zum Gipfel. III. Man kann auch (von einem der W- oder N-Wand-Durchstiege kommend) zunächst eine SL durch den rechten Riß ansteigen und dann über ein schmales Band in den linken Riß queren (IV—).

● **1573 Ringband,** I.

Ein originelles Schichtband, das etwas höher als die AK-Scharte um die Kleine Ochsenwand eben herumführt, bis auf eine Stelle, an der man kriechen muß, jedoch ohne Schwierigkeiten. Häufig werden die W-und N-Wand-Anstiege, um den brüchigen Gipfelaufbau zu vermeiden, auf dem Ringband beendet (R 1574 — 1581). Das Band endet im S auf der Gratschulter beim Ausstieg der Auckenthaler-W-Wand-Route.

● **1574 Nordostverschneidung** (J. Krill, H. Haberbiß, 1946). IV, eine Stelle V, sehr brüchig, 2½ Std.

Der Einstieg befindet sich 20 m links des Einstieges des Fischerweges in der NO-Wand, schräg links unter einem wasserüberronnenen schwarzen Fleck im unteren Viertel der Wand. Vom untersten Band auf eine heraushängende Platte zu einer Mulde (Gufel). Von hier über glatten, steilen Fels durch einen feinen Riß gegen rechts empor zu gutem Standplatz auf einem Schuttfleck. 30 m waagrechter Quergang auf einer Leiste in eine Höhle (H). Durch einen engen, im unteren Teil brüchigen Riß überhängend empor und über einen Überhang in eine kurze, blockige Steilrinne; durch sie empor auf einen breiten Schotterplatz und rechts in eine kleine Höhle. Aus ihr durch eine brüchige Rißverschneidung empor zu einem brüchigen Wulst. Von hier nach links über eine ausgesetzte Platte ungefähr eine halbe Seillänge empor (V) zu einem Felskopf; Spreizschritt nach links in eine Rinne, die in die Fortsetzung der Rißverschneidung zurückführt. Durch einen Stemmkamin sehr steil in die Scharte zwischen dem Gratzacken und dem Vorgipfel. Über den Verbindungsgrat zum Hauptgipfel und über den mittleren, schwarzen Ausstiegsriß zum Gipfel.

Kleine Ochsenwand von Nordwesten

R 1578 Gerader Nordpfeiler, Bazanellapfeiler
R 1579 Westwand, Schmidhuber-Lang
R 1580 Westwand, Gipfelstürmerweg
R 1581 Westwand, Auckenthalerweg
R 1582 Westwand, Y-Riß
R = Ringband (1573)
„Schwarzer Spaziergang“, zwischen 1579 und 1580, Beschreibung s. Anhang S. 532

Kleine Ochsenwand

● **1575 Nordostwand** (W. Fischer, S. Fohringer, 1942). V+, VI—, 2—3 Std. zum Gipfel. Die eleganteste unter den schweren Kalkkögeltouren.

Die NO-Wand bricht gelb und senkrecht in die Geröllreise der AK-Scharte ab. Die Führe folgt dem deutlich sichtbaren Riß in der linken Wandhälfte; vom zweiten Band hält man sich durchwegs rechts und erreicht das große Schuttband wenige Meter links des Nordpfeilers.
Einstieg etwa in Höhe des Pfeilerkopfes auf dem oberen Schuttband bei einem auffallenden Rasenfleck. In den hier ansetzenden, überhängenden Riß steigt man von rechts ein. 20 m empor auf den ersten Absatz. Im Riß rechts haltend 20 m empor auf das zweite Band (Stand). Zwei Schritte rechts setzt eine Rißverschneidung an. Von ihrem Ende Querung nach rechts und weiter zu Zwischenstand. Nun rechts über eine Wandstelle unter einen sperrenden Überhang. Quergang nach rechts, dann schräg rechts auf schmales Band. Von seinem rechten Ende durch einen Riß auf das Ringband.

Hier setzt eine flache, zuerst etwas brüchige Verschneidung an. Durch sie (15 m) in eine Schuttrinne. Nochmals rechts um eine Ecke in eine zweite Rinne. Durch sie empor auf den Vorgipfel. Rechts davon über ein Schartl. Ein paar Meter hinab, bis man links den brüchigen Zackengrat erreicht, der an das Gipfelmassiv führt. (Von hier kann man durch steile Rinnen und Schutt in Richtung AK-Scharte absteigen.) Oder weiter wie R 1572 zum Gipfel.

● **1576 Nordverschneidung** (M. Staudinger, R. Schiestl, 1975). VI, 3 Std. Extreme Freikletterei.

Wie in R 1577 auf den Pfeilerkopf. Von dort an die Nordwand, 4 m empor, Querung nach links und über eine Rampe auf ein Köpfchen zu Stand. Über einen kleinen Überhang gelangt man zu einem Riß, der bereits von unten deutlich zu sehen ist (H). Ihm folgend bis zum Ausstieg der Fischer-Fohringer-Route und auf das Band.

Oder: Vom Pfeilerkopf an die Wand spreizen und soweit nach links queren, bis man gerade empor klettern kann.

Kleine Ochsenwand von Nordosten

R 1575 Nordostwand, Fischer-Fehringer
R 1576 Nordverschneidung

Ringband
1576
1575

● **1577 Nordpfeiler** — „Himmel - und - Erde“ (M. Auckenthaler. H. Schmidhuber, R. Rainer, E. Gürtler, 1935. 1. Winterbeg. K. Schoißwohl, W. Spitzenstätter, 25.2.1962). VI (einige Meter), VI—, 3 Std.

E. am Kamin links des großen vorgelagerten Pfeilers. Im Kamin 40 m empor (IV—V), bis man ihn nach rechts verlassen kann. In der Wand rechts des Kamins 30 m ohne H auf den Pfeilerkopf empor. Nun Spreizschritt in die eigentliche N-Wand. Über eine Wandstufe schräg rechts aufwärts (V) zum Beginn des Querganges. Diesem folgt man 15 m nach rechts (VI—, mehrere H) zu schlechtem Stand unter einem Dach.

Im Riß gerade eine SL empor (6 m VI) zum Beginn der Schlucht. Stand. Durch die Schlucht (III) zu einer brüchigen Verschneidung an der linken Begrenzungswand. Durch sie (VI—) auf das Ringband.

● **1578 Gerader Nordpfeiler** — „Bazanella-Pfeiler“ (R. Bazanella. R. Schwimmbacher, 1941. 1. Winterbeg. H. Schneider, W. Nairz). VI (einige Meter), VI—, 3 Std.

Dieser Anstieg führt über die glatte N-Wand des vorgebauten Pfeilers und vereinigt sich vor der Schlüsselstelle mit R 1577.

Über ein schmales Band links des Kamins von R 1577 ca. 20 m in die glatte Wand hinaus. Über eine Platte zu einem senkrechten Riß. Stand. Dem Riß folgen, bis man in den rechten Parallelriß queren kann. In diesem auf eine Schulter rechts unter dem Pfeilerkopf. Von hier steigt man 10 m ab und spreizt in die eigentliche N-Wand. 10 m Quergang nach rechts (V) und gerade empor auf ein Schuttband. Über eine Wandstelle auf ein nächstes Band, das man nach links bis zu Stand verfolgt. Weiter 4 m Quergang nach links (VI—) und dann über eine Wandstelle schräg rechts hinauf in einen Riß (VI—). Den Riß empor, dann Quergang nach links unter das Dach von R 1577. Weiter wie dort.

● **1579 Westwand — Schmidhuber-Lang-Führe.** V +, eine Seillänge VI—, 3—4 Std. E. (1. Winterbeg. 2. 2. 1964: S. Strickner, J. Zechel.)

Übersicht: Den linken, oberen Teil der W-Wand durchzieht eine auffallende, schwarze, mehrfach überhängende Verschneidung. Von ihrem Fuß zieht ein Band nach links zu einem langen Kamin, der durch eine vorgebaute Schichttafel mit der Wand gebildet wird. Kamin, Band und Verschneidung vermitteln den Durchstieg.

Führe: Vom Weg zur AK-Scharte über ein Band zum Beginn des Kamins. Durch den Kamin eine Seillänge empor, bis er in einen tiefen Schluf übergeht. In seinem Grunde aufwärts (etwa 15 m), dann an

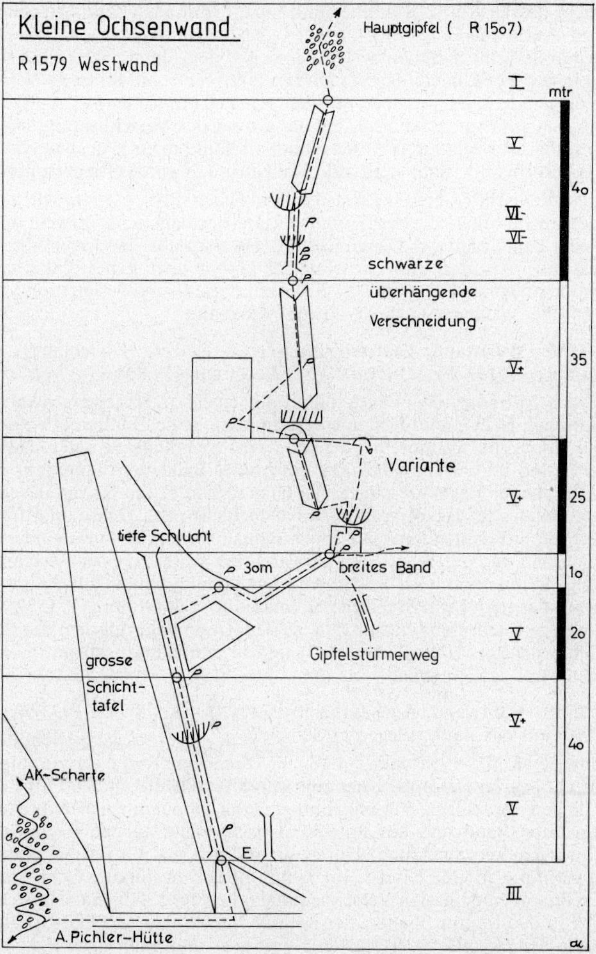
Kleine Ochsenwand
R1579 Westwand
Hauptgipfel (R 15o7)
I
mtr
V
4o
VI-
VI-
schwarze
überhängende
Verschneidung
V+
35
Variante
V+
25
tiefe Schlucht
3om
breites Band
1o
V
2o
Gipfelstürmerweg
grosse
Schicht-
tafel
V+
4o
AK-Scharte
V
E
III
A. Pichler-Hütte

einem nassen Riß in Kamintechnik hinauf und nach rechts zu Stand. Nun Rechtsquergang, zuerst leicht fallend, bis man etwas leichter auf das große Schuttband ansteigen kann. Auf dem Band nach rechts zum Fuße der Verschneidung; Stand (H). Nun über eine brüchige Wandstelle gerade, dann gegen rechts über einen Überhang empor und Quergang nach links in den Riß, der im Grund der Verschneidung eingeschnitten ist (H). Durch diesen empor zu Stand in einer großen Nische (H). (Rechts oberhalb steckende Haken rühren von Verhauern her.)

Aus der Nische Quergang an steiler Wand nach links, bis es möglich ist, nach rechts oben durchzukommen (H). Rechtshaltend erreicht man wieder den Grund der Verschneidung (H). Nun über moosigen, nassen Fels aufwärts und äußerst schwierig (VI—) über den Rißüberhang empor (mehrere H), dann den Riß weiter verfolgend zu gutem Stand. Nun über leichteres Gelände auf das Ringband.

● **1580 Westwand, Gipfelstürmerweg** (L. Netzer, H. Gebhardt, W. Hummel, 1919). V/AO (5 m), V—. 2 Std. auf das Band.

In der Mitte der W-Wand, links von einem auffallend schwarzen Wandteil, ist ein tiefer Kamin eingeschnitten. Seinen Fußpunkt erreicht man durch eine Kaminreihe, die von rechts nach links die untere Hälfte der Wand durchzieht, und über ein breites Band vom Fußpunkt der Schmidhuber-Lang-Verschneidung nach rechts. E. am Beginn des tiefsten Bandes in der W-Wand. Auf dem Band nach rechts und durch Kamine linkshaltend empor. Über Bänder zu einem Turm und zwischen ihm und der Wand steil aufwärts und weiter zu einer Verschneidung. In ihr empor (V—) zu einem Kamin und durch ihn auf das breite Band, das man beim Stand der Schmidhuber-Lang-Führe (R 1579) erreicht; auf dem Band nach rechts zu dem Überhang, mit dem der tiefe Kamin ansetzt. Über ihn (V/AO) und in den Kamin; in ihm gerade empor auf das Ringband.

● **1581 Westwand, Auckenthalerweg** (M. Auckenthaler, 1933). V—, 2 Std. auf das Band. Elegante Kletterei.

Einstieg am tiefsten Punkt der Wand. Durch eine Rinne gerade empor auf ein begrüntes Köpfl. Über eine kurze Wandstufe an den Fuß einer rötlichen, brüchigen Verschneidung. 15 m empor zu einem breiten, begrünten Band und auf ihm 20 m nach rechts an den Beginn der schwarzen Verschneidung. Durch sie und den anschließenden Kamin 40 m empor in eine Nische. Im Kamin noch 5 m hinauf, dann rechts von ihm in einer glatten Verschneidung 6 m empor. Nun nach links zurück in den Kamin. Weiter, der Kaminreihe folgend, auf eine Schulter (Ende der Hauptschwierigkeiten). Von hier kann man nach links auf

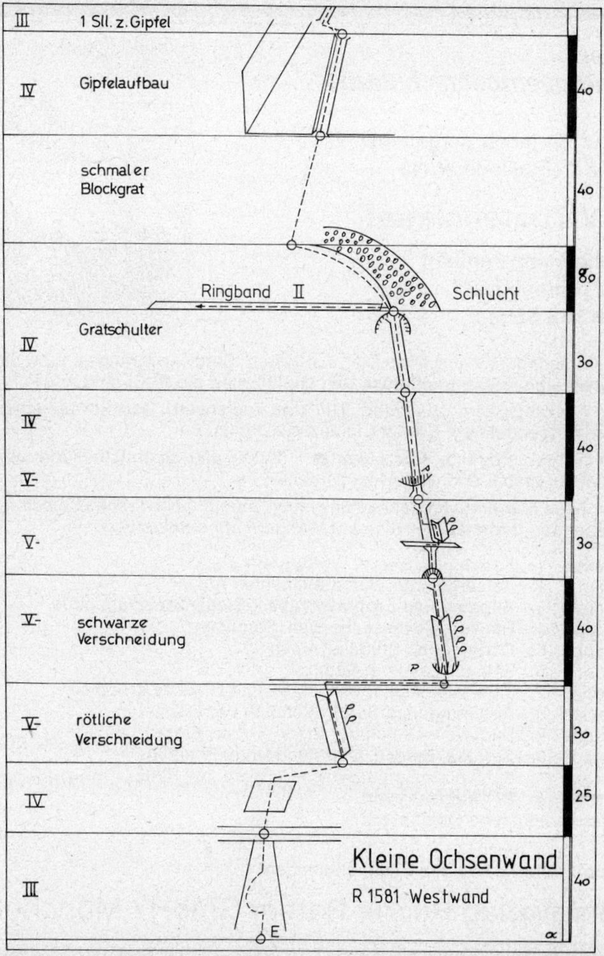

III
1 Sll. z. Gipfel
IV
Gipfelaufbau
4o
schmaler
Blockgrat
4o
8o
Ringband
II
Schlucht
Gratschulter
IV
3o
IV
4o
V-
V-
3o
V-
schwarze
Verschneidung
4o
V-
rötliche
Verschneidung
3o
IV
25
III
Kleine Ochsenwand
R 1581 Westwand
4o
E
α

das Ringband aussteigen. Man quert nach links in eine Schuttreise. Durch sie in die Scharte links von einem Gratfenster. Über den schmalen Grat an den Gipfelaufbau heran und im ersten Kamin 40 m empor. Quergang 10 m nach links zu einem weiteren, seichten Kamin und durch ihn gerade hinauf zum Gipfel.

● **1582 Westwand, Y—Riß** (1. Beg. wahrscheinlich Heinz Zak und H. Falkner, 1978), VI— (2 Stellen), V und IV. 4 SL.

Übersicht: In der rechten Schluchtwand rechts der Auckenthaler-Führe ist schon von der Pichlerhütte ein markanter Y-Riß zu erkennen.

Zugang: Er erfolgt günstig über den Beginn der Auckenthalerführe. Nach der Großen Verschneidung nach rechts zum Beginn des Y.

Führe:
1. SL: In der Schlucht Quergang auf Leiste 10 m nach rechts, über ein Wandl in den Riß, den eine abgesprengte Platte mit der Wand rechts des Y bildet. Im Riß empor auf den Kopf der Platte. 20 m, IV, 1 Holzkeil.
2. SL: Vom Kopf der Schuppe Quergang an einer hohl klingenden Schuppe 7 m nach links (V+), dann im Riß 6 m empor in eine kleine Höhle (brüchig, VI—). Weiter im Riß 6 m brüchig gerade hinauf (V+), dann schräg links haltend auf eine abgesprengte Schuppe (IV+) zu St. 35 m, 2 Holzkeile.
3. SL: Über die schwarze abdrängende Wandstelle (VI—) empor in einen engen Kamin, den man bis auf ein Köpfl verfolgt (IV). 35 m, 1 H.
4. SL: Dem Kamin folgend auf die Schulter. III, 20 m. Nun über Schrofen 60 m links haltend hinauf, Querung nach links in eine Rinne und den folgenden Kamin empor (III) zum Gipfel.

● **1583 Westwand** (F. Hohenleitner, E. Übel, 1903). IV—, 1½—2 Std.

Der W-Wand sind zwei Pfeiler vorgelagert. Der Aufstieg führt durch den rechten Arm der sich weiter oben teilenden Schlucht durch Kamine empor.

● **1584 Westwand** (J. Purtscheller, W. Lob, 1919). IV—, 2 Std.

Zwischen den beiden westl. vorgelagerten Pfeilern empor bis zum Beginn eines feuchten Kamins. Rechts durch eine nasse Rinne und über eine Wandstufe zu Schrofen, die gegen die Wand mit dem Pfeiler führen. Durch den am weitesten links emporziehenden Kamin auf den Pfeiler. Schräg rechts zu einem Schartl, zum Grat und zum Gipfel.

● 1585 **Aus der Ochsenwandscharte.** 20 Min. Von dieser Seite aus wenig begangen, da man die Scharte am besten von der AK-Scharte über den Gipfel, oder die Schlicker Hänge der Kleinen Ochsenwand querend, erreicht.

● 1586 **Sonderbarer Turm,** ca. 2300 m

Westl. unter der Kleinen Ochsenwand ragen zwei Türme auf, beide mit ausgeprägter Westkante; der linke (nördl.), der von der Pichlerhütte wie ein Felssporn der Ochsenwand aussieht, ist der Sonderbare Turm.

● 1587 **Einfachster Anstieg,** II.

Vom Hochtennbodensteig nach rechts auf Steigspuren durchs Kar, zuletzt steil aufwärts in die Scharte zwischen Kleiner Ochsenwand und Sonderbarem Turm. Aus der Scharte auf einem Band nach rechts und durch eine brüchige Rinne (II) zum höchsten Punkt. Meist als Abstieg begangen.

● 1588 **Nordwestkante** (S. Huber, L. und A. Rochelt, W. Siebert, 1968), 2—3 Std., IV—V, eine Stelle VI—.

E. an der Kante auf einem Grasplatzl über dem tiefsten Ansatz des Grates.

Über eine Wandstelle, durch eine Rinne, nach links und wieder über eine kleine Wand zu Stand am Fuß einer kleinen Verschneidung (30 m, IV). Durch die Verschneidung und an den nächsten Steilaufschwung (20 m, IV). Nun nach rechts an die Wand und über sie empor an die Gratkante (H), über den Grat gerade zum nächsten Aufschwung, auf einem Band nach links an den Fuß einer Verschneidung (40 m, IV). Durch sie hinauf und zu Stand unter dem Überhang (20 m, IV). Über den Überhang hinauf (VI—, 2 H), nach rechts und in einer Schleife nach links auf leichteres Gelände. Nun über ein brüchiges Gratstück gerade zur nächsten Steilstufe (20 m, IV). Über den Überhang hinauf (2 H, V), dann nach rechts an den Grat und über ihn empor (IV). Kurz eben über den Grat, dann nach rechts Spreizschritt an die Wand, zur Grathöhe und zum Gipfel.

● 1589 **Westwand** (M. Rebitsch, G. Radinger, 1936). VI. Äußerst brüchig.

Der Durchstieg führt durch das Rißsystem in Wandmitte. Einstieg in der rißartigen Steilrinne, 10 m rechts des vorstehenden Kantenpfeilers.

Durch die Steilrinne empor, über einige Überhänge in eine kleine Höhle und über den dachartigen Überhang der Höhle empor. Im Riß weiter zum Standplatz. Im rißartigen Kamin weiter und rechts über eine Wandstufe zum Gipfel.

● **1589 a Nordwand** (M. Wolf, R. Purtscheller, R. Schiestl).

In Fallinie der Schlüsselstelle von R 1588 gerade ansteigen. Keine H. Fester Fels.

● **1590 Wieserturm,** ca. 2320 m

Der rechte (südl.) der zwei Türme unter der kleinen Ochsenwand, mit vierkantigem Gipfelaufbau; von allen Seiten nur schwierig zu ersteigen.

● **1591 Sockelkamin** (E. Pertl, 1949). III+, eine Stelle IV. Empfehlenswerter Zustieg zum Turm.

Der Anstieg durch den tiefen Kamin, der im Westgrat des Turmes eingeschnitten ist. Durch eine Verschneidung auf das Band unter dem Kamin. Im Kamin empor bis unter einen überhängenden Block. Links von diesem weiter, bis sich der Kamin spaltet. Durch den linken Kamin empor zum Grat und etwas rechts des Grates durch kurze Kaminstücke aufwärts, bis der Grat sehr schmal wird. Gerade über ihn empor zum Gipfel.

● **1592 Nordwand** (H. Frenademetz, H. Tiefenbrunner, 1930). V, 1½ Std.

Vom Schartl, das den Turm von der Kleinen Ochsenwand trennt, 5 m nördl. hinab, dann schräg rechts über ein Wandl empor zu einem Schuttfleck. Auf schmalem Band 10 m nach rechts zu einer schwach ausgeprägten Kante. Knapp rechts von ihr schräg rechts empor, Quergang nach links, und gerade aufwärts auf ein Band. Nach 3 m auf ein zweites Band, durch einen Riß schräg links (brüchig) empor, bis er an der glatten Wand verläuft. Spreizschritt nach rechts und durch einen Riß schräg empor zu gutgriffigem Fels. 8 m nach rechts und durch einen Riß auf die nordwestl. Gipfelecke.

● **1593 Ostwand** (K. Rainer, W. Richter, 1935). VI, brüchig, 4 Std.

Von der Scharte über eine leichte Wandstelle auf ein Band, durch die gelbe Rißverschneidung empor (H). und durch den Riß (H) weiter. Den gelben Wandabbrüchen nach rechts ausweichend zu einer schrägen Platte (H), über sie empor und durch einen seichten Riß zum Gipfel.

● **1594 Südwand.** 1 SL, V, eine Stelle VI—.

Durch die Verschneidung links der Platte, unter dem Dach nach links auf ein schmales Band (H) und im hier ansetzenden Riß gerade hinauf (VI—). Im Abstieg seilt man über die S-Wand ab (H).

● **1595 Westwand** (M. Rebitsch, G. Radinger, 1936). V, eine Stelle VI—. Schöne Kletterei.

Von der Scharte zwischen Sockel und Wieserturm 20 m in der Rinne hinab zum Beginn eines Risses. In ihm empor (IV) und nach 10 m rechts zu einem Überhang. Diesen 5 m empor (V+) und Quergang nach rechts an die Kante (V—). Über diese nach 10 m zu Stand. Dann 15 m zuerst schräg rechts aufwärts und dann im Riß zu Stand. Den überhängenden Riß empor (VI—) und dann in einem von rechts nach links ziehenden Riß zum Gipfel.

● 1596 **Große Ochsenwand**, 2703 m

Südl. der Kleinen Ochsenwand ragt der mächtige Felsbau der Großen Ochsenwand auf. Gegen die Sendersseite zerklüftete Felsflanken, gegen die Schlicker Seite pralle NO-Wand und schroffe O-Abstürze. Gegen die Schlicker Alm hinab entsendet die Große Ochsenwand zwei O-Grate; der südl. löst sich in die Zacken der Bachgrubentürme auf, dem nördl. entragt der Kreuzschrofen. Beide umschließen die Hintere Bachgrube. Westl. unter dem mit schroffer Wand abfallenden Fuß des N-Grates ragt der nördl. Vorgipfel breit auf, sowie ein Felsturm, der sich oben in zwei Zacken gabelt, Fensterturm oder Hochbachgrubenturm genannt. Der Gipfel ragt aus der langgezogenen Gipfelschneide nur wenig auf. Der südl. Eckpunkt der Schneide ist der Hauptgipfel, der nördl. der N-Gipfel, 2676 m. (Früher manchmal mit dem N-Eck verwechselt.) 1. Ersteigung über den S-Grat: K. Wechner, Zauscher, 1882.

● **1597 Südgrat.** Unschwieriger Weg. Etwas mühsam. Von der Adolf-Pichler-Hütte 2 Std.

Von der Adolf-Pichler-Hütte auf dem Weg zum Seejöchl bis unter die W-Flanke der Großen Ochsenwand. Hier gegen die turmartigen Felsblöcke in der W-Flanke empor. Nun entweder rechts der Felstürme durch die Geröllrinne bis unter die Riepenscharte empor und an den Beginn der steilen Rinne, die links abzweigt, und durch sie auf eine Einsattelung zwischen S-Grat und dem westl. vorgebauten N-Eck. Über Fels auf den S-Grat und über den breiten Schuttrücken zum Gipfel. Oder links der Türme etwas mühsam über Geröll und Schrofen empor zu den Felsen des S-Grates. An Ihnen entlang aufwärts und in die Einsattelung zwischen S-Grat und dem westl. Felsvorbau. Wie oben zum Gipfel.

Kommt man von der Riepenwand, so steigt man von der Riepenscharte kurz westl. hinab und durch die steile Geröllrinne in die Einsattelung vor dem S-Grat empor. Weiter wie oben.

● 1598 Nordgrat (O. Ampferer, K. Berger, W. Hammer, 1899). I, teilweise II, von der Adolf-Pichler-Hütte 2 Std.

Von der Hütte auf dem Steig zur Alpenklub-Scharte, und über den Gipfel der Kleinen Ochsenwand in die Ochsenwandscharte. (Man kann auch, leicht ansteigend, durch die Schrofenhänge der O-Flanke queren.)

Der erste Gratabbruch des N-Grates wird rechts, westl. umgangen. Von der Scharte auf kleinem Steig (Band) leicht abwärts um die W-Flanke des Fensterturmes herum an den Beginn einer Rinne. Durch sie sehr mühsam empor in ein Schartl im N-Grat. Über Felsstufen empor und auf dem nun weniger geneigten Grat zum N-Gipfel, kurz absteigen und über den Kamm zum höchsten Punkt.

● 1599 Westwand (F. Brand, H. Diechtl, F. Miller, 1903). II—III, von der Adolf-Pichler-Hütte 2—2½ Std, brüchig, steinschlaggefährdet.

An den Fuß der W-Kante der großen Ochsenwand und über Geröll empor in einen Sattel zwischen der W-Wand und dem ihr westl. vorgelagerten Felsen. Rechts dieses Sattels durch einen Kamin, über Felsen empor und linkshaltend an den Beginn einer Kaminreihe. Durch diese empor auf die Geröllstufe, und links empor zum N-Gipfel.

● 1600 Westgrat. (L. Netzer, K. Aichner 1917). IV—, 2—3 Std. E., sehr brüchig.

E. rechts des Kantenaufschwunges. Unschwierig auf das erste Band. Nun zwei Seillängen durch Rinnen rechts der Kante empor auf das zweite Band. 20 m nach rechts, durch einen glatten seichten Kamin empor und nach links an die Kante, Stand (H). Auf dem Band 15 m nach rechts und durch einen überhängend ansetzenden Kamin zu H. Von ihm Rechtsquerung zum Beginn eines weiteren Kamins (H). Zwei Seillängen ziemlich gerade auf ein Schuttband. In einem geschweiften Riß über die nächste Steilstufe. Weiter in leichterem Gelände nahe und auf der Gratkante zum Gipfel.
Die Anstiege R 1601 — 1607 führen auf den Vorbau des N-Gipfels:

● 1601 Alte Nordostwand (K. Baumgartner, K. Schuster, 1914). III+, 1½ Std. E.

Von der AK-Scharte gegen das tiefste Band hinab, das von rechts nach links in die Wand hineinzieht. Auf ihm bis zum ersten Riß und rechts des Risses 30 m empor zu Stand. Nach links über den Riß auf eine Kanzel. Gerade empor zu einem Riß und an seiner linken Kante und über Fels empor zu einer überhängenden Stelle. Über sie und schräg rechts durch eine Rinne auf den N-Grat und über ihn zu N-Gipfel.

● **1602 Nordostpfeiler** (W. Laichner, D. Pertl, 1944). Wandhöhe 400 m, VI, Zeit der Erstersteiger 8 Std. Eine der großzügigsten Fahrten der Gruppe.

Die NO-Wand wird in der Mitte von einem schwach ausgeprägten Pfeiler durchzogen.

Einstieg am tiefsten Punkt des Vorbaues, der dem Pfeiler vorgelagert ist (hierher von der Schlicker Alm in 1 Std.). Vom Ende des Vorbaus in einer gelben Verschneidung über dem Vorbau empor, bis sie nach 15 m unter einem Dach endet (H). 10 m Quergang nach links (H) zu einer Verschneidung und in ihr 20 m aufwärts zu schlechtem Stand. Von hier 20 m Quergang nach rechts, über eine Wandstelle und durch einen Riß 30 m empor auf ein Band. Einige Meter nach rechts unter einen brüchigen Rißüberhang und durch den Riß bis auf das nächste Band (H). Hier setzen mehrere Risse an. Immer stark linkshaltend gewinnt man nach 100 m ein großes Band und steigt durch Risse und in einer Verschneidung links des Pfeilers, zuletzt in einem Kamin hinter dem Pfeiler (150 m) auf den O-Grat. Von hier wie bei R 1512 zum Gipfel.

● **1603 Gerader Nordostpfeiler** (Simon Huber, Hannes Zechel, 1964). Wandhöhe 300 m, VI—.

Einstieg bei einem Steinmann, 40 m links des „Laichner-Pertl-Pfeilers“. In einem Riß 25 m hoch zu Schlingenstand unter gelbem Überhang. Über den Überhang zuerst gerade, dann schräg rechts und Quergang nach links zu Hakenstand (35 m). Überhängend 25 m links hinauf (VI—) zu Grasband. Von hier quert man 20 m nach rechts und kommt

Große Ochsenwand, Nordabstürze

R 1602 Nordostpfeiler
R 1603 Gerader Nordostpfeiler
R 1605 Gerade Nordostkante, Kalte Kante
R 1606 Nordostwand, Huber-Lessjak
Rechts von R 1606, verdeckt die Nordostschlucht, Buratti-Bernardi (R 1607)

1605
1606
1602
1603

durch einen Riß (1 H) auf größeres Band. Weiter, zuerst schräg rechts durch Kamine und über Wandstellen (IV), bis ein großer Geröllplatz erreicht wird. Im linken von zwei Kaminen klettert man bis zu Band und quert dann in den rechten Kamin, weiter oben wieder in den linken. Nach der Überwindung eines Überhanges (V) kommt man in eine Steilrinne, die am Grat zum Vorgipfel endet.

● **1604** Frei für Ergänzungen.

● **1605 Gerade Nordostkante — Kalte Kante** (H. Rebitsch, Novosansky 1943, 1. Winterbeg. H. Buhl, J. Knoll) VI—, 5 Std. E. bis Vorgipfel.

Vom Schartl am Fuß der NO-Kante an die Felsen und auf einem Band einige Meter rechts aufwärts auf ein Köpfl. Hier E (H).

Durch einen teils kaminartigen Riß auf einen Absatz. Quergang einige Meter nach links. Zuletzt Hangelleiste zum 1. Standplatz (H). Auf einem Band etwa 5 m nach links. Durch eine begrünte Rißverschneidung und rechts aufwärts zu Stand (H).

Kurz über Schrofen nach rechts zu einem überhängenden, brüchigen Riß. Durch ihn auf den Plattenkopf. Stand (H). Etwas rechts durch einen breiten, gelben, überhängenden Riß empor. 20 m. Stand. Nun links in die Verschneidung, vom letzten Haken links an die Kante hinaus und im Zickzack empor auf ein Schuttband. Auf ihm nach rechts an den Fuß einer großen Verschneidung. Guter Standplatz (H). Durch die Verschneidung empor, dann rechtshaltend über gut gestuften Fels auf ein Köpfl und nach links leichter an den Beginn eines auffallenden Risses. Stand (H). Durch diesen Riß (etwa gleichlaufend zur Kante) auf eine Gratschulter (H). An der Gratkante 50 m auf einen Absatz. Durch ein Kaminl rechts hinter dem nächsten Aufschwung in Schrofengelände. Über den Grat auf Steigspuren (im Zweifelsfall rechts an den Grattürmen vorbei) in eine Schuttrinne und auf den Vorgipfel.

● **1606 NO-Wand** (S. Huber, S. Lessjak, 1969).

Beschreibung im Tourenbuch der Adolf- Pichler-Hütte.

● **1607 Nordostschlucht** (Buratti, Bernardi).

Rechts vom Nordostpfeiler (Laichner — Pertl).
Rechts von NO-Wand, Huber — Lessjak R 1606.

● **1608 Abstieg vom Vorgipfel** (für R 1602—1607)

Vom Vorgipfel südwärts kurz hinab in die tief eingeschnittene Scharte. Von hier durch die steile, grobblockige Schuttreise rasch hinab zum Hochtennbodensteig.

● **1609 Ostwand und südlicher Ostgrat** (im Abstieg: H. Diechtl, M. Konrad, 1898). II, 1½—2 Std. E.

Einstieg am oberen Ende des manchmal schneegefüllten Hochkares zwischen den beiden O-Graten, die vom S-Gipfel und vom N-Grat in das Schlicker Tal hinabziehen. In der ersten Rinne kurz empor und links über schuttbedeckte Schrofen auf eine Geröllstufe. Links eines gratartigen Aufschwunges in einer überdachten Felsrinne empor auf die Geröllfläche unter dem Gipfel.

Über den linken Begrenzungsgrat:
Aus dem Hochkar quert man in ein schmales Schartl, rechts von zwei kleinen Felszacken, von dem eine Rinne südl. hinabzieht. (Unterhalb der Zacken ein klobiger Felsblock und die Bachgrubentürme.) Über eine steile Wandstelle ausgesetzt empor unter einem gelben Aufschwung und auf einem Band nach rechts in die Flanke. Schräg rechts über Stufen empor, dann gegen links zurück an die Kante und über Stufen und Schrofen zum S-Gipfel.

● **1610 Ostkante des Nordgipfels** (K. Aichner, L. Netzer, K. Oberhammer, M. Andergasser, 1921). IV+, 2½—3 Std. E. Siehe Hüttenbuch Pichlerhütte, Seite 149.

● **1611 Nordwand des Nordgipfels.** Kurze, äußerst brüchige Kletterei. Nicht lohnend.

Wie in R 1516 in die Rinne unter dem N-Gipfel und durch die gelbe Felsrinne zum Gipfel.

● **1612 Fensterturm.** IV. (Ochsenwandscharte.) Der Turm wird von S erstiegen, dann durch das Fenster und über die W-Kante zum Gipfel.

● 1613 BB-Turm

Von der Nordostkante der Großen Ochsenwand (Kalte Kante) zieht ein mit vielen Türmen besetzter Grat zur Schlicker Alm. Der erste Turm südl. der Gratschneide von der Scharte am Fuß der „Kalten Kante" wird BB-Turm genannt. Übungsklettereien.

● **1614 Normalweg:** IV, 20 m hoch. An der Bergseite 2 m empor, 5 m Quergang nach rechts und gerade empor zum Gipfel.

Über den Überhang: VI (Franz Mair, 1968). An der Ostseite gerade hinauf (H), nach rechts zum Überhang und über diesen zum Gipfel (mehrere H).

Abstieg: Abseilen an der Bergseite.

● 1615 Bachgrubentürme

Schroffe Felstürme, die im unteren Teil des südl. O-Grates der Große-Ochsenwand aufragen. Selten besucht.

● 1616 Westlicher Bachgrubenturm (Melzerknappenturm)

Schlanke Felsnadel. 1. Ersteigung: L. Gerold, K. Hagspül, K. Schweikher, 1919.

● 1617 Ostwand (Weg der Erstersteiger). Teilweise IV.

Von der Scharte zwischen Westlichem und Mittlerem Bachgrubenturm in einen Riß, 10 m, Quergang nach links zu einer kleinen Kanzel (5 m),von hier rechts aufwärts über einen kleinen Felssporn zu einer zweiten Kanzel. Von hier 5 m auf einem Band nach rechts und aufwärts in einen Kamin unter einem Überhang. Unter diesem links auf schmaler Leiste zu einem zweiten Kamin, nach 10 m auf ein breites Schuttband. Von hier baut sich die 25 m hohe Gipfelwand auf. Über den ersten Wandgürtel empor und zu einem gelben Überhang. Von hier rechts zur Kante, dann wieder links zu Kamin und Gipfel.

● 1618 Abstieg über die Westwand (dieselben, 1920).

Vom Steinmann des Gipfels südl. zu zwei großen Blöcken. Unter dem linken Ringhaken. Abseilen auf ein Band durch Kamin, 10 m. Hier wieder Abseilen, durch Kamin auf Band, 15 m. Von hier 17 m Abseilen in die Scharte zwischen Turm und Tintenstrichwand. Von der Scharte südl. durch Kamin auf das Schuttfeld am Fuß des Turmes.

● 1619 Mittlerer Bachgrubenturm

1. Ersteigung: F. Brandt, H. Grissemann, O. Melzer, 1900.

● 1620 Ostwand (L. Gerold, K. Hagspiel, E. Arnold, 1920). III+, ¾ Std.

Von der Scharte zwischen Mittlerem und O-Turm 18 m gerade empor auf ein Band. Diesem rechts folgend (5 m) und gerade empor zu einer Nische. Links über Plattenschuß und wieder aufwärts zu einem grasigen Band. Auf dem Band nach links zu einem Kamin, und durch ihn auf ein Schuttband und auf ihm links zur N-Seite des Turmes und unschwierig auf den Gipfel.

● 1621 Abstieg über Nordwestwand.

● **1622** **Östlicher Bachgrubenturm**

Breiter, klobiger Felsturm.

● **1623** **Ostwand** (L. Gerold, K. Hagspiel, E. Arnold, 1920). III+, Gipfelwand IV+, 1 Std.

Vom Schlicker Tale kommend zu den ersten Felsen des Bachgrubengrates.

Einstieg aufwärts, über Schrofen, Rasenhänge zum Vorbau und zur Scharte, die den Vorbau vom Turm trennt. Von hier über Steilstufen 15 m empor auf eine Kanzel, von ihr 2 m abwärts auf ein Band. Quergang nach rechts zu einem Kamin, durch ihn empor zu einem Rasenband, 20 m links ansteigend. Hier empor zu einem Spalt und durch ihn zu einem Band. Diesem folgend und den Spalt überspreizend in die Felsen des Vorbaues und nach 20 m auf ihn. Nochmals Überspreizen des Spaltes und über Überhang zu einem breiten Schuttband und rechts auf ihm leicht zum Gipfel.

● **1624** **Abstieg durch die Westwand** (Kamin).

● **1625** **Überquerung der drei Türme von Osten nach Westen** (L. Gerold, E. Arnold, K. Hagspiel, 1920).

● **1626** **Südwestpfeiler** (F. u. R. Mayr, 1969), teilweise V.

Von der Schlicker Alm taleinwärts und hinter der Bergstation des Schleppliftes gegen W zur Schutthalde, die von den Bachgrubentürmen herunterzieht. Durch diese empor bis unter den mächtigen Pfeiler, der im oberen Teil zur messerscharfen Kante wird. Links des Pfeilers 20 m über eine schwarze Wand empor (H., IV) und auf gutem Band nach rechts um den gelben Pfeiler. 5 m empor unter ein gelbes Dach, Hangelquerung 3 m nach links und über einen kleinen Überhang (V—, H.) auf ein Band. Weiter über ein schwieriges Wandl zu Stand bei großen Blöcken. Durch den folgenden Kamin empor zum Beginn der ausgeprägten Kante. Links der Kante durch einen glatten Rißkamin und über einen abdrängenden Klemmblock in eine tiefe Rinne (V, 2 H.). Durch die Rinne empor und über eine abdrängende Wand (IV+, 2 H) zum Gipfel.

● **1627** Frei für Ergänzungen.

● 1628 Nordeck, ca. 2540 m

Felskegel am SW-Fuß der Großen Ochsenwand, der nach N und W mit steilen Wänden abfällt. Die N-Wand von Frenademetz/Tiefenbrunner ist eine der schönsten Klettereien in den Kalkkögeln.

Der Abstieg vom Nordeck erfolgt nach O in die erste Scharte, dann nordwärts steil durch eine Rinne hinab (I) und durchs Kar zurück an den Wandfuß.

● 1629 Nordwand, Frenademetzweg (H. Frenademetz, T. Tiefenbrunner, 1935); 1. Winterbeg. J. Zechel, W. Golger, 5.1.1964). V— (1 SL), sonst IV+, 2 Std. E. Schöner, zielgerader Anstieg, meist fester Fels.

10 m links der W-Kante ist ein auffallender gerader Riß eingeschnitten. Über Schrofen an seinen Beginn. Stets im Riß empor (2 SL), bis er sich zu der großen, schon von unten sichtbaren Nische erweitert. Hier quert man entweder nach rechts auf ein Köpfl und steigt jenseits durch einen Kamin zu den Gipfelschrofen an; oder man klettert (schwieriger) gerade im Kamin weiter über einen Überhang in leichteres Gelände.

● 1630 Nordwand, Laichner-Fischer (W. Laichner, W. Fischer, 1944). V+, eine Stelle VI—, 2 Std. E.

Die N-Wand wird in ihrer Mitte von einer Reihe feiner Risse durchzogen.

Einstieg 15 m links des alten N-Wandweges. Vom Einstieg eine Seillänge durch eine Rinne schräg nach links zu gutem Standplatz. Über eine brüchige Wandstufe 6 m unter einen großen Überhang. Über ihn (H) und den darauffolgenden Riß (15 m) auf einen Pfeilerkopf. Kurzer Quergang nach rechts (H), dann 5 m gerade empor zu Stand. Hier beginnt die Rißreihe. Vom Standplatz 3 m rechts über eine Wandstufe und einen gelben, brüchigen Überhang (H) schräg nach links in eine Verschneidung. Durch diese auf einen schmalen Standplatz, durch einen überhängenden Riß in eine Verschneidung und 15 m empor zu Stand. Hier ziehen zwei Risse nach oben; im linken bis zu einem Band (anstrengend). Links des Risses 30 m empor zu kleinem Felsköpfl (Stand). Weiter im feinen Riß (VI—, H), über einen Überhang und zum Gipfelpunkt.

Nordeck, Nordwand

R 1629 Frenademetzweg
R 1630 Laichner-Fischer

Nordeck
1630
1629

● 1631 **Gerade Nordostwand** (R. Lanznaster, H. Harpf, 1944). Im oberen Teil äußerst schwierig (VI), 2½ Std. E. (1. Winterbeg.: 1.1.64 S. Strickner, H. Messner)

Einstieg befindet sich 10 m rechts der NO-Kante, 30 m durch einen gutgestuften Riß aufwärts in eine Schlucht. In ihr 30 m empor. Den oberen Wandteil durchziehen zwei Parallelrisse, durch den linken führt der Durchstieg. Über einen kleinen Überhang (H) zu dürftigem Stand und 20 m über mehrere Überhänge zu gutem Standplatz. 3 m nach links in einer Verschneidung unter ein Dach (H). Nach rechts darüber hinweg in dem zu einem Riß verbreiterten Kamin. Im Kamin empor bis zu einem 2 m heraushängenden Klemmblock und über diesen gerade zum Gipfel.

● 1632 **Nordostwand** (O. Wiedmann, W. Spitzenstätter, 1965, 1. Alleinbeg. Hanspeter Heidegger). V.

Rechts vom Lanznaster-Riß zieht schräg rechts ein auffallender Riß zu den leichteren Gipfelfelsen hinauf. E wie R 1631; am Beginn des Risses jedoch rechts von einer Wandeinbuchtung über sehr brüchigen Fels (H) auf ein Platzl. Gerade durch den auffallenden Riß (V, H) zu gutem Stand. Schräg rechts aufwärts auf leichtes Gelände und zum Gipfel.

● 1633 **Gerade Westwand, „Rausch-Dampfl“** (R. Trojer, K. Schoißwohl, 1963, 1. Alleinbeg. W. Nairz). VI (eine Stelle), VI—, 3 Std. Wandhöhe 250 m.

Über Schotterreisen zum Einstieg rechts von einem vorgebauten Pfeiler (nicht zu verwechseln mit dem Karwendler Turm rechts). An der rechten Begrenzung des Pfeilers 1 SL (IV) schräg links hinauf zu Stand. Nun zunächst vom Pfeiler weg nach rechts bis kurz vor einen brüchigen Rißüberhang (H). Links vom Überhang im Riß aufwärts (V+) zu einem zweiten Rißüberhang. Hier links im Riß gerade hinauf (V+) zu Stand in einer Nische. Gerade empor (4 m) und schräg rechts zu einer Schuppe und an ihr rechts querend in einen Riß. 15 m im Riß, der sich dann zum Kamin erweitert (V—), empor auf kleinen Standplatz mit Blöcken. Hinauf auf eine abschüssige Leiste, diese 10 m nach links. Nun eine Wandstelle schräg rechts auf ein höhergelegenes Band zu H.

Nordeck, Nordostwand

R 1631 Gerade Nordostwand (Lanznaster-Harpf)
R 1632 Nordostwand (Wiedmann-Spitzenstätter)

Nordeck
1632
1631

Nun gerade empor, Quergang nach rechts (3 m, VI) (Schlüsselstelle), und in einem seichten Riß auf ein Band zu Stand, 2 H, Quergang 20 m nach rechts (III) und schräg rechts haltend 15 m empor in eine gelbe Nische. Im Grund des kurzen Kamins empor, dann schräg rechts haltend zum Beginn des markanten Kamins. Ihm 2 SL folgend auf leichteres Gelände. Jetzt entweder den Riß der Erstbegeher rechts empor oder gerade weiter in leichterem Fels zum Gipfel.

● **1634 Westwand, Plattenweg** (Beschr. nach H. Zak, A. Pölzl, 1975). V+ (eine Stelle), IV, 2 Std. E, schöne Kletterei. 7 SL.

Einstieg an der Westseite bei einem Steinmann. Über eine senkrechte Wandstufe 30 m hinauf. Weiter schräg rechts (35 m) und durch die zwei folgenden Kamine auf den Schuttplatz. Nun über ein senkrechtes Wandl (V+, H) empor, dann leicht nach links in einen Rißkamin. Nun entweder: durch den Kamin, dann nach links zu einem Band. Auf ihm 10 m nach links und zwei Seillängen gerade zum Gipfel. Oder (H. Matzka, 1975): im Kamin gerade empor und in seiner Fallinie zum Gipfel.

● **1635 Karwendlerturm**

Der Turm steht am W-Fuß des N-Ecks. Er besteht aus zwei aufeinandergeschichteten Riesenquadern.

● **1636 Ostwand** (M. Auckenthaler, H. Pedit, 1931).

Der Aufstieg vollzieht sich im Zickzack; VI.

● **1637 „Fakir"-Variante** (Hanspeter Heidegger).

Siehe Foto Seite 495.

● **1638 Nordkante** (Spitzenstätter/Wanner, 1963). VI+, 30 m, 1 Std.

Einstieg rechts der Kante in der W-Wand. Durch einen Riß VI— (H) empor bis auf ein Band, Quergang nach links an die Kante. Stand. Kriechquergang nach links 5 m, dann aufstehen und an 2 H hoch durch die Wand schräg rechts empor bis auf den Gipfel.

Nordeck, Westwand

R 1633 Gerade Westwand, Rausch-Dampfl
R 1634 Westwand, Plattenweg

Nordeck
1633
1634

● 1639 Riepenwand, 2770 m

Nördl. der Seespitzscharte und südl. der Riepenscharte ragt der mächtige Felsaufbau der Riepenwand auf. Gegen W fallen senkrechte Wände, gegen O Steilflanken ab. Im S-Grat ragen die Riepentürme auf. Der N-Grat zieht mäßig steil zur Riepenscharte hinab. Die Riepenwand ist einer der eindrucksvollsten Berge der Kalkkögelkette. Ihre Ersteigung erfordert Berggewandtheit. Die erste Durchkletterung der Nordwestwand (Netzerweg) war 1914 eine Sensation unter den Insbrucker Bergsteigern. Sie zählt auch heute noch zu den beliebtesten „klassischen“ Anstiegen des Gebirges. Im großen Quergang gab es viele spektakuläre Stürze („Fliegerbandl“). Die neueren Führen durch die W- und NW-Wand zählen zu den schwersten Klettereien der Stubaier Alpen. 1. Ersteigung von der Riepenscharte: K. Gsaller, 1883. 1. Überschreitung: O. Ampferer, R. Peer, 1895.

● **1640 Nordostflanke aus der Riepenscharte.** I, von der Adolf-Pichler-Hütte 2—2½ Std.

Von der Adolf-Pichler-Hütte auf dem Weg zum Seejöchl südl. über die Hänge aufwärts bis zum Moränenhügel mit der Quelle. Hier auf Steigspuren die Schuttreise empor, die von der Riepenscharte herabkommt. Am linken Rand der Reise zwischen den Felsen empor auf die Scharte.

Jenseits auf der Schlicker Seite wenige Schritte hinab und an den Beginn einer steilen Schuttrinne. In ihr empor und den Felsen im oberen Teil links ausweichend auf die O-Hänge. Über Wandstufen empor, zuletzt über den N-Grat zum Gipfel.

● **1641 Nordgrat** (K. Berger, O. Melzer, E. Spötl, B. Scheiber, Gr. Walcher, 1901). Bez., II, zwei Stellen III—, von der Scharte 1 Std.

Von der Riepenscharte über eine Wandstufe gegen rechts empor und neben einem Riß aufwärts. Durch einen Kamin auf eine Geröllstufe; auf ihr nach rechts und entweder durch einen engen Kamin oder über eine brüchige Wandstelle links davon empor. (Im Abstieg u. U. abseilen. H.) Unter dem Gratkopf nach links um ein Eck an den N-Grat und über Geröll und Felsstufen der Markierung folgend zum Gipfel.

Karwendlerturm von Nordosten

R 1636 Ostwand, Auckenthaler-Pedit
R 1637 Fakir-Variante, Heidegger
R 1638 Nordkante, Spitzenstätter-Wanner

Karwendlerturm

● **1642 Nordwestwand „Fliegerbandl“** (L. Netzer, K. Aichner, W. Hummel, K. Schuster, 1914). IV+, teilweise V, 3—4 Std. E.

Einstieg in der linken Wandhälfte unterhalb eines riesigen gewölbeartigen Wandausbruches am oberen Ende eines Geröllfeldes, das zur Riepenscharte emporleitet. Von hier ziehen zwei Bänder nach rechts in die Wand. Auf dem unteren eine halbe Seillänge nach rechts und durch einen Einriß auf das obere. Auf disem 20 m nach rechts an den Beginn eines Risses (H). Durch ihn 10 m empor auf eine kleine Kanzel. Weiter über eine glatte Wandstelle und über einen abdrängenden Überhang (mehrere H) empor zu Standplatz (35 m). Über eine kurze Wandstufe und durch einen Riß schräg rechts auf ein breites Band. Quergang nach links (6 m) in eine Nische zum Ansatz eines Risses. Im Riß 15 m empor auf ein breites Band. Auf ihm unschwierig 40 m rechts. Hinter dem Eck geht es in eine schmale Leiste über. Auf ihr schwieriger und äußerst ausgesetzter Quergang (H) 30 m nach rechts („Fliegerbandl“), bis die Leiste breiter wird; Standhaken. Nun auf eine Kanzel. Von hier 15 m unschwierig zum Beginn der Gipfelschlucht. Durch sie 20 m über Schutt empor, zu zwei Kaminen. Zuerst 8 m im linken Riß, dann rechts an die Kante zwischen beiden Kaminen (2 H), gerade empor, links des Hauptkamins über brüchige Stufen und durch Rinnen auf den N-Grat knapp unterhalb des Gipfels.

● **1643 Nördlicher Vorgipfel — Direkte Nordwestwand** (M. Bachmann, R. Kettner, 1948). VI, 6 Std.

E. am Wandfuß auf einem breiten Band in Fallinie des Vorgipfels. Über eine schräge Rampe zu einem gelben Riß, durch ihn empor; Quergang mehrere Meter nach rechts und in einer kurzen Verschneidung empor. Dann Quergang nach links auf ein Band, dieses nach links verfolgend bis zu Stand. Einige Meter gerade empor, Quergang nach rechts und dann schräg links hinauf in einen seichten Riß mit einem

Riepenwand von Nordwesten

R 1642 Nordwestwand, Fliegerbandl
R 1643 Direkte Westwand, Bachmann-Kettner
R 1644 Super Crimson
R 1645 King-Crimson-Gedächtnisführe
R 1646 Gerade Westwand, Rebitsch-Loserth
R 1647 Westverschneidung
R 1648 Westwand, Auckenthaler-Schmidhuber

Riepenpfeiler (A. Orgler, 1980), ohne Abb., Beschreibung s. Anhang S. 532

Riepenwand

herausragenden Block. Dem Riß folgend auf ein Band und nach links zu Stand in der alten NW-Wand-Führe. Man folgt ihr (R 1642) bis aufs Riepenband. Nun aber Quergang 20 m nach links (IV—V) zu Stand. Über eine Wandstelle (VI, 1 H) und durch die darauffolgenden Risse auf das große Schotterband. Auf ihm 50 m nach links (Steinmann), über eine Wandstelle schräg rechts empor und durch weniger schwierige Risse auf den Vorgipfel.

● 1644 **„Super-Crimson"** (Wolf, Purtscheller, Schiestl, 1978). Beschreibung siehe Anhang, Seite 531.

● 1645 **King Crimson-Gedächtnisführe** (Wolf, Purtscheller, 1977). Beschreibung siehe Anhang, Seite 531.

● 1646 **Gerade Nordwestwand** (H. Rebitsch, K. Loserth, 1936. 1. Winterbeg. W. Spitzenstätter, K. Schoißwohl). VI, 6—8 Std. Extreme Freikletterei, meist naßmoosig.

Die obere Wandhälfte der Riepen-Nordwestwand ist von zwei mächtigen Schluchten gespalten; zwischen diesen ragt ein pfeilerartiger Grat auf. In Fallinie dieses Grates ist an die untere, senkrechte, teilweise wasserüberronnene Wandhälfte ein Pfeiler angelehnt.

Über Schrofen zum dachartigen Überhang am rechten Fußpunkt des Pfeilers. Sodann den Rissen folgend auf den Pfeilerkopf. Rechts empor über eine brüchige Wandstelle auf eine kleine Kanzel. Hier setzen zwei (meist wasserüberronnene) Risse an. Im rechten bis zu einer kleinen Nische. Von hier auf gutem Band nach rechts zum Beginn eines gutgriffigen Risses. Durch diesen hinauf und auf einem Band nach links zurück. Über einen schönen Überhang empor an den Beginn der Schlucht.

Aus ihr links an die Kante des oben erwähnten pfeilerartigen Grates. Im allgemeinen an der Gratkante empor bis zu einem großen Überhang. Unter diesem auf einem Band nach rechts in eine Verschneidung, die auf den Grat zurückführt. Über diesen zum Gipfel.

● 1647 **Westverschneidung** (M. Auckenthaler, B. Pfeiffer, 1930). VI, 5—8 Std. Äußerst schwierige und anstrengende Freikletterei, teilweise naß und brüchig.

Der rechte untere Teil der Wand wird von einer auffallenden Verschneidung durchzogen. Durch sie und die anschließende Kaminreihe vollzieht sich der Anstieg.

Man quert von links auf ein breites Schuttband gegen rechts zum Fuß der Verschneidung. Durch eine unterbrochene Rinne gerade empor, dann gegen links schräg empor über eine Rampe und gerade hinauf zu

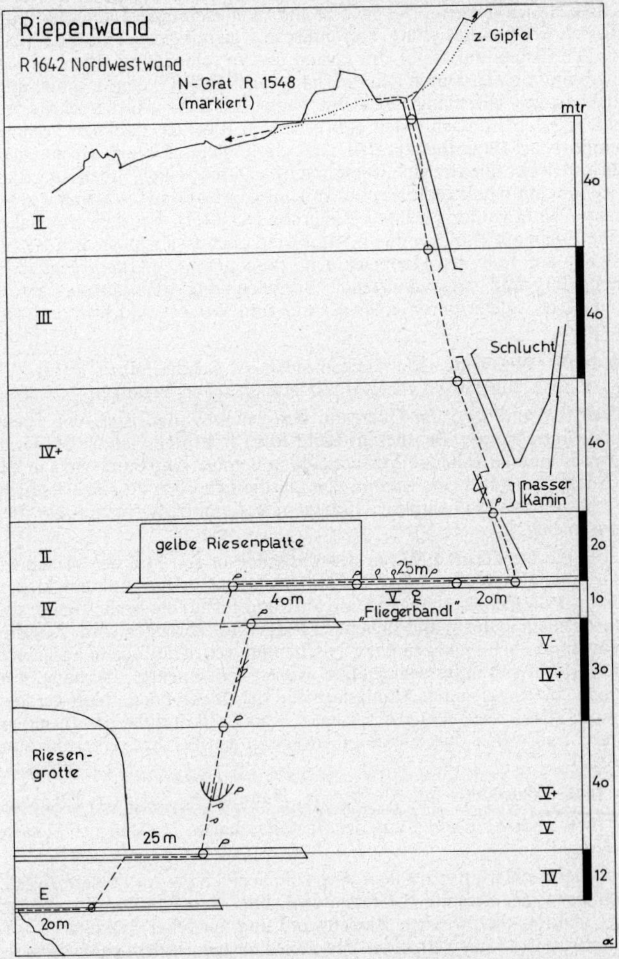

Riepenwand
R 1642 Nordwestwand
N-Grat R 1548
(markiert)
z. Gipfel
mtr
4o
II
4o
III
Schlucht
4o
IV+
nasser
Kamin
2o
II
gelbe Riesenplatte
25m
IV
4om
V
2om
1o
„Fliegerbandl"
V-
IV+
3o
Riesen-
grotte
4o
V+
V
25 m
IV
12
E
2om

einer Hangeltraverse, die nach rechts zu einer moorigen Nische führt. Durch die überhängende Verschneidung gerade empor in eine kleine Höhle (Sicherungsplatz). Im Grund der Verschneidung weiter zu kleinem Standplatz. Durch den überhängenden Riß (H) empor unter einen dachartigen Überhang. Hier Quergang nach links, zuletzt schräg aufwärts zu einem nach unten abbrechenden Riß, der zu einem Felskopf emporführt (Standplatz). Hier setzt ein breiterer Riß an, der zu einem Schuttfleck hinaufzieht (Steinmann). Durch einen überhängenden Stemmkamin und gerade weiter zum ausgeprägten tiefen Kamin. In seinem Grund empor bis unter das große Dach (H). Bei dem Ringhaken quert man aus dem Kamin und durch ein Loch zu einem großen Geröllkessel am Fuß der Hauptschlucht (Steinmann). In der rechten im Schluchtgrund eingeschnittenen Verschneidung überhängend gerade aufwärts, zuletzt durch einen Kamin zum W-Grat und über ihn zum Gipfel.

● **1648** **Westwand** (M. Auckenthaler, A. Schmidhuber, 1933). VI, 5—7 Std., äußerst schwierige Freikletterei, selten begangen.

Die W-Wand wird am Oberrand des ersten Wanddrittels von einem Band durchzogen. Bei diesem Band führt links der Fallinie des Gratkopfes eine auffallende Verschneidung empor. Am Band setzt in der rechten W-Hälfte eine Kaminreihe an, die sich oben zu einer Schlucht verbreitert. Verschneidung, Band und Kaminreihe vermitteln den Durchstieg.

Über die Bänder und Stufen des Vorbaues an den Fuß der Verschneidung, schwarz im gelben Gestein. Senkrecht empor auf ein kleines Band. Von hier überhängend und anstrengend auf ein breites Band, das durch einen in der Wand stehenden Pfeiler unterbrochen wird. Auf diesem Band nach rechts zu einer Nische und weiter auf einem ausgesetzten Kriechband unter dem großen wasserüberronnenen Überhang. 3 m hinab zu einem guten Standplatz für den Sichernden. Nun gerade empor (Schlüsselstelle). Durch einen Kamin 30 m aufwärts zu gutem Stand und weiter durch Kamine empor an den W-Grat. Über ihn zum Gipfel.

● **1649** **Westkante** (im Abstieg: W. Hummel, K. Schuster, 1913).

● **1650** **Südwestflanke aus der Seespitzscharte.** II. Von der Scharte 1 Std.

Von der Pichlerhütte auf dem Weg zum Seejoch bis vor den nordwestl. Seitengrat des Seespitz-N-Grates. Östl. über Geröll mühsam empor in die Scharte, die zwischen Riepenwand und Schlicker Seespitze eingeschnitten ist. Man vermeidet den Geröllanstieg, indem man bis aufs

Seejöchl emporsteigt, dann auf dem Steig, der zur Seespitzscharte führt, von der Scharte im N-Grat links auf den Seitengrat quert und von hier kurz in die Seespitzscharte hinabklettert. Vom Schartl über den Grat des ersten Riepenturmes hinüber in eine Geröllrinne. Umgehung des zweiten Turmes und durch eine zweite Geröllrinne empor in ein Schartl im S-Grat. Über Felsen, schräg links empor auf eine Geröllstufe und über eine Wandstufe auf eine Seitenrippe des Hauptgrates. Auf einem Band empor und aufwärts vor den dritten Turm, der westl. vorgeschoben und mit dem S-Grat verbunden ist. Über brüchige Felsen rechts des Turmes empor und wieder auf den Grat. Über ihn zu einer Geröllstufe, auf ihr nördl., dann rechts über Schrofen zum Gipfel.

● **1651 Südostflanke aus der Seespitzscharte.** II, von der Scharte 1¼ Std.

Von der Seespitzscharte 50 m hinab bis zu einem Zacken. Links Querung in eine brüchige Felsrinne. Aus ihr quert man links auf ein breites, gelbes Geröllband und auf ihm schräg aufwärts auf ein Geröllköpfl in der O-Flanke der Riepenwand. (Von der Seespitzscharte sichtbar.) Nun über Schrofen, Stufen und durch Schuttrinnen empor zum Gipfel.

● **1652 Ostwand** (T. Jost, F. Schößer, R. Stolz, R. Willeit. 1910). III+, 2½—3 Std. E.

Von der Schlicker Alm talein und empor in die Rinne zwischen Großer Ochsenwand und Riepenwand. Einstieg ungefähr 50 m unter dem untersten Plattenschuß.

Zuerst über Bänder empor, dann durch Risse, zuletzt über schönen Fels zum Gipfel.

● **1653 Südostkante,** V—, IV, 4 Std.

Zustieg: Von der Schlicker Alm in den Talschluß, hier rechts über eine Schotterreise und einen grasigen Vorbau zum Einstieg direkt an der Gratkante. 1 Std. Am Beginn der Gratkante etwas links haltend etwa 100 m empor zu einem Rasenfleck (Einstieg). Nun 5 m rechts der Kante etwa 10 m empor (H), 2 m nach rechts und über Überhang (V—, H). Weiter schräg rechts aufwärts, bis der Weiterweg versperrt ist. Hier Quergang nach links an die Kante und gerade empor (H). Nun über meist gut gestuften Fels zwei Seillängen empor, dann eine Seillänge schräg rechts nach oben in eine Rinne, durch diese zum Stand (H) auf einem Band. Über den folgenden Überhang (V) und gerade empor (2 H). Hier Spreizschritt nach links über die folgende, abdrängende Wandstelle zu Stand (V—). Über gestuften Fels mehr oder weniger am Grat zum Gipfel.

● **1654 Riepentürme** (1. Ersteigung des 2. und 3. Turmes: J. Huber, H. Moschitz, G. Pfeifer, 1919). IV+.

Von der Seespitzscharte aus scheinen drei Türme dem S-Grat der Riepenwand zu entragen. Der südlichste aber ist ein westl. abzweigender Seitengrat des S-Grates. Der zweite Turm erscheint von der Scharte als Felsnadel. Der dritte trägt einen eigenartigen Felsvorbau.

● 1655 Schlicker Seespitze, 2808 m

Höchster Berg der Kalkkögelkette. Von SO und O gesehen, schön geformter Felskegel. Gegen S schließt sich ein Felsstock an, der die Erhebung der Schlicker Manndln trägt. Gegen W, ins Senderstal, zieht der schmale W-Grat ab, dem der Seejochturm mit mächtiger Felsgestalt entragt. Schöner Aussichtspunkt. 1. Ersteigung vom Seejöchl und durch die W-Flanke: K. Gsaller, 1879. 1. Ersteigung des Seejochturmes von der östl. Scharte: K. Berger, R. Peer, 1898.

● **1656 Vom Seejöchl.** Einfachster Anstieg (I). Von der Adolf-Pichler-Hütte 2—2½ Std., von der Starkenburger Hütte 1½—2 Std. Vom Seejöchl ¾ Std. Teilweise bez. Steigspuren.

Vom Seejöchl auf einem Steig zunächst eben hinaus, unter dem zerrissenen W-Grat der Schlicker Seespitze vorbei in ihre W-Flanke und über Schrofen und durch eine Geröllrinne empor in eine Einschartung im N-Grat. Kurz in die W-Flanke des N-Grates und über brüchige Schrofen auf den N-Grat und über ihn zum schmalen Gipfel.

● **1657 Von der Seespitzscharte** (L. Purtscheller, 1883). Teilweise II, von der Scharte ½—¾ Std.

Von der Seespitzscharte (R 1655) auf der Sendersseite kurz hinab und durch einen Riß auf den Seitengrat des N-Grates der Seespitze. Von der Höhe des Seitengrates kurz nach links und in die Einschartung im N-Grat. Weiter wie R 1656.

● **1658 Westgrat und Überschreitung des Seejochturmes,** 2650 m (K. Berger, R. Peer, 1889). III, vom Seejöchl 1—1½ Std.

Vom Seejöchl auf dem Steiglein um die Türme westl. des Seejochturmes herum und über Geröll und Schrofen in der N-Flanke des W-Grates empor in die Einschartung zwischen Seejochturm und dem Turm im obersten Teil des W-Grates. Von der Scharte zuerst über eine kurze Wandstelle, auf einem Band nach links durch einen Riß empor und über Felsstufen zum Gipfel des Seejochturmes.

Zurück in die Scharte zwischen Seejochturm und W-Grat der Seespitze. Ein Turm wird umgangen; über den Grat empor bis unter einen Abbruch, der wie ein gelber Turm aussieht. Senkrecht empor und über einen Überhang auf einen kleinen Absatz. Auf einem Band in die N-Flanke des Grates; hier durch einen Riß steil aufwärts auf die Höhe des Gratabbruches. Zuletzt über den wenig geneigten Grat zum Gipfel. Man kann den Gratabbruch vermeiden, indem man von seinem Fuß in die N-Flanke des W-Grates quert und durch einen gelben Riß die Grathöhe wieder ersteigt.

● **1659 Westgrat — Geroldführe** (L. Gerold, K. Hagspül, K. Schweikher, 1919). Vom Seejöchl 1½ Std.

Vom Seejöchl dem Steige folgend, der zur Schlicker Seespitze emporführt. Wo die ersten Felsen des W-Grates ansetzen, rechts davon in einem Kamin empor (40 m) bis zu einer Gratscharte. Dem Grate folgend, bis ein Schuttband nach rechts führt. Nach 10 m zu einem ausgesetzten Riß. Auf der Kante rechtshaltend zu einer Kanzel, über ein Schuttstück zu einem Kamin. Nach 20 m auf den Grat zurück und über einige Stufen zum Gipfel des ersten Turmes. Von dort Abseilen in die Scharte östl. des Turmes.

Der zweite Turm kann nördl. auf einem Band umgangen werden. In eine Scharte, von dieser Abstieg auf der S-Seite und Quergang durch die Wand nach O zu einem tiefen Kamin. 10 m in ihm aufwärts zu einer Scharte und in einem Spalt empor auf einen Gratturm. Von diesem einige Meter zurück, über den 1½ m tiefen Spalt, auf eine Kanzel und über einige Stufen zum Gipfel.
Abstieg nach O über unschwierige Wandstufen.

● **1660 Südwand des Seejochturmes** (L. Gerold, K. Hagspül, E. Arnold, 1919).

● **1661 Seejochturm, gerade Südostwand** (H. Rebitsch, E. Bauer, W. Fischer, L. Kasper, 1945).

● **1662 Seespitz-Südwestwand,** direkter Weg (Hias Rebitsch, B. Engau, W. Fischer, L. Kasper). V, VI—. Einstieg wie bei SW-Wand, R 1663.

Durch den Kamin empor und auf dem ersten Querband nach rechts. Durch einen gut ausgeprägten, von rechts nach links emporziehenden Riß aufwärts zu einem spitzen Pfeilerköpfl. Gerade empor durch einen brüchigen, feinen Einriß und schwach rechts zu Stand, am Beginn eines Kriechbandes. 3 m nach rechts, bis man sich aufrichten kann, und ausgesetzt über einen Überhang, rechts zu gutem Stand auf einem Band. Ungefähr 3 m nach links und gerade hinauf (H) zum Gipfel.

● 1663 **Seespitze, Südwestwand, alter Weg** (F. Geisler, K. Hagspiel, L. Ambach, 1920).

Vom Schlicker Schartl dem Steig entlang, der zum Seejöchl führt. Aus der Seegrube gerade empor über Schutthalden, bis zu einem Kamin, der sich zur Scharte zwischen Schlicker Wand und Seespitze hinaufzieht. 20 m links davon Einstieg in einen Kamin, der durch die ganze Wand führt.

Durch den Kamin empor, dann über eine plattige Stelle und über einen Überhang. Wieder im Kamin empor zu einem Überhang, über eine kurze Stufe zu einer Kanzel und in einen Stemmkamin. Von einer geröllbedeckten Stufe rechts über Schrofen an den W-Grat und über ihn zum Gipfel.

● 1664 **Aus der Seegrube** (H. Renner, H. Stieger, 1886). Steinschlaggefährdet, nicht zu empfehlen. II, vom Seejöchl 1 Std.

Vom Seejöchl südöstl. Querung der Geröllhalden bis oberhalb der Oberbergseen. Hier zieht eine tiefeingerissene Felsschlucht in die Scharte zwischen Seespitze und Manndln empor. Durch sie empor in die erwähnte Scharte und über Felsen unschwierig zum Gipfel.

● 1665 **Ostflanke** (I. Hechenblaikner, 1903). Sehr brüchig, III. Von der Schlicker Alm 3 Std.

Von der Schlicker Alm talein und über Geröll an den Beginn einer steinschlaggefährdeten, steilen Rinne, südl. der Rinne, die von der Seespitzscharte herabkommt; in ihr, oder rechts von ihr über Bänder und Wandstellen empor an die Gipfelwand und über sie gerade empor zum höchsten Punkt.

● 1666 **Ostwand** — „Seespitz-Riß“ (R. Lanznaster, W. Gruber, 1946). Besonders schwierig (V), Wandhöhe ungefähr 800 m, 6—7 Std.

Anstieg durch den Riesenkamin, der die linke O-Wand durchzieht, zuletzt über den scharfen O-Grat zum Gipfel.

Schlicker Seespitze, Riepenwand und Große Ochsenwand von Osten

R 1641 Nordgrat
R 1653 Südostkante
R 1666 Ostwand, Seespitz-Riß
R 1667 Gerade Ostwand

chlicker Seespitze
Riepenwand
Gr. Ochsenwand
Riepenscharte
1641
1653
1666
1667

Von der Schlicker Alm an den Fuß der Wand und an den Beginn des Kamins. (1 Std.) Ein bequemer Steig führt über die Seescharte und Schlicker Seescharte in 1½ Std. zum Einstieg. Durch den Kamin sehr steil empor (H) und über moosige Überhänge aufwärts. Die letzten hundert Meter wurden von den Erstbesteigern wegen der außerordentlichen Brüchigkeit rechts über ein Band und eine Kante umgangen. Über die Kante erreicht man den O-Sporn-Gipfel. Über den teilweise sehr schwierigen Grat zum Gipfel.

Die letzten 150 m unterhalb des Bandes können auch durch den etwas nach links ziehenden Kamin erklettert werden. Die letzten 100 m werden dann links über ein Band und an der Kante umgangen.

● **1667 Gerade Ostwand** (W. Haim, H. Zlabinger, 1965) VI, A 3, 12 Std.

Einstieg etwa 100 m rechts des Seespitz-Risses über einen schrofigen Vorbau einige Seillängen empor (sehr brüchig) in eine Schlucht (IV—). Von hier 2 Seillängen über grasdurchsetztes Gelände, etwas rechtshaltend, zum Fuße der schon von unten sichtbaren, gelben, überhängenden Wandzone auf ein Band (Stand, H).

Durch eine nasse brüchige Verschneidung (H) gerade empor zu Schlingenstand (VI, A 3). Der Verschneidung einige Meter folgend, dann in freier Kletterei bis auf ein Band (guter Stand, H). Senkrecht empor (brüchig, H) bis auf ein kleines Grasband. Die nun folgende, überhängende Verschneidung (VI, A 3) empor, dann rechtshaltend auf einen kleinen Pfeilerkopf. Den hier ansetzenden engen Kamin 5 m hinauf unter ein Dach, dieses wird rechts umgangen. Einen weiteren engen Kamin hinauf und über einige Wandstufen rechtshaltend zu gutem Stand (H). Nun 15 m in einer Verschneidung in freier Kletterei auf schrofiges Gelände. Links über eine Wandstufe (H) zu einer Nische, 10 m empor auf ein Band (Biwak der Erstbegeher). Dieses nach rechts verlassend zu einer brüchigen Verschneidung, in ihr 15 m hoch unter ein Dach, 5 m nach rechts zu gutem Stand (H). Den hier ansetzenden Überhang hinauf (H) in eine Rinne. Unter einem Klemmblock hindurch und weiter zum Grat. Ende der Hauptschwierigkeiten. Von hier über schrofiges Gelände zum Vorgipfel.

Schlicker Seespitze und Schlicker Manndln von Süden

R 1662 Südwestwand, direkter Weg
R 1663 Südwestwand, alter Weg

Schlicker Seespitze
Schlicker
Manndln
1663
1662

Überdies wurden noch folgende Durchstiege ausgeführt:
R. Peters u. Gef.: Nordostkamin; H. Sterzinger u. Gef.: Nordostwand.

● **1668** Frei für Ergänzungen.

● **1669** **Schlicker Manndln,** ungefähr 2720 m

Südl. der Schlicker Seespitze ragen auf einem breiten Felssockel 5 Felstürme auf, die Manndln. Nördl. von ihnen, von der Seespitze durch einen tiefen Spalt getrennt, steht der Manndlturm. Südl. der Manndln zieht von einem Felskopf ein steiler Rücken zum Schlicker Schartl. Der Felssockel der Manndln fällt nach O und W mit steilen Felsflanken ab. Erstmals bis an den Fuß der eigentlichen Manndln (ohne diese selbst zu ersteigen) gelangten 1879 C. Gsaller, Tützscher, L. Seidler, K. Wechner. 1. Ersteigung des südlichsten Manndls: O. Ampferer, W. Hammer, 1893. 1. Ersteigung der übrigen: Hermann und Hugo Delago, 1894. 1. Übergang zur Schlicker Seespitze: K. Grissemann, O. Melzer, 1898.

● **1670 Überschreitung der Manndln vom Schlicker Schartl zur Schlicker Seespitze.** III, eine Stelle IV, vom Schartl 3—4 Std.

Vom Schlicker Schartl nordwärts über den grasigen, dann felsigen Rücken empor. Rechts in eine Rinne und empor in ein Schartl. Wenige Meter darüber ein zweites Schartl. Einstieg.

Ein paar Meter über Schutt empor, dann durch den auffallenden, nach links emporziehenden Einriß hinauf auf ein Schuttband. Auf diesem nach rechts bis an die erste Gratrippe (Steinmann) und weiter nach rechts wenige Meter zur zweite Gratrippe. (Das Band beginnt hier zu fallen! Nicht weiter verfolgen.) Über diese Rippe auf den Hauptgrat und mehrere SL über kurze Absätze und Schrofengrate an den Beginn des Manndlstockes vor dem ersten Manndl. 25 m über Geröll links hinab. Durch einen im unteren Teil sehr glatten kaminartigen Riß empor und in das Schartl zwischen erstem und zweitem Manndl.

(Vom Felskopf aus kann man das südlichste Manndl sehr schwierig über den gelben Wandausbruch ersteigen. Mehrere H.)

Aus dem Schartl über Felsstufen auf den Gipfel des ersten Manndls. Vom Gipfel zurück in die Scharte.

Links der Kante des zweiten Manndls durch einen engen Kamin auf ein Schartl, sodann links zum Gipfel empor. (Das zweite Manndl muß überklettert werden, während man die anderen auf Bändern umgehen kann.) Aus dem Gipfelschartl klettert man durch einen kaminartigen Einriß in die Scharte vor dem dritten Manndl ab.

Aus der Scharte über eine glatte Wandstelle empor auf den Gipfel des dritten Manndls. Man seilt sich in die nächste Scharte ab.

(Das dritte Manndl kann aber auch auf der Sendersseite [links] auf einem etwas ausgesetzten Band oder rechts auf der Schlicker Seite umgangen werden.) Man steigt (etwas leichter) auf der Schlicker Seite einige Meter ab und erreicht über Stufen das Schartl zwischen 3. und 4. Manndl.

Vom Schartl vor dem 4. Mandl an der linken Kante der Platte empor zum Gipfel. Gegen N hängt dieser Turm über, man klettert in das Schartl zurück und quert auf gutem Band links um den Turm herum an den Abbruch zur Scharte vor dem letzten Turm. Man seilt entweder ab oder steigt auf der Schlicker Seite durch eine rißartige Rinne etwa 6 m hinunter, bis man durch einen Spalt nordwärts ein Band erreicht. Auf diesem bis zur Unterbrechungsstelle. In heikler Kletterei (IV) um das Eck (am Band rechts außen H) und über die senkrechte Wandstelle hinab ins vierte Schartl.

Von der Scharte links auf einen Felsriegel und Spreizschritt an die Wand der Gratmauer (leichter: in dem Spalt hinab und an der Wand empor) und durch einen Einriß auf die Gratschneide. Nun auf dem auffallenden, etwa 25 m langen ebenen Gratstück bis vor das letzte Manndl. H. Man umgeht es links auf einem Band und erklettert es von N über die Kante (IV—). Für den Rückweg in halber Höhe Abseilhaken. Weiter über eine Schneide zum Fuß des Manndlturmes und über Felsstufen zum Gipfel. 15 m unterhalb des höchsten Punktes rechts um ein Eck (Steigspuren) auf einen Schuttplatz. Dieser letzte, etwa 8 m hohe Abbruch vor der Seespitzscharte kann auch durch einen brüchigen feuchten Riß abgeklettert werden. Zuletzt über eine steile, meist nasse, 10 m hohe Wandstufe in die tief eingeschnittene Scharte vor der Seespitze.

Nun ein paar Meter gerade empor, dann auf Bändern in die O-Flanke und über brüchige Schrofen zum Gipfel der Schlicker Seespitze.

● **1671** Frei für Ergänzungen.

● 1672 **Hoher Burgstall,** 2613 m

Südöstl. des Schlicker Schartls als mächtiger, stumpfer Felsberg aufragend. Aussichtspunkt. Gipfelkreuz. Vorkommen von Magnetit und Hämotit.

● 1673 **Von der Starkenburger Hütte.** Leichtester Anstieg. Von der Hütte 1—1½ Std. Bez.

Vom Gipfel etwas steiler, unangenehmer Abstieg durch eine Rinne auf die Geröllhänge des innersten Schlicker Tales und auf dem Weg talaus zur Schlicker Alm.

● **1674 Von der Schlicker Alm.** I, 2—2½ Std.

Wie in R 1679 auf die Einsattelung östl. des Hohen Burgstalls. Über den Schuttkamm an den Steilaufschwung des Gipfels. Unter diesem quert man an der N-Seite etwa 30 m, bis eine Schuttrinne zur W-Schulter des Gipfelblockes emporzieht. Über den schmalen Grat ostwärts auf den höchsten Punkt.

● **1675 Vom Schlicker Schartl.** ¾ Std.

● **1676 Nordostwand** (III—IV). Auch durch die Ostwand (E. Sterzinger, E. Hutter, 1952, VI, 1½ Std.) und über die Südkante (IV+; direkte Südkante, V, F. und R. Mayr, K. Fischlechner) wurden Anstiege gefunden.

● **1677** Frei für Ergänzungen.

● 1678 Kleiner Burgstall, 2436 m

Grasige Erhebung in dem vom Hohen Brugstall nordöstl. streichenden Rücken. Skiberg. Aussichtspunkt.

● **1679 Von der Schlicker Alm.** 2 Std.

Von der Alm im Schlicker Tal einwärts, aus dem innersten Talkessel südwestl. über die steilen Hänge empor, dann südl. über die Hänge auf den Sattel zwischen Kleinem und Hohem Burgstall. Über den wenig geneigten Rücken kurz zum Gipfel.

● **1680 Von der Starkenburger Hütte.** 1 Std.

Von der Hütte auf dem Weg zum Hohen Burgstall empor bis unter die Felsen. Hier zweigt nach rechts ein Steig ab, der auf den Sattel zwischen Kleinem und Hohem Burgstall emporführt.

● **1681 Südwand** (H. Höher, 1933).

Register

(Die Zahlen bedeuten ausschließlich Randzahlen, nicht Seitenzahlen. Bezeichnungen wie Groß, Klein, Hoch, Vorder, Hinter usw. sind nachgestellt.)

Neue Regensburger Hütte

Aufstieg in 2½ bis 3 Stunden von Falbeson. Abstieg über den Ring nach Milders-Neustift in 4 Stunden. Herrliche Fernsicht, lohnende Tourenmöglichkeiten, Übergänge zur Dresdner Hütte und Franz-Senn-Hütte. 24 Betten, 60 Matratzenlager. Bewirtschaftet Mitte Juni bis Ende Sept. Tel.: 0 52 26/25 20

Pächter: L. Knoflach, 6167 Neustift-Rain 571, Tel.: 0 52 26/23 49

Herrlich gelegene Aussichtshütte, auch als Tagesausflug sehr lohnend. Ausgangspunkt für Stubaier und Kalkkögelrundtour. Bewirtschaftet 1. Juni bis 30. September. 12 Betten, 44 Lager. Anstieg über Fulpmes-Froneben oder von Neustift.

Starkenburger Hütte, 2229 m

Pächter: Friedl Hofer, 6167 Neustift 573

schönes
Ausflugsziel
für jung und alt
in einer 1/2 Std
von der
Muttereralm-
Bergstation
erreichbar.

Pächter:
Fam. Jennewein

Alpengasthaus Raitiseralm

St. Veit in Defereggen
ist Ausgangspunkt
für kleine und
große Bergtouren

Auskunft und
Prospekte durch
den Verkehrs-
verband St. Veit
in Defereggen

St. Veit in Defereggen 1495 m

Das höchstgelegene Erholungsdorf Österreichs erwartet Sie Sommer und Winter. Heilklima bei Asthma und Blutarmut. Viele Spazierwege, preisgünstige, gemütliche Gastlichkeit. Langlaufloipe, Rodelbahn, Brunnalmschigebiet in nächster Nähe.

Anhang

Riepenwand

Beschreibung zu **R 1645: King-Crimson-Gedächtnisführe** (Michael Wolf, Robert Purtscheller, 1977), VI—/A 1, 3—5 Std. zum Fliegerbandl. Extreme freie Wandkletterei. Notwendige H. stecken.

Übersicht: Die Führe verläuft in Fallinie zum rechten Ende des großen Querganges der Alten NW-Wand.

Führe: Einstieg auf breitem Band links von gewaltigen gelben Dächern. Über den Überhang (A 1) nach rechts zu Rißverschneidung und durch sie (V, 3 H) zu Stand. Links vom Stand über eine Einbuchtung (10 m, VI—) auf ein Platzl. Quergang 6 m nach rechts, bis es möglich wird, nach links oben über zwei kleine Überhänge auf ein Band durchzukommen (H, V+). Quergang nach rechts, bis man über die Platte (VI—) nach links aufwärts aufs breite Band gelangt. Stand. Rechts durch einen Riß (V), der durch eine angelehnte Platte gebildet wird, auf den Kopf der Platte (guter Stand). Quergang nach links, bis man über eine Wandstelle und eine Schuppe eine Leiste erreicht (V, H). Auf der Leiste Quergang nach rechts, dann über eine Platte (VI—) und leichter weiter zu schlechtem Stand auf schmalem Band. 4 m nach links, über eine Wandstufe 10 m zu Leiste (V+, H), auf ihr hangelnd 15 m zum Beginn der Schlucht (Wasserfall, V+). Nun an der linken Begrenzungskante (V) zu einem Stand, wo sich die Wand zurücklegt. Unschwierig 10 m empor zum Ende des Quergangs der alten NW-Wand. Weiter wie R 1642.

Beschreibung zu **R 1644: Super-Crimson** (Michael Wolf, Robert Purtscheller, Reinhard Schiestl, 1978), VI, 4—6 Std. Extreme freie Wandkletterei, bis 1980 keine Wiederholung.

Übersicht: Die Führe verläuft zwischen dem Bachmann-Weg und der King-Crimson-Gedächtnisführe.

Führe: E. 15 m links des King-Crimson-Einstieges bei Steinmann und H. mit Kletterpatschen. Von rechts nach links 40 m empor zu Hakenstand (H entfernt). 15 m linkshaltend empor, 20 m Quergang nach rechts zu leichtem Riß. In diesem empor und weiter rechts zu Stand. Gerade empor über Wandstelle, dann in einem Riß zu Stand. 15 m nach links dann in einer Links-Rechts-Schleife empor zu Stand am Beginn des Fliegerbandls. Von hier rechts haltend empor durch die schwarze Wand oberhalb des Fliegerbandls. (Ende der Schwierigkeiten.) Weiter in leichterem Gelände gerade hinauf zum Vorgipfel. Standhaken zum Großteil entfernt.

Ergänzung zu **R 1639: Riesenpfeiler** (Andreas Orgler, 1980). VI, Zeit des Erstbegehers 14 Std. Extreme Kletterei, fast durchwegs frei, im unteren Teil fest, oben brüchig.

Übersicht: Die Route führt über den markanten Pfeiler zwischen der Rebitsch-Führe und der Auckenthaler-Verschneidung.

Führe: E. bei Rampenbeginn, Fixseil. Durch Rampe mit Überhängen in Nische. Links heraus über den Überhang und nun noch gerade empor (8 m), dann Quergang auf Selbstzug nach rechts in eine Verschneidung (VI/A0). Durch die Verschneidung zu einer Rampe. Weiter über diese (IV, sehr brüchig) nach links empor. Am Ende in einer Linksschleife empor zu Stand bei Klemmblock. (Achtung! Der Block steht frei. Es empfiehlt sich, einen Holzkeil zur Stabilisierung dahinterzulegen.) Nun von links auf den Klemmblock und durch die Verschneidung weiter (VI, A0, 3 H). Nach 30 m Stand an zwei kurzen Messerhaken und langem Eisenhaken. Nun weiter in der jetzt grauen Verschneidung (VI) bis zu H. Von ihm nach rechts aus der Verschneidung heraus und durch geneigte Platte bis unter ein Dach (2 Standh.). Nun ganz zum Dach empor und links heraus (A0). In der folgenden Rißverschneidung ca. 10 m bis zu ihrem Ende (VI). Quergang nach links (5 m VI) bis zu H und weiter gerade 5 m (VI—) zu Stand (H). Durch Riß (VI—, brüchig) 5 m empor, Quergang 10 m nach links (V) und über geneigte Platte (II) zu Schotterplatz. Nun durch eine sehr brüchige spitzwinklige Verschneidung unter ein Dach. Unter ihm heraus und weiter in brüchigem Kamin zu Schrofen (IV +, H). Über die Schrofen zu einer Platte. Über sie und durch den anschließenden Riß (IV +) nach 15 m auf das nächste Band. 4 m auf ihm nach links. Nun über den Überhang (V +, brüchig), weiter im Riß 6 m, dann Quergang nach rechts, weiter 6 m gerade hinauf und wieder 5 m nach links in einen Riß und durch ihn 7 m empor zu Nische (V, brüchig, Stand mit 2 H). Nun etwa 6 m leicht nach links, dann durch äußerst brüchigen Riß 5 m empor (V), sodann in einer großen Linksschleife (IV) nach 10 m zum Beginn einer Verschneidung. Durch sie (V—, sehr brüchig) auf das große Schotterband. Auf ihm nach rechts an die Pfeilerkante und weiter 20 m nach rechts zu Kamin. Leicht durch diesen und anschließende (ca. 15 m rechts vom Ende des ersten) zum Grat. Über Schotter weiter zum Ausstieg und nach wenigen m zum Gipfel. Ein Großteil des Materials wurde entfernt.

Kleine Ochsenwand, Westwand
Ergänzung zu **R 1570: „Schwarzer Spaziergang“** (Heinz Zak, Markus Plattner, 1980), V + (2 Stellen), sonst V und IV. 4 SL vom Band in der Wandmitte. Die Führe verläuft zwischen Schmidhuber-Lang-Führe und dem Gipfelstürmerweg. Skizze im Tourenbuch der Pichlerhütte.

Rückseite beachten

✂ ....

Berichtigung

(bitte im Umschlag einsenden an Bergverlag
Rudolf Rother GmbH, 8000 München 19, Postfach 67)

Die Randzahl .... des Alpenvereinsführers Stubaier Alpen, 9. Auflage 1980, bedarf folgender Verbesserung bzw. Neufassung:

....

....

....

....

....

bitte wenden!

....

....

Absender: ....

Postleitzahl, Ort: ....

Straße: ....

Die Bergverlag Rudolf Rother GmbH ist berechtigt, diese Berichtigung dem Verfasser zur Bearbeitung der neuen Auflage zuzustellen. Der Verlag wird bei Erscheinen dieser neuen Auflage dem Einsender ein Exemplar zum Vorzugspreis mit 50 % Nachlaß anbieten.